해커스

한국수력원자력 & 5대 발전회사

NCS+한국사/전공

통합 봉투모의고사

실전모의고사
1회

PSAT형

 해커스공기업

실전모의고사
1회
(PSAT형)

시작과 종료 시각을 정한 후, 실전처럼 모의고사를 풀어보세요.

시 　 분 ～ 　 시 　 분 (총 50문항/60분)

□ **시험 유의사항**

[1] 한국수력원자력&5대발전회사의 필기시험은 기업마다 상이하며, 기업별 시험 구성은 다음과 같습니다.

- 한국수력원자력: NCS 직업기초능력 50문항+직무수행능력(전공) 25문항+한국사 및 회사상식 5문항
- 한국중부발전: NCS 직업기초능력 80문항+직무지식(한국사 10문항, 전공 50문항, 수행능력 10문항) 70문항
- 한국남동발전: NCS 직업기초능력 30문항+직무수행능력(전공) 50문항
- 한국남부발전: NCS 직업기초능력 70문항+직무수행능력(전공) 50문항
- 한국동서발전: NCS 직업기초능력 50문항+직무수행능력(전공) 40문항+한국사 10문항
- 한국서부발전: NCS 직업기초능력 50문항+직무수행능력(전공) 50문항+한국사 10문항

[2] 본 실전모의고사는 공직적격성 시험(PSAT)과 유사한 유형의 PSAT형 시험에 대비할 수 있도록 의사소통, 수리, 문제해결, 자원관리, 조직이해, 기술 정보 영역 총 50문항으로 구성되어 있습니다.

[3] 본 실전모의고사 마지막 페이지에 있는 OMR 답안지와 해커스ONE 애플리케이션의 학습타이머를 이용하여 실전처럼 모의고사를 풀어보시기 바랍니다.

01. 다음 글의 제목으로 가장 적절한 것은?

최근 전 세계적으로 햇빛, 수소 등으로부터 얻는 청정한 에너지, 즉 신재생에너지에 대한 관심이 높아지고 있다. 우리나라 또한 신재생에너지 확산을 위해 제도를 마련하여 노력하고 있는데, 여기에는 대표적으로 RPS(Renewable Energy Portfolio Standard) 제도가 있다. RPS 제도란 2012년부터 시행된 신재생에너지 공급 의무화 제도로, 충남 서해안에 위치한 화력 발전소, 경상도 및 동해안에 위치한 원자력 발전소 등 500MW 이상의 발전 설비를 보유한 전기 공급 의무자에게 연간 총발전량 중 일정 비율 이상을 신재생에너지로 공급하도록 의무화한 제도이다.

전기 공급 의무자들은 할당된 신재생에너지를 공급하기 위해 두 가지 방법을 사용한다. 하나는 스스로 태양광과 같은 신재생에너지 생산 발전소를 지어 발전소에서 나오는 전기를 직접 생산하여 공급하는 방식이고, 다른 하나는 신재생에너지로 생산된 전기를 다른 사람에게 직접 구입하여 공급하는 방법이다. 이 중에서도 후자의 방법에 주목할 필요가 있는데, 이 방법을 설명할 때는 REC(Renewable Energy Certificates)라는 개념이 등장한다. RPS 제도를 설명할 때 빠질 수 없는 개념인 REC는 신재생에너지 공급 인증서를 의미하는데, 직접 생산한 것은 아니나 다른 신재생에너지 발전소로부터 생산된 전기를 사용했다는 하나의 인증서를 뜻한다.

REC로 인하여 대형 발전사들은 RPS 제도를 비교적 쉽게 이행할 수 있으며, 소규모 발전소를 운영하는 개인은 기본적인 전기 판매 수익 외에 추가적인 이익이 발생하기 때문에 대형 발전소뿐 아니라 소규모 발전소를 운영하는 개인에게도 REC는 긍정적인 영향을 미친다. 이때 기본적인 전기 판매 수익을 SMP라고 하는데, 태양광 발전소 등 소규모 발전을 하는 개인은 기본적인 전기를 생산하여 파는 원래의 수익과 신재생에너지로 생산한 전기라는 인증을 받은 추가적인 수익을 합한 이익이 생기게 된다. 일반적으로 25년간 장기적으로 전력을 판매할 수 있는 계약을 맺으며, 고정적인 가격으로 전기를 판매하기 때문에 장기적이고 안정적으로 수익을 올릴 수 있다는 장점이 있다.

이러한 신재생에너지 공급 장려 제도를 통해 태양광을 비롯하여 신재생에너지가 크게 확산되고 있다. 게다가 우리나라는 지난 2017년 12월, 2030년까지 재생에너지 발전 비중을 20%까지 달성하겠다는 재생에너지 3020 이행 계획을 발표한 데 이어 지난해 6월에는 2040년까지 이를 35%까지 끌어올리겠다는 목표를 세운 제3차 에너지 기본 계획을 발표하였다. 실제로 신재생에너지 사용 비율이 약 35%에 육박하는 주요 선진국에 비하면 아직 부족한 실정이기는 하나 위와 같은 제도 등을 통해 신재생에너지가 계속해서 확산될 것으로 기대되고 있다.

① 신재생에너지 확산을 위한 전기 공급 의무자들의 역할

② RPS 제도와 REC가 소규모 발전소 운영자에게 미치는 긍정적인 영향

③ 신재생에너지 공급을 의무화하기 위해 마련된 다양한 제도들의 부작용

④ 신재생에너지 확산을 위해 마련된 RPS 제도와 REC 활용의 기대효과

⑤ 선진국과 우리나라의 신재생에너지 사용 비율의 차이

02. 다음은 서울 및 6개 광역시별 이혼 현황에 대한 자료이다. 다음 중 자료에 대한 설명으로 옳은 것은?

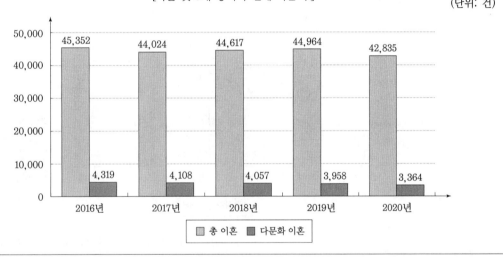

[서울 및 6개 광역시별 이혼 수]

(단위: 건)

구분	2016년		2017년		2018년		2019년		2020년	
	총 이혼	다문화 이혼	총 이혼	다문화 이혼	총 이혼	다문화 이혼	총 이혼	다문화 이혼	총 이혼	다문화 이혼
서울	18,386	2,136	17,576	1,982	17,452	1,933	17,391	1,823	16,667	1,538
부산	6,981	492	6,740	483	6,796	516	6,902	512	6,567	427
대구	4,428	331	4,432	341	4,574	307	4,699	320	4,386	259
인천	7,256	695	7,131	649	7,152	642	7,334	674	7,078	583
광주	2,842	221	2,721	202	2,919	238	2,938	212	2,626	187
대전	2,917	222	2,890	218	3,052	217	3,133	234	3,036	200
울산	2,542	222	2,534	233	2,672	204	2,567	183	2,475	170

[서울 및 6개 광역시 전체 이혼 수]

(단위: 건)

※ 출처: KOSIS(통계청, 인구동향조사)

① 조사기간 동안 서울 및 6개 광역시 전체 총 이혼건수와 전체 다문화 이혼건수의 증감 추이는 동일하다.

② 2020년 서울의 다문화 이혼건수는 6개 광역시 전체 다문화 이혼건수보다 많다.

③ 2016년 대비 2020년 모든 지역은 총 이혼건수와 다문화 이혼건수가 감소하였다.

④ 조사기간 동안 서울 및 6개 광역시 전체 다문화 이혼건수가 처음으로 4,000건 미만을 기록한 해에 전년 대비 다문화 이혼건수가 감소한 지역은 총 3개이다.

⑤ 조사기간 동안 처음으로 다문화 이혼건수가 200건 미만인 지역이 2개 이상을 기록한 해에 200건 미만인 지역의 다문화 이혼건수 합은 전체 다문화 이혼건수의 10% 이상이다.

03. 다음은 가해자 연령별 교통사고 현황에 대한 자료이다. 다음 중 자료에 대한 설명으로 옳지 않은 것을 모두 고르면?

[가해자 연령별 교통사고 발생건수]

(단위: 건)

구분	2016년	2017년	2018년	2019년	2020년
20세 미만	9,006	8,175	6,654	7,231	7,099
20대	29,797	29,254	28,727	30,631	29,775
30대	35,900	34,179	33,618	34,978	31,606
40대	47,219	43,668	42,204	43,769	38,036
50대	54,299	53,412	53,631	55,814	50,421
60대	29,078	31,471	34,745	38,060	35,262
70세 이상	10,656	11,617	13,362	15,026	13,985

[2020년 가해자 연령별 교통사고 부상자 및 사망자 수]

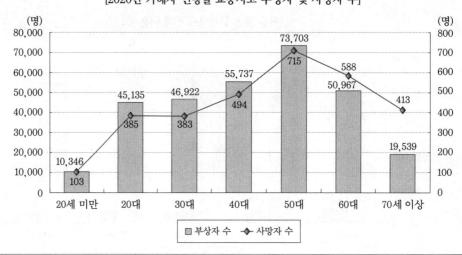

※ 출처: KOSIS(경찰청, 경찰접수교통사고현황)

ㄱ 2020년 모든 가해자 연령별 교통사고 사망자 수는 부상자 수의 1% 이상이다.
ㄴ 2020년 가해자 연령 20대부터 60대까지의 사망자 수 평균은 496명이다.
ㄷ 조사기간 동안 교통사고 발생건수가 가장 많은 가해자 연령은 매년 50대이다.
ㄹ 2020년 가해자 연령 50대의 교통사고 1건당 부상자 수는 1.50명 미만이다.

① ㄱ, ㄴ   ② ㄴ, ㄹ   ③ ㄷ, ㄹ   ④ ㄱ, ㄴ, ㄷ   ⑤ ㄴ, ㄷ, ㄹ

04. 다음은 업종별 근로자 고용 현황에 대한 자료이다. 자료에 대한 설명으로 옳은 것은?

[업종별 근로자 고용 현황]

구분	사업장		근로자	
	개소수(개소)	비율(%)	인원수(명)	비율(%)
소계	3,494	100.00	3,742,423	100.00
농업, 임업 및 어업	1	0.03	559	0.01
광업	4	0.11	2,455	0.07
제조업	875	25.03	1,084,986	28.99
전기, 가스, 증기 및 공기조절 공급업	54	1.55	48,440	1.29
수도, 하수 및 폐기물 처리, 원료 재생업	15	0.43	16,617	0.44
건설업	77	2.20	97,252	2.60
도매 및 소매업	239	6.84	331,144	8.85
운수 및 창고업	192	5.50	189,674	5.07
숙박 및 음식점업	74	2.12	123,014	3.29
정보통신업	189	5.41	229,875	6.14
금융 및 보험업	176	5.04	321,665	8.60
부동산업	55	1.57	48,863	1.31
전문과학 및 기술 서비스업	227	6.50	158,194	4.23
사업시설관리 및 사업지원 서비스업	660	18.89	629,224	16.81
교육 서비스업	91	2.60	51,587	1.38
보건업 및 사회복지 서비스업	233	6.67	149,316	3.99
예술스포츠 및 여가관련 서비스업	39	1.12	33,347	0.89
협회 및 단체수리 및 기타개인 서비스업	32	0.92	15,900	0.42
공공행정, 국방 및 사회보장 행정	257	7.36	198,259	5.30
국제 및 외국기관	4	0.11	12,052	0.32

※ 출처: KOSIS(고용노동부, 고령자고용현황)

① 세 번째로 많은 근로자를 고용하고 있는 업종은 금융 및 보험업이다.

② 자료에 제시된 업종 구분을 기준으로 사업장 1개소당 근로자 수가 1,070명 이상인 업종의 구분은 7종 이상이다.

③ 사업장이 200개소 이상인 업종에서는 업종별로 모두 근로자를 150,000명 이상 고용하고 있다.

④ 근로자를 고용하고 있는 사업장 전체 개소수에서 전문과학 및 기술 서비스업 사업장이 차지하는 비중은 7.5% 이상이다.

⑤ 자료에 제시된 업종 구분을 기준으로 업종 한 종류당 평균 근로자 수는 185,000명 미만이다.

05. J 공사에서는 우수 중소기업 지원 규정에 따라 매년 3,500억 원 한도 내에서 우수 중소기업을 선정하여 지원금을 지급하고 있다. A~D 4개 기업에게 우수 중소기업 지원 규정에 따라 우수 중소기업 지원금을 지급하려고 할 때, 가장 많은 지원금을 지급받는 기업과 가장 적은 지원금을 지급받는 기업의 지원금 차는?

[우수 중소기업 지원 규정]

1. 평가 지표별 점수
   - 평가 지표별로 1위 기업에 4점, 2위 기업에 3점, 3위 기업에 2점, 4위 기업에 1점을 부여한다.
     ※ 이때, 부채비율은 낮을수록 순위가 높으며, 부채비율을 제외한 나머지 지표는 클수록 순위가 높다.

2. 기업 평가순위
   - 평가 지표별 점수를 모두 합한 점수를 기업 평가점수로 한다.
   - 기업 평가순위는 기업 평가점수가 큰 기업부터 순서대로 1위부터 4위까지 부여한다.
   - 기업 평가점수가 같을 경우, 매출액 증가율이 높은 기업부터 더 높은 순위를 부여한다.

3. 지원한도
   - 평가순위별 우수 중소기업 지원금 지원한도

평가순위	1위	2위	3위	4위
지원한도	1,400억 원	1,050억 원	700억 원	350억 원

   ※ 1) 단, 각 기업의 지원금 지원한도는 평가순위별 지원한도와 기업별 순자산의 70%에 해당하는 금액 중 더 작은 금액을 지원금 지원한도 금액으로 함
   2) 지원금 지원한도 금액의 산정에도 불구하고, 평가순위가 3위와 4위인 기업 중 부채비율이 400% 이상인 기업은 해당 기업 순자산의 50%에 해당하는 금액만큼만 지급함
   3) 지원요구금액이 지원금 지원한도보다 적은 경우에는 지원요구금액만큼만 지급하며, 지원요구금액이 지원금 지원한도보다 큰 경우에는 산정된 지원금 지원한도 금액만큼만 지급함

[기업별 정보 및 지원요구금액]

구분		A 기업	B 기업	C 기업	D 기업
평가 지표	매출이익률	18.40%	19.50%	17.30%	21.10%
	경상이익률	2.50%	2.70%	3.10%	4.90%
	부채비율	337%	284%	423%	475%
	매출액 증가율	10.30%	11.80%	9.70%	7.60%
	순자산	422억 원	2,106억 원	638억 원	1,495억 원
지원요구금액		350억 원	1,250억 원	700억 원	1,350억 원

① 900.0억 원 ② 931.0억 원 ③ 954.6억 원 ④ 1,031.0억 원 ⑤ 1,054.6억 원

06. S 사는 사내 그린 에너지 캠페인으로 자전거 타기 운동을 진행하였다. 사원들이 이용할 수 있는 사내 운동센터에는 좌식 실내 자전거와 입식 실내 자전거, 외발 실내 자전거가 구비되어 있으며, 실내 자전거 운동량 정보와 갑~무 5명의 일일 실내 자전거 운행 정보가 다음과 같을 때, 일일 실내 자전거 운동량이 두 번째로 많은 사람은?

[실내 자전거 운동량 정보]

- 운전자의 운동량은 실내 자전거 운행 거리에 비례한다.
- 자전거의 강도 단계는 1단계가 기본이며, 같은 거리를 운행 시 자전거의 단계를 2단계로 높이면 운전자의 운동량은 1.7배가 된다.
- 좌식 실내 자전거와 입식 실내 자전거로 같은 거리를 운행하는 경우, 좌식 실내 자전거 운동량은 입식 실내 자전거 운동량의 75%이다.
- 외발 실내 자전거와 입식 실내 자전거로 같은 거리를 운행하는 경우, 외발 실내 자전거 운동량이 입식 실내 자전거 운동량의 140%이다.

[일일 실내 자전거 운행 정보]

- 갑: 좌식 실내 자전거의 1단계 강도로 1.8km의 거리를 운행한 뒤, 이어서 외발 실내 자전거의 1단계 강도로 1.2km의 거리를 운행하였다.
- 을: 좌식 실내 자전거의 2단계 강도로 2.2km의 거리를 운행하였다.
- 병: 외발 실내 자전거의 1단계 강도로 2.0km의 거리를 운행하였다.
- 정: 좌식 실내 자전거의 2단계 강도로 1.0km의 거리를 운행한 뒤, 이어서 입식 실내 자전거의 1단계 강도로 1.5km의 거리를 운행하였다.
- 무: 입식 실내 자전거의 2단계 강도로 1.7km의 거리를 운행하였다.

---

① 갑   ② 을   ③ 병   ④ 정   ⑤ 무

07. 다음 글의 내용과 일치하지 않는 것은?

노이즈 캔슬링이란 기기에 내장된 소음 조절기를 통해 외부의 소음을 상쇄시키거나 차단하는 기술을 말한다. 노이즈 캔슬링 기술은 그 원리에 따라 구분되는데, 패시브 노이즈 캔슬링과 액티브 노이즈 캔슬링이 대표적이다. 패시브 노이즈 캔슬링은 물리적으로 외부의 소음이 유입되지 못하도록 소리가 들어오는 공간을 차단하는 기술로, 우리가 손을 이용해 귀를 막아 소리를 차단하는 것과 같은 원리이다. 공기와 귀 사이의 소리 전달 통로에 이어캡과 같은 물리적 장애물을 두는 비교적 간단한 원리를 적용하기 때문에 제작이 수월하다는 이유로 액티브 노이즈 캔슬링보다 가격이 저렴하다. 또한, 제작 형태에 따라 외부의 소리를 원천 차단할 수도 있어 소리 차단 측면에서 액티브 노이즈 캔슬링보다 훨씬 뛰어난 성능을 자랑하기도 한다.

그러나 우리가 노이즈 캔슬링을 언급할 때 흔히 떠올리는 방식은 액티브 노이즈 캔슬링으로, 소리의 상쇄 및 간섭의 원리를 적용하여 외부의 소음을 차단하는 기술이다. 소리는 공기의 진동으로 이루어진 파동인데, 이때 방향은 다르지만 폭이 동일한 서로 다른 두 파동이 만나게 되면 간섭이 일어나 두 파동의 진폭이 커지기도 하고, 사라지기도 한다. 액티브 노이즈 캔슬링은 바로 이 원리를 적용한 기술로, 외부 소음에 상응하는 파동을 만들어 소음 파동을 상쇄시킴으로써 외부의 소음을 인위적으로 제거하는 기술이다. 기기에 내장된 외부 마이크로 소음을 수집하여 내부 회로에 전달하고, 내부 회로에서 소음을 분석해 반대 방향으로 흐르는 파동을 만들어 소음을 차단하게 된다.

액티브 노이즈 캔슬링 기술은 파장이 짧은 고음의 소리보다 파장이 긴 저음의 소리를 상쇄하는 데 탁월한 효과를 보인다고 알려져 있다. 액티브 노이즈 캔슬링의 내부 회로가 소음을 분석할 때는 일정 시간이 소요되는데, 이 과정이 길어져 외부의 소음이 유입하는 시간과 이에 대응하는 시간 사이에 시차가 발생하게 되면 소음을 상쇄하는 데 영향을 미친다. 이때 고음은 파동의 가장 높은 지점인 마루와 가장 낮은 지점인 골의 간격이 짧기 때문에 짧은 간격의 시차에도 소음 상쇄 효과가 급격히 떨어질 뿐만 아니라 오히려 소음이 더 증폭되기도 한다. 반면에 저음은 마루와 골의 간격이 멀어 시차가 발생하더라도 소음을 분석하는 시간이 확보되기 때문에 외부의 소음을 비교적 수월하게 차단할 수 있다.

이처럼 액티브 노이즈 캔슬링은 소리를 수집하고 분석해 이에 대응하는 방식을 적용하기 때문에 소음을 규칙적이고 지속적으로 차단할 수 있다는 장점이 있다. 이미 분석한 경험이 있는 소음과 비슷한 소리가 계속해서 유입되면 필요할 때 이에 반대되는 파장을 내보내 소음을 차단할 수 있기 때문이다. 이로 인해 액티브 노이즈 캔슬링은 지하철이나 비행기의 소음과 같이 유사한 소음이 계속되는 환경에서 소음을 효과적으로 차단할 수 있다. 다만, 사람의 말소리와 같이 예측하기 어렵고 규칙적이지 않은 소음은 이에 상응하는 적합한 파장을 적절한 순간에 내보내기 어렵기 때문에 불규칙한 소음을 차단하기에는 어려움이 있다.

노이즈 캔슬링을 효율적으로 사용하기 위해서는 몇 가지 유의할 필요가 있다. 먼저 노이즈 캔슬링 효과는 조용한 환경에서는 외부의 소음 차단 능력이 떨어져 약간의 소리가 들어올 수도 있다. 이 때문에 주위의 소음이 심하지 않을 때는 노이즈 캔슬링 기능을 켜지 않는 것이 더 좋다. 또한, 노이즈 캔슬링은 사용자의 주위 소음을 차단하는 기능이지, 반대편 통화 상대에게는 적용되지 않는 기술이므로 통화 상대에게는 사용자 주위의 소음이 전달될 수 있다. 노이즈 캔슬링 기술을 적용하면 낮은 볼륨으로도 소리를 비교적 선명하게 들을 수 있어 청력을 보호한다는 이유로 세계보건기구(WHO)에서도 사용을 권장하고 있는 만큼 노이즈 캔슬링 기술의 효과를 고려하여 상황에 따라 효율적으로 사용해야 한다.

① 비슷한 소음이 계속되는 장소에서는 패시브 노이즈 캔슬링 기술보다 액티브 노이즈 캔슬링 기술을 적용하는 것이 더 효율적이다.

② 액티브 노이즈 캔슬링 기술은 파동의 마루와 골의 간격이 긴소리보다 짧은소리를 차단하는 데 더 효과적이다.

③ 공기와 귀 사이 공간에 물리적인 소리 차단 장애물을 두는 비교적 간단한 방식을 적용하는 소음 차단 기술은 패시브 노이즈 캔슬링이다.

④ 노이즈 캔슬링 기술이 적용된 이어폰을 사용해 통화를 하더라도 통화 수신자에게는 발신자 주위의 소음이 차단되지 않는다.

⑤ 상쇄 원리를 적용하여 파동이 0에 가까워지도록 하기 위해서는 폭은 같으나 진행 방향이 서로 다른 파동이 만나야 한다.

08. 한국수력원자력에서 근무하는 A는 원자력안전위원회에서 배포한 원전 안전 분야 위기관리 표준 매뉴얼을 바탕으로 방사능 누출 사고 예방·대응을 위한 행동 매뉴얼을 제작하는 업무를 담당하고 있다. A가 제작한 매뉴얼의 일부가 다음과 같을 때, 방사능 누출 사고 발생 시 원자력사업자로서 한국수력원자력의 대응 절차를 순서대로 나열한 것은?

[방사능 누출 사고 예방·대응을 위한 행동 매뉴얼]

1. 방사능 누출 사고 발생 시 관련 모든 정부 부처 및 기관은 방사능 누출 사고 방사능 비상 발령 절차에 따라 비상 발령 활동을 전개한다.

1단계	비상 발령	시설 운전 상태가 비상 계획서에서 정한 비상 발령 기준에 해당함을 확인한 원자력사업자의 원자로운전책임자는 방사능 비상을 발령
2단계	비상 발령 보고	원자력사업자는 비상 발령 즉시 비상 연락망을 통하여 소외 방사능방재대책기관에 구두 보고 및 통보 ※ 원자력안전위원회(지역사무소장), 시·도지사, 시·군·구청장, 한국원자력안전기술원장 등에게 보고
3단계	비상 발령 상황 전파	• 원자력안전위원회(지역사무소): 지역사무소장은 보고받은 비상 발령 상황을 방재환경과, 원자력안전기술원, 원자력의학원, 원자력통제기술원에 보고·전파 • 원자력안전위원회(방재환경과): 방재환경과장은 보고받은 비상 상황을 위원장·사무처장·방사능방재국장, 국가안보실(위기관리센터), 국무조정실, 국민안전처(중앙재난안전상황실)에 전파 및 기획재정부, 미래창조과학부, 교육부 등 중앙방사능방재대책본부 위원 소속기관에 비상 발령 상황 전파 • 광역·기초자치단체: 광역·기초지자체의 장은 보고받은 발령 상황을 읍·면·동 등 하위·소속기구 등에 전파 및 지역 군·경·소방관서 및 교육청 등에 비상 발령 상황 전파 • 원자력안전기술원: 보고받은 비상 발령 상황 인지 여부를 원자력안전위원회(방재환경과), 원자력의학원, 원자력통제기술원에 비상 발령 상황 인지 교차 확인

2. 한국수력원자력은 방사능 비상 발령 후 단계별 적절한 대응 활동을 전개한다.
   (1) 백색 비상

정의	• 방사성 물질의 밀봉 상태 손상 또는 원자력시설의 안전 상태 유지를 위한 전원공급기능 손상이 발생하거나 발생할 우려가 있는 등의 사고 • 방사능 영향이 원자력시설 건물 내에 국한될 것으로 예상되는 비상 상태
대응 조치	• 비상대응시설 운영 • 사고 확대 방지 및 원인 조사 • 시설 내외 환경방사능 감시 강화

   (2) 청색 비상

정의	• 백색 비상에서 안전 상태로의 복구 기능의 저하로 원자력시설의 주요 안전 기능에 손상이 발생하거나 발생할 우려가 있는 사고 • 방사능 영향이 원자력시설 부지 내에 국한될 것으로 예상되는 비상 상태
대응 조치	• 비상대책본부 발족 및 운영 • 방사능 비상 계획 구역 내 환경방사능 감시 강화 • 사고 확대 방지 및 원인 조사, 제염 활동 및 응급 조치

(3) 적색 비상

정의	• 노심의 손상 또는 용융 등으로 원자력시설의 최후방벽에 손상이 발생하거나 발생할 우려가 있는 사고 • 방사능 영향이 원자력시설부지 밖으로 미칠 것으로 예상되는 비상 상태
대응 조치	• 비상대책본부 가동

3. 한국수력원자력은 방사능 누출 사고로 인한 피해를 회복하고 재발을 방지하기 위해 다음과 같은 복구 활동을 전개한다.

정의	위기로 인해 발생한 피해를 위기 이전의 상태로 회복시키고, 평가 등에 의한 제도 개선과 운영 체계 보완을 통해 재발을 방지하며 위기관리 능력을 강화하는 일련의 활동
대응 조치	• 방사능 재난의 피해 복구 조치 등을 포함한 사후 대책 수립 • 원자력시설 복구 조직 운영

① 시설 운전 이상 상태 확인 → 방사능 비상 발령 → 방사능 비상 발령 보고 → 비상 단계별 대응 조치 시행 → 사후 대책 수립 및 원자력시설 복구 조직 운영

② 방사능 비상 발령 → 시설 운전 이상 상태 확인 → 비상 발령 상황 전파 → 비상 단계별 대응 조치 시행 → 사후 대책 수립 및 원자력시설 복구 조직 운영

③ 방사능 비상 발령 → 시설 운전 이상 상태 확인 → 사고 원인 조사 → 방사능 비상 발령 보고 → 비상 단계별 대응 조치 시행

④ 시설 운전 이상 상태 확인 → 방사능 비상 발령 → 비상 발령 상황 인지 교차 확인 → 비상 단계별 대응 조치 시행 → 복구 활동 전개

⑤ 시설 운전 이상 상태 확인 → 방사능 비상 발령 → 방사능 비상 발령 보고 → 사후 대책 수립 및 원자력시설 복구 조직 운영 → 시설 내외 환경방사능 감시 강화

09. 다음 산업안전보건법에 관한 법률을 근거로 판단할 때, 가장 적절하지 않은 것은?

제58조(유해한 작업의 도급금지)

① 사업주는 근로자의 안전 및 보건에 유해하거나 위험한 작업으로서 다음 각호의 어느 하나에 해당하는 작업을 도급하여 자신의 사업장에서 수급인의 근로자가 그 작업을 하도록 해서는 아니 된다.

  1. 도금작업

  2. 수은, 납 또는 카드뮴을 제련, 주입, 가공 및 가열하는 작업

  3. 제118조 제1항에 따른 허가대상물질을 제조하거나 사용하는 작업

② 사업주는 제1항에도 불구하고 다음 각호의 어느 하나에 해당하는 경우에는 제1항 각호에 따른 작업을 도급하여 자신의 사업장에서 수급인의 근로자가 그 작업을 하도록 할 수 있다.

  1. 일시·간헐적으로 하는 작업을 도급하는 경우

  2. 수급인이 보유한 기술이 전문적이고 사업주(수급인에게 도급을 한 도급인으로서의 사업주를 말한다)의 사업 운영에 필수 불가결한 경우로서 고용노동부장관의 승인을 받은 경우

③ 사업주는 제2항 제2호에 따라 고용노동부장관의 승인을 받으려는 경우에는 고용노동부령으로 정하는 바에 따라 고용노동부장관이 실시하는 안전 및 보건에 관한 평가를 받아야 한다.

④ 제2항 제2호에 따른 승인의 유효기간은 3년의 범위에서 정한다.

⑤ 고용노동부장관은 제4항에 따른 유효기간이 만료되는 경우에 사업주가 유효기간의 연장을 신청하면 승인의 유효기간이 만료되는 날의 다음 날부터 3년의 범위에서 고용노동부령으로 정하는 바에 따라 그 기간의 연장을 승인할 수 있다. 이 경우 사업주는 제3항에 따른 안전 및 보건에 관한 평가를 받아야 한다.

⑥ 사업주는 제2항 제2호 또는 제5항에 따라 승인을 받은 사항 중 고용노동부령으로 정하는 사항을 변경하려는 경우에는 고용노동부령으로 정하는 바에 따라 변경에 대한 승인을 받아야 한다.

⑦ 고용노동부장관은 제2항 제2호, 제5항 또는 제6항에 따라 승인, 연장승인 또는 변경승인을 받은 자가 제8항에 따른 기준에 미달하게 된 경우에는 승인, 연장승인 또는 변경승인을 취소하여야 한다.

⑧ 제2항 제2호, 제5항 또는 제6항에 따른 승인, 연장승인 또는 변경승인의 기준·절차 및 방법, 그 밖에 필요한 사항은 고용노동부령으로 정한다.

제59조(도급의 승인)

① 사업주는 자신의 사업장에서 안전 및 보건에 유해하거나 위험한 작업 중 급성 독성, 피부 부식성 등이 있는 물질의 취급 등 대통령령으로 정하는 작업을 도급하려는 경우에는 고용노동부장관의 승인을 받아야 한다. 이 경우 사업주는 고용노동부령으로 정하는 바에 따라 안전 및 보건에 관한 평가를 받아야 한다.

② 제1항에 따른 승인에 관하여는 제58조 제4항부터 제8항까지의 규정을 준용한다.

제60조(도급의 승인 시 하도급 금지)

제58조 제2항 제2호에 따른 승인, 같은 조 제5항 또는 제6항(제59조 제2항에 따라 준용되는 경우를 포함한다)에 따른 연장승인 또는 변경승인 및 제59조 제1항에 따른 승인을 받은 작업을 도급받은 수급인은 그 작업을 하도급할 수 없다.

제61조(적격 수급인 선정 의무)

사업주는 산업재해 예방을 위한 조치를 할 수 있는 능력을 갖춘 사업주에게 도급하여야 한다.

① 수인: 사업주가 유해 작업을 도급하기 위해 고용노동부장관 승인의 유효기간 연장을 신청할 경우 연장된 유효기간은 승인 연장 신청일을 기준으로 3년간 유효해.

② 우희: 고용노동부장관의 승인을 받은 도급금지 작업을 하도급하는 것이 금지되어 있으므로 해당 작업을 도급받은 수급인이 아닌 사람은 수행할 수 없겠어.

③ 채윤: 수은, 납, 카드뮴을 가공하는 작업은 기본적으로 도급이 금지되어 있지만 일시적인 작업이라면 도급을 통해 사업주의 사업장에서 수급인의 근로자가 작업하는 것이 가능해.

④ 태현: 고용노동부장관의 승인 없이 사업주가 자신의 사업장에서 피부를 부식시킬 수 있는 화학물질을 다루는 작업을 도급하는 것은 불가능한 일이야.

⑤ 소라: 사업주는 산업재해 예방을 위한 조치를 가능케 하는 능력을 보유한 사업주에게 도급할 적격 수급인 선정 의무를 갖지.

10. ○○공사 경영지원팀의 박지은 대리는 이번 달 출장으로 유류비 45만 원을 사용하였으며, 사내 결재 규정 및 전결사항을 참고하여 결재 양식을 작성하고자 한다. ○○공사의 결재 규정이 다음과 같을 때 결재 양식으로 가장 적절한 것은?

[○○공사 결재 규정]

- 결재를 받으려는 업무에 대해서는 최고결재권자(대표이사)를 포함한 이하 직책자의 결재를 받아야 한다.
- '전결'은 기업의 경영활동이나 관리활동을 수행함에 있어 의사 결정이나 판단을 요하는 일에 대하여 최고결재권자의 결재를 생략하고, 그 권한을 위임받은 자가 자신의 책임하에 최종적으로 의사 결정이나 판단을 하는 행위를 말한다.
- 전결사항에 대해서도 위임받은 자를 포함한 이하 직책자의 결재를 받아야 한다.
- 결재 양식 표시 내용: 최고결재권자로부터 전결 권한을 위임받은 자가 있을 경우 권한을 위임받은 자의 결재란에 '전결' 표시를 하고 최종결재란에 위임받은 자가 누구인지를 표시한다. 단, 결재가 불필요한 직책자의 결재란은 상향대각선으로 표시한다.
- 최고결재권자 및 최고결재권자로부터 위임된 전결사항은 아래의 표에 따른다.

구분	내용	금액기준	결재서류	최고결재권자		
				팀장	본부장	대표이사
접대비	거래처 식대, 거래처 경조금	30만 원 이하	지출품의서, 지출결의서	●○		
		40만 원 이하			●○	
		40만 원 초과				●○
교육훈련비	사내 강사 교육비	–	기안서, 지출결의서		●	○
	외부 강사 교육비	–				●○
출장비	출장 식대	–	출장계획서, 출장비신청서	●○		
	출장 유류비	30만 원 이하		●	○	
		40만 원 이하		●		○
		40만 원 초과			●	○
복리후생비	회식대	–	지출결의서			○
	조야근 식대	1만 원 이하		○		
	경조금	–				○
	체력단련	–				○

※ 각 결재서류의 최고결재권자는 기호로 나타냄(●: 기안서, 지출품의서, 출장계획서, ○: 지출결의서, 출장비신청서)

①

출장계획서			
결재	담당	팀장	본부장
	박지은		전결

②

출장계획서				
결재	담당	팀장	본부장	최종결재
	박지은			대표이사

③

출장계획서				
결재	담당	팀장	본부장	최종결재
	박지은		전결	본부장

④

출장비신청서				
결재	담당	팀장	본부장	최종결재
	박지은		전결	본부장

⑤

출장비신청서				
결재	담당	팀장	본부장	최종결재
	박지은			대표이사

11. 다음은 2021년 상반기 월별 국제선 지역별 운항 편수 및 여객 수에 대한 자료이다. 다음 중 자료에 대한 설명으로 옳지 않은 것을 모두 고르면?

[국제선 지역별 운항 편수]

(단위: 편)

구분	1월	2월	3월	4월	5월	6월
일본	639	634	719	791	633	685
중국	1,920	1,569	2,176	1,946	1,864	1,946
아시아	2,835	2,488	3,050	3,106	3,074	3,041
미주	3,095	2,762	3,425	3,570	3,728	3,619
유럽	1,267	1,180	1,358	1,178	1,183	1,125
중동	257	234	258	240	247	236
아프리카	28	25	26	26	29	23
대양주	106	95	116	117	119	122
기타	35	50	44	38	117	48

[국제선 지역별 여객 수]

(단위: 명)

구분	1월	2월	3월	4월	5월	6월
일본	18,678	10,284	10,899	9,200	8,513	9,516
중국	35,271	27,748	38,827	35,883	32,414	37,578
아시아	52,168	41,841	47,559	47,443	48,124	55,415
미주	60,089	42,147	41,746	43,394	66,927	83,544
유럽	25,260	23,074	22,815	22,946	25,324	36,710
중동	13,998	13,417	14,475	12,749	12,122	16,158
아프리카	1,565	1,259	1,312	1,015	1,019	1,237
대양주	2,541	2,287	2,528	2,359	2,853	3,469
기타	3,355	5,052	5,530	4,894	11,014	5,028

※ 출처: KOSIS(한국공항공사 및 인천국제공항공사, 항공통계)

㉠ 제시된 기간 동안 운항 편수와 여객 수는 모두 미주 지역이 제시된 다른 지역에 비해 매월 가장 많다.
㉡ 6월 여객 수가 두 번째로 많았던 지역의 운항 편수 1편당 여객 수는 20명 이상이다.
㉢ 2월 이후 중국의 운항 편수와 여객 수의 전월 대비 증감 추이는 매월 서로 동일하다.
㉣ 5월 운항 편수가 1,000편 미만인 지역 중 가장 많은 운항 편수를 기록한 지역의 제시된 기간 동안 월평균 운항 편수는 700편 이상이다.

① ㉠, ㉡   ② ㉠, ㉣   ③ ㉡, ㉢   ④ ㉠, ㉡, ㉢   ⑤ ㉠, ㉡, ㉣

12. 다음 글의 주제로 가장 적절한 것은?

태음력은 이번 그믐달에서 다음 그믐달이 돌아오는 기간을 한 달로 정하여 만든 달력으로, 1년 열두 달을 한 달에 29일인 달과 30일인 달이 번갈아 나오도록 구성한다. 태음력을 기준으로 1년을 환산하면 354일이 되는데, 이는 365일을 기준으로 삼는 태양력과 11일의 차이가 생긴다. 이 부족한 11일을 모아서 평균적으로 3년에 한 번씩 끼워 넣은 달을 '윤달'이라고 한다. 윤달은 달을 기준으로 하는 태음력을 사용할 때, 해를 기준으로 하는 태양력과 날짜를 맞추는 것이 힘들뿐더러 계절을 확실하게 예측하기 어렵다는 점에서 날짜와 계절의 불일치 문제를 해결하고자 만든 치윤법(置閏法)에서 파생된 개념이다. 만약 태음력에서 윤달을 추가하지 않는다면 17년 후에는 오뉴월에 눈이 내리고, 섣달그믐에 무더위로 고생하는 상황을 맞이하게 된다. 윤달은 1년 12개월 외에 몇 년에 한 번씩 더 있는 달이기 때문에 여벌달, 남은달, 덤달 등이라는 명칭으로 불리기도 한다. 이로 인해 예로부터 덤으로 얻은 윤달에 하는 모든 일은 부정을 타지 않고 액이 끼지 않는다고 여겨져 윤달에 이사나 결혼을 하고, 산소를 손질하거나 집 안을 수리하는 경우가 흔했다. 역사적으로 윤달을 두는 방법에 관하여 다양한 방법이 제안되었는데, 가장 널리 사용되는 방법은 19태양년에 7개월의 윤달을 두는 19년 7윤법이다. 19태양년이 365.24일 × 19 ≒ 6,939.56이고 235태음월이 29.53일 × 235 ≒ 6,939.55로, 일수가 동일하다는 점에서 착안되었다. 여기서 6,939일은 동양에서는 B.C. 600년경에 중국의 춘추 시대에 발견되어 장(章)이라고 일컬으며, 서양에서는 B.C. 433년에 그리스의 천문학자이자 수학자인 메톤에 의해 발견되어 메톤 주기라고 명명된다. 19년 7윤법에 따르면 태양력 만 3년을 채우기 전에 윤달이 돌아오는데, 윤달은 5월에 가장 잦게 들고 11월과 12월, 1월은 드물게 든다. 이처럼 태음력의 오차를 윤달을 삽입함으로써 보완하여 날짜와 계절의 불일치를 어느 정도 없앤 것을 '태음태양력(太陰太陽曆)'이라고 이르며, 오늘날 우리가 사용하고 있는 음력이 바로 태음태양력에 해당한다.

① 윤달에서 치윤법이 파생된 과정
② 윤달의 등장 배경과 윤달을 두는 법
③ 동서양에서 윤달을 두는 방법의 차이점
④ 19년 7윤법의 계산 방법과 특징
⑤ 윤달 삽입 시 나타날 수 있는 문제점

13. 다음 지문의 C++에 대한 설명으로 가장 적절하지 않은 것은?

　　프로그래밍 언어는 자연어를 사용하는 인간과 기계어만을 이해하는 컴퓨터 간 원활한 의사소통을 하기 위한 수단으로 작용한다. 즉, 프로그래밍 언어는 사람이 쉽게 사용할 수 있는 문자로 명령을 입력하면 컴퓨터가 인식할 수 있도록 그 명령을 기계어로 변환하는 도구이다. 프로그래밍 언어는 컴퓨터에 내리는 명령을 해석하는 방식에 따라 크게 어셈블리 언어, 인터프리터 언어, 컴파일 언어로 나뉜다. 어셈블리 언어는 프로그래밍 연구 초창기에 사용되던 언어로, 컴퓨터를 위한 단순 형태의 언어이므로 실행 속도가 빠르다. 그리고 Basic, 스크래치와 같은 인터프리터 언어는 인간이 쉽게 이해할 수 있도록 인간이 사용하는 부호를 기계어로 바꾸어 실행한다. 이 경우 개별 명령어를 해석해야 해서 실행 속도가 느린 대신 프로그램 오류 발생 시 쉽게 수정할 수 있다. 한편 C언어로 대표되는 컴파일 언어는 인터프리터 언어보다 더 인간 사고에 적합한 고수준의 언어로 프로그래밍하는 언어이다. 모든 명령어를 한 번에 처리하기 때문에 수행 속도가 빠르고 높은 보안성을 지니지만, 프로그램 오류가 발생하면 수정이 어려운 편이다.

　　오늘날 가장 대중적인 C언어는 UNIX 오퍼레이팅 시스템 기술 언어로서 설계되어 대부분의 UNIX OS가 C언어로 개발되었으나, 범용 프로그래밍 언어의 일종으로 컴파일러나 소프트웨어 개발용 도구로써도 사용된다. 기계어 명령에 가깝게 프로그램을 직접 기술할 수 있으며, 고수준 언어에서 자주 발견되는 기술상의 제약이 적어 쉽게 프로그래밍할 수 있는 편리한 언어로 평가된다. 또한, 연산자가 풍부하고 다른 기종에 쉽게 프로그램을 이식할 수 있다는 점이 특징이다. 그러나 C언어는 절차 지향 언어로서 크고 복잡한 프로그램을 구축하기 어렵다는 단점이 있다. 프로그램을 여러 기능으로 나누고 각 기능 부분을 구성하는 코드를 모듈이라고 하는데, 절차 지향 언어는 개별 모듈이 처리하는 데이터를 고려하지 않아 데이터 취급이 불완전하여 복잡한 현실의 문제를 프로그램으로 표현하는 데 한계가 있다. 따라서 이러한 문제를 해결하기 위해 모든 데이터를 객체 단위에서 처리하여 프로그램을 단순화함으로써 복잡한 프로그램은 물론이고 생산성과 신뢰성이 높은 시스템을 구축할 수 있는 객체 지향 프로그래밍이 개발되었고, C언어에 객체 지향 개념을 더해 개선한 C++가 개발되었다. C++는 C언어의 대부분의 특징을 포함하고 있어 쉽게 대중화 및 사용될 수 있었을 뿐만 아니라 시스템 프로그래밍에도 적합하다. 또한, C언어의 기능 외에도 클래스, 가상 함수, 연산자 중복 등의 기능을 갖춰 객체 지향형 프로그래밍에도 적절하다.

---

① 자연어보다 기계어에 더 가까운 언어이다.

② C언어와 달리 크고 복잡한 프로그램도 구축할 수 있다.

③ C언어의 기능에 객체 지향형 프로그램에 적합한 기능을 추가로 가지고 있다.

④ C언어와의 유사성으로 인해 프로그래머가 쉽게 사용할 수 있다.

⑤ C언어가 절차 지향 언어로서 지닌 단점을 극복하고자 개발되었다.

14. 발전소 보안업무를 담당하고 있는 귀하는 비밀번호 변경 주기가 다가와 다음 자료를 바탕으로 발전소 현관 출입문 비밀번호를 변경하고자 한다. 이전 비밀번호가 '15294'였다고 할 때, 귀하가 할 행동으로 가장 적절한 것은?

[비밀번호 등록 매뉴얼]

비밀번호 등록 방법	• # 버튼 입력 → 새로 등록할 비밀번호 입력(5자리) → # 버튼 입력
잠금 해제 방법	• 키패드 터치 → 비밀번호 입력 → 키패드 터치 또는 * 버튼 입력
유의사항	• 초기 비밀번호는 0000이며, 새로운 비밀번호 등록 시 초기 비밀번호는 자동 삭제됨 • 보안을 위해 3개월 단위로 비밀번호를 변경해야 하고, 새로운 비밀번호 등록 시 아래 비밀번호 설정 조건에 따라 등록해야 함

[비밀번호 설정 조건]

• 같은 숫자가 두 번 이상 들어갈 수 없음
• 앞뒤로 연속된 숫자를 사용할 수 없음
• 1, 3, 5번째 자리에는 3의 배수가 들어갈 수 없음
• 기존 비밀번호와 위치 및 숫자가 모두 일치하는 숫자를 사용할 수 없음

① # 버튼을 입력한 후 새로 등록할 비밀번호 '57140'을 입력하고 * 버튼을 입력한다.
② # 버튼을 입력한 후 새로 등록할 비밀번호 '23485'를 입력하고 키패드를 터치한다.
③ # 버튼을 입력한 후 새로 등록할 비밀번호 '35249'를 입력하고 다시 # 버튼을 입력한다.
④ # 버튼을 입력한 후 새로 등록할 비밀번호 '02571'을 입력하고 다시 # 버튼을 입력한다.
⑤ # 버튼을 입력한 후 새로 등록할 비밀번호 '33123'을 입력하고 다시 # 버튼을 입력한다.

15. D 공장에서 근무 중인 귀하에게 A~E 5개의 제품 납기 업무가 배정되었다. 업무 시작일은 3월 1일이며, 각 제품 납기 업무에 대한 업무 수임 순서와 업무처리소요일 및 업무 마감기한일은 다음과 같다. 각 제품 납기 업무의 수임은 3월 1일 이전에 이루어졌고, 업무처리 방식별 우선순위 결정을 근거로 판단한다고 할 때, 다음 중 옳지 않은 것은? (단, 업무는 휴일에 관계없이 계속 진행하며, 동시에 두 가지 업무를 수행할 수 없다.)

[제품 납기 업무별 수임 순서·업무처리소요일·업무 마감기한일]

구분	수임 순서	처리소요일	마감기한일
A 업무	4번째	4일	3월 14일
B 업무	3번째	7일	3월 19일
C 업무	2번째	2일	3월 7일
D 업무	1번째	5일	3월 10일
E 업무	5번째	10일	3월 23일

[업무처리 방식별 우선순위 결정]

- FIFO(First In First Out) 방식: 선입 선출 방식으로 수임 순서가 먼저인 업무 순서대로 처리하는 방식
- SPT(Shortest Processing Time) 방식: 최소 공정시간 방식으로 처리소요일이 짧은 작업 순서대로 처리하는 방식
- MST(Minimum Slack Time) 방식: 최소 여유시간 방식으로 마감기한일이 가장 빠른 순서대로 처리하는 방식

① MST 방식으로 업무처리를 하는 경우 마감기한일을 넘겨서 완료되는 업무는 1개이다.

② FIFO 방식으로 업무처리를 하는 경우 업무처리 순서는 'D-C-B-A-E' 순이다.

③ SPT 방식으로 업무처리를 하는 경우 3번째 순서로 처리하는 업무의 업무 종료일은 3월 11일이다.

④ FIFO 방식으로 업무처리를 하는 경우 SPT 방식으로 업무처리를 할 때보다 마감기한일을 넘겨서 완료되는 업무가 많다.

⑤ 모든 방식으로 업무처리를 하여도 마지막 업무의 업무 종료일은 동일하다.

16. 다음은 도별 경찰공무원 및 구급·구조대원 수와 주민등록 인구수에 대한 자료이다. 다음 중 자료에 대한 설명으로 옳은 것은?

[도별 경찰공무원 및 구급·구조대원 수]

(단위: 명)

구분	2018년		2019년		2020년	
	경찰공무원	구급·구조대원	경찰공무원	구급·구조대원	경찰공무원	구급·구조대원
경기	22,845	2,294	23,462	2,561	24,245	2,633
강원	4,231	1,149	4,258	1,274	4,389	1,302
충북	3,529	663	3,574	822	3,696	872
충남	4,871	975	4,627	1,183	4,702	1,218
전북	4,819	743	4,954	870	5,011	1,001
전남	5,342	1,025	5,464	1,055	5,539	1,146
경북	6,390	1,293	6,528	1,412	6,695	1,531
경남	6,774	1,330	6,961	1,409	7,122	1,491

[도별 주민등록 인구수]

(단위: 천 명)

구분	2018년	2019년	2020년
경기	13,077	13,240	13,427
강원	1,543	1,542	1,543
충북	1,599	1,600	1,601
충남	2,126	2,124	2,121
전북	1,837	1,819	1,804
전남	1,883	1,869	1,852
경북	2,677	2,666	2,639
경남	3,374	3,363	3,340

※ 출처: KOSIS(통계청@지역통계총괄과)

① 2020년 구급·구조대원 수가 가장 적은 지역과 2020년 구급·구조대원 수가 2년 전 대비 다른 지역에 비해 가장 적게 증가한 지역은 같다.

② 2020년 경기의 경찰공무원 1명당 주민등록 인구수는 2년 전 대비 감소하였다.

③ 2020년 전북과 전남의 경찰공무원 수는 각각 구급·구조대원 수의 5배 이상이다.

④ 2019년 구급·구조대원 수가 가장 많은 3개 지역의 순서는 경기, 경남, 경북 순이다.

⑤ 제시된 기간 동안 경찰공무원 수가 5,000명 이상인 지역의 수가 5개인 해에 경찰공무원 수가 5,000명 미만인 지역의 평균 경찰공무원 수는 4,300명 이상이다.

17. △△공단 NCS 기반 채용 직무기술서의 일부가 다음과 같을 때, 빈칸에 들어갈 말로 가장 적절하지 않은 것은?

채용 분야	사무			
분류 체계	대분류	중분류	소분류	세분류
	경영·회계·사무	01. 기획사무	01. 경영기획	01. 경영기획
능력 단위	( )			
직무수행내용	경영목표를 효과적으로 달성하기 위한 전략을 수립하고 최적의 자원을 효율적으로 배분하도록 경영진의 의사결정을 체계적으로 지원한다.			
필요지식	거시적 경제·사회 환경 동향, 전사 경영목표와 전략 방향, 인적·물적 자원 조달 가능성 검토 기준, 주식 거래 제도, 기업 가치 평가의 기본 개념, 전략적 제휴의 정의와 주요 유형, 재정회계법			
필요기술	프로젝트 관리 기법, 대외 홍보 기술, 회의 기획·진행 기술, 제안·발표 기술, 비즈니스 문서 작성 기술, 편성 기준 관련 규정 작성 기술, 기획서 작성 기술, 회계 계정·세목 분류 기술			
직무수행태도	전략적 관점에 입각한 환경분석 자세, 다양한 가능성을 검토하는 개방적 사고, 창의적 사고, 아이디어 창조 의지, 공정한 업무 수행 노력, 투명한 정보 공유의 자세, 원활한 의사소통을 하려는 자세, 목표지향적 사고, 주인의식과 책임감 있는 자세			
직업기초능력	의사소통능력, 수리능력, 문제해결능력, 자원관리능력, 대인관계능력, 조직이해능력			

① 사업별 투자 관리
② 이해관계자 관리
③ 직무 관리
④ 예산 관리
⑤ 경영 리스크 관리

18. 다음은 출퇴근버스 임차용역 공고문이다. 출퇴근버스 임차용역에 낙찰된 업체는 출퇴근버스 임차용역 공고에 의거하여 가능한 한 최저가격으로 입찰하였다고 할 때, 출퇴근버스 임차용역에 낙찰된 업체가 입찰한 가격은?
(단, 모든 금액은 원 단위 절사하여 계산한다.)

[출퇴근버스 임차용역 공고]

1. 공고개요
 – 추정가격: ₩233,181,450(부가가치세 제외)
 – 예비가격 기초금액: 추정가격에 부가가치세 10%를 합산한 금액
 – 용역기간: 20XX. 02. 01.~20XX. 12. 31.(11개월)
 – 용역내용: 별첨 임차용역 특수조건 참조

2. 입찰참가자격
 – 입찰참가등록 마감일 기준 국가를 당사자로 하는 계약에 관한 법률 시행령 제76조에 지정되지 아니한 업체
 – 입찰공고일 현재 여객자동차 운수사업법에 의거 전세버스 업종으로 여객자동차 운송사업을 등록한 업체
 ※ 위 자격 모두를 충족하는 업체에 한하여 입찰참가 승인이 되며, 입찰공고일 기준으로 등록취소, 휴업, 폐업, 업무정지 및 기타 행정관청의 행정처분을 받은 업체는 입찰에 참가할 수 없음

3. 입찰참가신청
 – 신청방법: 전자조달시스템에 접속하여 입찰참가신청
 – 입찰참가신청 시작일시: 20XX. 01. 11. 14:00
 – 입찰참가신청 마감일시: 20XX. 01. 17. 14:00
 ※ 입찰참가신청을 하기 위해서는 입찰참가신청 마감일 전일까지 전자조달시스템 입찰참가자격 등록규정에 의하여 전자조달시스템에 경쟁입찰참가자격 등록을 한 후 지정공인 인증기관의 인증서를 교부받아 입찰참가신청 마감일 전일까지 전자조달시스템에 회원등록을 하여야 하며, 회원등록을 마친 다음 입찰참가신청 마감일 전까지 입찰참가신청을 하여야 함

4. 입찰 및 개찰
 – 본 입찰은 전자입찰로만 집행하며, 전자입찰서는 반드시 한전 전자조달시스템에 접속하여 인터넷으로 제출하여야 함
 – 전자입찰서는 입찰참가신청을 한 자에 대하여 입찰집행관이 입찰참가신청 승인을 한 경우에 한하여 제출할 수 있음
 – 부가가치세 면세사업자인 경우에도 입찰금액은 반드시 부가가치세를 포함하여 제출하여야 하며, 제출된 금액은 부가가치세를 포함한 금액(공급가액 × 1.1)으로 간주되고, 부가가치세 면세사업자가 낙찰자로 결정된 경우 계약금액에서 부가가치세는 제외됨
 – 전자입찰서 제출 확인은 한전 전자조달시스템의 '업무지원'에서 확인 가능함
 – 입찰 시작일시: 20XX. 01. 17. 14:00
 – 입찰 마감일시: 20XX. 01. 19. 14:00
 – 개찰은 전자조달시스템에서 투찰 마감시간 경과 후 수동으로 개찰함

5. 낙찰자 결정방법
 – 예비가격 기초금액의 ±2%(예비가격 기초금액의 102~98%) 범위 내에서 서로 다르게 작성된 15개의 복수예비가격 중 응찰자가 투표한 결과 다수 득표 순으로 선정된 4개의 산출평균가격을 예정가격으로 하며, 예정가격 이하 낙찰하한가격 이상으로 입찰한 자 중 최저가격으로 입찰한 자 순으로 당해 용역 적격심사기준에 의거 심사하여 적격하다고 인정된 업체를 낙찰자로 결정함
 ※ 단, 낙찰하한가격은 예비가격 기초금액의 80.495%임

---

① 187,699,400원　　　② 206,469,340원　　　③ 228,517,820원
④ 233,181,450원　　　⑤ 251,369,600원

[19~20] 다음 글을 읽고 각 물음에 답하시오.

이산화탄소 포집 및 저장 기술은 대기 중으로 배출되어 지구온난화를 유발하는 주범인 이산화탄소 배출량을 줄이기 위해 포집, 즉 여러 가지 방법으로 일정한 물질 속에 있는 미량 성분을 분리하여 잡아 모아 바다 또는 땅속으로 묻는 기술로, 대량의 이산화탄소가 발생하는 발전소, 제철소 등의 산업 시설에 필요한 기술이다. CCS(Carbon Capture&Storage)로 불리기도 하는 이 기술은 화석연료를 전환하는 과정에서 배출되는 이산화탄소를 90% 이상 포집한 후 압축으로 인해 빈 곳이 생긴 유전이나 가스전, 대염수층에 주입하여 저장할 수 있다. 대용량의 이산화탄소를 고농도로 포집하는 이산화탄소 포집 기술은 크게 연소 전 포집 기술, 순산소 연소 기술, 연소 후 포집 기술로 구분된다.

먼저 비료나 화학, 기체 연료 또는 전력 생산에 폭넓게 적용되는 연소 전 포집 기술은 연소를 통해 이산화탄소가 생성되지 않도록 연소 전에 연료를 미리 처리해 이산화탄소를 포집하는 기술이다. 다시 말해 연료를 가스화시켜 합성가스인 수소와 일산화탄소를 생성한다. 이후 일산화탄소 연료를 수성가스 전환 반응을 통해 탄소를 포함하지 않는 수소 연료로 변환시킨다. 연소 전 포집 기술을 통해 연료가 전반적으로 수소 형태로 전환되기 때문에 연소 시 이산화탄소가 생성되지 않으며, 배기가스에 질소와 수증기만 존재하게 된다. 또한, 이 과정에서 생성되는 이산화탄소를 포집해 제거하는데, 고농도의 이산화탄소를 고압에서 포집하고 저압에서 회수하기 때문에 이산화탄소 분리가 수월하다는 장점이 있다.

다음으로 순산소 연소 기술은 연소 시 공기를 대신하여 산소를 사용하는 것으로, 공기 중의 산소와 질소를 분리하여 연소기에 순도 95% 이상의 고농도 산소만을 공급함으로써 연소 후 배출되는 가스 중 이산화탄소의 농도를 높이는 기술이다. 이때 배출되는 가스는 이산화탄소, 수증기, 입자성 물질, 이산화황으로만 구성되는데, 입자성 물질과 이산화황은 각각 전기집진기와 재래적인 배기가스 탈황 방법으로 제거하고 고농도의 이산화탄소만 배출되게 함으로써 별도의 분리 공정 없이 이산화탄소를 포집할 수 있는 기술이다. 이처럼 배기가스 내 이산화탄소의 농도가 높아 다른 기술과 달리 별도의 회수 기술을 적용하지 않아도 되며, 연소 효율까지 높일 수 있다는 장점이 있으나, 소비되는 에너지가 많은 공기 분리 방법을 통해 다량의 산소를 공급해야 하므로 비용이 많이 드는 기술이다.

마지막으로 연소 후 포집 기술은 흡수, 흡착제 분리막 등을 이용하여 배기가스 내의 이산화탄소와 질소를 분리하는 기술이다. 연소 과정에서 배출되는 배기가스의 이산화탄소를 적절한 용매에 포집하고, 포집된 이산화탄소는 이후 용매에서 분리되어 운반 및 보관을 위해 압축된다. 대기압 또는 저온에서 이산화탄소를 포집할 수 있는 이 기술은 다른 기술들과 비교하여 상용화할 수 있는 가능성이 높다는 장점이 있으나, 흡수제의 손실 및 에너지 비용 문제가 심각하며, 황산화물이나 질소산화물 등의 불순물을 포집 전에 제거해야 한다는 어려움이 있다. CCS 기술은 태양광이나 풍력발전 등의 신재생에너지처럼 이산화탄소 생성을 막아 지구온난화를 근본적으로 해결할 수 있는 방법은 아니나, 화석연료의 연소 과정에서 발생하는 이산화탄소를 대기 중으로 방출하기 전에 고농도로 포집하여 이산화탄소 저감 효과를 가져오는 가장 이상적인 방법으로 언급되고 있다.

19. 윗글의 주제로 가장 적절한 것은?

① 이산화탄소 포집 기술의 한계점

② 이산화탄소 포집 기술의 효율화 방안

③ 이산화탄소 포집 기술의 종류 및 종류별 원리와 장단점

④ 이산화탄소 포집 기술과 신재생에너지의 특징 비교

⑤ 이산화탄소 포집 기술의 개발 배경

20. 윗글을 통해 추론한 내용으로 가장 적절하지 않은 것은?

① 순산소 연소 기술을 적용하면 배출되는 이산화탄소의 농도가 높기 때문에 별도의 분리 공정 없이 이산화탄소를 포집할 수 있을 것이다.

② 연소 후 포집 기술을 적용하면 연소 전 포집 기술을 적용했을 때와는 달리 이산화탄소 포집을 고압에서 할 수 있을 것이다.

③ 연소 후 포집 기술은 연소 전 포집 기술과 순산소 연소 기술에 비해 상대적으로 상용화될 가능성이 높다.

④ 이산화탄소 포집 기술을 적용하면 대용량의 이산화탄소를 고농도로 포집하여 이산화탄소 배출량을 줄일 수 있다.

⑤ 연소 후 포집 기술을 적용하여 이산화탄소 배출량을 줄이기 위해서는 포집 전에 불순물을 제거해 주어야 한다.

21. 다음 통신장애 관련 상황별 이용자 행동요령을 토대로 판단하였을 때, 상황에 따라 귀하가 수행할 행동으로 가장 적절하지 않은 것은?

[통신장애 관련 상황별 이용자 행동요령]

통신장애 발생 전
1. 평상시에 휴대폰 충전기, 보조배터리 등 비상 전원 공급 장치의 보관 및 충전 상태를 확인하여 통신장애 발생 시 재난 문자, SNS 등을 통해 정보를 확인할 수 있도록 한다.
2. 특정 지역에 재난 발생 시 통화 폭주로 인한 일시적인 장애가 발생할 수 있으므로 공중전화, 인터넷 전화, SNS 등 다양한 대체 통신 수단의 활용 방법을 습득한다.
3. 가입된 통신망의 장애에 대비하여 공공 와이파이 이용 시설을 사전에 숙지한다.
※ 통신재난 시 통신 3사는 개별 와이파이망을 상호 개방하여 운영하고 있음
4. 정부의 통합 재난안전 포털 '안전디딤돌 앱'을 휴대폰에 설치한다.
※ 단, 데이터 접속 장애 시 휴대폰에 따라 이용이 어려울 수 있음
5. 데이터 접속 장애에 대비하여 휴대폰 테더링 기능을 숙지한다.
6. 휴대폰 통화 연결이 안 되어도 사용 가능한 긴급 전화번호를 인지한다.
※ 긴급 전화번호: 화재구조구급(119), 경찰서(112), 간첩신고(113), 밀수신고(125), 학교폭력신고 및 상담(117), 국정원(111), 해양재난신고(122), 사이버신고테러(118)
7. 재난으로 인한 통신 두절에 대비하여 가족 간 비상연락망을 사전에 공유한다.
8. 자영업자의 경우 통신장애 시에도 배달 전화, 카드 결제 등의 영업 행위를 유지할 방법을 숙지한다.

통신장애 발생 시
1. 갑작스러운 통신 두절 시 휴대폰 자가 진단을 시행한다.
– 전원을 끄고 다시 켜보기, 데이터 네트워크 설정 확인하기, 유심 분리 후 재장착하기 등
2. 휴대폰 자가 진단 후 초고속 인터넷과 IPTV가 정상 작동하는지 확인한다.
– 인터넷 연결선 접속 여부 확인, PC 및 셋톱박스 전원을 끄고 다시 켜보기, 지상파 TV 외부입력 모드로 전환 등
※ 통화 연결이 가능할 경우 각각 가입한 통신사업자별 고객센터로 장애 여부 확인
3. 자가 진단 후에도 휴대폰이 미작동하면 주위 다른 통신사 이용자가 있을 경우 타 통신사 이용 휴대폰의 작동 여부를 확인한다.
4. 휴대폰 미작동 시 주변에 다른 사람이 없는 경우 라디오, 지상파 TV, DMB 등을 통해 재난 여부를 확인하고, 인터넷에 접속할 수 있는 수단이 있는 경우 SNS 등을 통해 재난 정보를 공유한다.
5. 갑작스러운 긴급 상황 발생 시 휴대폰의 긴급 전화 기능을 활용한다.
– 이동통신서비스 가입 여부와 관계없이 중고 단말기, 미개통 단말기를 통해서도 이용 가능하며, 작동하지 않을 경우 유심 분리 후 통화 가능
※ 단, "긴급 전화" 목록의 "사용자 입력"은 이용자가 사전에 별도의 긴급 번호를 저장할 수는 있어도 통신장애 시에는 연결이 제한
6. 자영업자의 경우 통신장애 시 가입한 통신사를 통해 무선라우터, 무선결제기 등 대체 장비 긴급 지원 여부를 확인한다.
– 주위에 가까운 통신사 대리점을 방문하여 착신전환서비스 신청 및 가입한 카드사를 통한 ARS 결제 서비스 신청 후 이용

통신장애 복구 후
1. 일시적인 통화량 폭주에 대비하여 긴급하지 않은 연락은 가급적 문자메시지를 이용한다.
– 불필요한 음성통화는 지양하되, 통화 시 최대한 짧은 시간 안에 종료한다.
2. 최초 통화 연결이 원활하지 않을 경우 다음 통화 전까지 최소 10초 이상 대기 후 재발신한다.
3. 데이터 트래픽에 지장을 줄 수 있는 동영상, 음악 감상 등의 데이터 이용을 최대한 자제한다.
4. 장애 발생 통신사업자의 손해배상 및 기타 보상 여부에 대해 확인한 후, 피해 신청서 접수 등의 필요 사전 조치를 확인한다.

※ 출처: 방송통신위원회(2019-10-29 보도자료)

① 통신장애가 발생했을 때 갑작스럽게 위급한 상황에 처한 경우 휴대폰의 긴급 전화 기능을 활용하여 119에 신고하고 사전에 사용자 입력에 긴급 번호로 저장해 둔 가족들에게 소식을 알린다.

② 가입한 통신사의 통신장애 발생 시 공공 와이파이 이용 시설을 통해 타 통신사의 와이파이망을 사용하여 통신한다.

③ 통신장애가 복구된 후 시도한 첫 통화 연결이 제대로 되지 않는다면 바로 다음 통화를 시도하지 말고 10초 이상 대기 후 통화를 시도한다.

④ 통신장애 발생 시 자영업자의 경우 원활한 영업을 지속할 수 있도록 가입한 통신사를 통해 무선결제가 가능한 대체 장비를 지원받을 수 있는지 확인한다.

⑤ 통신이 갑작스럽게 끊길 때 바로 통신장애를 의심할 것이 아니라 본인의 휴대폰에 문제가 있는 것은 아닌지 먼저 자가 진단을 한다.

22. 다음은 국내 여권 수수료에 대한 자료이다. 다음 국내 여권 수수료를 근거로 판단한 내용으로 옳지 않은 것은?

[국내 여권 수수료]

종류	구분			수수료		국제교류 기여금	여권 발급 수수료
전자여권	복수여권	10년 (18세 이상)		58면	38,000원	15,000원	53,000원
				26면	35,000원		50,000원
		5년 (18세 미만)	만 8세 이상	58면	33,000원	12,000원	45,000원
				26면	30,000원		42,000원
			만 8세 미만	58면	33,000원	–	33,000원
				26면	30,000원		30,000원
		5년 미만(26면)		26면	15,000원	–	15,000원
	단수여권	1년 이내		15,000원		5,000원	20,000원
비전자여권	긴급여권	1년 이내	일반	48,000원		5,000원	53,000원
			친족 사망 또는 위독 관련 증빙 서류 제출 시	15,000원		5,000원	20,000원
기타	여행 증명서	스티커 부착식		23,000원		2,000원	25,000원
	남은 유효기간 부여 여권			58면	25,000원	–	25,000원
				26면			
	기재사항 변경			5,000원		–	5,000원
	여권 사실 증명	여권 발급 기록 증명서		1,000원		–	1,000원
		여권 발급 신청서류 증명서		1,000원		–	1,000원
		여권 사본 증명서		1,000원		–	1,000원
		여권 실효 확인서		1,000원		–	1,000원
		여권 정보 증명서		1,000원		–	1,000원

※ 1) 여권법 시행령 제6조에 따라 18세 이상인 사람이 복수여권을 신청할 경우에는 유효기간 10년의 여권이 발급되며, 기간 선택은 불가함
 2) 남은 유효기간 부여 여권은 유효기간이 남아 있는 여권의 소지자가 수록 정보 변경, 분실·훼손, 사증란 부족 등으로 새로운 여권을 발급받을 경우, 기존 여권에 대하여 남아 있는 잔여 유효기간만큼만 부여하여 발급받는 여권을 의미함
 3) 여권 발급 등에 관한 수수료에 포함되어 있는 국제교류기여금은 한국국제교류재단의 각종 국제교류, 공공외교 사업 및 운영을 위한 주요 재원으로 사용되고 있는 금액임
 4) 긴급여권은 긴급한 사유 등의 경우 발급 가능함

① 만 7세인 A가 복수여권을 발급할 경우 한국국제교류재단의 각종 국제교류, 공공외교 사업 및 운영을 위한 주요 재원으로 사용되는 국제교류기여금은 지불하지 않는다.

② 여권이 훼손되어 여권을 발급받고자 하는 B는 기존에 소지하고 있던 여권의 잔여 유효기간만큼만 유효기간을 부여하여 여권을 발급받을 수 있다.

③ 만 10세인 C가 유효기간 5년의 복수여권을 58면으로 신청하기 위해서는 여권 발급 수수료로 45,000원을 지불해야 한다.

④ 만 19세인 D는 여권법 시행령 제6조에 의해 유효기간 5년의 복수여권을 신청할 수 없다.

⑤ 친족이 위독하다는 관련 증빙서류를 제출한 E는 여권 발급 수수료 53,000원을 지불하고 긴급여권을 발급받았다.

23. 다음은 농가부업소득 중 비과세에 대한 일부 내용이다. 다음 글과 A 농민의 연간 농가부업소득을 근거로 판단할 때, A 농민의 과세 대상 소득은? (단, 축산에 있어서 가축별로 각각의 마리당 발생하는 소득은 동일하다.)

농가부업소득은 농어민이 농가에서 주업 이외에 소득을 보충하기 위해 부업으로 영위하는 축산·어로·양어·고공품 제조·민박·음식물 판매·특산물 제조·전통차 제조 및 그 밖에 이와 유사한 활동에서 발생한 소득을 의미한다. 정부는 농어민의 소득 증대를 지원하기 위해 농가부업소득 등 일정 부분에 대해서는 과세를 하고 있지 않다. 농가부업규모의 축산에서 발생하는 소득의 경우 [별표 1] 규모 이내의 사육두수에서 발생하는 소득은 전액 비과세하고, [별표 1]의 규모를 초과하는 사육두수에서 발생하는 축산부업소득과 기타 부업소득은 둘을 합하여 연간 1,200만 원까지 비과세한다.

[별표 1]

구분	사육두수
젖소	40마리
소	50마리
돼지	700마리
산양	300마리
면양	300마리
토끼	5,000마리
닭	15,000마리
오리	10,000마리

※ 농가부업규모는 가축별로 적용함

[A 농민의 연간 농가부업소득]

구분	사육두수	농가부업소득
젖소	52마리	52,000,000원
소	14마리	18,200,000원
돼지	753마리	387,795,000원
닭	9,840마리	47,724,000원
오리	10,182마리	52,640,940원

※ A 농민의 기타 부업소득은 없음

① 1,198,170원   ② 16,753,730원   ③ 28,235,940원   ④ 40,235,940원   ⑤ 52,128,800원

24. 다음 자료를 근거로 판단할 때, 다음 중 상품관리목록에 따른 상품별 바코드로 가장 적절하지 않은 것은?

바코드는 막대(Bar) 모양으로 생긴 부호(Code)라는 뜻으로, 굵기가 서로 다른 검은 막대와 흰 막대가 교차로 배열되어 있다. 바코드는 보통 13자리의 숫자로 구성되어 있으며, 처음 3개의 숫자는 국가 코드를, 그다음 4개의 숫자는 제조업체 코드를, 그다음 5개의 숫자는 상품 코드를, 마지막 1개의 숫자는 검증 코드를 나타낸다.

| 880 | 1011 | 02431 | 1 |
| 국가 코드(3자리) | 제조업체 코드 | 상품 코드 | 검증 코드 |

이때 13번째 자리에 위치한 검증 코드는 바코드가 정확히 구성되어 있는지 검증할 수 있는 숫자로, 앞의 12자리의 숫자를 이용해 구해지며, 계산 방법은 다음과 같다.

[바코드의 검증 코드 계산 방법]

1단계	13자리의 숫자 중 짝수 번째 자리에 위치한 숫자들을 모두 더한 값에 3을 곱한다.
2단계	검증 코드를 제외하고 홀수 번째 자리에 위치한 숫자들을 모두 더한다.
3단계	1단계의 값과 2단계의 값을 더한다.
4단계	3단계의 결괏값이 10의 배수가 되기 위해 더해야 하는 최솟값을 검증 코드로 결정한다.

[국가별 바코드 구성]

구분	한국		중국		홍콩		필리핀		프랑스	
국가 코드	880		695		489		480		310	
제조업체 코드	A 사	B 사	C 사	D 사	E 사	F 사	G 사	H 사	I 사	J 사
	3500	3600	6400	6600	5200	5300	1230	1330	2600	2700
상품 코드	가전	가구	가방	액세서리	신발	커피	건조식품	지갑	커피	신발
	05089	05056	09186	09146	06125	06465	07156	07466	13003	13356

[상품관리목록]

구분	국가	제조업체	상품
NO. 1	홍콩	E 사	신발
NO. 2	프랑스	J 사	신발
NO. 3	필리핀	G 사	건조식품
NO. 4	한국	A 사	가전
NO. 5	중국	D 사	액세서리

① NO. 1 − 4895200061250
② NO. 2 − 3102700133563
③ NO. 3 − 4801230071565
④ NO. 4 − 8803500050894
⑤ NO. 5 − 6956600091469

25. 다음은 일부 지역별 강수량 및 평균 기온에 대한 자료이다. 다음 중 자료에 대한 설명으로 옳지 않은 것은?

[일부 지역별 강수량]

(단위: mm)

구분	2016년	2017년	2018년	2019년	2020년
서울	991.7	1,233.2	1,284.1	891.3	1,651.1
부산	1,760.2	1,014.4	1,778.6	1,623.2	2,281.6
대구	1,227.3	663.7	1,297.6	995.7	1,244.9
인천	899.7	724.4	1,012.6	864.7	1,335.7
광주	1,482.3	936.6	1,427.9	1,085.9	2,027.0
대전	1,228.4	1,127.5	1,542.1	984.2	1,614.0
울산	1,693.9	671.4	1,416.1	1,450.1	1,557.9

[일부 지역별 평균 기온]

(단위: ℃)

구분	2016년	2017년	2018년	2019년	2020년
서울	13.6	13.0	12.9	13.5	13.2
부산	15.7	15.2	15.1	15.7	15.2
대구	14.6	14.4	14.1	14.8	14.5
인천	12.4	11.9	11.6	12.5	12.3
광주	15.0	14.6	14.6	14.7	14.5
대전	14.0	13.4	13.5	14.0	13.7
울산	14.8	14.5	14.3	14.9	14.6

※ 출처: KOSIS(통계청@지역통계총괄과)

① 제시된 지역 중 강수량이 1,000.0mm 미만을 기록한 지역의 수는 2017년과 2019년이 동일하다.

② 제시된 기간 동안 평균 기온이 가장 높은 지역은 매년 부산이다.

③ 2017년 이후 서울의 강수량과 평균 기온의 전년 대비 증감 추이는 서로 정반대이다.

④ 제시된 기간 동안 인천의 평균 기온이 12.0℃ 미만을 기록한 해들의 인천의 연평균 강수량은 865mm 미만이다.

⑤ 2020년 울산의 강수량은 2017년 대비 120% 이상 증가하였다.

26. 다음은 지역별 발전량을 나타낸 자료이다. 자료에 대한 설명으로 옳은 것은?

[지역별 발전량]

(단위: GWh)

구분	2014년	2015년	2016년	2017년	2018년
서울	799	769	874	842	641
경기	28,778	45,076	57,085	61,848	74,189
강원	10,011	8,067	10,599	20,878	30,981
충북	808	687	1,156	1,265	1,627
충남	122,695	114,085	114,486	134,952	129,632
전북	7,619	6,540	9,674	9,716	11,743
전남	77,493	78,461	69,055	66,048	60,066
경북	73,126	84,608	81,885	84,097	76,125
경남	75,685	58,740	58,253	55,566	53,192
제주	3,081	3,029	3,123	3,133	3,371

① 경북의 2014년부터 2018년까지의 평균 발전량은 80,000GWh 이상이다.

② 2017년과 2018년의 발전량이 높은 지역 순위는 서로 같다.

③ 2018년 강원의 발전량은 전년 대비 약 48.4% 증가하였다.

④ 충북의 발전량과 충남의 발전량의 매년 전년 대비 증감 추이는 서로 같다.

⑤ 2015년 서울의 발전량은 0.8MWh 이하이다.

27. 해외영업팀의 김 팀장은 지난해 국가별 제품 수출 현황을 토대로 올해 제품 수출 계획을 수립하고 있다. 지난해 국가별 제품 수출 현황과 제품 수출 우선 대상 국가 평가방법을 근거로 판단할 때, 제품 수출 우선 대상 국가에 선정되는 국가는?

[지난해 국가별 제품 수출 현황]

구분	성장 가능성			국가 경제 순위	제품 수출액
	시장규모(원)	판매 성장률	인구규모		
A 국	21,130억	7.8%	3,541만 명	87위	3,773백만 원
B 국	2,730억	8.3%	497만 명	65위	6,111백만 원
C 국	8,750억	8.9%	7,861만 명	78위	3,694백만 원
D 국	3,810억	11.2%	19,848만 명	96위	3,375백만 원
E 국	12,390억	6.7%	5,953만 명	59위	3,208백만 원

[제품 수출 우선 대상 국가 평가방법]

- 국가별로 종합 순위를 평가하여 종합 순위가 가장 높은 국가를 제품 수출 우선 대상 국가로 선정한다.
- 국가별 종합 순위는 국가별 종합 점수가 높을수록 높다.
- 국가별 종합 점수는 성장 가능성 점수를 40점 만점, 국가 경제 순위 점수를 30점 만점, 제품 수출액 점수를 30점 만점으로 하여 각 점수의 합계로 구한다.
- 성장 가능성 점수는 성장 가능성 평가가 가장 높은 국가에 40점, 가장 낮은 국가에 0점, 그 밖의 모든 국가에 20점을 부여한다.
- 성장 가능성 평가는 시장규모 점수와 판매 성장률 점수, 인구규모 점수의 합이 높은 순서대로 높게 평가하며, 시장규모 점수는 시장규모가 큰 순서대로 10점, 8점, 6점, 3점, 0점을 부여하고, 판매 성장률 점수는 판매 성장률이 높은 순서대로 10점, 8점, 6점, 4점, 2점을 부여하며, 인구규모 점수는 인구규모가 큰 순서대로 10점, 7점, 5점, 3점, 1점을 부여한다.
- 국가 경제 순위 점수는 국가 경제 순위가 가장 높은 국가에 30점, 가장 낮은 국가에 10점, 그 밖의 모든 국가에 20점을 부여한다. (단, 국가 경제 순위는 1위에 가까울수록 높음)
- 제품 수출액 점수는 제품 수출액이 가장 많은 국가에 30점, 가장 적은 국가에 0점, 그 밖의 모든 국가에 15점을 부여한다.

① A 국   ② B 국   ③ C 국   ④ D 국   ⑤ E 국

28. 국내 4대 시중은행에서 근무하고 있는 강 대리는 4차 산업혁명에 대응하는 기업의 경영전략을 수립하기 위해 마이클 포터의 산업구조 분석 모델(5 Forces model)을 통해 은행 산업 분석 보고서를 작성하고자 한다. 다음 분석 자료 중 국내 시중은행에 위협이 될 수 있는 요소로 가장 적절하지 않은 것은?

> ⊙ 금융시장에 진출한 핀테크 기업과 인터넷 전문은행이 기존 시중은행과 유사한 금융서비스를 제공함으로써 제 공자 간의 차별성이 낮다.
> ⓛ 그동안 4대 시중은행이 축적해온 거대한 자본조달능력과 지적재산은 신규 진입자들이 짧은 기간 동안 확보 불가능할 정도로 차이가 크다.
> ⓒ 기존 국내 4대 시중은행은 산업 내에서 차지하는 비중이 높지만 각각 비슷한 마켓쉐어를 보이며 강하게 경쟁 하고 있다.
> ⓔ 은행은 자금 수급에 있어 중앙은행과 금융당국의 정책에 크게 영향을 받으며, 공급자인 중앙은행은 금융시스 템 전반에 막대한 영향을 미치는 독점적인 공급력을 가진다.
> ⓜ 온라인 금리 비교 서비스를 통해 손쉽게 금융상품을 비교하여 한 곳과 거래하지 않고 금리에 따라 여러 은행 에서 거래하는 사람들이 늘어나고 있다.

① ⊙   ② ⓛ   ③ ⓒ   ④ ⓔ   ⑤ ⓜ

29. ○○회사 구매팀에 근무하는 귀하는 자재 A~E를 구매하기 위해 3개 상점의 가격 및 할인 정보를 조사하였다. A는 1개, B는 3개, C는 1개, D는 2개, E는 3개를 가장 저렴한 방법으로 구매할 때, 총 구매 비용은? (단, 자재를 모두 동일한 상점에서 구매할 필요는 없다.)

[상점별 자재 가격]

구분	A	B	C	D	E
가 상점	3만 원	4만 원	8만 원	3만 원	6만 원
나 상점	4만 원	5만 원	7만 원	4만 원	8만 원
다 상점	5만 원	4만 원	6만 원	4만 원	5만 원

※ 상점별 자재 가격은 자재 1개당 가격임

[상점별 할인 정보]

구분	할인 정보
가 상점	가 상점에서 45만 원 이상 구매 시 전 품목 20% 할인
나 상점	A를 구매한 고객에게 B, E를 50% 할인
다 상점	A~E를 각각 1개 이상씩 구매 시 8만 원 할인

① 34.0만 원 ② 35.0만 원 ③ 35.5만 원 ④ 36.4만 원 ⑤ 37.0만 원

30. 다음 문단을 논리적 순서대로 알맞게 배열한 것은?

가) 원자력발전은 화석연료를 대체할 수 있는 친환경 에너지라는 주목을 받으며 화려하게 등장했지만, 앞선 사고들과 같이 대규모 재난을 일으킬 수 있다는 위험성이 여러 차례 확인되며 사회적 신뢰를 다소 잃게 되었다. 원전에서 사용된 우라늄 핵연료는 고준위 방사성 폐기물로, 사용 후에도 수천 년에서 최대 수만 년 동안 방사능을 방출한다. 이로 인해 방사성 폐기물은 아주 오랜 기간 안전하게 보관 및 관리되어야 하고 폐로 과정에서도 수많은 비용과 시간이 소요될 수 있다. 따라서 원자력계는 원자력의 효용성뿐만 아니라 위험성을 비롯하여 정확한 정보를 시민들에게 공유함으로써 사회적 신뢰를 회복하고, 장기적으로는 안전성을 강화하는 방향으로 발전을 도모해야 한다.

나) 원자폭탄은 수많은 사상자를 내며 제2차 세계대전을 종식했다. 이후 1950년대에 들어서 원자력을 살상용 무기가 아닌 전력 생산 에너지원으로 사용하자는 움직임이 일어났다. 여러 연구 끝에 미국의 과학자 엔리코 페르미가 핵분열 연쇄반응과 제어 실험에 성공하였고, 세계 최초의 원자력발전소인 소련의 오브닌스크를 필두로 원전은 세계 각국으로 확산되었으며, 인류는 원자력 핵분열에너지를 동력으로 이용하기 시작했다.

다) 원전 사고의 원인이 내부에만 있는 것은 아니다. 가장 최근에 발생한 후쿠시마 원전 사고의 경우 동일본 대지진으로 인한 지진해일이 사건의 발단이었다. 지진해일이 직접적으로 피해를 준 것은 아니지만 지진해일로 인한 정전이 발생하여 원전 가동이 중단된 것이다. 설상가상 쓰나미로 비상 디젤발전기마저 정지되며 냉각수 공급 장치가 마비되었고, 냉각수 수위가 낮아져 노출된 핵연료봉이 용융되며 방사성 물질을 방출하였다. 이후 연료봉을 감싼 지르코늄 피복이 수증기와 반응하며 수소 가스가 발생하기에 이르렀다. 결국 수소 폭발로 인해 원자로 건물 외벽이 붕괴되며 방사성 물질이 대거 노출되었고, 원자로 노심마저 용융되어 방사성 물질 일부가 외부로 퍼져나갔다.

라) 원자력발전은 제3의 불로 여겨지며 에너지 혁명을 일으키리란 기대와 달리 스리마일섬 원전 사고를 기점으로 난관에 부딪치게 되었다. 원전 2호기의 주요 급수 펌프가 작동을 멈춘 것이 사건의 시발점이었다. 비상 노심 냉각장치가 작동하였으나 제어실의 운전원이 가압기 수치를 오인하여 비상 노심 냉각장치 작동을 서둘러 중단시켰다. 이는 냉각장치 파열로 이어져 원자로 노심이 외부로 노출되며 다량의 핵연료가 외부로 누출되었다. 다행히 직원들을 비롯한 주민들의 피폭 피해는 심각하지 않은 것으로 밝혀졌지만, 이 사고는 원자력발전소를 보유한 세계 각국에 원자력 누출사고의 심각성을 일깨우는 데 일조했다.

마) 원전 사고는 한 번으로 끝나지 않았다. 1986년 소련 체르노빌에서 가장 큰 피해를 일으킨 원전 사고가 발생한 것이다. 이른 새벽, 원전 4기에서 발생한 두 번의 큰 폭발로 인해 원자로와 원전 지붕이 파괴되었고, 방사성 물질이 유출되어 약 1km에 달하는 상공을 뒤덮었다. 원전 정지 상태에서 터빈의 관성을 이용한 전기 생산 가능성을 알아내려는 두 연구원의 미숙함이 그 원인이었다. 실험 과정에서 비상 냉각 시스템 중단을 비롯한 여러 결함이 존재했을 뿐 아니라, 감속재로 사용된 흑연이 함께 폭발하면서 방사성 물질의 대량 유출과 확산에 기여했다. 인근 주민의 대피와 지역 통제가 이어졌지만, 수백 명의 사망자가 발생하였고 정부의 늑장 대응과 사고 은폐 시도가 맞물려 사상 최악의 원전 사고로 남게 되었다.

① 가) – 나) – 라) – 마) – 다)

② 가) – 다) – 라) – 마) – 나)

③ 나) – 가) – 다) – 라) – 마)

④ 나) – 라) – 다) – 가) – 마)

⑤ 나) – 라) – 마) – 다) – 가)

[31-32] 다음은 정부의 신재생에너지 보급사업에 의해 추진되는 수력설비 설치 확인 지침서의 일부이다. 각 물음에 답하시오.

[수력설비 설치 확인 지침서]

1. 설치 확인 목적
   - 정부의 신재생에너지 보급사업에 의해 추진되는 수력설비에 대하여 설치 확인 기준에 따라 설비의 적정 시공 및 작동을 확인함으로써 안전하고 신뢰할 수 있는 수력설비를 보급하기 위함이다.

2. 수력설비 설치 확인 절차

구분	절차	주체	확인사항
1단계	설치 확인 신청	소유자	서면 검토, 현장 확인에서 부적합 판정을 받을 시 보완 후 설치 확인 재신청을 해야 함
2단계	서면 검토	신재생에너지센터	설치 확인 신청서, 첨부서류 등 검토
3단계	현장 확인		설비의 시공 상태, 작동 상태 등 현장 점검
4단계	설치 확인서 발급		–
5단계	해당 사업 보조금 신청	소유자	–

※ 1) 각 단계에서 적합 판정을 받아야 각 단계의 다음 단계로 진행됨
   2) 소유자 또는 시공자는 신재생에너지센터의 설치 확인자가 사전 서면 검토 또는 현장 확인을 수행하는 데 필요한 추가 자료 요청에 대해 성실히 제공해야 함

3. 수력설비 시공 시 준수사항

구분	준수사항
설치 위치	• 충분한 수량을 확보할 수 있는 곳에 설치해야 하며, 주변 환경에 영향을 최소화할 수 있는 곳에 설치해야 한다.
기초 콘크리트	• 콘크리트는 강도·내구성·수밀성을 가져야 하며, 시멘트는 품질이 균일한 것으로서 포틀랜드 시멘트 또는 이에 상응하는 것의 이상의 것을 사용해야 한다.
수차	• 최대 유효 낙차에서 발전기의 무부하 상태로 운전할 때의 최대 속도를 제시하고 보증해야 한다. • 모든 회전부는 최대 속도에서 1분 동안 안전하게 견딜 수 있어야 한다. • 효율은 현장인수시험을 기준으로 정격 유량, 정격 낙차에서 75% 이상이어야 하며, 변동 낙차 범위 내에서도 적정하게 유지되어야 한다. 다만, 정격 출력이 10kW 이하인 경우에는 50% 이상의 효율을 가져야 하며, 유량 측정이 불가능한 곳에서는 정격 낙차에서의 출력 확인으로 대신한다. • 수차, 주축 등 회전부와 고정부 사이에서 마찰이 발생하지 않아야 한다. • 수차 측 베어링의 온도를 검출할 수 있는 온도검출기가 설치되어 있어야 한다. • 헤드커버 위로 누수되는 물이 안전하게 배수될 수 있는 배관이 설치되어야 한다.
발전기	• 최대 무구속 속도에 견딜 수 있어야 한다. • 효율은 모든 부하영역에서 적정하게 유지되어야 하며, 발전기의 제작사가 제시하고 보증해야 한다. • 회전자는 수차의 최대 무구속 속도에 의해 가해지는 모든 기계적 응력에 견딜 수 있어야 하며, 평형이 정밀하게 유지되어야 한다. • 발전기의 고정자와 회전자 사이에 마찰이 발생하지 않아야 한다. • 발전기 측 베어링의 온도를 검출할 수 있는 온도검출기가 설치되어야 한다. • 고정자 온도를 감시할 수 있는 저항형 온도검출기가 상별로 설치되어야 한다.

부대설비	• 입구밸브는 최대 낙차 내 어떠한 유량에 대하여도 폐쇄할 수 있어야 하며, 최대 압력 상승에 대하여 안전해야 한다. • 입구밸브는 전원공급 상실 등 비상시 자동으로 닫힐 수 있도록 설치되어야 한다. • 작동유, 윤활유 등 오일 온도의 파열 발생 시 경보를 울릴 수 있는 온도감지센서가 설치되어야 한다. • 수압철관, 수차, 스파이럴케이싱 등 주요 부위의 표고가 설계 도면과 정확히 일치해야 한다.		
기타	• 수차 발전기의 제어설비에는 계기용 변류기, 계기용 변성기 및 기타 지시계기 등이 포함되어야 하며, 제어설비에 포함되는 전력량계 및 변성비 등은 전기설비기술기준에 따라야 한다. • 전기사업범위의 사용 전 점검 또는 사용 전 검사에 하자가 없도록 시설을 준공해야 한다.		
	명판	• 모든 기기는 용량, 제작자 및 그 외 기기별로 나타내어야 할 사항이 명시된 명판을 부착해야 한다. • 신재생에너지 설비 명판 설치 기준의 명판을 제작하여 발전기 주변에 부착해야 한다.	
	가동 상태	• 현장 확인의 경우 가동 상태에서는 수차, 발전기, 모니터링 설비가 정상적으로 가동하고 있어야 한다.	
	모니터링 설비	• 모니터링 설비 설치 기준에 적합하게 설치해야 한다.	
	운전교육	• 전문기업은 설비 소유자에게 소비자 주의사항 및 운전 매뉴얼을 제공해야 하며, 운전교육을 실시해야 한다.	
	기타	• 소유자는 설치 확인자가 요구하는 추가 서류 제출 요구에 대해 추가로 제출해야 할 서류를 준비한 후 설치 확인 신청 시 함께 제출해야 한다.	

31. 다음 중 신재생에너지센터에서 근무하는 수력설비 설치 확인자가 현장 검증에서 설비의 시공 상태를 확인하기 위해 해야 할 행동으로 가장 적절하지 않은 것은?

① 수력설비가 가동될 때 수차, 발전기, 모니터링 설비가 함께 정상적으로 가동되는지 확인한다.

② 정격 출력이 10kW 이하인 수력설비의 경우에는 정격 낙차의 75% 이상의 효율을 갖는지 확인한다.

③ 전원이 공급되지 않을 때를 대비하여 입구밸브가 자동으로 닫힐 수 있도록 설치되었는지 확인한다.

④ 발전기의 회전자가 수차의 최대 무구속 속도로 인한 기계적 응력을 견딜 수 있는지 확인한다.

⑤ 수력설비가 설치된 곳의 주변 환경을 점검하여 수력설비가 주변 환경에 주는 피해가 없는지 확인한다.

32. 다음 중 설비 시공자가 수력설비 시공 시 준수사항을 토대로 수력설비를 시공했다고 할 때, 시공자가 준수한 사항으로 가장 적절하지 않은 것은?

① 수력설비를 가동했을 때 발생할 수 있는 오일 온도 파열 문제에 대비하기 위하여 온도감지센서를 설치하였다.

② 수력설비 내 모든 기기에 용량, 제작자뿐 아니라 기기별로 나타내어야 할 사항이 기재된 명판을 부착하였다.

③ 수력설비의 수압철관, 수차, 스파이럴케이싱과 같은 주요 부위의 표고가 설계 도면과 정확히 일치하도록 시공하였다.

④ 기초 콘크리트 시공 시 포틀랜드 시멘트 수급이 어려워 포틀랜드 시멘트의 품질 이상의 것으로 대체하여 사용하였다.

⑤ 현장을 점검한 설치 확인자가 추가 서류 제출을 요구함에 따라 필요 서류를 구비하여 설치 확인 신청서를 다시 제출하였다.

33. 개발팀 소속 직원 가, 나, 다, 라, 마의 성과급은 전년도 근무 사항을 바탕으로 지급된다. 다음 중 개발팀의 성과급 지급에 관한 내용으로 옳은 것을 모두 고르면?

[전년도 근무 사항]

구분	기본급	지각 횟수	결근일	경영 평가 점수
가	1,650,000원	3회	없음	83점
나	1,720,000원	0회	1일	78점
다	1,800,000원	0회	없음	91점
라	1,680,000원	6회	1일	70점
마	1,580,000원	5회	3일	97점

※ 1) 종합 점수=경영 평가 점수-(5 × 결근일)
2) 지각 5회는 결근일 1일로 계산함

[성과급 지급 기준표]

종합 등급	A 등급	B 등급	C 등급	D 등급	E 등급
종합 점수	100~91점	90~76점	75~61점	60~16점	15~0점
성과급	전년도 기본급의 300%	전년도 기본급의 200%	전년도 기본급의 120%	전년도 기본급의 75%	전년도 기본급의 50%

※ 금번에 한해 종합 등급을 B 등급 받은 사람들은 전년도 기본급의 15%를 추가 성과급으로 지급함

ⓧ ㉠ 성과급을 전년도 기본급의 300% 받는 직원은 1명이다.
㉡ 종합 점수가 두 번째로 높은 직원의 성과급은 3,300,000원이다.
㉢ 결근일이 가장 많은 직원의 종합 점수는 경영 평가 점수보다 20점 낮다.
㉣ 라의 지각 횟수가 2회 적었다면 라의 성과급은 지금보다 756,000원 높았을 것이다.

① ㉠, ㉢   ② ㉡, ㉢   ③ ㉡, ㉣   ④ ㉠, ㉡, ㉣   ⑤ ㉠, ㉢, ㉣

34. 직장인을 대상으로 하는 경영학 수업을 수강 중인 선 과장은 이번 주 과제로 조직목표에 관한 리포트를 작성하고 있다. 선 과장이 작성한 리포트의 일부가 다음과 같을 때, 수정이 필요한 부분은?

강의명	경영학원론 저녁반	학생 이름	선○○

1. 조직목표의 개념

조직이 달성하려는 미래의 상태

2. 조직목표의 기능

조직목표는 조직이 존재하는 정당성과 합법성의 근거를 제공하여 조직이 나아갈 방향을 제시하며, 조직구성원의 의사결정 기준이자 업무 수행에 동기를 부여하는 역할을 한다. 또한, ① 각기 다른 업무를 하는 조직구성원 사이에 공통 목표를 제공함으로써 의사소통을 원활하게 만들어 조직의 손실을 최소화한다. 이외에도 조직구성원의 업무 수행 결과를 평가하는 기준, 조직구조 및 운영과정 등 조직체제를 구체화하는 기준으로도 작용한다. 한마디로 조직목표는 조직이 달성하고자 하는 미래의 상태와 현재 조직행동의 방향성을 결정하는 기능을 한다.

3. 조직목표의 특징

② 조직목표는 크게 공식적 목표와 실제적 목표로 구분되는데, 공식적 목표와 실제적 목표는 다를 수 있다. 공식적 목표는 조직의 사명을 제시하여 조직의 비전, 가치, 신념 등을 나타내고 조직이 존재하는 이유를 설명한다. ③ 운영목표라고도 불리는 실제적 목표는 조직이 실제 활동을 통해 이루고자 하는 목표를 측정할 수 있는 형태로 정리한 단기적인 목표를 의미한다.

조직목표 사이에는 위계적 상호 관계가 존재하며, 조직의 구성 요소와도 상호 관계를 갖는다. ④ 조직목표는 조직 내 모든 업무의 지표가 된다는 점에서 포괄적이고 추상적으로 제시할수록 더 높은 성과를 달성할 수 있다. 조직은 다수의 조직목표를 추구할 수 있는데, 조직목표는 다양한 원인에 의해 변화하기 때문에 가변적이다.

4. 조직목표 변화에 영향을 미치는 요인

내적 요인	조직 리더의 태도 변화, 조직 내 권력 구조의 변화, 조직 내 목표 형성 과정의 변화 등
외적 요인	경쟁 업체의 변화, 국내외 경제 정책의 변화 등

5. ⑤ 실제적 목표의 여섯 가지 영역

전체 성과	조직의 성장 목표	시장	시장점유율 및 브랜드 가치 향상
생산성	투입 자원 대비 산출량 향상	자원	조직에 필요한 자금·물자 확보
혁신과 변화	조직 내·외부 환경 변화에 대응	인력개발	조직구성원 관리

35. 다음은 2021년 1분기 거래 주체별 토지거래현황에 대한 자료이다. 다음 중 자료에 대한 설명으로 옳은 것은?

[전국 거래 주체별 토지거래현황]

(단위: 필지, 천 m²)

구분	1월		2월		3월	
	필지	면적	필지	면적	필지	면적
개인 → 개인	177,028	106,581	172,453	100,091	211,018	147,306
개인 → 법인	14,062	16,709	13,849	18,449	18,775	26,454
개인 → 기타	7,876	6,149	5,053	7,545	6,429	13,095
법인 → 개인	55,126	7,828	51,167	7,333	44,664	11,168
법인 → 법인	7,717	12,353	6,495	12,529	8,062	13,668
법인 → 기타	3,172	1,784	1,525	840	1,767	9,358
기타 → 개인	7,851	2,491	7,512	2,386	6,999	4,277
기타 → 법인	1,429	3,726	797	2,031	1,744	2,653
기타 → 기타	1,271	1,992	1,020	2,892	1,253	2,610
전체	275,532	159,613	259,871	154,097	310,711	230,588

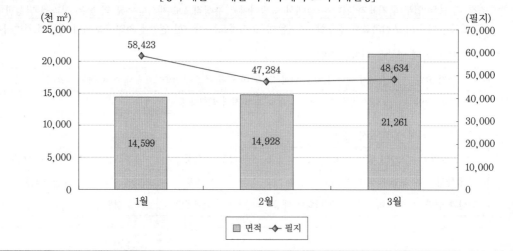

[경기 개인 → 개인 거래 주체의 토지거래현황]

※ 출처: KOSIS(한국부동산원, 부동산거래현황)

① 2월과 3월에 전국의 개인 → 개인 토지거래 필지와 면적은 모두 전월 대비 증가하였다.

② 3월 경기의 개인 → 개인 토지거래 필지는 전국의 개인 → 개인 토지거래 필지의 20% 미만이다.

③ 3월 경기의 개인 → 개인 토지거래 1필지당 면적은 400㎡ 이상이다.

④ 1월 전국의 토지거래 필지가 네 번째로 많은 거래 주체와 전국의 토지거래 면적이 네 번째로 넓은 거래 주체는 동일하다.

⑤ 제시된 기간 동안 전국의 토지거래 면적이 다른 거래 주체에 비해 가장 작은 거래 주체는 매월 법인 → 기타이다.

36. 다음 지문의 파이썬에 대한 설명으로 가장 적절하지 않은 것은?

파이썬이란 컴퓨터 언어의 일종으로, 컴퓨터가 알아들을 수 있는 기계어를 보다 쉽게 나타낼 수 있게 해주는 언어이다. 과거에는 0과 1을 활용한 기계어로 프로그래밍을 하였으나, 매우 복잡하고 어렵다는 이유로 더 쉬운 방법을 연구하였고, 그 결과 탄생한 것이 파이썬과 같은 프로그래밍 언어이다. 프로그래밍 언어 중 파이썬은 1991년 네덜란드 수학자 귀도 반 로섬에 의해 개발된 것으로, 소스 코드를 한 줄씩 해석하고 바로 실행하여 실행 결과를 즉시 확인할 수 있는 인터프리터 언어이다. 원래 파이썬의 사전적 의미는 고대 그리스 신화에 등장하는 뱀의 이름으로, 파이썬의 아이콘 모양이 뱀의 형상을 하고 있는 것도 이 때문이다. 그러나 귀도가 개발한 파이썬은 신화에 등장하는 뱀이 아닌, 자신이 좋아하는 코미디 프로그램의 이름을 따온 것이다.

사실 프로그래밍 언어에는 파이썬뿐 아니라 C, 자바, 자바스크립트 등 여러 가지가 있는데, 파이썬은 이 중에서도 가장 보편적으로 사용되고 있는 프로그래밍 언어이다. 파이썬이 가장 보편적으로 활용되는 이유는 파이썬이 인간의 사고 체계를 그대로 반영한 언어이기 때문에 사용이 쉽다는 데 있다. 다시 말해 사람이 대화하는 형식을 이용한 표현 구조 덕분에 소스 코드가 컴퓨터의 사고 체계가 아닌 인간의 사고 체계에 맞춰져 머릿속으로 생각한 대로 쉽게 써 내려갈 수 있다. 예를 들어 만약 1이 1, 2, 3, 4 중에 있으면 "1이 있습니다"를 출력하고자 할 때의 소스 코드는 if 1 in [1, 2, 3, 4]: print("1이 있습니다")가 된다.

이처럼 파이썬은 쉽고 간결한 사용이 가능하기 때문에 프로그램을 잘 모르는 초보자도 소스 코드의 의미를 직관적으로 해석할 수 있으며, 가장 좋은 1가지 방법만으로도 일을 처리할 수 있다. 파이썬 프로그래밍을 하는 사람들은 다른 사람이 작업한 소스 코드를 한 번에 이해할 수 있는 것도 이 때문으로, 프로그램의 공동 유지, 보수가 매우 편리하다는 것도 장점으로 꼽을 수 있다. 또한, 귀도가 파이썬의 소스 코드를 공개해 놓았기 때문에 누구나 별다른 제한 없이 자유롭게 사용 및 복제, 배포, 수정할 수 있어 사람들은 사용료 걱정 없이 언제 어디서든 무료로 파이썬을 사용하여 다양한 분야에 활용할 수 있다.

파이썬이 가진 이러한 많은 장점들로 인해 오늘날 인공지능이나 머신러닝에도 파이썬을 유용하게 활용하고 있으며, 개발자들 사이에서도 인기가 매우 높은 편이다. 그러나 일부 개발자들은 높은 인기에도 불구하고 파이썬이 일반적인 프로그래밍 언어로 크게 성장하지 못할 수도 있음을 우려하고 있다. 이는 속도가 느리다는 평가를 받기도 하며, 모바일 애플리케이션을 개발하는 환경에서 사용하기 힘들다는 단점이 있기 때문이다. 또한, 복잡하고 반복 연산이 많은 시스템 프로그래밍이나 하드웨어 제어와 같은 프로그램에는 활용하기 어려우며, 컴파일 시 타입 검사가 진행되지 않아 개발자가 실수할 가능성이 있다는 지적도 있다. 오늘날 파이썬이 높은 인기에도 불구하고 일부 개발자들 사이에서 기적과도 같은 일이라는 말이 나오는 것은 이와 같이 파이썬이 지닌 치명적 단점에 있다.

① 파이썬은 반복 연산이 많은 프로그램에는 사용이 어렵기 때문에 일반적인 프로그래밍 언어로 크게 성장하지 못할 가능성이 있다.

② 파이썬은 인간의 사고 체계보다 컴퓨터의 사고 체계에 적합한 표현 구조를 갖추고 있어 프로그래밍 언어로 주로 활용된다.

③ 파이썬은 누구나 사용료 걱정 없이 사용 및 복제, 배포, 수정을 자유롭게 할 수 있어 다양한 분야에 활용하기에 용이하다.

④ 인터프리터 언어는 소스 코드를 한 줄씩 해석하고 이를 즉시 실행하기 때문에 실행 결과를 바로 알 수 있는 언어를 말한다.

⑤ 파이썬은 간결한 소스 코드를 사용하기 때문에 프로그램을 잘 모르는 초보자도 소스 코드 해석을 수월하게 할 수 있다.

[37 – 38] 다음은 2050 탄소중립 대국민 아이디어 공모 안내문이다. 각 물음에 답하시오.

[2050 탄소중립 대국민 아이디어 공모 안내]

1. 목적
- ○○발전 탄소중립 실현 방안을 마련하고, 저탄소 기업 문화 구축을 위해 기후위기 인식 확산과 다양한 온실가스 저감방안을 발굴·추진하기 위함

2. 추진계획
- 주제: ○○발전 탄소중립 달성을 위한 2050 탄소중립 대국민 아이디어 공모
- 참여대상: 대한민국 국민 누구나 참여 가능
  ※ 개인 제출 건수 제한 없음
- 공모분야: 효율 개선, 자원순환, 탄소흡수원, 저탄소생활

공모분야	세부 주제 내용
효율 개선	• 기존 사업/설비 효율 개선을 통한 탄소중립 실현 　– 발전소 설비·공정 개선, 에너지 절감 등을 통한 온실가스 감축 아이디어 　– 바이오매스 등 탄소중립을 위한 신규 바이오연료 발굴 등
자원순환	• 발전 부산물, 폐기물 등 폐자원 재활용을 통한 탄소중립 실현 　– 발전소 운영 시 발생 부산물(석탄재 등)의 신규 재활용 방안 아이디어 　– 기존 매립, 소각 처리의 발전소 폐기물 재활용 방안 또는 기존 재활용 폐기물의 신규 재활용 방안 　　(대상: 폐합성수지, 폐촉매 등)
탄소흡수원	• 탄소흡수원 개발 및 활성화를 통한 탄소중립 실현 　– (산림 조성) 유휴지 조림, 지자체 등과 연계한 도시숲, 학교숲 조성, 숲 가꾸기 등 자구적인 탄소흡 　　수원 개발 아이디어 • 신재생발전, 에너지 효율화 등 온실가스 감축사업 아이디어
저탄소생활	• 기후위기 대응을 위한 일상생활 속 탄소중립 실천 아이디어

3. 심사 절차 및 기준

신청서 제출	→	사전 평가 및 실무진 검토	→	평가위원회 심사	→	최종 선정	→	결과 발표 및 시상
10. 6.~12. 3.		12월		12월		12월(예정)		다음 해 1월 (예정)

- 심사 절차: 1차 실무진 검토 후 평가위원회를 구성(위원장 포함 6인)하여 서류 심사 결과를 평가한 점수가 높은 순으로 선정
  ※ 아이디어 중복 여부 및 평가요소에 따라 심사, 응모작의 표절·도용·중복 여부 등 검증 시행 예정
- 심사기준: 탄소중립 아이디어에 대한 창의성, 효과성, 지속성, 실현 가능성 총 4개 항목 심사(100점 만점)

항목	배점	심사기준
창의성	20점	아이디어의 참신성, 차별성, 독창성 심사
효과성	25점	아이디어 수행 결과 기대되는 온실가스 감축 효과 및 이익 심사
지속성	25점	아이디어의 중장기적 추진 가능성 심사
실현 가능성	30점	현실적인 온실가스 감축 정책으로써 적용 가능성 심사

4. 시상내역 및 혜택

– 우수 아이디어 7작품을 선정하여 상금 지급

구분	시상내역	작품별 포상
최우수상	1명	300만 원
우수상	2명	100만 원
장려상	부문별 1명(총 4명)	50만 원
참가상	10명(추첨)	1만 원 상당 상품

※ 포상금에 대한 제세공과금은 포상금의 22%로 수상자 부담임

5. 제출서류 및 신청접수

– 신청기간: 10. 6.(수)~12. 3.(금)
– 접수방법: 전자메일 접수(friendly@ewp.co.kr, 접수마감일 18:00까지)
　　　　　　(파일명: 공모분야_이름)
– 신청서류: 참가신청서 1부 및 아이디어 제안서(4페이지 이내) 1부

6. 주의사항

– 1인당 여러 개의 아이디어 응모 가능(단, 유사 또는 중복 제안은 가장 먼저 제출한 아이디어를 포상 대상자로 선정함)
– 응모된 아이디어에 대한 저작권은 응모자에게 있으며, ○○발전은 수상작에 한하여 발표일로부터 1년 동안 복제·배포할 수 있으며, 향후 입상작에 대한 저작재산권(전부 또는 일부)을 양수할 필요가 있거나, 공모전 요강에 공고된 범위를 넘어 입상작을 이용할 경우, 저작자와 별도로 합의하여 정함
– ○○발전은 입상작을 사전에 고지한 목적 범위 내에서 회사가 관리하는 홈페이지, SNS 채널 등에 게재할 수 있음
– ○○발전은 비영리·공익적 목적으로 입상작을 복제·전송할 수 있고, 입상자와 별도의 합의를 통한 이용 허락을 얻어 2차적 저작물을 작성할 수 있음
– 다음의 경우는 심사대상에서 제외하고 기수상 시 수상을 취소하고 포상금을 환수 조치함
　1) 일반적으로 공지되었거나 이미 이용되고 있는 것
　2) 타 공모전 수상작, 유사작으로 판명된 경우
　3) 타인의 창작물을 표절, 복제한 경우
　4) 타인의 특허권, 실용신안권, 디자인권, 저작권 침해가 발견될 경우
　5) 특정 개인, 단체, 기업 등의 수익 사업 및 홍보와 관련된 사항

37. 위 안내문을 근거로 판단한 내용으로 옳지 않은 것은?

① 2050 탄소중립 대국민 아이디어 공모에 아이디어를 응모한 사람 중 10명은 추첨을 통해 1만 원 상당의 상품을 받는다.

② 일반적으로 이미 이용되고 있는 아이디어로 2050 탄소중립 대국민 아이디어 공모에 응모한 경우 심사대상에서 제외된다.

③ 2050 탄소중립 대국민 아이디어 공모분야는 효율 개선, 자원순환, 탄소흡수원, 저탄소생활 총 4가지 분야이다.

④ 2050 탄소중립 대국민 아이디어 공모 신청은 59일간 진행된다.

⑤ 2050 탄소중립 대국민 아이디어의 심사기준은 창의성, 효과성, 지속성, 실현 가능성 총 4개 항목으로 항목별 배점은 같다.

38. 2050 탄소중립 대국민 아이디어 공모에서 우수 아이디어로 선정되어 상금을 지급받는 경우, 세법상 기타소득으로 분류되어 기타소득세와 주민세를 포함하여 제세공과금을 납부하여야 하지만, 2050 탄소중립 대국민 아이디어 공모전은 다수가 경쟁을 하여 상금을 수상하므로 필요경비 80%를 인정받을 수 있어 총상금의 금액의 80%를 제외한 금액에 대해서만 제세공과금을 적용한다고 할 때, 최우수상과 장려상에 동시 선정된 입상자가 제세공과금을 제외하고 받게 되는 상금은?

① 218만 4천 원   ② 273만 원   ③ 286만 8천 원   ④ 288만 4천 원   ⑤ 334만 6천 원

39. 다음 글의 내용과 일치하지 않는 것은?

태양으로 에너지를 얻는 방법에는 크게 태양열 발전과 태양광 발전이 있다. 태양열 발전은 태양의 열을 이용하여 전기를 생성하는 방식이다. 집열판이 태양의 열을 받아 그 열로 물을 끓이게 되고 끓는 물의 증기가 코일과 자석이 설치되어 있는 터빈을 돌리는데, 태양열 발전은 이 터빈의 코일과 자석에 의해 전자기력이 발생하면서 전기를 얻는 방식이다. 그러나 태양열 발전은 발전 효율이 너무 낮다는 단점이 있다.

이와 달리 태양광 발전은 태양의 빛과 태양 전지를 이용하여 발전하는 방식이다. 전기의 도움 없이 광기전 효과를 적용하여 태양으로부터 오는 빛을 직접 전기에너지로 전환해 주는 발전 방식으로, 태양의 빛에너지를 전기에너지로 전환한다는 점에서 빛의 열에너지를 통해 발전하는 태양열 발전과는 구별된다. 태양광 발전은 금속 등의 물질에 빛을 내리쬐면 전자(-)를 방출하는 광전 효과를 이용하는데, 광전 효과를 통해 얻어 낸 전자를 한 방향으로 흐르게 하는 방법에 따라 반도체를 쓰는 실리콘계 태양 전지, 전도성 고분자를 쓰는 유기 태양 전지, 광촉매 특성을 이용한 염료감응형 태양 전지 등으로 분류된다.

대표적으로 실리콘계 태양 전지를 예로 들어 태양광 발전이 어떻게 이루어지는지 살펴보면, 실리콘계 태양 전지는 실리콘에 갈륨이나 인과 같은 물질을 합성하여 양공, 즉 구멍이 많은 P형 반도체와 실리콘에 안티몬이나 비소와 같은 물질을 합성하여 전자가 많은 N형 반도체가 접합되어 있는 형태로 만들어진다. 여기서 양공이란 전자가 빠져나간 구멍으로, 그 구멍이 양전하를 띠고 있는 것을 말한다. 양공이 많은 P형 반도체와 전자가 많은 N형 반도체가 접합되면 N형 반도체의 전자와 P형 반도체의 양공이 결합하게 되고, 자유 전자와 양공이 없어 전기가 전도되지 않는 공핍 영역이 발생한다. 이렇게 N형 반도체는 양극을 띠고, P형 반도체는 음극을 띠게 된다.

이렇게 N형 반도체는 양극을, P형 반도체는 음극을 띠는 상황에서 태양 전지가 빛을 받게 되면 광전 효과에 의해 양공에 들어가 있던 전자가 공핍 영역에서 튀어나오게 되고, 이로 인해 양극을 띠고 있던 N형 반도체로 전자가 모이게 되며 P형 반도체로는 양공이 모이게 된다. 이후 N형 반도체와 P형 반도체 사이에 전위차가 발생하게 되고, 여기에 전류가 흐를 수 있는 길을 만들어주면 N형 반도체에서 P형 반도체로 전류가 흐르게 된다. 결국 이 과정을 반복하면 전기에너지가 생성된다.

한편, 친환경적인 발전 방식이기 때문에 미래 에너지원으로 주목받고 있는 태양에너지에 관한 오해도 적지 않다. 먼저 태양에너지는 거의 무한하다고 보아 무한한 발전이 가능하다고 생각할 수 있으나, 태양광 발전은 해가 뜰 때만 발전할 수 있다는 단점이 있다. 이뿐만 아니라 햇빛이 강한 여름일수록 효율이 높을 것이라 생각하는 사람이 많으나, 여름보다 봄에 발전 효율이 더 높은 것으로 알려져 있다. 이는 온도 때문으로, 태양 전지는 25℃를 넘어가는 순간부터 효율이 낮아진다. 여름에는 낮이 길어 일조량이 봄보다 많지만, 높은 온도로 인해 오히려 발전 효율이 낮아지는 것이다.

이와 같은 문제를 해결하기 위해 태양광 패널의 열을 식히는 기술도 개발되고 있다. 가장 대표적인 방법으로 냉각수를 분사하는 방식이 있고, 육상보다 비교적 온도가 낮은 수상에서 태양광 발전을 하는 수상 태양광 발전도 연구되고 있다. 신재생에너지는 친환경적 발전 방식 정도도 중요하긴 하지만, 투입되는 비용 대비 얼마나 효율적으로 에너지를 생산해 낼 수 있는지가 관건이라 할 수 있다. 태양광 발전이 화석에너지를 대체하기 위해서는 효율이 더욱 높아져야 하고, 비용 또한 더욱 낮아져야 할 것이다.

① 태양광 발전은 태양의 빛을 이용해 전기에너지를 생산해야 하기 때문에 사계절 중 여름에 발전 효율이 가장 높다.

② 실리콘계 태양 전지의 P형 반도체는 실리콘에 갈륨이나 인과 같은 물질을 합성하기 때문에 양전하를 띠고 있는 구멍이 많다.

③ 태양열 발전은 태양의 열을 이용하여 터빈을 돌림으로써 터빈의 코일과 자석에 의해 발생한 전자기력으로 발전하는 방식이다.

④ 태양광 발전은 금속에 빛을 쬐게 되면 전자를 방출하는 현상인 광전 효과를 활용한 발전 방식이다.

⑤ N형 반도체와 P형 반도체 사이에 발생한 전위차에 전류가 흐를 수 있는 통로가 생기면 N형 반도체에서 P형 반도체 방향으로 전류가 흐른다.

[40-41] 다음은 택배배송 업체 K 사의 직원들이 배송 물품 분류를 원활하게 하기 위한 컨베이어 벨트 시스템 관리 시 사용하는 시스템 상태 및 조치에 관한 자료이다. 각 물음에 답하시오.

[시스템 항목별 세부사항]

항목	세부사항		
Index @x@ for Factor ##	• 오류 발생 위치: @와 @ 사이 자리에 위치한 숫자 x • 오류 유형: ##의 자리에 위치한 숫자		
Error Value	• 오류 발생 위치가 오류 유형에 포함: 오류 유형에 해당하는 숫자를 순서대로 나열 • 오류 발생 위치가 오류 유형에 미포함: 오류 유형에 해당하는 숫자를 거꾸로 나열 • Final Error Value: System Error Type에 따라 Error Value 값을 이용하여 산출하는 최종 오류 값		
System Error Type	• Final Error Value 값에 영향을 미치는 요소		
	항목	세부사항	적용 방식
	DLA-15	시스템 오류 정도 및 처리 우선순위 높음	모든 Error Value 값의 합을 Final Error Value 값으로 지정
	SAP-13	시스템 오류 정도 및 처리 우선순위 낮음	모든 Error Value 값 중 가장 큰 값을 Final Error Value 값으로 지정
System Back-Up	• Final Collecting Value 값에 영향을 미치는 요소		
	항목	세부사항	적용 방식
	A-11	시스템 Back-Up 우선순위 높음	Collecting Value 값에 2를 곱한 값을 Final Collecting Value 값으로 지정
	B-11	시스템 Back-Up 우선순위 낮음	Collecting Value 값을 그대로 Final Collecting Value 값으로 지정
Final Collecting Value	• Final Error Value를 구성하는 숫자와 대조하여 시스템 상태 판단		

[시스템 상태별 판단 기준 및 입력 코드]

시스템 상태	판단 기준	입력 코드
안전	Final Error Value 값을 구성하는 숫자가 Final Collecting Value 값에 모두 포함되어 있는 경우	EHJKB
주의	Final Error Value 값을 구성하는 숫자가 Final Collecting Value 값에 1개 포함되어 있는 경우	OKEUA
경고	Final Error Value 값을 구성하는 숫자가 Final Collecting Value 값에 2개 포함되어 있는 경우	LQXRP
위험	Final Error Value 값을 구성하는 숫자가 Final Collecting Value 값에 3개 포함되어 있는 경우	ECMOP
정지	Final Error Value 값을 구성하는 숫자가 Final Collecting Value 값에 모두 포함되어 있지 않은 경우	SMAER

[시스템 오류 확인 절차 예시]

Checking Error threat… Error founded in Index @4@ for factor 264… ㉠ Error founded in Index @6@ for factor 852… ㉡ Error founded in Index @2@ for factor 576… ㉢ Checking errors… System Error Type is DLA−15 System Back−Up is B−11 Collecting Value is 7249 Input Code: LQXRP	**[절차 1]** Error Value 값 산출 ㉠: 264, ㉡: 258, ㉢: 675 **[절차 2]** Final Error Value 값 산출 System Error Type이 DLA−15이므로 Final Error Value 값은 264 + 258 + 675 = 1197이다. **[절차 3]** Final Collecting Value 값 산출 System Back−Up이 B−11이므로 Final Collecting Value 값은 7249이다. **[절차 4]** 시스템 상태 판단 및 코드 입력 Final Error Value 값(1197)을 구성하는 숫자가 Final Collecting Value 값(7249)에 2개 포함되어 시스템 상태는 '경고'이므로 입력할 코드는 'LQXRP'이다.

40. 다음 시스템 상태에서 입력될 Solution Code로 가장 적절한 것은?

Checking Error threat…
Error founded in Index @1@ for factor 482
Error founded in Index @5@ for factor 725
Error founded in Index @9@ for factor 397

Checking errors…
System Error Type is SAP−13
System Back−Up is A−11
Collecting Value is 509

Solution Code: (   )

① EHJKB   ② OKEUA   ③ LQXRP   ④ ECMOP   ⑤ SMAER

41. 다음 시스템 상태에서 입력될 Solution Code로 가장 적절한 것은?

Checking Error threat…
Error founded in Index @8@ for factor 925
Error founded in Index @3@ for factor 184
Error founded in Index @7@ for factor 372

Checking errors…
System Error Type is DLA−15
System Back−Up is B−11
Collecting Value is 4589

Solution Code: (   )

① EHJKB   ② OKEUA   ③ LQXRP   ④ ECMOP   ⑤ SMAER

42. 다음 글을 통해 추론한 내용으로 가장 적절하지 않은 것은?

> 일반적으로 제품의 가격 변동은 양면적인 효과를 일으킨다. 이를 이해하기 위해서는 우선 명목소득과 실질소득의 정의를 구분할 필요가 있다. 명목소득은 측정 시점의 화폐액을 기준으로 나타낸 소득으로, 물가 변동에 크게 영향을 받는다. 반대로 실질소득은 명목소득에서 물가 변동분을 제외한 소득으로, 물가 변동에 영향을 받지 않아 실질적인 구매력을 나타낸다. 그렇다면 실질소득이 불변한다는 전제하에 고정적인 명목소득으로 X재와 Y재를 소비할 때, Y재의 가격은 변함이 없지만 X재의 가격이 하락한다면 소비자의 심리에는 어떤 변화가 나타날까? 두 재화의 절대적인 가격과는 무관하게 X재의 가격 하락으로 인해 Y재는 가격 변동이 없더라도 상대적으로 비싸게 인식되는 반면, X재는 상대적으로 저렴하게 인식될 것이다. 이처럼 두 재화 중 어느 하나의 가격이 내려가면 상대적으로 고가가 된 재화로부터 상대적으로 저가가 된 재화에 대한 대체 수요가 유발될 수 있다. 이에 따라 가격이 하락한 재화의 구매량은 증가하고, 상대적으로 비싸진 재화의 구매량은 감소하는 효과를 대체효과라고 한다. 한편 재화 간 상대가격이 변하지 않은 상태에서 특정 재화의 절대가격 변동으로 인해 실질소득이 변화하여 재화 구매량에 영향을 미치는 것을 소득효과라고 한다. 일반적으로 재화의 절대가격이 하락한 만큼 구매력이 상승하게 되므로 실질소득의 증가에 따른 수요 증가와 동일한 효과를 보인다. 실제로 대체효과에서 상대가격과 구매량의 변동은 제품의 성격과 관계없이 늘 반대 방향으로 움직인다. 즉, 상대가격이 하락한 제품의 구매량은 상승하고, 상대가격이 상승한 제품의 구매량은 하락하므로 대체효과는 언제나 상대가격과 구매량 간 음의 관계가 성립한다. 그러나 소득효과는 제품의 성격에 따라 다른 양상으로 나타난다. 실질소득이 증가함에 따라 제품 구매량이 증가하는 양의 소득효과가 일반적이지만, 실질소득이 증가할 때 구매량이 감소하는 음의 소득효과를 보이는 제품도 존재한다. 전자를 정상재, 후자를 열등재라고 한다. 다만, 열등재는 상대적인 관점에서 판단하기 때문에 특정 제품이 항상 열등재로 고정된 것은 아니다.

① 한 통에 만 원이었던 수박이 반값에 판매되어 만 원에 두 통을 구매했다면 소득효과가 발생한 것이다.

② 버터가 마가린보다 저렴해져 버터 수요가 늘고 마가린 수요가 줄어든 것은 대체효과가 발생한 것이다.

③ 금 시세 하락으로 인해 소비자 구매력이 높아져 금 수요가 함께 증가한다면 금은 정상재에 해당한다.

④ 한우 가격 폭락으로 인한 구매력이 상승하는 효과는 실질소득이 증가하여 수요가 늘어난 것과는 다르다.

⑤ 측정 시점의 화폐액을 기준으로 하는 명목소득은 물가 변동에 영향을 크게 받는다.

43. ○○서비스센터에서 근무하는 귀하는 지역별 서비스 만족도 점수를 비교하기 위해 지난 한 달간 서비스를 제공받은 고객들의 정보를 정리하고 있다. 강원 지역에 거주하는 고객의 서비스 만족도 점수를 구하고자 할 때, 귀하가 [H2] 셀에 입력할 함수식으로 가장 적절한 것은?

	A	B	C	D	E	F	G	H
1	일련번호	이름	거주 지역	구입 상품	서비스 만족도		거주 지역	서비스 만족도
2	1	엄진호	충북	세탁기	9점		강원	
3	2	조효윤	경북	건조기	6점			
4	3	백훈식	경남	에어컨	9점			
5	4	고영수	충남	냉장고	10점			
6	5	최성태	충북	세탁기	5점			
7	6	이영원	경북	냉장고	9점			
8	7	장지영	경기	전자레인지	8점			
9	8	박훈태	충남	건조기	10점			
10	9	양윤호	경기	냉장고	10점			
11	10	신종대	경기	세탁기	9점			
12	11	엄기석	충남	에어컨	9점			
13	12	윤정은	경남	전자레인지	7점			
14	13	김기석	경북	냉장고	8점			
15	14	최윤용	강원	건조기	10점			
16	15	박사은	충북	건조기	7점			
17	16	이윤두	충남	세탁기	8점			
18								

① = LOOKUP(G2, A2:E17, 5, 0)

② = VLOOKUP(G2, B2:E17, 4, 0)

③ = VLOOKUP(G2, C2:E17, 3, 0)

④ = HLOOKUP(G2, B2:E17, 3, 0)

⑤ = HLOOKUP(G2, C2:E17, 5, 0)

44. 다음은 2020년 분기별 장애인 취업자 및 구직자 수 현황이다. 다음 중 자료에 대한 설명으로 옳지 않은 것을 모두 고르면?

[지역별 장애인 취업자 및 구직자 수 현황]

(단위: 명)

구분	1분기		2분기		3분기		4분기	
	취업자 수	구직자 수	취업자 수	구직자 수	취업자 수	구직자 수	취업자 수	구직자 수
서울	1,564	2,596	1,812	2,248	2,028	2,209	2,309	2,521
경기	2,813	4,541	2,308	3,909	3,518	4,037	3,064	4,591
인천	673	1,154	538	931	698	931	806	1,124
강원	233	544	452	561	382	534	542	560
충북	561	587	335	495	501	624	365	590
대전	512	572	314	510	443	545	339	544
세종	44	99	68	59	74	80	34	66
충남	431	632	433	534	487	595	628	937
전북	440	676	382	595	484	635	513	684
광주	511	617	233	502	381	563	488	594
전남	436	724	383	430	389	490	362	498
대구	372	893	357	793	583	745	691	857
경북	477	870	378	677	507	687	747	872
부산	485	1,239	558	1,130	1,068	1,263	958	1,309
경남	532	1,074	734	916	870	1,010	865	1,110
울산	414	482	152	408	284	388	450	509
제주	105	220	122	213	216	156	245	224

[전국 장애인 취업자 및 구직자 수 현황]

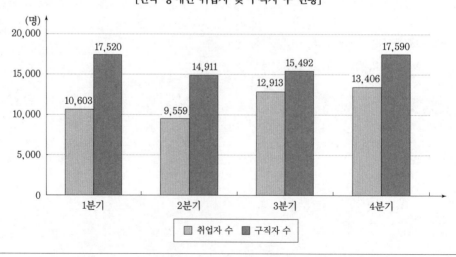

※ 출처: KOSIS(한국장애인고용공단, 장애인구인구직및취업동향)

㉠ 1분기 대비 4분기에 장애인 취업자 수가 증가한 지역은 총 11개 지역이다.

㉡ 제시된 기간 중 서울의 장애인 취업자 수가 처음으로 2,000명 이상인 분기의 전국 장애인 취업자 수는 장애인 구직자 수의 80% 미만이다.

㉢ 제시된 기간 동안 매 분기 장애인 구직자 수가 1,000명 이상인 지역의 1분기 장애인 취업자 수의 평균은 1,600명 이상이다.

㉣ 2분기 이후 전국의 장애인 취업자 수와 구직자 수의 직전 분기 대비 증감 추이는 동일하다.

① ㉠, ㉡   ② ㉠, ㉣   ③ ㉡, ㉢   ④ ㉠, ㉡, ㉢   ⑤ ㉠, ㉡, ㉣

---

45. 귀하는 조직도를 바탕으로 자사와 경쟁사의 조직구조를 파악하는 과제를 받았다. 다음 중 두 조직구조에 대해 파악한 내용으로 가장 적절하지 않은 것은?

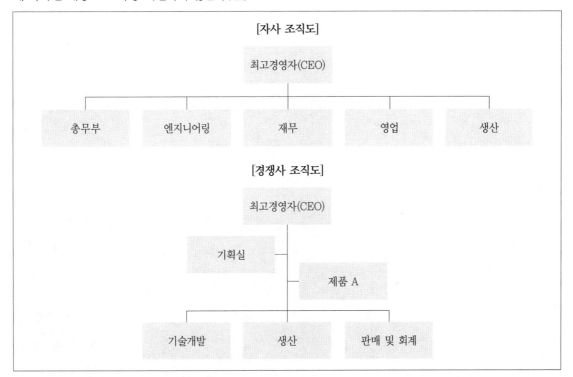

① 자사의 조직구조는 일상적인 기술을 사용하거나 조직의 내부 효율성을 제고하고자 할 때 효과적이야.

② 경쟁사의 조직구조는 자사의 조직구조보다 기능 부서 내 규모의 경제효과가 낮을 가능성이 높아.

③ 자사는 사업별로 조직이 구성되어 있기 때문에 급변하는 환경 변화에 효과적으로 대응할 수 있어.

④ 자사의 조직구조는 각 부서의 업무 내용 및 기능의 유사성을 기준으로 결합되어 있음을 알 수 있네.

⑤ 경쟁사는 개별 제품이나 프로젝트에 따라 조직화되어 있어 분권화된 의사결정이 가능하겠구나.

46. 미술을 전공하는 윤진이는 다음 제작할 작품의 소재를 얻기 위해 오전 9시에 집에서 출발해 A, B 미술관을 차례로 관람하고 집에 돌아오고자 한다. 이동 구간별로 버스, 지하철, 택시를 한 번씩 이용했을 때, 집으로 최대한 빠르게 돌아올 수 있는 대중교통 이용 순서는? (단, 각 미술관에서 1시간씩 관람한다.)

[대중교통별 소요 시간]

구분	집에서 A 미술관	A 미술관에서 B 미술관	B 미술관에서 집
버스	1시간 20분	2시간 20분	2시간
지하철	1시간 10분	1시간 30분	1시간 20분
택시	50분	1시간	55분

※ 오전 9시부터 오전 11시는 러시아워로 다른 시간대보다 버스와 택시의 소요 시간이 50% 증가함

① 버스 – 지하철 – 택시

② 버스 – 택시 – 지하철

③ 지하철 – 택시 – 버스

④ 지하철 – 버스 – 택시

⑤ 택시 – 지하철 – 버스

47. 다음 글을 읽고 ㉠~㉢에 들어갈 말을 순서대로 나열한 것은?

> 조직의 경영전략이란 변화하는 내·외부 환경에 적응하기 위해 경영활동을 체계화한 것이다. 조직의 경영전략은 목표 달성을 위한 수단으로 사용되어야 하며, 모든 조직구성원은 목표 달성에 기여하기 위해 조직의 경영전략을 명확하게 이해해야 한다. 대표적으로 경쟁 우위와 경쟁 영역을 기준으로 분류한 마이클 포터의 본원적 경영전략 중 첫 번째 유형은 (㉠)이다. 해당 전략은 경쟁사의 제품과 동일한 제품을 판매할 때 자사의 제품 가격을 낮추는 전략이다. 가격 우위를 통해 자사의 경쟁력은 강화하고, 경쟁사의 경쟁력은 약화하는 효과가 있다. 두 번째 유형은 (㉡)이다. 해당 전략은 경쟁 제품과 뚜렷하게 구분되는 특징을 창조하여 경쟁 우위를 달성하는 것을 목표로 한다. 특히 독특함에 대해 기꺼이 프리미엄을 지불하는 고객들의 성향에 의해 상대적으로 높은 수익성을 얻을 수 있다. 마지막 유형은 (㉢)이다. 해당 전략은 제품, 고객, 지역 등을 한정하여 기업의 자원을 집중적으로 투입하는 전략이다. 전체 시장을 겨냥하는 다른 전략과는 달리 특정 시장만을 대상으로 경쟁하기 때문에 경쟁하는 기업이 적어 전면적 경쟁에서 불리하거나, 보유 자원이 부족한 기업에 적합한 전략이다.

① 차별화 전략 – 원가 우위 전략 – 집중화 전략
② 차별화 전략 – 집중화 전략 – 원가 우위 전략
③ 원가 우위 전략 – 차별화 전략 – 집중화 전략
④ 원가 우위 전략 – 집중화 전략 – 차별화 전략
⑤ 집중화 전략 – 차별화 전략 – 원가 우위 전략

48. 다음은 연도별 및 2019년 계절별 산불 발생 건수를 나타낸 자료이다. 자료에 대한 설명으로 옳지 않은 것은?

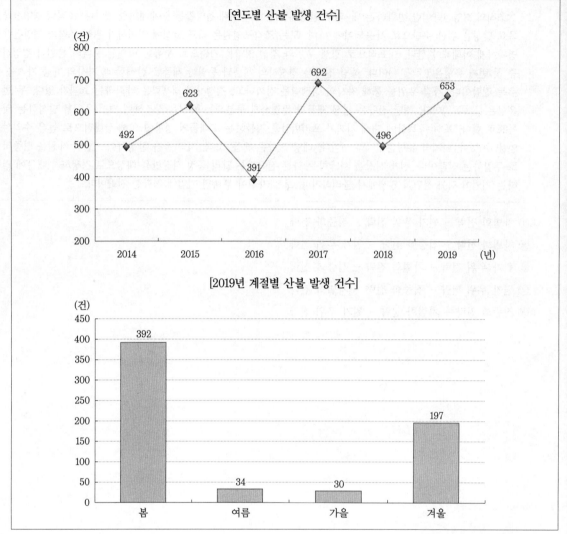

※ 출처: KOSIS(산림청, 산불통계)

① 2019년 봄에 발생한 산불 발생 건수는 같은 해 여름에 발생한 산불 발생 건수의 약 11.5배이다.

② 2016년 산불 발생 건수의 전년 대비 감소율은 약 59.3%이다.

③ 2015년 이후 산불 발생 건수의 전년 대비 증감 추이는 매년 증가와 감소를 반복한다.

④ 2019년 전체 산불 발생 건수에서 겨울에 발생한 산불 발생 건수가 차지하는 비중은 약 30.2%이다.

⑤ 제시된 기간 중 2014년보다 산불 발생 건수가 많은 해는 총 4개 연도이다.

49. 정부에서는 실험실의 사고 발생을 예방하고자 실험실에서 확인해야 하는 단계별 안전 수칙에 관해 자료를 제작하여 배포하였다. 다음 안전 수칙을 기준으로 판단할 때, 실험실의 사고 발생을 예방하고자 반드시 확인해야 할 사항으로 가장 적절하지 않은 것은?

[실험 단계별 안전 수칙 확인 사항]

구분	안전 수칙 확인 사항
준비 단계	• 실험에 사용될 화학물질은 물질안전보건자료와 인터넷 검색을 통해 독성과 위험성을 미리 파악한다. • 자주 사용하던 시약이라 할지라도 물질에 따른 반응성, 농도별 특성, 사용 제한 용량 등을 확인하여 매번 확인할 수 있도록 한다. • 다음으로 수행할 실험 과정을 머릿속으로 정리하며 단계별 위험 요소가 있는지 체크하고, 불필요한 기물, 이전 실험의 잔여물은 깨끗이 정리한다. • 마지막으로 안전 도구를 점검하고 비상 상황에 대비해 실험실의 출입문을 개방해 놓는다.
실험 단계	• 실험실 사고의 대부분은 화재, 폭발, 누출에서 비롯되고 이로 인해 질식, 화상, 창상 등의 피해를 입을 수 있으므로 개인 보호 장구를 착용해야 한다. • 실험용 보안경은 물리적 충격을 견뎌낼 수 있도록 강성 플라스틱 소재로 제작되어 있는지 확인한다. • 실험 시 보안경 내를 밀폐시켜 기화된 유독물질의 침투를 막아 안구 표면의 손상을 예방할 수 있도록 밀폐형 보안경을 착용해야 한다. • 콘텍트 렌즈의 경우 렌즈 밑에 가스나 증기가 농축되어 안구에 치명적인 피해를 입을 수 있으므로 보안경을 대신해 안경이나 콘텍트 렌즈를 착용하는 일이 없도록 한다. • 실험복은 실험실 내에서 묻은 화학물질이 외부로 유출되거나 외부에서 옷에 묻은 물질이 실험실 내를 오염시키는 것을 예방하므로 실험 과정에서는 실험복을 착용하도록 한다. 이때, 면 소재의 실험복은 나일론 계열의 소재에 비해 불이 잘 옮겨붙지 않고, 반응성도 적어 크고 작은 사고에서 연구자의 피부를 보호하는 역할을 하므로 면 소재로 만들어진 실험복을 착용하도록 한다. • 실험 진행 시 손동작이 자유로워야 한다면 착용감이 좋은 폴리에틸렌 장갑을 사용한다. • 강산이나 부식성이 강한 화합물을 다룰 때는 보호층이 두꺼운 합성 고무장갑을 사용하도록 하며, 이때 용액에 직접 손을 넣어야 하는 경우라면 사전에 공기나 물을 넣어 새는 곳이 없는지 확인한다. • 뜨거운 물체를 만져야 하는 실험을 진행할 때는 내열 장갑을 사용한다. • 장갑 사용 시 용도에 적합한 장갑을 착용하도록 하며, 혼용해서 사용하지 않도록 주의한다. • 실험이 끝난 후 장갑을 벗을 때는 장갑이 피부에 닿지 않도록 주의하고 합성 고무장갑은 자주 세척한다. • 유해 먼지, 유독가스가 발생하는 실험은 반드시 흄 후드 안에서 진행하도록 하며, 부득이 흄 후드 밖에서 실험을 진행할 때는 방독 마스크를 착용한다.
정리 단계	• 실험이 끝나면 가능한 한 잔여물을 빨리 처리한다. • 일회용품들은 분리 용기에, 사용하고 남은 용액들은 폐액통에 구분하여 버린다.

① 부식성이 강한 화합물을 다루는 실험을 진행할 때는 연구자의 피부 보호를 위해 보호층이 두꺼운 합성 고무장갑을 착용해야 한다.

② 실험이 끝난 후에는 잔여물을 확인하여 사용하고 남은 용액은 폐액통에 구분해 가급적 빨리 처리할 수 있도록 한다.

③ 실험을 진행하는 연구자의 안구를 보호하기 위해서는 기화된 유독물질의 침투를 막는 밀폐형 보안경을 착용해야 한다.

④ 면 소재의 실험복은 실험 과정에서 화재와 같은 위험 상황 발생 시 연구자의 피부를 보호하기 어려우므로 나일론 소재의 실험복을 착용해야 한다.

⑤ 실험을 준비하는 단계에서는 실험 시 발생할 수 있는 비상 상황에 대비해 실험실의 출입문이 열려 있는지 확인해야 한다.

50. 귀하는 회사에서 사용할 노트북 5대를 구매하기 위하여 전자제품 할인 매장을 방문하였다. 전자제품 할인 매장의 노트북 판매 안내와 특별 할인 행사를 토대로 판단한 내용으로 옳은 것은?

[N 사 슬림형 13인치 노트북 판매 안내]

- 판매 가격: 1,250,000원
  - 전 제품 6개월 무이자 할부 가능
  - 300만 원 이상 구매 시 12개월, 500만 원 이상 구매 시 24개월 무이자 할부 가능
    (무이자 할부 미적용 시, 연이율 12% 복리로 할부 수수료가 적용됨)
- 제품 수령: 방문 수령, 택배배송, 퀵서비스
  - 방문 수령 선택 시 제품 1대당 30,000원 상당의 마우스 1개 증정
  - 택배배송 선택 시 배송비 4,000원 추가 결제(제품 2대 이상 구매 시 무료배송)
  - 퀵서비스 선택 시 배송비 20,000원 추가 결제(제품 4대 이상 구매 시 무료배송)

[특별 할인 행사]

- N 사 슈퍼 브랜드 세일
  - 기간: 1월 1일~3월 31일
  - 내용: N 사 제품 구매 시 총 구매 가격의 5% 할인(통 큰 결제 이벤트 외 중복 적용 불가)
- 얼리버드 이벤트
  - 기간: 1월 1일~1월 31일
  - 내용: 총 구매 가격이 300만 원을 초과하는 경우 50만 원 할인(통 큰 결제 이벤트 외 중복 적용 불가)
- 다다익선 세일
  - 기간: 1월 31일~3월 31일
  - 내용: 동일 제품 구매 시 총 구매 가격에서 해당되는 구간의 할인율 적용(통 큰 결제 이벤트 외 중복 적용 불가)

구매 수량	할인율
2대	2%
3대	4%
4대	6%
5대 이상	7%

- 통 큰 결제 이벤트
  - 기간: 1월 1일~4월 30일
  - 내용: 일시불 결제 시 총 구매 금액의 2% 추가 할인(타 할인 행사와 중복 적용 가능하며, 가장 마지막에 적용함)

① 1월 중에 노트북을 구매한다면, N 사 슈퍼 브랜드 세일을 적용하는 것이 얼리버드 이벤트를 적용하는 것보다 유리하다.

② 노트북과 함께 사용할 30,000원 상당의 마우스도 추가로 구매하고자 한다면, 제품을 방문 수령하는 것이 퀵 서비스를 이용하여 수령하는 것보다 170,000원을 절약할 수 있다.

③ 5월 중에 노트북을 구입하며 결제 시 16개월 무이자 할부를 적용한다면, 첫 번째 대금 결제일에 납부해야 할 금액은 371,024원이다.

④ 2월 중에 가장 저렴하게 구입할 수 있는 특별 할인 행사를 모두 적용하여 일시불로 결제를 하였다면 총 결제 금액은 5,696,250원이다.

⑤ 4월 중에 택배배송으로 제품을 수령하기로 한 뒤, 6개월 무이자 할부를 적용하여 결제하였다면 총 결제 금액은 6,254,000원이다.

약점 보완 해설집 p.3

실전모의고사 **1회** PSAT형

1	①	②	③	④	⑤	21	①	②	③	④	⑤	41	①	②	③	④	⑤
2	①	②	③	④	⑤	22	①	②	③	④	⑤	42	①	②	③	④	⑤
3	①	②	③	④	⑤	23	①	②	③	④	⑤	43	①	②	③	④	⑤
4	①	②	③	④	⑤	24	①	②	③	④	⑤	44	①	②	③	④	⑤
5	①	②	③	④	⑤	25	①	②	③	④	⑤	45	①	②	③	④	⑤
6	①	②	③	④	⑤	26	①	②	③	④	⑤	46	①	②	③	④	⑤
7	①	②	③	④	⑤	27	①	②	③	④	⑤	47	①	②	③	④	⑤
8	①	②	③	④	⑤	28	①	②	③	④	⑤	48	①	②	③	④	⑤
9	①	②	③	④	⑤	29	①	②	③	④	⑤	49	①	②	③	④	⑤
10	①	②	③	④	⑤	30	①	②	③	④	⑤	50	①	②	③	④	⑤
11	①	②	③	④	⑤	31	①	②	③	④	⑤						
12	①	②	③	④	⑤	32	①	②	③	④	⑤						
13	①	②	③	④	⑤	33	①	②	③	④	⑤						
14	①	②	③	④	⑤	34	①	②	③	④	⑤						
15	①	②	③	④	⑤	35	①	②	③	④	⑤						
16	①	②	③	④	⑤	36	①	②	③	④	⑤						
17	①	②	③	④	⑤	37	①	②	③	④	⑤						
18	①	②	③	④	⑤	38	①	②	③	④	⑤						
19	①	②	③	④	⑤	39	①	②	③	④	⑤						
20	①	②	③	④	⑤	40	①	②	③	④	⑤						

성명

수험번호

⓪	①	②	③	④	⑤	⑥	⑦	⑧	⑨
⓪	①	②	③	④	⑤	⑥	⑦	⑧	⑨
⓪	①	②	③	④	⑤	⑥	⑦	⑧	⑨
⓪	①	②	③	④	⑤	⑥	⑦	⑧	⑨
⓪	①	②	③	④	⑤	⑥	⑦	⑧	⑨
⓪	①	②	③	④	⑤	⑥	⑦	⑧	⑨
⓪	①	②	③	④	⑤	⑥	⑦	⑧	⑨
⓪	①	②

응시분야

감독관 확인

해커스

한국수력원자력 & 5대 발전회사

NCS+한국사/전공

통합 봉투모의고사

실전모의고사
2회

PSAT형

해커스공기업

실전모의고사
2회
(PSAT형)

시작과 종료 시각을 정한 후, 실전처럼 모의고사를 풀어보세요.

시   분 ~   시   분 (총 60문항/60분)

□ **시험 유의사항**

[1] 한국수력원자력&5대발전회사의 필기시험은 기업마다 상이하며, 기업별 시험 구성은 다음과 같습니다.
- 한국수력원자력: NCS 직업기초능력 50문항+직무수행능력(전공) 25문항+한국사 및 회사상식 5문항
- 한국중부발전: NCS 직업기초능력 80문항+직무지식(한국사 10문항, 전공 50문항, 수행능력 10문항) 70문항
- 한국남동발전: NCS 직업기초능력 30문항+직무수행능력(전공) 50문항
- 한국남부발전: NCS 직업기초능력 70문항+직무수행능력(전공) 50문항
- 한국동서발전: NCS 직업기초능력 50문항+직무수행능력(전공) 40문항+한국사 10문항
- 한국서부발전: NCS 직업기초능력 50문항+직무수행능력(전공) 50문항+한국사 10문항

[2] 본 실전모의고사는 공직적격성 시험(PSAT)과 유사한 유형의 PSAT형 시험에 대비할 수 있도록 의사소통, 수리, 문제해결 영역 총 60문항으로 구성되어 있습니다.

[3] 본 실전모의고사 마지막 페이지에 있는 OMR 답안지와 해커스ONE 애플리케이션의 학습타이머를 이용하여 실전처럼 모의고사를 풀어보시기 바랍니다.

01. 다음 글의 내용과 일치하지 않는 것은?

산업통상자원부는 9일 칠레 에너지부 장관을 만나 '한-칠레 저탄소 수소협력 MOU' 체결식을 개최하고 양국 간 수소협력 확대 의지를 선언했다. 동 MOU는 올해 2월 주한칠레대사관을 통한 칠레 측의 수소협력 MOU 추진 제안에 따라 논의가 시작되었으며, 이후 칠레 측은 에너지부 장관 방한('21. 11. 8.~10.) 계기에 MOU 체결을 요청했다. 칠레는 지난해 '국가 녹색수소전략'을 통해 방대한 재생에너지 자원을 기반으로 세계적 청정연료 공급 국가로 도약하겠다는 비전을 발표하고 녹색수소 생산·활용 확대, 국제협력 등 관련 정책을 추진 중이다. 한국도 청정수소 중심의 전주기 수소 생태계 구축을 목표로, 2019년 1월 수소 로드맵을 발표한 것에 이어 그 이듬해 2월 수소법을 제정하였으며, 같은 해 7월에는 수소경제위원회 출범, 지난 10월에는 '수소경제 선도국가 비전'을 발표하는 등 착실히 추진 중이다.

양국은 동 MOU에 따라 수소 생산-저장·운송-활용 전주기 기술교류 및 양국의 수소경제 경험을 공유하며, 국제적인 산업·비즈니스 협의체 개발과 사업기회 확대 등을 추진할 계획이다. 칠레의 재생에너지 자원과 한국의 수소 활용기술·보급 경험을 결합함으로써 양국 간 경제적인 수소 공급망 구축 및 저탄소 수소 무역시장 확대가 가능할 것으로 기대된다. 특히, 산업통상자원부는 한국이 추진 중인 '청정수소 공급망 이니셔티브'를 언급하며, 지난 1일 COP26 계기에 개최한 동 이니셔티브 추진설명회(영국, 글래스고)에 칠레도 참석하여 관심을 보인바, 칠레도 적극적으로 참여하여 이니셔티브 출범을 함께하자고 제안했다.

양국은 광물, 재생에너지, 에너지 연구개발(R&D) 등 협력 강화 의견도 교환했다. 먼저, 광물자원 부국인 칠레 자원 산업에 한국 민간기업의 참여 확대로 이차전지 및 전기차 배터리에 필요한 리튬 등 핵심광물의 안정적 공급 망이 구축되길 바란다는 의사를 전달했다. 재생에너지 관련, 동서발전·한수원 등 우리 기업들이 칠레 정부 지원 으로 현지 태양광 산업에 활발히 진출 중임을 언급하고, 향후 태양광 출력제어·계통 지연 관련 사례 공유 및 공 동 연구 확대 계기가 될 것으로 기대했다.

또한, 양국은 청정에너지 기술혁신이 2050 탄소중립과 경제 번영을 동시에 실현하기 위한 수단이 될 것을 기 대하며, 청정에너지 연구개발(R&D) 촉진을 위한 미션이노베이션 등 플랫폼을 활용하여 양국 간 공동 기술개발· 실증 사업 발굴을 촉진하기로 했다. 산업통상자원부는 "금번 저탄소 수소분야 MOU 체결은 양국 간 수소협력이 공고해질 수 있는 매우 의미 있는 계기"라고 평가하며, "앞으로 다양한 방식의 수소협력을 통해 양국이 글로벌 청 정수소 경제를 조기에 활성화하는 데 기여하게 되길 기대한다."고 밝혔다.

※ 출처: 정책브리핑(2021-11-09 보도자료)

① 한국과 칠레 양국은 청정에너지 연구개발을 촉진하기 위한 플랫폼을 통해 공동의 기술을 개발하자는 데 동의 하였다.

② 산업통상자원부는 이니셔티브 추진설명회에 참석한 칠레에 이니셔티브 출범을 한국과 함께하자는 의견을 전 달하였다.

③ 한국은 청정수소 중심의 전주기 수소 생태계를 구축하기 위한 노력의 일환으로 2019년에는 수소법을 제정하 였다.

④ 재생에너지와 관련한 우리나라 기업들은 현재 칠레 정부의 지원을 받아 칠레 현지 태양광 산업에 활발히 진출 하고 있다.

02. 다음 글을 통해 추론한 내용으로 가장 적절하지 않은 것은?

> 뇌의 특정 기능만 활성화하는 것이 가능할까? 뇌가 전기자극을 받으면 기억력이 상승하거나 질병이 완화되는 등 다양한 효과가 있다는 연구 결과가 나오고 있다. 이에 따라 일부 과학자들은 '뇌 전기자극술'을 통해 인간의 뇌 기능을 발전시킬 수 있을 것으로 기대하고 있다. 실제로 뇌 주변 두피에 전극을 붙여 미세한 직류전류를 흘림으로써 뇌 심부를 자극하는 경두개직류자극술(DCS), 뇌 심부에 직접 긴 바늘 형태의 전극을 심는 뇌심부자극술(DBS) 등 여러 방법이 시도되고 있다. 특히 뇌심부자극술의 경우 뇌전증, 파킨슨병, 우울증 등 여러 질병을 치료하기 위해 사용되고 있다.
>
> 뇌 기능 저하를 겪고 있는 뇌전증 환자를 대상으로 뇌의 특정 부위에 전기자극술을 시도한 결과, 기억력이 향상되는 것을 확인할 수 있었다. 주목할 점은 뇌 기능이 떨어져 있을 때 가해지는 전기자극은 기억력 향상에 큰 도움을 주었으나, 고기능 상태일 때는 오히려 기억력을 감퇴시켰다는 점이다. 이는 기억력 향상을 위한 전기자극을 시도할 경우 뇌의 상태에 따라 자극의 효과가 다를 수 있음을 시사한다. 연구진은 뇌 전기자극술을 통해 알츠하이머 환자 또는 외상성 뇌 손상 환자와 같이 기억 상실로 고통받는 환자들의 삶을 개선할 수 있을 것으로 기대하고 있다.
>
> 또한 뇌에 전기자극을 가할 경우 만성 통증이 조절되는 효과도 찾아볼 수 있었다. 말초신경 손상으로 인해 발생하는 통증이나 복합부위 통증 증후군을 앓고 있는 환자는 대뇌에 있는 불확정영역의 별아교세포 활성도가 현저하게 낮다는 특징이 있다. 이를 바탕으로 전기자극을 통해 불확정영역의 별아교세포 활성도를 높인다면 통증을 줄일 수 있다는 가정에서 실험을 진행하였다. 그 결과 환자가 통증을 겪을 때 전기자극을 받으면 별아교세포 수가 정상 범위까지 증가함에 따라 활성도가 높아지고 통증이 감소하는 것을 확인하였다. 해당 연구를 통해 전기자극으로 시냅스를 바꾸어 만성 통증의 치료법이 새롭게 나타날 수 있을 것으로 바라보고 있다.
>
> 나아가 뇌 전기자극술로 뇌의 노화를 방지할 수 있다는 연구 결과가 나왔다. 인간은 일정 기간 성장을 마친 후 시간이 지날수록 인지 문제해결능력이 감소한다. 기억 작동과 관련된 각각의 뇌 영역이 서로 동기화되지 않기 때문이다. 연구진은 대뇌 피질에 낮은 정도의 전류를 유도하는 전극을 포함하는 뇌파 검사 캡을 디자인하여 60대부터 70대까지의 노인을 대상으로 연구를 실시하였다. 그 결과 뇌가 자극을 받는 시간 동안 노인들은 20대의 작업능력과 유사한 수준으로 업무를 마칠 수 있었다. 이처럼 일정한 전기 흐름을 이용한 뇌 자극이 뇌 노화 현상을 회복할 수 있는 해결책이 될 수 있을 것으로 예상하고 있다.
>
> 그러나 다양한 영역에서 강한 상관관계를 보이는 뇌 전기자극술 역시 부작용을 피할 수는 없었다. 뇌심부자극술의 경우 뇌의 두개골을 열어 긴 바늘을 꽂는 과정에서 바늘에 의한 뇌 조직 파괴 및 감염 위험이 크다. 전극이 움직여 치료 효과가 감소할 가능성 또한 무시할 수 없다. 이러한 문제를 해결하기 위해 경두개직류자극술이 개발되었으나, 해당 방법은 두개골이 전기자극을 막고 있어 위험 발생률이 낮은 동시에 치료 효과도 높지 않다는 단점이 있다. 실제로 경두개직류자극술은 전극으로부터 뇌 심부까지 전해지는 전기의 양이 20%를 하회한다고 전해진다. 현재 연구진들은 앞선 문제점들을 보완할 수 있도록 준침습성 시술 등 다양한 방법을 고안하고 있다.

① 뇌에 전달되는 전기자극으로 인해 별아교세포 수가 늘어나 활성도가 높아진다면 통증이 줄어들 수 있다.

② 뇌 심부에 긴 바늘 형태의 전극을 심는 시술은 환자의 우울감 회복을 위해 쓰이는 경우가 있다.

③ 경두개직류자극술은 부작용 위험이 낮지만 전달하는 전기 중 80% 이상은 뇌에 도달하지 않을 확률이 높다.

④ 뇌전증 환자의 상태가 호전되었을 때 뇌에 전기자극을 가한다면 기억력 향상에 큰 도움이 될 것이다.

03. 다음 글의 주제로 가장 적절한 것은?

수질을 오염시키는 대표적인 점오염원은 도시의 하수 처리장이나 공장에서 흘러나오는 하수와 폐수이다. 그동안 하수 처리장과 같은 환경 기초 시설을 확대하면서 이러한 점오염원에서 배출되는 오염 물질에 의한 수질 오염은 크게 줄어든 것으로 조사된다. 그러나 도시의 중금속과 기름기를 머금은 토사나 농지에서 사용된 농약 및 비료 등이 비가 올 때 빗물과 섞여 하천으로 유입되는 오염 물질, 즉 비점오염원에 의한 수질 오염은 여전히 해결되어야 할 과제로 남아 있다.

비점오염원은 도시나 농지, 산지, 공사장 등과 같은 다양한 곳에서 발생하여 수질 오염 물질을 배출하며, 점오염원과 달리 오염 물질이 배출되는 지점을 특정하기가 어렵다. 비점오염원이 점오염원처럼 오염 물질을 항상 배출하는 것은 아니지만, 비가 내린 뒤에는 더 많은 양의 오염 물질을 배출하여 오염 물질이 하천이나 호수 등에 한꺼번에 유입되기 때문에 물고기의 폐사나 유해 녹조 번성과 같은 문제를 발생시킨다. 또한, 비점오염원은 발생 장소와 시기, 수질에 미치는 영향이 점오염원과 다르므로 이와는 다른 방식으로 관리가 이루어져야 한다.

이처럼 비점오염원은 하천으로 직접 유출되어 하천 수질 및 수생태계에 악영향을 끼친다. 주요 비점오염원 물질에는 토사, 영양물질, 박테리아와 바이러스, 중금속, 농약 등이 있으며, 토사는 영양물질, 중금속 등을 비롯한 다른 오염 물질을 흡착하여 함께 이동하는 특징이 있다. 이로 인해 강우로 인한 오염 물질 배출 시에 보다 많은 오염 물질을 배출하게 되어 수생 생물의 광합성, 호흡, 성장, 생식에 장애를 일으켜 생존에 큰 영향을 미친다. 납과 카드뮴 등의 중금속을 포함하여 생물 농축이 일어나고 음용수 오염의 가능성을 높인다. 제초제, 살충제와 같은 농약은 플랑크톤과 같은 수생 생물에 축적이 되고, 먹이 사슬을 통한 생물 농축으로 어류와 조류 등에 치명적인 위험을 초래할 수 있다.

비점오염원에서 배출되는 수질 오염 물질의 비중은 점오염원에서 배출되는 오염 물질의 비중을 이미 앞질렀다. 미생물에 의해 쉽게 분해되는 유기 물질의 지표인 생화학적 산소 요구량은 개선되었으나, 난분해성 유기 오염 물질을 포함하는 지표인 화학적 산소 요구량은 2000년 이후 정체 또는 오히려 악화하고 있다. 기후 변화로 인해 강우 강도가 계속해서 증가하고 있어 강우 시 토사, 난분해성 유기 물질, 영양염류 등 비점오염원으로부터 유입되는 오염 물질의 양은 앞으로 더욱 증가할 것으로 예상된다. 이 때문에 비점오염원으로부터 유출되는 난분해성 물질에 대한 관리가 집중적으로 이루어져야 한다는 목소리가 높다.

한편 오늘날 사람들의 생활 수준은 계속해서 높아지고 있으며, 이에 따라 쾌적한 친수 환경에 대한 요구가 늘어나고 있다. 도심 하천에 조성된 친수 시설에서는 비가 온 뒤에 악취 문제, 물고기 폐사 문제가 발생하기도 하고, 정체된 수역에서는 녹조가 퍼져 심리적 거부감을 유발하기도 하며 유해 조류가 급증하기도 한다. 즉 비점오염원에 대한 관리 없이는 사람들이 요구하는 정도의 환경의 질을 유지하기 어려운 것이 불 보듯 뻔한 상황이다. 더욱이 앞으로는 개발 사업이 늘어날 것으로 예상되므로 수질을 개선하기 위해서는 비점오염원에 대한 관리가 필수적이다.

① 비점오염원이 오염 물질을 배출하는 시기에 따른 수질 오염 정도의 차이
② 비점오염원과 점오염원 각각이 발생하는 위치에 따른 차이점
③ 비점오염원이 수질에 미치는 영향 및 비점오염원 관리의 필요성
④ 비점오염원이 배출하는 오염 물질이 친수 시설에 미치는 영향

04. 다음은 키덜트에 대한 신문 기사를 읽고 직원들이 나눈 대화이다. 빈칸에 들어갈 말로 가장 적절한 것은?

○○일보

○○일보 제1234호
20XX년 XX월 XX일 X요일

안내 전화: 02-123-4567
www.wonwon.com

동심(童心)을 추구하는 어른, 키덜트

어린이라는 의미의 'Kid'와 어른이라는 의미의 'Adult'의 합성어인 키덜트(Kidult)는 실제 나이는 성인이지만 게임, 영화, 장난감, 만화 등 어린이가 좋아할 법한 취향과 감수성을 좇는 어른들을 일컫는다. 키덜트는 진지하고 무거운 것을 거부하고, 일견 유치하게 보일 정도로 천진난만하고 재미있는 것을 추구한다. 이로 인해 과거에는 키덜트를 '다 큰 어른이 현실에서 도피하는 퇴행 현상', '미성숙한 비주류 문화' 등 부정적으로 보는 시각이 많았으나, 최근에는 답답한 일상에서 누릴 수 있는 즐거움이자 삶의 여유라는 긍정적인 평가를 받으며 하나의 문화이자 소비 성향으로 자리 잡고 있다. 키덜트들이 향유하는 고유의 문화를 일컬어 키덜트 문화라고 하는데, 오늘날 키덜트 문화가 현대인들에게 다채로운 삶을 경험하게 하는 일종의 자극제로 여겨지면서 패션, 예술, 음악, 문학 등 다양한 분야에 콘셉트로 응용되어 새로운 라이프 스타일을 제시하는 기능을 하고 있다. 백화점, 영화관, 인터넷 쇼핑몰 등 다양한 업체에서 키덜트를 겨냥한 제품과 서비스를 출시하고 있으며, 특히 장난감, 캐릭터 상품과 같이 기존에 어린이를 주 고객층으로 하던 관련 분야에서는 저출산으로 아이들의 수가 줄어듦에 따라 키덜트를 새로운 고객층으로 확보하기 위한 노력을 지속하고 있다. 이렇게 점차 영향력을 넓혀 나가고 있는 키덜트는 언제부터 나타난 것일까? 세계 장난감 전문 기관의 설립자 리처드 가틀립은 키덜트의 기원을 세계사적 관점에서 분석하였다. 가틀립은 1세대 키덜트들이 제2차 세계대전 이후에 태어난 베이비부머 세대라는 점을 지목하며, 이들이 어렸을 때는 생존이 우선시되는 시기였기 때문에 충분히 놀 시간이 부족했으나 어른이 되고 경제적 상황이 여유로워지면서 보상 심리로 키덜트 문화에 관심을 갖기 시작한 것이라고 설명하였다. 현재 키덜트의 대다수를 차지하는 30~40대 역시 충분한 경제력을 갖추고 관심 있는 분야에 시간과 돈을 적극적으로 투자하는 경우가 많다. 일례로 키덜트 중 피규어를 수집하는 사람들이 많은데, 피규어의 희소성에 가치를 두어 원하는 제품을 구매하기 위해 중고 거래, 해외 구매 대행 등 여러 루트를 적극적으로 모색할 뿐만 아니라 피규어의 가격이 몇백만 원대를 호가하여도 선뜻 비용을 지불한다. 이러한 키덜트 문화의 확산은 제품과 서비스를 '필요'에 의해서 구매하던 시대에서 벗어나 '취향'까지 소비하는 시대로 변화하고 있음을 시사한다. 개개인의 가치와 취향을 존중하는 경향에 맞추어 본인의 관심사에 집중하는 사람이 늘어나면서 키덜트 시장과 소비층은 주요 키덜트층으로 분류되던 30~40대는 물론이거니와 20대부터 50대까지 폭넓게 아우르는 방향으로 계속해서 확대될 것으로 전망된다.

A 사원: 제가 어렸을 때만 해도 키덜트는 철없는 어른이라는 부정적인 인식이 지배적이었는데, 요즘은 주류 문화의 일종으로 여겨질 정도로 긍정적으로 평가받고 있는 것 같아요.

B 사원: 맞아요. 그래서 키덜트를 마케팅에 활용하는 기업도 상당히 많다고 해요. 저도 키덜트 제품에 관심이 생겨서 좋아하는 히어로 영화 주인공의 피규어를 사려고 구매처를 알아보고 있어요.

C 사원: B 사원님처럼 키덜트 문화에 관심을 갖는 사람이 점점 늘어나고 있는 것 같아요. 키덜트 문화가 대중화되는 현상은 (   ) 증거로 여겨진다고 해요.

① 30~40대가 관심 분야에 적극적으로 시간과 돈을 투자할 충분한 경제력을 갖추고 있다는

② 치열한 경쟁을 견디지 못한 어른들이 현실에서 벗어나려는 퇴행 현상이 만연해 있다는

③ 키덜트를 주 고객층으로 하던 기업들이 아이들까지 고객층으로 확보하고자 노력하고 있다는

④ 소비자가 제품과 서비스를 구매할 때 자신의 취향까지 고려하는 시대로 변화하고 있다는

05. 다음 글의 내용과 일치하지 않는 것은?

산업통상자원부(이하 산업부)가 '함께 극복·도약하는 산업 강국' 실현을 목표로 탄소중립 전환과 산업 혁신에 나선다. 핵심품목 수급 관리를 통해 공급망 안정화를 추진하고, 국부창출형 통상으로 수출액 7,000억 달러 시대에 도전하기 위해 '2022년 업무계획'을 발표하고 탄소중립 혁신 전환 본격화, 글로벌 제조강국 위상 강화, 공급망 안정화 및 경제안보 실현, 국부창출형 통상 추진 등의 목표를 제시했다. 먼저 탄소중립 도전을 본격화하며 에너지·산업 대전환을 이끌 계획이다. 청정에너지 전환을 가속화하기 위해 재생에너지 적정 이격 거리 기준을 마련 및 법제화하고, 풍력 원스톱샵 도입 등 인허가 제도 합리화로 재생에너지 보급을 확대한다. 이뿐만 아니라 신재생 확산에 맞춰 안정적 전력망과 분산 에너지 시스템을 구축하고 생산·유통·활용 등 전주기 수소 생태계 성장을 촉진하는 한편, 광물·석유 비축 및 가스 중기 계약 확대 등 자원 공급을 안정화한다.

저탄소 핵심기술 개발을 본격화하며 민간투자도 적극 지원한다. 탄소중립 산업 기술투자를 2배 확대하고 대형 예타를 추진하는 한편, 수소환원제철 등 탄소중립 핵심기술에 대한 투자 세액공제를 확대한다. 이와 함께 탄소중립 산업 전환 특별법 제정으로 기업과 함께하는 탄소중립을 제도화한다. 친환경·디지털 등 구조 변화에 능동적으로 대응해 경쟁력을 강화함과 동시에 저탄소·디지털 혁신 가속화로 내실 있는 성장을 견인한다. 조선은 세계 1위 수주에 맞춰 공정·설계·인력 등 건조 역량을 확충하고 철강은 전기·수소 시대에 대비한 생산공정·고부가 제품을 개발한다. 화학은 미래 공급망 선점과 저탄소·고부가 화학소재 확보를 지원하고, 기계는 무공해 기계 개발 및 장비·로봇 간 융합 확산을 추진한다.

수요 창출과 민간투자 촉진으로 신산업의 고성장을 촉진한다. 이를 위해 미래차는 구매목표제 본격 시행, 편의 개선 등 수요 기반을 지속적으로 확충하고 반도체는 세제 지원 강화 등 첨단 반도체 기술·시설투자를 활성화한다. 바이오는 백신 허브 도약을 위한 생태계 강화 및 유망 바이오를 육성하고 배터리는 사용 후 배터리 산업 육성, 고성능·고안정 기술혁신을 추진한다. 이와 함께 디지털, 기술, 표준·인증 등 산업 생태계 혁신 기반을 확충한다. 디지털은 산업 디지털 전환 촉진법 이행 및 100대 선도사례를 발굴하고 기술은 알키미스트 프로젝트 착수로 도전·혁신적 기술 확보를 지원한다. 표준·인증은 유망 분야 국제표준 선점 및 다수인증 편의를 개선하고 중견기업은 월드클래스+, 인력양성, DX 등 중견 맞춤형 지원을 확대한다.

공급망 리스크 관리와 전략산업 육성으로 경제안보도 실현한다. 경제안보 핵심품목별 수급 상황을 고려한 비축 확대, 수입선 다변화, 국내 생산 기반 조성 등 단계적 조치로 맞춤형 안정화 기반을 마련한다. 또한, 국가 첨단 전략산업 특별법에 근거해 전략산업을 강력 지원하고 국가 첨단 전략기술과 이에 기반한 국가 첨단 전략산업에 대한 인허가 특례, 생산시설·R&D 투자 인센티브 등 전폭적 지원 근거를 마련한다. 기술 자립과 연대·협력에 바탕한 생태계 경쟁력을 강화하고 대규모 기술투자와 함께 수요-공급사 협력에 기반한 실증을 지원하는 한편, 으뜸기업을 연 20개 추가 발굴하고 소부장 특화단지 지원을 본격화한다.

국부창출형 통상도 추진한다. 수출 6,000억 달러 정착과 함께 7,000억 달러 + α 시대에 도전하기 위해 최대 현안인 물류 애로 해소를 끝까지 지원하고, 팬데믹 장기화에 따른 필수 인력의 국경 간 이동도 지속 지원한다. 대외무역법 개정으로 서비스·디지털 무역의 범위를 확대하고, 지원 근거도 법제화해 신무역의 체계적 지원 기반을 마련한다. 외국인 투자의 양적 확대와 함께 질적 개선도 함께 추진해 국가전략기술에 대한 외투 인센티브 보강, 100대 핵심기업 맞춤형 IR 전개 등 전략적 유치 강화 및 제1호 첨단 투자지구를 지정한다. 5대 신통상 이슈 논의를 선도하고 통상 파트너십을 지속적으로 강화하는 한편, 공급망·기술·디지털·백신·기후변화 등 국제 논의를 주도적으로 추진한다. 이와 함께, 국가별 맞춤형 경제협력 전략을 토대로 정상외교 성과를 극대화하고, 사회적 의견수렴을 바탕으로 CPTPP 가입을 추진하며, 중남미·중동·아프리카·신북방 등 신흥시장과의 FTA 협상을 가속화한다.

※ 출처: 정책브리핑(2021-12-28 보도자료)

① 국부창출형 통상 추진 정책의 일환으로 팬데믹 장기화 문제와 관련된 필수 인력이 국경을 이동할 때의 지원이 지속될 것이다.

② 산업통상자원부는 공급망 리스크 관리를 위해 경제안보 핵심품목별 수급 상황을 고려하여 비축 축소를 목표로 하고 있다.

③ 재생에너지 적정 이격 거리 기준을 마련하고 이를 법제화하는 것은 청정에너지 전환을 가속화하기 위함이다.

④ 반도체 세제 지원 강화 전략은 수요 창출과 민간투자 촉진을 통한 신산업의 고성장을 이룩하기 위한 방안이다.

06. 다음 글을 통해 추론한 내용으로 가장 적절하지 않은 것은?

검은 다이아몬드라고도 불리던 석탄은 산업화 시대를 이끈 주요 에너지원으로 알려져 있다. 그러나 석탄 발전소에서 배출되는 이산화탄소 등의 오염 물질 배출량이 증가하면서 석탄은 대기오염의 주요인으로 지적된다. 다만, 석탄은 매장량이 풍부하고, 특정 지역에 편중되지 않는 많은 생산량으로 인해 이러한 장점을 극대화함과 동시에 단점을 개선할 수 있는 기술이 주목받고 있다. 바로 석탄을 신재생에너지로 전환하는 방법 중 하나인 석탄 액화 기술이다.

액화 석탄은 석유를 대체하기 위한 것으로, 풍부한 매장량 덕분에 고갈 문제로부터 상대적으로 자유로운 석탄을 이용해 석유를 생산할 수 있는 새로운 에너지원이다. 석탄 액화 기술은 석탄에 산소와 증기를 넣고 고온·고압에서 합성 가스를 추출한 후 이를 다시 액화시키고 정제해 휘발유와 경유를 만들어내는 기술이다. 제2차 세계대전 당시 독일과 영국에서 석탄 액화 기술 공장을 가동하여 연료를 공급한 바 있으며, 전쟁 이후 값싼 석유가 공급되면서 석탄 액화 기술 공장의 가동이 중지되었다. 이후 유일하게 남아프리카 공화국의 한 기업만이 지난 1955년 석탄 액화 기술 공장을 가동하기 시작해 하루 평균 약 15만 배럴의 석탄 합성 석유를 생산하고 있다.

석탄은 크게 탄소 함유량에 따라 이탄, 아탄, 갈탄, 역청탄, 무연탄으로 나눌 수 있다. 탄소 함유량이 상대적으로 부족한 아역청탄 및 갈탄은 무연탄보다 연소 시 상대적으로 질산 가스, 황산 가스 및 그을음을 다량 방출한다. 이러한 가스는 탄소 함유량이 적지만, 질소와 황을 다량으로 함유한 연료가 유출될 경우 맹독성을 띠게 된다는 특징을 지니고 있어 대기오염의 주범으로 손꼽힌다. 이를 해결하기 위해 석탄 자체에 함유된 질소와 황을 처음부터 제거하는 방법이 있다. 즉 연료 자체를 가다듬어서 태운다면 유독 가스의 생성 자체를 막아줄 수 있다는 것이다. 이를 가능하게 하는 기술이 석탄 액화 기술로, 매장량이 한정되어 있는 석유를 석탄을 통해서 만들 수 있고, 유독 가스 배출 문제를 일부 해결할 수 있을 뿐 아니라 석탄을 태우는 것보다 훨씬 높은 효율을 얻을 수 있다는 장점이 있다.

액화 석탄을 연소하는 것의 효율성이 더 높은 이유는 액체라는 상태에서 찾아볼 수 있다. 본래 석탄은 고체로 이루어져 있기 때문에 탄소들이 밀집되어 있는 분자 구조를 띠고 있다. 그러나 액화한 석탄은 뜨거운 열이 공급되는 동안 상대적으로 분자 간 거리가 멀어지면서 외부와의 접촉이 자유로운 액체의 특성으로 인해 같은 시간 동안 좀 더 안정적으로 더 많은 산소와 결합할 수 있는 조건이 조성된다. 이 때문에 고체 연료보다 효율이 높은 열을 공급할 수 있게 되는 것이다. 이렇게 액화된 석탄은 현재 석유가 사용되는 모든 곳에 쓰일 수 있다. 친환경적인 연료임과 동시에 저장과 수송이 용이하고, 유가 변동에도 영향을 거의 받지 않아 안정적이고 깨끗한 미래 에너지원으로 주목받고 있다.

하지만 석탄을 액화한다고 하여 탄소를 연소할 때 본질적으로 발생할 수밖에 없는 이산화탄소의 배출을 줄일 수 없다는 기술적 문제가 해결책으로 남아 있다. 이로 인해 여러 환경 단체에서는 석탄 액화 기술에 대해 부정적인 입장을 보이고 있다. 또한, 기술의 공정을 위해서는 넓은 면적과 복잡한 설비가 필요해 초기 투자 비용이 많이 든다는 한계가 있으며, 이로 인해 석탄 액화 기술의 발전 속도는 비교적 더디다. 하지만 친환경 에너지의 필요성이 점점 커지고 있으며, 주요 에너지원의 가동이 계속해서 증가함에 따라 필요성이 더욱 높아지고 있는 분야이기 때문에 빠른 성장이 기대되는 분야로 자리매김하고 있다.

① 무연탄의 탄소 함유량보다 적은 양의 탄소를 함유한 아역청탄은 연소 시 질산 가스와 황산 가스를 무연탄보다 많이 방출한다.

② 석탄 액화 기술은 탄소를 연소할 때 발생하는 이산화탄소 배출 문제를 줄일 수 없다는 기술적 한계를 갖고 있다.

③ 석탄에 산소와 증기를 넣어 고온·고압으로 합성 가스를 추출하고 나서 이를 액화시켜 정제하면 휘발유와 경유가 만들어진다.

④ 물질이 다량의 산소와 안정적으로 결합하기 위해서는 분자 사이의 거리가 가까워짐과 동시에 외부와의 접촉이 자유로워져야 한다.

07. 다음 글의 내용과 일치하지 않는 것은?

과거 1973년 대기업에 입사한 신입사원의 연봉은 평균 약 33,000원이었으나, 2020년을 기준으로 대기업 신입사원의 연봉은 3,958만 원 정도라고 한다. 100배가 넘는 금액이 인상되었는데, 그렇다고 소득이 100배로 증가했다고 여겨지지는 않는다. 이는 시간의 흐름에 따라 화폐의 가치가 하락했기 때문이다. 오랜 기간을 두고 보지 않더라도 마트에서 장을 볼 때 똑같은 물건임에도 불구하고 어제보다 가격이 오른 물건을 볼 수 있을 것이다. 이처럼 상품과 서비스의 가격이 상승하여 화폐 가치가 떨어지는 현상을 일컬어 인플레이션이라고 한다.

인플레이션의 원인은 다양하지만, 일단 수요가 증가함에도 불구하고 공급량이 이에 맞춰 증가하지 않는다면 인플레이션이 발생할 수 있다. 이러한 이유로 인한 인플레이션은 수요 견인 인플레이션이라고 한다. 총수요의 변화에는 통화량이 가장 큰 영향을 미친다. 시중의 통화량이 많을 경우 상품 관련 수요가 전체적으로 증가할 수밖에 없으므로 물가가 상승하게 된다. 또한 가계의 소득이 증가해 가계에서 사용 가능한 돈이 많아질수록 소비는 증가하게 되며, 이때 물건 공급이 충분하지 않다면 인플레이션이 발생하게 된다.

한편, 1950~60년대 미국의 경제학자들은 수요가 증가하지 않고 실업자가 많은 상황에서도 인플레이션이 발생하는 상황을 확인한다. 이는 수요 견인 인플레이션으로는 설명 불가능한 현상이었는데, 이에 따라 등장한 이론이 비용 인상 인플레이션이다. 수요 측면에서 설명되는 수요 견인 인플레이션과 달리 비용 인상 인플레이션은 공급 측면에서 설명되는 이론으로, 제품의 생산 비용이 상승하게 되면 제품 가격도 함께 상승하여 전반적인 물가가 상승하는 현상이 나타나게 된다. 예컨대 전 세계적으로 석유 가격이 급등했다면 물건을 운송하는 배의 운송 가격도 증가하는 현상이 이에 해당한다. 물론 수요 견인 인플레이션이나 비용 인상 인플레이션이 아니더라도 단순히 수요의 이동, 공공요금의 인상, 저생산성으로 인한 공급 부족 등이 인플레이션의 원인이 되기도 한다.

일단 인플레이션이 발생하게 되면, 사회의 여러 방면에서 문제가 나타날 수 있다. 우선 화폐의 가치가 떨어진다는 점에서 월급을 받는 직장인들과 채권자들은 상대적으로 손해를 입을 수 있다. 특히 이로 인해 빈익빈 부익부 현상이 나타나 소득 격차가 극심해지는 등 사회 전체가 불안정해질 수 있다. 또한 저축을 하는 사람들이 줄어들게 되므로 은행의 자금이 부족해져 경제 성장에 악영향을 미치게 된다. 그뿐만 아니라 국내 물가가 상승하게 되면 수입은 활성화되지만 수출은 상대적으로 불리해져 무역수지가 적자가 되는 등의 문제가 발생할 수 있다.

① 인플레이션이 발생했다면 채무자들은 이익을 볼 것이다.
② 마트의 모든 생필품 가격이 어제보다 올랐다면 화폐의 가치는 어제보다 상승했다고 보아야 한다.
③ 공급 측면의 문제로 인해 발생한 인플레이션을 일컬어 비용 인상 인플레이션이라고 한다.
④ 은행에서 시중의 통화량을 늘릴 경우 인플레이션이 발생할 수 있다.

(가) 염분차 발전에 이용되는 바닷물의 염분차는 해수와 담수의 염분차로, 해수와 담수는 각각 약 3.5%, 약 0.05% 정도의 염분을 지니고 있다. 해수와 담수의 염분차를 이용한 전기 발전 방식에는 압력지연삼투 발전과 역전기투석 발전이 있다. 먼저 압력지연삼투 발전은 삼투압이라는 물리적 에너지를 이용한 것이다. 염분의 농도가 서로 다른 두 물을 분리했다가 다시 섞게 되면 염분의 농도가 낮은 물이 염분의 농도가 높은 물 쪽으로 이동하게 되는데, 이때 발생하는 압력이 바로 삼투압이다.

(나) 전압이 만들어지고 난 후에는 전기를 발생시킬 전자가 필요하다. 이를 위해 (+)전극의 산화 전극과 (-)전극의 환원 전극이 구성된다. 각 전극은 철이나 구리, 은 등 산화-환원 반응을 잘 일으키는 물질로 설치되는데, 여기서 산화란 전자를 배출시키는 반응을 의미하는 것으로 이렇게 배출된 전자는 환원 전극으로 이동한다. 이 전자를 얻는 반응이 바로 환원 반응이다. 결국 산화 전극과 환원 전극 사이의 물 분자에 있는 산소와 수소를 이용해 산화-환원 반응을 유도하는 것이다. 이렇게 생겨난 전자가 산화 전극에서 환원 전극으로 이동해 전기를 발생시킨다. 간단히 정리하면 교환막을 통해 전압이 발생하고 이에 전자가 힘을 얻어 흐르면서 전기를 만들어 내는 것이다. 이처럼 염분차 발전은 화석 연료를 사용하지 않으며, 어떤 오염 물질도 배출하지 않는 친환경 발전 방식이다.

(다) 바닷물의 소금기를 이용하여 전기를 생산하는 염분차 발전이 미래의 에너지원으로 떠오르고 있다. 염분차 발전이란 바다의 염분을 이용해 전기를 생산하는 방식으로, 태양 발전이나 풍력 발전과 같은 신재생에너지들과 달리 환경의 영향을 받지 않으며, 바닷물을 이용하기 때문에 무한한 에너지 공급이 가능하다는 큰 장점이 있다. 또한, 전력 사용량이 많을 때 발생할 수 있는 블랙아웃을 대비할 대용량 전력 저장 장치로 사용할 수 있을 뿐 아니라 염분차 발전에 사용되는 고농도 해수를 이용해 바다의 유용한 자원을 더욱더 많이 회수할 수 있어 경제적 이익을 창출할 수 있다고 알려져 있다.

(라) 압력지연삼투 발전은 이러한 삼투압을 이용해 전기를 생산하는 것으로, 압력지연삼투 발전에는 담수와 해수뿐 아니라 반투과성 분리막이 필요하다. 반투과성 분리막은 눈에 보이지 않을 정도의 매우 작은 구멍을 가진 필터로, 물과 같은 작은 분자의 물질만 투과시킬 수 있다. 즉, 삼투압에 의해 담수가 해수로 이동할 때 분리막을 통해 소금은 남고 물만 이동하게 된다. 결국 양쪽의 소금 농도는 동일해지고 물 높이만 달라지는데, 이때 생기는 높이의 차이가 삼투압이며, 해수의 염분이 높으면 높을수록 삼투압도 커진다. 이렇게 삼투압에 의해 담수가 해수 쪽으로 이동하게 되면 해수의 양이 늘어나고 압력이 높아져 이 압력이 터빈을 돌림으로써 전기를 생산하는 것이다.

(마) 반면 역전기투석 발전은 압력지연삼투 발전과 달리 해수의 염화나트륨을 나트륨 이온과 염소 이온으로 분리해 직접적으로 전기를 생산할 수 있는 방식이다. 역전기투석 발전은 두 개의 전극 사이에 음이온 교환막과 양이온 교환막이 여러 장 교차한 형태로 배치되어 있으며, 음이온 교환막은 음이온만, 양이온 교환막은 양이온만 투과시킨다. 따라서 여기에 담수와 해수를 주입하면 양이온 교환막 쪽으로 양이온인 나트륨 이온이 통과하고, 음이온 교환막 쪽으로 음이온인 염소 이온이 통과하게 되는 것이다. 이렇게 양이온과 음이온이 서로 반대 방향으로 이동하면서 이온의 위치 에너지 차이가 생기게 되며 전압이 발생한다. 즉, 양이온과 음이온을 따로 분리하는 이유는 이온의 위치 에너지 차이를 이용한 전위차인 전압을 발생시키기 위한 것으로, 전압이 발생해야 전기를 만들 수 있기 때문이다.

08. 윗글을 논리적 순서대로 알맞게 배열한 것은?

① (가) - (라) - (나) - (마) - (다)

② (가) - (라) - (마) - (다) - (나)

③ (다) - (가) - (라) - (나) - (마)

④ (다) - (가) - (라) - (마) - (나)

09. 윗글의 내용과 일치하지 않는 것은?

① 압력지연삼투 발전을 위해 사용되는 반투과성 분리막으로 인해 담수가 해수로 이동할 때 소금은 분리막을 통과하지 못한다.

② 염분의 농도가 서로 다른 두 액체를 분리한 후에 다시 혼합하게 되면 염분의 농도가 높은 물 쪽으로 염분의 농도가 낮은 물이 이동한다.

③ 역전기투석 발전은 양이온 교환막 쪽으로 염소 이온을, 음이온 교환막 쪽으로 나트륨 이온을 통과시켜 전압을 발생시킨다.

④ 염분차 발전은 과도한 전력 사용으로 인한 블랙아웃을 대비할 수 있을 만큼의 대용량 전력 저장 장치로서의 역할을 할 수 있다.

[10 – 11] 다음 글을 읽고 각 물음에 답하시오.

과거에 많이 사용되었던 니켈카드뮴 배터리는 한 번 충전했던 배터리를 완전히 방전하지 않은 상태에서 다시 충전하면 화학 반응을 일으켰던 입자가 굳어 그대로 배터리의 용량이 줄어드는 '메모리 현상'이 발생한다는 단점이 있었다. 이로 인해 1990년대 중반 이전에는 니켈카드뮴 배터리를 개량하여 카드뮴을 수소저장합금으로 교체함으로써 메모리 현상을 줄이고 효율성을 높인 니켈수소 배터리가 통용되었다. 니켈수소 배터리는 어느 정도 모양을 자유롭게 만들 수 있을 뿐만 아니라 안정성이 높아서 지금도 AA 형태의 충전 배터리, 하이브리드 자동차의 배터리 등에 사용되고 있다.

1990년대 후반에 이르러 핸드폰, 노트북 등 휴대용 전자기기가 보편화되면서 사람들은 니켈 배터리의 한계를 체감하게 되었다. 니켈 배터리는 전압이 불안정하고 전류량이 약하였는데, 이는 추가 회로의 설치를 통해 해결할 수 있었지만 메모리 현상으로 인한 고질적인 배터리 용량 부족 문제는 해결 방안이 없었던 것이다. 당시 니켈 배터리를 장착한 노트북은 이동하면서 약 1시간 정도밖에 사용할 수 없었다고 한다. 이에 니켈 배터리의 대체품으로 용량이 크고 높은 효율을 지닌 리튬 배터리가 주목받기 시작하였다.

사실 리튬 배터리는 니켈 배터리보다 훨씬 더 빨리 개발되었으나 안정성이 너무 낮아서 실용화에 난관을 겪었다. 리튬 배터리의 제조는 1970년대 미국 뉴욕 주립 빙엄턴 대학교의 연구진이 이황화타이타늄을 양극으로, 금속 리튬을 음극으로 사용한 실험에서 최초로 성공하였다. 그리고 1980년대 프랑스의 그르노블 공대와 프랑스 국립과학연구센터의 공동 연구에서 흑연 내에 리튬 원소를 삽입하는 방식을 고안하여 리튬 배터리의 안정성을 높이면서 본격적인 실용화 연구가 진행되었다.

이후 지속적인 연구를 통해 리튬을 이온 형태로 만들어 다른 물질에 섞고 음극과 양극에 골고루 사용하는 방법이 개발되었는데, 이로 인해 충전식 리튬 배터리가 '리튬이온 배터리'라는 명칭으로 불리게 되었다. 리튬이온 배터리는 1991년 일본의 소니사에 의해 처음으로 실용화되었으며, 각국의 연구진이 리튬이온의 혼합 비율, 화학물질의 조성 등을 조절하며 안정성과 용량을 계속해서 개선해 나감에 따라 현재까지 매우 다양한 제품에 폭넓게 활용되고 있다.

리튬이온 배터리는 가역적으로 리튬이온을 삽입·탈리할 수 있는 물질을 양극과 음극으로 이용하고, 양극과 음극 중간에 리튬이온이 원활하게 이동하도록 도와주는 매개체인 유기 전해액 혹은 고분자 전해액을 넣는다. 여기서 리튬이온은 양극과 음극에서 삽입·탈리되면서 전기화학적 산화와 환원 반응을 일으키고, 그 과정에서 발생하는 전자가 전기 에너지를 생성한다. 이때 양극과 음극 사이에 분리막을 삽입하여 양극과 음극이 섞이지 않도록 물리적으로 막아줌으로써 전자가 전해액을 직접 흐르지 않도록 하고 내부의 미세한 구멍으로 이온만 이동할 수 있게 만들어 리튬이온 배터리의 안정성을 높인다.

리튬이온 배터리는 같은 크기의 니켈카드뮴 배터리보다 용량이 약 3배 많으며, 기전력이 크고 자가 방전에 따른 전력 손실이 적다. 또한, 메모리 현상이 전혀 나타나지 않아서 방전되지 않은 상태에서 충전해도 배터리의 용량이 줄지 않아 관리가 용이하다. 다만, 실용화에 어려움을 야기한 만큼, 낮은 안정성으로 인해 잘못 취급하여 물에 닿거나 고온에 노출시키면 폭발할 가능성이 있다. 또한, 온도에 민감하여 온도가 높을수록 배터리 수명이 줄어들고, 제조된 직후부터 열화(劣化)가 시작되기 때문에 사용 여부와 관계없이 시간의 흐름에 따라 수명이 단축되어 일반적인 리튬이온 배터리의 수명은 2~3년 정도이다.

10. 윗글의 제목으로 가장 적절한 것은?

① 리튬이온 배터리의 실용화로 촉진된 전기·전자 분야 산업의 발달

② 메모리 현상이 니켈 배터리의 발전 과정에 미친 긍정적 영향

③ 니켈 배터리의 단점을 보완하는 리튬이온 배터리에 대한 탐구

④ 리튬이온 배터리의 한계를 극복할 수 있는 신소재 배터리의 개발

11. 윗글을 통해 추론한 내용으로 가장 적절하지 않은 것은?

① 리튬이온 배터리는 리튬이온이 양극과 음극에서 삽입·탈리되면서 생성되는 전자를 통해 에너지를 발생시킨다.

② 전압이 불안정하고 전류량이 약한 니켈 배터리는 추가 회로를 설치하여 배터리의 성능을 개선할 수 있다.

③ 흑연 내부에 리튬 원소를 삽입하는 방식의 리튬 배터리는 최초의 리튬 배터리에 비해 안정성이 높다.

④ 리튬이온 배터리는 안정성이 낮고 온도에 예민하여 낮은 온도에 노출될수록 배터리 수명이 짧아진다.

12. 다음 글의 내용과 일치하지 않는 것은?

2021년 12월에 갈산유수지가 굴포빛누리로 재탄생함에 따라 LED 조명 산책로가 생기게 되었다. 2021년 1월에 문화체육관광부가 법정 문화도시로 지정한 인천 부평구는 굴포천 예술천 조성 사업을 진행하였고, 조명을 이용해 갈산유수지를 야외 문화 힐링 공간으로 재탄생시켰다. 지하철 7호선 굴포천역 인근에서 아름다운 빛을 점등한 '굴포빛누리'는 형형색색의 조명이 멋진 경관을 선사한다. 과거 갈산유수지는 임시 하수시설에서 발생한 악취 문제로 시민들이 불편을 겪었던 장소이나 이를 해결하기 위해 묘목과 잔디를 심고 조형물을 설치해 휴식 공간으로 조성했다.

인천 부평구는 2021년 1월 문화체육관광부의 '법정 문화도시'로 지정되어 지역 스스로 도시의 문화 환경을 기획해왔다. 국비를 지원받아 지속 가능한 문화도시 조성사업을 추진했으며, 노력의 결실로 문화도시 사업 기간 동안 시민들은 매일 오후 6시부터 11시까지 색색 조명의 굴포빛누리를 누릴 수 있게 됐다. 음악이라는 지역의 문화자원을 바탕으로 부평의 브랜드를 형성하고, 특히 지역 청년 예술인들과 협업해 영상 콘텐츠를 개발하고 시민기획단이 도시를 탐사하며 아이디어를 제안하는 등 시민 주도의 활동을 확대하여 긍정적인 평가를 받았다.

문화체육관광부의 문화도시 조성사업은 장기적인 관점에서 지역 스스로 도시의 문화 환경을 기획하고 실현해 나갈 수 있도록 포괄적으로 예산을 지원하는 사업이다. 2019년부터 2022년 1월까지 4차에 걸쳐 문화도시를 지정하고 도시별 특성에 따라 지원해오고 있다. 문화도시를 조성하는 과정에서 주민들이 직접 지역의 문제점을 진단하고 문화 설계자로 참여한다고 하니 지역 고유의 문화 발전과 더불어 지역 공동체도 살아날 것으로 기대가 된다.

문화도시는 시민의 참여가 밑거름이 되는데, 2차 문화도시인 전북 완주군의 경우 시민문화배심원단과 문화현장주민기획단을 통해 사업 대상이나 콘텐츠, 소재에 제한을 두지 않고 주민들이 자유롭게 문화적 상상력을 발휘할 수 있도록 지원했다고 한다. 또한 강릉시는 시민이 직접 사업을 설계해 실행할 수 있도록 시민 주체를 발굴하고, 다양한 연구 모임을 통해 지역 브랜드와 관광상품, 지역 음식 등 유·무형의 지역 특화 콘텐츠를 만들어냈다.

지역의 특성과 정체성을 문화로 살려낸 문화도시들도 있다. 경남 김해시는 도시 고유의 역사 문화적 유산을 활용해 '도시가 박물관'이라는 주제로 도시 전체를 박물관으로 만든 사업 구상이 참신하다는 평가를 받았다. 또 경북 포항시는 '철강산업도시'라는 정체성을 살려 철강예술축제 관련 사업 등을 원도심에서 개최해 도시재생 뉴딜 사업과 연계한 문화 거점의 활용 가능성을 다양하게 보여주었다고 한다.

문화도시의 목표는 이렇게 문화적 창의성을 바탕으로 문화도시 조성사업의 효과가 관련 산업으로 연계되어 길게는 '지역 문화가 도시의 지속 가능한 성장 동력이 되는 것으로, 문화도시가 성공하게 되면 각각의 문화도시가 고유한 문화적 브랜드를 만들어내 타 지역 주민들이 방문하며 여행의 즐거움을 느낄 수 있을 것으로 전망된다. 특히 2021년 12월에는 3차 문화도시로 공주시, 목포시, 밀양시를 포함한 6개의 시가 새롭게 지정되었는데 각 지역의 풍부한 문화자원이 시민이 원하는 문화활동으로 어떻게 이어질지 더욱 기대가 된다.

※ 출처: 정책브리핑(2022-01-12 보도자료)

① 시민문화배심원단과 문화현장주민기획단이 문화도시 조성 사업에 참여한 지역은 전북 완주군이다.

② 문화도시 사업 기간 내에 평일 18시에 굴포빛누리를 방문하면 LED 조명 산책로를 확인할 수 있다.

③ 문화도시의 주제를 '도시가 박물관'으로 삼은 지역은 경남 김해시이다.

④ 목포시는 2022년 1월에 지정된 4차 문화도시이다.

13. 다음 문단을 논리적 순서대로 알맞게 배열한 것은?

(가) 특히 아바스조가 멸망한 뒤에 설립된 오스만투르크 제국의 술탄들은 살림 1세가 재위를 시작한 1517년부터 칼리프와 술탄의 업무를 함께 수행하였고, 마지막 술탄으로 알려진 압둘 마지드 2세가 술탄 칭호를 박탈당하고 칼리프의 직만 행하게 되는 1922년까지 대략 30명의 술탄이 제국을 통치한 바 있다.

(나) 이슬람 세계에서 성속의 지배자를 의미하는 술탄은 본래 '권력'을 의미하는 아랍어이다. 다만, 시대에 따라 실제 뜻하는 의미는 다소 달라졌는데, 이슬람 경전인 『코란』에서는 종교적 측면에서 도덕적 책임 및 종교적 권위를 수행하는 통치자란 의미로 활용되었다. 시간이 흐르며 술탄은 이슬람 교단의 지배자인 칼리프 아래에서 칼리프의 권한을 위임받아 일부 지역을 다스리는 속세의 무슬림 통치자를 의미하게 되었다.

(다) 술탄이 이슬람 세계에서 최고 통치자의 의미로 쓰이게 된 것은 옛 비잔틴 제국의 영토를 확보하며 이슬람 세력을 확대시킨 무라드 1세 때부터이다. 이전까지만 하더라도 칼리프는 술탄을 임명하는 무슬림 최고 권위자를 상징했다. 하지만 무라드 1세가 재위한 이래로 여러 술탄이 본인에 대해 칼리프 칭호를 직·간접적으로 사용하게 되었고, 결국 술탄이란 칭호가 이슬람 세계에서 성속의 지배자를 의미하게 되었다.

(라) 맨 처음 술탄의 칭호를 받은 사람은 875년 아바스조의 칼리프인 무으타미드의 동생이라고 알려져 있다. 하지만 당시에는 지방 통치권자를 의미하지는 않았으며, 실질적으로는 마흐무드가 칼리프로 재위하며 술탄 칭호를 사용하게 되었다. 칼리프가 종교적 권위를 상징했다면, 술탄은 군사적·정치적인 권위를 가졌다고 볼 수 있다.

(마) 물론 과거 오스만투르크 제국에서 사용하던 술탄이란 칭호는 없어진 지 오래이다. 하지만 술탄이 생겨날 당시에 지방 통치자 의미로 사용된 적이 있으므로 현재까지도 옛 오스만투르크 제국의 여러 지역에서는 술탄은 지도자를 부를 때 사용했다고 한다. 이란에서는 지방 지사의 의미로 활용되었고, 오만과 브루나이에서는 정부 형태로서 술탄제를 사용하고 있다. 이외에도 말레이시아, 인도네시아, 필리핀 일부 지도자들은 여전히 술탄 칭호를 사용한다고 한다.

① (나) - (라) - (가) - (다) - (마)
② (나) - (라) - (다) - (가) - (마)
③ (다) - (나) - (라) - (가) - (마)
④ (다) - (라) - (가) - (나) - (마)

14. 다음 글의 내용과 일치하는 것은?

> 백두대간 설악산 권역에 눈잣나무와 이노리나무, 담비, 삵 등 희귀 동식물 다수가 서식하는 것으로 확인됐다. 산림청은 2021년 백두대간 향로봉에서 구룡령까지 설악산 권역 117km에 대한 실태조사에서 눈잣나무와 이노리나무 등 희귀 식물을 포함해 모두 513종의 식물이 발견됐다고 밝혔다.
>
> 백두대간은 백두산에서 지리산까지 이어지는 한반도의 핵심 생태 축으로 생물 다양성의 보고이자 종 다양성을 유지하는 핵심 공간이다. 산림청에서는 지난 2006년부터 백두대간 684km를 5개 권역으로 나눠 5년마다 실태조사를 하고 있으며, 설악산 권역은 백두대간 남한 지역에서 최상위 권역에 위치해 고산 식물에서 난온대성 식물까지 다양한 식물이 분포하고 있다.
>
> 실태조사 결과, 백두대간 설악산 권역에서 식물상 513종과 동물상 포유류 15종, 조류 61종, 양서·파충류 13종, 나비류 32종 등이 확인됐다. 식물상 멸종위기종 45분류군과 산양, 담비, 삵, 붉은배새매, 황조롱이, 수리부엉이 등 다수의 법정 보호종도 서식하고 있는 것으로 조사됐다.
>
> 아울러 설악산 고산지대에 생육하고 있는 눈측백의 나이테를 분석한 결과, 200년 이상의 노령목으로 확인됐다. 평소 수고가 낮아 꼬마나무처럼 보였으나 실상 고산지대 산림생태계의 역사를 간직한 터주목으로 보존가치가 매우 높은 것으로 분석됐다고 산림청은 설명했다. 다만, 기후변화 취약종인 아고산대 분비나무와 조릿대 개체군의 변화가 파악돼 지속적인 조사를 통해 생태계 영향 등을 분석해야 할 필요성이 제기됐다고 산림청은 덧붙였다.
>
> 송○○ 산림청 산림생태복원과장은 "이번 조사를 통해 백두대간의 보호 필요성과 가치가 입증됐다"며 "백두대간이 한반도 핵심 생태 축으로서 잘 보존될 수 있도록 정책 및 사업 발굴을 위해 최선을 다하겠다"고 밝혔다.

※ 출처: 산림청(2022-01-07 보도자료)

① 남한 지역을 기준으로 설악산 권역은 백두대간 최하위 권역에 위치해 있다.

② 설악산 고산지대에서 확인되는 눈측백은 200년 이상 생존 가능한 나무이다.

③ 2021년에 백두대간 설악산 권역에서 발견된 식물은 500종을 넘지 않는다.

④ 백두대간 설악산 권역에서 확인된 삵과 황조롱이는 법정 보호종에 해당하지 않는다.

15. 다음 글의 빈칸에 들어갈 내용으로 가장 적절한 것은?

포도의 즙을 발효시켜 만든 와인은 역사가 가장 오래된 술이다. 현재까지 확인된 포도넝쿨 중에는 무려 6천만 년 전의 것도 발견된 바 있으므로 야생 포도는 수천만 년 동안 존재했으리라 추측된다. 하지만, 야생의 포도는 신맛이 강하고 알도 작아 와인으로 만들기에는 부적절하다. 아마도 유목 생활을 청산한 고대인이 한 해 농사를 통해 포도를 재배하면서 와인 주조 역시 가능해졌을 것으로 여겨진다. 정확한 제조 시기는 기록에 따라 다소 차이는 있지만 고대 그리스 시대에 만들어졌다는 사실은 부정할 수 없는 사실이다.

와인을 구분하는 기준은 매우 다양하지만, 가장 기본적으로는 색상을 토대로 레드 와인, 화이트 와인, 로제 와인으로 나뉜다. 레드 와인은 포도즙과 포도 껍질을 함께 발효되도록 하여 만드는 와인이다. 포도 껍질에는 붉은 자주빛을 만드는 안토시아닌 색소와 더불어 떫은맛을 내는 타닌이라는 성분이 함유되어 있는데, 타닌은 와인의 구조 및 골격을 형성하며 천연 방부제와 같은 역할을 하여 레드 와인의 보존 기간이 다른 와인 대비 가장 길다. 다만, 숙성 기간이 오래될수록 색상이 옅어지는 경향이 있다.

화이트 와인은 발효 전 포도 껍질과 포도즙을 분리하여 포도 껍질은 넣지 않고 포도즙만 발효시켜 만든 와인이다. 포도 껍질에 의해 착색되기 전에 포도 알맹이를 분리해 내고, 포도 알맹이를 온도조절형 스테인리스에 넣은 뒤 낮은 온도에 두면 서서히 발효가 진행되며, 발효가 완료되면 풍부한 과일 향과 섬세함이 느껴지는 화이트 와인을 맛볼 수 있다. 레드 와인과 달리 신선한 산도를 중요시하기 때문에 유산 발효를 거치지 않는 것이 특징이며, 숙성 기간이 길어질수록 와인의 색은 진해진다.

로제 와인은 이름 그대로 장밋빛을 띠는 와인이다. 레드 와인과 화이트 와인의 중간색이라는 점에서 두 와인을 섞어 만든다고 생각하기 쉽지만, 실제 로제 와인을 만들 때는 포도 알맹이와 포도 껍질을 잠시 동안 함께 발효되도록 두어 포도 껍질에 의해 색이 배어 나오면 포도 껍질을 건져내는 방식을 취한다. 좋은 로제 와인일수록 밝은 빛을 띠는 것이 특징이며, (   ) 특히 2~3년 이상 저장해서는 안 되므로 이보다 오래된 와인이라면 로제 와인의 진정한 맛을 느끼지 못할 수 있다.

① 좀 더 진한 빛깔의 색을 띨수록 맛이 더 좋으므로 구매 시 참고해야 한다.
② 오랫동안 숙성한 와인보다 오래 숙성하지 않은 와인의 맛이 더 좋아 숙성 초기에 마셔야 한다.
③ 좋은 로제 와인을 만들기 위해서는 포도 알맹이가 포도 껍질에 의해 착색되기 전에 분리해내는 것이 중요하다.
④ 화이트 와인과 마찬가지로 숙성 기간이 오래될수록 와인의 색이 옅은 편이다.

[16 – 17] 다음 글을 읽고 각 물음에 답하시오.

흔히 "내가 살아온 삶을 책으로 쓰면 소설 몇 권이 될 것이다"라는 말을 들어본 적이 있을 것이다. 우리 인생에는 소설과 같은 서사가 존재하는데, 인생을 살아가다 보면 고통이나 문제적 상황 등을 마주하게 된다. 우리가 진짜 소설 속 인물에 불과하다면 고통을 겪는 상황에 대한 치료가 필요하지 않겠지만, 현실을 살아가는 우리는 더 나은 인생을 살아가기 위해 겪었던 고통들을 치유할 필요가 있다. 이러한 측면에서 등장한 개념이 바로 문학 치료이다. 문학 치료란 문학 작품에 대한 감상이나 토론, 창작 따위의 활동을 통해 정신적·신체적인 문제를 예방하거나 치료하는 일을 말한다.

문학 치료라는 개념에 대해 다소 생소하게 여기는 사람도 있을 것이다. 하지만, 인간은 아주 먼 옛날부터 내적·외적 고통을 치유하기 위해 노력해왔다. 문학과 의술의 밀접한 관계는 고대 그리스에서부터 찾아볼 수 있다. 고대 그리스인들은 병을 얻게 되면 의사에게 찾아가는 것이 아닌 아폴로 신전에 찾아가 치료를 받았는데, 신전에서는 사람들의 병을 치유하고자 위로 편지, 신앙 고백, 명상록 작성 등을 사람들에게 시켰는데, 이는 당시 사람들이 신전의 활동을 통해 개인의 영혼이 정화되고 힘을 얻을 수 있다고 믿었던 데에서 기인한다. 특히 BC 300년경의 그리스 도서관의 입구에는 '영혼을 위한 약'이라는 현판이 걸려 있기도 했고, 고대 신화에서 오세아누스가 프로메테우스에게 '말은 병든 마음을 치료해주는 의사'라고 말하기도 한 것으로 보아 고대부터 문학은 치료의 기능을 띠었다고 할 수 있다.

최초의 문학 치료사는 1세기에 활동한 로마 의사 소라누스이다. 기록에 따르면 소라누스는 내담자에게 시와 드라마를 처방했다고 한다. (   ) 조증 환자에게 비극적 내용의 문학을, 우울증 환자에게는 희극적 내용의 문학을 처방한 식이다. 다만, 문학을 통한 치료에 대한 관심이 본격적으로 높아진 시기는 20세기에 들어와서부터이다. 1751년 미국의 펜실베이니아 병원에서는 정신질환 환자들에게 치료 보조의 목적으로 책 읽기 및 글쓰기를 시켰고, 의사이자 정치가였던 벤저민 러시는 효과적인 치료 보조수단으로써 음악과 문학을 활용하였다.

현대의 문학 치료는 독서 치료와 시 치료 부분으로 나누어 진행되고 있으며, 단순히 문학 작품이나 시를 읽고 쓰는 데에 그치지 않고 시 낭송과 같은 방법도 문학 치료의 방법으로 활용된다. 미국문학치료학회에 따르면 문학 치료는 일종의 통합적 치료 방법에 해당하며, 신체를 포함한 마음의 건강을 지키고자 할 때 문학이 주도적 혹은 부수적으로 활용될 수 있다고 한다. 특히 문학 치료에 참여한 환자에게 글쓰기를 시켜 자신의 문제를 인지함은 물론 감정을 표현하도록 해 삶이 변화할 수 있도록 한다는 점에서 문학 치료의 의의가 있다고 할 수 있다.

16. 윗글의 제목으로 가장 적절한 것은?

① 문학 치료의 효과와 부작용

② 문학 치료 도입의 필요성

③ 문학 치료의 등장과 발전 과정

④ 문학 치료 중 시 치료의 중요성

17. 윗글의 빈칸에 들어갈 연결어로 가장 적절한 것은?

① 그러나   ② 그리고   ③ 예컨대   ④ 그렇지만

[18-19] 다음 글을 읽고 각 물음에 답하시오.

지식산업 사회로의 변화, 정보화, 디지털화를 이끄는 4차 산업혁명이 진행되면서 현대 사회는 국가 간, 산업 간의 경계가 무너지고 엄청난 변동성과 불확실성, 복잡성, 모호성을 띠게 되었다. 즉, 시간이 흐를수록 미래를 예측하는 것이 점점 더 어려워지고, 조직을 둘러싼 이해관계자들의 요구는 더욱 복잡하고 빈번해지고 있다. 이에 따라 최근에는 처음부터 완벽한 계획을 수립하여 절차대로 시행하는 종전의 조직 운영 방식이 아니라 상황에 따라 언제든 의사 결정을 수정하고 보완할 수 있는 조직 운영 방식이 요구되고 있다.

그러나 수직적, 보수적, 권위적인 기존 한국의 조직 문화는 경쟁이 치열하고 예측할 수 없을 정도의 빠른 환경 변화를 보이는 오늘날의 상황에 부적합하다는 지적이 계속해서 제기되어 왔다. 따라서 그 대안으로써 협력과 실행, 개방과 효율성, 속도와 민첩성으로 대표되는 애자일(Agile) 조직이 많은 관심을 받고 있다. 애자일 조직은 부서 간 경계를 허물고 구성원 개개인에게 의사 결정 권한을 부여함으로써 불확실성이 높은 상황 변화에 기민하게 대응하고 빠르게 성과를 도출하는 것을 목표로 한다.

애자일 조직은 전통적인 피라미드 조직 대신 필요에 의해 협업하는 자율적인 소규모 조직을 기반으로 자원을 배분한다. 또한 수직적인 조직 구조가 아니라 구성원 개개인의 주인 의식을 중시하는 수평적인 조직을 표방하며, 리더는 전문가로서 자신의 업무를 수행함과 동시에 조직을 지원하고 조율하는 역할을 수행한다. 따라서 애자일 조직을 형성하기 위해 가장 먼저 해야 할 일은 경계 없는 조직 문화를 형성하는 것이다. 사내 동호회나 워크숍 등은 함께 일하는 동료뿐만 아니라 자주 마주치지 않는 직원들과도 활발하게 의사소통할 수 있는 환경을 마련할 수 있다는 점에서 큰 도움이 된다.

그리고 애자일 조직은 1년 이상의 장기적인 계획이 아니라 월 단위의 단기 계획을 수립하며, 사전 분석과 기획을 최소화하는 대신 시제품 등을 통해 외부 상황의 변화와 피드백을 지속적으로 반영함으로써 업무의 완성도를 높여간다는 특징이 있다. 그러므로 업무를 진행함에 있어 (   )이 중요하다. 애자일 조직은 제한된 시간 안에 무엇이든 만들어 내도록 독려함으로써 언제 어떻게 바뀔지 모르는 상황에 빠르게 대응할 수 있도록 만든다. 이때 구체적인 기간은 업무 특성에 따라 달라질 수도 있지만, 애자일 조직은 프로젝트당 평균 2주에서 아무리 길어도 한 달이 넘지 않도록 마감 기한을 설정한다.

18. 윗글의 내용과 일치하지 않는 것은?

① 애자일 조직에서 리더는 조직을 조율하고 지원하는 업무와 개인의 업무를 동시에 수행해야 한다.
② 애자일 조직은 외부의 변화와 피드백을 반영하는 과정을 통해 업무의 완성도를 높인다는 특징이 있다.
③ 오늘날 조직 운영 방식은 계획을 완벽하게 수립한 뒤 절차에 따라 그대로 시행하는 것을 중시한다.
④ 불확실성과 변동성에 대응하기 위해 애자일 조직은 의사 결정 권한을 구성원 개개인에게 부여한다.

19. 윗글의 빈칸에 들어갈 말로 가장 적절한 것은?

① 사전에 최대한 많은 자료를 수집하는 것
② 명확한 업무 마감 기한을 설정하는 것
③ 구체적인 프로젝트 목표를 수립하는 것
④ 업무 진행 상황을 시각화하여 공유하는 것

20. 다음 글의 제목으로 가장 적절한 것은?

> 의무론적 윤리란 도덕적 행위의 시비(是非)를 결정하는 것은 그 행위의 결과와는 관계없이 올바른 도덕 규칙을 준수했는지에 따른다는 이론으로, 모든 상황에서 반드시 지켜야 하는 절대적이고 보편타당한 도덕적 규칙이 존재한다고 여긴다. 의무론적 윤리를 주장한 대표적인 철학자 임마누엘 칸트는 인간의 행위가 의무로 행하여졌을 때만 도덕적일 수 있다고 피력하였다. 칸트는 윤리학의 과제가 선의지(善意志)에 관한 탐구라고 보았는데, 선의지란 선을 행하고자 하는 순수한 동기에서 나온 의지를 의미한다. 인간의 선의지는 삶의 방식과 밀접한 연관성을 가지고 있고 항상 의무 의식을 동반하며, 내적 의무감에 따른 행위만이 도덕적이며 선의지를 드러낼 수 있다. 칸트에 따르면 행위의 결과는 도덕의 근거가 될 수 없다. 왜냐하면 행위의 결과는 무수히 많은 우연과 변수의 영향을 받아 달라질 수 있다는 점에서 행위의 주체인 인간이 책임질 수 있는 영역에서 벗어나기 때문이다. 그래서 특정 행위의 결과나 어떠한 목표를 달성하는 데 도움이 되어서 선한 것이 아니라 오로지 본인의 선을 행하고자 하는 의지 작용을 통해 그 자체로 선하게 되는 선의지만이 도덕적 행위의 유일한 근거라는 것이다. 칸트는 두려움, 동정심, 이기심 등 인간이 자연스럽게 가지게 되는 감정을 자연적 경향성으로, 자연적 경향성을 이겨 내고 의무에 따라 한 행동을 도덕적 행위로 구분하여 설명하였다. 만약 타인을 돕는 행동이 동정심에 의해 행하여진 것이라면 자연적 경향성에 따른 것이므로 도덕적 행위라고 볼 수 없으며, 어떠한 상황에서도 정직하게 행동하는 태도가 소속된 집단에서 배제될지 모른다는 두려움에 의한 것이라면 이 또한 자연적 경향성에 따른 것이므로 도덕적 행위라고 볼 수 없다. 이와 같이 인간이 자연적 경향성을 넘어서는 것이 쉬운 일이 아니라서 의무로부터 비롯된 도덕적 행위가 중요성이 있다. 즉, 특정 행동이 도덕적이라고 평가받기 위해서는 동기의 순수성이 전제되어야 한다. 칸트의 의무론적 윤리는 어떤 상황에서도 침해될 수 없는 도덕적 원칙인 선의지를 제시하여 도덕적 직관을 반영한다는 의의가 있지만, 행위에 따른 결과가 옳은지 그른지는 일절 고려하지 않아서 의무를 따르는 행위가 도덕적으로 잘못된 결과를 가져오더라도 의무를 따라야 한다는 반(反)직관적인 결론에 이르게 된다는 문제가 있다.

① 도덕적 행위의 유일한 근거로 작용하는 칸트의 선의지
② 현대 의무론적 윤리학 형성의 기반이 된 철학적 개념들
③ 선의지와 도덕적 행위를 중시하는 칸트의 의무론적 윤리
④ 의무론적 윤리의 역사적 발전 과정에 대한 칸트의 통찰

21. 가로와 세로의 길이가 동일한 정사각형 모양의 토지가 있다. 이 토지의 각 꼭짓점 부분에 나무를 1그루씩 총 4그루를 먼저 심고, 가로 간격은 2m, 세로 간격은 1m로 나무를 추가로 심어 정사각형 모양의 토지 전체에 나무를 심었다. 토지 전체에 심은 나무가 총 3,160그루일 때, 토지의 면적은?

① 5,929m²   ② 6,084m²   ③ 6,241m²   ④ 6,400m²

22. 현 부장과 윤 대리가 함께 진행하면 12일 만에 완료할 수 있는 프로젝트가 있다. 이 프로젝트를 현 부장이 혼자 진행하면 20일이 소요된다고 할 때, 윤 대리가 혼자 진행하여 완료할 때까지 소요되는 기간은 얼마인가?

① 30일   ② 35일   ③ 40일   ④ 45일

23. 현재 아들의 나이에서 십의 자릿수와 일의 자릿수를 서로 바꾸고 3을 더하면 현재 아버지의 나이와 같다고 한다. 지금으로부터 13년 전에는 아버지의 나이가 아들의 나이의 4배였고, 지금으로부터 13년 후에는 아버지의 나이가 아들의 나이의 2배가 된다고 할 때, 현재 아버지의 나이는 몇 세인가?

① 60세   ② 65세   ③ 68세   ④ 72세

24. 소희와 재형이가 각각 사과 5개를 가지고 가위바위보 게임을 한다. 가위바위보에서 이긴 사람은 상대의 사과를 1개 가져오고, 비기면 사과를 그대로 둔다. 소희와 재형이가 가위바위보 세 판을 했을 때, 소희가 사과 5개를 가지고 있을 확률은 얼마인가?

① $\frac{1}{9}$ ② $\frac{5}{27}$ ③ $\frac{2}{9}$ ④ $\frac{7}{27}$

25. 두 곡선 $f(x) = -x^2 + 4x - 3$, $g(x) = x^2 - 2x + 1$로 둘러싸인 도형의 넓이는?

① $\frac{1}{3}$ ② 1 ③ $\frac{5}{3}$ ④ $\frac{7}{3}$

26. K 회사에 입사하기 위해서는 언어, 수리, 직무, 외국어 4가지 시험에 응시해야 하며, 성적 가중치가 다른 각 산출 방법에 따라 최종 점수가 달라진다고 한다. 다음 산출 방법에 따른 A 씨의 점수표를 기반으로 할 때, 언어, 수리, 직무, 외국어 순으로 3:3:2:2의 가중치를 준 A 씨의 최종 점수는?

[산출 방법에 따른 A 씨의 점수표]

구분	언어 가중치	수리 가중치	직무 가중치	외국어 가중치	최종 점수
산출 방법 1	2	2	3	3	85점
산출 방법 2	1	1	1	1	82점

① 77점   ② 78점   ③ 79점   ④ 80점

27. 다음은 지역별 식약청의 식품류 수거검사 현황을 나타낸 자료이다. 제시된 조건을 모두 고려하였을 때, A~E를 바르게 연결한 것은?

[지역별 식약청의 식품류 수거검사 전체 건수]

(단위: 건)

구분	2014년	2015년	2016년	2017년	2018년
A	567	1,350	1,238	1,462	1,477
B	750	1,354	1,311	1,503	1,794
C	768	1,733	1,358	1,696	1,889
D	683	1,440	1,406	1,344	1,693
E	594	1,441	1,261	1,376	1,469

[지역별 식약청의 식품류 수거검사 부적합 건수]

(단위: 건)

구분	2014년	2015년	2016년	2017년	2018년
A	6	17	9	25	17
B	2	17	6	1	7
C	21	31	35	24	31
D	2	20	12	3	9
E	9	10	12	13	7

※ A, B, C, D, E는 각각 광주식약청, 경인식약청, 서울식약청, 부산식약청, 대구식약청 중 하나에 해당함
※ 출처: KOSIS(식품의약품안전처, 식품수거검사실적)

ⓞ 경인식약청은 2015년과 2018년의 부적합 건수가 같고, 서울식약청도 2015년과 2018년의 부적합 건수가 같다.
ⓛ 2017년 대비 2018년 수거검사 전체 건수 증가량이 50건 이상인 기관은 광주식약청, 경인식약청, 부산식약청, 대구식약청이다.
ⓒ 2018년 지역별로 부적합 건수가 수거검사 전체 건수에서 차지하는 비중은 대구식약청이 광주식약청이나 부산식약청보다 높다.
ⓔ 2014년부터 2018년까지 수거검사 전체 건수의 연평균 건수는 부산식약청이 대구식약청보다 많다.

	A	B	C	D	E
①	서울식약청	부산식약청	경인식약청	대구식약청	광주식약청
②	서울식약청	광주식약청	경인식약청	대구식약청	부산식약청
③	경인식약청	부산식약청	서울식약청	광주식약청	대구식약청
④	경인식약청	부산식약청	서울식약청	대구식약청	광주식약청

28. 다음은 초·중·고, 고등학교 유형별 진로 교육 연간 평균 예산 편성 규모에 대한 자료이다. 다음 중 자료에 대한 설명으로 옳지 않은 것은?

[초·중·고 진로 교육 연간 평균 예산 편성 규모]

(단위: 만 원)

구분		초등학교	중학교	고등학교
2018년	학교 전체 평균 예산	560	1,161	1,639
	외부 지원 평균 예산	321	750	1,056
	학교 자체 평균 예산	239	411	583
	학생 1인당 평균 예산	2.3	6.8	4.5
2019년	학교 전체 평균 예산	541	1,164	1,741
	외부 지원 평균 예산	328	740	983
	학교 자체 평균 예산	213	424	758
	학생 1인당 평균 예산	3.0	6.8	4.6
2020년	학교 전체 평균 예산	519	1,229	2,264
	외부 지원 평균 예산	260	512	828
	학교 자체 평균 예산	259	717	1,436
	학생 1인당 평균 예산	3.0	6.5	6.0

[고등학교 유형별 진로 교육 연간 평균 예산 편성 규모]

(단위: 만 원)

구분		일반 고등학교	특성화 고등학교	마이스터 고등학교	예체능 고등학교
2018년	학교 전체 평균 예산	1,663	1,478	3,293	893
	외부 지원 평균 예산	1,054	1,021	2,688	392
	학교 자체 평균 예산	609	457	605	501
	학생 1인당 평균 예산	3.6	8.2	9.3	1.3
2019년	학교 전체 평균 예산	1,781	1,368	3,813	2,470
	외부 지원 평균 예산	966	981	2,520	336
	학교 자체 평균 예산	815	387	1,293	2,134
	학생 1인당 평균 예산	3.9	6.7	12.3	3.6
2020년	학교 전체 평균 예산	1,916	3,004	6,034	3,726
	외부 지원 평균 예산	828	409	1,715	3,666
	학교 자체 평균 예산	1,088	2,595	4,319	60
	학생 1인당 평균 예산	4.1	10.8	29.0	4.0

※ 출처: KOSIS(교육부, 진로교육현황조사)

① 2019년과 2020년에 초등학교의 학교 전체 평균 예산은 전년 대비 매년 감소하였으나, 중학교와 고등학교 각각의 학교 전체 평균 예산은 전년 대비 매년 증가하였다.

② 제시된 기간 중 고등학교의 학교 자체 평균 예산이 가장 많은 해에 학교 자체 평균 예산이 다른 고등학교 유형에 비해 가장 작은 고등학교 유형은 예체능 고등학교이다.

③ 2020년 학생 1인당 평균 예산이 가장 많은 고등학교 유형의 2018년 대비 2020년 학생 1인당 평균 예산의 증가율은 210% 이상이다.

④ 2019년 고등학교 유형별 학교 전체 평균 예산이 다른 고등학교 유형에 비해 전년 대비 가장 많이 증가한 유형은 마이스터 고등학교이다.

29. 다음은 2021년 상반기 시도별 전체 및 외국인 건축물거래현황에 대한 자료이다. 다음 중 자료에 대한 설명으로 옳지 않은 것은?

[시도별 전체 건축물거래현황]

(단위: 호)

구분	1월	2월	3월	4월	5월	6월
서울	28,958	24,068	25,656	29,547	27,000	24,502
부산	9,926	10,603	11,813	15,058	12,724	11,723
대구	8,226	7,327	7,425	8,433	9,381	8,751
인천	12,832	12,681	19,561	19,257	18,147	17,082
광주	3,950	4,415	4,779	4,849	5,597	3,978
대전	4,864	3,391	4,067	4,736	3,940	3,959
울산	2,874	2,325	2,585	2,987	3,567	4,425
세종	1,624	953	1,237	2,285	1,048	1,284
경기	56,464	53,093	58,301	59,881	54,641	53,501
강원	5,583	6,180	6,051	6,238	6,708	5,720
충북	6,398	7,500	6,734	5,639	5,913	6,433
충남	7,086	9,995	9,766	9,632	10,278	8,455
전북	5,667	5,903	5,762	5,984	5,136	4,979
전남	7,283	4,981	5,849	5,192	4,972	4,887
경북	10,116	11,318	8,769	8,436	7,874	10,221
경남	9,188	7,389	9,718	9,298	12,853	12,777
제주	2,086	2,031	1,980	1,833	2,547	2,080

[시도별 외국인 건축물거래현황]

(단위: 호)

구분	1월	2월	3월	4월	5월	6월
서울	360	372	376	350	355	316
부산	31	61	53	66	41	66
대구	14	16	17	28	11	19
인천	220	229	430	589	360	243
광주	17	16	17	12	12	4
대전	20	20	16	21	19	17
울산	14	14	20	11	17	15
세종	1	2	9	7	6	4
경기	582	576	808	726	706	761
강원	36	37	41	41	37	36
충북	45	40	64	53	50	42
충남	71	76	139	99	121	137
전북	18	16	23	33	19	39
전남	18	15	22	31	31	16
경북	28	27	34	27	38	23
경남	49	29	36	43	44	37
제주	40	29	36	40	62	58

※ 출처: KOSIS(한국부동산원, 부동산거래현황)

① 6월 전체 건축물거래가 10,000호 미만인 지역의 수는 전체 건축물거래가 10,000호 이상인 지역의 수보다 6개 더 많다.

② 제시된 기간 동안 제주의 외국인 건축물거래가 가장 많은 달의 제주 전체 건축물거래에서 외국인 건축물거래가 차지하는 비중은 2.0% 이상이다.

③ 제시된 기간 동안 충남은 충북보다 전체 건축물거래와 외국인 건축물거래 각각이 매월 모두 많았다.

④ 1월과 6월 외국인 건축물거래가 동일한 지역의 1분기 전체 건축물거래 월평균은 5,938호이다.

30. 다음은 연도별 광업·제조업에 대한 자료이다. 다음 중 자료에 대한 설명으로 옳은 것은?

[연도별 광업·제조업의 수출입]

(단위: 십억 달러, 개)

구분	수출		수입	
	교역액	평균 교역 품목 수	교역액	평균 교역 품목 수
2016년	419	5.8	258	7.9
2017년	482	5.9	310	8.1
2018년	508	5.9	345	8.1
2019년	455	6.2	321	8.2

※ 출처: KOSIS(통계청 및 관세청, 기업특성별무역통계)

[연도별 광업·제조업 종사자 수]

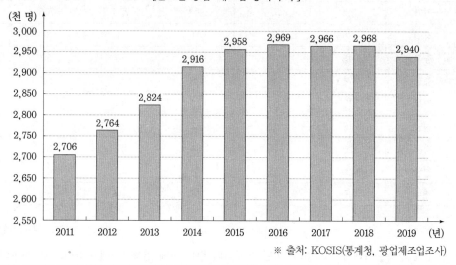

※ 출처: KOSIS(통계청, 광업제조업조사)

① 2016년 이후 처음으로 광업·제조업 종사자 수가 전년 대비 감소한 해에 평균 교역 품목 수는 수입이 수출보다 2.2개 많다.

② 2019년 광업·제조업 종사자 수는 2011년 대비 10% 이상 증가하였다.

③ 2016년 이후 수출과 수입의 교역액 차이가 가장 큰 연도는 제시된 기간 중 종사자 수가 가장 많았다.

④ 2016년 이후 수출 교역액이 최초로 500십억 달러 이상이었던 해에 수입 교역액은 2016년 이후 최초로 300십억 달러 이상이었다.

31. 다음은 시도별 자동차 주행거리 10억km당 사망자 수에 대한 자료이다. 다음 중 자료에 대한 설명으로 옳지 않은 것은?

[시도별 자동차 주행거리 10억km당 사망자 수]

(단위: 명)

구분	2016년	2017년	2018년	2019년	2020년
서울	8.3	8.2	7.4	6.2	5.6
부산	8.6	8.7	6.3	5.7	5.0
대구	10.4	9.2	7.4	7.0	7.1
인천	6.6	4.6	4.7	4.8	3.6
광주	9.5	13.0	8.2	5.2	6.7
대전	11.0	9.4	10.1	8.4	7.3
울산	11.5	9.0	10.9	7.4	7.0
세종	16.0	9.9	9.6	6.6	2.9
경기	10.4	10.1	8.5	7.8	7.4
강원	22.1	23.1	18.8	17.4	12.4
충북	21.3	20.4	19.5	15.9	14.4
충남	26.7	23.2	22.8	19.5	16.4
전북	22.8	23.9	18.7	18.3	16.6
전남	23.4	25.5	21.2	18.8	17.2
경북	26.1	21.9	20.7	17.8	17.6
경남	16.0	14.1	13.9	12.3	11.4
제주	11.0	10.4	9.6	7.3	7.1
전국	13.8	13.1	11.6	10.2	9.3

※ 출처: KOSIS(한국교통안전공단, 자동차주행거리통계)

① 2017년 이후 전국의 자동차 주행거리 10억km당 사망자 수가 전년 대비 가장 많이 감소한 해는 2018년이다.

② 자동차 주행거리 10억km당 사망자 수가 10명 이상인 지역의 수는 2016년이 2020년보다 6개 지역 더 많다.

③ 제시된 기간 동안 자동차 주행거리 10억km당 사망자 수가 가장 적은 지역은 매년 동일하다.

④ 2019년 자동차 주행거리 10억km당 사망자 수가 10명 미만인 지역의 자동차 주행거리 10억km당 사망자 수의 평균은 7명 미만이다.

32. 다음은 국가별 화장품 수출입액 상위 10개국을 나타낸 자료이다. 제시된 조건을 모두 고려하였을 때, A~E를 바르게 연결한 것은?

[화장품 수출액 상위 10개국 현황]

(단위: 천 달러)

구분	2016년		2017년		2018년	
	국가명	수출액	국가명	수출액	국가명	수출액
1위	중국	1,569,712	중국	1,932,284	중국	2,656,162
2위	홍콩	1,244,089	홍콩	1,222,447	홍콩	1,315,009
3위	A	346,972	A	445,471	A	538,183
4위	B	182,674	B	225,390	B	302,600
5위	대만	135,952	대만	154,457	베트남	168,318
6위	E	118,331	E	151,309	E	165,292
7위	싱가포르	93,869	베트남	140,569	러시아연방	157,696
8위	베트남	71,399	싱가포르	104,331	대만	157,683
9위	말레이시아	60,938	러시아연방	96,375	싱가포르	131,599
10위	러시아연방	47,817	말레이시아	66,892	말레이시아	87,354

[화장품 수입액 상위 10개국 현황]

(단위: 천 달러)

구분	2016년		2017년		2018년	
	국가명	수입액	국가명	수입액	국가명	수입액
1위	프랑스	293,805	프랑스	404,810	프랑스	364,740
2위	A	293,456	A	367,483	A	314,615
3위	B	170,563	B	223,891	B	213,513
4위	C	47,514	C	80,525	E	55,231
5위	영국	46,177	영국	57,002	C	40,428
6위	D	39,017	E	56,444	D	38,863
7위	캐나다	24,616	D	51,899	영국	37,864
8위	E	22,750	중국	44,680	스위스	28,796
9위	중국	20,333	캐나다	40,852	아일랜드	28,439
10위	아일랜드	20,047	아일랜드	36,652	중국	28,145

※ A, B, C, D, E는 각각 미국, 일본, 태국, 독일, 이탈리아 중 한 국가에 해당함
※ 출처: KOSIS(식품의약품안전처, 화장품산업현황)

○ 제시된 기간 동안 매년 화장품 수입액 상위 10개국에 해당하면서 수출액 상위 10개국에는 해당하지 않는 국가는 프랑스, 독일, 이탈리아, 영국, 아일랜드이다.

○ 2017년 일본 수출액의 전년 대비 증가율은 25% 미만이다.

○ 2016년 이탈리아 수입액은 태국 수입액의 1.80배 이상이다.

○ 2018년 수입액 상위 10개국 중 스위스를 제외하고 전년 대비 수입 감소액이 가장 적은 국가는 태국이다.

	A	B	C	D	E
①	미국	일본	독일	이탈리아	태국
②	미국	일본	이탈리아	독일	태국
③	일본	미국	이탈리아	태국	독일
④	태국	이탈리아	미국	일본	독일

33. 다음은 2021년 상반기 월별 유가증권상장주식에 대한 자료이다. 다음 중 자료에 대한 설명으로 옳은 것은?

[월별 유가증권상장주식 거래량 및 거래대금]

구분	거래량		거래대금	
	전체(백만 주)	일평균(백만 주)	전체(조 원)	일평균(조 원)
1월	26,094	1,305	530	26
2월	30,030	1,668	344	19
3월	27,902	1,268	333	15
4월	31,067	1,412	346	16
5월	18,790	989	304	16
6월	35,355	1,607	373	17

※ 일평균 거래량 및 거래대금은 주식거래가 가능한 일을 기준으로 산정됨

[월별 유가증권상장주식 시가총액]

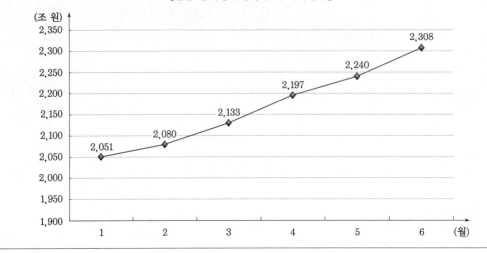

※ 출처: KOSIS(한국거래소, 증권·파생상품시장통계)

① 제시된 기간 중 전체 거래량이 가장 많은 달의 일평균 거래량은 전체 거래량이 가장 적은 달의 일평균 거래량보다 608백만 주 더 많다.

② 제시된 기간 중 일평균 거래대금이 가장 높은 달은 일평균 거래량이 가장 많은 달과 동일하다.

③ 2월 이후 시가총액이 전월 대비 가장 많이 증가한 달에 전체 거래대금은 전월 대비 13조 원 증가하였다.

④ 3월 시가총액은 같은 달 전체 거래대금의 7배 미만이다.

34. 다음은 시력 구간별 시력 현황에 대한 자료이다. 다음 중 자료에 대한 설명으로 옳지 않은 것을 모두 고르면?

[시력 구간별 좌안 시력 현황]

(단위: 천 명)

구분	2015년	2016년	2017년	2018년	2019년
0.1 이하	146	148	146	145	158
0.2~0.4	940	949	952	952	1,020
0.5~0.7	2,637	2,754	2,827	2,899	3,126
0.8~1.0	5,623	5,895	6,055	6,209	6,690
1.1~1.5	4,484	4,609	4,642	4,697	4,921
1.6~2.0	147	144	134	126	134
기타	48	49	49	49	46
전체	14,025	14,548	14,805	15,077	16,095

[시력 구간별 우안 시력 현황]

(단위: 천 명)

구분	2015년	2016년	2017년	2018년	2019년
0.1 이하	152	153	152	149	165
0.2~0.4	952	961	967	966	1,039
0.5~0.7	2,633	2,744	2,814	2,881	3,099
0.8~1.0	5,652	5,938	6,100	6,259	6,752
1.1~1.5	4,459	4,576	4,605	4,661	4,877
1.6~2.0	129	127	118	113	45
기타	48	49	49	48	118
전체	14,025	14,548	14,805	15,077	16,095

※ 출처: KOSIS(국민건강보험공단, 건강검진통계)

ⓐ 2019년 시력이 0.5~1.5에 속하는 사람의 수는 좌안과 우안 모두 각각 전체의 90% 미만이다.
ⓑ 2018년과 2019년 모두 시력이 0.1 이하 또는 1.6~2.0에 속하는 사람의 수는 좌안이 우안보다 20천 명 이상 많다.
ⓒ 2019년 우안 시력이 1.6~2.0인 사람 수의 전년 대비 감소율은 55% 이상이다.
ⓓ 조사기간 동안 좌안과 우안 시력이 0.8~1.0인 사람의 수가 모두 처음으로 6,000천 명 이상을 기록한 해는 모든 시력 구간에서 전년 대비 사람의 수가 증가하였다.

① ⓐ, ⓑ   ② ⓐ, ⓓ   ③ ⓐ, ⓑ, ⓒ   ④ ⓐ, ⓑ, ⓓ

35. 다음은 연도별 자전거 교통사고 현황에 대한 자료이다. 다음 중 자료에 대한 설명으로 옳지 않은 것은?

[시도별 자전거 교통사고 발생 건수]

(단위: 건)

구분	2016년	2017년	2018년	2019년	2020년
서울	3,503	2,990	1,471	1,766	1,802
부산	567	569	176	194	185
대구	1,294	1,333	391	433	400
인천	504	467	86	130	129
광주	366	394	134	135	129
대전	538	548	96	162	158
울산	305	285	86	91	101
세종	37	53	14	28	28
경기	3,509	3,124	1,182	1,308	1,526
강원	402	386	51	82	80
충북	560	543	162	195	166
충남	398	405	107	143	123
전북	547	524	117	126	102
전남	391	431	138	164	179
경북	1,076	1,047	280	330	289
경남	779	794	216	281	228
제주	161	170	64	65	42
전국	14,937	14,063	4,771	5,633	5,667

[연도별 전국 자전거 교통사고 부상자 및 사망자 수]

※ 출처: KOSIS(행정안전부, 자전거이용현황)

① 2020년 전국의 자전거 교통사고 발생 건수는 2016년 대비 9,270건 감소하였다.

② 2017년 자전거 교통사고 발생 건수가 1,000건 이상인 지역들의 2017년 평균 자전거 교통사고 발생 건수는 2,000건 이상이다.

③ 2017년 이후 전국의 자전거 교통사고 발생 건수와 사망자 수의 전년 대비 증감 추이는 동일하다.

④ 제시된 기간 동안 강원의 자전거 교통사고 발생 건수가 100건 미만인 해에 제주의 자전거 교통사고 발생 건수도 매년 100건 미만이었다.

36. 다음은 가구원 수별 월평균 가계 소득에 대한 자료이다. 자료에 대한 설명으로 옳지 않은 것은?

[가구원 수별 월평균 가계 소득]

(단위: 원)

구분		1분기	2분기	3분기	4분기
1인 가구	소득	1,796,639	1,773,411	1,887,791	1,863,710
	처분가능소득	1,340,772	1,355,360	1,405,225	1,439,660
2인 가구	소득	3,397,595	3,374,103	3,424,735	3,383,638
	처분가능소득	2,604,351	2,646,251	2,595,240	2,629,242
3인 가구	소득	5,149,604	5,008,962	5,255,306	5,122,462
	처분가능소득	4,026,032	3,920,622	4,031,475	3,976,317
4인 가구	소득	6,002,757	5,734,233	6,004,259	5,776,980
	처분가능소득	4,641,479	4,469,166	4,612,108	4,510,506
5인 이상 가구	소득	6,452,994	6,235,998	6,438,949	6,386,695
	처분가능소득	5,153,853	4,959,671	5,048,697	5,143,852

※ 소득 = 처분가능소득 + 비소비지출
※ 출처: KOSIS(통계청, 가계동향조사)

① 2분기 4인 가구의 월평균 비소비지출은 직전분기 대비 약 7.1% 감소하였다.

② 1~4분기 동안 5인 이상 가구의 월평균 처분가능소득의 평균은 약 5,076,518원이다.

③ 3분기 3인 가구의 1인당 월평균 소득은 동일 분기 2인 가구의 1인당 월평균 소득보다 많다.

④ 2분기 이후 1인 가구의 월평균 비소비지출은 직전분기 대비 매 분기 감소하였다.

37. 다음은 시도별 영유아 건강검진 대상 및 수검 인원 현황에 대한 자료이다. 다음 중 자료에 대한 설명으로 옳지 않은 것을 모두 고르면?

[시도별 영유아 건강검진 대상 및 수검 인원 현황]

(단위: 천 명)

구분	2017년		2018년		2019년	
	대상 인원	수검 인원	대상 인원	수검 인원	대상 인원	수검 인원
서울	601	435	560	416	517	397
부산	177	134	170	132	158	127
대구	132	92	126	91	118	88
인천	170	125	164	124	158	126
광주	87	62	83	60	76	57
대전	95	70	90	68	82	64
울산	78	59	75	58	71	57
세종	14	11	17	13	19	16
경기	784	555	755	557	724	560
강원	75	55	72	55	67	54
충북	92	68	89	68	84	66
충남	129	92	125	92	117	90
전북	96	67	92	65	84	61
전남	100	70	96	70	89	67
경북	150	108	143	107	133	103
경남	204	150	194	147	180	142
제주	38	29	38	29	36	29
전국	3,022	2,182	2,889	2,152	2,713	2,104

※ 출처: KOSIS(국민건강보험공단, 건강검진통계)

ⓐ 제시된 기간 동안 전국의 대상 인원 중 수검을 받지 않은 인원은 2019년이 가장 적다.
ⓑ 2019년 지역별 대상 인원 대비 수검 인원의 비율은 경남이 경북보다 더 낮다.
ⓒ 2019년 1개 지역당 평균 수검 인원은 125명 이상이다.
ⓓ 2018년 대상 인원이 100명 미만인 지역이 대상 인원이 100명 이상인 지역보다 많다.

① ⓐ, ⓑ   ② ⓐ, ⓒ   ③ ⓑ, ⓒ   ④ ⓑ, ⓓ

38. 다음은 2019년 하반기 인천공항 통계수치에 관한 자료이다. 자료에 대한 설명으로 옳은 것은?

[2019년 하반기 인천공항 통계수치]

구분		7월	8월	9월	10월	11월	12월
운항(편)	도착	17,626	17,790	16,429	16,693	16,101	17,248
	출발	17,602	17,776	16,397	16,702	16,108	17,248
여객(명)	도착	3,038,055	3,292,497	2,734,249	2,964,529	2,745,906	3,011,080
	출발	3,193,806	3,109,747	2,707,974	2,917,816	2,824,564	3,082,260
화물(톤)	도착	158,198	159,694	151,370	161,290	159,834	162,670
	출발	157,375	157,599	155,153	169,960	171,945	167,257

※ 출처: KOSIS(한국공항공사, 항공통계)

① 2019년 8월 이후 도착 화물의 양과 출발 화물의 양의 전월 대비 증감 추이가 서로 같다.

② 2019년 12월 출발 운항 편수는 2019년 7월 출발 운항 편수보다 378편 적다.

③ 2019년 10월 출발 운항 편수당 출발 여객 수는 약 175명이다.

④ 2019년 9월 도착 화물의 양의 전월 대비 감소율은 약 4.9%이다.

39. 다음은 지역별 인구 동향에 대한 자료이다. 다음 중 자료에 대한 설명으로 옳지 않은 것은?

[지역별 출생 및 사망건수]

(단위: 명)

구분	2017년		2018년		2019년	
	출생건수	사망건수	출생건수	사망건수	출생건수	사망건수
경기	94,088	56,852	88,175	60,050	83,198	60,568
강원	8,958	11,545	8,351	11,976	8,283	11,906
충북	11,394	11,104	10,586	11,334	9,333	11,363
충남	15,670	15,321	14,380	15,802	13,228	15,596
전북	11,348	14,295	10,001	14,552	8,971	14,525
전남	12,354	16,848	11,238	17,219	10,832	16,787
경북	17,957	21,278	16,079	22,289	14,472	21,703
경남	23,849	21,634	21,224	22,719	19,250	22,105

[2019년 지역별 자연증가건수]

(단위: 명)

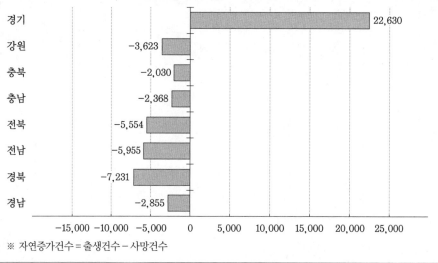

※ 자연증가건수 = 출생건수 − 사망건수

※ 출처: KOSIS(통계청, 인구동향조사)

① 2019년 자연증가건수가 가장 적은 3개 지역의 순서는 같은 해 출생건수가 가장 적은 3개 지역의 순서와 다르다.

② 2019년 제시된 지역의 전체 자연증가건수는 감소하였다.

③ 2017년과 2018년 자연증가건수가 양수인 지역의 수는 동일하다.

④ 조사기간 동안 매년 출생건수가 10,000명 미만을 기록한 지역의 연평균 출생건수와 연평균 사망건수 차이는 3,000명 이상이다.

40. 다음은 업체별 재활용 가능자원 이용 현황에 대한 자료이다. 이를 바탕으로 만든 그래프로 옳은 것은?

[업체별 재활용 가능자원 이용 현황]

구분		2014년	2015년	2016년	2017년	2018년
철강업체	제품 생산량(천 톤)	71,542	69,670	68,575	71,030	75,211
	재활용 가능자원 사용량(천 톤)	25,688	23,358	21,603	24,206	23,841
	재활용 가능자원 이용률(%)	35.9	33.5	31.5	34.1	31.7
제지업체	제품 생산량(천 톤)	12,050	11,969	12,031	12,041	11,997
	재활용 가능자원 사용량(천 톤)	8,723	8,714	8,926	9,465	8,551
	재활용 가능자원 이용률(%)	72.4	72.8	74.2	78.6	71.3
유리업체	제품 생산량(천 톤)	660	665	631	662	639
	재활용 가능자원 사용량(천 톤)	511	514	483	601	508
	재활용 가능자원 이용률(%)	77.4	77.3	76.5	90.8	79.5

※ 출처: KOSIS(한국환경공단, 재활용 지정사업자 재활용실적)

① [연도별 제지업체 재활용 가능자원 사용량]

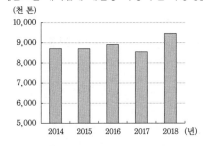

② [연도별 유리업체 재활용 가능자원 이용률]

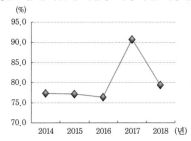

③ [연도별 철강업체 제품 생산량]

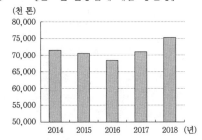

④ [연도별 제지업체 재활용 가능자원 이용률]

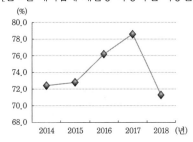

41. 다음은 태양광 발전 사업 입찰 업체들의 평가 점수표이다. 낙찰자 결정 방법을 기반으로 할 때, 최우선으로 협상하는 업체는?

[업체별 태양광 발전 사업 평가 점수표]

(단위: 점)

구분	기술능력평가 점수	입찰가격평가 점수
A 업체	85	90
B 업체	80	100
C 업체	92	80
D 업체	88	84

[낙찰자 결정 방법]

• 최우선으로 협상하는 업체는 기술능력평가 점수가 85점 이상이어야 하며, 최종 점수가 가장 높은 업체로 선정한다.
  ※ 최종 점수 = (기술능력평가 점수) × 0.8 + (입찰가격평가 점수) × 0.2
• 입찰가격평가 점수와 기술능력평가 점수가 20점 이상 차이 나는 업체는 최우선으로 협상하는 업체에서 제외한다.

① A 업체　　　② B 업체　　　③ C 업체　　　④ D 업체

42. 다음 제시된 자료를 통해 추론한 내용으로 가장 적절한 것은?

[○○시 중앙도서관 이용 안내]

1. 자료실 및 열람실 이용 안내

구분	층	평일(월~금)	주말(토~일)	정기휴관일
종합 자료실	1층			
어린이 자료실	1층	09:00~18:00	09:00~17:00	– 매월 첫째, 셋째 주 월요일 – 일요일을 제외한 국가 지정 공휴일 (단, 일요일과 중복 시 휴관)
전자정보 자료실	2층			
일반 열람실	2층	하절기(3~10월) 07:00~23:00 동절기(11~2월) 08:00~22:00		

2. 복사 및 프린트 이용 안내
  1) 위치: 2층 전자정보 자료실
  2) 이용 시간: 평일 09:00~18:00, 주말 09:00~17:00
  3) 운영 방법: 카드 자율복사제

구분	복사	프린트
규격	A4, B4	A4
금액	흑백 1매 40원	흑백 1매 50원, 컬러 1매 150원

  4) 카드 구매: 2층 전자정보 자료실 자동판매기에서 3,000원권 구매 가능
    ※ 단, 5,000원권 구매 시 1층 종합 자료실 데스크에 문의 요망

3. 도서관 회원 가입 및 대출 이용 안내
  1) 도서관 회원 자격: 휴대전화, 아이핀, 마이핀을 통한 본인인증을 할 수 있는 대한민국 거주자 누구나
  2) 도서관 회원 가입 절차
    – 도서관 홈페이지(www.library.go.kr)에서 본인인증 및 회원가입 후 도서관 방문하여 회원증 수령
      ※ 단, 14세 미만 아동의 경우 보호자 동의와 함께 아이핀, 마이핀 중 한 가지를 선택하여 본인인증 필요
    – 회원증 발급은 무료이며, 최초발급 이후 재발급 시 신청일 기준 14일간 이용 중지
  3) 자료 대출 안내
    – 대출: 1회 최대 10권(DVD 포함), 14일간 대출 가능
    – 대출 연장: 전체 1회에 한하여 7일간 대출 연장 가능하며, 전화·홈페이지·직접 방문을 통해 신청 가능

4. 도서관 회원 준수사항
  1) 대출한 자료는 반드시 깨끗하게 이용한 후 대출 기일 내 반납합니다.
  2) 대출한 자료의 반납을 연체할 경우 연체 일수만큼 대출이 정지됩니다.
  3) 대출한 자료를 분실·훼손할 경우 해당 자료와 같은 자료를 구매하여 변상하는 것을 원칙으로 합니다.
    ※ 단, 품절·절판 등 부득이하게 구매가 불가능할 경우 현재 시가에 해당하는 금액으로 변제함
  4) 회원증 분실 시 즉시 도서관에 알려야 하며, 회원증 분실로 인한 상황에 대해 전적으로 본인이 책임져야 합니다.

---

① 누군가 분실 회원증으로 자료를 대출하여 잃어버렸다면 해당 자료에 대한 변상 책임은 도서관에 있다.

② 회원증을 분실하여 재발급을 신청했다면 최소 2주 동안 도서 대출 서비스를 이용할 수 없다.

③ 일요일은 공휴일이 겹치지 않는 한 매주 오전 7시부터 오후 11시까지 일반 열람실 이용이 가능하다.

④ 복사 또는 프린트에 필요한 모든 카드는 관계자를 거치지 않고 자율적으로 구매할 수 있다.

43. 다음은 ◇◇발전의 사업소 명칭 공모 안내문이다. 다음 안내문을 근거로 판단한 내용으로 옳은 것은?

[사업소 명칭 공모 안내]

1. 공모 목적
- 기존의 딱딱하고 획일화된 명칭인 '○○발전본부', '△△발전소'에서, 친환경 에너지를 표방하고 소통의 공간으로 오래 기억될 수 있는 이름으로 새로 태어나고자 하기 위함

2. 공모 내용
- ◇◇발전 사업소 명칭 공모

3. 응모 자격 및 응모 기간
- 응모 자격: 아이디어를 나누고 싶은 전 국민 누구나
- 응모 기간: 20XX. 7. 6.(화)~20XX. 7. 16.(금) 16시

4. 응모 방법
- 홈페이지 내 사업소 명칭 공모 게시판 또는 ◇◇발전 홈페이지 국민생각함으로 제출

5. 응모 양식

제안자 인적사항	성명	
	주소	
	연락처(휴대폰)	
응모 내용	응모 명칭	
	명칭 설명	

6. 심사 방법
- 1차 심사: 직원 투표/최대 5점 선정
- 2차 심사: 심사위원 심사/대상 1점 선정
※ 응모 아이디어 중 심사 기준에 미달하는 아이디어가 많을 경우 1차 심사에서 5점 미만으로 선정될 수 있음

7. 심사 기준
- 상징성(40점): 우리 회사의 정체성을 담은 고유성
- 창의성(40점): 참신하고 혁신적인 아이디어
- 대중성(20점): 발음하기 좋고 친근하며 널리 알려질 수 있는 표현
※ 회사 특성을 고려하여 불가능한 아이디어 제외

8. 시상내역
- 대상(1명): 150만 원
- 후보작(최대 4명): 20만 원
※ 후보작은 1차 심사에서 선정된 아이디어 중 대상으로 선정된 아이디어가 아닌 작품을 의미함

9. 유의사항
 – 중복 응모는 불가함
  ※ 여러 아이디어 등록 시, 가장 먼저 등록된 아이디어만 접수됨
 – 동일한 명칭이 중복으로 접수된 경우, 가장 먼저 접수된 1건만 유효함
 – 당선된 작품에 대한 일체의 권리는 ◇◇발전에 귀속되며, 응모작은 반환되지 않음
 – 선정된 명칭은 ◇◇발전 사업소 명칭 변경 시, 최종명칭으로 사용하지 않거나 수정·보완하여 최종명칭으로 사용될 수 있음
 – 응모 양식의 인적사항은 응모 접수 시 필수 제출 내용임

① 한 사람이 여러 아이디어를 중복으로 응모하면 응모한 모든 아이디어는 접수되지 않는다.

② 아이디어 제안자의 이름과 주소, 휴대폰 번호는 1차 심사에 선정된 제안자에 한하여 제출한다.

③ 후보작으로 선정되어 20만 원을 받는 아이디어 제안자는 항상 4명이다.

④ 사업소 명칭 아이디어 심사 기준 중 점수 비중이 가장 낮은 심사 기준은 대중성이다.

44. 행사 전단지를 확인하고 할인마트에 방문한 성진이는 할인마트에서 식품의 품목별 가격 및 칼로리표를 확인하였다. 행사 전단지와 식품의 품목별 가격 및 칼로리표를 고려하여 예산 20,000원으로 가장 높은 칼로리를 얻을 수 있도록 물건을 구매하고자 할 때, 성진이가 얻을 수 있는 최대 칼로리는?

[행사 전단지]

• 조각 피자 두 조각 동시 구매 시 탄산음료 한 캔 무료 제공
• 치킨 두 마리 동시 구매 시 치킨 한 마리 추가 제공
• 과자 두 봉지 동시 구매 시 과자 한 봉지 추가 제공
※ 단, 모든 행사는 품목별로 한 번씩만 적용 가능함

[품목별 가격 및 칼로리표]

구분	조각 피자	치킨	빵	탄산음료	과자
가격	3,500원/조각	5,500원/마리	2,000원/개	1,500원/캔	2,000원/봉지
칼로리	480kcal/조각	650kcal/마리	250kcal/개	150kcal/캔	260kcal/봉지

① 2,880kcal
② 3,260kcal
③ 3,360kcal
④ 3,510kcal

45. ○○대학에서는 ○○대학에 지원한 A~D 4명의 지원자 중 최우수 학생을 선발하여 장학금을 지급할 예정이다. 지원자의 고등학교 생활기록부 전 학년 평균 등급을 바탕으로 최종 등급을 산출하여 최종 등급이 가장 높은 학생을 최우수 학생으로 선발한다고 할 때, 최우수 학생으로 선발되는 지원자는? (단, 반영 교과는 국어, 영어, 수학, 과학, 사회 교과이며, 최종 등급은 숫자가 작을수록 높다.)

[최종 등급 산출 방식]

- 최종 등급 = 교과별 평가 등급의 총합 / 반영 교과의 수
- 교과별 평가 등급 = 교과별 평균 등급 × 교과별 가중치
- 교과별 가중치 = 0.5 + {0.7 × (교과별 이수단위 합 / 100)}
  ※ 단, 교과별 이수단위의 총합이 65 이상인 교과는 교과별 가중치를 1.0으로 함

[지원자별 고등학교 생활기록부 전 학년 평균 등급]

구분	국어		영어		수학		과학		사회	
	평균 등급	이수 단위 합	평균 등급	이수 단위 합	평균 등급	이수 단위 합	평균 등급	이수 단위 합	평균 등급	이수 단위 합
A	1.0	68	2.1	59	2.0	44	1.4	33	2.1	78
B	1.2	57	1.3	72	1.9	53	2.4	38	1.0	74
C	1.8	49	1.0	42	2.3	73	1.7	71	1.5	35
D	2.2	61	1.5	68	1.2	60	1.4	45	2.2	67

① A   ② B   ③ C   ④ D

46. 다음은 A 찜닭가게에서 진행하고 있는 이벤트 정보이다. 지혜가 A 찜닭가게에서 21,500원짜리 찜닭 1마리와 7,000원짜리 사이드 메뉴 계란말이 1개를 주문하고자 할 때, 지혜가 주문한 메뉴의 총 가격이 가장 저렴해지는 이벤트는?

[A 찜닭가게 이벤트 정보]

이벤트명	내용
방문포장	찜닭 35% 할인
제휴할인	전체 주문 가격의 20% 할인
애플리케이션 주문	사이드 메뉴 무료 제공
회원카드 더블 할인	전체 주문 가격에서 회원카드로 6,000원 할인 후, 할인된 가격의 8% 추가 할인

① 방문포장   ② 제휴할인   ③ 애플리케이션 주문   ④ 회원카드 더블 할인

47. 지방공무원인 A 씨는 술에 취한 상태로 운전대를 잡았다가 음주단속에 적발되었다. 다음 음주운전 징계 기준을 바탕으로 처벌할 때, A 씨가 받을 징계에 대한 설명으로 가장 적절하지 않은 것은?

[음주운전 징계 기준]

유형		징계 요구	징계 기준	비고
최초 음주운전을 한 경우	혈중알코올농도 0.08% 미만인 경우	경징계 또는 중징계	정직~감봉	운전업무 관련 공무원이 음주운전을 했더라도 운전면허 취소나 운전면허 정지 처분을 받지 않은 경우 혈중알코올농도에 따른 징계 기준을 적용함
	혈중알코올농도 0.08% 이상인 경우 또는 음주 측정에 응하지 않은 경우	중징계	강등~정직	
2회 음주운전을 한 경우			파면~강등	
3회 이상 음주운전을 한 경우			파면~해임	
음주운전으로 운전면허가 정지되거나 취소된 상태에서 운전을 한 경우			강등~정직	
음주운전으로 운전면허가 정지되거나 취소된 상태에서 음주운전을 한 경우			파면~강등	
운전업무 관련 공무원이 음주운전을 한 경우	운전면허 취소 처분을 받은 경우		파면~해임	
	운전면허 정지 처분을 받은 경우		해임~정직	

※ 징계는 파면, 해임, 강등, 정직, 감봉 순으로 수위가 낮아짐

① A 씨가 음주단속에 걸린 것이 이번이 세 번째라면 최대 파면의 징계를 받게 될 것이다.

② A 씨가 음주운전으로 인한 운전면허 정지 처분을 받은 운전업무 관련 공무원일 경우 강등의 징계를 받을 수 있다.

③ A 씨가 음주운전으로 면허가 취소된 상태에서 음주운전이 적발된다면 해임의 징계를 받을 수 있다.

④ A 씨가 최초로 음주운전에 적발되었을 때 혈중알코올농도가 0.09%라면 최대 정직의 징계를 받게 된다.

48. 다음은 공공저작물 활용 국민참여 이용수기 공모에 대한 안내문이다. 다음 안내문을 근거로 판단한 내용으로 옳지 않은 것은?

[공공저작물 활용 국민참여 이용수기 공모 안내]

1. 공모대상
- 대한민국 국민 누구나

2. 공모주제
- 국민과 함께 성장하는 공공저작물

3. 공모분야

특별분야	일반분야
□□발전 홈페이지 내 공공누리 게시판 등재 영상 및 종합 예 사내방송, 안전, 발전 및 청렴영상	□□발전 홈페이지 내 공공누리 게시판 등재 어문, 사진 및 일반저작물 예 보도자료, 이벤트 및 사업소 소식 등

4. 응모조건
- □□발전 홈페이지 내 공공누리 게시판에 등재된 공공저작물을 1개 이상 이용한 자
- 공공누리 유형별로 이용조건을 준수한 자
- 이용 공공저작물 선택 후 신청서 작성이 가능한 자
※ 응모조건을 모두 만족하여야 응모 가능함

5. 응모방법 및 응모기간
- 응모방법: 신청서 작성 후 담당자 메일로 기한 내 제출
- 응모기간: 8월 24일~9월 12일

6. 포상 안내

분야	구분	포상 내역	인원
특별분야	발전공감상	상금 10만 원	1명(팀)
	영상활용상	상금 5만 원	3명(팀)
일반분야	어문활용상	상금 5만 원	3명(팀)
	사진활용상	상금 5만 원	3명(팀)

7. 심사기준

심사기준	내용	배점
공공저작물 활용 적합성	□□발전 홈페이지에 등재된 공공저작물을 1개 이상 활용하고, 공공누리 유형에 맞게 활용하였는가?	30점
출처 표시	활용한 저작물(공공저작물, 타인의 저작물)에 대해 올바르게 출처 표시를 하였는가?	20점
창의성	공공저작물을 창의적이고 참신하게 사용하였는가?	25점
활용성	활용한 공공저작물이 작품의 내용 및 형식에 적합하고 작품의 주제 표현에 비중 있게 활용되었는가?	25점

① 한 팀이 공공저작물 활용 국민참여 이용수기 공모전 포상에 따라 받을 수 있는 상금의 금액은 발전공감상을 제외하고 영상활용상과 어문활용상, 사진활용상 모두 동일하다.

② 공공저작물 활용 국민참여 이용수기 공모전의 심사기준은 공공저작물 활용 적합성, 출처 표시, 창의성, 활용성으로 총 4가지이다.

③ 공공누리 게시판에 등재된 영상을 활용하여 공공저작물 활용 국민참여 이용수기 공모전에 응모하면 특별분야에 응모하게 된다.

④ 공공누리 유형별로 이용조건을 준수하여 □□발전 홈페이지 외 공공누리 게시판에 등재된 공공저작물을 1개 이상 이용한 자는 공공저작물 활용 국민참여 이용수기 공모에 응모 가능하다.

49. 사희는 3일간 A 도시를 여행하려고 한다. A 도시는 선택한 일정 내에 제휴된 관광지를 자유롭게 관람할 수 있는 투어 패스권을 판매하고 있다. 다음 A 도시 관광지 정보를 근거로 판단할 때, 사희가 A 도시의 관광지를 모두 방문하는 데 필요한 최소 금액은? (단, 이동 시간과 관광지 관람 시간을 고려하여 하루에 방문할 수 있는 관광지는 3군데를 넘을 수 없으며, 고성은 타워와 정원 모두 방문한다.)

[A 도시 관광지 정보]

구분		관람료	투어 패스 적용 방식
가 전망대		15달러	50% 할인
나 미술관		10달러	무료 이용
다 박물관		6달러	이용 불가
라 관람차		8달러	무료 이용
마 과학관		4달러	이용 불가
바 크루즈		12달러	20% 할인
고성	타워	8달러	무료 이용
	정원	3달러	이용 불가

※ 고성의 타워와 정원은 별개의 관광지이지만, 반드시 같은 날에 방문해야 함

[투어 패스권 정보]

구분	가격
1일 투어 패스권	19달러
2일 투어 패스권	29달러
4일 투어 패스권	45달러
6일 투어 패스권	56달러

① 37달러   ② 41달러   ③ 59.1달러   ④ 59.5달러

50. 거래처와 미팅이 있어 H 타워에 방문한 임 씨는 주차장 이용 안내문을 확인하였다. 다음 안내문을 기준으로 주차장을 이용할 때, 가장 적절하지 않은 것은?

[H 타워 주차장 이용 안내문]

1. **주차장 운영 시간**
   1) 평일 운영 시간: 06:00~23:00(운영 시간 이후 입출차 제한)
   2) 주말·공휴일 운영 시간: 08:00~24:00(운영 시간 이후 입출차 제한)

2. **주차장 이용 요금**

2시간 이내	최초 2시간 초과 시 10분마다	일일 주차	비고
무료	500원	20,000원	10분 미만은 10분으로 계산

※ 주차 요금은 할인권 및 카드로만 납부 가능하며, 출차 시 이용 시간에 따라 주차료 청구

3. **주차장 이용 할인권**

할인권	요금	구입처	비고
1시간 주차권	500원	이용 매장 또는 지정업소 (지하 1층 △△문고)	할인권은 1회 최대 2장까지 사용 가능
2시간 주차권	1,000원		
일일 주차권	10,000원		
월 정기권	50,000원		

※ 1) H 타워 상가 및 업무 시설 방문 고객에 한하여 판매
　 2) 주차장 이용 할인권은 기본 무료 주차 이용 시간 후 사용 가능

4. **무인 정산기 이용 방법**
   1) 출구 정산기: 8호관 1층 주차장 출구 차단기
   2) 사전 정산기: 5호관 지하 2층 4호기 엘리베이터 전실
      ※ 사전 정산기 이용 시 요금 정산 후 15분간의 출차 여유 시간 부여

---

① 5호관 지하 2층 4호기 엘리베이터 전실에서 사전 정산을 마쳤다면 추가 시간 15분을 받게 된다.

② H 타워에 차량을 주차한 뒤 미팅 장소가 다른 건물로 변경되었다면 할인권을 구매할 수 없다.

③ 주차비를 할인받기 위해 2시간 주차권 2매를 구입했다면 이용 가능 시간은 최대 4시간이다.

④ 임 씨가 진행하는 비즈니스 미팅이 수요일 밤 11시 30분에 끝났다면 출차가 제한될 수 있다.

51. 다음은 건설공사 안전점검 수행기관 모집 공고문이다. 다음 공고문을 근거로 판단한 내용으로 옳지 않은 것은?

[건설공사 안전점검 수행기관 모집 공고]

1. 공고 목적

– 안전관리계획을 수립하여야 하는 건설공사의 안전점검 수행기관을 공개 모집하여 명부를 작성·관리하고, 시공사가 건설현장 정기안전점검 또는 정밀안전점검 수행기관 지정 요청 시 ☆☆발전이 관리하는 「안전점검 수행기관」 등록명부 중 안전점검 수행기관을 평가 및 지정하여 시공자에게 통보하고자 함

2. 안전점검 수행기관 공고 일정

구분	일정	비고
안전점검 전문기관 풀 공고	20XX. 08. 31. 10:00	☆☆발전 홈페이지 공지사항 확인
신청서 등 제출서류 접수·마감	20XX. 08. 31. 10:00~ 20XX. 09. 24. 10:00	방문, 우편 또는 메일 접수
안전점검 수행기관 풀 등록명부 공개	20XX. 09. 27. 14:00	☆☆발전 홈페이지 공지사항 확인

※ 마감 일시까지 접수 여부를 담당자에게 필수적으로 확인해야 하며, 미확인으로 인한 불이익 및 책임은 응모자에게 있음

3. 참가 자격

– 「시설물의 안전 및 유지관리에 관한 특별법」 제28조 및 같은 법 시행령 제23조에 따라 안전진단 전문기관(종합 분야)에 등록한 업체

4. 기타 사항

– 수행기관 모집 공고에 응모한 업체가 1개 사일 경우 재공고하며, 2개 사 이상일 경우 기준에 따라 심사하여 공개함
– 수행기관 임기는 안전점검 수행기관 등록명부 공개일로부터 1년임
– 금회 공고는 「건설기술진흥법 시행령」 제100조의2 제2항에 따른 안전점검 수행기관의 명부를 작성 및 관리하기 위한 것이며, 동법 시행령 제100조의2 제4항에 따른 안전점검 수행기관 지정은 추후 별도 공고(지정 기준 포함)를 통해 시행함

5. 향후 일정

구분	일정	비고
안전점검 수행기관 지정 공고	별도 공지	해당 건설공사 발생 시 안전점검 수행기관 풀을 대상으로 수행기관 선정 공고
안전점검 수행기관 심사 및 지정	별도 공지	건설공사 안전관리 업무수행 지침(세부 평가기준)에 의한 심사
안전점검 수행기관 지정 공개	심사 후 즉시	☆☆발전 홈페이지 공지사항 확인

---

① 건설공사 안전점검 수행기관 모집에 접수할 경우 신청서를 제출한 뒤 9월 24일까지 접수 여부를 담당자에게 반드시 확인해야 한다.

② 안전점검 수행기관 지정 공고는 별도로 공지되며, 안전점검 수행기관 지정 공개는 심사 후 즉시 홈페이지 공지사항을 통해 확인할 수 있다.

③ 건설공사 안전점검 수행기관 모집 공고에 응모한 업체가 2개 사일 경우 재공고하며, 수행기관 임기는 안전점검 수행기관 등록명부 공개일로부터 1년이다.

④ 건설공사 안전점검 수행기관 모집에 지원하기 위해서는 안전진단 전문기관 종합 분야에 등록된 업체여야 한다.

52. J 공사에서는 부패행위를 신고함으로 인하여 직접적인 J 공사 수입의 회복이나 증대 또는 비용의 절감 등을 가져오거나 그에 관한 법률관계가 확정된 때에 부패행위 신고자에게 신고 보상금을 지급하고 있다. 신고 보상금 지급기준을 근거로 판단할 때, 보상대상가액이 48억 7천 5백만 원인 부패행위를 신고한 신고자가 받을 수 있는 신고 보상금은?

[신고 보상금 지급기준]

보상대상가액	신고 보상금 지급액
1억 원 이하	20%
1억 원 초과 5억 원 이하	2천만 원 + 1억 원 초과금액의 14%
5억 원 초과 20억 원 이하	7천 6백만 원 + 5억 원 초과금액의 10%
20억 원 초과 40억 원 이하	2억 2천 6백만 원 + 20억 원 초과금액의 6%
40억 원 초과	3억 4천 6백만 원 + 40억 원 초과금액의 4%

① 3억 4천 600만 원   ② 3억 8천 100만 원   ③ 3억 9천 850만 원   ④ 5억 4천 100만 원

53. 다음 제시된 자료에 대한 설명으로 가장 적절하지 않은 것은?

[개인형 퇴직연금(IRP) 제도 안내문]

1. 상품 개요

개인형 퇴직연금(IRP, Indivisual Retirement Pension)이란 근로자가 퇴직 또는 이직 시 받은 퇴직금 및 추가 납입금을 적립·운용하는 계좌로, 만 55세 이후 연금 등 노후자금으로 사용 가능한 퇴직연금 제도

2. 가입 안내

가입 대상	소득이 있는 모든 근로자(급여소득자, 개인사업자, 임대사업자 등) 및 퇴직자 ※ 단, 퇴직자의 경우 퇴직금 수령한 날로부터 60일 이내에 한해서만 가입 가능
가입 기간	연금 수령 개시 전까지
납입 한도	연간 1,800만 원 한도 내로 추가 납입 가능
연금 수령 요건	만 55세 이후 ※ 단, 퇴직 적립금 없이 추가 납입금만 존재하는 경우 가입일로부터 5년 이상 경과 후 수급 가능
연금 수령 기간	5~25년 동안 한도 내 수령 ※ 단, 계약 해지 시 일시금 수령 가능
혜택	1) 개인 추가 납입금에 한해 연간 최대 700만 원 세액공제 　• 총급여 5,500만 원 이하 　　- 16.5% 세액공제(지방소득세 포함), 연간 최대 115.5만 원 환급 　• 총급여 5,500만 원 초과 　　- 13.2% 세액공제(지방소득세 포함), 연간 최대 92.4만 원 환급 2) 해지 시까지 퇴직소득세 납부 유예 가능

소득원천별 과세구조	1) 퇴직금 　- 연금 수령 시: 연금소득세(퇴직소득세 × 70%) 　- 일시금 수령 시: 퇴직소득세(근속 기간 및 금액에 따라 차등 적용) 2) 개인 추가 납입금(세액공제 받지 않은 금액) 　- 연금 수령, 일시금 수령: 비과세 3) 개인 추가 납입금(세액공제 받은 금액) 또는 운용수익

수령 조건	수령액	과세기준
연금 수령	수령액 1,200만 원 이하	연금소득세 3.3~5.5%
	수령액 1,200만 원 초과	종합소득세
일시금 수령	–	기타소득세 16.5%

※ 단, 연금소득세는 연금 개시 연령에 따라 차등 적용함

3. 주의사항

1) 중도해지 후 일시금 수령 시 세액공제 받은 원금과 이에 대한 이자 수익은 기타소득세로 과세됨
2) 개인형 퇴직연금은 예금보호대상에 속하는 다른 금융상품과 별도로 1인 최대 5천만 원까지 예금보험공사에 의해 보호되며, 5천만 원을 초과하는 나머지 금액은 보호되지 않음
　　※ 단, 퇴직연금이 2개 이상인 경우 합산하여 최대 5천만 원까지 보호 가능

---

① 만 55세가 되기 전에 퇴직금을 한 번에 수령하고자 할 경우 근속 기간에 따른 퇴직소득세를 납부해야 한다.

② 총급여가 4,500만 원인 사람이 연간 1,800만 원을 추가 납입했다면 115.5만 원을 환급받을 수 있다.

③ 다수의 퇴직연금 상품을 보유하고 있는 사람은 개별 상품마다 5천만 원씩 예금자보호를 받을 수 있다.

④ 3월에 퇴직금을 수령한 자는 퇴직금 수령일 기준 최대 60일 안에 개인형 퇴직연금에 가입할 수 있다.

54. 다음은 광고 게재 시 발생하는 비용을 나타낸 자료이다. 3개월 동안 광고를 게재한다고 할 때, A~D 회사 중 광고 표출 횟수당 비용이 가장 저렴한 회사는? (단, 1개월은 30일로 계산한다.)

[회사별 광고 견적서]

구분	광고 표출 비용		1시간당 광고 표출 횟수
	1개월당 기준단가	할인율	
A 회사	7,200만 원	20%	2회
B 회사	9,000만 원	10%	3회
C 회사	9,600만 원	20%	2회
D 회사	14,400만 원	20%	3회

※ 1개월당 광고 표출 비용=1개월당 기준단가 × {1−(할인율/100)}

① A 회사   ② B 회사   ③ C 회사   ④ D 회사

55. 6개월 전 ○○보험의 기본계약과 선택계약을 모두 가입한 상현이는 일반 상해로 입원하여 보험금을 신청하였다. 다음 ○○보험 보장 내용 및 진료 사실 확인서를 근거로 판단할 때, 상현이가 지급받을 총보험금은?

[○○보험 보장 내용]

1. 기본계약

구분	보장 내용	지급금액
통합 입원	일반 상해 또는 질병으로 입원 시 병원 또는 병실에 따라 1회 입원당 최대 30일 한도까지 총입원일 수를 산정한 지급금액 지급	병원 또는 의원: 2만 원 상급종합병원: 5만 원 중환자실: 10만 원
수술비	상해 또는 질병의 직접적인 치료를 목적으로 약관에서 정한 수술을 받은 경우 해당 수술 종의 지급금액 지급 ※ 1) 1회 입원당 1회의 수술에 한하여 지급금액 지급 　 2) 최초 가입 시점으로부터 1년 미만인 경우 질병의 직접적인 치료를 목적으로 수술 시 지급금액의 50% 지급	1종: 20만 원 2종: 25만 원 3종: 30만 원 4종: 60만 원 5종: 100만 원 6종: 150만 원 7종: 300만 원

※ 통합 입원 지급금액은 입원 1일당 지급금액이며, 수술비 지급금액은 수술 1회당 지급금액임

2. 선택계약

구분	보장 내용	지급금액
간병인 지원	일반 상해 또는 질병으로 입원하여 치료를 받은 경우 입원 1일마다 간병인 지원 ※ 간병인을 지원받지 않은 경우 지급금액으로 지급	간병인 지원 또는 2만 원
종합병원 입원	일반 상해 또는 질병으로 종합병원에 입원하여 치료를 받은 경우 총입원일 수를 산정한 지급금액 지급	2만 원
응급실 내원비 보장	응급환자에 해당되어 응급실에 내원하여 진료를 받은 경우 지급금액 지급	2만 원
	응급환자에 해당되지 않으나 상해 또는 질병으로 응급실에 내원하여 진료를 받은 경우 지급금액 지급	1만 원

※ 간병인 지원과 종합병원 입원 지급금액은 입원 1일당 지급금액이며, 응급실 내원비 보장 지급금액은 내원 1회당 지급금액임

[진료 사실 확인서]			
성명	박상현	주민번호	XXXXXX–XXXXXXX
병록번호	XX–XXXXX	성별	남
주소	서울시 관악구 보라매동	연령	28세
진료병원/진료과	△△상급종합병원/신경외과	진료 기간	202X년 03월 15일부터 202X년 03월 19일까지 (5일간)
진료 내용	상기 환자는 202X년 03월 15일에 응급환자에 해당하지는 않으나 일반 상해로 응급실에 내원하여 진료를 받았습니다. 진료 결과 척추 중재 시술을 하였으며, 202X년 03월 15일부터 202X년 03월 19일까지 5일간 입원 치료를 받았고, 입원 기간 5일 중 2일간 간병인을 지원하였습니다. 202X년 03월 19일 현재 일상생활이 가능할 것으로 사료됩니다.		
비고	• 상급종합병원 입원 • 척추 중재 시술은 보험약관에 근거하여 1종 수술로 분류		

상기 내용과 같이 사실임을 확인하고 증명함
202X년 03월 19일

담당의: 김명의 (인)

① 50만 원   ② 58만 원   ③ 62만 원   ④ 64만 원

56. 다음은 I 사에서 직원 복지를 위해 운영하는 골프장의 이용 요금에 대한 자료이다. 지정회원인 진세가 친구 5명과 주말에 골프장을 이용하려고 할 때, 진세와 친구들이 지불해야 하는 골프장 이용 요금의 최소 금액은?

[골프장 이용 요금 안내]

구분	이용 날짜	캐디비(원)	그린피(원)	카트료(원)
정회원	주중/주말	77,500	22,000	5,500
준회원	주중	89,500	34,000	5,500
	주말	95,500	40,000	
지정회원	주중	124,000	56,000	18,000
	주말	140,000	72,000	
비회원	주중	132,000	62,000	20,000
	주말	120,000	80,000	

※ 1) 골프장 이용 요금은 캐디비와 그린피, 카트료를 모두 합한 금액임
    2) 그린피는 1인당 요금이며, 캐디비와 카트료는 1팀당 요금임
    3) 1팀은 최대 4명까지 구성 가능함

① 590,000원   ② 620,000원   ③ 676,000원   ④ 748,000원

[57-58] 다음 채용 공고를 읽고 각 물음에 답하시오.

[20XX년 ○○발전 신입 직원 채용 공고]

1. **지원서 접수**
   - 접수 기간: 20XX. 07. 22.(목) 13:00~20XX. 08. 06.(금) 17:00
   - 접수 방법: ○○발전 사이트(http://oobaljun.co.kr)를 통한 인터넷 접수

2. **지원 자격**
   - 학력 및 전공: 제한 없음(단, 대졸 또는 이와 유사한 수준의 지식 보유자)
   - 연령, 성별, 외국어: 제한 없음
   - 병역: 군필 또는 면제자
   - 20XX년 입사일부터 당사 근무가 가능한 자
   ※ 자격 요건 구비 시점은 공고일 전일을 기준으로 하나, 병역의 경우 최종 합격자 발표일 이전에 전역 가능한 자를 포함함

3. **채용 분야별 선발 예정 인원**

구분	사무	기계	전기	화학	토목	건축
선발 예정 인원	5명	10명	10명	9명	3명	4명

4. **선발 절차 및 일정**

선발 절차	일정
지원서 접수	20XX. 07. 22.(목) 13:00~20XX. 08. 06.(금) 17:00
서류 전형	20XX. 08. 06.(금)~20XX. 08. 19.(목) ※ 합격자 발표: 20XX. 08. 20.(금)
필기 전형	20XX. 08. 28.(토) ※ 합격자 발표: 20XX. 09. 07.(화)
면접 전형	20XX. 09. 14.(화) ※ 합격자(최종 합격자) 발표: 20XX. 09. 27.(월)

   ※ 필기 전형 대상자는 채용 예정 인원이 5명 이상인 경우 3배수, 4명 이하인 경우 5배수를 선발하며, 필기 전형은 지원서 접수 시 선택한 장소(서울/울산/대전/광주 중 택 1)에서 진행될 예정

5. **문의사항**
   - 기타 문의사항이 있는 경우 ○○발전 사이트(http://oobaljun.co.kr)에 게시글 작성 또는 인사팀(☎ 02-0000-0000)으로 전화 연락

57. 위의 채용 공고를 근거로 판단한 내용으로 옳은 것은?

① 지원자별 필기 전형 시행 장소는 서울, 울산, 대전, 광주 중 무작위로 1곳이 선정된다.

② 최종 합격자 발표일 전에 전역할 예정이라면 ○○발전의 신입 직원 채용에 지원할 수 있다.

③ 건축 분야의 필기 전형 대상자는 총 12명이다.

④ 지원서 접수는 20XX년 7월 22일 오후 12시부터 가능하다.

58. ○○발전의 인사팀에서 근무하는 귀하는 채용 공고 관련 문의에 응대하는 업무를 맡았다. 지원자 A의 문의사항에 대한 귀하의 답변으로 옳은 것은?

> 지원자 A: 금번에 진행하는 ○○발전의 신입 직원 채용에 지원하려고 하는데요, 지원 가능한 학력과 전공이 궁금합니다.
>
> 귀   하: 네, (   )

① 학력은 무관하지만 전공의 경우 본인이 지원하고자 하는 분야와 관련된 사람만 지원 가능합니다.

② 학력과 전공에 제한이 없으므로 졸업 학교나 지식수준에 관계없이 자유롭게 지원하시면 됩니다.

③ 학력과 전공에 관계없이 지원 가능하지만, 대졸이나 대졸과 유사한 수준의 지식 보유자여야 합니다.

④ 대졸 혹은 대졸과 유사한 지식을 보유하셔야 하지만 관련 자격은 입사일 전까지만 준비하시면 됩니다.

59. 다음 방사성폐기물 관리에 관한 법률을 근거로 판단할 때, 가장 적절하지 않은 것은?

제5조(방사성폐기물 관리사업자 및 발생자 등의 책무)

① 제9조에 따른 방사성폐기물 관리사업을 하는 자(이하 "방사성폐기물 관리사업자"라 한다)는 원자력의 안전규제와 관련된 기관과 협력하여 방사성폐기물을 안전하고 효율적으로 관리하여야 한다.

② 방사성폐기물 발생자는 방사성폐기물의 발생을 최소화하고, 방사성폐기물을 안전하게 관리하여야 하며, 방사성폐기물 관리와 관련된 업무에 협력하여야 한다.

③ 「전기사업법」 제12조 제1항 제3호에 따른 원자력발전사업자(이하 "원자력발전사업자"라 한다)는 방사성폐기물 관리시설의 부지를 선정함에 있어서 방사성폐기물 관리사업자에게 인적·기술적 지원과 협력을 하여야 한다.

제7조(방사성폐기물 관리 시행계획)

① 방사성폐기물 관리사업자는 기본계획에 따라 매년 방사성폐기물 관리에 관한 시행계획(이하 "시행계획"이라 한다)을 수립하고 시행하여야 한다.

② 시행계획을 수립할 때에는 산업통상자원부장관의 승인을 받아야 한다. 승인받은 사항을 변경하려는 경우에도 승인을 받아야 하되, 산업통상자원부령으로 정하는 경미한 사항을 변경하려는 경우에는 산업통상자원부장관에게 신고하여야 한다.

③ 제2항에 따른 승인 및 신고의 절차 등에 관하여 필요한 사항은 산업통상자원부령으로 정한다.

제8조(방사성폐기물의 조사 등)

① 산업통상자원부장관은 기본계획을 수립하기 위하여 필요하면 방사성폐기물의 발생 및 관리 현황 등에 대한 조사(이하 "실태조사"라 한다)를 할 수 있다.

② 산업통상자원부장관은 제1항에 따른 조사를 위하여 관계 기관의 장, 방사성폐기물 발생자, 방사성폐기물 관리사업자에게 필요한 자료를 제출하도록 요청할 수 있다. 이 경우 요청을 받은 자는 특별한 사유가 없으면 요청에 따라야 한다.

③ 실태조사의 시기와 방법 등에 관하여 필요한 사항은 산업통상자원부령으로 정한다.

제11조(방사성폐기물 관리시설의 운영기준)

① 방사성폐기물 관리사업자는 방사성폐기물을 안전하고 효율적으로 관리하기 위하여 방사성폐기물 관리시설의 운영에 관한 기준(이하 "운영기준"이라 한다)을 정하여야 한다.

② 방사성폐기물 관리사업자는 운영기준을 제정·변경 또는 폐지하려는 경우에는 산업통상자원부장관의 승인을 받아야 한다. 다만, 산업통상자원부령으로 정하는 경미한 사항을 변경하려는 경우에는 산업통상자원부장관에게 신고하여야 한다.

③ 운영기준에는 다음 각 호의 사항이 포함되어야 한다.

　1. 방사성폐기물 관리시설에서의 방사성폐기물 관리의 절차와 방법에 관한 사항

　2. 방사성폐기물 관리시설의 점검·유지 및 보수에 관한 사항

　3. 그 밖에 방사성폐기물 관리시설의 운영에 필요하다고 인정하는 사항

---

① 방사성폐기물 관리사업자는 산업통상자원부장관이 기본계획 수립에 필요한 실태조사를 위해 관련 자료를 요청할 경우 필요한 자료를 전달하는 것이 원칙이다.

② 방사성폐기물 관리사업자가 방사성폐기물 관리에 필요한 운영기준 중 일부를 변경하거나 삭제하고자 할 때 승인을 요청해야 하는 대상은 산업통상자원부장관이다.

③ 방사성폐기물 관리사업자가 승인이 완료된 방사성폐기물 관리에 관한 시행계획 중 산업통상자원부령에 제정된 경미한 사항을 바꾸고자 할 경우 별도의 신고가 필요하지 않다.

④ 방사성폐기물 관리사업자가 방사성폐기물 관리시설 건설을 위한 부지 선정 과정에서 원자력발전사업자에게 기술적 조언을 요청할 경우 수락해야 한다.

60. 다음 글을 근거로 판단한 내용으로 옳지 않은 것은?

중소벤처기업부는 '창업기업 서비스 바우처 사업' 참여기업을 오는 1월 20일부터 27일까지 모집한다고 밝혔다. 이번 사업은 전문인력이 부족한 초기 청년 창업기업의 경영안정을 위해 세무·회계 및 기술임치 등에 드는 비용을 연간 100만 원까지 바우처 방식으로 지원한다.

지원 대상은 1월 1일을 기준으로 현재 설립한 지 3년 이내이면서 대표자가 39세 이하인 초기 청년 창업기업이며, 지원 규모는 1만 1000여 개 사 안팎이다. 선정된 청년 창업기업은 바우처를 이용해 세무·회계 기장료, 결산·조정 수수료와 세무회계 프로그램 구입비·이용료 등에 사용할 수 있다. 또한 기술보증기금, 대중소기업농어업협력재단 등 전문기관을 통해 이용하는 기술자료 임치 비용과 갱신 비용 등에도 바우처 사용이 가능하다.

이번 사업은 신청부터 비용 지급까지 모두 온라인으로 진행된다. 창업기업이 온라인으로 사업 신청을 하면, 선정된 창업기업에 100만 원의 바우처를 지급하고 창업기업은 원하는 기관에서 자유롭게 서비스를 이용한 후 서비스 제공기관에서 발행한 전자세금계산서를 창업지원포털에 등록하면 된다. 창업지원포털과 국세청 홈택스가 연동돼 있어서 증빙서류인 전자세금계산서도 따로 준비할 필요 없이 온라인에서 신청하면 비용을 지급한다.

※ 출처: 중소벤처기업부(2022-01-13 보도자료)

① 대표자가 39세 미만이더라도 기업이 창업된 지 3년을 초과했다면 창업기업 서비스 바우처 사업에 신청할 수 없다.

② 창업기업 서비스 바우처 사업에 대한 신청 기간은 총 8일간 진행된다.

③ 창업기업 서비스 바우처 사업에 선정될 경우 매달 100만 원의 바우처를 지급받게 된다.

④ 창업기업 서비스 바우처 사업에 선정된 기업은 바우처 사용 후 창업지원포털에 전자세금계산서를 등록해야 한다.

약점 보완 해설집 p.16

해커스공무원

실전모의고사 2회 PSAT형

성명

수험번호

	0	1	2	3	4	5	6	7	8	9
0	1	2	3	4	5	6	7	8	9
0	1	2	3	4	5	6	7	8	9
0	1	2	3	4	5	6	7	8	9
0	1	2	3	4	5	6	7	8	9
0	1	2	3	4	5	6	7	8	9
0	1	2	3	4	5	6	7	8	9
0	1	2

응시분야

감독관 확인

번호	1	2	3	4	번호	1	2	3	4	번호	1	2	3	4
1	①	②	③	④	21	①	②	③	④	41	①	②	③	④
2	①	②	③	④	22	①	②	③	④	42	①	②	③	④
3	①	②	③	④	23	①	②	③	④	43	①	②	③	④
4	①	②	③	④	24	①	②	③	④	44	①	②	③	④
5	①	②	③	④	25	①	②	③	④	45	①	②	③	④
6	①	②	③	④	26	①	②	③	④	46	①	②	③	④
7	①	②	③	④	27	①	②	③	④	47	①	②	③	④
8	①	②	③	④	28	①	②	③	④	48	①	②	③	④
9	①	②	③	④	29	①	②	③	④	49	①	②	③	④
10	①	②	③	④	30	①	②	③	④	50	①	②	③	④
11	①	②	③	④	31	①	②	③	④	51	①	②	③	④
12	①	②	③	④	32	①	②	③	④	52	①	②	③	④
13	①	②	③	④	33	①	②	③	④	53	①	②	③	④
14	①	②	③	④	34	①	②	③	④	54	①	②	③	④
15	①	②	③	④	35	①	②	③	④	55	①	②	③	④
16	①	②	③	④	36	①	②	③	④	56	①	②	③	④
17	①	②	③	④	37	①	②	③	④	57	①	②	③	④
18	①	②	③	④	38	①	②	③	④	58	①	②	③	④
19	①	②	③	④	39	①	②	③	④	59	①	②	③	④
20	①	②	③	④	40	①	②	③	④	60	①	②	③	④

해커스

한국수력원자력 & 5대 발전회사
NCS+한국사/전공

통합 봉투모의고사

실전모의고사
3회

피듈형

ⅲ 해커스공기업

수험번호	
성명	

실전모의고사
3회
(피듈형)

시작과 종료 시각을 정한 후, 실전처럼 모의고사를 풀어보세요.

시   분 ~   시   분 (총 50문항/60분)

□ **시험 유의사항**

[1] 한국수력원자력&5대발전회사의 필기시험은 기업마다 상이하며, 기업별 시험 구성은 다음과 같습니다.
- 한국수력원자력: NCS 직업기초능력 50문항+직무수행능력(전공) 25문항+한국사 및 회사상식 5문항
- 한국중부발전: NCS 직업기초능력 80문항+직무지식(한국사 10문항, 전공 50문항, 수행능력 10문항) 70문항
- 한국남동발전: NCS 직업기초능력 30문항+직무수행능력(전공) 50문항
- 한국남부발전: NCS 직업기초능력 70문항+직무수행능력(전공) 50문항
- 한국동서발전: NCS 직업기초능력 50문항+직무수행능력(전공) 40문항+한국사 10문항
- 한국서부발전: NCS 직업기초능력 50문항+직무수행능력(전공) 50문항+한국사 10문항

[2] 본 실전모의고사는 PSAT형 문제와 모듈형 문제가 혼합된 피듈형 시험에 대비할 수 있도록 의사소통, 수리, 문제해결 자원관리, 정보 영역 총 50문항으로 구성되어 있습니다.

[3] 본 실전모의고사 마지막 페이지에 있는 OMR 답안지와 해커스ONE 애플리케이션의 학습타이머를 이용하여 실전처럼 모의고사를 풀어보시기 바랍니다.

01. 박 사원이 작성한 ㈜○○가전 창립 20주년 기념행사에 참석을 요청하는 공문서가 다음과 같을 때, 김 대리가 박 사원에게 요청한 수정 사항으로 가장 적절하지 않은 것은?

㈜○○가전

수신자 수신처 참조
(경유)
제 목 「㈜○○가전 창립 20주년 기념행사(紀念行事)」 참석 요청

---

1. 귀사의 무궁한 발전을 기원합니다.
2. ㈜○○가전은 백색가전 생산·판매를 시작으로 현재까지 20년간 매출액 15% 이상 상승하였으며, 연 매출 300억 원이 넘는 회사로 성장하고 있습니다.
3. 이를 기념하고자 아래와 같이 창립 20주년 기념행사(紀念行事)를 개최하고자 하오니 협력업체 및 협회 분들의 많은 참여를 부탁드립니다.

– 아 래 –

- 일시: 20XX. X. X.(수) 15:00
- 장소: △△리조트 비즈니스 홀
- 주제: ㈜○○가전 창립 20주년 기념 및 공로 시상
- 대상: ㈜○○가전 협력업체 및 협회 임원

붙임. 「㈜○○가전 창립 20주년 기념행사」 수신처 목록 1부, 「㈜○○가전 창립 20주년 기념행사」 행사 계획 1부.

㈜○○가전 대표이사

E-MAIL	
받는 사람	박 사원
보내는 사람	김 대리
일시	20XX년 X월 X일 AM 10:15
제목	공문서 피드백 사항 전달드립니다.
내용	박 사원님, 공문서를 처음 작성하시느라 어려움이 많으셨을 것 같아요. 그럼에도 불구하고 무척 잘 작성하셨습니다. 다만, 일부 수정 사항이 있어 피드백 메일 드립니다. 우선, ㉠문서 의미 전달에 중요하지 않다면 한자 사용은 지양하는 것이 좋겠습니다. 기념행사 뒤에 한자는 삭제해 주세요. 또한, ㉡날짜 다음 괄호를 사용할 경우 괄호 뒤에 마침표를 표기해야 하므로 '20XX. X. X.(수)' 뒤에 마침표를 추가해 주세요. 특히 ㉢첨부물이 두 가지 이상일 때는 항목을 구분하여 표시해야 하므로 붙임 1, 붙임 2로 나누어 표기해 주세요. ㉣마지막엔 한 글자를 띄우고 '끝' 자로 마무리하는 것도 잊지 말아 주세요. 전달드린 수정 사항 반영 후, 저한테 수정파일 다시 메일로 보내 주세요. 감사합니다.

① ㉠   ② ㉡   ③ ㉢   ④ ㉣

02. 다음 글의 중심 내용으로 가장 적절한 것은?

최근 한국은행이 조사한 금융안정보고서에 따르면 외부감사를 받는 기업 중 약 15%가 좀비기업인 것으로 나타났다. 좀비기업이란 자체적으로 기업 운영이 불가능하여 정부나 은행의 도움으로 가까스로 생명을 이어가는 기업을 의미한다. 다시 말해 회생 가능성이 작아 시장 원리에 의해 퇴출되어야 하지만, 정부나 채권단의 지원으로 파산만 면하고 있는 기업이다. 문제는 좀비기업의 수가 늘어날수록 경제 전반에 악영향이 커질 수 있다는 것이다. 우선, 좀비기업의 증가는 정상기업의 자금 부족을 야기한다. 좀비기업 지원금 편성으로 인해 배분할 수 있는 자금이 그만큼 줄어듦에 따라 정상기업에 자금을 빌려주는 데 어려움이 생긴다. 특히, 성장 가능성이 큰 벤처기업의 지원 자금 또한 줄어들어 투자가 이루어지지 않는 악순환이 이어지게 된다. 그뿐만 아니라, 금융권 부실이라는 결과가 나타날 수 있다. 채무상환능력이 취약한 기업에 돈을 빌려주다 보니 대출금 회수 가능성이 작아져 은행이 큰 타격을 입게 되는 것이다. 결국, 좀비기업의 생존은 기업과 금융권을 넘어 우리 경제 전체에 막대한 손해를 입히는 결과를 가져온다. 현재 저금리 기조가 이어지면서 기업의 차입금 조달이 쉬워지게 되었고, 그 결과 좀비기업으로 전락했으나 파산 신청을 하는 기업이 줄어들면서 문제가 더욱 심각해지고 있다. 좀비 상태로 연명하는 기업에 자본을 낭비하지 않도록 관련 기업에 대한 지원을 과감하게 중단해야 할 시점이다.

① 좀비기업의 지원금을 감축하여 벤처기업의 지원금을 확대해야 한다.
② 내수 경제에 심각한 영향을 주는 좀비기업의 지원을 멈추어야 한다.
③ 좀비기업의 수를 줄일 수 있도록 분류 기준을 새롭게 수립해야 한다.
④ 대출금 회수가 가능한 기업만 대출이 가능하도록 금리를 인상해야 한다.

03. 다음 ㉠~㉣을 바르게 고쳐 쓴다고 할 때, 가장 적절하지 않은 것은?

㉠ (전세계적으로 → 전 세계적으로) 가장 많이 재배되는 과일 중 하나는 바로 '바나나'이다. 특히, 바나나는 칼륨, 카로틴, 비타민C 등 다양한 영양소를 포함하고 있어 아프리카 대륙 내 여러 국가의 주식으로 섭취되는 중요한 식물에 속한다. 이러한 바나나가 오늘날 멸종 위기에 놓여 문제가 되고 있다. 바나나 최대 수출 지역인 중남미에 파나마병이 퍼지기 시작하면서 바나나 생산에 어려움을 겪게 된 것이다. 파나마병이란 곰팡이가 일으키는 토양 전염병으로, 곰팡이는 흙과 물을 통해 바나나를 ㉡ (감염된다 → 감염시킨다). 이후 바나나는 아래쪽 잎부터 누렇게 변하게 되고, 식물 전체가 말라 죽기에 이른다. 주목할 점은 아직 파나마병 전염을 막은 국가가 없다는 점이다. 어떤 농약도 파나마병을 유발하는 TR4 곰팡이에는 효력이 없어 전염병을 예방하는 유일한 방법은 농장 주변을 ㉢ (처단 → 차단)하여 외부와 통하지 못하게 막는 것뿐이다. 이로 인해 매년 말레이시아에서 약 3,000억 원, 인도네시아에서 약 1,400억 원, 대만에서 약 170억 원의 피해가 발생하고 있다. 나아가 2040년까지 연간 피해액이 12조 1000억 원에 달할 것으로 예측된다. 앞선 문제를 해결하기 위해 현재 재배되는 바나나의 유전자를 교정하여 곰팡이에 저항력을 가진 품종 개량 연구가 진행되고 있다. ㉣ (그러나 → 그리고) 전문가들은 문제의 근본적인 원인이 유전적 다양성이 없는 단일 품종 위주의 대량생산에 있다고 지적하며, 바나나 생산 방식 자체의 변화가 필요함을 충고한다. 다양한 야생 바나나를 상품화하고, 유전적 다양성을 갖추어 변종 파나마병이 추가로 발병하는 경우에도 피해 규모를 축소하는 것이 근본적인 해결책이라는 것이다.

① ㉠　　　　② ㉡　　　　③ ㉢　　　　④ ㉣

04. 다음 글의 제목으로 가장 적절한 것은?

1950년대를 기점으로 현대 문명은 빠르게 발전하기 시작했고, 인간이 숲과 나무를 무차별적으로 파괴한 결과 지구에 있는 삼림의 약 50%가 소실되었다. 특히 지구에 현존하는 생물 약 2,000만 종의 절반 이상이 살고 있는 열대우림은 각종 개발로 인해 약 7만 6천km²가 파괴되고 있으며, 매년 약 3만 종에 이르는 생물이 멸종하고 있어 생태계 파괴가 심각한 문제로 대두되었다.

문제를 해결하기 위해 인간은 종자를 저장하여 생태계를 유지하고자 하였다. 종자는 겉을 단단하게 감싸고 있는 씨껍질에 의해 보호받고 있어 생존에 적합한 환경이 될 때까지 최대 수년 동안 발아를 멈출 수 있다. 이러한 특성을 이용해 다양한 품종의 유전자를 씨앗 형태로 보존하여 관리하는 '씨드 뱅크(Seed Bank)'가 등장했다. 씨드 뱅크는 실생활에 필요한 종자를 종류별로 보관할 수 있으며 필요시 농가에 공급하는 것도 가능하다. 또한, 특정 식물에 문제가 생길 경우 씨드 뱅크에 저장되어 있던 씨앗을 발아시켜 식물을 보존할 수 있고 각종 자연재해나 기후 변화로부터 씨앗을 보호하는 것도 가능하다.

현재 전 세계적으로 약 천오백 개의 씨드 뱅크가 운영되고 있으며 세계에서 가장 큰 씨드 뱅크는 영국에 있는 '밀레니엄 씨드 뱅크'로, 지구에 있는 씨앗 중 약 15%를 저장하고 있다. 우리나라는 1987년부터 농촌진흥청 농업 생명공학 연구원 주도하에 씨드 뱅크 형태의 국립 농업 유전자원 센터를 운영하고 있으며, 식량·특용·원예 작물 등 다양한 종자와 각각의 DNA 정보를 보관하고 있다.

① 씨드 뱅크 역할의 변천사
② 씨드 뱅크 국내외 활용 사례 분석
③ 씨드 뱅크의 부작용과 해결 방안
④ 씨드 뱅크의 등장 배경 및 기능

05. 발전공기업에서 근무하는 귀하는 홈페이지에서 사람들이 자주 하는 질문을 카테고리별로 분류하고자 한다. 다음 중 ㉠~㉣에 해당하는 질문으로 가장 적절한 것은?

[자주 하는 질문 목록]

질문 1	석탄화력발전소별 석탄 소비량이 어떻게 되나요?
질문 2	현장을 방문할 수 있는 셔틀버스의 정기 운행 시간이 궁금합니다.
질문 3	지진원자로 자동정지시스템의 동작 원리는 무엇인가요?
질문 4	LNG 직수입으로 인한 연료비 절감 효율이 어느 정도인지 알고 싶어요.
질문 5	지진 발생 시 원자력발전소의 조치와 비상 대응 대책에 대해 알려 주세요.
질문 6	견학 신청을 취소하고 싶은데 어떻게 해야 하나요?
질문 7	미세먼지 저감을 위해 시행하고 있는 대응 방식에 대해 설명해 주세요.
질문 8	견학 신청 절차와 필요한 서류에 대해 알고 싶습니다.
질문 9	노심용융이나 수소폭발 등의 사고에 대한 구체적인 대책이 마련되어 있나요?
질문 10	현재 활용하고 있는 에너지 중 신재생에너지는 무엇인가요?
질문 11	국내 환경 방사능 감시체계의 구축 현황을 알려 주세요.
질문 12	각 화력발전소의 효율 및 사이클이 궁금합니다.
질문 13	현장 견학은 인터넷 예약으로만 가능한가요?
질문 14	연료용 유연탄 1kg을 태웠을 때 얻을 수 있는 전력량은 얼마인가요?
질문 15	현재 발전소의 대기오염물질 배출량과 감축 목표를 알려 주세요.

[자주 하는 질문 분류 카테고리]

견학 신청/방문	안전	연료	환경
㉠	㉡	㉢	㉣

① ㉠: 질문 2, 질문 13

② ㉡: 질문 3, 질문 10

③ ㉢: 질문 4, 질문 11

④ ㉣: 질문 7, 질문 9

06. ◇◇공단 연구팀의 권 팀장은 노인 빈곤 해소를 위한 정책 연구 과제의 사전 조사 결과 보고서를 팀원들에게 공유하고, 본격적으로 연구 과제를 시작하기에 앞서 보고서의 내용을 숙지할 것을 지시하였다. 권 팀장이 공유한 보고서의 일부가 다음과 같을 때, 보고서를 이해한 팀원들의 반응으로 가장 적절하지 않은 것은?

---

1. 빈곤의 개념

절대적 빈곤	인간의 생존에 필요한 최저한의 물자조차 부족한 극도의 빈곤 상태
상대적 빈곤	사회 구성원의 소득 분포를 비교하여 상대적으로 소득이 낮은 수준에 있는 빈곤 상태

※ 우리나라의 경우 빈곤 유형과 관계없이 OECD 국가 중 노인 빈곤율이 가장 높은 것으로 파악됨

2. 우리나라의 노인 빈곤율이 높은 원인
1) 고령화 사회로의 급속한 진입
   - 우리나라는 다른 나라에 비해 고령화가 매우 빠른 속도로 진행되면서 연금 제도, 사회 복지 제도와 같이 노후를 대비할 수 있는 사회 보장 체계를 갖추는 속도가 고령화 진행 속도를 쫓아가지 못함
   - 2025년에는 우리나라 전체 인구에서 65세 이상 인구가 차지하는 비중이 20% 이상인 초고령화 사회로 진입하게 될 것으로 예상됨
2) 부족한 노후 준비
   - 60대 이상 고령 가구의 노후 준비를 조사한 결과에 따르면 노후 준비를 하고 있다고 응답한 비중이 전년 대비 지속적으로 증가하고 있기는 하지만 여전히 노후 준비를 하지 않고 있다고 응답한 비중도 40% 이상인 것으로 나타남
   - 부채 상환의 부담, 자녀 교육비와 양육비 등이 개인의 노후 준비를 방해하는 요소로 분석됨
   - 산업화, 도시화, 핵가족화 등의 사유로 자녀 세대가 부모 세대를 부양해야 한다는 의식이 약화되면서 고령층의 사적 소득원에 대한 의존도가 급격하게 감소함
   - 자녀가 부모를 부양하고자 하여도 경기 침체로 취업이 어려워지면서 자녀의 경제적 자립 시기가 늦어져 오히려 노인 빈곤이 양성됨

3. 높은 노인 빈곤율이 사회·경제에 미치는 영향
1) 사회적 영향
   - 노인 빈곤율과 삶의 만족도가 반비례 관계에 있다는 사실을 기반으로 유추하였을 때, 높은 노인 빈곤율이 삶의 만족도를 저하시켜 사회적으로 불안정한 상황을 조성할 수 있음
   - 노인 빈곤율과 자살률에 밀접한 연관이 있다는 사실을 기반으로 유추하였을 때, 은퇴 이후 악화되는 고령층의 경제 상황이 높은 자살률의 주된 원인 중 하나로 분석됨
2) 경제적 영향
   - 노인 빈곤율이 증가할수록 인구 구조적으로 소비의 둔화를 초래하여 내수 경제가 침체할 가능성이 농후함
   - 고령층이 은퇴한 이후 소득 기반이 취약해질 것을 우려하여 근로 소득을 유지하고자 은퇴 시기를 미루는 경향이 있으며, 상대적으로 노동 생산성이 낮은 고령층의 노동 시장 잔류가 지속될 경우 전체 노동 생산성을 저하시키는 요인으로 작용하게 됨

---

① 은퇴한 고령층의 경제 상황이 나빠져서 노인 빈곤율이 늘면 자살률 또한 증가할 가능성이 커지는군요.

② 전체 인구에서 65세 이상 인구가 차지하는 비중이 25%라면 초고령화 사회라고 부를 수 있겠어요.

③ OECD 국가 중 절대적 노인 빈곤율과 상대적 노인 빈곤율 모두 우리나라가 가장 높은 수치를 보이네요.

④ 우리나라의 60대 이상 가구에서 노후 준비를 하지 않고 있는 가구의 수가 약 30%를 차지하고 있어요.

07. 다음 글을 통해 추론한 내용으로 가장 적절하지 않은 것은?

UPS는 Uninterruptible Power Supply의 약어로, 주전원이 상실되었을 때 부하에 전력을 가해 일정 시간 동안 전원을 유지할 수 있는 무정전 전원 장치이다. UPS의 종류는 크게 정지형, 회전형, 혼합형으로 나뉘는데, 그중 정지형은 또다시 온라인 방식, 오프라인 방식, 라인 인터렉티브 방식으로 구분된다. 우선, 온라인 방식은 절체 스위치, 정류기, 배터리 컨버터, 인버터로 구성되고 상시 배터리 충전과 전력 공급을 수행한다. 평소 정류기는 교류입력전원을 통해 전압을 공급받아 일정한 전압으로 직류링크를 유지하며, 인버터와 배터리 컨버터는 직류링크로부터 전력을 공급받아 부하에 전력을 공급하고 내장된 배터리를 충전한다. 그러나 정전이 발생하면 UPS는 회생모드로 전환하여 배터리 전력을 통해 직류링크의 전압을 유지하고 인버터가 부하에 계속 전력을 공급할 수 있도록 한다. 온라인 방식의 가장 큰 장점은 정상적인 전력 공급이 차단되었을 때 회생모드로 전환하는 데 별도의 시간이 소요되지 않아 입력전원과 무관하게 안정적으로 전원을 공급할 수 있다는 점이다. 게다가 항상 직류링크의 전압을 일정하게 유지하기 때문에 입력전압이 변동되더라도 출력전압을 일정하게 공급할 수 있다. 그러나 대체로 가격이 비쌀 뿐만 아니라 크고 무거우며, 전력 소모가 많아 오프라인 방식보다 효율이 낮다는 단점이 있다. 한편 오프라인 방식은 온라인 방식과 구성이 동일하지만, 정전이나 입력전원이 허용량보다 낮은 등 입력전원이 비정상적인 경우에만 부하 전력 공급에 사용된다는 점에서 상이하다. 또한, 회생모드로 전환하는 데 계통 주기의 1/4의 시간이 걸려 정전 시 전원 공급이 일시적으로 차단되며, 전압조정이 불가능하여 입력전원에 따라 출력전압이 달라진다는 점은 단점으로 꼽는다. 그러나 온라인보다 가격이 저렴하고 소형화가 가능하며, 평소에는 작동하지 않기 때문에 전력 소모가 적어 효율이 높고 회로 구성이 간단하여 내구성이 높다는 장점이 있다. 마지막으로 라인 인터렉티브 방식은 앞선 두 방식과 달리 직류링크로 연결되어 있지 않으며, 배터리, 절체 스위치, 양방향 AC/DC 컨버터로 구성된다. 라인 인터렉티브 방식은 자동전압조정기능을 내장하여 출력전압을 일정하게 유지할 수 있으며, 동작 수행 시 온라인 또는 오프라인 동작을 선택할 수 있다. 평소에는 입력전원을 통해 부하에 직접적으로 전력을 공급하는데, 이때 AC/DC 컨버터는 부하와 병렬 구조로 연결되어 있어 배터리 충전과 무효전력 공급을 수행하기도 한다. 그러나 정전이 발생하여 회생모드로 전환할 경우 AC/DC 컨버터는 인버터의 역할을 수행한다. 이를 통해 배터리 전력을 이용하여 부하에 전원을 공급하고, 이때 절체 스위치는 전력이 반대로 전달되는 것을 막기 위해 전력계통과 분리된다. 이 방식은 주로 용량이 적은 UPS에 활용되며, 입력전원이 정상적인 경우 전력 소모가 적어 효율이 높을 뿐만 아니라, 온라인 방식보다 회로 구성이 간단하고 가격대가 낮아 효용 가치가 높다. 그러나 오프라인 방식보다 내구성이 낮고, 인버터가 부하에 병렬로 연결되어 출력전압의 품질이 상대적으로 낮다는 단점이 있다.

① 정전으로 인해 전력 공급이 잠시 차단되어도 무정전 전원 장치가 설치되었다면 전원을 유지할 수 있다.

② 라인 인터렉티브 방식과 오프라인 방식은 입력전원의 전압에 변화가 생기면 출력전압도 달라질 것이다.

③ 정지형 무정전 전원 장치인 온라인, 오프라인, 라인 인터렉티브 방식 중 전력 효율이 가장 낮은 것은 온라인 방식이다.

④ 갑자기 전기가 끊길 경우 모드 전환 시 영향을 받지 않는 온라인 방식과 달리 오프라인 방식은 잠시 전원 공급이 중단된다.

08. 다음 ◆◆시 시설관리공단 감사실의 20X1년 사업 계획서를 이해한 내용으로 가장 적절하지 않은 것은?

[20X1년 사업 계획서]

1. 20X0년 주요 사업 과제 및 추진 실적

사업 과제	사업비(원)	추진 기간	사업 추진 실적
인권경영 시스템 구성·운영	–	20X0. 2.	• 인권경영위원회 구성 　– 인권경영헌장 및 규정 수립
		20X0. 3.	• 노사공통 인권경영헌장 선포
청렴·윤리경영 시스템 운영	–	20X0. 1.	• 청렴·윤리경영 운영조직 창설
	–	연중 상시	• 청렴·윤리경영 운영조직 운영
	–	20X0. 3., 20X0. 9.	• 청렴 시책에 대한 임직원 의견 수렴 　– 의견 수렴하여 청렴 시책 개선에 활용
	5,000,000	20X0. 1.~ 20X0. 5.	• 반부패 익명 신고 시스템 구축 　– 공단 전용 신고 애플리케이션 외주 제작 　– 애플리케이션 사용 권장 외부 홍보
	–	연중 상시	• 반부패 익명 신고 시스템 운영 　– 익명 기반 부조리 제보 등 　– 32건 접수(규정 위반 15건 중 견책 8건, 감봉 5건, 정직 2건)

2. 20X1년 사업 목표 및 사업 과제 추진 계획
　1) 소통과 참여를 통한 청렴·윤리경영 강화

사업 과제	사업비 예산(원)	추진 기간	사업 추진 계획
청렴교육 확대	1,000,000	20X1. 3., 20X1. 9.	• 공직생애주기별 청렴교육 실시 　– 대상: 모든 임직원 　– 외부 강사 섭외
청렴·윤리경영 시스템 운영 강화	–	연중 상시	• 청렴·윤리경영 운영조직 운영
	–	20X1. 3., 20X1. 6., 20X1. 9., 20X1. 12.	• 청렴 시책에 대한 임직원 의견 수렴 　– 의견 수렴하여 청렴 시책 개선에 활용
	–	연중 상시	• 반부패 익명 신고 시스템 운영 　– 반부패 신고 사례 접수 및 인권경영 규정에 기반하여 조처
청렴 마일리지 제도 시행	5,000,000	연중 상시	• 청렴 시책 참여 실적 우수자 및 교육 우수 수강자에게 청렴 마일리지 부여 • 우수 직원 및 부서에 인센티브 제공

2) 임직원의 인권의식 제고 및 시민과 함께하는 인권경영 확대

사업 과제	사업비 예산(원)	추진 기간	사업 추진 계획
인권경영 시스템 운영 강화	1,000,000	20X1. 3., 20X1. 9.	• 인권교육 의무 이수제 도입 　– 연 2회 총 5시간 이수 　– 대상: 신규 임용자 및 임직원 전원
		20X1. 10.	• 임직원 인권의식 수준 설문조사 　– 설문조사 결과 고려하여 일정 수준 미만인 경우 인권 　　교육 추가 교육 대상자 선정
시민과의 인권경영 공감대 형성 및 시민 의 인권감수성 제고	8,000,000	20X1. 2.	• 시민참여형 인권 전략 수립 및 인권감수성 제고를 위한 　콘텐츠 제작·배포
	2,000,000	20X1. 8.	• 인권경영보고서 발간 및 공개를 통해 시민과 인권경영 　공감대 형성

① 청렴 시책에 대한 임직원 의견 수렴 횟수를 반기별 1회에서 분기별 1회로 전년 대비 2배 늘릴 전망이다.

② 인권경영 규정에 따라 반부패 익명 신고 시스템을 통해 접수된 모든 사례를 처벌할 예정이다.

③ 임직원의 청렴·윤리경영 참여도 제고를 위해 관련 사업 우수 참여자에게 경제적 유인을 제공할 예정이다.

④ 인권의식 수준 조사 결과에 따라 일부 직원은 인권교육 의무 이수 시간이 연 5시간을 초과할 수 있다.

수력발전은 물을 통해 전력을 생산하는 방식으로, 공해를 유발하지 않는 청정에너지이다. 발전에 사용되는 연료를 수입할 필요가 없으며, 상대적으로 발전 비용이 저렴하다. 특히 수력발전소는 외부 전원 없이도 자체적으로 기동할 수 있어 원자력이나 석탄 화력을 이용한 대용량 발전소의 정상 작동이 불가능할 경우 상시 대기 예비 전력으로 전력을 조달할 수 있어 공급 신뢰도가 높다.

수력발전은 주로 호수나 하천에 댐을 건설하여 상류의 물을 차단한 뒤 수문을 조작하여 하류로 방류함으로써 전기를 얻는다. 이때 고지대에 고여 있던 물이 세차게 떨어지면서 물이 가지고 있던 위치에너지가 운동에너지로 변환되고, 흐르는 물로 인해 통로에 설치된 터빈인 수차가 회전하게 되어 수차에 연결된 교류발전기가 작동한다. 앞선 과정을 통해 물에서 얻은 전기에너지는 변압기를 통해 고전압으로 변환되어 송전선을 통해 외부로 운송된다.

수력발전의 출력은 낙차와 수량의 곱에 비례하므로 수력발전소는 낙차가 크고 유량이 풍부한 지역에 건설하는 것이 유리하다. 그러나 우리나라는 낙차가 크지 않고 계절에 따른 유량 변동이 크기 때문에 수력발전에 불리한 입지 조건을 가지고 있다. 이러한 문제를 해결하기 위해 유역 변경식 발전, 양수식 발전 등 다양한 발전 양식이 개발되었다.

우선 유역 변경식 발전은 두 개의 하천이 인접할 때 더 큰 낙차를 얻기 위해 유역을 변경하여 전기를 얻는 방식이다. 유량이 많지만 낙차가 작은 고지대 하천에 댐을 건설하여 물을 막고, 반대편의 낙차가 큰 저지대 하천으로 물이 흘러갈 수 있도록 터널을 뚫어 유로를 변경하여 발전한다. 주로 반대편 산지가 급경사를 이루는 경동 지형에 많이 건설되며, 발전에 사용된 물은 평야 지대로 흘려보내 관개용수로 사용한다.

한편 양수식 수력발전은 발전에 사용되어 방류된 물을 저지대의 저수지에 저장했다가, 전력 사용량이 적은 야간에 펌프로 물을 끌어올려 전력 수요가 높은 주간에 다시 방류하여 발전하는 방식이다. 이 방식은 양수에 필요한 전력량이 방류를 통해 얻는 발전 전력량보다 약 30% 많다. 그러나 값싼 심야 시간대의 잉여전력을 상부 저수지에 위치에너지로 변환하여 저장한 뒤, 필요할 때 전력을 재생산한다는 관점에서 원가 절감 효과를 보유한 경제적 발전 방식으로 볼 수 있다. 또한 발전에 사용한 물을 그대로 흘려 보유량 변동에 크게 영향을 받는 다른 수력발전과 달리, 저장한 물을 재사용하여 유량 변동에 크게 좌우되지 않고 적은 물로도 많은 전력을 상시 생산할 수 있어 우리나라의 기후 조건에 적합한 발전 방식이다.

09. 윗글의 내용과 일치하지 않는 것은?

① 유역 변경식 발전에 사용된 물은 농사에 필요한 관개수로 쓰인다.

② 수력발전은 전력 생산 원료로 물을 이용하는 무공해 에너지이다.

③ 계절에 따른 유량 변동에 유리한 발전 방식은 유역 변경식 발전이다.

④ 수력발전을 통해 생산된 전기는 고전압으로 전환된 후 운송된다.

10. 윗글을 통해 추론한 내용으로 가장 적절하지 않은 것은?

① 수력발전은 정전으로 외부 전원이 차단되는 상황이 발생하더라도 자체적으로 전력 공급이 가능하다.

② 양수식 수력발전은 양수에 필요한 전력이 발전 전력보다 많으므로 경제적으로 비효율적인 방식이다.

③ 우리나라에서 수력발전소를 건설할 경우 자연적 조건으로 인해 입지 선정에 어려움을 겪을 확률이 높다.

④ 댐을 방류해 전기에너지를 얻는 발전 방법은 고지대의 물이 보유하고 있던 위치에너지를 활용한 것이다.

11. A 기기와 B 기기에 걸린 전압은 동일하고 두 기기에 대한 정보가 다음과 같을 때, 두 기기에 흐르는 전류 크기의 차이는?

[기기별 소비전력 및 저항]

구분	A 기기	B 기기
소비전력	486W	1,352W
저항	6Ω	8Ω

※ 전압(V) = 전류 × 저항, 소비전력(W) = 전압 × 전류

① 4A   ② 6A   ③ 9A   ④ 13A

12. 영철이는 농도 11%의 소금물을, 희철이는 농도 5%의 소금물을 가지고 있었다. 영철이와 희철이가 가지고 있는 소금물을 합쳤더니 농도가 9.5%인 소금물 200g이 만들어졌을 때, 두 사람이 가지고 있던 소금물의 양은 각각 얼마인가?

① 영철: 50g, 희철: 150g

② 영철: 120g, 희철: 80g

③ 영철: 130g, 희철: 70g

④ 영철: 150g, 희철: 50g

13. 현재 민재와 정민이의 나이 비는 3:5이지만 2년 전 민재와 정민이의 나이 비는 4:7이었다. 현재 민재의 나이는?

① 12세   ② 14세   ③ 16세   ④ 18세

14. 길이가 720m인 다리를 기차가 40m/s의 속력으로 완전히 건너는 데 걸린 시간이 20초일 때, 길이가 1,320m인 다리를 기차가 완전히 건너는 데 걸리는 시간은?

① 33초   ② 34초   ③ 35초   ④ 36초

15. 6자루의 샤프를 제조하는 데 2,400원의 원가가 든다. 샤프를 3자루씩 1세트로 포장하여 30세트를 생산하는 과정 중에, 불량품이 생겨 8세트를 폐기 처분하였다. 생산된 샤프를 모두 판매하였지만 3,000원의 손해가 생겼다면, 샤프 1자루당 판매가격은?

① 450원   ② 480원   ③ 500원   ④ 550원

16. 다음의 수들이 일정한 규칙에 따라 차례로 나열되어 있을 때, 제25항의 숫자는?

25	32	39	46	53	⋯

① 172   ② 179   ③ 186   ④ 193

17. 화학공학을 전공하는 건우는 용액의 수소이온지수인 pH를 측정하는 실험을 하고 있다. pH가 3인 A 사이다 1L와 pH가 4인 B 사이다 2L를 하나의 비커에 담아 섞었을 때, 비커에 담긴 사이다의 pH는? (단, $\log_{10}5 = 0.7$ 로 계산한다.)

$$\text{수소이온지수(pH)} = \log_{10}\frac{1}{\text{용액 1L 속에 들어있는 수소이온의 몰 수}}$$

① 3.4   ② 3.8   ③ 4.2   ④ 4.4

18. 다음은 도시별 상용직 비중에 대한 자료이다. 자료에 대한 설명으로 옳은 것은?

[도시별 상용직 비중]

(단위: %, 천 명)

구분	2018년			2019년		
	상용직 비중	상용근로자	임금근로자	상용직 비중	상용근로자	임금근로자
서울특별시	66.0	2,689	4,075	68.1	2,840	4,173
부산광역시	68.4	891	1,302	70.9	916	1,292
대구광역시	65.8	585	889	69.4	612	882
인천광역시	65.0	820	1,262	65.5	830	1,268
광주광역시	68.4	397	580	70.8	412	582
대전광역시	70.3	416	592	72.0	440	611
울산광역시	70.9	337	475	72.6	339	467

※ 상용직 비중(%) = (상용근로자 / 임금근로자) × 100
※ 출처: KOSIS(통계청, 상용직 비중)

① 2019년에 상용근로자가 전년 대비 감소한 도시는 1개이다.

② 2018년 울산광역시의 임금근로자는 2018년 대구광역시의 상용근로자보다 많다.

③ 2019년 대전광역시의 상용직 비중은 전년 대비 1.7%p 증가하였다.

④ 2019년에 임금근로자가 두 번째로 많은 도시는 인천광역시이다.

19. 다음은 연도별 에너지 수입량에 관한 자료이다. 이를 바탕으로 만든 그래프로 가장 옳지 않은 것은?

[연도별 에너지 수입량]

구분	2013	2014	2015	2016	2017
석탄(천M/T)	126,996	131,563	135,610	134,930	148,677
석유(천bbl)	1,244,051	1,254,124	1,333,976	1,412,479	1,432,654
LNG(천M/T)	39,876	37,107	33,366	33,453	37,537
원자력연료(톤U)	795	721	801	752	1,012

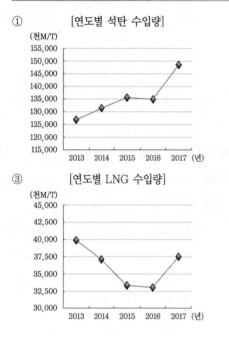

① [연도별 석탄 수입량]

② [연도별 석유 수입량]

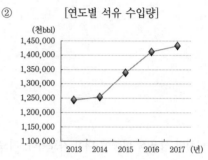

③ [연도별 LNG 수입량]

④ [연도별 원자력연료 수입량]

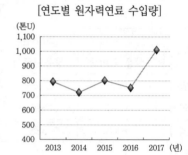

20. 다음은 연도별 우체국 택배 실적을 나타낸 자료이다. 다음 중 우체국 택배 접수 물량당 요금이 가장 비싼 해는 언제인가?

[연도별 우체국 택배 실적]

(단위: 천 통, 백만 원)

구분	접수 물량	요금
2015	137,301	330,105
2016	164,730	387,546
2017	188,715	439,696
2018	214,437	495,601

※ 출처: KOSIS(과학기술정보통신부, 우편물통계)

① 2015년   ② 2016년   ③ 2017년   ④ 2018년

21. 개인 측면에서의 시간 관리 효과로 가장 적절하지 않은 것은?

　① 시간을 적절하게 관리하여 효율적으로 일함으로써 생산성을 향상시킬 수 있다.

　② 직장에서의 삶과 일 외적인 삶의 균형이 잡힐 수 있도록 도와준다.

　③ 제품 생산 시간을 단축함으로써 상품의 시장 진출을 더욱 빠르게 해 시장 점유율을 증가시킨다.

　④ 스스로에게 동기를 부여하는 수단이자 방법인 목표에 매진할 수 있는 시간을 갖게 한다.

22. R 사의 회계 부서에 근무 중인 귀하는 회사에서 구매할 기계장치의 감가상각비를 확인해달라는 요청을 받았다. 기계장치에 대한 정보가 다음과 같을 때, 귀하가 정률법을 이용하여 계산한 기계장치의 2년 후 감가상각비는?

[기계장치 구입 정보]

- 구입 시기: 20XX. 01. 01.
- 구입 가격: 10,000,000원
- 예상 사용 기간: 2년
- 추정잔존가치: 구입 가격의 1%

[정률법 감가상각비 계산식]

- 연간 감가상각률 $= 1 - \sqrt[n]{\dfrac{추정잔존가치}{구입 가격}}$ (n = 예상 사용 기간)
- 1년 후 감가상각비 = 당해 제품의 가격 × 연간 감가상각률
- 1년 후 제품의 가격 = 당해 제품의 가격 − 1년 후 감가상각비
- 단, 최초 제품의 가격은 구입 가격으로 산정함

---

　① 100,000원　　　② 900,000원　　　③ 1,000,000원　　　④ 8,100,000원

23. △△회사 총무팀에서 근무하는 김 대리는 회사의 전체 직원들에게 지급할 회사 유니폼을 주문하려고 한다. 홍 팀장의 지시에 따라 업체를 선정하였을 때, 김 대리가 주문해야 할 회사 유니폼의 총비용은?

[△△회사 전체 직원 수]

인사팀	총무팀	회계팀	전산팀	영업팀	홍보팀	기술팀
12명	11명	8명	7명	8명	15명	9명

[업체별 유니폼 제작 비용]

구분		A 업체	B 업체	C 업체	D 업체
상의	일반 티셔츠	4,500원	5,000원	6,500원	4,000원
	칼라 티셔츠	9,000원	9,500원	11,500원	10,500원
	후드 티셔츠	14,500원	13,000원	15,000원	13,500원
	점퍼	42,000원	41,500원	38,500원	41,500원
하의	일반 바지	17,000원	16,500원	15,000원	18,000원
	방수용 바지	24,500원	23,000원	22,500원	26,500원
	정전기 방지용 바지	22,500원	24,000원	25,000원	23,500원

※ 제작 비용은 1벌당 금액이며, 사이즈별 추가 비용은 없음

[업체별 추가 옵션 비용]

구분	A 업체	B 업체	C 업체	D 업체
로고	2,000원	1,500원	2,500원	1,500원
문구	1,000원	1,500원	1,500원	1,000원
주머니	3,000원	2,000원	2,500원	2,000원

※ 문구는 글자수에 관계없이 1개로 산정함

홍 팀장: 김 대리, 우리 회사 로고가 변경되어 전 직원이 입을 회사 유니폼을 새로 맞추는 게 좋겠어요. 이전에는 회사 유니폼으로 티셔츠만 제공했었는데, 직원들의 의견을 반영해서 점퍼도 함께 제공하려고 해요. 티 셔츠는 지난번과 동일한 디자인의 칼라 티셔츠로 주문해 주세요. 그리고 칼라 티셔츠와 점퍼 모두 로고 가 추가되어야 하고, 점퍼에는 로고 밑에 부서명도 문구 추가하도록 하죠. 아, 기술팀 직원들은 정전기 방지 기능이 있는 하의도 함께 구매해 주세요. 업체별로 비용 비교하신 후 총 제작 비용이 가장 저렴하 도록 주문해 주시고, 칼라 티셔츠와 점퍼는 동일한 업체에서 주문해 주시되 가격이 더 저렴하다면 상의 와 하의는 서로 다른 업체에서 주문하셔도 됩니다.

① 4,052,500원　　② 4,087,500원　　③ 4,104,500원　　④ 4,122,500원

24. 전 직원이 1,000명인 Q 회사에서 송년회 때 전 직원에게 만년필을 1인당 2개씩 선물하려고 한다. 다음 만년필 가격표와 조건을 고려해 예산을 최대한 사용할 때, 주문하게 될 만년필은?

[만년필 가격표]

구분	기본 단가	레이저 인쇄비	배송 소요 시간
A 만년필	25,000원	100개당 30,000원	1주
B 만년필	22,000원	50개당 20,000원	2주
C 만년필	23,000원	1개당 700원	5일
D 만년필	22,000원	1개당 1,000원	5일

※ 만년필 가격은 기본 단가에 부가세가 10% 가산된 금액임

〈조건〉
• Q 회사에서 만년필 구매에 사용할 수 있는 예산은 5,500만 원이다.
• 모든 만년필에는 회사 마크를 레이저 인쇄해야 한다.
• 송년회는 만년필을 주문하는 날로부터 열흘 뒤이다.

① A 만년필   ② B 만년필   ③ C 만년필   ④ D 만년필

25. 다음 중 기업적 차원의 인적 자원에 대한 설명으로 가장 적절하지 않은 것은?

① 예산, 물적 자원과 다르게 인적 자원은 수동적이고 반응적인 성격을 지니고 있다.
② 환경 변화에 따른 조직 변화가 클수록 인적 자원에 대한 개발 가능성은 더욱 중요해진다.
③ 자원을 활용하는 것이 인적 자원이기 때문에 다른 자원에 비해 전략적 중요성이 더 강조된다.
④ 조직의 성과는 인적 자원에 대한 관리의 영향을 받는다.

26. 인사팀에서 신입사원 교육 업무를 담당하고 있는 송지민 대리는 상사로부터 6월에 진행될 신입사원 교육 일정에 대해 필수 내용을 전달받았다. 전달받은 내용을 토대로 송지민 대리가 판단한 내용으로 옳은 것은?

[신입사원 교육 일정 전달사항]

- 신입사원 교육은 이틀 연속으로 진행되며, 주말을 포함하지 않고 진행되어야 한다.
- 교육의 첫째 날에는 직장 예절 교육과 문서 작성법 교육을 진행하고, 둘째 날에는 커뮤니케이션 기술 교육과 직장 내 성희롱 예방 교육을 진행한다.
- 서로 다른 날에 진행하는 교육끼리는 교육의 순서 변동이 불가하며, 같은 날에 진행하는 교육끼리는 순서에 상관없이 진행 가능하다.
- 점심시간(12:00~13:00)이나 다른 팀의 회의실 사용 등을 고려하여 교육이 중간에 끊기지 않도록 해당 시간을 제외한 근무시간(09:00~12:00, 13:00~18:00)에 교육을 진행한다.
- 신입사원 교육은 최대 6월 17일까지 완료되도록 한다.

[신입사원 교육 정보]

구분	교육 소요 시간	교육 담당자
직장 예절	2시간	송지민(인사팀)
커뮤니케이션 기술	3시간	박영규(외부 강사)
문서 작성법	4시간	이진영(외부 강사)
직장 내 성희롱 예방	3시간	최창현(외부 강사)

[외부 강사 정보]

구분	강사료	특이사항
박영규	120,000원/시간	6월 3일, 17일 강의 불가
이진영	160,000원/시간	6월 7~8일 강의 불가
최창현	140,000원/시간	–

※ 강사의 이동시간을 고려하여 강사료는 실제 교육시간에 왕복 2시간을 추가하여 산정함

[6월 회의실 예약 현황]

월	화	수	목	금
		1	2	3
		회계팀 회의 (10:00~11:00)		
6	7	8	9	10
현충일				영업팀 회의 (15:00~16:00)
13	14	15	16	17
	회의실 장비 점검 (09:00~11:00)			

① 박영규 강사에게 지불할 강사료는 360,000원이다.

② 둘째 날에 진행하는 교육은 11시부터 17시까지 진행할 수 있다.

③ 이진영 강사와 최창현 강사는 같은 날 교육을 진행할 수 있다.

④ 박영규 강사는 6월 16일에 교육을 진행한다.

27. 옐로나이프 지사에서 근무하는 A 사원은 밴쿠버 본사에 방문하여 1시간 동안 발표 리허설 후 서울에서 개최되는 국제박람회에 참석하여 자사 제품에 대해 발표하려고 한다. A 사원이 국제박람회에 3월 15일 오후 1시에 도착해야 할 때, A 사원이 옐로나이프 지사에서 출발해야 하는 현지 시각은? (단, 비행시간을 제외한 이동시간은 고려하지 않는다.)

[그리니치 시차]

구분	그리니치	서울	밴쿠버	옐로나이프
그리니치 시차	0	+9	-8	-7

※ '+'는 그리니치보다 시간이 빠르고, '-'는 그리니치보다 시간이 느린 것을 의미함

[비행시간]

출발지 → 도착지	비행시간
옐로나이프 → 밴쿠버	2시간 30분
밴쿠버 → 서울	15시간 30분

※ 출발지와 도착지가 서로 반대인 경우에도 비행시간은 동일함

① 3월 14일 오전 2시

② 3월 14일 오전 4시

③ 3월 14일 오전 11시

④ 3월 14일 오후 6시

28. 다음은 ○○스키장의 리프트 이용 요금 및 할인 정보이다. 갑, 을, 병 세 사람이 각각의 일행들과 함께 ○○스키장 리프트를 이용하였을 때, 갑, 을, 병이 각각 지불한 요금을 바르게 연결한 것은?

[○○스키장 리프트 이용 요금]

구분	대인 요금		소인 요금	
	주중	주말	주중	주말
1시간권	30,000원	36,000원	25,000원	30,000원
2시간권	55,000원	65,000원	40,000원	48,000원
3시간권	60,000원	71,000원	44,000원	52,000원
4시간권	63,000원	74,000원	46,000원	55,000원
6시간권	68,000원	80,000원	50,000원	59,000원

※ 소인은 만 13세 이하, 대인은 만 14세 이상을 의미함

[리프트권 할인 정보]

구분	할인율	유의사항
제휴 카드 할인	25%	온라인 예매, 현장 발매 모두 가능
☆☆시 지역 주민 할인	30%	현장 발매만 가능
장애/국가유공자 할인	50%	현장 발매만 가능

※ 1) 할인은 중복 적용되지 않으며, 개인마다 할인율이 가장 높은 할인이 적용됨
  2) 제휴 카드 할인과 ☆☆시 지역 주민 할인은 본인 외 2명까지 할인이 적용되며, 장애/국가유공자 할인은 본인에 한하여 할인이 적용됨

• 만 18세인 갑과 동갑인 친구 2명은 모두 ☆☆시 지역 주민으로 주말 리프트 3시간권을 이용하였으며, 갑은 모든 일행의 리프트권을 제휴 카드로 온라인 예매하였다.
• 국가유공자인 만 32세 을은 만 30세인 배우자, 만 12세인 딸과 함께 주중 리프트 4시간권을 이용하였으며, 을은 모든 일행의 리프트권을 현금으로 현장 발매하였다.
• 만 30세인 병은 만 10세인 아들과 만 9세인 딸과 함께 주중 리프트 2시간권을 이용하였으며, 병은 모든 일행의 리프트권을 비제휴 카드로 현장 발매하였다.

	갑	을	병
①	149,100원	109,000원	101,250원
②	149,100원	140,500원	135,000원
③	159,750원	109,000원	135,000원
④	159,750원	140,500원	135,000원

29. 다음은 2001년 1월 1일에 입사하여 2021년 1월 1일에 퇴사하는 김 씨의 퇴직 전 3개월 임금총액 자료이다. 다음 자료를 기반으로 할 때, 김 씨가 받을 퇴직금은? (단, 1년은 365일이며, 퇴사하는 당일은 재직 일수에 포함되지 않는다.)

[김 씨의 퇴직 전 3개월 임금총액]

근무 기간	근무 일수(일)	기본급(원)	기타수당(원)
2020. 10. 1.~2020. 10. 31.	31	3,000,000	1,400,000
2020. 11. 1.~2020. 11. 30.	30	3,000,000	1,000,000
2020. 12. 1.~2020. 12. 31.	31	3,000,000	1,300,000
합계	92	9,000,000	3,700,000

※ 김 씨의 연간 상여금 총액은 4,000,000원이며 연차수당은 400,000원임

[퇴직금 계산 방법]
- 3개월간 임금총액=3개월간 기본급+3개월간 기타수당
- 상여금 가산액=연간 상여금/4
- 연차수당 가산액=연차수당/4
- 1일 평균임금=(퇴직 전 3개월간 임금총액+상여금 가산액+연차수당 가산액)/퇴직일 이전 3개월간의 총 근무 일수
- 퇴직금=1일 평균임금×30×(재직 일수/365)

① 8,900만 원 ② 8,950만 원 ③ 9,000만 원 ④ 9,050만 원

30. 2월에 물류창고에는 전월로부터 A 물품이 14개, B 물품이 22개, C 물품이 17개가 이월되었고, A 물품은 20개, B 물품은 15개, C 물품은 12개가 출고되었다. 물류창고의 3월 출고량은 2월 출고량보다 A 물품이 30%, B 물품이 20%, C 물품이 25%가 증가하였다. 물류창고 운영 규칙을 근거로 판단할 때, 4월 1일 창고에 남아있는 물품의 총개수는? (단, 4월 1일에 출고된 물품은 없다.)

[물류창고 운영 규칙]
- 매월 1일에 A 물품은 25개, B 물품은 20개, C 물품은 15개가 입고된다.
- 입고된 물품은 입고된 달의 바로 다음 달 말일까지 출고되지 않을 경우 해당 일에 반품한다.
- 각 물품은 물류창고에 입고된 순서대로 주문 수량만큼 출고되어 모두 판매된다.
- 수량이 없는 물품은 해당 월에 더 이상 물류 업무가 진행되지 않는다.

① 108개 ② 113개 ③ 122개 ④ 127개

31. 직급이 사원, 대리, 차장, 부장으로 서로 다른 네 명의 직원은 입사일도 모두 다르다. 제시된 조건을 모두 고려하였을 때, 가장 마지막으로 입사한 직원의 직급은?

- 차장을 제외한 나머지 직원은 모두 외동이다.
- 부장보다 먼저 입사한 직원은 1명이다.
- 가장 먼저 입사한 직원은 외동이 아니다.
- 사원은 세 번째로 입사했다.

① 부장　　　　　　② 차장　　　　　　③ 대리　　　　　　④ 사원

32. 경시대회에 참가한 A, B, C, D는 각자의 성적을 확인하였다. A~D의 진술이 모두 참일 때, 경시대회에서 3등을 한 사람은?

- A: "난 4명 중에서 가장 높은 점수를 받았어."
- B: "내 성적은 3등과 4등의 평균 점수보다 낮아."
- C: "4명의 성적이 모두 다르네."
- D: "난 C보다 점수가 낮아."

① A　　　　　　② B　　　　　　③ C　　　　　　④ D

33. A 발전은 임직원의 청렴도 향상을 도모하기 위해 청렴마일리지 제도를 도입하였다. 다음 적립 기준을 바탕으로 청렴마일리지를 부여할 때, A 발전의 임직원이 받게 될 청렴마일리지에 대한 설명으로 가장 적절하지 않은 것은? (단, 모든 직원은 제시된 활동 외에 다른 활동은 하지 않았다.)

[청렴마일리지 적립 기준]

분야	항목 (항목점수)	세부 내용	점수	비고
임직원 행동 방침	공익신고 (50)	본인이 금품 또는 선물 수령 후 반환 사실 신고	50	연합하여 신고한 경우 대표자 1명만 인정
		임직원의 금품 또는 선물 청탁 사실 신고	40	
		임직원의 금품 또는 선물 수령 사실 신고	35	
청렴 활동	윤리 활동 (30)	언론 홍보(방송, 신문, 인터넷 등)	4/회	
		청렴 행사 참여(캠페인, 워크숍, 회의 등)	3/회	
		청렴 경진 대회 참가	1/회	수상 시 최대 10점 인정
	공익신고 (20)	청탁금지법에 위배되는 상황 신고 (임직원 행동 방침으로 규정한 상황 제외)	20	
	윤리 교육 (15)	인재개발원 청렴 교육 오프라인 수강	10	정규 교육만 인정
		권익위 청렴연수원 교육 온라인 수강	5	
		사내 감사실 청렴 교육 온라인 수강	5	
	사회봉사 (10)	사내·외 사회봉사 참여	1/시간	연간 최대 10시간 인정

※ 항목별 총점수는 항목점수를 초과할 수 없음

① B 대리는 1년 동안 매달 마지막 주 토요일에 1시간씩 사내 어린이 재단에서 사회봉사를 하였으므로 총 10점을 받을 수 있다.

② C 상무는 연구개발 소속의 최 전무가 거래처로부터 1,000만 원 정도의 금품을 받은 것을 신고하였으므로 총 35점을 받을 수 있다.

③ D 인턴은 인재개발원, 권익위 청렴연수원, 사내 감사실에서 주관하는 정규 윤리 교육을 모두 수강하였으므로 총 20점을 받을 수 있다.

④ E 팀장은 청렴 워크숍에 2회 참석하였고 그중 하루는 청렴 경진 대회에 참가하였으나 입상하지 못하였으므로 총 7점을 받을 수 있다.

34. 다음 항공보안법 시행령에 관한 법률을 근거로 판단할 때, 가장 적절하지 않은 것은?

제10조(승객 및 휴대물품의 보안검색방법 등)

① 공항운영자는 법 제15조에 따라 항공기 탑승 전에 모든 승객 및 휴대물품에 대하여 법 제27조에 따라 국토교통부장관이 고시하는 항공보안장비(이하 "검색장비 등"이라 한다)를 사용하여 보안검색을 하여야 한다. 이 경우 승객에 대해서는 문형금속탐지기 또는 원형검색장비를, 휴대물품에 대해서는 엑스선 검색장비를 사용하여 보안검색을 하여야 하며, 폭발물이나 위해물품이 있다고 의심되는 경우에는 폭발물 탐지장비 등 필요한 검색장비 등을 추가하여 보안검색을 하여야 한다.

③ 공항운영자는 다음 각호의 어느 하나에 해당하는 경우에는 승객의 동의를 받아 직접 신체에 대한 검색을 하거나 개봉검색을 하여야 한다. 이 경우 제5호에 해당하는 경우에는 폭발물 흔적탐지장비 등 필요한 검색장비 등을 추가하여 보안검색을 하여야 한다.

1. 검색장비 등이 정상적으로 작동하지 아니하는 경우
2. 검색장비 등의 경보음이 울리는 경우
3. 무기류나 위해(危害)물품을 휴대(携帶)하거나 숨기고 있다고 의심되는 경우
4. 엑스선 검색장비에 의한 검색 결과 그 내용물을 판독할 수 없는 경우
5. 엑스선 검색장비로 보안검색을 할 수 없는 크기의 단일 휴대물품인 경우

④ 공항운영자는 기내에서 휴대가 금지되는 물품이 항공보안에 위해(危害)가 되지 아니하다고 인정되는 경우에는 위탁수하물로 탑재(搭載)를 하게 할 수 있다.

제11조(위탁수하물의 보안검색방법 등)

① 항공운송사업자는 법 제15조에 따라 탑승권을 소지한 승객의 위탁수하물에 대해서만 공항운영자에게 보안검색을 의뢰하여야 한다. 이 경우 항공운송사업자는 공항운영자에게 보안검색을 의뢰하기 전에 그 위탁수하물이 탑승권을 소지한 승객의 소유인지 및 위해물품인지를 확인하여야 한다.

② 공항운영자는 제1항에 따른 위탁수하물에 대하여 항공기 탑재 전에 엑스선 검색장비를 사용하여 보안검색을 하여야 한다.

③ 공항운영자는 다음 각호의 어느 하나에 해당하는 경우에는 항공기 탑재 전에 위탁수하물을 개봉하여 그 내용물을 검색하여야 한다. 이 경우 폭발물이나 위해물품이 있다고 의심되는 경우 또는 제3호의2에 해당하는 경우에는 폭발물 흔적탐지장비 등 필요한 검색장비 등을 추가하여 보안검색을 하여야 한다.

1. 엑스선 검색장비가 정상적으로 작동하지 아니한 경우
2. 무기류 또는 위해물품이 숨겨져 있다고 의심되는 경우
3. 엑스선 검색장비에 의한 검색 결과 그 내용물을 판독할 수 없는 경우

3의2. 엑스선 검색장비로 보안검색을 할 수 없는 크기의 단일 위탁수하물인 경우

4. 제1호부터 제3호까지 및 제3호의2에서 규정한 경우 외에 항공보안에 위협이 증가하는 등 특별한 사유가 발생하는 경우

④ 공항운영자는 보안검색이 끝난 위탁수하물이 보안검색이 완료되지 아니한 위탁수하물과 혼재되지 아니하도록 하여야 한다.

⑤ 항공운송사업자는 보안검색이 끝난 위탁수하물을 항공기에 탑재하기 전까지 보호조치를 하여야 하며, 항공기에 탑재된 위탁수하물이 탑승한 승객의 소유인지를 확인하여 그 소유자가 항공기에 탑승하지 아니한 경우에는 그 위탁수하물을 운송해서는 아니 된다. 다만, 그 위탁수하물에 대한 운송처리를 잘못하여 다른 항공기로 운송하여야 할 경우에는 별도의 보안조치를 한 후에 탑재할 수 있다.

① 세희: 보안검색이 완료되어 항공기에 실은 위탁수하물이더라도 해당 소유자가 개인 사정으로 인해 항공기에 탑승하지 못했다면 운송해서는 안 돼.

② 남우: 공항운영자는 항공보안에 위협이 되지 않는다고 간주하는 물품이라면 기내 휴대가 금지된 물품이더라도 위탁수하물로 항공기에 실을 수 있겠네.

③ 승아: 엑스선 검색장비가 고장 난 경우 폭발 가능성이 있는 가연성 화기가 들어 있는 것으로 추정되는 위탁수하물이 발견되었다면 공항운영자는 수하물을 개봉하여 보안검색을 해야 해.

④ 은정: 공항운영자가 배를 잡은 채로 무언가 숨기는 것 같은 승객을 발견한 경우 위해물품을 휴대하고 있을 가능성이 있으므로 승객의 의사와는 상관없이 직접 신체검색을 진행할 수 있어.

35. 다음 글을 읽고 추론한 내용으로 가장 적절하지 않은 것은?

> 법은 그 효력이 미치는 범위에 따라 사람·장소·사항에 구분 없이 일반적으로 적용되는 일반법과 특정 사람·장소·사항에 적용되는 특별법으로 분류할 수 있다. 또 다른 기준으로는 법에서 다루는 관계와 주체에 따라 공법과 사법으로 나뉘는데, 공법은 국가기관과 개인 간의 관계 또는 국가기관 간의 공적인 관계를 규율하는 법이고, 사법은 개인과 개인 간의 사적인 관계를 규율하는 법이다. 이러한 분류법에 따르면 민법은 인간이 자신의 사회생활을 꾸려가기 위해 지켜야 하는 일반사법에 속한다. 민법은 개인 간의 재산관계 및 가족관계 등을 포괄적으로 규율하지만, 상업적 거래에서의 상법과 노동관계에서의 노동법이 자체적으로 발달하여 민법은 이를 제외한 영역만을 규율하고 있다. 그러나 상업적 거래와 노동관계에서 관련 법의 규정이 없으면 민법에 해당하는 내용으로 간주한다는 점에서 민법은 재산·가족에 대한 기본적인 일반법으로 볼 수 있다. 이때 민법은 사회의 일반적인 사람을 대상으로 하는 법이기 때문에 개인이 반드시 지켜야 한다는 점에서 행위 규범적 성격을 띠고, 동시에 이를 지키지 않을 경우 법원은 해당 내용을 판결할 수 있는 기준으로 민법을 내세운다는 점에서 재판 규범적 성격을 띤다. 나아가, 민법은 권리와 의무의 발생, 변경, 소멸 등 실체적 법률관계를 규정해놓았다는 점에서 실체법에 속하며, 해당 내용이 법원을 비롯한 관련 기관에 의해 실행되기 위해서는 민사소송법과 같은 절차법이 필요하다.

① 개인 간의 관계에 필요한 질서나 제도를 좇아 다스린다는 점에서 민법은 사법으로 구분할 수 있다.

② 특별법을 기준으로 처리된 사건의 경우 관련된 사람과 장소가 한정되어 있을 확률이 높다.

③ 민법이 제정한 실질적인 관계를 법원을 통해 변경하는 과정에서 요구되는 법은 실체법일 가능성이 크다.

④ 노동법에 적용되지 않는 근로기준법 분쟁이 법률적으로 해결되기 위해 민법 절차에 따라 진행될 것이다.

36. 다음 안내문을 근거로 판단한 내용으로 옳은 것은?

[손실보상 선지급 신청 안내]

1. 손실보상 선지급이란?
   – 손실보상금이 긴급히 필요한 소상공인에게 손실보상금이 적시에 전달될 수 있도록 일정 금액을 우선 지급하고 추후 확정되는 손실보상금에서 차감하는 새로운 손실보상 방식

2. 지원 대상
   – 2021년 3분기 신속보상 대상자 69만 개 사 중 영업시간 제한 조치(2021. 12. 06.~2022. 01. 16.)를 받은 소상공인·소기업 55만 개 사
   ※ 1) 손실보상 선지급 신청이 가능한 대상자에게는 개별적으로 문자가 발송될 예정
      2) 55만 개 사 이외에 ① 신규 손실보상 대상 '시설 인원 제한 업체' ② 2022년 01월 영업시간 제한 이행으로 손실보상 대상에 추가 확인되는 업체는 2월 말 2022년 1분기 선지급금 250만 원 추가 신청 가능

3. 신청 안내
   1) 신청 기간: 2022. 01. 19.(수)~2022. 02. 04.(금)
   2) 5부제 일자별 신청 대상

구분	01. 19.(수)	01. 20.(목)	01. 21.(금)	01. 22.(토)	01. 23.(일)	01. 24.(월)~02. 04.(금)
출생연도 끝자리	9, 4	0, 5	1, 6	2, 7	3, 8	출생연도에 관계없이 신청 가능

   3) 신청 방법: 소상공인 정책자금 누리집 사이트 내 신청

4. 손실보상 선지급금 지급 안내
   – 신용점수·보증한도·세금체납·금융연체 등에 대한 심사 없이 손실보상 대상 여부만 확인되면 신청 후 3영업일 이내에 신속하게 지급
   ※ 단, 1월 26일(수)에 신청한 경우 설 연휴 전인 1월 28일(금)까지 지급될 예정

5. 문의사항
   – 추가 문의는 손실보상 콜센터(☎ 1533-0000) 또는 중소기업 통합콜센터(☎ 0000)로 전화 문의

---

① 출생연도 끝자리가 9인 사람이 1월 19일에 손실보상 선지급금 신청에 실패했다면 그다음 주 수요일에 신청해야 한다.

② 2022년 1월 26일에 손실보상 선지급 신청 대상자가 신청을 완료했다면 설 연휴가 끝나야 관련 비용을 지급받게 된다.

③ 손실보상 선지급 신청 대상자에 해당되는 사람은 개별로 문자를 받을 것이다.

④ 손실보상 선지급 신청과 관련한 문의는 손실보상 콜센터를 통한 전화 문의만 가능하다.

37. 다음 글을 근거로 판단한 내용으로 옳지 않은 것은?

국토교통부와 한국교통안전공단은 1월 10일 이용 편의성과 자동차 정보 접근성 향상을 위해 자동차 365 서비스를 전면 개편하고 오는 12일부터 서비스한다고 밝혔다. 주요 개선사항으로는 본인 인증 수단을 기존 공동인증서와 휴대폰 문자 인증에서 7개 인증 수단으로 늘렸다. 또 자동차 조회 때 1회 인증으로 모든 조회가 가능하도록 본인 인증 관련 편의를 높였다. 본인·중고차 자동차 이력 조회 때 항목별로 이용수수료를 납부해야 했으나 무료로 제공하며, 기존 신용카드와 휴대폰 결제만 가능하였던 것을 5개 결제 수단으로 확대했다. 본인 소유 자동차를 등록해두면 해당 자동차에 대한 예상 연세액, 주행거리, 리콜 정보, 제원 정보, 검사·정비 이력 정보 등을 마이 페이지에서 모두 확인할 수 있다.

아울러, 대표소유자 외 공동소유자도 소유 자동차에 대해 정보 확인이 가능해지면서 자동차 소유자의 재산권 보호·관리가 더욱 용이해지고 대포차 양산을 방지하는 데에도 기여할 것으로 예상된다. 이와 함께, 중고차 매매 사기 피해를 예방하기 위해 중고차 정보를 한 페이지에서 확인할 수 있도록 '매매용 차량 신속 조회 서비스' 코너를 마련했다. '매매용 차량 신속 조회 서비스'에서는 자동차등록번호만 입력하면 하나의 페이지에서 실매물 여부, 중고차 매매 평균 금액, 이력 정보 등을 모두 확인할 수 있어 중고차 정보를 보다 쉽고 편리하게 이용할 수 있게 됐다. 한편, 이번 개편 서비스와 발맞춰 1월 12일부터 2주 동안 이벤트도 실시한다. 자동차 365 서비스 회원가입 후 개선사항에 대해 자유롭게 댓글을 작성하면, 추첨을 통해 당첨자 200명에게 기프티콘을 증정한다. 당첨자는 오는 28일 자동차 365 누리집을 통해 발표할 예정이다.

김○○ 국토교통부 자동차정책관은 "이번에 개선된 자동차 365 서비스는 자동차 정보에 대한 접근성을 높이고 이용자 관점에서 이용 편의성을 높이는 데 중점을 두어 개선했다"고 설명했다. 이어 "매매용 자동차에 대해 정비 등의 이력 조회 서비스 수수료를 무료로 제공하는 것으로 전환함에 따라 중고차 사기 피해 예방 등에도 기여할 것으로 예상된다"고 밝혔다.

※ 출처: 국토교통부(2022-01-10 보도자료)

① 개편된 자동차 365 서비스의 마이 페이지에서 자신의 자동차에 대한 주행거리, 리콜 정보를 확인하고자 한다면 본인 소유 자동차를 등록해두면 된다.

② 개편된 자동차 365 서비스에서 매매용 자동차에 대한 정비 이력 조회 서비스를 이용할 경우 별도의 수수료를 납부해야 한다.

③ 개편된 자동차 365 서비스에서 시행하는 이벤트의 당첨자로는 총 200명이 선정될 예정이다.

④ 개편된 자동차 365 서비스를 활용해 자동차 조회를 할 경우 본인 인증은 1회만 하면 된다.

[38~39] 다음 안내문을 읽고 각 물음에 답하시오.

[설날 한정판 티 세트 판매 안내]

1. 판매 안내

1) 판매 기간: 20XX. 01. 10.(월)~20XX. 01. 28.(금)

2) 주문 방법: S 쇼핑몰 홈페이지(http://sshopping.co.kr) 온라인 주문 후 가상계좌로 대금 이체하여 결제

2. 티 세트 판매 정보

구분	상품 구성	세트당 판매 가격
A 세트	티백 5개입 박스 6개	25,500원
B 세트	티백 5개입 박스 4개 + 다과 1박스	27,000원
C 세트	티백 5개입 박스 3개	13,500원
D 세트	티백 5개입 박스 4개	17,000원
E 세트	티백 10개입 박스 1개 + 다과 1박스	20,000원

※ 1) 모든 상품의 배송비는 무료이나 보자기 포장 추가 시 개당 5,000원의 가격이 추가됨

   2) 대량 구매 할인은 단일 상품에 대해 10세트 이상 구매 시 전체 결제 금액의 10% 할인이 적용됨

3. 유의사항

– 구매 후 배송은 최대 7일까지 소요될 수 있습니다. (단, 주말 제외 영업일 기준)

– 대량 구매에 따른 할인 외 별도의 할인은 추가 적용되지 않습니다.

– 이벤트 관련 문의사항은 쇼핑몰 홈페이지 내 1:1 문의 게시판에 남겨 주시기 바랍니다.

---

38. 위의 안내문을 근거로 판단한 내용으로 옳은 것은?

① 설날 한정판 티 세트를 구매하고자 한다면 S 쇼핑몰 홈페이지 또는 오프라인 매장을 이용해야 한다.

② S 쇼핑몰에서 사용 가능한 할인 쿠폰을 소지하고 있다면 설날 한정판 티 세트 구매 시 적용할 수 있다.

③ 보자기 포장을 추가하지 않고 B 세트를 15개 구매했다면 총 결제 금액은 364,500원이다.

④ 20XX년 1월 28일에 티 세트를 구매했다면 늦어도 그 주 다음 주 금요일에는 구매 상품을 받을 수 있다.

39. ○○기업에서 근무하는 김 사원은 설날을 맞이하여 상사인 유 부장의 지시에 따라 거래처에 티 세트를 선물하고자 한다. S 쇼핑몰에서 판매하는 티 세트 판매 안내문과 유 부장의 지시사항을 근거로 판단할 때, 김 사원이 구매할 티 세트의 총금액은? (단, 안내문과 유 부장의 지시사항에서 제시되지 않은 내용은 고려하지 않는다.)

> 유 부장: 김 사원, 이번에 주요 거래처에 전달할 설 선물로 S 쇼핑몰에서 판매하는 티 세트를 구매하고자 합니다. 甲 상사의 경우 사장님께 전달할 가장 비싼 티 세트 1개만 주문해 주세요. 乙 상사에는 유관 팀에 전달할 티 세트 5개와 사장님께 전달할 티 세트 1개가 필요한데, 유관 팀에 전달할 티 세트는 구성 상품으로 개별 티백이 20개 이상씩 들어 있으면서 가장 저렴한 상품으로 주문하되 사장님께 전달할 티 세트는 다과가 포함되어 있으면서 25,000원을 넘지 않는 세트로 선정해 주문해 주세요. 丙 상사의 경우 최근에 거래가 뜸한 편이므로 상품 구성에 관계없이 가장 저렴한 티 세트로 5개 주문해 주세요. 아! 사장님들께 선물하는 티 세트는 보자기 포장될 수 있도록 옵션을 추가해 주세요.

① 209,500원　　　　② 229,500원　　　　③ 239,500원　　　　④ 249,500원

40. 다영이네 가족은 올 한 해 동안 놀이공원을 최소 비용으로 이용하기 위해 연간 이용권 구매 여부를 결정하려고 한다. 1년 동안 놀이공원 이용권으로 발생하는 총비용이 1일 이용권으로 구매했을 때보다 연간 이용권을 구매했을 때 더 적게 발생하기 위해 다영이네 가족이 올 한 해 동안 놀이공원을 이용해야 하는 최소 횟수는?

[놀이공원 이용 가격표]

구분	해당 나이	1일 이용권 가격	연간 이용권 가격
시니어	만 65세 이상	어린이 요금 적용	170,000원
어른	만 19세 이상~만 64세	56,000원	220,000원
청소년	만 13세 이상~만 18세	50,000원	220,000원
어린이	36개월 이상~만 12세	46,000원	185,000원
베이비	36개월 미만	무료	110,000원

[다영이네 가족 만 나이]

구분	할아버지	할머니	아버지	어머니	다영이	동생
만 나이	68세	64세	41세	43세	15세	12세

- 연간 이용권을 가족 구성원의 일부만 구매하는 경우는 없다.
- 1일 이용권 구매 시 아버지는 통신사 할인으로 본인 포함 최대 2명까지 15% 할인을 받을 수 있다.
- 할아버지는 국가유공자로 1일 이용권 구매 시 10,000원, 연간 이용권 구매 시 50,000원을 할인받는다.

① 2회　　　　　② 3회　　　　　③ 4회　　　　　④ 5회

41. 다음 중 컴퓨터 악성코드에 대한 설명으로 가장 적절하지 않은 것은?

① 웜: 네트워크를 통해 스스로 복제 및 전파가 가능하고, 네트워크로 연결된 컴퓨터에 자가 증식함으로써 시스템 과부하를 일으키거나 저장된 데이터를 파괴한다.

② 스파이웨어: 주로 첨부파일이나 웹페이지 접속을 통해 퍼지며, 컴퓨터에 저장된 모든 데이터를 암호화하여 사용 불가능한 상태로 만든 후 돈을 요구한다.

③ 트로이목마: 대체로 다운로드 파일을 통해 전파되며, 정상적인 기능을 하는 프로그램으로 위장하여 사용자 정보 유출 또는 해커의 침입 경로 제공 문제를 일으킨다.

④ 예루살렘 바이러스: 통신망을 통해 바이러스에 걸린 파일을 복사하는 과정에서 감염되고, 감염된 컴퓨터에 잠복해 있다가 실행 파일을 파괴하거나 삭제한다.

42. A 공단 회계부에서 근무하는 귀하는 각 부서의 상여금 지급 여부를 결정하기 위해 부서별 총매출액을 계산하고 있다. 영업 1부의 총매출액을 구하고자 할 때, 귀하가 [F2] 셀에 입력할 함수식으로 가장 적절한 것은?

	A	B	C	D	E	F	G
1	성명	부서명	매출액(원)		소속	총매출액	평균 매출액
2	강명수	영업 1부	16,610,000		영업 1부		
3	김은성	영업 3부	25,302,000				
4	유명희	영업 2부	17,160,000				
5	이철우	영업 1부	18,624,000				
6	이정숙	영업 2부	16,015,000				
7	유재근	영업 2부	21,351,000				
8	허수경	영업 3부	13,462,000				
9	강은지	영업 1부	15,432,000				
10	고성경	영업 2부	21,351,000				
11							

① = DSUM(A1:C10, "영업 1부", C2:C10)

② = SUM(B1:B10, "영업 1부", C1:C10)

③ = SUMIF(B2:B10, E2, C2:C10)

④ = SUMIFS(A1:C10, E2, C1:C10)

43. 다음 글에서 설명하는 해킹 수법으로 가장 적절한 것은?

> 고성능 컴퓨터를 이용하여 한 사이트에 초당 1기가비트에 이르는 엄청난 양의 접속 신호를 집중적으로 보내 상대 컴퓨터의 서버를 접속 불능 상태로 만드는 해킹 수법으로, ICMP(Internet Control Message Protocol) 패킷의 발신지를 사용자 컴퓨터의 주소인 것처럼 위장해 다른 호스트에게 보내기 때문에 범인을 특정하기 어렵게 만든다.

① 피싱   ② 파밍   ③ 스푸핑   ④ 스머핑

44. 다음 중 IT 용어에 대한 설명으로 가장 적절하지 않은 것은?

① 디버깅(Debugging): 새로 만든 컴퓨터 프로그램의 잘못을 찾아내고 고치는 과정으로, 프로그램 순서도를 살피는 검사, 컴파일러를 사용한 검사, 실제 데이터를 사용한 검사의 세 단계로 이루어진다.

② 프로토콜(Protocol): 컴퓨터와 컴퓨터 사이에서 데이터를 원활히 주고받기 위하여 약속한 여러 가지 규약으로, 여기에는 신호 송신의 순서, 데이터의 표현법, 오류 검출법 등이 있다.

③ 컴파일(Compile): 고급 언어로 작성된 프로그램을 컴퓨터 등의 기계가 이해할 수 있는 언어로 번역하는 것으로, 이를 처리하는 프로그램을 어셈블러라고 한다.

④ 쿠키(Cookie): 인터넷 웹 사이트의 방문 기록을 남겨 사용자와 웹 사이트 사이를 매개해 주는 정보로, 사용자가 본 내용, 상품 구매 내역, IP 주소 등의 정보를 담고 있는 일종의 정보 파일이다.

45. 다음 글에서 설명하는 장치로 가장 적절한 것은?

> • 수정이 가능한 읽기 전용 메모리 내에 전체 혹은 부분의 내용을 지우고, 다른 내용을 저장할 수 있는 메모리 장치이다.
> • 컴퓨터 전원이 갑자기 차단되어도 저장된 정보가 지워지지 않는 비휘발성 장치로, 속도가 빠르고 전력 소모가 적다.
> • 내부 방식에 따라 크게 저장 용량이 큰 낸드(NAND)형과 처리 속도가 빠른 노어(NOR)형 2가지로 분류된다.
> • 소형화가 가능해 휴대가 간편하고, 백업 전원이 불필요하며 충격에 강하다.

① 램   ② 플래시 메모리   ③ 캐시 메모리   ④ 하드 디스크 드라이브

46. A 기업의 인사팀 소속인 김 팀장은 신입사원 선발을 앞두고 진행된 필기시험에서의 지원자별 점수를 정리하고 있다. 다음 엑셀 시트에서 의사소통능력 점수가 70점 이상이면서 문제해결능력 점수가 80점 이상인 지원자 수를 먼저 구하고자 할 때, 김 팀장이 [E13] 셀에 입력할 함수식으로 가장 적절한 것은?

	A	B	C	D	E
1					(단위: 점)
2	구분	의사소통능력	수리능력	문제해결능력	자원관리능력
3	김경수	76	92	80	52
4	박미혜	88	92	84	64
5	윤두현	64	76	80	92
6	경수미	52	72	72	88
7	이현도	68	64	88	76
8	백수진	72	56	72	56
9	성시연	76	92	76	64
10	한혜윤	84	64	92	56
11	최세현	56	76	88	88
12					
13	의사소통능력 점수가 70점 이상이면서 문제해결능력 점수가 80점 이상인 지원자 수				
14					

① = COUNT(B3:B11, D3:D11, ">=70", ">=80")

② = COUNTIF(B2:B11, D2:D11, ">=70", ">=80")

③ = COUNTIFS(B3:B11, ">=70", D3:D11, ">=80")

④ = COUNTIFS(B2:B11, ">=70", D2:D11, "<=80")

47. ○○기업에서는 전 사원의 올 한 해 실적 평가 점수를 정리하여 부서별 소속 사원들의 평균 점수가 가장 높은 부서에 성과금을 지급하고자 한다. 다음 엑셀 시트에서 생산부 소속 사원들의 실적 평가 평균 점수를 구하고자 할 때, [D20] 셀에 입력할 함수식으로 가장 적절한 것은?

	A	B	C	D
1	사원 번호	소속 부서	직급	실적 평가 점수
2	18426	인사부	사원	98
3	25643	생산부	부장	84
4	15032	회계부	과장	79
5	25551	생산부	사원	76
6	23009	법무부	사원	92
7	17239	개발부	차장	84
8	18489	인사부	사원	88
9	22036	기획부	차장	72
10	25058	생산부	대리	85
11	18123	인사부	대리	92
12	17098	개발부	과장	86
13	15632	회계부	사원	91
14	17984	개발부	부장	82
15	22706	기획부	과장	96
16	23009	법무부	대리	94
17	22650	기획부	사원	87
18	25003	생산부	사원	76
19				
20	생산부 소속 사원 실적 평가 평균 점수			

① = AVERAGE(D2:D18)

② = AVERAGEIF(D2:D18, "생산부", B2:B18)

③ = AVERAGEIF(B2:B18, "생산부", D2:D18)

④ = AVERAGEIFS(D2:D18, "생산부", B2:B18)

48. 다음 지문의 RFID와 NFC에 대한 설명으로 가장 적절하지 않은 것은?

> 무선 주파수 인식 기술에는 이 기술의 가장 포괄적인 개념을 내포하는 RFID와 NFC 등 다양하게 존재한다. RFID는 무선 주파수를 통해 물체나 사람을 식별하는 인식 시스템으로, 바코드와 비슷한 역할을 한다. 이때 바코드가 빛을 통해 제품의 정보를 인식한다면 RFID는 전파를 이용하기 때문에 물체와의 직접적인 접촉 없이 물체가 먼 거리에 있더라도 정보를 인식할 수 있을 뿐만 아니라 빠른 속도로 움직이는 물체를 식별하는 것도 가능하다. 또한, 시간 및 장소에 구애받지 않고 정보에 대한 확인과 추적이 자동으로 진행되며, RFID 태그에 메모리 내장 기능이 있어 정보 갱신 및 수정이 가능해 활용도가 높다. 이로 인해 RFID는 대량의 물품을 관리하는 유통이나 물류, 운송 분야에서 제품의 이동과 반출, 반입, 재고 현황 파악에 매우 유용하게 사용되고 있다.
>
> 이러한 RFID는 고유의 정보를 담아 정보를 제공하는 RFID 태그, 데이터를 송신 및 수신하는 데 필요한 안테나, 태그의 정보를 판독 및 해독하는 기능의 판독기, 분산된 판독기 시스템을 관리하는 호스트로 구성되어 있는데, 여기서 RFID 태그는 정보를 기록하는 IC 칩과 판독기에 데이터를 송신하는 안테나가 내장되어 있다. RFID 태그와 판독기가 안테나를 통해 데이터를 송신 및 수신하고, 전달받은 데이터는 호스트에서 관리하게 된다. 예를 들어 하이패스 단말기의 경우 차량에 내장된 RFID 태그와 톨게이트 상단에 부착된 판독기를 통해 데이터를 주고받는다. RFID 태그가 부착된 차량이 톨게이트에 진입하게 되면 안테나를 통해 판독기가 차량의 하이패스, 즉 RFID 태그로 무선 주파수를 전송한다. 하이패스 단말기는 이 무선 주파수에 반응해 차량의 운행 정보가 저장된 데이터를 다시 안테나로 보내고, 안테나는 전송받은 데이터를 디지털 신호로 바꾼 후 판독기로 전달하며, 판독기는 수신한 데이터를 해독해 호스트 컴퓨터로 전달하는 방식이 적용되었다.
>
> 한편, NFC는 전자기유도 현상을 활용한 근거리 무선 통신으로, 작동 원리 면에서 보면 RFID와 유사하지만, 두 기술은 활용도 면에서 큰 차이를 보인다. 그중 가장 큰 차이는 연결 범위로, NFC는 주파수가 13.56MHz로 고정되어 있어 약 10cm 이내의 비교적 짧은 거리로 무선 통신을 하기 위한 기술이나, RFID는 사용 주파수와 통신 방식에 따라 최대 100m까지도 가능하다는 점에서 RFID는 NFC에 비해 원거리 통신이 가능하다는 장점이 있다. 또한, RFID는 판독기와 태그가 따로 구성되어 있어 단방향 통신을 하는 반면 NFC는 상황에 따라 자체적으로 태그와 판독기의 역할을 변경해 양방향 통신을 할 수 있기 때문에 별도의 판독기가 필요하지 않다는 점에서 차이가 나타난다. 모바일 기기 등의 개인 단말기에 주로 사용되는 NFC는 암호화가 가능하여 보안성이 높다는 장점이 있으며, RFID는 장거리 통신이 가능하기 때문에 개인뿐 아니라 물류 등 각종 산업에서 활발하게 이용되고 있다.

① 주로 개인용 단말기에서 사용되는 NFC는 암호화가 가능하기 때문에 보안성 면에서 뛰어나다.

② 특정 주파수로 고정되어 있어 RFID에 비해 짧은 거리의 무선 통신이 가능한 NFC는 판독기와 태그가 분리되어 있어 단방향 통신이 가능하다.

③ 하이패스 시스템에서 안테나는 전달받은 차량의 운행 정보를 판독기에 전달하기 전에 디지털 신호로 변환한다.

④ RFID가 물체와 직접적인 접촉이 없더라도 해당 물체의 정보를 확인할 수 있는 것은 전파를 통해 정보를 인식하기 때문이다.

49. 다음 지문의 다중 접속 기술에 대한 설명으로 가장 적절하지 않은 것은?

> 다중 접속 기술이란 이동통신과 같은 통신에서 여러 사용자와 하나의 기지국 간의 제한된 전송로 매체를 분할하여 사용하는 방법을 말한다. 이동통신에서 이용되는 주파수는 한정적인 자원이기 때문에 제한된 분량의 주파수를 다수가 효율적으로 공유할 수 있도록 해주는 다중 접속이 필수적이다. 다중 접속 기술은 크게 주파수 분할 다중 접속(FDMA), 시간 분할 다중 접속(TDMA), 코드 분할 다중 접속(CDMA), 직교 주파수 분할 다중 접속(OFMDA)으로 구분된다.
>
> 먼저 주파수 분할 다중 접속은 접속하고자 하는 다수의 사용자 각각에게 서로 다른 주파수를 부여하는 방식으로, 지구국 안테나뿐 아니라 증폭 및 변조 장치가 간단하며 송신기와 수신기에서 동일한 주사선 주파수의 확립이 복잡하지 않다는 장점이 있다. 그러나 하나의 중계기로 다수의 전파를 함께 증폭하는 데에 따른 혼변조 방해를 줄이기 위해서는 중계기를 선형 영역에서 동작시켜야 한다. 이에 따라 하나의 중계기로 가능한 전송 용량이 적고, 회선 이용 효율이 낮으며, 다양한 속도의 디지털 신호 전송과의 친화력이 부족하다는 단점이 있다.
>
> 다음으로 시간 분할 다중 접속은 같은 주파수대를 시간적으로 분할하여 신호가 겹치지 않도록 하는 방식이다. 중계기가 하나인 시간 분할 다중 접속에서는 중계기가 증폭하는 반송파 또한 하나뿐이기 때문에 혼변조의 문제가 발생하지 않아 중계기의 송신 전력을 100% 사용할 수 있으며 다양한 속도의 디지털 신호 전송이 용이하다는 장점이 있다. 게다가 접속국 수가 증가하더라도 중계기 입력 차단이 필요하지 않을 뿐 아니라 주파수 이용 효율을 높일 수 있으며 운용상의 유연성이 있다는 장점이 있으나, 전송 용량이 비교적 떨어진다는 단점이 있다.
>
> 코드 분할 다중 접속은 대역 확산 통신 기술을 이동통신에 적용한 것으로, 전송하고자 하는 신호의 주파수 대역을 본래의 주파수 대역보다 더 넓은 대역으로 확산시켜 전송한다. 쉽게 말해 동일한 공간에 모인 사람들이 모두 동시에 소통을 하되 서로 상이한 언어로 소통하게끔 하는 것이다. 이렇게 하면 동시에 소통할 수 있는 사람의 수를 크게 늘릴 수 있어 주파수 분할 다중 접속과 비교했을 때 약 11배 정도의 용량 증가 효과가 있다. 또한, 통화자가 한 기지국의 서비스 영역을 넘어 다른 기지국 영역으로 들어갈 때 코드 분할 다중 접속에서는 새로운 기지국과 먼저 연결시킨 뒤 기존 기지국과의 연결을 끊기 때문에 통화 품질이 좋고, 통화 절단율도 크게 줄어든다는 장점이 있다.
>
> 마지막으로 직교 주파수 분할 다중 접속은 다수의 사용자가 이동통신 서비스를 동시에 제공받을 수 있도록 만든 방식이다. 이는 시간 영역과 주파수 영역의 2차원 자원을 구성하는데, 여기서 구성된 시간 영역과 주파수 영역의 2차원 전체 자원을 다수의 직교 주파수 분할 다중화 심벌과 다수의 부운반파를 합한 단위인 자원 블록으로 나눈다. 이때 나뉜 자원 블록이 최소 자원 단위가 되며, 이 자원 블록들을 다수의 단말기에 할당하여 다수의 단말기가 기지국과 동시에 데이터를 송수신할 수 있도록 한다. 직교 주파수 분할 다중 접속은 주파수 자원이 연속되지 않더라도 하나의 단말기에 할당할 수 있기 때문에 각 단말기의 채널 상태에 따라 주파수와 시간 자원을 할당하여 시스템의 성능을 향상시킬 수 있다.

① 시간 분할 다중 접속 방식이 혼변조의 문제를 유발하지 않는 이유는 중계기와 중계기가 증폭하는 반송파 모두 하나뿐이기 때문이다.

② 직교 주파수 분할 다중 접속 방식에서는 연속되지 않은 주파수 자원을 하나의 단말기에 할당할 수 있다.

③ 중계기를 선형 영역에서 동작시키면 여러 전파를 동시에 증폭할 때 발생할 수 있는 혼변조 방해를 경감시킬 수 있다.

④ 코드 분할 다중 접속은 통화자가 다른 기지국 영역으로 넘어가기 전 기존 기지국과의 연결을 미리 차단한 뒤 새로운 기지국과 연결시킨다.

50. 다음 지문의 정보화가 이루어진 미래 사회에 대한 설명으로 가장 적절하지 않은 것은?

> 정보화 사회란 정보가 사회의 중심이 되는 사회로서, 컴퓨터 및 정보통신 기술을 통해 사회 각 분야에서 요구하는 가치 있는 정보를 만들어 내고 더 나은 삶을 영위할 수 있도록 발전시키는 사회를 의미한다. 정보화 사회는 정보통신 기술의 발전과 관련 소프트웨어의 개발을 바탕으로 네트워크화가 이루어짐으로써 전 세계를 하나의 공간으로 통합하는 수평적 네트워크 의사소통이 가능하다. 또한, 정보화 사회는 상품의 정보, 서비스, 지식의 생산으로 경제 활동의 중심이 이동하면서 지식정보 관련 산업이 높은 부가가치를 얻게 된다. 따라서 정보화 사회는 정보가 물질적인 것 그 이상의 중요 자원으로 여겨지는 사회이므로 사회 전체가 정보의 가치를 창출하는 것을 중심으로 움직인다. 그러므로 정보화 사회에서 정보의 사회적 중요성이 높아짐에 따라 개인생활의 차원을 넘어 거의 모든 분야의 사회생활에서 정보의 의존성이 커지는 것은 필연적인 일이다.
>
> 한편 정보화가 달성된 미래 사회에서는 지식 또는 정보가 전체 부가 가치 창출 요인의 4분의 3을 차지하게 될 것이다. 특히 미래에는 IT 산업을 비롯하여 생명공학, 나노공학, 환경공학, 문화산업, 우주항공 기술이 미래를 이끌어갈 것으로 전망된다. 이에 따라 미래 사회에서는 종전의 3대 생산 요소인 토지, 노동, 자본보다 새로운 지식·기술을 개발하고 활용하며 공유, 저장할 수 있는 능력이 더 높은 가치를 얻게 될 것으로 보인다. 그뿐만 아니라 국가의 경계가 무너지고 모든 세계가 하나의 시장으로 통합될 것으로 예상되는데, 이때 세계 시장에는 현물 외에도 국가 간 노동, 자본, 기술과 같은 생산 요소와 서비스의 교류도 포함한다. 대표적인 사례로는 WTO, FTA에 의한 무역 개방화는 물론이거니와 가상은행, 사이버 대학교, 다국적 기업의 국내 설치 등을 들 수 있다. 또한 지식, 그중에서도 과학적 지식이 높은 속도로 증가할 것으로 예측된다. 일각에서는 2050년에 도달하면 지식의 증가 속도가 더욱 빨라져 현재 지식의 1%만 사용할 수 있게 될 것이라고 주장하기도 한다.
>
> 이와 같이 전망되는 정보화 사회에서는 정보 검색, 정보 관리, 정보 전파를 필수적으로 해야 한다. 인터넷에는 수많은 정보가 있으며, 그 속에서 내가 원하는 정보를 찾는 것은 생각보다 쉽지 않은 일이다. 요즘은 포털 사이트 외에도 유튜브 등 정보를 얻을 수 있는 플랫폼이 매우 다양화되어 있기 때문에 정보를 얻기 위해 반드시 정보 검색 단계를 거쳐야 한다. 하지만 어렵게 찾은 정보를 머릿속에서만 기억할 경우 컴퓨터를 끄면 정보를 잊어버릴 가능성이 크다. 따라서 검색한 내용을 파일로 만들어 저장하거나 언제든지 다시 볼 수 있도록 출력하여 정보를 관리해야 하며, 정보 관리를 못 하는 사람은 정보를 전파하기도 어렵다는 점을 유념해야 한다.

① 정보의 검색·관리·전파가 필수적인 요소로 자리 잡는다.

② 지식 중에서도 과학과 관련된 지식이 폭발적으로 증가한다.

③ 실물 상품, 서비스, 생산 요소 등이 하나의 세계 시장으로 통합된다.

④ 기존의 3대 생산 요소의 부가 가치가 더욱 극대화된다.

약점 보완 해설집 p.29

해커스공기업

성명

실전모의고사 3회 피듈형

수험번호

	①	②	③	④	⑤	⑥	⑦	⑧	⑨	⓪

응시분야

감독관 확인

1	①	②	③	④
2	①	②	③	④
3	①	②	③	④
4	①	②	③	④
5	①	②	③	④
6	①	②	③	④
7	①	②	③	④
8	①	②	③	④
9	①	②	③	④
10	①	②	③	④
11	①	②	③	④
12	①	②	③	④
13	①	②	③	④
14	①	②	③	④
15	①	②	③	④
16	①	②	③	④
17	①	②	③	④
18	①	②	③	④
19	①	②	③	④
20	①	②	③	④

21	①	②	③	④
22	①	②	③	④
23	①	②	③	④
24	①	②	③	④
25	①	②	③	④
26	①	②	③	④
27	①	②	③	④
28	①	②	③	④
29	①	②	③	④
30	①	②	③	④
31	①	②	③	④
32	①	②	③	④
33	①	②	③	④
34	①	②	③	④
35	①	②	③	④
36	①	②	③	④
37	①	②	③	④
38	①	②	③	④
39	①	②	③	④
40	①	②	③	④

41	①	②	③	④
42	①	②	③	④
43	①	②	③	④
44	①	②	③	④
45	①	②	③	④
46	①	②	③	④
47	①	②	③	④
48	①	②	③	④
49	①	②	③	④
50	①	②	③	④

해커스

한국수력원자력 & 5대 발전회사

NCS+한국사/전공

통합 봉투모의고사

실전모의고사
4회

피듈형

해커스공기업

수험번호	
성명	

실전모의고사
4회
(피듈형)

시작과 종료 시각을 정한 후, 실전처럼 모의고사를 풀어보세요.

시   분 ~   시   분 (총 70문항/70분)

□ **시험 유의사항**

[1] 한국수력원자력&5대발전회사의 필기시험은 기업마다 상이하며, 기업별 시험 구성은 다음과 같습니다.

- 한국수력원자력: NCS 직업기초능력 50문항+직무수행능력(전공) 25문항+한국사 및 회사상식 5문항
- 한국중부발전: NCS 직업기초능력 80문항+직무지식(한국사 10문항, 전공 50문항, 수행능력 10문항) 70문항
- 한국남동발전: NCS 직업기초능력 30문항+직무수행능력(전공) 50문항
- 한국남부발전: NCS 직업기초능력 70문항+직무수행능력(전공) 50문항
- 한국동서발전: NCS 직업기초능력 50문항+직무수행능력(전공) 40문항+한국사 10문항
- 한국서부발전: NCS 직업기초능력 50문항+직무수행능력(전공) 50문항+한국사 10문항

[2] 본 실전모의고사는 PSAT형 문제와 모듈형 문제가 혼합된 피듈형 시험에 대비할 수 있도록 의사소통, 수리, 문제해결 직업윤리 영역 총 70문항으로 구성되어 있습니다.

[3] 본 실전모의고사 마지막 페이지에 있는 OMR 답안지와 해커스ONE 애플리케이션의 학습타이머를 이용하여 실전처럼 모의고사를 풀어보시기 바랍니다.

01. 다음 ⊙~② 중 요청 사항에 따라 바르게 수정되지 않은 것은?

○○사회복지기관

수 신 내부결재
(경유) ⊙ 없음
제 목 ○○사회복지기관 시설개선 공사 설계용역의 전자 계약 체결

---

1. ⓒ 관련:○○사회복지기관-(20XX. 6. 5.)「○○사회복지기관 시설개선 공사 설계용역의 계약상대자 결정」
2. ○○사회복지기관 시설개선 공사 설계용역의 계약상대자와「지방계약법」제14조 및「지방계약법 시행규칙」제47조에 따라 다음과 같이 전자 계약을 체결하였습니다.

- 다 음 -

건 명	○○사회복지기관 시설개선 공사 설계용역
계약일자	20XX. 6. 5.
계약금액	ⓒ 금 35,000,000원
계약보증	지급각서
용역기간	20XX. 7. 15.~20XX. 8. 22.
설계도서 납품기한	20XX. 8. 22.
계약업체명	△△건설
계약업체 대표 연락처	02-123-1234

붙임 1. 용역계약서 1부.
　　 2. 계약서 구비서류 각 1부.

② 끝.

1/7

담당자　　　　　　　기관장
협조자
시행 ○○사회복지기관　　　　　　　　접수
우 01234 ☆☆시 ◇◇구 ◇◇로 123번길, ○○사회복지기관 / http://www.socialwelfare.co.kr
전화 043-111-1111 전송 043-111-1112 / Socialwelfare123@email.com 　 / 공개

[요청 사항]

- 쌍점(:)은 앞말에 붙여 쓰고 뒷말과는 띄어 쓰고, 물결표(~)는 앞말과 뒷말에 붙여 써야 합니다.
- 경유기관이 없는 경우 아무것도 적지 않고 빈칸으로 두어야 합니다.
- 본문 내용의 마지막 글자에서 한 글자(2타) 띄우고 '끝' 표시를 하되, 첨부물이 있을 경우 붙임 표시문 다음에 한 글자(2타) 띄우고 표시해야 합니다.
- 금액을 표시할 때에는 아라비아 숫자로 쓰되, 숫자 다음에 괄호를 하고 한글로 기재해야 합니다.

---

① ㉠ – '없음' 삭제

② ㉡ – 관련: ○○사회복지기관-(20XX. 6. 5.)

③ ㉢ – 금 35,000,000원(3천 5백만 원)

④ ㉣ – 2. 계약서 구비서류 각 1부. 끝.

02. 다음 ㉠~㉣을 바르게 고쳐 쓴다고 할 때 가장 적절한 것은?

- 김 대리는 무슨 잘못을 저질렀는지 사장과 눈길을 ㉠ (부딪치기 → 부딪히기)를 꺼리고 있다.
- 곧 돌아온다며 집을 나선 삼촌이 연락도 없이 ㉡ (며칠 → 몇 일) 동안 돌아오지 않아 가족들은 애를 태웠다.
- 신입사원 합격자를 발표하는 날이 하루 앞으로 다가와 불합격에 대한 불안감이 나의 ㉢ (뱃속 → 배 속)에서 꿈틀거렸다.
- 요즘 들어 형의 행동이 눈에 ㉣ (띠게 → 띄게) 달라져 부모님의 걱정이 이만저만이 아니다.

---

① ㉠   ② ㉡   ③ ㉢   ④ ㉣

03. 다음은 팀에 새로 들어온 신입사원이 작성한 기술 개발 기획서이다. 귀하가 기획서를 검토해보니 수정해야 할 부분이 있어 신입사원에게 조언하고자 한다. 이때 귀하가 신입사원에게 전달할 조언으로 가장 적절한 것은?

[인공고관절 기술 개발 기획서]

1. 기획자 및 기획 일자

부서명	직책	이름	기획 일자
기술개발팀	사원	윤지환	20XX. X. X.

2. 세부 내용

기획 개요	삽입이 용이하고 초기 고정력이 강한 기능성 인공고관절 기술 개발
기획 목표	고관절 회복이 불가능한 환자의 기존 고관절을 대체하여 보행과 같은 환자의 일상생활을 보조하기 위함
기획 배경	1) 현재 상용화된 인공고관절은 뼈에 고정시키는 골성유합법을 사용하고 있어 뼈에 단단하게 고정시키기 위해 인공고관절 크기에 맞게 뼈를 깎아내리고 물리적 힘을 가해 삽입하는 경우가 많음 2) 이로 인해 뼈에 손상이 갈 수 있는 확률이 높고, 뼈의 성장에 일정 시간이 소요되어 수술 직후 고정력이 약함
기술 구성	1) 기본 구조: 인체 정상고관절 구조 2) 상세 구조: 대퇴골 내로 삽입되는 스템, 대퇴골두, 골반 쪽에 고정되는 비구컵, 대퇴골두와 비구컵 사이의 마찰을 최소화하기 위한 라이너
제작 기간	20XX. X. X.~20XX. X. X. (1년 6개월)

---

① 기획 목표는 기획을 왜 하게 되었는지를, 기획 배경은 기획을 통해 추구하고자 하는 바를 작성하는 항목입니다. 현재 두 내용이 바뀌어 있는 것 같으니 확인해 주세요.

② 기획자 및 기획 일자는 크게 중요한 부분이 아니기 때문에 생략해도 괜찮을 것 같습니다. 중요하지 않은 내용이 포함되어 있지는 않은지 검토해 주세요.

③ 기획서는 업무와 무관한 사람은 관련 내용을 파악하기 어렵도록 제목을 우회적으로 쓰는 것이 좋습니다. 제목을 '하반기 기술 개발 기획서'로 수정해 주세요.

④ 기획서에 포함되어야 할 기획의 구체적인 기대효과가 누락되어 있습니다. 기술 수출을 통한 매출 확대 등 해당 기획으로 인해 얻을 수 있는 기대효과를 추가해 주세요.

04. 다음 대화 내용을 고려하였을 때, 정 팀장에게 필요한 경청 훈련 방법으로 가장 적절한 것은?

> 정 팀장: 이 사원, 요즘 따라 기운이 없어 보이는데 혹시 새로 맡은 업무에 대해 무슨 고민이라도 있나요?
>
> 이 사원: 네, 팀장님. 신경 써주셔서 감사합니다. 사실 최근 ○○업체와 납품 일정에 대해 커뮤니케이션을 하는데 묘하게 ○○업체 팀장님이 저를 무시하는 것 같아서 걱정입니다.
>
> 정 팀장: 거래처와 커뮤니케이션하는 과정에서 어려움을 겪고 있었군요. 혹시 ○○업체 팀장님과 어떤 일이 있었는지 조금 더 자세히 말해줄 수 있나요?
>
> 이 사원: ○○업체 팀장님과 2차 공급 물량 납품 일정을 조율하고 있는데, 저희가 요구하는 일정에 대해 말씀드리면 '신입이라 잘 모르나 본데 이전 담당자와는 이렇게 해 왔다.'며 은근슬쩍 ○○업체 측에 유리하게 납품 일정을 미루려고 하시더라고요. 그나저나 혹시 바쁘신데 제가 붙잡고 있는 건 아니죠? 자꾸 시계를 쳐다보셔서……
>
> 정 팀장: 아, 아닙니다. 미안해요. 그간 커뮤니케이션하느라 힘드셨겠어요. 저도 이 문제를 어떻게 해결해야 할지 생각해 볼 테니 조만간 함께 논의해 보도록 해요.

① 주의 기울이기

② 상대의 경험을 인정하고 더 많은 정보 요청하기

③ 정확성을 위해 요약하기

④ 개방적인 질문하기

05. 다음 중 띄어쓰기가 적절하지 않은 것은?

① 공상과학 영화에서처럼 중력을 마음대로 조절할 수 있는 날이 올 것이다.

② 일반적으로 대형 풍력발전기는 바람이 강한 평야내지는 바다에 설치한다.

③ 태백 귀네미 풍력 단지는 1.65MW급 국산 풍력 터빈 12기로 이루어져 있다.

④ 안정적인 에너지 수급을 위해 원자력발전이 도입된 지 수십 년이 지났다.

06. 다음 ㉠~㉤을 바르게 고쳐 쓴다고 할 때, 적절하지 않은 것의 개수는?

- ㉠ (웃어른 → 윗어른)과 대화할 때는 높임말을 사용하여 공손하게 표현해야 한다.
- 강아지를 목욕시키다가 물이 튀어 바지와 ㉡ (웃도리 → 윗도리)가 모두 젖어 버렸다.
- 작년에 신축된 이 건물은 계단과 엘리베이터를 이용하여 ㉢ (윗층 → 위층)으로 올라갈 수 있다.
- 온돌방에서 아궁이로부터 상대적으로 먼 ㉣ (윗목 → 웃목)은 불길이 닿지 않아 온도가 낮은 편이다.
- 폭염에 무거운 짐을 나르느라 고생한 이삿짐 업체에 수고비로 ㉤ (웃돈 → 윗돈)을 얹어 전달하였다.

① 0개   ② 1개   ③ 2개   ④ 3개

07. ◎◎공단 홍보부의 전 대리는 연구부로부터 전달받은 원고를 사보에 싣기 전에 퇴고하는 업무를 진행하고 있다. 전 대리가 수정 중인 원고가 다음과 같을 때, 수정 방안으로 가장 적절하지 않은 것은?

일상 속 물리학 이야기

스트로보스코프의 원리

스트로보스코프(Stroboscope)는 주기적으로 깜빡이는 빛을 이용하여 운동 혹은 진동의 주기를 재거나 그 상태를 관찰하는 장치를 말한다. 스트로보스코프는 점멸하는 빛으로 회전하거나 진동하는 물체를 비출 때 빛의 점멸 주기와 운동체의 운동 주기가 같으면 운동체가 정지한 것처럼 ㉠보여지는 원리를 활용하여, 운동체가 정지한 것처럼 보일 때의 점멸 주기를 통해 해당 물체의 운동 주기를 측정하거나 상태 변화를 관찰한다. 스트로보스코프는 크게 기계식과 전자식으로 구분되는데, (㉡) 일반적으로 균등한 간격으로 구멍을 낸 두 개의 원판이 반대 방향으로 돌아가는 방식으로 구현된다. 원판의 회전 속도를 조절하면 물체의 운동이 점차 느려지다가 정지하는 것처럼 보이는 순간이 있는데, 이때 원판의 회전 속도로 물체의 운동 주기를 알 수 있다. 전자식은 기계식에서 사용된 ㉢원판 대신 LED와 같이 빠르게 점멸하는 광원을 이용하며, 상황에 따라 교류 전원에 연결된 백열등도 스트로보스코프 역할을 할 수 있다. 이렇게 스트로보스코프는 일정하게 움직이고 있는 운동체를 그 운동체가 멈추었을 때와 동일한 상태로 확인할 수 있어서 운동체의 표면 검사나 회전 속도(rpm) 측정에 활용된다. 특히 철강, 기계, 인쇄, 포장, 화학, 제지 등 여러 분야의 산업에 응용되어 불량품 검사, 자동차 바퀴의 마모 측정, 펌프나 수차의 임펠러와 같은 회전체의 회전 속도 측정 등의 연구에도 널리 사용되고 있다. 한편, 운동체를 비추는 스트로보스코프의 점멸 주기를 운동체의 운동 주기 또는 운동 주기의 정배수보다 짧게 설정하면 운동체가 반대 방향으로 움직이는 것처럼 보이고, 길게 설정하면 본래 방향으로 움직이는 것처럼 보인다. 또한, 스트로보스코프의 점멸 주기가 운동체의 운동 주기보다 약간 길 때 운동 주기와 점멸 시간 차이에 따라 느린 속도로 보이기도 한다. 다시 말해 스트로보스코프를 통해 점멸 주기를 ㉣고정함으로써 정지, 역회전, 느린 회전 등 운동체의 다양한 상태를 매우 간단하게 확인할 수 있기 때문에 스트로보스코프는 운동체 자체의 연구에도 막대하게 기여하고 있다.

◎◎공단 웹진 20XX년 10월호

---

① 잘못된 피동 표현이 사용된 ㉠을 '보이는'으로 고쳐 쓴다.

② 주어가 생략되어 문장의 의미가 불명확하므로 ㉡에 '기계식은'을 추가한다.

③ 조사는 앞에 오는 명사와 붙여 써야 하므로 ㉢을 '원판대신'으로 붙여 쓴다.

④ 문맥상 적절하지 않은 단어가 사용된 ㉣을 '조절'로 바꿔 쓴다.

08. ○○관광공사의 홍보팀 한 대리는 출장으로 인해 업무 회의에 참석하지 못하여 다음날 회의록을 통해 회의 내용을 확인하였다. 이때, 한 대리가 최우선으로 완료해야 할 행동으로 가장 적절한 것은?

회의록					
회의 일시	20XX년 5월 11일(월) 10:00~12:00	**팀명**	홍보팀	**작성자**	김 사원
참석자	이 팀장, 양 주임, 김 사원				

회의 내용	1. 스타트업 마케팅 지원 사업 추진 일정
	 1) 사업 홍보 및 참여기업 모집
	  – 사업 홍보 온라인 포스터 제작
	  ※ 디자인 시안 최종 컨펌은 제작 마감일 이틀 전까지 완료해야 함(담당자: 한 대리)
	  – 사업 모집 공고
	 2) 사업 참여기업 선정
	  – 기획팀 담당자와 함께 제품의 시장 경쟁력 및 성장 가능성 검토하여 선정
	  ※ 참여기업 선정을 위한 홍보팀·기획팀 담당자 미팅(5/19(화) 14시)
	 3) 패널 공개 모집
	  – 선정 기업의 제품 리뷰를 위한 패널 모집 공고
	 4) 패널 선정 및 제품 발송
	  – 선정 기업의 목표 고객군 고려하여 패널 선정 후 제품 발송
	  ※ 제품 발송 시 패널 리뷰 가이드라인을 함께 발송함
	 5) 패널 SNS 리뷰 데이터 정리
	  – 패널 SNS 리뷰 검토 후 고객 경험 연구를 위한 유의미한 정보 데이터화
	 6) 고객 경험 연구 보고서 작성
	  – SNS 리뷰 데이터 바탕으로 작성

결정사항	내용	담당자	진행 일정
	사업 홍보 온라인 포스터 제작	양 주임	~5/15(금) 16시
	사업 모집 공고	양 주임	~5/15(금) 18시
	사업 참여기업 선정 및 리스트 작성	한 대리	~5/20(수) 17시
	패널 모집 공고	양 주임	~5/29(금) 15시
	패널 리뷰 가이드라인 작성	한 대리	~6/3(수) 11시
	패널 선정 및 제품 발송	김 사원	~6/5(금) 10시
	리뷰 검토 및 데이터 정리	김 사원	~6/15(월) 18시
	고객 경험 연구 보고서 작성	이 팀장, 한 대리	~6/29(월) 18시

특이사항	신입사원 비전 교육: 5/15(금) 14:00~16:00 (담당자: 한 대리)

① 기획팀과 논의하여 선정한 사업 참여기업의 목록을 팀장에게 보고한다.

② SNS 리뷰 가이드라인을 작성하여 제품 발송 담당자 김 사원에게 전달한다.

③ 사업 홍보 및 참여기업 모집을 위한 홍보물 디자인 시안의 컨펌을 완료한다.

④ 신입사원 비전 교육을 위해 교육 자료를 제작하여 관련 대상자에게 배포한다.

09. 다음 중 공문서 작성법에 따라 수정되어야 하는 내용으로 가장 적절하지 않은 것은?

△△안전부

수신자 △△안전부 광고심의위원회 위원장
(경유)
제 목 20XX년 제1회 광고심의위원회 개최 의뢰

---

1. △△안전부 광고관리규정 제24조(심의사항), 제27조(운영)와 관련하여 광고심의위원회 개최 의뢰를 요청합니다.
2. 광고심의위원회 안건에 대해 다음과 같이 광고심의위원회를 통해 서면 검토를 요청합니다.
   가. 심의 안건 : 광고 의견 도안 심의
   나. 심의 방법 : 서면 심의
      • 광고관리규정 제27조 제3항 : 위원장은 융복합 심의 안건 중 긴급을 요하거나 경미한 사항의 경우에는
        위원회를 소집하지 않고, 별지 제5호 서식에 의거 서면 결의로서 위원회의 의결에 갈음할 수 있다.
   다. 심의일 : XX. XX. XX.(금)
   라. 심의 요구서 및 심의 내역서 등 : 붙임 참조

붙임 1. 20XX년 제1회 광고심의 요구서
     2. 심의 내역서
     3. 서면 결의서(양식) 끝.

△△안전부 장관

---

① 첨부물을 표시할 때 그 명칭과 수량을 제시해야 하므로 '붙임'에 첨부물 수량을 기재한다.
② 쌍점은 앞말에 붙여 써야 하므로 '2.'의 하위 항목에 사용된 쌍점을 앞말에 붙도록 수정한다.
③ 열거된 용어가 대등하거나 밀접한 경우 가운뎃점을 사용해야 하므로 '융·복합'으로 고쳐 쓴다.
④ 호칭어나 관직명은 붙여 써야 하므로 발신명의를 '△△안전부장관'으로 붙여 쓴다.

10. 다음 ㉠~㉣을 바르게 고쳐 쓴다고 할 때 가장 적절하지 않은 것은?

조선 중기까지는 국가에서 필요한 물자를 각 지역에서 직접 거두어 충당하였다. 이렇게 각 지역의 특산품을 세금으로 거두는 제도를 공납이라고 하는데, 16세기에 이르러 공납을 둘러싼 각종 폐단이 일어나 국가 재정과 민생이 궁핍해졌다. 특히 전쟁이나 흉년이 들어 특산품을 생산하지 못한 경우에도 공납을 내지 못한 백성들은 큰 벌을 받아야 했다. 심지어 징수할 물품의 종류와 수량이 정해져 있어 다른 물건으로 대신할 수도 없었기 때문에 특산물을 구해다 주는 중간 상인이 등장하게 되었다. 문제는 중간 상인들이 이러한 상황을 이용하여 자신들의 이익을 ㉠ (늘이고자 → 늘리고자) 했다는 것이다. 특히 원가의 ㉡ (수십배 → 수십 배) 이상의 폭리를 취하면서 백성들의 고통은 나날이 더 심해졌다. 문제를 해결하고자 광해군은 공납 대신 쌀, 무명, 베, 돈 등을 바치는 대동법을 시행하였다. 이 제도는 가구마다 세금을 거두는 대신 토지에 따라 세금을 부과하므로 토지가 많아 과세 부담이 늘어난 양반들이 거세게 반발하였다. 그러나 광해군은 양반들의 반대를 ㉢ (무릅쓰고 → 무릎쓰고) 대동법을 유지하였으며, 병들고 굶주린 민생을 돌보기 위한 대책을 마련하고자 계속해서 노력하였다. 대표적으로 개간 사업을 실시하여 전쟁으로 폐허가 된 경작지를 복구하고 군사력을 키우는 데 힘썼으며, 당대 최고의 명의인 허준에게 〈동의보감〉을 ㉣ (편찬게 → 편찬케) 하여 백성들의 건강을 증진하고자 하였다.

① ㉠　　　　　② ㉡　　　　　③ ㉢　　　　　④ ㉣

11. 다음 글의 주제로 가장 적절한 것은?

언어는 사용 집단과 시대에 따라 변화하며, 하나의 사회 내에서도 지역과 사회적 특성에 따라 다양하게 나타난다. 그러나 언어와 문화는 서로 밀접한 관계를 맺으며 상호 영향을 미치고, 이러한 관계는 어휘에서 선명하게 나타난다. 어휘는 그 문화권에서 중요시하는 것들이 수많은 동의어와 세분화된 용어의 형태를 통해 직접적으로 드러난다. 대표적으로 우리말에는 호미, 가래, 쇠스랑, 괭이, 삽 등 농사와 관련된 어휘가 발달되어 있으며, 이를 통해 과거 농경 문화가 발달했음을 알 수 있다. 그뿐만 아니라, 언어의 구조는 문화와 인간의 사고방식에 영향을 미치며 세계에 대한 지각이 만들어지는 틀을 구축한다. 즉 인간에게 언어란 메시지를 주고받는 커뮤니케이션 그 이상의 역할을 수행하고 있다. 또한, 비슷한 것과 다른 것을 구별할 수 있는 능력, 즉 대상을 범주화하는 과정에 영향을 끼치고 있다. 그런데 언어는 동일한 문화의 특성이 반영된 독자적인 상징체계이므로 특정 언어의 범주는 다른 언어의 범주와 같을 수 없으며, 이로 인해 서로 다른 언어를 구사하는 사람 사이에는 같은 대상이더라도 동일한 방식으로 지각하지 않는다. 따라서 국제적인 의사소통을 할 때 현지의 언어를 익히는 것은 의사소통 수단의 확보를 넘어 현지의 문화와 그들의 사고방식과 행동 양식을 이해하는 데 도움이 된다.

① 문화 이해가 언어 학습에 미치는 긍정적 영향
② 언어권에 따라 대상 인식 방법이 상이한 이유
③ 어휘에 직접적으로 반영된 특정 문화권의 특성
④ 국제적 의사소통 시 현지 언어 학습의 필요성

12. 다음 글의 빈칸에 들어갈 말로 가장 적절한 것은?

> 보통 운동 능력이라고 하면 근육에 필요한 산소를 최대한 효율적으로 많이 공급할 수 있는가를 알아보는 유산소 운동 능력을 의미한다. 유산소 운동은 산소 공급을 통해 탄수화물을 에너지화하여 소모하는 전신 운동으로, 유산소 운동에 필요한 산소는 혈액을 통해 운반된다. 혈액은 심장의 수축과 이완을 통해 전신으로 순환되므로 결국 유산소 운동 능력은 심장 기능과 직결된다. 심장 기능은 심장이 적게 뛰면서 혈액 공급량이 많을수록 효율적이다. 따라서 유산소 운동 능력을 향상하는 데 가장 중요한 점은 심장 기능을 강화하는 것이다. 심장 기능은 일정 강도의 운동을 통해 높일 수 있다. 이때 (   ) 운동 강도가 높아지면 심장은 근육에 더 많은 혈액을 공급하기 위해 빠르게 박동하기 때문이다. 개인의 심장 기능을 강화할 수 있는 운동 강도를 가리켜 타깃존이라고 하는데, 최대심박수의 65~80%를 타깃존이라고 한다. 최대심박수는 사람마다 다르므로 정확한 타깃존을 알기 위해서는 자신의 최대심박수를 알아야 한다. 최대심박수란 1분 동안 개인이 도달할 수 있는 심박수의 최댓값으로, 가장 높은 강도로 운동할 때의 분당 심박수를 의미한다. 최대심박수는 운동을 꾸준히 한 사람이 그렇지 않은 사람보다 상대적으로 높을 수 있지만, '220 - (자신의 만 나이)'라는 공식을 통해 일반적인 평균치를 구할 수 있다. 예를 들어 만 30세의 경우 최대심박수는 평균적으로 220 - 30 = 190이며, 최대심박수의 80%인 152는 타깃존의 최고점, 65%인 123.5는 최저점이 된다. 즉, 분당 심박수가 123.5~152인 강도로 운동할 때 가장 안전하고 효과적으로 심장 기능을 향상할 수 있다. 꾸준한 운동을 통해 심폐 기능이 향상될 경우 최대심박수가 올라가며, 이때의 타깃존은 변동된 최대심박수 기준 65~80%로 재설정한다.

① 심장 기능은 운동 강도와 반비례한다.
② 최대심박수가 낮을수록 유산소 운동 능력이 향상된다.
③ 운동 강도는 심박수를 통해 측정할 수 있다.
④ 심장 기능은 운동 빈도가 높을수록 강화된다.

13. 다음 문단을 논리적 순서대로 알맞게 배열한 것은?

(가) 지역별 음악적 특색을 드러내는 토리는 우리나라 민요의 선율적인 특징을 나타내기 위해 사용되는 용어라는 점에서 의의가 있다. 일례로 서양 음악에서는 대개 선법을 통해 민요 선율의 특성을 규명하는데, 우리나라 민요는 동일한 민요에도 다양한 종지음이 나타나 선법을 규명하기 힘들다. 실제로 선법은 종지음으로 민요를 규명하는데, 수심가토리의 종지음은 레 혹은 라이고, 메나리토리의 종지음은 미 혹은 라이기 때문에 종지음으로 선법을 규명하는 것이 불가능하다. 그뿐만 아니라 같은 선법으로 정리되어도 시김새에 차이가 있어서 변별되는 특성으로 인해 '토리'라는 별도의 용어를 사용하는 것이다.

(나) 토리는 민요나 무악(舞樂) 등에서 지역에 따라 독특하게 구별되는 노래의 투, 다시 말해 우리나라 기층 음악의 선율에 특유의 지역별 음악적 특징을 의미한다. 우리나라의 민요권은 태백산맥을 기준으로 크게 동부와 서부로 나뉘며, 서부는 다시 북부 지역인 평안도와 황해도, 중부 지역인 경기도와 충청도, 남부 지역인 전라도로 구분된다. 같은 민요권 내에서는 민요의 구성음, 구성음 간의 음정, 시김새, 음의 기능, 발성법, 장식음 등이 유사하게 나타나는데, 이를 대표적인 민요의 이름을 따서 범주화한 것이 토리이다.

(다) 이와 같이 특정 민요권의 총체적인 음악적 특징을 일컫는 토리의 종류를 살펴보면, 우선 경토리는 경제, 경드름이라고도 불리며 서울, 경기, 충청도를 포함한 경기 지역 민요의 전형적인 특징을 보인다. 하위 개념으로 창부타령토리에 해당하는 진경토리와 한강수타령토리에 해당하는 반경토리라는 용어가 사용되기도 한다. 경토리는 보통 빠르기의 장단을 사용하여 가볍고 맑으면서도 서정적인 느낌을 준다. 평안도, 황해도 등 서북 지역에서 보이는 수심가토리는 평성, 요성, 퇴성 등의 시김새를 사용하며 수심에 잠긴 애수를 느낄 수 있다.

(라) 전라도를 포함한 서남부 지역에서 특징적으로 나타나는 육자배기토리는 메나리토리와 마찬가지로 3음의 계면조를 이룬다. 이로 인해 가락이 느리고 구성지면서도 애처로운 느낌을 준다. 시김새로는 격렬하게 떨거나 애절하게 꺾는음을 자주 사용한다. 한편, 제주도 민요는 고유의 사투리와 수수한 가락이 매력적이지만 〈서우젯소리〉 외에는 제주토리로 규정할 수 있는 민요가 없다. 즉, 제주토리는 여러 지역 토리의 특징이 혼재되어 있기 때문에 제주도만의 독자적인 토리로 정리하기는 어렵다.

(마) 메나리토리는 경상도와 강원도, 함경도를 포괄하는 동부 지역에서 나타나는 토리이지만, 동부 지역에 한정되지 않고 우리나라 전역에서 폭넓게 사용되었다는 점에서 다른 토리와 차별점을 갖는다. 실제로 전래 동요라고 불리는 지역별 향토 민요 중에는 메나리토리가 사용된 음악이 매우 많다. 메나리토리는 '미', '라', '도'가 중심이 되는 계면조로, 경상도 지역의 민요는 명랑하고 활동적인 반면 강원도와 함경도 지방의 민요는 애원하는 느낌의 슬픈 느낌을 주는 곡도 많다.

① (가) - (나) - (다) - (라) - (마)
② (가) - (다) - (마) - (라) - (나)
③ (나) - (가) - (다) - (마) - (라)
④ (나) - (다) - (마) - (라) - (가)

14. 다음 글의 내용과 일치하지 않는 것은?

미세먼지의 발생원은 크게 자연적 발생원과 인위적 발생원으로 구분된다. 우선 자연 상태에서 발생하는 흙먼지, 꽃가루, 소금 가루 등이 아주 작은 입자로 파괴되어 미세먼지를 유발하는 경우가 자연적 발생원에 속하고, 건설 현장에서 발생하는 비산먼지나 자동차 배기가스, 소각장 연기 등은 인위적 발생원에 속한다. 인위적으로 발생한 미세먼지는 다시 1차 미세먼지와 2차 미세먼지로 나뉜다. 1차 미세먼지는 발생원으로부터 고체 상태로 배출된 미세먼지이고, 2차 미세먼지는 발생원으로부터 배출된 가스가 대기 중 다른 물질과 화학반응을 일으켜 발생한 미세먼지이다. 일반적으로 2차 미세먼지는 화석연료 연소 또는 제조공정 등에서 배출된 황산화물, 질소산화물과 같은 대기오염물질이 공기 중의 암모니아나 수증기 등과 결합하는 화학반응을 일으켜 생성된다. 이때 대기오염물질의 구성 성분은 황산염, 질산염과 같이 대기 중에서 화학반응을 통해 형성된 대기오염물질 덩어리, 화석연료 연소 과정에서 발생한 탄소류와 검댕, 지표면이나 공사장 등에서 직접 배출되는 비산먼지 등으로 구성되어 있으며, 이 중 대기오염물질 덩어리가 가장 큰 비중을 차지한다. 국립환경과학원이 발표한 보고서에 따르면 제조업 연소와 이동오염원에서 대부분의 미세먼지가 배출되며, 생산공정, 에너지산업연소, 비산업연소 순으로 다량의 미세먼지를 배출한다. 이 통계에는 특정한 배출원 없이 대기에 흩날리는 날림먼지가 포함되어 있지 않은데, 상당히 많은 양의 초미세먼지가 비산먼지에 의해 발생하고 있으나 정확한 발생원이나 통계를 추산하기 어려워 문제가 되고 있다.

① 대기오염물질을 구성하는 물질 중 가장 많은 것은 황산염, 질산염 등의 대기오염물질 덩어리이다.
② 흙먼지와 같이 자연적 발생원으로부터 발생한 고체 상태의 미세먼지를 1차 미세먼지라고 부른다.
③ 날림먼지에 의한 초미세먼지는 그 양이 매우 많으나 배출원이 불분명하여 정확한 통계를 내릴 수 없다.
④ 제조 과정에서의 연소 또는 자동차와 같은 이동오염원은 미세먼지 배출량에 큰 영향력을 미친다.

15. 다음 글을 통해 추론한 내용으로 가장 적절하지 않은 것은?

> 모든 국민에게는 헌법에 의해 보장되는 기본적 권리인 '기본권'이 있다. 한국의 헌법은 모든 기본권이 궁극적으로 지향하는 포괄적 기본권으로서 인간의 존엄과 가치 및 행복 추구권을 규정하고 있으며, 이것이 실질적으로 이루어질 수 있도록 개별적 기본권인 자유권, 평등권, 사회권, 참정권, 청구권을 보장하고 있다. 나라마다 헌법이 상이하여 규정하고 있는 기본권에는 일부 차이가 있을 수 있으나, 보편적인 인권 사상에 기반한다는 점에서 그 내용은 유사하다. 기본권 보장에 있어 가장 먼저 제정된 자유권과 헌법의 최고원리로 작용하는 평등권에 대해 알아볼 것이다.
>
> 자유권이란 국가에 대한 개인의 방어적이고 소극적인 공권으로 자유 영역에서 국가권력의 침해를 받지 않을 권리이다. 우리나라 헌법의 경우 인신·사생활·정신적 활동·경제생활에 대한 자유권이 여기에 해당한다. 자유권이라 하더라도 타인의 권리 불가침, 도덕률의 존중, 헌법의 기본 권리 준수라는 불문적·암묵적 제약을 받으며, 헌법 또는 법률에 따른 제한을 받을 수 있다. 법률에 의한 자유권 제한은 해당 법률에서 목적하는 바를 이루기 위해 자유권을 제한하는 것만이 유일한 방법일 때, 그 목적 달성에 필요한 최소한의 제한이어야 함과 동시에 제한되는 이익보다 보호받는 이익이 큰 경우에 적용될 수 있다.
>
> 평등권이란 민주 국가의 기본 가치이자 다른 기본권을 실천하기 위한 전제 조건이 되는 권리이다. 개인이 국가를 상대로 보유하고 있는 공권으로, 모든 사람은 법 앞에 평등하며 불합리한 차별을 받지 않아야 한다는 객관적 법질서의 근본 규범성을 지니고 있다. 평등에는 절대적 평등과 상대적 평등이 존재하는데, 절대적 평등은 이유를 불문하고 차별을 금지하는 반면, 상대적 평등은 본질적으로 평등한 것과 불평등한 것을 구분하여 그에 맞는 대우를 한다는 합리적 차별을 인정한다. 오늘날에는 절대적 평등보다 상대적 평등을 옳은 것으로 인정하고 있으며, 상대적 평등은 그 차별이 합당하고 자의적 판단이 보태어지지 않았는지를 판단 기준으로 삼고 있다.

① 헌법상 자유권을 통제하는 것이 허용되는 경우는 그것 외에는 다른 방도가 없을 때일 것이다.

② 오늘날 적용되는 평등권은 본질적으로 불평등한 것에 대한 일말의 차별도 용인하지 않는다.

③ 개별적 기본권은 인간의 존엄과 가치 및 행복 추구권이 전제되어 있을 때 실현될 수 있다.

④ 평등권은 모든 인간이 법 앞에서 동등하고 불합리한 차별을 금지한다는 점에서 규범성을 띤다.

[16 - 17] 다음 글을 읽고 각 물음에 답하시오.

인간의 지능을 가지고 스스로 사고하는 기계인 인공지능에 관한 연구는 꽹장히 오래전부터 시작되었다. 그러나 기술적 한계로 인해 침체기를 겪어오던 인공지능 개발은 1990년대 인터넷 발전과 함께 부활하였다. 방대한 데이터 수집이 가능해짐에 따라 인간의 도움 없이도 스스로 데이터를 분석하고 학습하는 머신러닝이 가능하게 되었으며, 이후 인간의 뇌를 모방한 신경망 네트워크 구조의 딥러닝 알고리즘으로 발전하게 된 것이다. 클라우드 컴퓨팅의 급격한 발전과 빅데이터를 기반으로 딥러닝이 구현되자, 인공지능은 4차 산업혁명의 핵심 요소로 부상하였다. 오늘날 글로벌 기업들은 인공지능을 미래의 최대 성장 동력으로 여기고 있으며, 그 적용 분야는 빠르게 확대되어 우리 일상 깊숙한 곳에 자리 잡았다. 음성 인식 또는 번역과 같이 특정 영역의 문제를 해결할 수 있는 인공지능을 약한 인공지능이라고 하며, 영역을 제한하지 않아도 문제 해결이 가능한 인공지능을 강한 인공지능이라고 한다. 그렇지만 아직까지 강한 인공지능에 이르기에는 기술적 한계가 있다는 것이 전문가들의 일반적인 견해이다. 문제는 인공지능이 계속 발전하고 있어 인공지능 발달에 따른 영향력을 예상하기 어렵고, 분야마다 인공지능을 정의하고 개발하는 양상이 서로 달라 정확한 기술 발달 수준을 파악하기 어렵다는 것이다. 이러한 시점에서 인공지능의 성능 향상이 인류에 미칠 잠재적 위험성을 둘러싼 갈등이 심화되고 있다. 일각에서는 인공지능은 인류의 위협이 되지 않으며, 인공지능을 안전하게 관리할 수 있는 궁극적인 대안은 인류가 스스로 도덕적이고 이상적인 사회를 발전시켜 나가는 것이라고 주장한다. 그러나 인공지능의 잠재적 위험성을 우려하는 일부 사람들은 인공지능 자체에 윤리적 제어 장치가 필요하다고 경고하기도 한다. 특히 인공지능이 인간의 비윤리적인 부분마저 학습한다는 것이 밝혀져 논란이 되었던 만큼, 인공지능에게 윤리적으로 올바른 데이터를 학습시키는 것이 중요하다. 앞으로 인공지능 산업은 더욱 다양한 양상으로 발전할 예정이며, 이러한 변화의 갈림길에 서 있는 현재로서는 인공지능이 어떤 미래를 가져올지 예측하기 어려운 상황이다. 그러나 인공지능의 사회적 영향력을 고려하였을 때 인공지능이 지닌 잠재적 위험성 및 이와 관련된 윤리적 논의는 그 어떤 때보다 더욱 활발하게 진행되어야 할 것이다.

16. 윗글의 중심 내용으로 가장 적절한 것은?

① 인공지능의 발전에 따른 잠재적 위험성에 대한 도덕적 논의의 필요성
② 일상생활 속 깊숙이 자리하여 우리가 인식하지 못하는 인공지능 기술
③ 분야별 인공지능 기술의 상이한 발달 수준으로 인해 예견되는 문제들
④ 오늘날 인공지능 기술 구현을 가능하게 한 머신러닝 기술의 발전 양상

17. 윗글을 통해 추론한 내용으로 가장 적절하지 않은 것은?

① 알파고는 확률 영역의 문제를 다루고 있는 인공지능이므로 약한 인공지능에 해당한다.
② 인공지능은 4차 산업혁명을 통해 딥러닝과 함께 새롭게 등장한 신기술에 포함된다.
③ 인공지능이 인류에 무해하다는 입장은 인류의 도덕적 발전이 실현되어야 함을 강조한다.
④ 인공지능의 윤리적 행위의 기준은 학습한 데이터의 내용에 따라 변화될 수 있다.

다음 글의 ㉠~㉢을 바르게 고쳐 쓴다고 할 때, 가장 적절하지 않은 것은?

1950~1960년 아프리카 및 중동에서 대유전이 발견되었고, 그 결과 원유의 수요보다 공급이 지나치게 많아져 국제석유자본은 원유 공시가격을 낮추기 시작했다. 이에 대응하고자 5대 석유 생산국 이라크·이란·사우디아라비아·쿠웨이트·베네수엘라의 대표들은 원유 공시가격을 회복하고 국제석유자본에 대한 발언권을 강화하기 위해 'OPEC(석유수출기구)'이라는 협의체를 결성하였다. 이들은 석유 정책을 조정하여 원유 공시가격이 ㉠ <u>상승</u>하는 것을 저지하고, 회원국 간의 협력을 도모하여 국제석유시장이 안정적으로 유지될 수 있도록 가격 카르텔을 형성하였다.

한편, OPEC은 1973년 제1차 석유 파동을 주도하며 국제석유시장에서 막강한 영향력을 행사하기 시작했다. 이들은 제35차 회의에서 제4차 중동전쟁 중 이스라엘을 지원했던 국가에 보복하기 위해 유가를 ㉡ <u>70% 가량</u> 올렸으며, 이후 지속적인 담합을 통해 석유 가격을 높이는 데 성공했다. 이 사건을 기점으로 OPEC은 초기 목적과 달리 생산량을 조절하여 원유가 상승을 도모하는 집단으로 변질되었다. ㉢ <u>그러나</u> OPEC은 유가를 130%까지 올려 미국과 네덜란드로 가는 원유 선박 출항을 막는 등 석유 가격을 정치적인 무기로 사용하기에 이르렀다. 원유 가격 상승 후 석유시장의 소유권을 국가에 이관하여 거대한 자본금을 보유하게 된 산유국들은 외화를 국제금융시장의 단기 자금으로 공급함으로써 국제 금융질서의 재정립을 이루었다.

1980년대 이후 선진국의 대체 에너지 개발과 회원국 간의 분쟁이 겹쳐지면서 OPEC의 위치가 불안정해지게 되었다. 1990년대에는 아시아 경제 위기가 발발하면서 석유 수요가 급격히 감소하였고, 이때 유가는 10달러 아래로 곤두박질쳤다. 그러나 금융위기가 끝난 후 ㉣ <u>각국에서는</u> 경제 개발에 집중하였고 그 결과 석유 수요가 다시 증가하기 시작했다. 현재 OPEC은 6개의 회원국과 함께 멕시코산 원유의 평균 가격인 'OPEC 바스켓 가격'이라는 자체 가격 제도를 보유하고 있다. 또한, 바스켓 가격이 20일이 넘는 기간 동안 22~28달러 범위를 상·하회할 경우 생산량을 50만 배럴 조정하는 유가밴드제에 합의한 상태이다.

---

① 단어의 의미가 문맥에 어울리지 않으므로 ㉠을 '하락'으로 고친다.

② 띄어쓰기가 올바르지 않으므로 ㉡을 '70%가량'으로 붙여 쓴다.

③ 앞뒤 내용이 자연스럽게 이어지도록 ㉢을 '그리고'로 수정한다.

④ 개별 국가를 의미하고 있으므로 ㉣을 '각 국'으로 띄어 쓴다.

경제학자 슘페터는 자신의 저서 〈자본주의, 사회주의, 민주주의〉를 통해 자본주의의 미래에 대해 고찰하였다. 슘페터는 자본주의 체제가 경제적으로는 성공하지만, 자본주의의 성공을 이끈 요인이 도리어 자본주의를 붕괴시켜 사회주의가 이를 대체하리라고 예측하였다. 그렇다면 슘페터가 바라본 자본주의의 발전을 이끄는 동력이 대체 무엇이기에 자본주의를 멸망으로 이끌 것이라고 주장했을까?

그는 자본주의 발전의 원동력이 기업가의 기술혁신에 의한 창조적 파괴라고 주장하였다. 여기서 기술혁신이란 새로운 상품, 유통 방법, 조직 형태, 판매시장 등의 도입으로 기존의 산업구조를 재구성하는 것을 의미한다. 기술혁신을 통해 탄생한 독점적 기업은 독점 이윤을 바탕으로 성장하며, 이를 모방한 군집이 산업을 발전시켜 경제 호황을 이룬다. 그러나 시간이 지나 혁신의 효과가 사라지면서 경제가 불황 국면에 빠져들고, 다시 기술혁신을 일으키는 과정이 반복되며 자본주의가 발전하고 장기적으로 순환되는 것이다.

슘페터는 화폐를 통한 이익 계산과 근대과학의 발전 및 응용이라는 측면에서 자본주의의 합리성이 고도로 나타난다고 바라보았다. 그러나 그는 자본주의의 고도화가 내부적으로 기술혁신을 일으킬 수 없는 환경을 만들고 자본주의를 옹호하는 제도를 붕괴시킨다고 주장하였다. 자본주의는 진보를 자동화하려는 특성을 가진다. 이로 인해 혁신의 일상화와 경제 발전의 자동화가 일어나 결과적으로는 자본주의의 발전 동력인 창조적 파괴를 일으키는 혁신적인 기업가 집단이 점차 무력화된다. 게다가 합리적 관리기법이 발달하며 기업가의 혁신이 훈련된 전문가들로 구성된 공동의 업무로 전환되면서 창조적 개인에 의한 산물이었던 혁신이 관료화된 거대 조직의 업무로 바뀌는 것이다.

나아가 그는 자본주의가 성숙함에 따라 사유재산과 자유계약이라는 자본주의의 기초 제도가 파괴되리라고 예측하였다. 기업의 발달로 인해 소유와 경영이 분리됨에 따라 소유의 형태가 주식의 소유라는 간접적인 형태로 변형된다. 이때 경영자와 주주의 이익이 서로 다르므로 대주주는 회사의 이익을 고려하지만 완전한 소유주라고는 할 수 없고, 소주주는 금전적 이익만을 보고 투자하므로 회사의 이익에는 관심이 없다. 따라서 진정으로 기업을 지키고 발전시키려는 의지를 가진 사람이 사라지게 되는 것이다. 또한 각종 규제가 강화되어 자유계약이 제한받으면서 자본주의를 이루던 기초 제도가 파괴되고, 이는 곧 자본주의에 대한 적대적 분위기를 형성하여 자본주의의 비판자로 돌아선 지식인에 의해 사회주의로의 이행이 이루어진다.

슘페터는 사회주의로 이행된 경제 체제에서 민주주의가 동시에 존재하는 것이 가능한가에 대한 물음에 사회주의와 민주주의가 양립할 수 있다고 답하였다. 여기서 사회주의는 생산 수단의 공유와 중앙에 의한 계획 경제가 이루어지는 제도라는 점에서 일반적인 사회주의의 정의와 동일하다. 그러나 슘페터의 민주주의는 인민에 의한 지배라는 고전적 민주주의와는 달리, 투표를 얻기 위한 경쟁적 투쟁을 통해 결정권을 획득한 정치가에 의한 지배로 정의된다. 이러한 관점에서 슘페터는 민주주의의 성공 여부가 특정 경제 체제보다 사회적 성숙도에 의해 좌우된다고 보았다.

19. 윗글의 서술상 특징으로 가장 적절하지 않은 것은?

① 자문자답의 형식으로 중심 화제를 전개하고 있다.

② 제시된 대상을 일반적인 정의와 비교하여 설명하고 있다.

③ 화제에 대한 상반된 주장을 통시적으로 서술하고 있다.

④ 특정 관점에서 사회적 체제에 대해 설명하고 있다.

20. 윗글의 내용과 일치하지 않는 것은?

① 자본주의가 고도화될수록 혁신이 일어나는 환경이 개선되면서 자본주의가 발전하는 원동력이 강해진다.

② 자본주의의 발전과 순환에 있어 기술혁신을 통한 창조적 파괴를 일으키는 기업가의 역할이 중요하다.

③ 민주주의의 성공은 자본주의나 사회주의와 같은 경제 체제보다는 사회적 성숙도에 더 큰 영향을 받는다.

④ 자본주의의 성공 요인은 오히려 자본주의가 몰락하고 사회주의로 전환되는 결과를 초래할 것이다.

21. 일반매장에서 바 아이스크림은 콘 아이스크림의 80% 금액으로 판매하고 있다. 할인매장에서는 일반매장의 판매 금액에 콘 아이스크림 30%, 바 아이스크림 40%의 할인을 적용하여 판매한다. 지빈이가 할인매장에서 콘 아이스크림 16개와 바 아이스크림 14개를 구매한 금액이 26,880원일 때, 지빈이가 할인매장에서 할인받은 금액은?

① 8,850원　　　　② 11,200원　　　　③ 13,920원　　　　④ 16,650원

22. 사무실 창고에 있는 모든 상품을 포장하는 데 희영이는 혼자서 12분, 철이는 혼자서 6분, 광수는 혼자서 8분이 걸린다고 한다. 희영이, 철이, 광수 세 사람이 함께 동시에 일을 시작하여 모든 상품을 포장하는 데 걸리는 시간은 얼마인가?

① 1분 50초　　　　② 2분 15초　　　　③ 2분 30초　　　　④ 2분 40초

23. 다음 그림과 같이 반지름의 길이가 2cm인 원기둥이 있다. 원기둥을 밑면과 60°의 각을 이루는 평면으로 잘라 새로운 단면을 만들 때, 만들어지는 단면의 넓이는?

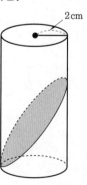

2cm

① $6\pi\text{cm}^2$　　　　② $6\sqrt{2}\pi\text{cm}^2$　　　　③ $8\pi\text{cm}^2$　　　　④ $8\sqrt{2}\pi\text{cm}^2$

24. 서울발 춘천행 급행열차는 30개의 좌석을 보유하고 있으며, 운행 도중에 한 번만 정차한다. 서울에서 30명이 탑승한 채 출발하여 운행 도중에 5명이 하차하고, 15명이 승차하였다. 서울에서 춘천까지의 열차 요금은 좌석이 20,000원, 입석이 10,000원이고, 운행 도중에 승차 또는 하차하는 경우의 요금은 좌석이 10,000원, 입석이 5,000원이다. 이 열차가 춘천까지 운행하는 동안 비어 있는 좌석은 없다고 할 때, 열차 탑승객의 총 교통비는 얼마인가?

① 50만 원 ② 55만 원 ③ 60만 원 ④ 65만 원

25. 다음의 수들이 일정한 규칙에 따라 차례로 나열되어 있을 때, 121이 처음으로 나오는 항은 몇 번째 항인가?

1	2	4	3	9	27	4	16	64	256	⋯

① 55 ② 57 ③ 59 ④ 61

26. 사과 장수 A 씨는 과수원에서 한 상자에 20개씩 들어 있는 사과 박스 10상자를 한 상자당 16,000원에 사고, 배송비와 인건비로 20,000원을 추가 지불하였다. 그런데 배송 도중 한 상자당 사과가 2개씩 썩어서 팔 수 없는 상태가 되었다. A 씨가 썩지 않은 사과를 모두 판매하여 지불한 총금액의 16%의 이익을 얻으려면 사과 한 개의 원가에 몇 %의 이익을 붙여서 팔아야 하는가? (단, 원가는 배송비와 인건비를 고려하지 않고 계산한다.)

① 35% ② 40% ③ 45% ④ 50%

27. 다음은 2020년 분기별 전자 지급 결제 대행에 대한 자료이다. 다음 중 자료에 대한 설명으로 옳은 것은?

[2020년 분기별 전자 지급 결제 대행]

(단위: 백만 건, 십억 원)

구분		1분기	2분기	3분기	4분기
이용 건수	신용카드	1,098	1,144	1,306	1,471
	계좌이체	65	73	97	121
	가상계좌	58	57	64	66
	기타	119	121	136	144
	전체	1,340	1,395	1,603	1,802
이용금액	신용카드	47,793	48,736	54,699	61,152
	계좌이체	3,041	3,668	4,187	4,489
	가상계좌	5,921	5,694	6,316	6,761
	기타	1,680	1,286	1,513	1,705
	전체	58,435	59,384	66,715	74,107

※ 출처: KOSIS(한국은행, 지급결제통계)

① 전체 이용 건수에서 신용카드 이용 건수가 차지하는 비중은 매 분기 85% 이상이다.

② 4분기 전체 이용 건수 1건당 전체 이용금액은 4만 원 이상이다.

③ 2020년 계좌이체 총 이용 건수는 가상계좌 총 이용 건수보다 적다.

④ 2분기 이후 전체 이용금액이 처음으로 60,000십억 원 이상이었던 분기에 전체 이용금액은 전년 대비 7,231 십억 원 증가하였다.

28. 다음은 지역별 주택연금 잔액 현황에 대한 자료이다. 다음 중 자료에 대한 설명으로 옳지 않은 것은?

[지역별 주택연금 잔액 현황]

(단위: 십억 원)

구분	2016년	2017년	2018년	2019년	2020년
서울	17,777	21,010	23,264	26,402	29,059
부산	2,076	2,785	3,553	4,338	4,789
대구	1,136	1,483	1,788	2,101	2,352
인천	1,730	2,197	2,613	3,010	3,234
광주	317	407	489	622	740
대전	658	777	890	994	1,149
울산	268	358	454	564	624
세종	18	38	57	116	134
경기	15,425	18,440	20,822	23,899	26,135
강원	255	308	380	464	541
충북	299	370	442	535	582
충남	299	393	495	564	630
전북	308	379	465	556	643
전남	107	134	160	205	256
경북	247	342	452	566	649
경남	678	932	1,234	1,510	1,734
제주	51	81	126	191	242
전국	41,649	50,434	57,684	66,637	73,493

※ 출처: KOSIS(한국주택금융공사, 주택금융및유동화증권(MBS, MBB)통계)

① 2017년 이후 전국의 주택연금 잔액은 전년 대비 매년 증가하였다.

② 2020년 전국의 주택연금 잔액에서 주택연금 잔액이 가장 많은 3개 지역의 주택연금 잔액의 합이 차지하는 비중은 80% 이상이다.

③ 제시된 기간 중 대전의 주택연금 잔액이 가장 적은 해에 대전의 주택연금 잔액은 충북과 충남의 주택연금 잔액의 합보다 크다.

④ 2020년 주택연금 잔액의 4년 전 대비 증가율은 경북이 경남보다 작다.

29. 다음은 원료원별 전력거래량을 나타낸 자료이다. 자료에 대한 설명으로 옳지 않은 것은?

[원료원별 전력거래량]

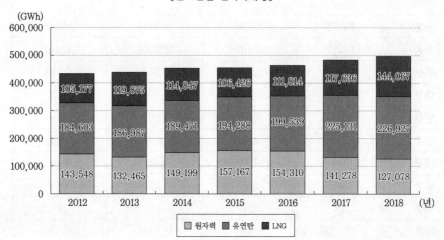

※ 출처: KOSIS(한국전력거래소, 전력시장통계)

① 2013년 이후 유연탄 전력거래량은 매년 전년 대비 증가했다.

② 2017년 원자력 전력거래량은 2015년 LNG 전력거래량의 약 1.3배이다.

③ 2012년부터 2018년까지 원자력 전력거래량의 평균은 142,000GWh 이상이다.

④ 제시된 세 가지 원료원의 전력거래량 합에서 유연탄 전력거래량이 차지하는 비중은 2014년에 전년 대비 증가했다.

30. 다음은 아버지의 교육 정도별 학생 1인당 월평균 사교육비에 대한 자료이다. 다음 중 자료에 대한 설명으로 옳은 것은?

[아버지의 교육 정도별 학생 1인당 월평균 사교육비]

(단위: 만 원)

구분	2018년				2019년			
	평균	고졸	대졸	대학원졸	평균	고졸	대졸	대학원졸
국어	2.1	1.6	2.3	3.0	2.3	1.8	2.5	3.3
영어	8.5	5.9	10.0	12.3	9.4	6.6	10.9	14.0
수학	8.3	6.0	9.6	12.2	9.0	6.6	10.2	13.1
사회·과학	1.2	0.8	1.3	2.2	1.3	0.9	1.4	2.3
논술	0.9	0.4	1.1	1.8	1.0	0.5	1.2	1.9
기타	0.4	0.3	0.5	0.5	0.6	0.4	0.6	0.8
전체	21.4	15.0	24.8	32.0	23.6	16.8	26.8	35.4

※ 출처: KOSIS(통계청 및 교육부, 초중고사교육비조사)

① 아버지의 교육 정도가 고학력일수록 2018년 대비 2019년 전체 학생 1인당 월평균 사교육비 증가액은 감소한다.

② 2019년 평균 아버지의 교육 정도에서 과목별 학생 1인당 월평균 사교육비가 가장 높은 과목의 전년 대비 월평균 사교육비 증가율은 10% 미만이다.

③ 2019년 대졸 아버지의 교육 정도에서 영어와 수학의 학생 1인당 월평균 사교육비의 합은 전체의 70% 이상이다.

④ 2019년 학생 1인당 월평균 사교육비가 높은 과목 3개의 순서는 아버지의 교육 정도가 고졸, 대졸, 대학원졸인 경우에서 모두 동일하다.

31. 다음은 국가별 경제활동인구 현황을 나타낸 자료이다. 자료에 대한 설명으로 옳은 것은?

[국가별 경제활동인구수]

(단위: 천 명)

구분	2013년	2014년	2015년	2016년	2017년	2018년
한국	26,108	26,836	27,153	27,418	27,748	27,895
일본	65,770	65,870	65,980	66,480	67,200	68,300
캐나다	19,038	19,124	19,278	19,441	19,663	19,813
미국	155,389	155,922	157,130	159,187	160,320	162,075
프랑스	28,625	29,403	29,477	29,556	29,668	29,824
독일	41,713	41,961	42,160	43,041	43,285	43,382
남아프리카공화국	19,921	20,395	21,282	21,740	22,438	22,728

[2018년 국가별 경제활동참가율]

(단위: %)

구분	한국	일본	캐나다	미국	프랑스	독일	남아프리카공화국
경제활동참가율	63.1	61.5	65.4	62.9	55.8	61.3	55.2

※ 경제활동참가율(%) = (경제활동인구수 / 경제활동가능인구수) × 100
※ 출처: KOSIS(통계청, ILO, 경제활동인구 및 참가율)

① 2017년 경제활동인구수의 전년 대비 증가 인원이 가장 많은 국가는 일본이다.

② 2018년에 경제활동인구수가 가장 적은 국가는 같은 해에 경제활동참가율도 가장 작다.

③ 2015년 경제활동인구수는 미국이 캐나다의 약 8.5배이다.

④ 2018년 남아프리카공화국의 경제활동가능인구수는 약 41,174천 명이다.

32. 다음은 품목별 식품첨가물 생산 및 판매현황에 대한 자료이다. 다음 중 자료에 대한 설명으로 옳지 않은 것은?

[품목별 식품첨가물 생산 및 판매현황]

(단위: 천 톤)

구분	2019년			2020년		
	생산량	국내 판매량	수출량	생산량	국내 판매량	수출량
과자·빵·떡류	1,440	1,397	42	2,159	2,110	48
기구·용기포장	3,747	3,458	289	2,685	2,460	225
농산가공식품류	2,835	2,744	92	2,855	2,672	182
당류	2,577	2,100	477	2,559	2,109	451
식품첨가물	3,853	3,433	421	3,567	3,128	439
음료류	5,201	4,763	438	5,217	4,807	410
절임·조림류	1,054	1,023	32	1,071	1,031	41
조미식품	1,529	1,491	37	1,561	1,502	59
주류	4,062	3,706	356	3,918	3,655	263
즉석식품류	1,305	1,244	62	1,304	1,275	29

※ 출처: KOSIS(식품의약품안전처, 식품및식품첨가물생산실적)

① 2019년과 2020년 모두 수출량이 가장 많은 품목은 생산량이 가장 많은 품목과는 다르다.

② 2020년 수출량이 100천 톤 이상을 기록한 품목은 전년 대비 증가하였다.

③ 2019년과 2020년 모두 국내 판매량이 가장 높은 품목은 생산량 대비 국내 판매량의 비중이 90% 이상이다.

④ 2020년 생산량이 2,500천 톤 미만인 품목들의 수출량 합은 100천 톤 미만이다.

33. 다음은 2021년 월별 신문지 재활용자원 가격에 대한 자료이다. 다음 중 자료에 대한 설명으로 옳은 것을 모두 고르면?

[2021년 월별 신문지 재활용자원 가격]

(단위: 원/kg)

구분	1월	2월	3월	4월	5월	6월	7월	8월	9월	10월	11월	12월
수도권	90	93	97	97	118	131	138	144	149	152	152	152
강원	81	86	86	89	116	122	126	127	127	135	135	137
충북	87	94	98	106	123	143	151	152	159	165	167	167
충남	86	92	98	109	126	144	152	152	152	159	159	159
전북	74	78	78	90	118	134	139	139	146	146	146	146
전남	91	89	91	91	124	145	147	156	156	160	161	160
경북	92	94	101	98	127	148	150	150	157	157	163	164
경남	86	90	94	103	126	144	144	144	153	154	154	162

※ 출처: KOSIS(한국환경공단, 재활용가능자원가격조사)

ㄱ 1월 대비 12월 수도권의 신문지 재활용자원 가격 증가율은 65% 이상이다.
ㄴ 각 지역 중 2021년 1분기 평균 신문지 재활용자원 가격이 가장 높은 지역은 경북이다.
ㄷ 2021년 4분기 동안 매월 신문지 재활용자원 가격이 가장 높은 지역은 경북이다.
ㄹ 각 지역은 조사기간 동안 4월 또는 5월에 처음으로 신문지 재활용자원 가격이 100원/kg 이상을 기록했다.

① ㄱ, ㄴ   ② ㄱ, ㄷ   ③ ㄱ, ㄹ   ④ ㄴ, ㄷ

34. 다음은 발생 원인별 비경제활동 인구수에 대한 자료이다. 자료에 대한 설명으로 옳지 않은 것은?

[발생 원인별 남자 비경제활동 인구수]

(단위: 천 명)

구분	2014년	2015년	2016년	2017년	2018년	2019년
육아	6	8	8	4	8	9
가사	124	141	153	164	158	147
통학	2,206	2,129	2,112	2,048	2,008	1,903
연로	1,183	1,215	1,252	1,294	1,289	1,283
심신장애	259	267	276	276	277	272
그 외	1,604	1,733	1,765	1,811	1,957	2,184
합계	5,382	5,493	5,566	5,597	5,697	5,798

[발생 원인별 여자 비경제활동 인구수]

(단위: 천 명)

구분	2014년	2015년	2016년	2017년	2018년	2019년
육아	1,433	1,434	1,355	1,262	1,183	1,166
가사	5,737	5,674	5,712	5,709	5,791	5,665
통학	2,017	1,954	1,920	1,893	1,827	1,805
연로	720	797	869	909	930	937
심신장애	165	170	171	154	150	155
그 외	506	564	594	658	710	792
합계	10,578	10,593	10,621	10,585	10,591	10,520

※ 출처: KOSIS(통계청, 경제활동인구조사)

① 2015년 가사로 인한 남자 비경제활동 인구 1명당 가사로 인한 여자 비경제활동 인구수는 2014년보다 적다.

② 제시된 기간 중 연로로 인한 남자 비경제활동 인구수가 가장 많은 해에 연로로 인한 여자 비경제활동 인구수는 전년 대비 40천 명 증가하였다.

③ 2018년의 비경제활동 인구수에서 심신장애로 인한 비경제활동 인구수가 차지하는 비중은 약 2.2%이다.

④ 2019년 통학으로 인한 비경제활동 인구수는 전년 대비 127천 명 감소하였다.

35. 다음은 2021년 1분기 월별 정보통신방송기기 수출 및 수입액에 대한 자료이다. 다음 중 자료에 대한 설명으로 옳은 것을 모두 고르면?

[2021년 1분기 월별 정보통신방송기기 수출 및 수입액]

(단위: 백만 달러)

구분	1월		2월		3월	
	수출	수입	수출	수입	수출	수입
전자부품	11,812	5,506	10,895	4,944	12,230	5,771
컴퓨터 및 주변기기	993	1,587	1,071	1,255	1,309	1,564
통신 및 방송기기	1,387	1,620	1,217	1,117	1,328	1,282
영상 및 음향기기	185	334	184	259	209	362
정보통신응용기반기기	1,902	1,723	1,893	1,618	2,335	1,965
전체	16,279	10,770	15,260	9,193	17,411	10,944

※ 출처: KOSIS(과학기술정보통신부, ICT주요품목동향조사)

ⓐ 3월의 전자부품을 제외한 정보통신방송기기 수출 및 수입액은 모두 5,000백만 달러 이상이다.
ⓑ 2월과 3월 모두 전월 대비 전체 수출 및 수입액이 모두 감소하였다.
ⓒ 전체 수출액 또는 수입액이 10,000백만 달러 미만이었던 달의 수출액 상위 3개 품목과 수입액 상위 3개 품목의 순서는 서로 동일하다.
ⓓ 2월에 수입액이 수출액보다 더 많았던 품목의 2월 수입액 평균은 757백만 달러이다.

① ㉠, ㉢   ② ㉡, ㉢   ③ ㉠, ㉣   ④ ㉡, ㉣

36. 다음은 2021년 1~3분기 월별 시내전화 번호 이동자 수에 대한 자료이다. 다음 중 자료에 대한 설명으로 옳은 것은?

[2021년 1~3분기 월별 시내전화 번호 이동자 수]

(단위: 회선)

구분	A 사	B 사	C 사	전체
1월	397	1,209	156	1,762
2월	350	945	174	1,469
3월	449	1,595	240	2,284
4월	378	1,718	324	2,420
5월	304	1,640	272	2,216
6월	430	1,046	140	1,616
7월	453	1,360	199	2,012
8월	366	857	124	1,347
9월	361	859	183	1,403

※ 출처: KOSIS(과학기술정보통신부, ICT주요품목동향조사)

① 분기별 전체 시내전화 번호 이동자 수는 1분기가 가장 많았다.

② 2월부터 9월까지 B 사의 전월 대비 시내전화 번호 이동자 수가 감소한 달은 총 5개이다.

③ C 사의 시내전화 번호 이동자 수가 가장 많았던 달은 A 사와 B 사의 시내전화 번호 이동자 수도 가장 많았다.

④ 조사기간 동안 A 사의 시내전화 번호 이동자 수가 가장 적었던 달은 A 사의 시내전화 번호 이동자 수가 C 사보다 30회선 이상 많았다.

37. 다음은 연도별 및 성별 구직급여 신청자 현황에 대한 자료이다. 자료에 대한 설명으로 옳은 것은?

[연도별 구직급여 신청자 수]

(단위: 명)

구분		2015	2016	2017	2018	2019
성	남자	476,499	473,799	456,017	526,704	573,588
	여자	475,239	481,201	484,084	536,118	574,312
연령	20대 이하	155,548	158,500	159,716	175,059	192,118
	30대	224,709	220,987	209,805	216,693	222,871
	40대	209,595	205,928	201,211	224,400	234,892
	50대	229,287	225,267	215,088	253,998	273,855
	60대 이상	132,599	144,318	154,281	192,672	224,164

[2019년 성별 구직급여 신청자 현황]

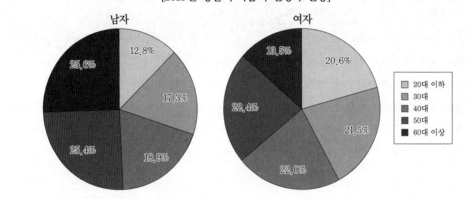

※ 출처: KOSIS(고용노동부, 구직급여신청동향)

① 50대 구직급여 신청자 수는 2018년이 2016년보다 적다.

② 2019년 40대 구직급여 신청자 수는 남자가 여자보다 많다.

③ 2018년 20대 이하 구직급여 신청자 수는 전년 대비 약 8.6% 증가했다.

④ 2019년 60대 이상 여자 구직급여 신청자 수는 약 77,532명이다.

38. 다음은 연령대별 봉사활동 현황에 대한 자료이다. 자료에 대한 설명으로 옳은 것은?

[연령대별 남성 봉사활동 횟수]

(단위: 백 회)

구분	2008년	2010년	2012년	2014년	2016년	2018년
10대 이하	4,699	8,801	10,051	8,755	9,497	7,876
20대	3,603	5,128	6,078	9,835	9,806	9,247
30대	1,556	1,931	1,760	2,010	1,788	1,729
40대	2,024	2,852	2,777	2,348	1,900	1,654
50대	1,325	2,179	2,396	2,653	2,366	2,247
60대 이상	2,426	2,855	3,274	4,347	4,111	4,577
전체	15,633	23,746	26,336	29,948	29,468	27,330

[연령대별 여성 봉사활동 횟수]

(단위: 백 회)

구분	2008년	2010년	2012년	2014년	2016년	2018년
10대 이하	5,996	11,456	14,561	11,370	12,511	9,862
20대	5,123	7,036	8,887	14,198	13,822	12,839
30대	3,232	3,262	2,619	2,058	1,712	1,460
40대	7,811	8,656	8,071	6,811	5,614	4,375
50대	6,753	8,620	9,014	9,061	8,357	7,502
60대 이상	6,751	8,802	9,960	14,010	13,344	14,534
전체	35,666	47,832	53,112	57,508	55,360	50,572

※ 출처: KOSIS(보건복지부, 사회복지자원봉사현황)

① 제시된 기간 중 2010년 이후 봉사활동 횟수의 2년 전 대비 증감 추이는 30대 남성과 30대 여성이 동일하다.

② 제시된 기간 중 20대 여성의 봉사활동 횟수가 처음으로 14,000백 회를 넘는 해에 20대 여성의 봉사활동 횟수가 전체 여성 봉사활동 횟수에서 차지하는 비중은 30% 이상이다.

③ 2014년에 봉사활동 횟수가 적은 순서에 따른 연령대별 순위는 남성과 여성이 동일하다.

④ 2008년 대비 2018년에 전체 여성 봉사활동 횟수의 증가량은 전체 남성 봉사활동 횟수의 증가량보다 3,209백 회 더 많다.

39. 다음은 연도별 건설사업관리기술인 노임가격에 대한 자료이다. 다음 중 자료에 대한 설명으로 옳은 것을 모두 고르면?

[연도별 건설사업관리기술인 노임가격]

(단위: 천 원)

구분	특급	고급	중급	초급
2015년	289	245	197	150
2016년	299	253	206	157
2017년	311	262	213	169
2018년	323	272	226	178
2019년	319	278	237	171
2020년	337	291	258	172
2021년	348	301	262	199
2022년	352	312	271	206

※ 출처: KOSIS(한국건설엔지니어링협회, 건설사업관리기술인임금실태조사)

ⓐ 4개 등급의 평균 건설사업관리기술인 노임가격은 2015년보다 2022년에 60천 원 이상 많다.
ⓑ 조사기간 동안 특급 건설사업관리기술인 노임가격이 처음으로 320천 원 이상을 기록한 해에는 4개 등급 모두 전년 대비 5천 원 이상 증가하였다.
ⓒ 2015년 대비 2020년 건설사업관리기술인 노임가격의 증가율은 고급이 중급보다 낮다.
ⓓ 조사기간 동안 초급 건설사업관리기술인 노임가격은 200천 원 미만이었다.

① ⓐ, ⓑ   ② ⓐ, ⓓ   ③ ⓐ, ⓑ, ⓒ   ④ ⓐ, ⓑ, ⓓ

40. 다음은 2021년 2분기 서울 및 6개 광역시의 토지거래현황에 대한 자료이다. 다음 중 자료에 대한 설명으로 옳은 것은?

[2021년 2분기 서울 및 6개 광역시의 토지거래현황] (단위: 필지 수(필지), 면적(천 ㎡))

구분	4월		5월		6월	
	필지 수	면적	필지 수	면적	필지 수	면적
서울	30,757	1,963	28,325	2,355	25,784	1,659
부산	16,820	2,856	14,108	5,207	13,278	1,744
대구	9,789	1,620	10,739	4,008	9,792	1,376
인천	22,777	4,765	20,822	3,372	19,372	3,406
광주	5,934	1,310	6,611	1,473	4,866	2,460
대전	5,537	1,303	4,723	907	5,116	1,011
울산	4,200	1,751	4,800	2,388	5,452	2,900

※ 출처: KOSIS(한국부동산원, 부동산거래현황)

① 6월 서울의 토지거래 1필지당 면적은 0.1㎡ 미만이다.

② 2분기 내내 인천의 토지거래 필지 수는 서울의 토지거래 필지 수의 70% 이상이다.

③ 2분기 월평균 토지거래 면적은 대구가 울산보다 크다.

④ 서울 및 6개 광역시에서 5월과 6월 모두 전월 대비 토지거래 필지 수가 감소하였다.

41. 다음 명제가 모두 참일 때, 항상 옳은 것은?

> - 나무가 많이 모인 곳은 숲이다.
> - 공기가 좋은 곳은 자연휴양림으로 운영된다.
> - 자연을 아끼는 사람은 숲을 보존한다.
> - 나무가 많이 모이지 않으면 자연휴양림으로 운영되지 않는다.
> - 일회용품을 사용하지 않는 사람은 자연을 아낀다.
> - 일회용품을 사용하는 사람은 환경운동에 관심이 있지 않다.
> - 환경운동에 관심이 있는 사람은 나무가 많이 모이고 공기가 좋은 곳을 만든다.

① 환경운동에 관심이 있는 사람은 숲을 보존한다.

② 자연휴양림으로 운영되는 곳은 숲이 아니다.

③ 자연을 아끼는 사람은 환경운동에 관심이 있다.

④ 일회용품을 사용하지 않는 사람은 공기가 좋은 곳을 만든다.

42. M 회사 건물 엘리베이터에 A, B, C, D, E 총 5명이 타려고 한다. 엘리베이터의 수용 가능 무게는 300kg이며, 1명당 몸무게는 85kg을 넘지 않는다. 다음 A~E의 진술 중 2명의 진술이 거짓일 때, 항상 옳지 않은 것은? (단, 5명의 평균 몸무게는 70kg이다.)

> - A: 우리 5명 중 최소 2명 이상이 양보해야 엘리베이터를 탈 수 있어.
> - B: 나를 제외한 4명의 평균 몸무게는 65kg이야.
> - C: 우리 5명 모두 50kg은 넘어.
> - D: 나는 80kg이야.
> - E: 나는 D보다 10kg 가벼워.

① B의 진술은 거짓이다.

② A, B, C 3명의 평균 몸무게는 65kg을 넘는다.

③ D의 몸무게는 5명 중 두 번째로 무겁다.

④ E의 몸무게는 5명 중 제일 가볍다.

43. 다음은 A 대학교 경영학과 수강 과목 목록이다. 학생 A, B, C, D, E는 각각 5일 중 모두 다른 요일에 하루만 수업을 수강할 때, 학생과 수강 과목을 바르게 연결한 것은?

[A 대학교 경영학과 수강 과목 목록]

월	화	수	목	금
세무회계(전공)	경영 과학(전공)	프로그래밍(교양)	일본어(교양)	문학의 이해(교양)
–	광고론(전공)	–	골프(교양)	미분적분학(교양)
–	–	–	–	영어 회화(교양)

• C는 D보다 이전 요일의 수업을 수강한다.
• B보다 나중 요일의 수업을 수강하는 사람은 없다.
• E는 교양 과목을 수강하지 않는다.
• D가 수강하는 수업은 두 과목이다.
• A는 교양 과목을 수강한다.
• C는 경영 과학 수업을 수강한다.

① A – 프로그래밍

② B – 일본어

③ D – 영어 회화

④ E – 광고론

44. 다음 글을 읽고 창의적 사고에 대한 설명으로 가장 적절하지 않은 것은?

창의적 사고는 현재 직면한 문제를 해결하기 위해 이전에 경험했거나 알고 있는 지식을 활용하여 새로이 가치 있는 아이디어를 만들어 내는 것으로 통상적인 것이 아닌 기발하고 독창적인 것이다.

① 창의적 사고는 정보와 정보의 조합이다.

② 창의적 사고는 사회와 개인에게 새로운 가치를 창출한다.

③ 창의적 사고는 자신이 만든 계획을 주위 사람에게 설득하여 이해시키기 위해 필요하다.

④ 창의적 사고는 문제에 대해서 다양한 사실을 찾거나 아이디어를 창출하는 발산적 사고가 요구된다.

45. 다음 글에서 설명하는 문제 해결 방법으로 가장 적절한 것은?

> 현재 직면한 문제와 이에 대한 해결책에서 더 나아가 해당 문제와 해결책이 상위 시스템 또는 다른 문제와 어떻게 연결되어 있는지에 대한 생각을 통해 문제를 해결하는 방법이다.

① 전략적 사고를 통한 문제 해결

② 분석적 사고를 통한 문제 해결

③ 발상의 전환을 통한 문제 해결

④ 내·외부자원을 효과적으로 활용한 문제 해결

[46 - 47] 다음은 산업통상자원부에서 근무하는 직원 A 씨가 작성한 에너지 사용 제한에 대한 공고문이다. 각 물음에 답하시오.

[에너지 사용 제한 공고문]

구분	제한 대상	제한 내용	적발 과태료
전기 사용 제한	• 사용전력 5,000kW 이상 대규모 전기 사용자	• 오후 2~6시 전기 사용량 5~10% 감축	• 1회: 100만 원 • 2회: 150만 원 • 3회: 250만 원 • 4회 이상: 400만 원
냉방 온도 제한	• 점포, 상가 등의 건물 • 모든 공공기관	• 점포, 상가 등의 건물: 실내 온도 26도 이상 유지 • 모든 공공기관: 27도 이상 유지	
네온사인 사용 제한	• 모든 서비스업 사업장의 옥외광고물 및 옥외장식용 네온사인	• 오후 5~7시 네온사인 사용 금지	

※ 1) 적용 예외 건물: 도서관, 학교, 사회복지시설
2) 오후 7시 이후 사업장당 네온사인 1개 이용 가능

46. 다음 중 에너지 사용 단속을 위해 A 씨가 직원들에게 전달할 내용으로 가장 적절하지 않은 것은?

① "다회 적발 시 최대 400만 원의 과태료가 부과될 수 있으니 안내문을 꼼꼼하게 숙지할 것을 요청해 주세요."

② "모든 도서관에 열람실 및 휴게실의 실내 온도가 26도 이상으로 유지되어야 한다는 내용을 서면 통보해 주세요."

③ "17시에서 19시 사이 건물 외벽에 광고용 네온사인을 작동시킨 영업장의 사업주에게 과태료 청구서를 발급해 주세요."

④ "14시에서 18시 사이에 전기 사용량 감축률이 5% 미만이고 사용전력이 5,000kW가 넘는 전기 사용자 목록을 전달해 주세요."

47. 에너지 사용 제한 정책이 확대됨에 따라 A 씨는 공고문 내용을 일부 수정하였다. 수정된 에너지 사용 제한 공고문을 기준으로 에너지 사용 단속을 위해 A 씨가 한 행동으로 가장 적절하지 않은 것은?

[에너지 사용 제한 공고문]

구분	제한 대상	제한 내용	적발 과태료
전기 사용 제한	• 사용전력 3,000kW 이상 대규모 전기 사용자	• 오전 10~11시, 오후 2~6시 전기 사용량 10~15% 감축	• 1회: 200만 원 • 2회: 250만 원 • 3회: 350만 원 • 4회 이상: 500만 원
냉방 온도 제한	• 점포, 상가 등의 건물 • 모든 공공기관	• 점포, 상가 등의 건물: 실내 온도 27도 이상 유지 • 모든 공공기관: 28도 이상 유지	
네온사인 사용 제한	• 모든 서비스업 사업장의 옥외광고물 및 옥외장식용 네온사인	• 오후 5~7시 네온사인 사용 금지	
냉방기 순차 가동	• 모든 공공기관	• 오전 10~12시 지역별 냉방기 순차 가동(상시)	

※ 1) 적용 예외 건물: 도서관, 학교, 사회복지시설
　 2) 오후 8시 이후 사업장당 네온사인 1개 이용 가능
　 3) 예비전력 300만kW 이하일 경우 공공기관의 냉방기 가동 전면 중지(위반 시 경고 조치 후 과태료 부과)

① 건물 장식을 위해 다수의 네온사인을 사용한 것을 3회 적발할 경우 과태료 350만 원을 청구한다.

② 예비전력이 300만kW 이하일 때 에어컨 사용으로 최초 적발된 공공기관에 경고 조치를 내린다.

③ 사용전력 3,000kW 이상인 공장이 18시 이후에도 감축된 전기 소비량을 유지하고 있는지 확인한다.

④ 사회복지시설을 제외한 상가나 점포 건물 중 냉방 온도가 26도 이하인 곳은 없는지 점검한다.

48. 다음은 하준이가 식당을 개업하기 위해 부동산에 문의한 건물 정보이다. 하준이는 식당을 처음 개업하여 추후 운영 상황에 따라 계약 연장 여부를 결정하기 위해 이번에는 3년으로 계약을 진행할 예정이다. 총비용이 가장 저렴한 건물에 식당을 개업하고자 할 때, 하준이가 선택할 건물은?

[건물별 정보]

구분	월세	보증금	인테리어 비용	비고
A 건물	165만 원/월	6,300만 원	750만 원	2년 이상 계약 시 보증금 10% 감면
B 건물	150만 원/월	7,400만 원	410만 원	3년 이상 계약 시 매달 월세 10% 감면
C 건물	135만 원/월	6,800만 원	580만 원	5년 이상 계약 시 보증금 15% 감면
D 건물	180만 원/월	5,700만 원	630만 원	2년 이상 계약 시 인테리어 무상 제공

※ 총비용 = 계약 기간 동안 지불할 총월세 + 보증금 + 인테리어 비용

① A 건물　　　　② B 건물　　　　③ C 건물　　　　④ D 건물

49. 다음 글을 읽고 A 기업이 직면한 문제의 쟁점으로 가장 적절한 것은?

　　여성 의류 전문업체인 A 기업은 최근 출시한 겨울 신상 코트가 예상보다 판매량이 적어 재고가 쌓이고 있다. 이로 인해 막대한 재고 비용이 발생하여 A 기업 기획팀은 해당 문제를 해결하기 위해 긴급회의를 소집하였다. 회의 결과 해결 방안으로 예정된 추가 생산을 중단하고 높은 할인율로 판매하여 재고 처리에 전념하기로 하였으나, 유행에 민감한 여성 의류인 만큼 판매량 증진 효과가 크지는 않을 것으로 보인다. 심지어 사전에 단추 납품업체와는 추가 생산량을 포함하여 계약을 체결하였으므로 추가 생산을 중단할 경우 코트 외에도 단추 재고가 함께 쌓일 것으로 예상된다.

① 유행에 민감하지 않은 생산 라인을 추가 확보할 필요는 없는가?
② 신상 코트의 판매량을 높이기 위해 어떤 방법을 취해야 하는가?
③ 단추 납품업체에 납품 수량 변경 재계약을 요청할 수 있는가?
④ 정확한 판매량 예측 및 재고 처리를 위해 어떻게 해야 하는가?

50. 다음은 SWOT에 대한 설명과 A 맥주회사의 SWOT 분석 결과이다. 다음 자료를 기반으로 A 맥주회사가 세운 전략 중 가장 적절한 것은?

> SWOT 분석은 기업 내부의 S(강점)와 W(약점), 기업 외부의 O(기회)와 T(위협)의 4가지 요소를 토대로 경영전략을 수립하는 기법이다. SO 전략은 외부의 기회를 활용하기 위해 강점을 활용하는 전략이고, ST 전략은 외부의 위협을 회피하기 위해 강점을 활용하는 전략이다. WO 전략은 약점을 극복하거나 제거함으로써 외부의 기회를 활용하는 전략이고, WT 전략은 외부의 위협을 회피하고 약점을 최소화하거나 없애는 전략이다.
>
> **[A 맥주회사의 SWOT 분석 결과]**
>
> | S(강점) | W(약점) |
> |---|---|
> | • 제조 공법 특허권 보유
• 국내 유일 100% 보리 맥주 | • 제조 공장 화재 사건으로 인한 생산라인 감소
• 해외 맥주회사 유입으로 인한 점유율 하락 |
> | O(기회) | T(위협) |
> | • 1인 가구의 증가로 캔 맥주의 수요 증가
• 소비자들의 신제품 기대 | • 국내 주류세 강화로 인한 원가 상승
• 국내 맥주 시장이 축소되는 추세 |

① "ST 전략으로 유럽 시장으로 진출해 해외 점유율을 확보합시다."

② "SO 전략으로 농가와의 계약에서 보리를 미리 저렴하게 확보해 100% 보리 맥주의 가격을 낮춥시다."

③ "WT 전략으로 시장 점유율을 높이기 위해 캔 맥주 구매 시 사은품을 함께 주는 이벤트를 합시다."

④ "WO 전략으로 화재 안전 최고등급을 받은 새 공장에서 신제품 제조를 추진합시다."

51. 다음은 필립스 곡선에 관한 글이다. 빈칸에 들어갈 말을 순서대로 바르게 나열한 것은?

> 필립스 곡선이란 영국의 경제학자 필립스가 발견한 실증 법칙으로 정부의 재정금융정책으로 경기가 호전되고 (㉠)이 낮아지면 (㉡)이 높아지고, 불경기가 되어 (㉠)이 높아지면 (㉡)이 낮아짐을 나타낸 곡선이다.

① 고용률 – 물가 상승률

② 고용률 – 이자율

③ 실업률 – 물가 상승률

④ 실업률 – 이자율

52. 다음은 영업현금흐름에 대한 자료와 T 사의 20XX년 손익계산서이다. 영업현금흐름에 대한 자료를 토대로 판단한 내용으로 옳지 않은 것은?

기업의 성과를 측정할 때는 주로 매출, 영업이익, 영업현금흐름의 세 가지 지표를 사용한다. 그중에서도 대부분의 기업들은 매출과 영업이익을 중요한 성과지표로 활용하지만, 성과를 측정할 때 매출과 영업이익에만 높은 배점을 두면 외상을 하여 매출 규모를 무리하게 확장시키는 기업이 나타날 수 있다. 매출 규모를 무리하게 확장시킬 경우, 기업 내의 현금 및 현금성 자산의 확보가 어려워지기 때문에 기업의 자금 유동성이 악화될 위험이 있고, 자금 유동성 악화는 곧 차입금의 증가를 가져오게 되므로 재무 관리상의 문제를 해결하기 위해 기업의 성과지표로 영업현금흐름(Operating cash flow) 또한 주의 깊게 살펴야 한다.

영업현금흐름은 영업자산에서 발생한 현금흐름으로 기업의 정상적인 영업활동에서 생기는 기업에 유입되거나 유출되는 현금의 흐름을 의미한다. 영업현금흐름을 구할 때는 이자비용이나 배당과 같은 기업의 영업활동에 대한 성과와 무관한 금융비용은 제외하며, 감가상각비는 비용으로 인정되어 법인세를 감소시키지만 현금의 유출이 없으므로 감가상각비는 현금 유출로 인식하지 않되, 감가상각비의 절세효과는 현금 유입으로 고려하게 된다. 이에 따라 매출액에 매출원가와 감가상각비를 제외한 영업이익(Earning before interest and taxes)에서 영업이익에 대한 법인세를 제외하고, 다시 감가상각비를 더하여 영업현금흐름을 구할 수 있다. 이때, 영업이익에 대한 법인세는 이자비용이나 배당과 같은 금융비용을 제외한 영업이익에 대하여 생각해야 하므로 손익계산서상의 순이익에 대한 법인세가 아니라 금융비용을 제외하기 전 영업이익에 대한 법인세를 가정하여 계산하여야 한다. 이러한 내용을 고려하여 영업현금흐름을 다음과 같이 구할 수 있다.

영업현금흐름 = 영업이익 × (1 − 법인세율) + 감가상각비

[T 사 20XX년 손익계산서]

(단위: 억 원)

매출액	3,500
매출원가	(1,650)
감가상각비	(330)
영업이익	1,520
이자비용	(370)
법인세비용 차감 전 순이익	1,150
법인세(세율 20%)	(230)
세후 순이익	920

※ 괄호 안의 숫자는 비용을 의미함

① 기업의 성과를 측정할 때 매출과 영업이익만 높은 배점을 두고 성과지표로 활용할 경우 일부 기업에서 기업의 자금 유동성이 악화될 위험이 있다.

② T 사의 20XX년 영업현금흐름은 1,250억 원이다.

③ 영업현금흐름을 구할 때는 감가상각비를 현금 유출로 인식하지 않는다.

④ 법인세비용 차감 전 순이익은 영업이익에 기업의 금융비용인 이자비용을 제한 금액으로 볼 수 있다.

53. 현수는 스마트폰 게임 중독을 방지하는 프로그램 개발 회의에 참석하였으며 회의는 여섯 색깔 사고모자 기법을 통해 진행되었다. 현수가 서로 다른 색깔의 세 가지 모자를 각각 쓴 뒤 모자 색깔에 해당하는 역할을 수행하여 다음과 같은 의견들을 제시했을 때, 현수가 쓰지 않은 모자 색깔로 가장 적절한 것은?

> • "프로그램으로 스마트폰 게임의 하루 이용 시간을 제한하는 방법이 있어요."
> • "프로그램을 통해 이용 시간 경고 알람이 오면 이용자가 게임을 자제할 것 같아요."
> • "비강제성인 프로그램을 활용한다면 실질적으로 많은 사람이 이용할 것 같지 않아요."

① 초록색   ② 노란색   ③ 검정색   ④ 빨간색

54. 다음은 P 회사가 소유한 회사 자동차의 정보를 나타낸 자료이다. P 회사 홍보마케팅 담당인 민지가 P 회사에서 300km 떨어진 H 회사까지 P 회사 소유의 차로 왕복할 때, 총비용이 가장 적게 발생하는 자동차는? (단, 출발하기 전에 기름은 필요한 만큼만 충전하고, 교체 필요 타이어도 교체한다.)

[P 회사 소유 자동차 정보]

구분	복합연비(km/L)	교체 필요 타이어(개)	기름	자동차에 채워져 있는 기름의 양(L)
A 자동차	24	2	휘발유	10
B 자동차	16	1	경유	20
C 자동차	20	1	경유	0
D 자동차	12	0	경유	10

※ 1) 휘발유 가격은 1,500원/L, 경유 가격은 1,200원/L
   2) 타이어 교체 비용은 타이어 1개당 20,000원

① A 자동차   ② B 자동차   ③ C 자동차   ④ D 자동차

55. 다음은 식품군의 분류와 식품군별 1일 권장 섭취량에 대한 자료이다. 자료를 토대로 판단한 내용으로 옳지 않은 것은?

식품군은 함유된 영양소가 비슷한 것을 함께 묶어 분류한 것을 말한다. 식품군을 6가지로 분류할 경우 식품군은 각각 곡류, 고기·생선·계란·콩류, 채소류, 과일류, 우유·유제품류, 유지·당류로 분류된다. 대표적으로 곡류에는 주요 영양소로 복합다당류와 식이섬유가 함유되어 있으며, 고기·생선·계란·콩류에는 단백질, 채소류와 과일류에는 비타민A와 비타민C, 무기질, 식이섬유가 함유되어 있다. 또한 우유·유제품류에는 칼슘, 단백질, 지방, 유지·당류에는 지방, 비타민D, 당류가 함유되어 있다. 이렇듯 식품별로 다양하게 함유되어 있는 주요 영양소를 고려하여 영양적으로 균형 잡힌 식사를 위해서는 각 식품군을 1일 권장 섭취 횟수와 1회 권장 섭취량에 따라 적당량 섭취하기를 권고하고 있다. 생애주기별 1일 권장 섭취 칼로리, 식품군별 1일 권장 섭취 횟수와 1회 권장 섭취량은 다음과 같다.

[생애주기별·식품군별 1일 권장 섭취 횟수]

(단위: 회)

구분		청소년		성인		노인	
		남자	여자	남자	여자	남자	여자
1일 권장 섭취 칼로리		2,400kcal	2,000kcal	2,400kcal	1,900kcal	2,000kcal	1,600kcal
1일 권장 섭취 횟수	곡류	4	4	5	4	4	2.5
	고기·생선·계란·콩류	5	4	5	5	5	4
	채소류	6	5	7	7	7	6
	과일류	2	2	3	2	2	2
	우유·유제품류	2	2	1	1	1	1
	유지·당류	5	4	5	4	4	3

※ 식품군별 1일 권장 섭취량 = 식품군별 1일 권장 섭취 횟수 × 식품군별 1회 권장 섭취량

[식품군별 1회 권장 섭취량]

(단위: g)

구분	대표식품	1회 분량
곡류	쌀밥, 보리밥	210
	감자	130
	떡(떡국용)	130
	국수	100
	고구마	100
	식빵	100
	과자(스낵류)	30
	시리얼	30

고기·생선·계란·콩류	두유	200
	두부	80
	돼지고기, 쇠고기	60
	소시지(햄)	60
	계란	50
	생선	50
	어묵	50
	멸치, 건오징어	15
채소류	토마토주스	100
	김치류(배추김치, 깍두기, 총각김치)	40
	다시마, 미역, 파래	30
	버섯류	30
	김	2
과일류	수박, 참외, 딸기	200
	오렌지주스	200
	감, 배	100
	귤, 복숭아, 사과	100
우유·유제품류	우유	200
	요구르트(액상)	150
	요구르트(호상)	110
	아이스크림	100
	치즈	20
유지·당류	탄산음료, 식혜	200
	설탕, 꿀, 사탕	10
	버터, 마가린	5
	식물성 기름	5

① 남자 성인이 계란만을 섭취하여 고기·생선·계란·콩류의 1일 권장 섭취량을 모두 채웠다면, 섭취한 계란의 양은 총 250g이다.

② 여자 청소년의 1일 권장 섭취 칼로리는 여자 성인의 1일 권장 섭취 칼로리보다 높지만 남자 청소년의 1일 권장 섭취 칼로리는 남자 성인의 1일 권장 섭취 칼로리와 같다.

③ 식이섬유가 주요 영양소로 함유된 식품군은 2개뿐이며, 해당 식품군에 포함되는 대표식품들 중 1회 권장 섭취량이 가장 많은 대표식품은 1회 분량이 200g이다.

④ 여자 노인이 꿀을 유지·당류의 1일 권장 섭취량 이하로 섭취하기 위해서는 30g 이하로 섭취하여야 한다.

56. 이 주임은 오전 9시에 집에서 출발하여 회사에서 1시간 동안 미팅에 필요한 자료를 정리한 후, 오전 11시 30분에 예정되어 있는 거래처 미팅을 가려고 한다. 최단 시간에 도착할 수 있는 경로로 갈 때 발생하는 총비용과 최소 비용으로 이동할 수 있는 경로로 갈 때 발생하는 총비용의 차는? (단, 이 주임은 미팅에 지각하지 않는다.)

[집 → 회사 이동 시 이동 수단별 소요 시간 및 비용]

이동 수단	소요 시간(분)	비용(원)
지하철	16	1,250
마을버스	18	1,300
도보	30	0
택시	10	3,800

[회사 → 미팅 장소 이동 시 이동 수단별 소요 시간 및 비용]

이동 수단	소요 시간(분)	비용(원)
지하철	65	1,850
기차	29	4,800
시외버스	83	3,250
고속버스	40	3,600
택시	58	38,010

① 4,000원　　　② 5,350원　　　③ 5,500원　　　④ 6,100원

57. △△공기업 경영안전팀에 근무하는 귀하가 경영안전팀의 경영 전략을 수립하기 위해 시행한 SWOT 분석 결과가 다음과 같을 때, 분석 결과에 기반하여 수립한 전략으로 가장 적절하지 않은 것은?

[SWOT 분석 결과]

강점(Strength)	• 우수한 경영평가 실적을 바탕으로 한 높은 경영 안정성 • 임직원·주민·전문기관이 참여한 중장기 경영 계획 수립을 통한 체계성 확보
약점(Weakness)	• 신입사원의 증가로 인한 실무진의 업무 경험 부족 • 시설 노후화로 인한 인프라 및 자원 활용 제한
기회(Opportunity)	• 관련 정부 부처의 사업 지원 예산 확대에 따른 신규 사업 시행 가능성 증대 • 사업 운영에 대한 주민 등 이해관계자의 관심 증가
위협(Threat)	• 감염병 재난 상황의 지속에 따른 안전보건에 대한 욕구 상승 • 공정사회 구현 및 공기업의 사회적 책임 이행에 대한 요구 증가 • 서비스 및 시설 개선에 대한 주민 등 이해관계자의 요구 증대

[SWOT 전략]

내부 환경 외부 환경	강점(Strength)	약점(Weakness)
기회(Opportunity)	① 중장기 경영 계획 수립을 이해관계자에게 공유하여 사업 운영에 대한 신뢰도 증진	② 지역 주민을 대상으로 노후 시설 활용 공모전을 시행하여 인프라 및 자원 활용의 한계 극복
위협(Threat)	③ 안전보건 계획을 수립하고 이를 바탕으로 노후화된 시설을 재정비하여 안정성 확보	④ 주민의 입장을 반영하여 노후화 시설을 개선함으로써 시설 이용 만족도 상승 유도

58. 다음 글을 근거로 판단한 내용으로 옳지 않은 것은?

산업통상자원부, 환경부, 기획재정부는 19일 전기차 보급 물량을 대폭 늘리고 고성능 및 보급형 전기차에 대한 지원을 확대하기 위한 '2022년 전기자동차 보조금 업무처리지침 개편안'을 25일까지 행정 예고한다고 밝혔다. 이번 개편안은 전기·수소차와 같은 무공해차 전환의 가속화 필요성 증대와 대기환경 개선효과 제고 등을 고려해 관계부처 및 차량 제작·수입사 등 이해관계자들 간의 논의를 통해 마련했다.

이번 개편안의 주요 내용을 살펴보면 다음과 같다. 차종별 보급물량이 대폭 확대되었는데, 차종별 최대 보조 금액을 인하하는 대신 전기차는 20만 7500대를 보급할 계획으로 전년 10만 1000대에 비해 2배 이상 증가했다. 지원 대수는 승용차가 7만 5000대에서 16만 4500대로, 화물차가 2만 5000대에서 4만 1000대로, 승합차가 1,000대에서 2,000대로 늘었고, 국비 기준 최대 보조 금액은 승용차가 800만 원에서 700만 원으로, 소형 화물차가 1,600만 원에서 1,400만 원으로, 대형 승합차가 8,000만 원에서 7,000만 원으로 줄었다.

이어, 전기차 대중화를 가속화하기 위해 가격 인하를 유도하고 무공해차 전환을 위한 기업들의 적극적인 참여에 대해 각종 혜택을 제공한다. 무공해차 보급형 차량 모델을 육성하기 위해 구간별 보조금 지원 상한액을 인하해 지난해 6,000만 원 미만 100%, 6,000~9,000만 원 미만 50% 지원, 9,000만 원 이상 미지원에서, 올해는 5,500만 원 미만 100%, 5,500~8,500만 원 미만 50% 지원, 8,500만 원 이상 미지원으로 바뀐다. 또한, 5,500만 원 미만의 보급형 차량이 지난해에 비해 가격을 인하할 경우 추가 보조금을 인하액의 30%, 최대 50만 원 지원한다.

아울러, '저공해차 보급 목표제' 대상기업 차량에 지원하던 보조금에 무공해차 목표를 달성했을 경우 보조금을 추가해 최대 규모를 확대한다. 또, 전기승용차·전기승합차처럼 전기화물차도 올해부터 연비 및 주행거리 성능에 따라 보조금을 차등화하며, 전기차 제조·수입사의 배터리 재활용 활성화를 지원하기 위해 배터리의 잔존가치 평가에 필요한 정보를 제공한다. 앞으로 사용 후 배터리가 급격히 늘어날 것으로 예상되기 때문에 정보 제공을 통해 성능평가 시간이 단축되면 사용 후 배터리의 수급 및 매각이 촉진되는 등 재활용 활성화에 도움을 줄 것으로 보인다.

아울러, 수출 등의 경우 의무운행 기간을 2년에서 5년으로 연장해 보조금을 지원받은 전기차의 해외 반출을 최소화할 계획으로, 지방자치단체별로 자격요건 통일 및 2회 이상 공고 의무화 등 국민이 알기 쉽게 절차를 개선한다. 자격조건인 3개월 이내 거주요건을 계산할 때 지방자치단체별로 접수일 또는 공고일 등 기준이 달랐는데 올해부터는 기준일을 구매신청서 접수일로 통일해 국민 불편을 해소한다. 또, 지난해에는 하반기 구매예정자를 위해 추가 공고를 개별 지방자치단체와 별도 협의했으나 올해부터는 당해 연도 내 최소 2회 이상 공고를 의무화한다. 아울러, 전기차를 대량 구매하는 법인·기관에 대해서는 일반 개인(택시, 소상공인 포함) 대비 지방비를 50% 수준으로 지원할 수 있도록 해 보급 물량을 확대한다.

이번 개편안의 자세한 내용은 무공해차 통합 누리집(www.ev.or.kr)에서 확인할 수 있으며, 정부는 수렴된 의견을 바탕으로 개편안을 확정해 무공해차 보급을 가속화하고 수송부문 '국가 온실가스 감축 목표(NDC)'를 차질 없이 달성하며, 공급 여건과 수요 변화에 긴밀하게 대응하여 전기차 대중화 시대를 선도할 계획이다.

※ 출처: 산업통상자원부(2022-01-19 보도자료)

① 올해부터 8,500만 원 이상의 무공해차는 보급형 차량 모델 육성을 위한 보조금을 지원받을 수 없다.

② 전기자동차 보조금 업무처리지침 개편안의 세부 내용을 확인하고자 한다면 무공해차 통합 누리집을 확인해야 한다.

③ 본래 '저공해차 보급 목표제' 대상기업 차량에 지원하던 보조금이 존재하였다.

④ 전기자동차 보조금 업무처리지침 개편안 확정시 승용차의 국비 기준 최대 보조 금액은 800만 원이 될 것이다.

[59 – 60] 다음 글을 읽고 각 물음에 답하시오.

야구는 기록의 스포츠라고 한다. 여타 종목 대비 다양한 기록이 양산됨은 물론 세분화된 기록과 통계 수치를 통해 선수의 가치를 가늠하기도 하고 미래를 예측할 수도 있기 때문이다. 이처럼 야구를 통계학적·수학적 방법으로 분석하는 것을 일컬어 세이버매트릭스(Sabermetrics)라고 한다. 세이버매트릭스를 나타내는 지표는 매우 다양하다.

야구 선수는 크게 타자와 투수로 구분되는데, 그중 타자의 성적을 알아볼 때 가장 기본적으로 활용되는 수치는 타율(Batting average)이다. 안타를 타수로 나누어 계산된 수를 소수점 아래 넷째 자리 숫자에서 반올림하여 소수점 아래 셋째 자리까지 표시하는 값을 의미한다. 할푼리로 표현되는 값으로, 소수점 아래 첫째 자리 숫자에 '할'을, 소수점 아래 둘째 자리 숫자에 '푼'을, 소수점 아래 셋째 자리 숫자에 '리'를 붙여 읽게 된다. 다만, 할푼리 중 해당되는 수치가 없을 경우에는 그 수치는 제외하고 읽어야 한다.

타율 계산 시 활용되는 타수를 이해하기 위해서는 타석에 대한 이해가 선행되어야 한다. 타자가 투수의 공을 치기 위해서는 배팅 박스(Batting box)에 서게 된다. 이처럼 선수가 배팅 박스에 들어선 횟수를 타석이라 하는데, 타수는 타석에서 볼넷, 몸에 맞는 공, 고의사구, 희생타를 제외한 수치를 말한다. 예컨대 450번의 타수를 기록한 어떤 타자가 총 150번의 안타를 쳤다면 이 타자의 타율은 150 ÷ 450 ≒ 0.333, 즉 3할 3푼 3리가 된다. 흔히 매년 프로야구 시즌이 종료되면 선수 중 타격왕을 선정하게 되는데 타격왕을 선정하는 지표가 바로 타율이며, 한 시즌 내에 타율이 가장 높았던 선수가 타격왕으로 선정되게 된다.

타율이 타자의 성적을 알아보는 기본 지표로 활용되었다면, 투수의 성적을 알아볼 때 활용되는 기본적 지표는 평균자책점이다. 평균자책점은 투수가 한 경기에 허용하는 점수의 평균적 수치로, 9이닝당 자책점으로 나타내기 때문에 투수가 허용한 자책점의 합에 9를 곱하고, 이 값을 다시 투수가 던진 이닝 수로 나누어 구하게 된다. 타율과 달리 소수점 아래 둘째 자리까지 표시하므로 소수점 아래 셋째 자리에서 반올림한 값으로 결정된다. 예를 들어 190이닝을 등판한 어떤 투수의 총 자책점이 40점이라면, 이 투수의 평균자책점은 (40 × 9) ÷ 190 ≒ 1.89가 된다.

59. 윗글을 근거로 판단한 내용으로 옳지 않은 것은?

① 甲의 타율이 0.205라면 2할 5리라고 읽어야 한다.
② 세이버매트릭스를 통해서 선수의 현재 가치는 물론 미래성도 예측할 수 있다.
③ 한 시즌 동안 130이닝을 등판하여 총 자책점으로 50점을 기록한 乙의 평균자책점은 3.5 이상이다.
④ 丙이 친 공이 희생타로 기록되었다면 丙의 타율에는 변동이 없다.

60. 윗글을 근거로 판단할 때, A~D 선수 중 타격왕을 차지한 사람은? (단, 제시된 사항 외 다른 것은 고려하지 않는다.)

구분	타석	안타	볼넷	몸에 맞는 볼	고의사구	희생타
A 선수	400	125	30	3	0	15
B 선수	460	150	25	5	1	20
C 선수	420	132	40	0	1	24
D 선수	380	140	10	2	1	8

① A 선수　　　　② B 선수　　　　③ C 선수　　　　④ D 선수

61. 다음 중 직장에서의 인사예절에 대해 바르게 이해하지 못한 사람은 총 몇 명인가?

> 윤석: 악수는 윗사람이 아랫사람에게, 여성이 남성에게, 선배가 후배에게 청하는 것이 기본예절이야.
> 장수: 악수는 왼손으로 하도록 하고, 상대의 손을 적당히 힘 있게 잡을 수 있도록 그 강도에 주의해야 해.
> 형준: 악수할 때 상대에게 눈을 맞추고 미소를 지으면 적극적으로 집중하고 있다는 인상을 남길 수 있어.
> 태민: 동서양 관계없이 가벼운 절을 동반하여 악수를 하므로 서양인 바이어와 악수할 때 가볍게 절하는 게 좋아.

① 0명   ② 1명   ③ 2명   ④ 3명

62. 다음은 □□공사 임직원 행동강령의 일부이다. 이 자료를 토대로 추론할 때, □□공사 임직원 A~D 중 행동강령을 위반한 사례로 가장 적절하지 않은 것은?

> **제4조(공정한 직무수행을 해치는 지시 등에 대한 처리)**
> ① 임직원은 하급자에게 자기 또는 타인의 이익을 위하여 법령이나 규정을 위반하여 공정한 직무수행을 현저하게 해치는 지시를 하여서는 아니 된다.
> ② 상급자로부터 제1항을 위반하는 지시를 받은 임직원은 해당 상급자에게 사유를 소명하고 지시에 따르지 아니하여야 한다.
> ③ 제2항에 따라 지시를 이행하지 아니하였는데도 같은 지시가 반복될 경우 즉시 윤리책임관과 상담하여야 한다.
> ④ 제2항 또는 제3항에 따라 상담 요청을 받은 윤리책임관은 지시 내용을 확인하여 지시를 취소하거나 변경할 필요가 있다고 인정되면 이사장에게 보고하여야 한다. 다만, 지시 내용을 확인하는 과정에서 부당한 지시를 한 상급자가 스스로 그 지시를 취소하거나 변경하였을 때에는 이사장에게 보고하지 아니할 수 있다.
> ⑤ 제4항에 따른 보고를 받은 이사장은 필요하다고 인정되면 지시를 취소·변경하는 등 적절한 조치를 하여야 한다. 이 경우 공정한 직무수행을 해치는 지시를 제2항에 따라 이행하지 아니하였는데도 같은 지시를 반복한 상급자에게는 징계 등 필요한 조치를 할 수 있다.
>
> **제7조(예산의 목적 외 사용 금지)**
> 임직원은 여비·업무추진비 등 업무수행을 위한 예산을 목적 외의 용도로 사용하여 공단에 재산상 손해를 입혀서는 아니 된다.
>
> **제29조(직장 내 괴롭힘의 금지)**
> 임직원은 직장에서의 지위 또는 관계 등의 우위를 이용하여 업무상 적정 범위를 넘어 다른 근로자에게 신체적·정신적 고통을 주거나 근무환경을 악화시키는 행위를 하여서는 아니 된다.

① A는 직무와 관련된 외부강의를 하고 강의 요청 기관으로부터 여비를 포함한 강의료를 지급받았으나, □□공사로부터 별도로 출장여비를 중복 수령하였다.

② B는 퇴근 시간 이후 하급자를 불러 자녀의 숙제를 돕도록 지시하거나 카페 심부름을 시키는 등 업무와 관련 없는 일을 지속적으로 지시하였다.

③ 신입사원 채용 담당자인 C는 모집공고와 다른 절차에 따라 채용을 진행하라는 상급자의 지시를 거부하지 않고 그대로 수행하였다.

④ 물품 구매를 담당하는 하급자에게 상급자가 특정 업체와의 수의계약 체결을 반복적으로 지시하였으나 하급자가 이 지시를 따르지 않았음을 보고받은 이사장 D는 해당 상급자에게 징계 조치를 내렸다.

63. 다음은 비윤리적 행위의 원인에 대한 설명이다. ㉠~㉢에 들어갈 용어를 바르게 연결한 것은?

구분	내용
(㉠)	자신의 행동이 비윤리적이라는 것은 알고 있지만, 윤리적인 기준에 따라 행동해야 한다는 것을 중요하게 여기지 않기 때문에 비윤리적 행위를 저지름
(㉡)	무엇이 옳고 무엇이 그른지 모르기 때문에 비윤리적 행위를 저지름
(㉢)	특정 행동이 잘못이라는 것을 알고 그러한 행동을 하지 않으려고 함에도 자신의 통제를 벗어나는 어떠한 요인 때문에 비윤리적 행위를 저지름

	㉠	㉡	㉢
①	무절제	무지	무관심
②	무관심	무절제	무지
③	무지	무관심	무절제
④	무관심	무지	무절제

64. 다음 글을 읽고 교관에게 건넬 수 있는 정직과 신용을 구축하기 위한 조언으로 가장 적절한 것은?

미국의 공군사관학교에서 근무하는 한 교관은 불법적으로 술을 소지하고 있는 생도를 적발하였다. 원칙대로라면 교관은 규율 위반 사실을 상부에 보고하고, 해당 생도는 교칙에 따라 중징계를 받아야 했다. 그러나 이를 안타깝게 여긴 교관은 적발된 생도를 엄하게 꾸짖고 술을 압류하는 대신, 자신의 재량으로 별도의 보고를 하지 않을 테니 다시는 교칙을 어기지 않겠다는 약속을 받아내는 것으로 일을 마무리하였다. 몇 달 후 그 생도는 또다시 술을 가지고 있다가 적발되었으며, 학교로부터 징계를 받자 과거 교관이 자신을 적발하고도 보고를 하지 않았음을 털어놓았다. 그 결과 이전에 생도의 교칙 위반을 눈감아 주었던 교관은 문책성 전출을 당하며 경력에 오점을 남기게 되었다.

① 단 한 번의 실수로 정직과 신용이 무너진 것과 같이 정직과 신용을 쌓는 것도 한순간이므로 매 순간 최선을 다하는 자세가 필요합니다.

② 개인의 인정에 치우쳐 부정직한 행동을 알고도 타협하는 것은 또 다른 부정을 유발할 수 있으므로 부정직한 행위를 눈감아 주어서는 안 됩니다.

③ 조직에 부정직한 관행이 팽배해 있더라도 이러한 관행이 부정직한 행위를 정당화할 수 없으므로 부정직한 관행을 깨는 도전정신이 필요합니다.

④ 업무 과정에서 자신의 실수가 밝혀질 경우 관련 사람들 모두가 피해를 입을 수 있으므로 드러내지 않고 혼자서 처리해야 합니다.

65. 다음 글에서 밑줄 친 부분에 해당하는 직업윤리의 덕목으로 가장 적절한 것은?

> 공자는 정치를 맡으면 가장 먼저 무엇을 할 것이냐는 물음에 "이름을 바로잡겠다"라고 하였으며, 이를 "임금은 임금답고, 신하는 신하다우며, 어버이는 어버이답고, 자식은 자식다워야 한다"라고 표현하였다. 신하가 신하답기 위해서는 충(忠)이 무엇인지, 자식이 자식답기 위해서는 효(孝)가 무엇인지 깨달아야 한다. 이처럼 모든 명(개념)은 그 이름에 부합하는 실제 행위가 갖추어져 있을 때 바른 이름, 즉 정명(正名)이 성립할 수 있다. 이러한 공자의 정명 사상은 <u>사회 구성원 모두가 자신의 명분에 해당하는 덕을 이룰 때</u> 올바른 질서가 행해지는 정명의 사회가 될 수 있음을 시사한다.

① 소명의식　　　　② 천직의식　　　　③ 직분의식　　　　④ 책임의식

66. 다음 글을 읽고 직장 내 괴롭힘에 해당하는 사례로 가장 적절하지 않은 것은?

> 직장 내 괴롭힘 금지법은 사용자 또는 근로자가 직장에서의 지위, 관계 등의 우위를 이용하여 다른 근로자에게 신체적·정신적 고통을 주는 행위 등을 금지하는 법안이다. 직장 내 괴롭힘은 당사자의 관계, 행위의 장소 및 상황, 행위의 내용 및 정도, 지속성 등 구체적인 상황을 고려하여 종합적인 판단이 필요하다. 주요 판단 기준은 행위자 측면과 행위 측면으로 나눌 수 있다. 행위자 측면은 한 직장에서의 사용자와 근로자 사이, 근로자와 근로자 사이에 발생한 경우에 적용되고, 행위 측면은 직장에서의 지위나 관계 등의 우위를 이용한 경우, 업무상 적정 범위를 넘은 경우, 신체적·정신적 고통을 주거나 근무환경을 악화시킨 경우에 적용되어 세 가지 요소를 모두 충족시킬 때 괴롭힘 여부가 인정된다. 또한, 괴롭힘 행위가 모바일 메신저와 같이 사업장 외에서 이루어졌더라도 직장 내 괴롭힘으로 인정받을 수 있다. 이 법은 직장 내 괴롭힘이 발생했을 때 피해 당사자의 요구에 따라 근무 장소 변경, 유급휴가 지급 등의 조치를 취할 수 있도록 제정하고 있으며, 만약 피해 사실을 신고한 것을 이유로 해고와 같은 부당한 처사가 이루어진다면 3년 이하의 징역 또는 3,000만 원 이하의 벌금에 처할 수 있다.

① 부장이 프로젝트 마감 기한이 촉박하다는 이유로 팀원들에게 근무시간 외 업무를 지시하였다.
② 과장이 업무 실수를 한 팀원에게 인격모독에 해당할 정도로 과도한 업무상 질책을 반복하였다.
③ 휴일에 팀원들이 모인 메신저에서 팀장이 개인적인 하소연을 한 뒤 계속해서 답장을 강요하였다.
④ 사장이 부하직원에게 업무와 무관한 개인적인 심부름을 수행할 것을 지속적으로 요구하였다.

67. 다음 성희롱·성폭력 예방지침의 일부를 토대로 판단한 내용으로 가장 적절하지 않은 것은?

제1조(목적)

이 지침은 양성평등기본법 제31조 및 같은 법 시행령 제20조, 성폭력방지 및 피해자 보호 등에 관한 법률 제5조 및 같은 법 시행령 제2조에 따라 기관의 장이 성희롱·성폭력 예방을 위하여 필요한 사항을 정함을 목적으로 한다.

제2조(적용범위)

① 이 지침은 기관의 장과 소속 구성원(기관의 장과 고용관계에 있는 자, 소속 학생을 포함)에게 적용되며, 기관의 통제 범위 내에 있는 것으로 인정되거나 업무 관련성이 있는 제3자가 피해자인 성희롱·성폭력을 포함한다.

② 이 지침의 피해자 보호는 피해자뿐 아니라 피해를 입었다고 주장하는 자, 신고자, 조력자, 대리인에게도 적용된다.

제3조(정의)

이 지침에서 사용하는 용어의 뜻은 다음과 같다.

1. '성희롱'이란 「양성평등기본법」 제3조 제2호의 규정에 따라 업무, 고용, 그 밖의 관계에서 국가기관·지방자치단체 또는 대통령령으로 정하는 공공단체(이하 "국가기관등"이라 한다)의 종사자, 사용자 또는 근로자가 다음 각 목의 어느 하나에 해당하는 행위를 하는 경우를 말한다.

   가. 지위를 이용하거나 업무 등과 관련하여 성적 언동 또는 성적 요구 등으로 상대방에게 성적 굴욕감이나 혐오감을 느끼게 하는 행위

   나. 상대방이 성적 언동 또는 요구에 대한 불응을 이유로 불이익을 주거나 그에 따르는 것을 조건으로 이익 공여의 의사표시를 하는 행위

2. '성폭력'이란 「성폭력범죄의 처벌 등에 관한 특례」 제2조 제1항에 규정된 죄에 해당하는 행위를 말한다.

3. '2차 피해'란 동 표준안 제12조 제2항 각 호의 불리한 처우의 어느 하나에 해당하는 피해를 입는 것을 말한다.

4. '성적 언동'이란 남녀 간의 육체적 관계나 남성 또는 여성의 신체적 특징과 관련된 육체적, 언어적, 시각적 행위로서 사회공동체의 건전한 상식과 관행에 비추어 볼 때, 객관적으로 상대방과 같은 처지에 있는 일반적이고도 평균적인 사람으로 하여금 성적 굴욕감이나 혐오감을 느끼게 할 수 있는 행위를 말한다.

제6조(고충상담창구)

① 성희롱·성폭력 예방을 위한 업무의 처리와 소속 구성원의 성희롱·성폭력 피해 상담, 성희롱·성폭력 사건의 조사 및 처리를 위하여 사내에 성희롱·성폭력 고충상담창구(이하 "고충상담창구"라 한다) 및 고충상담원을 두고 조직 내외에 적극 알려 이를 인지할 수 있도록 한다.

② 기관은 고충상담창구의 업무를 처리하기 위하여 성희롱·성폭력 고충상담원(이하 "고충상담원"이라 한다)을 2인 이상 지정하여야 하며, 남성 및 여성이 반드시 각 1인 이상 포함되도록 구성한다. 단, 다음 각 호의 어느 하나에 해당하는 경우 각 호의 지침에 따른다.

   1. 어느 한 성(性)이 5인 미만일 경우 남녀 구분 없이 동일한 성으로 2인 이상 지정할 수 있다.

   2. 상시근로자 30인 미만 기관은 1인 이상 지정할 수 있다.

   3. 전국적으로 분포되어 있는 사업장에는 지사별 또는 사업본부별 고충상담원을 지정한다.

---

① 기관 소속 종사자뿐만 아니라 기관 통제 범위 내의 제3자까지 지침 적용이 가능한 성희롱·성폭력 피해자 범위에 포함된다.

② 고충상담원은 2인 이상 지정해야 하며 어떠한 경우에도 남녀 각각 1인을 반드시 포함해야 한다.

③ 성적 언동에서 '언동'은 직접적인 말과 육체적인 접촉 외에도 시각적인 행위까지 포함하는 개념이다.

④ 피해자뿐만 아니라 피해 신고자, 피해자를 도운 자, 피해자를 대리하는 자도 피해자 보호 대상에 속한다.

68. 다음 글을 읽고 대내적 소극적 기업윤리를 위반한 사례로 가장 적절하지 않은 것은?

> 기업윤리는 윤리를 행하는 주체적 측면과 윤리적 행위의 성격적 측면을 기준으로 크게 4가지 유형으로 분류할 수 있다. 이때 윤리를 행하는 주체적 측면은 기업 내부의 통제나 도덕적 경영, 조직 구성원의 윤리의식 등 개인에 초점을 두는 대내적 윤리와 기업의 사회적 책임이나 이해관계자 집단, 대외 이미지 등 조직에 초점을 두는 대외적 윤리로 구분된다. 또한, 윤리적 행위의 성격적 측면은 바람직하지 못한 문제를 다루는 소극적 윤리, 바람직한 문제를 강화하는 적극적 윤리로 나뉜다. 이러한 기준에 따라 나눈 기업윤리의 유형은 다음과 같다.
>
> **[기업윤리의 유형]**
>
> | 구분 | 소극적 | 적극적 |
> | --- | --- | --- |
> | **대내적** | 대내적 소극적 기업윤리 | 대내적 적극적 기업윤리 |
> | **대외적** | 대외적 소극적 기업윤리 | 대외적 적극적 기업윤리 |

① 기업 내부의 기밀을 외부로 누설하는 경우

② 최저시급에 미달하는 급여를 지불하는 경우

③ 자신의 직위를 이용하여 불공정 인사를 행한 경우

④ 제품의 기능을 과장한 허위 광고를 게재한 경우

69. 다음 중 밑줄 친 ⓐ, ⓑ에 해당하는 사례가 가장 올바르게 짝지어진 것은?

> 세상에는 두 종류의 근면이 존재한다. 첫 번째는 ⓐ <u>외부로부터 강요당한 근면</u>이다. 외부로부터 강요당한 근면이란 과거에 근면하지 않으면 삶을 유지할 수 없었기 때문에 열악한 노동 조건하에서 장시간 기계적으로 일했던 것처럼 외적 동기에 의해 행하는 근면을 의미한다. 이와 달리 본인이 하고 싶어서, 자신의 역량 강화를 위해서 등 내적 동기에 의해 ⓑ <u>스스로 자진해서 하는 근면</u>은 점차 자신의 것을 만들어나가며 자신을 성장시킬 수 있다. 즉, 자발적 근면은 시간의 흐름에 따라 자아를 확립하게 돕는 근면의 형태이다.

> ㉠ 상사의 지시에 따라 잔업을 하는 경우
>
> ㉡ 가족을 부양하고 생계를 유지하기 위해 일하는 경우
>
> ㉢ 피아니스트가 완성도 높은 연주를 위해 매일 연습하는 경우
>
> ㉣ 사내 진급 시험을 위해 어학 공부를 하는 경우

	ⓐ	ⓑ
①	㉠, ㉡	㉢, ㉣
②	㉡, ㉣	㉠, ㉢
③	㉠, ㉡, ㉢	㉣
④	㉡, ㉢, ㉣	㉠

70. 다음 중 명함 예절에 대해 가장 적절하지 않은 설명을 한 사람은?

> 명은: 자사에 방문한 외부업체와 서로 명함을 주고받을 때 자사 측에서 먼저 외부업체 측에게 명함을 건네는 것이 적절해.
> 은주: 상대방에게 받은 명함이 한자로 되어 있어 읽기 어려운 경우 나중에 실수하지 않도록 바로 상대방에게 물어보는 게 예의야.
> 주희: 상대방과 동시에 명함을 주고받는다면 왼손으로는 상대방의 명함을 받고 오른손으로는 자신의 명함을 상대방에게 건네야 해.
> 희재: 상사와 함께 협력업체와 첫 미팅을 하는 상황에서는 상사가 먼저 명함을 건넨 뒤 자신의 명함을 건네는 것이 올바른 순서야.

① 명은   ② 은주   ③ 주희   ④ 희재

약점 보완 해설집 p.39

해커스공기업

실전모의고사 4회 피듈형

성명

수험번호

응시자아

감독관 확인

1	① ② ③ ④	21	① ② ③ ④	41	① ② ③ ④	61	① ② ③ ④
2	① ② ③ ④	22	① ② ③ ④	42	① ② ③ ④	62	① ② ③ ④
3	① ② ③ ④	23	① ② ③ ④	43	① ② ③ ④	63	① ② ③ ④
4	① ② ③ ④	24	① ② ③ ④	44	① ② ③ ④	64	① ② ③ ④
5	① ② ③ ④	25	① ② ③ ④	45	① ② ③ ④	65	① ② ③ ④
6	① ② ③ ④	26	① ② ③ ④	46	① ② ③ ④	66	① ② ③ ④
7	① ② ③ ④	27	① ② ③ ④	47	① ② ③ ④	67	① ② ③ ④
8	① ② ③ ④	28	① ② ③ ④	48	① ② ③ ④	68	① ② ③ ④
9	① ② ③ ④	29	① ② ③ ④	49	① ② ③ ④	69	① ② ③ ④
10	① ② ③ ④	30	① ② ③ ④	50	① ② ③ ④	70	① ② ③ ④
11	① ② ③ ④	31	① ② ③ ④	51	① ② ③ ④		
12	① ② ③ ④	32	① ② ③ ④	52	① ② ③ ④		
13	① ② ③ ④	33	① ② ③ ④	53	① ② ③ ④		
14	① ② ③ ④	34	① ② ③ ④	54	① ② ③ ④		
15	① ② ③ ④	35	① ② ③ ④	55	① ② ③ ④		
16	① ② ③ ④	36	① ② ③ ④	56	① ② ③ ④		
17	① ② ③ ④	37	① ② ③ ④	57	① ② ③ ④		
18	① ② ③ ④	38	① ② ③ ④	58	① ② ③ ④		
19	① ② ③ ④	39	① ② ③ ④	59	① ② ③ ④		
20	① ② ③ ④	40	① ② ③ ④	60	① ② ③ ④		

해커스

한국수력원자력 & 5대 발전회사

NCS+한국사/전공

통합 봉투모의고사

실전모의고사
5회

피둘형

ᅲᅵᆷ 해커스공기업

실전모의고사
5회
(피듈형)

시작과 종료 시각을 정한 후, 실전처럼 모의고사를 풀어보세요.

시   분 ~   시   분 (총 80문항/60분)

□ **시험 유의사항**

[1] 한국수력원자력&5대발전회사의 필기시험은 기업마다 상이하며, 기업별 시험 구성은 다음과 같습니다.

- 한국수력원자력: NCS 직업기초능력 50문항+직무수행능력(전공) 25문항+한국사 및 회사상식 5문항
- 한국중부발전: NCS 직업기초능력 80문항+직무지식(한국사 10문항, 전공 50문항, 수행능력 10문항) 70문항
- 한국남동발전: NCS 직업기초능력 30문항+직무수행능력(전공) 50문항
- 한국남부발전: NCS 직업기초능력 70문항+직무수행능력(전공) 50문항
- 한국동서발전: NCS 직업기초능력 50문항+직무수행능력(전공) 40문항+한국사 10문항
- 한국서부발전: NCS 직업기초능력 50문항+직무수행능력(전공) 50문항+한국사 10문항

[2] 본 실전모의고사는 PSAT형 문제와 모듈형 문제가 혼합된 피듈형 시험에 대비할 수 있도록 의사소통, 문제해결, 기술영역 총 60문항과 자원관리 영역과 수리 영역 각 20문항씩 총 80문항으로 구성되어 있습니다. 따라서 의사소통, 문제해결, 기술 영역 문제를 풀고 난 뒤, 지원 직무에 맞는 영역을 선택하여 풀이하시기 바랍니다.

[3] 본 실전모의고사 마지막 페이지에 있는 OMR 답안지와 해커스ONE 애플리케이션의 학습타이머를 이용하여 실전처럼 모의고사를 풀어보시기 바랍니다.

01. 다음은 과학기술정보통신부에 재직 중인 정◇◇ 사무관이 상사의 지시로 작성한 보도자료 초안이다. 보도자료 작성 체크리스트에 따라 보도자료를 보완하고자 할 때, 가장 적절하지 않은 것은?

배포 일시	2021. 1. 5.(화) 09:00	담당 부서	정보통신산업기반과
담당 과장	지○○ 과장(02-123-567)	담당자	정◇◇ 사무관(02-000-000)

전략적 제휴를 고성장 기업으로 가는 지름길로 만든다.
- 과학기술정보통신부, 데이터 스타트업 사업 추진 -

☐ 과학기술정보통신부(이하 '과기정통부')는 전략적 협업에 선도적인 ICT 스타트업의 시장 수요 맞춤형 기술 역량 강화와 고성장 기업으로의 지원을 위해 「ICT 미래시장 최적화 협업 기술 개발」 사업을 본격 추진한다고 밝혔다.

 ○ 현재 국내의 스타트업들은 대부분 단독 기술 개발을 선호하여, 새로운 아이디어 실행 과정에서 부족한 자원을 축적·확보하는 데 많은 시간이 소요되므로 효율적인 사업 추진이 어려운 경우가 많다.

 ○ 또한, 신시장 선점을 위해서는 선제적으로 시장에 대한 수요 예측 및 마켓테스트가 필요하나, ICT 스타트업은 한정된 자원으로 불확실한 시장에 대한 수요를 정확히 파악하기 어려운 실정이다.

 ○ 동 사업은 스타트업 간 전략적 협업을 통한 신시장 창출 동력을 확보하여 기술 획득, 서비스 확장, 인재 확보 등을 촉진하기 위하여 도입되었다.

 ○ 특히, 빠르게 변화하는 시장의 변화와 수요를 스타트업의 기술 개발에 적기에 반영할 수 있도록 외부 전문 역량을 활용한 선(先) 시장 검증 체계의 단계별 연구·개발(R&D)을 지원하여 사업화 성공률을 높이고, 신시장을 선점할 수 있도록 기술 개발을 지원할 계획이다.

☐ D.N.A 등 ICT 분야의 혁신적 기술과 아이디어를 갖춘 스타트업이 전략적 제휴를 기반으로 고성장 기업으로 힘차게 도약할 수 있도록 올해부터 정부에서 적극적으로 지원한다.

☐ 과기정통부는 1월 6일(수)부터 2월 5일(금)까지 31일간 사업 공고를 실시한 후, 평가를 거쳐 6월 중 지원 기업을 선정할 예정이다.

 ○ 지원 대상은 신시장 조기 선점을 위하여 스타트업 간 기술제휴, 인수·합병(M&A) 등 전략적 제휴를 성사했거나, 계획하고 있는 ICT 스타트업으로 자유 공모를 통해 총 8개 스타트업을 선발한다.

 ○ 지원 대상으로 선정된 기업에는 정부가 과제당 연간 6억 원(1차년도인 2021년 3억 원)의 연구·개발 자금을 2년간 지원하고(총 9억 원), 고성장 가능성(신시장 진출 가능성, 협업 연구·개발 가능성 등)을 평가 후 선별하여 추가 기술 개발 자금 6억 원을 1년간 지원한다. (최대 3년간 15억 원 지원)

☐ 과기정통부 이△△ 정보통신산업정책관은 "올해 신규 추진하는 동 사업은 전략적 제휴를 통해 선도적인 ICT 스타트업이 고성장 기업으로 도약할 수 있는 기회이자, 사업화 성공률을 한층 높일 수 있는 계기가 될 것"이라고 전망하고, "ICT 스타트업들이 시장의 수요에 최적화된 기술력을 확보하고 이를 통해 신시장을 선점할 수 있기를 기대한다."라고 밝혔다.

☐ 이번 「ICT 미래시장 최적화 협업 기술 개발」 사업 공고는 과기정통부(www.msit.go.kr) 또는 정보통신기획평가원(www.iitp.kr) 홈페이지에서 확인할 수 있다.

※ 출처: 과학기술정보통신부(2021-01-05 보도자료)

확인 사항	확인 여부
머리말의 발신 정보에 담당 부서, 담당자 성명 및 직위, 담당자 연락처가 포함되어 있는가?	
제목과 부제목이 보도자료의 전체 내용을 포괄하고 있는가?	
보도자료의 핵심 정보를 첫 번째 문단에 제시하고 있는가?	
'□, ○, -' 등 각 문단을 구분하는 기호의 사용이 적절한가?	
전문 용어를 사용할 경우 적절한 해설을 제시하여 이해를 돕고 있는가?	

① 첫 번째 문단에 보도자료의 핵심 정보가 제시되도록 두 번째 문단을 가장 앞 문단으로 이동한다.

② 세 번째 문단의 두 번째 하위 내용은 기호를 '□'로 수정하고 별도의 문단으로 구분한다.

③ 제목과 부제목이 보도자료의 전체 내용을 포괄할 수 있도록 부제목의 '데이터 스타트업'을 'ICT 미래시장 최적화 협업 기술 개발'로 수정한다.

④ 전문 용어인 D.N.A가 'Data, Network, AI'의 약자라는 사실이 드러나도록 용어 관련 해설을 작성한다.

02. 다음 ㉠~㉣을 바르게 고쳐 쓴다고 할 때 가장 적절하지 않은 것은?

　　오늘날 프리미엄 독서실은 자녀가 더 쾌적한 환경에서 학습하길 원하는 학부모와 넓은 공간에서 업무 또는 학습하기를 희망하는 직장인으로 대상을 확대하면서 가격을 인상할 수 있게 됐다. 이러한 프리미엄 독서실의 수익 ㉠ (산출 → 창출) 방식은 1990년대 말 무렵의 PC방 창업 붐을 연상케 한다. 1990년대 후반, 온라인 및 멀티플레이 게임이 활성화됨에 따라 사람들은 게임을 할 수 있는 공간이 필요해졌다. 과거 PC방은 게임을 할 수 있는 공간을 제공하고 일종의 임대료를 받아 수익을 ㉡ (낸다 → 냈다). 그러나 PC방에 대한 수요 증가와 함께 PC방 창업이 늘면서 타사 대비 경쟁력을 갖추기 위해 컴퓨터, 주변기기, 인테리어 등 시설에 대한 투자가 끝없이 이어져야 했다. 그러나 PC방은 수요가 지역적으로 한정되어 있기 때문에 시설 투자로 경쟁 우위를 차지하는 방법은 어느 순간부터 현상 유지에 그칠 ㉢ (수밖에 → 수 밖에) 없었다. 다시 말해, 동종업계의 모든 경쟁자가 서로 우위를 차지하기 위해 시설 투자라는 동일한 방법을 사용하기에 궁극적으로 다른 업체와 구별되는 경쟁 요소를 갖기 힘든 것이다. 공급 과잉으로 인해 요금 인상도 어려워진 PC방은 결국 시설 투자 이외의 방법으로 눈을 돌렸다. 바로 음료, 라면 등 부가적인 상품 판매를 통해 이익을 거두는 것이다. PC방의 수익 구조와 비즈니스 모델이 비슷한 프리미엄 독서실이 향후 나아가야 할 방향 역시 이와 같다. 시설의 프리미엄화를 넘어 서비스의 프리미엄화를 이루는 것이다. 공간 이용료만 지불하고 모든 종류의 게임과 다양한 음식을 즐길 수 있는 오늘날의 PC방처럼 프리미엄 독서실 또한 공간과 콘텐츠 서비스를 결합하여 ㉣ (제공하므로써 → 제공함으로써) 자기 주도 학습의 능률을 극대화할 수 있는 장소로 거듭나야 한다.

① ㉠　　　　　　　　② ㉡　　　　　　　　③ ㉢　　　　　　　　④ ㉣

03. 주식회사 △△건설에 근무하는 귀하는 관련 기관에 보낼 공문서의 초안을 작성하였다. 다음 밑줄 친 ㉠~㉢ 중 공문서 작성법에 따른 표기로 가장 적절한 것은?

주식회사 △△건설

수 신 특별공급 업무 담당과장(◇◇구청 장애복지과)
(경유)
제 목 ◇◇구 △△아파트 특별공급 대상자 명단 송부 요청의 건(장애인 가정)

당사에서 ㉠ 20XX. 3. 5. ~ 20XX. 7. 8. (기간 내) 입주자 모집 공고 예정인 ◇◇구 123-45번지 일대 △△아파트 총 ㉡ 오백이십 세대 중 장애인 가정에 한하여 특별공급을 진행하고자 하오니 아래와 같이 추천 대상자를 선정하여 명단을 송부 바랍니다.

– 아 래 –

1. 붙임 1 '특별공급 신청 안내문'을 참고하시어 신청 자격을 갖춘 대상자를 선정해 주시기 바랍니다.
   ㉢ 1) 자격 요건을 갖춘 대상자가 없을 경우에는 이에 대한 회신을 요청하며, 이 경우 배정된 특별공급 세대수는 별도의 통지 없이 일반공급으로 전환될 예정임을 안내해 드립니다.

2. 선정된 명단은 붙임 2 '특별공급 대상자 배정 내역 및 추천 양식'에 따라 작성하여 송부해 주시기 바랍니다.

3. 특별공급 대상자 명단 회신처 및 기한

구분	내용
담당자	김지영 팀장
회신처	Kang123@email.net
대표번호	02-000-0000
회신기한	20XX. 3. 2.(월) 18:00

붙임 1. 특별공급 신청 안내문 1부.
     2. 특별공급 대상자 배정 내역 및 추천 양식 1부. ㉣ 끝.

20XX. 2. 10.
주식회사 △△건설 대표이사

---

① ㉠   ② ㉡   ③ ㉢   ④ ㉣

04. 다음 밑줄 친 부분과 바꿔 쓸 수 있는 것은?

> 문의하신 상품은 3일 후 배송이 시작될 예정입니다.

① 일정이 지연되어도 모레까지는 업무를 끝내야 한다.
② 글피에 책을 반납한다면 연체료가 부과될 수 있다.
③ 올해 여름휴가 중 나흘을 해외에서 보낼 예정이다.
④ 그는 단기 감량을 위해 벌써 사흘째 굶고 있다.

05. 다음 빈칸에 들어갈 단어로 가장 적절하지 않은 것은?

> 감염병 예방에 있어 '손 씻기'의 중요성은 여러 번 강조해도 부족하지 않다. 사람의 손은 하루에도 수백 회 이상 사용되므로 손을 통해 세균이 (   )되어 병에 옮는 경우가 많기 때문이다. 따라서 감염병 예방을 위해서는 올바른 방법으로 손을 씻어 개인위생 관리가 철저하게 이루어져야 할 것이다.

① 전파   ② 보급   ③ 확산   ④ 전염

06. 다음 의미에 해당하는 한자성어를 고르면?

> 줏대 없이 남의 의견에 따라 움직임

① 표리부동(表裏不同)   ② 후안무치(厚顏無恥)
③ 부화뇌동(附和雷同)   ④ 견리사의(見利思義)

07. 의사소통 개발 방법에 대해 팀원들이 나눈 대화 중 가장 적절하지 않은 이야기를 한 사람은?

> **갑 사원:** 의사소통 과정에서 부정적인 감정을 느낄 때 자신의 감정에 지나치게 몰입하면 상대의 메시지를 잘못 해석할 수 있으므로 평정심을 찾을 때까지 의사소통을 잠시 미루는 것도 필요해.
>
> **을 사원:** 조직 외부인과 대화할 때는 상대가 이해하지 못할 수 있으니 전문용어를 자제하는 것이 좋지만, 동료와 소통할 때는 오히려 전문용어가 이해도를 높이는 데 도움이 될 수 있어.
>
> **병 사원:** 상대의 행동이 자신에게 어떠한 영향을 미치고 있는지에 대해 피드백을 한다면 그 목적을 고려하여 되도록 긍정적인 면보다 부정적인 면을 위주로 전달해야겠네.
>
> **정 사원:** 의사소통 과정에서 상대의 입장을 헤아리면서 자신의 감정을 이입하는 등 상대가 전달하고자 하는 이야기에 대해 관심을 보이면서 적극적으로 경청하는 태도를 갖는 것이 좋아.

① 갑 사원   ② 을 사원   ③ 병 사원   ④ 정 사원

08. 다음 밑줄 친 부분과 바꿔 쓸 수 없는 것은?

> • 오랜 기간 지난한 논의가 이어졌으나 끝끝내 양측의 ㉠교섭은 이루어지지 못하였다.
> • 타인에게 본인의 의견을 효율적으로 피력하려면 ㉡관념적으로 설명하는 습관을 버려야 한다.
> • 아버지께서는 ㉢공연히 심술을 부리는 동생을 달래기 위해 진땀을 빼고 있었다.
> • 우리나라에는 동물이 은혜를 입은 사람에게 ㉣보은하는 내용의 설화가 다수 존재한다.

① ㉠: 타협   ② ㉡: 추상적   ③ ㉢: 괜스레   ④ ㉣: 배은

09. 다음 글의 내용과 관련 있는 속담을 고르면?

> 국립국어원에서는 지나치게 어려운 말이나 비규범적인 말, 외래어 등을 알기 쉽고 규범적인 말 또는 고유어로 순화하는 작업을 진행하고 있다. 일례로 예전에는 고속 도로나 자동차 전용 도로에서 자동차가 달리는 도로 폭 밖의 가장자리 길을 노견(路肩)이라고 불렀다. 그러나 일본식 표현인 노견의 순화어로 '갓길'이라는 고유어가 제시되었고, 대중에게 받아들여져 널리 사용되면서 노견은 폐어(廢語)가 되었다. 폐어는 과거에는 사용되었으나 점차 사용하지 않게 되면서 사라진 말로, 만약 사람들이 갓길이라는 표현을 받아들이지 못하고 계속해서 노견을 사용하였다면 오히려 갓길이 폐어가 되어 사라졌을 것이다. 즉, 말의 존속 여부는 대중이 그 말을 얼마나 사용하느냐에 따라 결정되기 때문에 말은 대중의 호응을 얻으면 살아남고 호응을 얻지 못하면 소멸된다. 국립국어원이 순화어를 제시하여도 대중이 사용하지 않는다면 순화어 작업은 무의미하므로 순화어 작업이 효과를 얻기 위해서는 대중의 적극적인 참여가 요구된다.

① 이 없으면 잇몸으로 산다
② 외손뼉이 못 울고 한 다리로 가지 못한다
③ 말이 말을 만든다
④ 우선 먹기는 곶감이 달다

10. 김 대리와 박 부장의 대화가 다음과 같을 때, 박 부장의 공감적 이해 수준에 대한 설명으로 가장 적절한 것은?

> 김 대리: 부장님, 지난번 저에게 위임하신 업무 관련하여 말씀드리고 싶은 것이 있습니다.
> 박 부장: 그래요, 편하게 말해요. 무슨 일인가요?
> 김 대리: 네, 사실 요즘 부장님과 마주칠 때마다 어떻게 업무가 진행되고 있는지 물어봐 주시고, 또 업무에 필요한 참고 자료를 전달해주시면서 업무 방향에 대해 한 마디씩 조언해주시는 것에 감사함을 느끼고 있지만, 가끔은 불편함이 느껴지기도 합니다. 저를 믿고 맡겨주신 만큼 제 소신껏 창의적인 방식으로 좋은 결과를 내보고 싶습니다.
> 박 부장: 업무에 관해 자주 이야기를 한 것이 간섭받는 것처럼 느껴져서 기분이 상한 모양이군요. 업무는 김 대리한테 맡겨 놓고 정작 내가 너무 이래라저래라 하긴 했죠?
> 김 대리: 아닙니다. 다 저를 걱정하는 마음에서 우러나와 더 잘되라고 해주시는 말씀인 것 알고 있습니다.
> 박 부장: 알겠어요. 앞으로는 김 대리를 믿고 크게 관여하지 않을 테니, 도움이 필요하면 주저 말고 물어보세요.

① 상대방이 하는 말을 제대로 듣지 않고 자신의 생각대로 성급하게 판단하여 상투적인 충고를 한다.
② 상대방의 말을 재언급하며 상대방의 마음가짐이나 전달하고자 하는 내용을 정확하게 파악하고 있다.
③ 상대방이 표현하지 않은 내적 감정까지 이해하여 상대방의 적극적인 성장 동기를 이야기하고 있다.
④ 상대방의 말을 듣고도 자신의 생각에만 사로잡혀 상대의 사고와 일치하지 않는 의사소통을 하고 있다.

11. 다음 밑줄 친 단어와 의미가 반대되는 것은?

> 국회에서 산업안전보건법 개정안이 발의되었으나 통과하지 못하고 보류되었다.

① 가결　　　　　② 표결　　　　　③ 부결　　　　　④ 판결

12. 다음 ㉠~㉢의 의미에 해당하는 한자성어를 바르게 연결한 것은?

> ㉠ 말이 조금도 사리에 맞지 아니함
> ㉡ 남에게 입은 은혜가 뼈에 새길 만큼 커서 잊히지 아니함
> ㉢ 실제 사물의 이치를 연구하여 지식을 완전하게 함

	㉠	㉡	㉢
①	語不成說	刻骨難忘	格物致知
②	重言復言	刻骨難忘	捲土重來
③	語不成說	刻骨痛恨	捲土重來
④	重言復言	刻骨痛恨	格物致知

13. 다음 ㉠~㉢을 바르게 고쳐 쓴다고 할 때 가장 적절한 것은?

> • 네가 겪은 고통에 비하면 지금 내가 겪고 있는 ㉠ (괴로움 따위 → 괴로움따위)는 아무것도 아니다.
> • 담배를 끊으면 ㉡ (본인 뿐만 → 본인뿐만) 아니라 주변 사람들의 건강도 함께 챙길 수 있다.
> • 오늘 시험을 위해 그간 열심히 ㉢ (노력한 만큼 → 노력한만큼) 반드시 좋은 결과가 나올 것이다.
> • ㉣ (제 딴에는 → 제딴에는) 열심히 했다고 한 일이지만 숙련자가 봤을 때는 부족한 부분이 많다.

① ㉠   ② ㉡   ③ ㉢   ④ ㉣

14. 다음 의미에 해당하는 한자성어를 고르면?

> 싸움에 이긴 형세를 타고 계속 몰아침

① 고군분투(孤軍奮鬪)   ② 승승장구(乘勝長驅)   ③ 파죽지세(破竹之勢)   ④ 점입가경(漸入佳境)

[15 - 16] 다음 글을 읽고 각 물음에 답하시오.

(가) 우리나라 최초의 빈민 구휼 제도의 기원은 고구려 시대로 거슬러 올라간다. 당시에는 귀족들이 백성에게 곡식을 빌려주고 많은 이자를 돌려받는 고리대를 행하였으며, 상당수의 백성이 이자를 갚지 못해 노비로 전락하곤 하였다. 이때 노비는 귀족에게 종속되었기 때문에 귀족의 세력 강화와 더불어 세금을 납부하는 백성이 감소하여 나라 재정에 부담을 가하는 결과를 낳았다. 이에 고구려 제9대 왕인 고국천왕은 을파소의 건의를 받아들여 봄에서 여름까지 관청에서 곡식을 빌려주었다가 가을에 추수하면 소정의 이자를 붙여 돌려받는 진대법을 시행하였다.

(나) 진대법과 비슷한 성격의 빈민 구휼 제도는 이후에도 존재했다. 봉건 사회에서 지배 체제를 유지하기 위해서는 백성들의 생활을 안정적으로 유지하는 것이 중요한 과제 중 하나였기 때문이다. 이에 따라 고려 초 태조는 흑창을 설치하여 평상시에 곡식을 저장해두었다가 흉년이 들면 굶주리거나 가난한 사람들에게 대여해주고 가을에 갚도록 하였다. 이후 고려 성종은 흑창을 의창으로 개칭하고 지방에도 설치하여 시행하였으며, 같은 해 전국의 토지에 토지 종류와 면적에 따라 의창미(義倉米)를 납부하도록 제도화하였다.

(다) 이처럼 국가는 빈민 구휼 제도들을 통해 민생의 안정화를 꾀하였지만, 후대에 들어 농민을 대상으로 한 고리대로 전환되는 등 제도의 시행 의도가 변질되는 일이 빈번하게 일어났다. 실제로 조선 후기에 시행되었던 환곡은 임진왜란과 병자호란으로 국가 재정이 어려워지자 흉년 대비 및 빈민 구제라는 환곡의 본래 기능을 잃고 관청의 재정 확보로 전환되었으며, 탐관오리에 의해 이자가 늘어나는 등 다양한 편법이 자행되며 지배층의 합법적 수탈 제도로 변질되었다. 환곡의 폐단은 조선 중기 이후 삼정의 문란 중 가장 큰 폐단으로 자리 잡으며 민란의 계기가 되는 등 사회적 혼란을 가중하는 역할을 하였다.

(라) 이러한 일은 형태를 바꾸어 오늘날에도 비슷하게 발생하고 있다. 대출 상환 능력이 없는 사람에게 돈을 빌려주고 높은 수수료를 요구하는 방법 등으로 채무자에게 손해를 입히는 대출을 약탈적 대출이라고 한다. 대부업체와 저축은행에서 시행하는 고금리 신용 대출 등이 대표적이다. 만약 채무자가 부채를 제때 ⊙상환하지 못한다면 그 피해는 개인적 고난에 그치는 것이 아니라 금융시장 전체에도 피해를 줄 수 있다. 이에 정부와 공공기관 등에서는 민생과 금융시장의 안정을 위해 경제적 어려움을 겪는 서민을 위한 다양한 서민금융제도를 이어가고 있다.

15. 다음 글이 들어갈 위치로 가장 적절한 것은?

고구려 시대부터 고려 시대까지 다양한 빈민 구휼 제도가 시행되었지만, 이들 모두 당시 상황에 따라 시행되었던 긴급 조치일 뿐, 조선 시대에 이르러서야 정식 제도로서 확립되었다. 조선 제1대 왕 태조는 고려 의창을 계승하여 연 1~2할의 이식(利息)을 징수하였으며, 추후 문종은 이를 보조하는 기구로서 각 촌락에 사창을 설치하여 의창과 사창에서 각각 10말에 2되, 15말에 3말의 이식을 징수하였다. 훗날 세조는 흉년에 대비하여 상평창을 임시 기구로 설치하였으며, 인조는 이를 진휼청에 통합함으로써 흉년에는 진휼청을 통해 곡식을 대여하고 평년에는 상평창을 통해 물가를 조절하였다.

① (가)문단 뒤   ② (나)문단 뒤   ③ (다)문단 뒤   ④ (라)문단 뒤

16. 윗글의 ⊙과 바꿔 쓸 수 없는 것은?

① 변제   ② 배상   ③ 청산   ④ 변상

[17-18] 다음 글을 읽고 각 물음에 답하시오.

코로나19로 말미암아 기존 노동 집약형 제조업을 중심으로 공급 차질과 같은 문제가 연관 산업에 연쇄적으로 부작용을 일으킴에 따라, 노동력에 높은 의존도를 보이던 기존 산업의 구조적 전환에 대한 필요성이 제기되고 있다. 이는 주요 산업 부문에서 자동화·지능화 생산 체계를 구축하는 것이 필수적이라는 인식이 확대되고 있으며, 지난 수년간 주요 산업의 사업 구조와 비즈니스 모델을 재정의해 온 디지털화 및 비대면 경제로의 전환이 더욱 급진전될 가능성이 높음을 시사한다.

세계경제포럼이 발표한 보고서에 따르면 2025년까지 사무 분야를 중심으로 약 8천 500만 개의 일자리가 기술·기계로 대체될 것으로 전망된다. 특히 15개 산업 분야의 291개 글로벌 기업을 대상으로 시행한 설문조사 결과, 84%의 기업이 근무 시스템을 원격 근무와 같이 디지털화할 예정이라고 밝혔다. 이로 인해 직원들의 약 44%가 원격 근무로 재배치될 가능성이 있는 것으로 분석되었다. 또한, 세계경제포럼은 2025년에 정보 및 데이터 처리 분야에서 기계의 노동 시간이 인간의 노동 시간을 넘어설 것으로 예측하였다.

중요한 점은 이러한 일자리 변화가 단순 일자리 총량의 감소로 이어지는 것이 아니라는 점에 있다. 단순 사무직은 대거 감소하지만 인간과 기계 또는 알고리즘들을 연결하는 분야에서는 9천 700만 개의 새로운 일자리가 창출되면서 오히려 일자리 자체는 궁극적으로 늘어날 것으로 예상된다. 한편 일자리뿐만 아니라 기업이 직원들에게 요구하는 역량에 대해서도 변화가 나타나고 있는 것으로 알려졌다. 비대면 근무가 장기화됨에 따라 많은 기업이 기존의 비판적 사고, 분석 및 문제해결능력 외에도 스트레스 내성, 유연한 사고, 융통성 등의 역량을 높게 평가하고 있다.

이와 같은 급속한 디지털화 및 비대면 경제로의 전환 이면에는 기술 혁신과 사회·경제적 시스템 간의 괴리에 따른 다양한 잠재 위험이 도사리고 있음을 견지하고 적절한 대응 방안을 마련해야 한다. 대표적으로 디지털 기술이 기존 노동자가 수행하던 업무를 대체함에 따라 디지털 기술 활용 역량이 뒤처지거나 단순 반복 노동을 수행하던 기존 노동자들의 일자리가 보장되지 않을 경우 구조적 실업이 본격적으로 도래할 가능성이 있다. 그뿐만 아니라 디지털 경제 체제로의 이행이 급속화될 경우 디지털 및 비대면 인프라가 잘 갖춰진 기업과 그렇지 못한 기업 간의 격차가 더욱 확대될 것으로 우려된다.

17. 윗글의 주제로 가장 적절한 것은?

① 디지털·비대면 전환에 따른 노동 시장의 변화
② 디지털·비대면 경제의 도래가 일자리 총량에 미치는 영향
③ 디지털·비대면 경제로의 전환을 촉진하는 방법
④ 디지털·비대면 시대의 기업 양극화 현상

18. 윗글을 통해 추론한 내용으로 가장 적절하지 않은 것은?

① 기존 노동자의 기술 활용 역량 강화나 일자리 보장이 동반되지 않으면 구조적 실업이 발생할 수 있다.
② 세계경제포럼은 사람이 수행하던 일자리를 기계와 기술이 대신하는 사례가 늘어나리라고 예측한다.
③ 비대면 근무가 오랫동안 지속됨에 따라 기업은 직원들에게 종전과 전혀 다른 역량을 요구하게 되었다.
④ 코로나19로 인해 노동 집약형 산업의 디지털화·비대면화로의 구조적 전환이 더욱 가속화될 전망이다.

전력수급경보는 발전소가 보유하고 있는 예비전력량을 기준으로 전력수급 상황을 파악하여 전력수급 위험상황에 대비할 수 있도록 발령하는 경보이다. 예비전력이란 전력 최대 공급량에서 최대 수요량을 제외한 나머지 전력으로, 전력을 원활하게 공급할 수 있는 기준이 된다. 이에 따라 전력시장 운영규칙은 2시간 이내(여름철·겨울철은 20분 이내)에 공급할 수 있는 예비전력을 최소 400만kW로 설정하였다. 전력을 최소 400만kW 이상 보유하고 있을 때 예기치 못한 전력 수요에 대처할 수 있고 대규모 정전의 저지가 가능하다는 설명이다. 정부는 전력수급경보를 준비(500~400만kW) – 관심(400~300만kW) – 주의(300~200만kW) – 경계(200~100만kW) – 심각(100만kW 미만)의 5단계로 나누어 전력 보유량이 특정 단계에서 20분 이상 지속되거나 순간 예비전력이 해당 단계의 중간값 이하로 떨어지는 경우 단계별 경보를 발령하며, 이때 경보는 예비전력이 400만kW 이하로 떨어지는 관심 단계에 접어들 때부터 시작된다.

정부의 비상 대책은 예비전력이 400만kW 이하로 떨어지는 관심 단계에 접어들 때부터 시작된다. 한국전력은 경보 발령 시 방송사를 통해 경보 공지를 안내하고 인터넷과 문자메시지 등을 통해 해당 내용을 전달한다. 관심 단계에 접어들 경우 공공기관의 비상 발전기를 가동하고, 사전에 절전 계약을 한 약 500개의 기업이 절전할 수 있도록 수요관리 대책을 시행한다. 또한, 전기 품질에 영향을 주지 않는 선에서 공급전력의 전압을 낮춰 약 70만kW의 여유전력을 확보한다. 그러나 예비전력이 300만kW 이하로 감소하여 주의·경계 단계로 접어들게 된다면 공공기관의 냉방기 사용이 전면 금지되고 절전 계약 기업 모두 긴급 절전을 실시한다. 이때 화력발전소는 출력을 최대한으로 높여 가능한 한 많은 전력을 취득한다.

실제로 전력수요 측정에 실패하여 예고 없이 전국적으로 순환 정전 조치가 시행된 바 있다. 이를 기점으로 정부는 문을 열어놓고 냉·난방 영업을 하는 매장에 과태료를 부과하기로 결정하였다. 전력 수요가 많은 여름철과 겨울철에 에너지 낭비를 막기 위해 도입한 법안이다. 적발 시 최초 경고 후 추가 적발되는 경우부터 과태료가 부과되어 1회 150만 원, 2회 200만 원, 3회 250만 원, 4회 300만 원을 부과한다. 이러한 방침에 시민들의 의견은 엇갈린다. 상가가 이용하는 저렴한 산업용 전기를 남용하는 것은 명백한 낭비이므로 해당 정책에 찬성한다는 의견이 있는 반면, 이러한 제도는 정부의 일방적인 행정이라고 비난하는 의견도 있다. 산업부에 따르면 문을 닫고 난방을 가동할 경우 문을 열고 가동할 때보다 약 92%의 난방전력이 절감되는 효과가 있다고 한다. 정부가 일반 매장의 영업 방식을 어느 정도까지 제지할 수 있는지에 대한 의견은 분분하지만, 전력수급이 악화되지 않기 위해 전 국민이 힘을 모아야 함에는 이견이 없을 것이다.

19. 윗글의 내용과 일치하지 않는 것은?

① 예비전력이 특정 기준치에 미달하여 전력수급경보가 시작될 경우 TV 방송에서 경보 확인이 가능하다.

② 예비전력이 150만kW인 채로 20분 동안 계속된다면 경계 단계의 전력수급경보가 발령된다.

③ 전력시장 관리 체제는 계절에 따라 상이할 수 있으며 특히 예비전력 공급 기준 시간에서 차이가 난다.

④ 히터를 켠 채로 가게 문을 열고 운영할 경우 최초 1회 적발 시 과태료 150만 원을 내야 한다.

20. 윗글을 통해 추론한 내용으로 가장 적절하지 않은 것은?

① 냉방기를 사용한 채로 입구를 열어놓고 영업할 때 내려지는 금전적 징계가 강화될 경우 관련 찬반 논쟁이 거세질 가능성이 있다.

② 사용 가능한 여유전력량이 일정 수준 이하가 되더라도 전력수급경보의 다섯 단계 중 준비 단계에 해당한다면 경보가 발령되지 않을 수 있다.

③ 예비전력이 350만kW 이하로 떨어지는 경우 공공기관과 모든 절전 계약 기업이 긴급 절전 상태에 돌입하게 될 확률이 높다.

④ 필요한 전력이 급하게 늘어나게 될 때 그 양을 잘못 예측할 가능성이 존재하며 최악의 경우 통보하지 않고 불이 꺼질 수 있다.

21. 귀하는 병원에 입원한 친구의 병문안을 가려고 한다. 1~6호의 병실은 모두 1인실이며, A~E 5명과 친구 1명이 각 병실에 입원해 있다. 친구가 설명하는 다음 조건을 모두 고려하였을 때, 항상 옳은 것은? (단, 숫자가 작은 병실일수록 앞의 병실이다.)

> - C 씨는 5호실보다 앞의 병실에 입원해 있어.
> - 내가 입원해 있는 병실은 5호실이 아니야.
> - A 씨가 D 씨보다 뒤의 병실에 입원해 있어.
> - B 씨와 E 씨가 입원해 있는 병실 사이에는 한 개의 병실이 있어.
> - A 씨가 C 씨보다 앞의 병실에 입원해 있어.

① C 씨는 3호실에 입원해 있다.

② A 씨는 B 씨보다 뒤의 병실에 입원해 있다.

③ A 씨와 E 씨는 이웃한 병실에 입원해 있다.

④ 친구가 입원해 있는 병실은 6호실이다.

22. 6명의 팀원으로 구성된 인사팀은 회의를 진행하기 위해 6인용 원탁에 일정한 간격을 두고 둘러앉으려고 한다. 다음 조건을 모두 고려하였을 때, 사원의 오른쪽 옆자리에 앉는 팀원은?

> - 인사팀은 팀장, 과장, 대리, 주임, 인턴, 사원으로 구성되어 있다.
> - 팀장과 주임은 서로 마주 보고 앉는다.
> - 대리와 과장은 바로 옆자리에 앉지 않는다.
> - 인턴은 팀장의 바로 왼쪽 옆자리에 앉는다.
> - 주임과 대리 사이에는 한 명의 팀원이 앉는다.

① 과장　　　　　　② 대리　　　　　　③ 주임　　　　　　④ 인턴

23. 같은 반 친구 A, B, C, D, E, F, G 7명이 200m 달리기 시합을 했다. 달리는 도중에는 본인의 바로 앞순위 사람만 볼 수 있으며, 한 번에 두 명 이상을 제칠 수 없다. 7명이 모두 진실을 말했을 때, 1등을 한 사람은? (단, 7명의 순위는 모두 다르다.)

- A: 난 1등은 아니야.
- B: 결승점 10m 앞과 5m 앞에서 내 순위는 바뀌었어.
- C: 나는 계속해서 순위 변화가 없었어.
- D: 결승점에 들어왔을 때 먼저 도착한 6명이 있었어.
- E: 결승점 10m 앞에서 2등인 B를 제쳤고 그 뒤로 나는 순위 변화 없이 들어왔어.
- F: 난 달리면서 C가 계속 보였어.
- G: 나는 6등은 아니야.

① B   ② C   ③ E   ④ G

24. 다음은 중고차 사업 추진에 대한 찬반 투표를 진행한 부장, 차장, 과장, 대리, 사원이 말한 내용이다. 5명 중 1명만 진실을 말했으며 중고차 사업은 다수결의 원칙에 따라 보류되었을 때, 항상 옳은 것은? (단, 무효표는 없다.)

- 김 부장: 장 사원과 내 의견은 달라.
- 오 차장: 김 대리는 거짓을 말하고 있어.
- 천 과장: 중고차 사업은 찬성 2표, 반대 3표로 보류되었습니다.
- 김 대리: 전 중고차 사업에 찬성했습니다.
- 장 사원: 저도 중고차 사업에 찬성했습니다.

① 김 대리가 진실을 말했다면 김 대리와 뜻이 같은 사람은 없다.

② 장 사원이 거짓을 말했다면 중고차 사업에 반대한 사람은 5명이다.

③ 오 차장은 진실을 말했다.

④ 김 대리가 거짓을 말했다면 오 차장과 천 과장 중 중고차 사업에 반대한 사람은 1명이다.

25. 전자책 전문 플랫폼 A 기업에 재직 중인 강 과장은 상사로부터 자사 SWOT 분석을 통해 경영 전략을 도출하여 보고하라는 지시를 받았다. 강 과장이 정리한 A 기업의 SWOT 분석 결과가 다음과 같을 때, 분석 결과에 기반하여 수립한 전략으로 가장 적절한 것은?

> SWOT 분석은 기업 내부의 강점(S)과 약점(W), 기업 외부의 기회(O)와 위협(T)의 4가지 요소를 토대로 경영 전략을 수립하는 방법이다. SO 전략은 외부의 기회를 활용하기 위해 강점을 활용하는 전략이고, ST 전략은 외부의 위협을 피하기 위해 강점을 활용하는 전략이다. WO 전략은 약점을 극복하거나 제거함으로써 외부의 기회를 활용하는 전략이고, WT 전략은 외부의 위협을 회피하고 약점을 최소화하거나 없애는 전략이다. A 기업의 SWOT 분석 결과는 다음과 같다.

강점 (Strength)	• 국내 전자책 전문 플랫폼 중 가장 많은 수의 콘텐츠 보유 • 연예인이나 작가가 직접 읽어 주는 오디오북, 온라인 독서 모임 등 타 플랫폼과 차별화되는 서비스 제공
약점 (Weakness)	• 사용하기 복잡한 전자책 애플리케이션 인터페이스 • 판타지, 로맨스 등 장르 소설 등에 집중된 전자책 콘텐츠의 종류
기회 (Opportunity)	• 전자책 구동이 가능한 저가형 태블릿의 국내외 사용자 급증 • 일반인들이 직접 전자책을 출판할 수 있는 셀프퍼블리싱의 활성화
위협 (Threat)	• 다수의 콘텐츠를 확보한 글로벌 전자책 전문 플랫폼의 국내 진출 가속화 • 전자책 콘텐츠 불법 유통 시장의 만연과 이에 대한 법적 제재 규정의 미흡

① 콘텐츠 창작에 관심을 갖고 있는 다양한 분야의 전문가들에게 셀프퍼블리싱을 지원하는 공모전을 개최하여 자체적으로 보유하고 있는 전자책 콘텐츠의 종류를 늘리고 양질의 콘텐츠를 확보한다.

② 타 플랫폼과 연합하여 전자책 관련 법 제도를 정비하고 전자책 식별 체계를 확립하여 전자책 공정 유통 기반을 강화한다.

③ 기존 전자책 애플리케이션에 대한 사용자의 불만 의견을 취합하여 애플리케이션을 사용자 중심 인터페이스로 지속적으로 개선해 나가며 사용자의 편의성을 높인다.

④ 높은 인기를 구가하고 있는 유명 연예인을 섭외하여 오디오북을 녹음하고 SNS와 독서 관련 각종 커뮤니티에 홍보하여 서비스에 대한 인지도를 높인다.

26. 다음 중 집단 의사결정에 대한 설명으로 가장 적절하지 않은 것은?

① 개인적 의사결정보다 여러 관점에서 문제 분석을 할 수 있다는 장점이 있다.

② 많은 구성원들이 참여하므로 구성원들 사이의 의사전달이 용이하지 못하다는 단점이 있다.

③ 독창적인 해결책을 고안하기보다 다른 구성원들의 동의를 구하는 것에 관심을 가짐으로써 잘못된 결과를 초래하기도 한다.

④ 효과적인 집단 의사결정 기법에는 여러 전문가의 의견을 종합하여 미래를 예측하는 델파이 기법이 있다.

27. 다현이는 외근을 나가기 위해 회사에서 외근 장소까지의 내비게이션 경로를 찾아보았다. 검색된 경로 a, b, c, d 중 소요 시간 대비 총비용이 가장 저렴한 경로를 이용한다고 할 때, 다현이가 이용할 경로는?

[경로별 소요 시간 및 비용 정보]

구분	도로 종류	소요 시간	기름값	톨게이트 비용
a	고속도로	2시간 15분	15,660원	8,200원
b	지방도로	3시간 40분	19,320원	−
c	지방도로	3시간 55분	18,780원	−
d	고속도로	2시간 20분	15,804원	8,600원

① a ② b ③ c ④ d

28. 다음 글을 읽고 추론한 내용으로 가장 적절하지 않은 것은?

바이오 디젤은 경유와 달리 산소를 포함하고 있어 더 완전한 연소를 일으킬 수 있고, 이로 인해 대기 오염 물질 배출량을 약 40~60% 이상 감축할 수 있다. 또한 이산화탄소 배출 절감 효과가 뛰어나, 화석 연료를 대체할 친환경 에너지로 바이오 디젤이 주목받고 있다. 일반적으로 식물성 기름은 차량 디젤 엔진에 이용하기에 충분한 열량을 지니고 있으나, 점도가 높은 고분자 물질이므로 차량 디젤 엔진에 바로 사용하는 것은 어렵다. 따라서 식물성 기름에 알코올을 반응시켜 저분자 물질로 분해하는 과정을 거쳐야 한다. 이때 모든 종류의 알코올이 사용 가능하지만, 가격이 저렴한 메탄올을 주로 사용한다. 알코올과 반응한 기름은 지방산 에스터와 글리세린으로 분해되며, 이때 분해된 지방산 에스터를 바이오 디젤이라고 한다. 바이오 디젤은 글리세린을 분리하고 불순물을 없애는 과정을 거쳐 100% 순수 연료로 사용되거나, 정유사 또는 주유소에 운송되어 경유와 혼합해 사용되기도 한다. 그러나 바이오 디젤은 경유와 물성이 달라 바이오 디젤 함량이 높으면 차량 결함이 발생할 가능성이 있다. 따라서 정유사 또는 주유소에서는 경유에 바이오 디젤이 5% 이하로 혼합된 BD5를 판매하도록 제정하였으며, 운수업체 등 제한된 사업장에서는 바이오 디젤의 혼합 비중을 20%로 제한한 BD20으로 이원화하였다. 한편 바이오 디젤은 식용작물을 원료로 사용하여 식량난 문제 또는 원료 가격 상승으로 인한 수급 불안정 문제를 일으킬 수 있다는 지적을 받았다. 이러한 문제를 해결하기 위해 독성을 지녀 식용 불가능한 유지 식물의 기름이나 폐식용유 등을 활용하거나, 해양 미세조류를 이용한 바이오 디젤 생산 연구가 진행되었다. 특히 미세조류를 이용한 바이오 디젤은 다른 작물보다 최대 250배에 달하는 월등한 생산량을 자랑하며, 저온에서도 시동을 걸 수 있어 팜유에서 추출한 바이오 디젤의 문제점을 극복했다는 장점이 있다.

① 바이오 디젤 비율이 높은 바이오 디젤 혼합유는 자동차 고장을 일으키는 원인이 될 수 있다.

② 팜유를 이용해 생산한 바이오 디젤은 낮은 온도에서 시동이 걸리지 않는 문제점이 있었다.

③ 경유는 산소를 포함하지 않아 바이오 디젤보다 상대적으로 불완전한 연소 반응이 일어날 것이다.

④ 식물성 유지에서 바이오 디젤을 얻기 위해 저분자 분해 공정에서 반드시 메탄올을 사용해야 한다.

29. ○○구에 거주하는 종현이는 ○○구 지역카드를 발급받아 사용하였다. 종현이의 지역카드 결제 내역을 토대로 판단할 때, 종현이가 9월과 10월에 환급받을 총금액은?

[○○구 지역카드 안내문]

1. 목적
   – 지역 내 소상공인 지원 및 소비 활성화를 통해 지역경제를 발전시키기 위함

2. 대상
   – 만 14세 이상 ○○구 거주자

3. 신청 방법
   1) ○○구 홈페이지(http://mygoocard.co.kr)에서 온라인으로 신청 후 등록한 주소지로 카드 배송
   2) ○○구청에 방문하여 신청서 작성 후 카드 직접 수령

4. 사용 방법
   – 수령한 지역카드에 본인 명의의 은행 계좌를 등록하고, 등록한 은행 계좌에서 선불 충전하여 사용함

5. 환급 기준
   – 1인당 월 누적 결제 금액 400,000원 한도까지 환급 적용되며, 매달 말일에 결제 금액의 6%가 등록한 은행 계좌로 환급됨
   – 환급 가능 사용처: ○○구 내 위치한 전통시장 및 소상공인(개인)이 운영하는 미용실, 병원, 약국, 학원, 식당, 카페 등의 관련 업종
   – 환급 불가 사용처

사용처	관련 업종
전통시장을 제외한 대규모 점포	대규모 마트 등
대기업 계열사 운영 점포	프랜차이즈 문고, 미용실, 카페 등
유흥, 향락, 사행	주점, 노래방, PC방 등
이 외 업종	부동산 임대업, 금융업, ○○구 외 위치한 모든 업종 등

   ※ 환급 불가 사용처에서 결제는 가능하며, 해당 금액은 월 누적 결제 금액에 산정되지 않음

[종현이의 지역카드 결제 내역]

구분	결제 금액	사용처
9월 7일	170,000원	대규모 마트
9월 12일	15,000원	개인 운영 카페
9월 22일	66,000원	칵테일 바
9월 27일	78,000원	개인 운영 미용실
10월 2일	135,000원	전통 시장
10월 16일	160,000원	프랜차이즈 문고
10월 23일	8,000원	PC방
10월 30일	284,000원	개인 운영 컴퓨터 학원

※ 결제 내역의 사용처는 모두 ○○구 내에 위치하며, 결제 내역 외 9월과 10월에 종현이가 지출한 금액은 없음

① 26,040원　　　② 29,580원　　　③ 30,720원　　　④ 33,540원

30. 다음은 J 기업의 채용 시 가산점 우대 기준이다. 가산점 우대 기준에 따라 지원자들에게 가산점을 적용하였을 때, 옳지 않은 것은?

[부서별 우대 자격증]

부서	우대 자격증
사무	컴퓨터활용능력 1급, 정보처리기사
기계	기계설계기사, 산업안전기사, 일반기계기사
전산	정보처리기사, 정보통신기사, 정보보안기사
전기	전기기사, 전기공사기사

※ 지원 부서의 우대 자격증을 보유하고 있는 경우 최대 2개까지 인정되며, 개당 3점씩 가산점이 부여됨

[우대사항 적용 대상]

취업지원 대상자(보훈)	저소득층	J 기업 주변지역 거주자	비수도권 지역인재
10점	5점	7점	3점

※ 부서별 우대 자격증과 우대사항 적용 대상의 가산점은 누적하여 적용됨

[지원자 이력사항]

구분	지원 부서	보유 자격증	특이사항
갑	전기	건설재료시험기사, 전기공사기사	취업지원 대상자(보훈)
을	기계	정보처리기사, 전기기사	저소득층
병	사무	컴퓨터활용능력 1급, 정보처리기사	J 기업 주변지역 거주자
정	전산	정보처리기사, 정보통신기사, 정보보안기사	비수도권 지역인재
무	기계	전기공사기사, 산업안전기사, 전기기사	저소득층

① 갑은 무보다 가산점을 높게 받았다.
② 정이 받은 가산점은 12점이다.
③ 병과 가산점이 동일한 사람은 1명이다.
④ 을은 전체 지원자 중 가산점을 가장 낮게 받았다.

31. 다음 중 문제 해결 절차에 대한 설명으로 가장 적절하지 않은 것은?

① 문제를 분석해 해결해야 할 것을 명확히 하는 단계는 '문제 인식' 단계이다.
② 파악한 핵심 문제에 대한 분석을 통해 근본적인 원인을 이끌어 내는 단계는 '원인 분석' 단계이다.
③ 문제를 분석해 얻은 원인을 해결할 해결방안을 수립하는 단계는 '해결안 개발' 단계이다.
④ 만들어진 실행계획을 적용해 문제의 원인을 제거하는 단계는 '실행 및 평가' 단계이다.

측정한 주행 모드에 따라 연비는 도심연비와 고속도로연비로 나눌 수 있으며, 도심연비는 도심 주행 모드로 측정한 에너지소비효율을 통해 산출한 연비이다. 또한, 고속도로연비는 고속도로 주행 모드로 측정한 에너지소비효율을 통해 산출한 연비로 도심연비와 고속도로연비에 각각 55%, 45%의 가중치를 적용하여 복합연비를 산출할 수 있다. 이때 자동차 에너지소비효율등급은 배기량에 상관없이 복합연비가 높은 차량에 높은 등급을, 복합연비가 낮은 차량에 낮은 등급을 부여한다. 이에 더하여, 자동차 에너지소비효율등급 표시라벨에는 자동차 종류에 따라 주행거리 1km를 기준으로 자동차가 배출하는 이산화탄소의 양을 그램으로 표시한 복합 CO_2 배출량이나 전기자동차를 1회 충전했을 때 주행할 수 있는 거리를 표시한다. 다만 전기자동차의 에너지소비효율등급 표시라벨에는 연비등급이 표시되지 않는다.

[자동차 에너지소비효율등급 기준표]

(단위: km/L)

등급	1	2	3	4	5
복합연비	16.0 이상	15.9~13.8	13.7~11.6	11.5~9.4	9.3 이하

32. K 자동차의 도심연비는 12.4km/L, 고속도로연비는 15.1km/L이다. 복합연비 $= \dfrac{1}{\dfrac{0.55}{\text{도심연비}} + \dfrac{0.45}{\text{고속도로연비}}}$ 일 때, K 자동차의 에너지소비효율등급은?

① 1등급   ② 2등급   ③ 3등급   ④ 4등급

33. 다음 중 일반 전기자동차의 에너지소비효율등급 표시라벨에 표시되는 항목으로 가장 적절한 것은?

①

도심연비	12.8km/kWh	고속도로연비	16.8km/kWh
자동차 연비등급	2	복합 CO_2 배출량	100g/km

②

도심연비	12.8km/kWh	고속도로연비	16.8km/kWh
복합연비	14.3km/kWh	복합 CO_2 배출량	100g/km

③

도심연비	12.8km/kWh	고속도로연비	16.8km/kWh
자동차 연비등급	2	1회 충전 주행거리	100km

④

도심연비	12.8km/kWh	고속도로연비	16.8km/kWh
복합연비	14.3km/kWh	1회 충전 주행거리	100km

34. 다음 중 브레인스토밍의 진행 방법으로 가장 적절하지 않은 것은?

① 아이디어에 대해 가감 없이 비판한다.

② 구체적이고 명확하게 주제를 정한다.

③ 누구나 자유롭게 발언할 수 있도록 하고 모든 발언 내용을 기록한다.

④ 다양한 의견을 도출할 수 있는 사람을 리더로 선출한다.

35. 다음 글에서 설명하는 문제 해결 방법으로 가장 적절한 것은?

> 깊이 있는 커뮤니케이션을 통해 서로의 문제점에 대해 공감하고 이해함으로써 창조적인 문제 해결을 도모하여 처음에 생각하지 못했던 새로운 해결 방법이 도출되기도 하는 문제 해결 방법이다. 이 방법을 이용한 문제 해결은 조직 구성원이 자율적으로 실행하며, 구성원의 동기와 팀워크가 한층 강화된다는 특징을 가진다.

① 하드 어프로치   ② 소프트 어프로치   ③ 퍼실리테이션   ④ 비판적 사고

36. 다음 계약서를 토대로 판단한 내용으로 옳은 것은?

[근로계약서]

행복 주식회사(이하 "사업주"라 함)와 최혜지(이하 "근로자"라 함)는 다음과 같이 근로계약을 체결한다.

1. 근로 개시일
 – 2021년 2월 1일부터 근무하며, 근로의 대가로 임금을 지급한다.
 – 입사일로부터 4월 30일까지 수습기간을 적용하며, 수습기간 동안 임금의 95%를 지급한다.

2. 근무 장소: 서울시 용산구 내 계약 점포

3. 업무의 내용
 – 고객관리 및 신규영업 관련 제반 업무를 담당한다.

4. 소정근로시간
 – 8시 30분부터 17시 30분까지 1일 8시간, 주 40시간으로 하며, 휴게시간은 12시 00분부터 13시 00분으로 한다.
 – 근로시간을 초과하는 연장근로 및 휴일근로에 대한 수당은 제수당에 포함된 것으로 본다.

5. 근무일 및 휴일: 매주 5일 근무하며, 주휴일은 매주 금요일과 토요일로 한다.

6. 임금
 (1) 총 계약 연봉금액
  – 근로에 대한 대가로 계약 기간 2021년 02월 01일부터 2022년 01월 31일까지 총 _____ 원을 지급한다.
  – 총 계약 연봉은 소득세를 포함한 세금 및 기타 공제액을 공제하지 않은 금액이며, 실제 임금 지급 시 해당하는 공제액을 공제하여 지급한다.
   • 기본급(연간): 21,869,760원
   • 상여금: 없음
   • 기타급여(제수당 등): 있음
    · 제수당(연간): 450,000원
    · 직급수당(연간): 680,240원
    · 식대(연간): 1,200,000원
 (2) 임금지급일
  – 매월 1일부터 기산하여 말일 마감하며 익월 10일 지급한다. (단, 휴일인 경우 전일 지급한다.)
 (3) 지급방법
  – 총 계약 연봉금액을 12등분하여 매월 12분의 1에 해당하는 금액을 지급하며, 근로자 명의의 예금통장에 입금한다.

7. 연차유급휴가
 – 연차유급휴가는 근로기준법에서 정하는 바에 따라 부여한다.

8. 사회보험 적용(해당란에 체크)
  ☑ 고용보험 ☑ 산재보험 ☑ 국민연금 ☑ 건강보험

9. 근로계약서 교부
 – "사업주"는 근로계약을 체결함과 동시에 본 계약서를 사본하여 "근로자"의 교부요구와 관계없이 "근로자"에게 교부한다. (근로기준법 제17조 이행)

10. 근로계약, 취업규칙 등의 성실한 이행의무
  – "사업주"와 "근로자"는 각자가 근로계약, 취업규칙, 단체협약을 지키고 성실하게 이행하여야 한다.

11. 기타
  – 이 계약에 정함이 없는 사항은 근로기준법령에 의한다.

2021년 2월 1일

(사업주) 사업체명: 행복 주식회사
    주소: 서울시 용산구 □□동 831-12호
    대표자: 윤한식 (서명)
(근로자) 주소: 서울시 종로구 △△동 792-13호
    연락처: 010-0000-0000
    성명: 최혜지 (서명)

① 주 40시간을 초과하여 근로할 경우, 연장근로에 대한 수당을 별도로 지급받는다.

② 근로계약서 작성 이후, 최혜지 본인 의사에 의해 근로계약서의 사본을 수령하지 않기로 하였다면 근로계약서 사본은 수령하지 않아도 된다.

③ 근로계약서상 근로시간은 8시 30분부터 17시 30분까지이며, 주휴일은 매주 토요일과 일요일이다.

④ 최혜지가 결근 없이 모두 근무했다면 공제액을 제하지 않고 5월 10일에 지급받는 월급은 약 1,915,833원이다.

[37 – 38] 다음은 전라도의 신재생 에너지 공급의무 비율을 산정하는 기준이다. 각 물음에 답하시오.

[신재생 에너지 공급의무 비율 산정 기준]

1. 신재생 에너지 공급의무 비율

- 건축물에서 연간 사용이 예측되는 총에너지의 양 중 그 일부를 의무적으로 신재생 에너지 설비를 이용하여 생산한 에너지로 공급해야 하는 비율로, 다음의 식으로 산정한다.

$$신재생 에너지 공급의무 비율(\%) = (신재생 에너지 생산량 / 예상 에너지 사용량) \times 100$$

2. 신재생 에너지 생산량

- 신재생 에너지를 이용하여 공급되는 에너지를 의미하며, 신재생 에너지 설비를 이용하여 연간 생산하는 에너지의 양을 보정한 값으로, 다음의 식으로 산정한다.

$$신재생 에너지 생산량(kWh) = 원별 설치규모(kW) \times 단위 에너지 생산량(kWh/kW) \times 원별 보정계수$$

※ 1) 원별 설치규모는 설치계획을 수립한 신재생 에너지원의 규모임
2) 단위 에너지 생산량은 신재생 에너지원별 단위 설치규모에서 연간 생산되는 에너지의 양임
3) 원별 보정계수는 신재생 에너지원별 연간 에너지 생산량을 보정하기 위한 계수임
4) 단위 에너지 생산량, 원별 보정계수는 센터의 장이 정함

3. 예상 에너지 사용량

- 건축물에서 연간 사용이 예측되는 총에너지의 양으로, 다음의 식으로 산정한다.

$$예상 에너지 사용량(kWh) = 건축 연면적(m^2) \times 단위 에너지 사용량(kWh/m^2) \times 지역계수$$

※ 1) 건축 연면적은 연면적에서 주차장 면적을 제외한 면적임
2) 단위 에너지 사용량은 용도별 건축물의 단위 면적당 연간 사용이 예측되는 에너지의 양임
3) 지역계수란 지역별 기상 조건을 고려한 계수임

4. 상업용 단위 에너지 사용량

- 상업용 단위 에너지 사용량은 다음과 같다.

구분	판매 및 영업시설	운수시설	업무시설	숙박시설	위락시설
단위 에너지 사용량 (kWh/m²)	408.45	374.47	374.47	526.55	400.33

5. 전라도 지역계수

- 전라북도와 전라남도의 지역계수는 다음과 같다.

구분	전라북도	전라남도
지역계수	1.04	0.99

37. 사업자 갑은 전라남도 ○○군에서 건축 연면적이 2,000m²인 판매 및 영업시설을 운영하며, 설치규모가 100kW인 고정식 태양광 발전 설비를 사용하고 있다. 신재생 에너지 센터에서 정한 태양광 에너지원의 단위 에너지 생산량 및 원별 보정계수를 근거로 판단할 때, 신재생 에너지 공급의무 비율은 약 얼마인가?

[태양광 에너지원의 단위 에너지 생산량 및 원별 보정계수]

구분	단위 에너지 생산량(kWh/kW)	원별 보정계수
고정식	1,358	1.56
추적식	1,765	1.68
BIPV	923	5.48

① 25.0%   ② 26.2%   ③ 28.2%   ④ 36.7%

38. 위 자료를 토대로 판단한 내용으로 옳지 않은 것은?

① 예상 에너지 사용량이 동일한 경우 신재생 에너지 공급의무 비율은 신재생 에너지 생산량에 비례한다.
② 예상 에너지 사용량을 산출하기 위해 사용되는 건축 연면적에는 주차장 면적이 포함되지 않는다.
③ 다른 조건이 동일한 경우 전라남도보다 전라북도의 신재생 에너지 공급의무 비율이 더 낮다.
④ 건축 연면적과 지역계수가 동일한 경우 위락시설보다 업무시설의 예상 에너지 사용량이 더 높다.

[39-40] 다음은 T 회사 마케팅팀 정 대리의 6월 3주 차 업무를 나타낸 자료이다. 다음 자료를 보고 각 물음에 답하시오.

[정 대리의 6월 3주 차 업무]

구분	업무	업무 소요 시간	업무 기한
1	마케팅 비용 및 예산 집행 신청서 작성	6시간	6월 15일(월) 18시
2	시장조사 및 경쟁사 동향 파악	9시간	6월 16일(화) 18시
3	고객 관리	10시간	6월 17일(수) 18시
4	브랜드 관리 보고서 작성	8시간	6월 18일(목) 14시
5	MD	10시간	6월 19일(금) 18시

※ 1) 주 차별 업무는 해당 주 차에 시작하고, 각 업무는 업무 기한을 준수해야 하며, 시간이 부족할 시 해당 업무 기한 전날 야근을 할 수 있음
2) 정 대리는 매주 목요일 13~14시에 팀 회의가 있음
3) T 회사의 출근 시각은 9시, 점심 시간은 12~13시, 퇴근 시각은 18시이며 야근은 퇴근 시각 이후에 남아서 일하는 것을 의미함

39. 정 대리가 6월 3주 차 업무를 6월 15일(월) 9시에 시작해 순서대로 처리할 때, 정 대리가 6월 3주 차에 하게 되는 최소 야근 시간은? (단, 정 대리는 출근 시각보다 빨리 출근하여 업무를 진행하지 않는다.)

① 3시간　　　　② 4시간　　　　③ 5시간　　　　④ 6시간

40. 정 대리는 6월 8일(월)과 23일(화)에 외근이 잡혀 있다. 다음과 같이 다른 팀 사람들이 외근 날짜를 바꿔 달라고 요청할 때, 6월 3주 차 업무와 팀 회의에 영향을 주지 않도록 바꿀 수 있는 사람을 고르면? (단, 외근을 간 다음 날은 출근하지 않으며 이틀 연속 외근을 갈 수 없다.)

① 인사팀 박 과장: "정 대리, 6월 10일에 예정된 내 외근이랑 자네 외근 중 하루를 바꿔줄 수 있겠나."

② 재무팀 이 대리: "정 대리님, 대리님의 6월 8일 외근이랑 제 6월 22일 외근이랑 바꿔주실 수 있나요?"

③ 생산팀 김 사원: "정 대리님, 제가 6월 15일과 6월 29일에 외근이 잡혀 있는데 대리님 외근이랑 둘 다 바꿔주실 수 있으신가요?"

④ 연구팀 강 사원: "정 대리님, 제 6월 5일 외근이랑 대리님 외근 중 하루를 바꿔주실 수 있으신가요?"

41. 벤치마킹의 종류는 비교 대상에 따라 내부 벤치마킹, 경쟁적 벤치마킹, 비경쟁적 벤치마킹, 글로벌 벤치마킹으로 분류할 수 있다. 다음 중 벤치마킹의 종류별 설명으로 가장 적절하지 않은 것은?

① 내부 벤치마킹: 자료 수집이 용이하며, 다각화된 우량기업에 효과적이나 관점이 제한적일 수 있다는 단점이 있다.

② 경쟁적 벤치마킹: 경영성과와 관련된 정보 입수와 업무 및 기술에 대한 비교가 가능하나 윤리적 문제가 발생할 수 있다.

③ 비경쟁적 벤치마킹: 다른 환경의 사례를 가공하지 않고 적용할 경우 효과가 없을 수도 있으며, 혁신적인 아이디어가 창출될 가능성이 적다.

④ 글로벌 벤치마킹: 제도적 차이로 인해 발생하는 효과에 대한 검토가 이루어지지 않을 경우 잘못된 결과가 도출될 가능성이 있다.

42. 다음 중 기업이 기술선택을 위한 우선순위를 결정하는 데 영향을 미치는 요소에 대한 설명으로 가장 적절한 것은?

① 선택한 기술에 따라 제품의 성능이나 원가가 달라지지 않도록 기술이 제품의 성능 및 원가에 미치는 영향력이 작아야 한다.

② 기업이 외부로부터 기술을 도입하여 쉽게 활용하기 위해서는 주변에서 용이하게 구할 수 있는 기술을 선택해야 한다.

③ 기업이 생산하는 제품 중에서도 특정 제품에만 적용하여 활용할 수 있는 특정 제품 맞춤형 기술을 선택해야 한다.

④ 기술을 선택할 때는 되도록 최신의 기술을 선택하는 것이 좋으며 가능한 한 진부화될 가능성이 적은 기술을 선택해야 한다.

[43～44] 다음 디지털 도어락의 제품 설명서를 보고 각 물음에 답하시오.

[제품 증상에 따른 조치사항]

• 사용에 문제가 있을 경우 A/S 서비스를 신청하기에 앞서 아래의 증상 및 조치사항을 먼저 확인하도록 함

증상	조치
전원이 들어오지 않음	• 건전지가 제품에 극성(+/−)에 맞게 장착되어 있는지 확인한다. • 건전지가 방전되었거나 불량품은 아닌지 확인한다.
비밀번호 인증은 되지만 문이 열리지 않음	• 해당 제품 이외의 잠금장치가 있는 것은 아닌지 확인한다. • 문과 문틀 사이에 이물질이 끼어 있는 것은 아닌지 확인한다. • 인증 후 경고음이 나며 문이 열리지 않을 경우 잠금 고리가 걸린 것일 수도 있으므로 문을 흔든 후 재시도한다. • 잠금장치 고장일 수 있으므로 고객 센터로 문의한다.
비밀번호 등록이 되지 않음	• 건전지 덮개를 열고 [등록] 버튼을 누른 후 재시도한다. (단, [등록] 버튼을 누른 후 10초 경과 시 입력이 취소됨) • 입력한 비밀번호에 사용 불가능한 문자(*, #)가 있는지 확인한다. • 입력한 비밀번호가 5~13자리 사이인지 확인한다.
자동으로 잠기지 않음	• 수동 잠금 기능이 설정된 것은 아닌지 확인한다. • 수동 잠금 기능으로 설정되어 있을 경우 외부에서 키패드를 5초간 누르면 문이 잠기고, 자동 잠금 기능으로 전환하려면 키패드 터치 후 #＋비밀번호＋#＋5를 입력한다.
자동으로 잠기려다가 경보음이 울리면서 잠기지 않음	• 건전지가 방전된 것이므로 건전지를 모두 새것으로 교체한다. • 잠금장치가 잠기다가 되돌아간다면 잠금장치와 문의 위치가 맞지 않는 것일 수 있으므로 고객 센터로 문의한다.

[피해 유형에 따른 소비자 피해보상 기준]

• 제품 품질보증기간은 구입한 날로부터 1년 이내에 해당함
• 보상 및 처리 방안이 두 가지일 경우 소비자가 한 가지 방안을 선택함

소비자 피해 유형		보상 및 처리	
구분	세부 유형	보증기간 이내	보증기간 이후
정상적인 사용 상태	구입 후 1개월 이내 주요 이상 발생	교환 또는 환불	−
	구입 후 3개월 이내 주요 이상 발생	교환 또는 무상수리	
	수리 가능한 동일 하자가 2회 발생	무상수리	유상수리
	수리 가능한 동일 하자가 3회 이상 발생	교환 또는 환불	
	수리용 부품이 없어 수리 불가능한 하자 발생	교환 또는 환불	정가를 감가상각한 잔여금액 환불
소비자의 고의·과실에 의한 고장	수리 가능한 하자 발생	유상수리	유상수리
	수리 불가능한 하자 발생	유상수리	유상수리
고장이 아닌 경우		유상수리	유상수리
천재지변 및 외부환경에 의한 고장		유상수리	유상수리

43. A 씨는 자신이 담당하고 있는 비품관리실의 디지털 도어락이 갑자기 작동하지 않아 문이 열리지 않는다는 연락을 받게 되었다. 이때, A 씨가 해야 할 일로 가장 적절하지 않은 것은?

① 잠금장치의 고장이 의심되는 경우 고객 센터에 문의한다.

② 디지털 도어락의 작동을 방해하는 이물질을 제거한다.

③ 키패드를 조작하여 도어락을 자동 잠금 기능으로 전환한다.

④ 디지털 도어락이 아닌 문고리가 잠겨 있는 것은 아닌지 확인한다.

44. B 씨가 디지털 도어락을 구매한 당일 디지털 도어락이 자동으로 잠기지 않는 경우가 발생하여 무상으로 제품 교환을 받았으나, 8개월이 지난 후 또다시 해당 문제가 발생하여 무료로 수리를 받았다. 그 후로 5개월이 지난 오늘 B 씨는 문이 잠기지 않아 제품 설명서를 참고하여 디지털 도어락을 점검한 결과 이전과 같은 문제가 발생했음을 알게 되었다. 이때, B 씨가 A/S를 요청할 경우 고객 센터의 조치로 가장 적절한 것은?

① 구매가에서 수리 비용을 제한 금액을 돌려준다.

② 구입한 제품과 동일한 제품으로 교환해 준다.

③ 제품을 구매한 가격과 동일한 금액을 환급해 준다.

④ 제품을 수리해 주고 수리 비용을 청구한다.

45. 다음 사례에 해당하는 기술혁신의 특성으로 가장 적절한 것은?

> 1928년 세균학자 플레밍에 의한 항생제 페니실린의 개발은 질병 치료에 커다란 혁신을 가져왔다. 당시 플레밍은 상처를 감염시키는 포도상구균을 배양하는 과정에서 실수로 배양접시의 뚜껑을 열어놓았다가 공기에 노출된 포도상구균이 푸른곰팡이에 오염된 것을 발견하였다. 이때, 푸른곰팡이 주변의 포도상구균이 죽어있던 것을 알아챈 플레밍은 푸른곰팡이에 있는 특정 물질이 포도상구균을 죽인다는 것을 발견하였고, 그 물질을 페니실린으로 명명했다. 그는 페니실린을 이용해 치료제를 만들기 위해 노력하였으나, 불순물 없이 순도 높은 페니실린을 추출하는 과정에서 어려움을 겪었다. 또한, 항균 효과의 지속 시간이 매우 짧다는 것을 알고 이내 포기하고 말았다. 그로부터 9년 후, 옥스퍼드 대학의 플로리와 체인 교수가 임상실험에 성공하면서 항생제 페니실린의 대량생산이 시작되었다. 비록 그 가치를 인정받기까지 매우 오랜 시간이 걸렸지만, 항생제 페니실린 개발 이후 강력한 효과를 보이는 수많은 항생제 개발이 가능해지면서 더 많은 질병을 치료할 수 있게 되었다.

① 기술혁신은 사전에 의도하지 않았으나 이루어지는 경우도 있어 과정 자체가 예측하기 어렵고 기업의 투자가 가시적 성과로 나타나기까지 비교적 오랜 시간이 필요하다.

② 기술혁신은 기술 외에도 기존 조직 운영 절차, 생산 방식, 조직의 권력 구조 등 다방면에 영향을 미치므로 혁신 과정에서의 불확실성은 기업 내 갈등을 유발할 수 있다.

③ 기술혁신은 지식 집약적인 활동으로 연구개발에 참여한 연구원 또는 엔지니어가 기업을 떠나게 되면 기술과 지식에 큰 손실이 생겨 기술 개발을 유지할 수 없는 경우가 있다.

④ 기술혁신은 연구개발부서 외에도 다양한 조직의 경계를 넘나들며 일어날 뿐만 아니라 상호의존성을 지녀 하나의 기술 개발이 다른 기술 개발에 영향을 미치기도 한다.

46. 정부는 여름철 태풍을 대비하여 태양광 설비 안전관리 체제에 돌입하였고, 태양광 설비 점검 체크리스트를 바탕으로 대대적인 설비 점검에 나섰다. 다음 체크리스트를 기준으로 판단할 때, 설비 점검을 위해 반드시 지켜야 할 사항으로 가장 적절하지 않은 것은?

[태양광 설비 점검 체크리스트]

구분		점검 위치	점검 사항	점검 결과
설비 점검 사항	태양전지판	모듈	인증제품인가?	□적합 □부적합
			기초 부위, 지지대, 모듈 사이가 빈틈없이 결합되어 있는가?	□적합 □부적합
			모듈 전면의 음영 또는 파손이 있는가?	□적합 □부적합
	지지대	연결부, 기초 (용접 부위 포함)	용융아연도금 처리 또는 녹 방지 처리가 되어 있는가?	□적합 □부적합
		지지대 후면	바람, 하중에 견고한 구조로 설치되어 있는가? (현장에서 육안으로 안전에 문제가 있다고 판단된 경우에만 구조계산서를 검토하여 적합성 최종 판별)	□적합 □부적합
	전기배선	연결 전선	전용선(CV선 또는 동등한 수준의 제품)을 사용하고 있는가?	□적합 □부적합
		모듈 배선	케이블 타이로 고정되어 있는가?	□적합 □부적합
		커넥터	액체 침투를 막을 수 있는 구조인가?	□적합 □부적합
	인버터	인버터	정격 용량이 모듈 설치 용량의 70% 이상인가?	□적합 □부적합
입지 점검 사항	공통	전체	콘크리트를 비롯한 모든 기초 부위에 틈 또는 훼손된 곳이 있는가?	□적합 □부적합
	산지	배수 시설	맨홀 및 배수로에 이물이 있는가?	□적합 □부적합
		축대	누수 또는 균열 현상이 있는가?	□적합 □부적합
	건축물	지붕	기초 구조물이 빈틈없이 결합되어 있는가?	□적합 □부적합

① 지지대 후면은 구조계산서를 기준으로 하중 구조의 안정성을 파악한 후 육안으로 확인해야 한다.

② 산지에 설치된 태양광 설비는 배수로와 맨홀에 배수를 방해하는 이물질이 있는지 점검해야 한다.

③ 전기배선 점검 시 모듈 배선의 고정 여부 및 연결 전선의 전용선 사용 여부를 모두 확인해야 한다.

④ 태양전지판의 모듈 앞쪽에 다른 곳과 눈에 띄게 어두운 부분이 있는지 확인하는 절차를 거쳐야 한다.

47. 다음 상황에서 선택할 수 있는 새로운 기술을 익히는 방법으로 가장 적절한 것은?

> 회계부에서 근무하고 있는 진 대리는 본인의 회계 지식이 업무를 능숙하게 해내기에는 매우 부족한 것 같다는 생각을 자주 하고 있다. 진 대리는 최신 회계 이론을 심층적으로 공부하여 본인의 업무에 좀 더 전문성을 갖게 되기를 바라고 있으며, 기본적인 회계 지식은 갖추고 있기 때문에 부서에서 업무를 진행하면서 모르는 부분이 생기면 해당 부분에 대해서만 빠르게 학습하기를 원한다. 다만, 진 대리는 부서 특성상 유동적으로 특정 기간에 업무가 집중되어 정시 퇴근을 할 수 있는 날이 불규칙적이라는 점에서 퇴근 후 일정 시간을 정하여 고정된 스케줄에 따라 교육을 받기는 힘들 것 같아 고민하고 있다.

① 전문 연수원을 통한 기술과정 연수
② E-Learning을 활용한 기술교육
③ 상급학교 진학을 통한 기술교육
④ OJT를 활용한 기술교육

48. 네트워크 혁명의 3가지 법칙으로 가장 적절하지 않은 것은?
① 카오의 법칙　　　　② 메트칼프의 법칙　　　　③ 샐리의 법칙　　　　④ 무어의 법칙

[49-50] 다음은 A 회사의 신제품인 '미끄럼 방지 자동차 컵 홀더'의 기획서이다. 각 물음에 답하시오.

[미끄럼 방지 자동차 컵 홀더 기획서]

◆ 상표명: A 회사 미끄럼 방지 자동차 컵 홀더
◆ 세부 내용: 자동차 컵 홀더 바닥에 미끄럼을 방지하는 스티커를 부착하여 주행 중 음료가 쏟아지는 것을 방지함
◆ 추후 계획: 특허청에 필수 서류(출원서, 요약서, 명세서, 도면)를 제출하여 기존 자동차 컵 홀더에 미끄럼 방지 스티커를 부착하여 고안한 '미끄럼 방지 자동차 컵 홀더' 아이디어에 대한 권리를 획득할 예정임

49. A 회사가 기획서의 추후 계획에 따라 'A 회사 미끄럼 방지 자동차 컵 홀더'에 대한 산업재산권을 획득하려고 할 때, A 회사가 획득할 권리로 가장 적절한 것은?

① 특허권   ② 실용신안권   ③ 의장권   ④ 상표권

50. A 회사가 기획서의 추후 계획에 따라 획득할 'A 회사 미끄럼 방지 자동차 컵 홀더'에 대한 산업재산권의 존속 기간은? (단, 각 산업재산권의 등록일, 출원일은 고려하지 않는다.)

① 5년   ② 10년   ③ 15년   ④ 20년

[51 - 52] 다음 甲 사 인터넷 요금제 안내를 읽고 각 물음에 답하시오.

[甲 사 인터넷 요금제 안내]

구분	A	B	C	D
월 요금	46,500원	40,500원	35,500원	42,500원
최대 속도	2.5Gbps	1Gbps	500Mbps	1Gbps
TV 결합 가능 여부	O	O	X	X
인공지능 스피커 제공 여부	O	X	X	O
와이파이 공유기 제공 대수	2대	1대	1대	1대
추가 혜택	와이파이 공유기 1대 또는 유해사이트 접속 및 악성코드 차단	유해사이트 접속 및 악성코드 차단	-	와이파이 공유기 1대 또는 유해사이트 접속 및 악성코드 차단

※ 1) 모든 요금제는 2년 약정을 기본으로 하며, 3년 약정 계약 시 월 요금의 5%가 할인됨
　 2) 기존 甲 사의 TV 서비스를 이용한 고객에 한해 인터넷과 TV 결합 시 인터넷 월 요금의 10%가 할인되며, 중복 할인은 불가능함
　 3) 추가 혜택은 1개만 제공하며, 요금제 이용 중 혜택 변경 신청을 통해 언제든지 바꿀 수 있음

51. 한 집에서 살고 있는 희정이와 정연이는 기존에 이용하던 인터넷 대신 甲 사의 인터넷을 이용하고자 한다. 甲 사 인터넷 요금제 안내와 희정이와 정연이가 나눈 대화 내용을 근거로 판단할 때, 두 사람이 선택할 인터넷 요금제로 가장 적절한 것은?

> 희정: 일단 나는 영상 시청으로만 인터넷을 사용하니까 최대 속도가 500Mbps이어도 상관없을 것 같아.
>
> 정연: 안 돼. 그러면 게임 속도가 너무 느려서 불편하단 말이야. 최대 속도가 1Gbps 이상인 것으로 하자.
>
> 희정: 좋아. 그리고 또 무슨 기능이 필요하지?
>
> 정연: 지난번에는 거실에만 와이파이 공유기를 두었더니 내 방에서는 신호가 잘 잡히지 않았어. 각자의 방에 와이파이 공유기를 둘 수 있으면 좋을 것 같아.
>
> 희정: 맞아. 각자의 방에 와이파이 공유기를 두면 거실에는 두지 않아도 되지. 요금은 가급적 저렴한 편이면 좋겠어. 월 요금이 45,000원을 넘지 않으면서 우리가 원하는 조건을 모두 만족하는 것으로 찾아보자.
>
> 정연: 좋아. 맞다! 甲 사 인터넷 서비스 이용 시 인공지능 스피커를 주기도 하던데 이번에 이용해보면 어떨까?
>
> 희정: 그래. 인공지능 스피커를 이용하면 그렇게 편리하다고 하던데 이번 기회에 함께 제공되는 것을 고르자. 그런데 우리 TV도 甲 사 서비스를 이용 중이잖아. 결합하면 추가로 할인되지 않을까?
>
> 정연: 아마 할인되는 상품이 있을 거야. 그리고 안내문 보니까 인터넷 약정을 3년으로 계약하면 5% 할인이 가능하다고 하던데, 3년 약정으로 하면 좋을 것 같아.
>
> 희정: 그러자. 어차피 당분간은 이사 계획이 없으니 3년 약정으로 해서 할인받도록 하고, 유해사이트 접속 및 악성코드 차단 혜택은 그다지 필요하지 않으니 선택 시 고려하지 말자.

① A   ② B   ③ C   ④ D

52. 甲 사의 고객센터에서 근무하는 정 사원은 인터넷 요금제와 관련한 고객의 문의사항에 답변하는 업무를 담당하고 있다. 고객의 문의사항이 다음과 같을 때, 정 사원이 고객에게 전달할 답변으로 가장 적절한 것은?

> 고　객: 인터넷 요금제 중 A로 계약을 하고 와이파이 공유기 3대를 이용하고 있습니다. 집에 아이가 있어서 유해사이트 접속이 차단되면 좋을 것 같은데 별도로 차단이 되지 않더라고요. 제가 계약한 요금제는 이 혜택을 받지 못하는 것인가요?
>
> 정 사원: 네, 고객님. (   )

① 유해사이트 접속과 악성코드 차단 제공은 B와 C 요금제에 한하므로 요금제를 변경하셔야 합니다.

② 저희 회사에서는 유해사이트 접속과 악성코드 차단 혜택을 제공하지 않습니다.

③ 추가 혜택으로 이미 와이파이 공유기 1대를 제공받으셨으므로 혜택 변경을 신청하셔야 합니다.

④ TV 결합 할인을 받는 고객에게는 추가 혜택이 제공되지 않으므로 결합 할인을 해지하셔야 합니다.

[53 ~ 54] 다음은 ○○사 정수기 제품 설명서의 일부이다. 각 물음에 답하시오.

[제품 보증서]

1. 본 정수기에 대한 품질보증은 보증서에 기재된 내용을 바탕으로 보증 혜택을 받습니다.
2. 무상보증기간은 구매일로부터 1년이므로 상품 구매 시 판매자에게 구매일자를 기재 받으시기 바랍니다.
3. 본 정수기는 개인용, 가정용 이외의 용도로 사용할 경우 보증기간이 1/2로 단축 적용됩니다.
4. 정상적인 사용 상태에서 고장이 발생한 경우 보증기간 내 무상수리를 받을 수 있습니다.
5. 유·무상 서비스 기준은 당사가 규정한 A/S에 준하여 적용됩니다.

[소비자 분쟁 해결 기준 안내]

소비자 피해 유형		보상 내용	
		보증기간 이내	보증기간 경과 후
정상적인 사용 상태에서 자연 발생한 성능·기능상의 고장	구매 후 10일 이내에 중요한 수리를 요하는 경우	제품 교환 또는 구매가 환불	유상수리
	구매 후 1개월 이내에 중요 부품에 수리를 요하는 경우	제품 교환 또는 무상수리	
	교환된 제품이 1개월 이내에 중요한 수리를 요하는 경우	구매가 환불	
	교환 불가능 시		
	하자 발생 시	무상수리	
	동일 하자에 대하여 수리하였으나 고장이 3회째 재발한 경우	제품 교환 또는 구매가 환불	
	여러 부위의 고장으로 총 4회 수리하였으나 고장이 5회째 재발한 경우		
	수리 불가능 시		
	소비자가 수리 의뢰한 제품을 사업자가 분실한 경우		정액 감가상각한 금액에 10%를 가산하여 환불
	수리용 부품을 보유하고 있지 않아 수리할 수 없는 경우		
	제품 구매 시 운송 과정 및 제품 설치 중 발생한 피해	제품 교환	–
소비자의 고의, 과실에 의한 성능·기능상의 고장	수리 가능한 경우	유상수리	
	수리용 부품을 보유하고 있지 않아 수리할 수 없는 경우	유상수리 금액 징수 후 제품교환	
• 천재지변(화재, 염해, 가스, 지진, 풍수해 등)에 의한 고장 • 사용상 정상 마모되는 소모성 부품을 교환하는 경우 • 기타 제품 자체의 하자가 아닌 외부 원인으로 인한 고장 • 본사의 대리점이나 고객서비스센터의 수리기사가 아닌 사람이 수리 또는 개조하여 발생한 고장 • 제품 내 이물질을 투입하여 발생한 고장 • 제품을 떨어뜨리거나 충격으로 인한 제품 파손 및 기능상의 고장 • 본사 정품이 아닌 부품 또는 소모품을 사용하여 발생한 고장 • 정격전압 이외의 전압용량을 사용하여 발생한 고장 • 제품을 임의로 분해하여 부속품이 분실 및 파손된 경우 • 제품 사용 설명서 내 주의사항을 준수하지 않아 발생한 고장		유상수리	

53. 다음 중 ○○사 정수기 사용 시 무상수리를 받을 수 있는 경우로 가장 적절한 것은? (단, 정상적인 사용 상태에서 고장이 자연 발생하였다고 가정한다.)

① 대형 학원에서 사용하던 중 구매 후 8개월 만에 교환 불가능한 고장이 발생한 경우

② 가정에서 사용하던 중 구매 후 보름이 지난 뒤 중요 부품을 수리해야 하는 고장이 발생한 경우

③ 대학교 기숙사에서 사용하던 중 구매 후 2년이 지난 뒤 하자가 자연적으로 발생한 경우

④ 오피스텔에서 개인용으로 사용하던 중 구매 후 한 달이 지난 뒤 교환한 제품에서 제품 교환 다음 날 중요한 수리가 필요한 고장이 발생한 경우

54. 다음 중 ○○사 정수기의 소비자 피해 유형에 따른 소비자 피해 보상으로 가장 적절하지 않은 것은?

① 제품 설치 과정에서 제품을 떨어뜨려 부품에 중대한 파손이 발생한 경우 제품 교환이 가능하다.

② 제품 사용 설명서 내 주의사항에 기재되지 않은 소비자 과실에 의해 수리 가능한 고장이 발생한 경우 유상수리만 가능하다.

③ 수해로 인해 고장 난 제품을 수리 요청하였으나 관련 부품이 없어 수리할 수 없는 경우 제품 교환 또는 정액 감가상각한 금액의 10%를 더한 구매가로 환불 가능하다.

④ 보증기간 이내에 정상적인 사용 상태에서 발생한 고장의 원인이 제품 자체의 하자가 아닌 외부 요인에 의한 고장으로 밝혀진 경우 보증기간과 무관하게 유상수리만 가능하다.

55. 다음 중 4차 산업혁명과 기술에 대한 설명으로 가장 적절하지 않은 것은?

① 인공지능, IoT, 가상현실 등 디지털 기술로 촉발되는 초연결 기반의 지능화 혁명을 4차 산업혁명이라 한다.

② 기업에서는 빅데이터를 활용해 대량의 고객정보를 빠른 시간 안에 분석하는 것이 가능해졌다.

③ 하나의 컴퓨터에 데이터를 담은 블록을 복제해 저장하는 중앙 집중 방식의 데이터 저장기술을 블록체인이라고 한다.

④ 패턴 인식을 학습해 데이터를 처리하는 머신러닝은 양자컴퓨터를 활용하면 더 많은 데이터에서 최적의 패턴을 찾는 것이 가능하다.

56. 다음 글의 빈칸에 들어갈 기술혁신 과정에서의 역할로 가장 적절한 것은?

> 아이디어로 시작해서 상업화에 이르기까지의 기술혁신 전 과정이 성공적으로 이루어지기 위해서는 각 혁신 과정에 참여하는 핵심 인력들의 역할이 중요하다. 그중 한 가지를 소개하자면 (   )은/는 아이디어를 전파하고 혁신을 위해 필요한 자원들을 확보하며, 아이디어를 실현하기 위해 헌신하는 활동을 주로 한다. 이 역할을 하는 인력은 혁신 활동에 정력적으로 임할 수 있어야 하며, 위험을 감수할 줄 알고, 아이디어를 응용하는 데 관심을 두는 등의 자질 또는 능력이 요구된다.

① 후원　　　　　② 챔피언　　　　　③ 프로젝트 관리　　　　　④ 정보 수문장

57. 다음 중 기술 경영자에게 필요한 능력으로 적절하지 않은 것은?

① 기술을 효과적으로 평가할 수 있는 능력

② 조직 내의 기술 이용을 수행할 수 있는 능력

③ 기술을 기업의 전반적인 전략목표에 통합시키는 능력

④ 새로운 기술의 습득보다는 기존의 기술 활용에 집중하는 능력

58. 다음 지문의 기술선택에 대한 설명으로 가장 적절하지 않은 것은?

> 기술선택은 기업이 어떠한 기술을 외부로부터 도입할지, 자체적으로 개발하여 활용할지 결정하는 것을 말한다. 기술선택의 의사결정 방법은 크게 상향식 기술선택과 하향식 기술선택으로 구분할 수 있다. 먼저 상향식 기술선택은 기업 전체 차원에서 필요한 기술을 체계적인 분석이나 검토 없이 연구자나 엔지니어가 자율적으로 선택하는 것으로, 기술개발자들의 흥미를 유발하고 창의적인 아이디어를 활용할 수 있다는 장점이 있다. 그러나 흥미만을 고려할 경우 고객수요 및 서비스 개발에 부적합한 기술이 선택되는 등의 문제가 발생하기도 한다. 하향식 기술선택은 기술경영진과 기술기획담당자들에 의한 체계적인 분석을 통해 기업이 획득해야 하는 대상 기술과 목표 기술 수준을 결정하는 것으로, 다음과 같은 절차에 따라 진행된다. 우선 기업이 직면한 외부환경과 기업의 보유자원에 대한 분석을 통해 중장기적인 사업목표를 설정하고, 사업목표를 달성하기 위해 확보해야 하는 핵심 고객층과 제품 및 서비스를 결정한다. 그리고 사업전략의 성공을 위해 필요한 기술들을 열거하여 각 기술의 획득을 위한 우선순위를 결정한다.

① 기술개발자의 기발한 아이디어를 활용하여 선택한 기술이 고객의 욕구 충족에는 부족하다고 여겨지는 경우도 있다.

② 기술경영진과 기술기획담당자가 기업이 획득해야 하는 목표 기술 수준을 결정하는 방법의 경우 기술 획득을 위한 우선순위가 고려된다.

③ 기업이 필요한 기술을 내부에서 개발할지 외부에서 도입할지 결정해야 하는 상황에서 기술선택이 요구된다.

④ 엔지니어가 기술을 자율적으로 선택하여 도입하는 방법은 기술 도입 전에 체계적인 분석이 선행되어야 한다.

59. 다음 사례에 해당하는 기술적용 형태의 특징으로 가장 적절한 것은?

> 전라도 지역에서 인삼을 전문적으로 재배하는 C 조합은 인삼에 대한 접근성을 높이기 위해 상대적으로 가격이 저렴하고 대량 생산이 가능한 새싹 인삼을 재배하고자 하였으나, 재배 기술의 부족으로 생산 확대에 어려움을 겪었다. 이에 고심하던 C 조합은 새싹 인삼의 재배에 최첨단 LED 시설을 활용한 수경 재배 기술을 도입하였고, 지속적인 노력 끝에 영양도 풍부하고 먹기도 편한 질 좋은 새싹 인삼을 대량 출하할 수 있게 되었다. C 조합은 수경 재배 기술을 단순히 적용한 것이 아니라 새싹 인삼의 생육에 가장 적합한 온도, 습도, 물 공급량 등을 연구하여 새싹 인삼 재배에 특화된 C 조합만의 수경 재배 기술을 적용한 것으로 알려졌다.

① 비용 절감의 효과가 있으며 프로세스의 효율성을 기대할 수 있다.

② 업무의 효율성을 최대화할 수 있지만 상대적으로 시간적인 부담이 크다.

③ 취사선택 과정에서 버린 기술이 정말로 불필요한 기술인지 판단하기 어렵다.

④ 업무에 쉽게 적용할 수 있으며 시간 절약 효과를 얻을 수 있다.

60. 다음 자료에 대한 설명으로 가장 적절하지 않은 것은?

[☆☆사 전기 토스터 사용 설명서]

☆☆사 제품을 구매해 주셔서 진심으로 감사합니다. 전기 토스터의 손상 및 위험을 방지하기 위해 반드시 본 설명서를 숙지하신 후에 제품을 이용해 주시기 바랍니다.

1. 최초 사용 전 주의 사항
- 생산·유통 과정에서 제품에 쌓인 먼지와 냄새를 제거하기 위해 제품 개봉 후 처음 사용하기 전에 빵을 넣지 않은 상태에서 굽기 조절 다이얼을 중간에 두고 2~3번 작동하시기 바랍니다.

2. 전기 토스터 사용 방법
- 기본 기능
  - 작동 레버와 빵 부스러기 받침대가 제자리에 위치하였는지 확인해 주세요.
  - 굽기 조절 다이얼을 돌려서 원하는 굽기 강도 단계를 설정하세요.
  - 기기를 전기 콘센트에 연결하세요.
  - 빵을 빵 투입구에 넣고 달칵하는 소리가 나며 고정될 때까지 레버를 아래로 내리세요.
- 해동 기능
  - 언 빵을 빵 투입구에 넣고 레버를 아래로 내린 후에 해동 버튼을 누르세요.
- 재가열 기능
  - 식은 빵을 빵 투입구에 넣고 레버를 아래로 내린 후에 재가열 버튼을 누르세요.

3. 청소 및 관리 방법
- 청소는 제품의 플러그를 뽑고 충분히 식힌 후에 시작하세요.
- 제품 외부는 부드러운 천에 물을 적셔서 닦아주세요.
- 주기적으로 제품 뒷면의 받침대를 꺼내서 빵 부스러기를 비워주세요.
- 제품을 흐르는 물로 씻거나 물속에 담그지 말고 반드시 전원 코드를 뺀 후에 청소하세요.

4. 주의 사항
- 화재, 감전, 제품 손상의 우려가 있으니 화기 근처나 물기가 많은 곳에 설치하지 마세요.
- 제품 사용 중에는 상단의 금속 부분과 슬롯 부분이 매우 뜨거우므로 제품의 플라스틱 부분을 제외한 부분은 절대 만지지 마세요.
- 제품 사용 중에 절대 천, 종이 등의 가연성 물질로 제품을 덮지 마세요.
- 너무 얇거나 건조한 빵을 구울 경우 화재의 위험이 있으므로 굽기 강도를 낮게 설정하세요.
- 포크와 같이 날카롭거나 금속으로 된 물질을 제품 안으로 넣지 마세요.
- 조리 과정에서 녹아서 흐를 수 있는 재료가 포함된 음식, 포일로 감싼 음식을 넣지 마세요.

---

① 제품의 안전한 사용을 위해 해야 할 일과 하지 말아야 할 일을 규정한다.

② 사용자에게 의미를 명확하게 전달하기 위해 단정적인 표현을 사용한다.

③ 제품의 종류에 따라 설계상 결함이나 위험 요소를 대변하기도 한다.

④ 사용자가 필요한 정보를 빠르게 찾을 수 있도록 소제목을 활용한다.

※ 발전전기 직무 지원자는 p.60의 수리능력 61~80번 문제를 풀이하세요.

61. 다음 K 미술관 관람료 안내를 근거로 판단할 때, 관람료의 총액이 가장 적은 경우는?

[K 미술관 관람료 안내]

구분	대상	관람료		비고
		개인	단체 (20인 이상)	
현대미술관	영유아	무료	무료	5세 미만
	어린이	3,000원	2,200원	5~12세
	청소년	5,000원	4,000원	13~18세
	성인	8,000원	6,400원	19~64세
	군인, 노인	5,000원	4,000원	모든 군인 65세 이상 노인
	장애인	무료	무료	동반 보호자 1인에 한해 관람료 2,000원 적용
애니메이션관	영유아	2,000원	1,600원	5세 미만
	어린이	6,000원	4,800원	5~12세
	청소년	6,000원	4,800원	13~18세
	성인	7,000원	5,600원	19~64세
	군인, 노인	4,000원	3,800원	모든 군인 65세 이상 노인
	장애인	2,000원	1,600원	동반 보호자 1인에 한해 관람료 1,500원 적용

① 애니메이션관에 방문한 장애인 3명과 성인 5명의 관람료

② 20인 이상으로 애니메이션관에 단체 관람을 온 12살 초등학생 중 5명의 관람료

③ 4살, 8살 자녀와 현대미술관에 방문한 성인 부부 가족의 관람료

④ 현대미술관에 20인 이상으로 단체 관람을 온 군인 중 5명의 관람료

62. 2017년 1월 5일에 입사한 홍길동 사원은 2019년 업무 평가에서 C 등급을 받았다. 홍길동 사원이 최대한 빠른 기간 내에 부장으로 승진한다면 2020년 1월 1일을 기준으로 홍길동 사원이 부장으로 승진하는 데 걸리는 기간은?

[승진 관련 정보]

1. 승진 대상자 여부는 [참고]와 같이 결정되며, 모든 연차 계산은 승진을 진행하는 해의 1월 1일을 기준으로 한다.

[참고]

직급	승진 대상자 여부
사원	근무 기간이 2년 이상인 직원은 자동으로 주임 승진 대상자가 된다.
주임	주임으로 승진한 지 2년 이상이 된 직원은 자동으로 대리 승진 대상자가 된다.
대리	대리로 승진한 지 3년 이상이 된 직원은 자동으로 과장 승진 대상자가 된다.
과장	과장으로 승진한 지 3년 이상이 된 직원은 자동으로 부장 승진 대상자가 된다.
부장	부장으로 승진한 지 3년 이상이 된 직원은 자동으로 파트장 승진 대상자가 된다.

2. 승진을 진행하는 해를 기준으로 전년도 업무 평가에서 S 등급, A 등급, B 등급을 받은 직원에 한해 승진이 진행된다.

3. 승진은 매년 1월 1일을 기준으로 진행된다.

① 8년   ② 9년   ③ 10년   ④ 11년

63. 다음은 N 회사의 우수 직원 포상 규정과 우수 직원 정보이다. 우수 직원 포상 규정을 토대로 우수 직원들에게 포상하였을 때, 옳은 것은?

[우수 직원 포상 규정]

• 선정 기준
  − 능동적인 자세로 제도 개선, 예산 절감 등에 기여한 자
  − 친절하고 성실한 자세로 고객의 민원을 해결하여 고객으로부터 칭찬을 받은 자
  − 3년 이상 장기 근속하여 회사 발전에 기여한 자

• 우수 직원 평가 기준: 최종 점수＝근속연수 점수＋프로젝트 기여 점수＋고객 칭찬 점수
  1) 근속연수 점수

15년 이상	10년 이상 15년 미만	6년 이상 10년 미만	6년 미만
10점	8점	6점	4점

  2) 프로젝트 기여 점수

5건 이상	4건	3건	2건	2건 미만
10점	7점	5점	3점	1점

  3) 고객 칭찬 점수

3건 이상	2건	1건	0건
10점	7점	5점	3점

• 포상 내용: 개인 표창장과 특별 상품 모두 지급하도록 함
  1) 개인 표창장
  2) 특별 상품

24점 이상	16점 이상 24점 미만	16점 미만
해외여행	제주도 여행	포상금

  ※ 우수 직원 평가 기준의 최종 점수에 따라 특별 상품을 지급함

[우수 직원 정보]

구분	근속연수	프로젝트 기여 건수	고객 칭찬 건수
정 팀장	15년	3건	1건
서 과장	11년	4건	3건
최 대리	6년	5건	0건
박 사원	4년	2건	2건
강 사원	3년	4건	3건

① 강 사원은 특별 상품으로 해외여행을 지급받는다.

② 정 팀장은 최 대리와 최종 점수가 동일하다.

③ 서 과장은 우수 직원 중 최종 점수가 가장 높다.

④ 특별 상품으로 포상금을 지급받는 우수 직원은 없다.

64. 다음은 열차 서비스 품질 평가 기준이다. 다음 자료를 근거로 판단할 때, 평가 점수가 가장 높은 열차의 평가 점수는?

[열차 서비스 품질 평가 기준]

• 서비스 품질은 공급성, 안전성, 신뢰성, 환경성, 편의성 5가지 항목으로 분류하여 평가한다.
• 항목별 점수에 각각의 가중치를 적용하여 합산한다.

구분	공급성	안전성	신뢰성	환경성	편의성
A 열차	80점	90점	90점	100점	80점
B 열차	100점	90점	80점	90점	100점
C 열차	90점	100점	90점	80점	80점
D 열차	100점	80점	80점	100점	100점
E 열차	80점	80점	100점	100점	90점

※ 가중치: 공급성 10%, 안정성 30%, 신뢰성 30%, 환경성 20%, 편의성 10%
• 합산한 평가 점수를 기준으로 평가 점수가 가장 높은 열차를 선정한다.

① 88점　　　　② 89점　　　　③ 91점　　　　④ 92점

65. 다음은 제과점 사장인 김씨가 제과점을 운영하는 데 발생하는 비용 중 일부이다. 이 중 간접비용에 해당하는 것을 모두 고르면?

ㄱ. 빵을 만들기 위한 재료비용
ㄴ. 화재 발생을 대비한 화재보험비용
ㄷ. 파트타이머 3명에 대한 인건비용
ㄹ. 한 달간 사용한 수도세

① ㄱ, ㄷ   ② ㄱ, ㄹ   ③ ㄴ, ㄷ   ④ ㄴ, ㄹ

66. G 회사에 IT 경력이 있는 E 씨가 지원하였다. G 회사에서 E 씨의 능력을 최대한 발휘할 수 있도록 소프트웨어 개발팀에 배치했을 때, 적용한 인력 배치의 원칙으로 가장 적절한 것은?

① 적재적소주의   ② 능력주의   ③ 균형주의   ④ 단결의 원칙

[67 - 68] 다음은 B 공장에 할당된 3월 업무 목록과 B 공장의 3월 근무 스케줄이다. 각 물음에 답하시오.

[3월 업무 목록]

구분	세부 업무	진행순서	업무소요일	필요인원
가 업무	가-1	1번째	5일	35명
	가-2	2번째	4일	26명
	가-3	3번째	3일	63명
	가-4	4번째	4일	52명
	가-5	5번째	2일	41명
나 업무	나-1	1번째	4일	42명
	나-2	2번째	7일	40명
	나-3	3번째	5일	20명
	나-4	4번째	2일	45명
	나-5	5번째	3일	50명

※ 1) 같은 업무 내의 세부 업무는 반드시 진행순서에 따라 선행 작업이 종료되어야 다음 작업이 가능함
   2) 서로 다른 업무끼리는 필요인원을 충족한다면 순서를 고려하지 않고 동시에 진행 가능함

[3월 근무 스케줄]

월	화	수	목	금
	1	2	3	4
	근무인원: 70명	근무인원: 53명	근무인원: 36명	근무인원: 71명
7	8	9	10	11
근무인원: 55명	근무인원: 67명	근무인원: 73명	근무인원: 60명	근무인원: 65명
14	15	16	17	18
근무인원: 51명	근무인원: 39명	근무인원: 67명	근무인원: 61명	근무인원: 55명
21	22	23	24	25
근무인원: 96명	근무인원: 85명	근무인원: 54명	근무인원: 28명	근무인원: 75명
28	29	30	31	
근무인원: 68명	근무인원: 69명	근무인원: 62명	근무인원: 61명	

67. B 공장에서는 업무를 진행하는 데 필요한 필요인원과 근무인원의 수가 같거나, 근무인원의 수가 더 많은 날에만 해당 업무를 진행하며, 필요인원보다 근무인원이 적은 경우 다른 공장의 지원 업무를 한다. 3월 1일부터 가 업무를 진행한다고 할 때, 가 업무를 끝낼 수 있는 가장 빠른 날짜는?

① 28일   ② 29일   ③ 30일   ④ 31일

68. B 공장에서는 3월 1일부터 가 업무를 우선적으로 진행하며, 가 업무를 우선적으로 진행하고 남는 근무인원이 나 업무를 진행하는 데 필요한 필요인원과 근무인원의 수가 같거나, 근무인원의 수가 더 많은 날에는 나 업무를 병행하여 진행하기로 계획을 세웠다고 할 때, B 공장에서 나-1 세부 업무를 끝낼 수 있는 가장 빠른 날짜는?

① 9일   ② 14일   ③ 16일   ④ 18일

69. 효과적인 예산 수립 방법을 순서대로 바르게 나열한 것은?

┌─────────────────────────────┐
│ ㉠ 예산 배정   │
│ ㉡ 필요한 과업 및 활동 구명   │
│ ㉢ 우선순위 결정   │
└─────────────────────────────┘

① ㉠ → ㉢ → ㉡

② ㉡ → ㉠ → ㉢

③ ㉡ → ㉢ → ㉠

④ ㉢ → ㉠ → ㉡

[70 - 72] 자율주행 자동차 부품을 제작하는 N 사는 한국에 본사와 부품 생산 공장을 두고 부품을 생산하며, 부품 판매를 위해 미국과 유럽에 지사를 두고 부품을 판매하고 있다. 각 물음에 답하시오.

- 자율주행 자동차 부품의 제조 원가는 개당 500,000원이며, 제조국 내에는 판매 가능한 시장이 존재하지 않는다.
- 미국에서 자율주행 자동차 부품을 판매하는 경우 개당 1,000,000원의 가격에 판매한다.
- 유럽에서 자율주행 자동차 부품을 판매하는 경우 개당 950,000원의 가격에 판매한다.
- 미국에서 자율주행 자동차 부품을 판매하는 경우 미국의 지사에 개당 200,000원의 운영비용을 부담한다.
- 유럽에서 자율주행 자동차 부품을 판매하는 경우 유럽의 지사에 개당 250,000원의 운영비용을 부담한다.
- 미국에서 자율주행 자동차 부품은 연간 70개 판매된다.
- 유럽에서 자율주행 자동차 부품은 연간 105개 판매된다.
- 영업 이익은 자율주행 자동차 부품의 판매 가격에서 제조 원가와 운영비용을 제외한 금액을 의미한다.

70. 위 자료를 토대로 판단한 내용으로 옳은 것은?

① 미국에서 자율주행 자동차 부품 한 개당 영업 이익은 300,000원이다.
② 유럽에서 자율주행 자동차 부품 한 개당 영업 이익은 450,000원이다.
③ 한국에서 자율주행 자동차 부품 한 개당 영업 이익은 500,000원이다.
④ 자동차 부품의 연간 영업 이익은 유럽에서의 영업 이익이 미국에서의 영업 이익보다 더 높다.

71. 올해 N 사의 부품 생산 공장에 차질이 생겨 두 나라 중 한쪽에만 자율주행 자동차 부품을 판매할 수 있게 되었다. 올해에는 미국에서 연간 판매되었던 부품의 개수보다 10개 더 판매될 예정이고, 유럽에서는 연간 판매되었던 부품의 개수와 동일하게 판매될 예정이며, 미국에서는 영업 이익의 20%를 세금으로 부과하고 유럽에서는 영업 이익의 10%를 세금으로 부과한다고 할 때, 올해 영업 이익이 더 높은 나라와 그 나라의 영업 이익을 바르게 연결한 것은?

① 미국 − 16,800,000원　　　　　　② 미국 − 19,200,000원
③ 유럽 − 16,800,000원　　　　　　④ 유럽 − 18,900,000원

72. N 사에서는 부품 제조국과 판매국이 상이하여 제조 원가에 운송비용이 차지하는 비용이 상당하다는 점을 고려하여 각 지역에 부품 생산 공장을 세우고자 한다. 부품의 판매는 향후 13년간 동일한 개수로 지속될 예정이며, 판매국에 부품 생산 공장을 세워 부품을 판매할 경우 개당 운영비용은 50,000원 증가하지만 운송비용이 절감되어 부품의 제조 원가가 기존 대비 15% 낮아진다. 유럽에 부품 생산 공장을 세울 경우 향후 13년간 유럽에서 발생하는 영업 이익과 부품 생산 공장을 세우지 않을 경우 유럽에서 발생하는 영업 이익의 차이는? (단, 판매 가격은 동일하다.)

① 2,625,000원　　　　　　② 16,105,000원
③ 24,625,000원　　　　　　④ 34,125,000원

[태양광 모듈 신제품 전시회 안내문]

1. 전시회 일정
   1) 1회 차
      - 일자: 20XX년 4월 5일(월)~20XX년 4월 9일(금)
      - 장소: 대전 ○○홀
   2) 2회 차
      - 일자: 20XX년 4월 19일(월)~20XX년 4월 23일(금)
      - 장소: 대전 ☆☆홀

2. 대상
   - 태양광 모듈 신제품에 관심 있는 누구나

3. 등록 기간 및 절차

구분	사전 등록	현장 등록
등록 기간	20XX년 2월 22일(월)~2월 26일(금)	방문 당일
입장료	무료	20,000원
절차	홈페이지에서 신청서 작성 후 방문 당일 본인 확인 및 명찰 수령하여 입장 가능	방문 신청서 작성 및 명찰 수령하여 입장 가능

※ 1) 회차별로 동일한 내용의 프로그램이 진행되므로 한 회차만 등록 신청받음
　 2) 사전 등록 후에 등록한 회차와 다른 회차에 방문을 원하는 경우 현장 등록으로 변경해야 하며, 방문 당일 현장 등록 입장료
　　 의 80%를 지불해야 함

4. 주요 프로그램 및 내용
   1) 1일 차: 국내외 태양광 기술 동향 및 사례 소개
   2) 2~3일 차: 국내 태양광 모듈 신제품 라인업 전시
   3) 4~5일 차: 해외 태양광 모듈 신제품 라인업 전시

73. 강 대리가 태양광 모듈 신제품 전시회에 방문하기 위해 안내문을 확인하였을 때, 강 대리가 파악한 내용으로 옳지 않은 것은?

① 4월 22일에는 대전 ☆☆홀에서 해외 신제품 라인업이 전시된다.

② 2회 차에 사전 등록한 2명이 4월 8일 전시회에 모두 방문하려면, 방문 당일 현장 등록 후 32,000원을 지불해야 한다.

③ 4월 5일과 4월 19일에는 국내외 태양광 기술 동향 및 사례 소개가 동일하게 진행된다.

④ 사전 등록은 방문 당일 신청서 작성 후 명찰을 수령하여 입장이 가능하다.

74. 강 대리는 신입사원 2명과 함께 국내와 해외 태양광 모듈 신제품 라인업을 모두 확인할 수 있도록 1박 2일로 전시회에 방문할 예정이다. 대전에 소재한 호텔의 숙박 가능 여부와 전시회 일정을 고려하여 숙박 가능한 날짜에 따라 1회 차 또는 2회 차 전시회에 방문하려고 한다. 숙박 가능한 호텔 중 숙박 요금이 가장 저렴한 호텔을 예약할 때, 강 대리가 선입금할 예약금은? (단, 호텔에서 전시회장까지의 위치는 고려하지 않는다.)

[대전 소재 호텔별 정보]

구분	하루 숙박 요금	예약 가능 객실	비고
A 호텔	63,000원	1인실	4월 5일, 6일, 7일, 19일, 20일 숙박 불가능
B 호텔	88,000원	2인실	4월 7일, 8일, 9일, 20일, 21일 숙박 불가능
C 호텔	96,000원	2인실	4월 8일, 9일, 19일, 20일 숙박 불가능
D 호텔	58,000원	1인실	4월 6일, 7일, 20일, 21일, 22일 숙박 불가능
E 호텔	174,000원	3인실	4월 5일, 6일, 21일, 22일, 23일 숙박 불가능

※ 1) 하루 숙박 요금은 한 객실당 요금에 해당함
   2) 모든 호텔은 예약 가능 객실 외 다른 객실은 예약할 수 없으며, 한 객실에 인원을 초과하여 숙박할 수 없음
   3) 모든 호텔은 예약 시 전체 숙박 요금의 30%를 예약금으로 선입금해야 함

① 43,200원　　　② 48,600원　　　③ 52,200원　　　④ 57,600원

75. ○○지원센터에서 지방에 거점을 마련하고자 하는 예비 창업자들에게 임대료 지원 사업을 실시하였다. 기존 규정을 적용하여 최종 점수가 가장 높은 1명의 예비 창업자를 선정했으나, 임대료 지원 기간에 규정이 변경되어 변경된 규정을 적용하여 1명을 더 선정하기로 했을 때, 기존 규정과 변경된 규정으로 선정된 두 예비 창업자가 지급받는 총지원금의 합은? (단, 기존 규정에 따라 선정된 예비 창업자는 기존 규정을 적용한 지원금을 지급받고, 변경된 규정에 따라 선정된 예비 창업자는 변경된 규정을 적용한 지원금을 지급받는다.)

[규정 변경 안내]

[기존 규정]

1. 임대료 지원 기준

월 임대료	지원 비율	비고
100만 원 이하	월 임대료의 80%	
100만 원 초과 200만 원 이하	월 임대료의 70%	잔여분은 자부담
200만 원 초과 300만 원 이하	월 임대료의 60%	
300만 원 초과	월 임대료의 50%	

2. 선정 기준 가중치

시장성	사업성	인력구성	지원 타당성	발표자료
20%	30%	20%	20%	10%

▼

[변경된 규정]

1. 임대료 지원 기준

월 임대료	지원 비율	비고
100만 원 이하	월 임대료의 90%	
100만 원 초과 200만 원 이하	월 임대료의 80%	잔여분은 자부담
200만 원 초과 300만 원 이하	월 임대료의 60%	
300만 원 초과	월 임대료의 40%	

2. 선정 기준 가중치

시장성	사업성	인력구성	지원 타당성	발표자료
20%	30%	10%	30%	10%

[예비 창업자별 평가 점수]

구분	시장성	사업성	인력구성	지원 타당성	발표자료	월 임대료
갑	70점	80점	80점	80점	60점	80만 원
을	80점	70점	70점	90점	80점	350만 원
병	90점	90점	60점	60점	90점	220만 원
정	70점	60점	80점	70점	80점	150만 원
무	60점	80점	90점	60점	80점	110만 원

① 136만 원 　　　② 196만 원 　　　③ 204만 원 　　　④ 272만 원

76. 다음 중 회계상 거래로 가장 적절하지 않은 것은?

① 인터넷으로 업무용 자재를 100만 원어치 구매한 경우

② 직원을 월급 200만 원에 채용하기로 계약한 경우

③ 3,000만 원의 채무를 면제받은 경우

④ 화재로 인해 회사의 금품 5,000만 원어치가 소실된 경우

권 대리는 김 과장의 지시에 따라 다음 달에 있을 워크숍 숙소를 예약하려고 한다. 최소 비용으로 숙소를 예약하려고 할 때, 숙소 예약으로 발생할 총비용은?

구분	크기	1박 가격	추가 가능 인원
사과	33평	178,000원	3명
오렌지	25평	145,000원	2명
수박	21평	138,000원	없음
포도	38평	210,000원	없음
레몬	55평	289,000원	6명

[과일 펜션 방 정보]

※ 1) 모든 방의 기본 수용 인원은 2평당 1명임
 2) 기본 수용 인원에서 1명씩 추가할 때마다 10,000원의 추가 비용이 발생함

[김 과장]

권 대리, 이번 워크숍은 1박 2일로 진행되며 숙소는 과일 펜션으로 예약하기로 했어요. 이번 워크숍에는 남자 직원 12명, 여자 직원 19명이 참여하므로 인원수에 맞게 남자 직원 방과 여자 직원 방 각각 1개씩 예약해 주시고 참여하는 모든 직원이 함께 프로그램 진행할 수 있도록 전원 수용 가능한 방 하나도 별도로 예약해 주세요.

① 612,000원   ② 642,000원   ③ 644,000원   ④ 682,000원

78. 영찬이는 식습관 개선을 위해 준비한 식품으로 식단을 만들 예정이다. 다음의 조건과 식품별 GI 지수, 영찬이의 식품 선호도를 근거로 판단할 때, 영찬이가 만든 식단에 대한 설명으로 옳지 않은 것은?

- 식단은 식품별 선호도 합이 200점 이하가 되도록 만든다.
- 준비된 식품 중 두부, 현미, 딸기, 고구마는 필수로 포함하여 식단을 만든다.
- 식단에는 동일한 식품을 포함하지 않고, 최소 7가지 식품을 포함해야 한다.

[식품별 GI 지수 및 선호도]

구분		GI 지수	선호도
두류/해조류	두부	42	37점
	땅콩	20	15점
	미역	16	8점
곡류/빵/면	식빵	91	20점
	현미	56	10점
	보리	50	22점
과일	바나나	55	60점
	딸기	29	40점
기타	우유	25	25점
	닭고기	45	50점
	고구마	55	17점

① 두류/해조류를 최소로 포함하여 식단을 만들 경우 식단에 포함되는 식품은 최대 7가지이다.

② 바나나와 딸기를 둘 다 포함한 식단을 만들 경우 닭고기는 포함할 수 없다.

③ 기타에 해당하는 식품을 모두 포함하여 식단을 만들 경우 GI 지수는 최소 276이다.

④ GI 지수가 최소가 되도록 식단을 만들 경우 선호도 합은 152점이다.

[79-80] ◆◆회사는 신입사원을 대상으로 발전소 견학을 진행하려고 한다. 각 물음에 답하시오.

[발전소 견학 세부사항]

1. 발전소 견학은 5/13(수) 오전 10시부터 오후 5시까지 진행된다.
2. 발전소 견학 중 식사는 1회 진행하며, 식사는 도시락으로 제공한다.
3. 발전소 견학에 참여하는 신입사원은 총 78명이며, 동행하는 인사팀 직원은 총 12명이다.
   ※ 신입사원은 P 팀 16명, R 팀 13명, E 팀 18명, M 팀 16명, C 팀 15명이 참여함

[관광버스 업체 정보]

구분	1일 대절 가격	수용 인원	보유 시설	종합보험 가입 여부
갑 관광버스	230,000원	40인승	정수기, 무료 Wi-Fi	유
을 관광버스	250,000원	45인승	정수기, 냉장고, 마이크	유
병 관광버스	165,000원	30인승	USB 포트, 스크린, 냉장고	무
정 관광버스	170,000원	35인승	마이크, USB 포트, 스크린	유
무 관광버스	150,000원	25인승	냉장고, 마이크, 무료 Wi-Fi	유

※ 1) 1일 대절 가격 및 수용 인원은 관광버스 1대 기준임
   2) 수용 인원에 버스 기사는 포함되어 있지 않음

[도시락 종류별 가격]

구분	가격	혜택
동백 도시락	9,000원	도시락 1개당 생수 1병씩 제공, 100개 이상 구매 시 디저트 제공
매화 도시락	8,500원	도시락 1개당 생수 1병씩 제공
백합 도시락	7,500원	–
튤립 도시락	10,000원	도시락 1개당 생수 1병씩 제공, 50개 이상 구매 시 도시락 전체 가격의 5% 할인

※ 생수 별도 구매 시, 1병당 가격은 500원이며 별도로 구매한 생수는 할인 적용 불가함

79. 다음 조건을 고려하여 발전소 견학을 최소한의 경비로 진행한다고 할 때, 발전소 견학에 발생하는 총경비는?

- 관광버스는 종합보험이 가입되어 있고 냉장고를 보유한 버스로 대절한다.
- 도시락은 버스 기사를 포함한 모든 인원수만큼 준비하며, 여분으로 5개를 추가 구매한다.
- 생수는 버스 기사를 포함한 모든 인원당 2병씩 준비한다.

① 1,319,500원   ② 1,325,500원   ③ 1,367,000원   ④ 1,419,500원

80. ◆◆회사의 인사팀장은 발전소 견학에 참여하는 P 팀, R 팀, E 팀, M 팀 중 발전량을 계산하여 발전기 가동을 시뮬레이션하는 체험 프로그램의 시범 팀을 선발하려고 한다. 다음의 팀별 필요역량 중 수리력과 기술능력을 같은 가중치로 고려하여 프로그램 시범 팀을 선발할 때, 인사팀장이 선발할 시범 팀으로 가장 적절한 팀은? (단, 체험 프로그램의 시범 팀은 16명을 초과해서는 안 된다.)

[팀별 필요역량 비중]

(단위: %)

구분	창의력	수리력	기술능력	비판력
P 팀	20	35	30	15
R 팀	5	20	40	35
E 팀	10	40	30	20
M 팀	40	10	20	30

① P 팀   ② R 팀   ③ E 팀   ④ M 팀

약점 보완 해설집 p.54

※ 발전기계·화학 직무 지원자는 p.43의 자원관리능력 61~80번 문제를 풀이하세요.

61. 1~10까지 숫자가 적힌 숫자 카드 1장씩과 +, -, ×의 연산자가 적힌 연산자 카드가 1장씩 있다. 숫자 카드 1장, 연산자 카드 1장, 숫자 카드 1장 순으로 총 3장의 카드를 뽑아 뽑은 순서대로 연산식을 만들었을 때, 뽑은 카드의 연산 결과가 8이 되는 경우의 수는? (단, 한 번 뽑은 카드는 다시 넣지 않는다.)

① 7가지   ② 10가지   ③ 12가지   ④ 14가지

62. 자동차를 타고 150km의 거리를 60km/h의 속력으로 이동한 후, 자동차보다 10배 빠른 속력으로 이동하는 항공기를 타고 목적지까지 이동하였다. 목적지까지 총 450km를 이동하였을 때 걸린 시간은 얼마인가?

① 1시간   ② 2시간   ③ 3시간   ④ 5시간

63. 처음에는 원가가 5,000원인 상품에 40%의 이익이 남도록 정가를 정했지만, 가격이 높아 소비자의 불만이 예측된다는 보고로 인해 최종적으로 처음의 정가에서 x원을 할인하여 판매하기로 하였다. 상품을 판매했을 때 얻을 수 있는 이익이 1,300원 이상이라면, 할인액의 최댓값은 얼마인가?

① 500원   ② 550원   ③ 600원   ④ 700원

64. 45L짜리 물탱크에는 시간당 4.2L의 물이 유입되고 시간당 1.7L의 물이 방출되는 순환 시스템이 작동되고 있으며, 이 시스템은 물탱크 안에 물이 가득 찰 경우 작동을 멈춘다. 현재 물탱크 안에 물이 절반만큼 차 있다고 할 때, 순환 시스템이 멈추기까지 얼마나 걸리는가?

① 5시간   ② 7시간   ③ 9시간   ④ 13시간

65. 다음은 2018년과 2019년의 월별 원자력 생산량을 나타낸 자료이다. 2019년 원자력 생산량의 전년 동월 대비 증가율이 가장 큰 달의 전년 동월 대비 증가율은 약 얼마인가?

[2018년 원자력 생산량] (단위: 천toe)

구분	1월	2월	3월	4월	5월	6월	7월	8월	9월	10월	11월	12월
생산량	2,093	1,873	1,969	2,007	2,421	2,408	2,780	2,716	2,359	2,574	2,590	2,648

[2019년 원자력 생산량] (단위: 천toe)

구분	1월	2월	3월	4월	5월	6월	7월	8월	9월	10월	11월	12월
생산량	2,611	2,350	2,989	3,014	3,146	2,893	2,487	2,598	2,198	2,258	2,179	2,356

※ 출처: KOSIS(에너지경제연구원, 에너지수급통계)

① 45.2%   ② 47.8%   ③ 50.2%   ④ 51.8%

66. 다음은 2019년 8월부터 2020년 1월까지 국가별 DRAM 수출액에 대한 자료이다. 자료에 대한 설명으로 옳지 않은 것은?

[국가별 DRAM 수출액]

(단위: 천 달러)

구분	2019년 8월	2019년 9월	2019년 10월	2019년 11월	2019년 12월	2020년 1월
일본	24,389	24,320	20,546	12,790	22,450	14,774
대만	52,360	91,483	58,399	58,104	68,864	62,172
중국	1,341,995	1,324,833	1,291,514	1,299,340	1,142,969	1,074,688
독일	34,823	40,041	28,675	28,259	40,948	23,012
미국	328,375	400,850	367,377	415,597	404,320	360,553

※ 출처: KOSIS(과학기술정보통신부, ICT수출입통계)

① 일본의 DRAM 수출액이 가장 적은 달에 미국의 DRAM 수출액은 전월 대비 약 13.1% 증가하였다.

② 독일의 DRAM 수출액이 미국의 DRAM 수출액의 10%보다 큰 달은 1개이다.

③ 2019년 9월 이후 독일과 대만의 DRAM 수출액의 전월 대비 증감 추이는 매월 같다.

④ 매월 중국의 DRAM 수출액은 나머지 4개 국가의 DRAM 수출액의 합보다 많다.

67. 연아는 오늘부터 1년 동안 부모님께 정해진 기간마다 교통비와 식비를 받을 예정이다. 교통비는 6일에 한 번씩, 식비는 14일에 한 번씩 받을 때, 교통비와 식비를 같이 받게 되는 날은 총 며칠인가? (단, 오늘은 교통비와 식비를 받지 않는다.)

① 6일   ② 7일   ③ 8일   ④ 9일

68. 다음 숫자가 규칙에 따라 나열되어 있을 때, 빈칸에 공통으로 들어갈 알맞은 것을 고르면?

85	22	79	40	73	58	( )
13	82	31	76	49	70	( )

① 45   ② 51   ③ 67   ④ 73

69. 어떤 마트에서 유통기한이 얼마 남지 않은 달걀을 할인하여 판매하려고 한다. 남아 있는 달걀 44판을 모두 판매하면 매출액이 178,000원이고, 그중 57,000원의 이익을 얻을 때, 달걀 1판의 원가는 얼마인가?

① 2,600원   ② 2,750원   ③ 2,900원   ④ 3,150원

70. 둘레의 길이가 6km인 공원의 정문에서 A와 B가 서로 반대 방향으로 출발하였고, 동시에 강아지도 B와 같은 방향으로 출발하였다. 강아지는 정문에서 출발한 후 A를 만나면 돌아서 반대 방향으로 이동하고, 그러다 B를 만나면 다시 돌아서 반대 방향으로 이동하는 것을 반복하였다. A와 강아지가 처음 만나는 데 걸린 시간이 24분이었다면 A와 B가 처음 만날 때까지 강아지가 총 이동한 거리는 얼마인가? (단, A와 B의 속력은 각각 7km/h, 5km/h이며 강아지의 속력은 가장 빠르다.)

① 3km ② 3.5km ③ 4km ④ 4.5km

71. 다음은 소매업태별 판매액에 대한 자료이다. 다음 중 자료에 대한 설명으로 옳지 않은 것은?

[소매업태별 판매액]

(단위: 십억 원)

구분	2019년				2020년			
	1분기	2분기	3분기	4분기	1분기	2분기	3분기	4분기
백화점	7,433	7,437	7,051	8,465	6,042	6,835	6,645	7,858
대형마트	8,292	7,730	8,571	7,833	8,300	7,902	9,170	8,405
면세점	5,619	6,038	6,442	6,760	4,215	3,118	4,180	3,994
슈퍼마켓 및 잡화점	10,722	11,029	11,672	10,755	11,421	11,802	12,198	11,046
편의점	5,752	6,557	6,881	6,501	6,014	6,646	7,131	6,732
승용차 및 연료 소매점	22,568	25,044	24,906	28,128	23,805	27,420	25,829	27,659
전문소매점	33,446	34,709	32,125	35,129	29,412	31,685	29,585	31,277
무점포 소매	19,049	19,639	19,324	21,571	22,346	23,804	25,266	27,458

※ 출처: KOSIS(통계청, 서비스업동향조사)

① 2019년 2분기에는 1개 업태 외에 모든 업태에서 지난 분기 대비 판매액이 증가하였다.

② 조사기간 동안 매 분기 판매액이 가장 높은 업태는 동일하다.

③ 2019년 1분기 대비 2020년 4분기에 판매액이 가장 많이 증가한 업태는 무점포 소매이다.

④ 2020년 분기별 면세점 판매액은 2019년 동일 분기 대비 2,000십억 원 이상 판매액이 감소하였다.

72. 다음은 지역별 미곡 생산량 현황에 대한 자료이다. 다음 중 자료에 대한 설명으로 옳은 것은?

[지역별 미곡 생산량 현황]　(단위: 생산 면적(천 ha), 생산량(천 톤))

구분	2019년		2020년		2021년	
	생산 면적	생산량	생산 면적	생산량	생산 면적	생산량
경기	77	374	75	348	75	383
강원	29	151	28	127	29	156
충북	33	174	33	161	33	175
충남	132	709	131	678	135	773
전북	112	605	111	556	115	594
전남	154	725	156	688	155	790
경북	97	529	97	495	96	518
경남	66	332	65	314	64	339

※ 출처: KOSIS(통계청, 농작물생산조사)

① 조사기간 동안 미곡 생산량이 많은 3개 지역의 순위는 매년 동일하다.

② 2021년 미곡 생산량이 가장 많은 지역과 가장 적은 지역의 생산 면적 1ha당 미곡 생산량은 미곡 생산량이 가장 많은 지역이 가장 적은 지역보다 많다.

③ 조사기간 동안 항상 미곡 생산 면적이 100천 ha 미만인 지역의 연평균 생산 면적은 각각 모두 30천 ha 이상이다.

④ 2020년과 2021년 동안 전년 대비 미곡 생산 면적과 생산량의 증감 추이는 모든 지역이 동일하다.

73. 다음은 지역별 사과 재배면적에 대한 자료이다. 다음 중 자료에 대한 설명으로 옳은 것을 모두 고르면?

[지역별 사과 재배면적]

(단위: ha)

구분	2017년	2018년	2019년	2020년	2021년
경기	310	316	341	353	524
강원	930	947	1,092	1,124	1,579
충북	4,024	4,056	3,929	3,645	3,594
충남	1,574	1,437	1,436	1,297	1,534
전북	2,525	2,643	2,698	2,449	2,033
전남	533	545	557	562	208
경북	20,178	19,780	19,462	18,705	20,955
경남	3,387	3,374	3,313	3,340	3,774
전체	33,461	33,098	32,828	31,475	34,201

※ 출처: KOSIS(통계청, 농업면적조사)

ㄱ 조사기간 동안 전체 사과 재배면적은 전년 대비 매년 증가하였다.
ㄴ 조사기간 동안 항상 경북의 사과 재배면적은 전체 재배면적의 50% 이상이다.
ㄷ 조사기간 동안 강원의 사과 재배면적이 처음으로 1,000ha 이상을 기록한 해의 전년 대비 증가율은 20% 이상이다.
ㄹ 2021년 경상도 두 지역을 제외한 나머지 지역의 평균 사과 재배면적은 1,500ha 이상이다.

① ㄱ, ㄹ   ② ㄴ, ㄷ   ③ ㄴ, ㄹ   ④ ㄱ, ㄴ, ㄷ

74. 다음은 아시아 국가 중 7개국의 연도별 1인당 국내총생산을 나타낸 자료이다. 자료에 대한 설명으로 옳지 않은 것은?

[아시아 7개국의 연도별 1인당 국내총생산]

(단위: 달러)

구분	2013	2014	2015	2016	2017	2018
한국	27,178	29,242	28,724	29,287	31,605	33,346
중국	7,051	7,651	8,033	8,079	8,759	9,771
인도	1,450	1,574	1,606	1,729	1,981	2,016
인도네시아	3,624	3,492	3,332	3,563	3,837	3,894
일본	40,454	38,109	34,524	38,794	38,332	39,287
사우디아라비아	24,845	24,464	20,628	19,879	20,804	23,219
터키	12,519	12,096	10,949	10,821	10,500	9,311

※ 출처: KOSIS(한국은행, The World Bank, 대만통계청, 1인당 국내총생산)

① 인도네시아의 1인당 국내총생산이 인도의 1인당 국내총생산의 2배 이상인 해는 총 4개 연도이다.

② 2015년 1인당 국내총생산의 전년 대비 감소율은 사우디아라비아보다 터키가 크다.

③ 2018년 1인당 국내총생산의 5년 전 대비 증가량이 가장 큰 국가는 한국이다.

④ 2013년과 2018년의 1인당 국내총생산이 높은 순위가 동일한 국가는 5개국이다.

75. 다음은 월별 군별 전염병 발생 건수에 대한 자료이다. 다음 중 자료에 대한 설명으로 옳지 않은 것을 모두 고르면?

[월별 군별 전염병 발생 건수]

(단위: 건)

구분	2018년				2019년			
	제1군	제2군	제3군	제4군	제1군	제2군	제3군	제4군
1월	377	8,360	6,609	22	466	11,077	5,266	30
2월	343	4,810	5,488	12	612	6,616	4,166	34
3월	309	5,835	6,246	19	1,256	6,050	4,700	18
4월	304	9,553	6,593	36	1,735	8,627	5,139	44
5월	256	15,823	6,692	48	2,303	11,470	5,408	32
6월	192	13,382	6,215	94	2,306	10,114	4,972	71
7월	232	10,792	6,431	88	2,566	8,930	5,903	100
8월	204	7,377	5,600	70	2,786	5,472	5,590	125
9월	168	5,853	4,786	63	2,073	4,749	4,971	84
10월	202	7,865	7,197	96	1,200	6,167	5,617	109
11월	190	12,883	8,265	41	407	9,185	7,070	39
12월	234	15,278	5,375	24	335	12,056	5,248	23

※ 출처: KOSIS(질병관리청, 법정감염병발생보고)

ⓐ 2018년과 2019년 모두 제2군이 다른 군에 비해 매월 전염병 발생 건수가 가장 많다.
ⓑ 2019년 분기별로 제1군의 전염병 발생 건수가 가장 많았던 분기는 2분기이다.
ⓒ 2018년 제2군 전염병 발생 건수가 다른 달들에 비해 가장 많은 달에 제1~4군 전체 전염병 발생 건수에서 제2군 전염병 발생 건수가 차지하는 비중은 70% 미만이다.
ⓓ 2019년 제4군 전염병의 총 발생 건수는 750건 이상이다.

① ㉠, ㉡   ② ㉠, ㉡, ㉢   ③ ㉠, ㉡, ㉣   ④ ㉠, ㉢, ㉣

76. 다음은 2020년 분기별 실업자 현황에 대한 자료이다. 다음 중 자료에 대한 설명으로 옳은 것은?

[2020년 시도별 실업자 수]

(단위: 천 명)

구분	1분기	2분기	3분기	4분기
서울	239	281	211	234
부산	71	86	69	61
대구	48	53	44	46
인천	75	80	67	76
광주	29	33	27	32
대전	41	42	33	26
울산	29	27	21	22
세종	5	6	5	3
경기	303	292	272	272
강원	41	32	25	32
충북	33	29	28	27
충남	46	50	36	38
전북	26	27	19	23
전남	31	25	18	20
경북	62	72	52	53
경남	73	77	67	73
제주	11	12	8	8

[2020년 구직기간별 실업자 수]

(단위: 천 명)

구분	1분기	2분기	3분기	4분기
3개월 미만	754	721	511	592
3~6개월 미만	310	404	360	307
6~12개월 미만	86	94	128	140
12개월 이상	13	5	3	7
전체	1,163	1,224	1,002	1,046

※ 출처: KOSIS(통계청, 경제활동인구조사)

① 2020년 1분기 전체 실업자 대비 4분기 전체 실업자의 감소율은 15% 이상이다.

② 조사기간 동안 서울과 경기의 지난 분기 대비 실업자 수의 증감 추이는 동일하다.

③ 3개월 이상 실업자 수가 가장 많은 분기는 전체 실업자 수도 가장 많은 분기이다.

④ 조사기간 동안 모든 분기에서 부산의 실업자 수는 경남의 실업자 수보다 많다.

77. 다음은 P 방송사와 Q 방송사의 매출액을 나타낸 자료이다. 자료에 대한 설명으로 옳지 않은 것은?

[연도별 P 방송사 매출액]

(단위: 백만 원)

구분	2015	2016	2017	2018
방송제공	298,421	401,965	567,459	716,645
광고	874,725	968,036	1,252,705	1,225,148
협찬	64,716	78,429	199,093	297,131
프로그램 판매	39,346	40,730	84,471	124,595
방송시설 임대	9,447	5,297	11,510	7,325
행사	20,923	8,999	6,990	36,781
기타	138,736	164,654	210,283	222,693
소계	1,446,314	1,668,110	2,332,511	2,630,318

[연도별 Q 방송사 매출액]

(단위: 백만 원)

구분	2015	2016	2017	2018
방송제공	350,492	438,253	658,343	765,074
광고	754,804	1,148,414	1,261,983	1,351,506
협찬	61,047	76,157	201,776	360,385
프로그램 판매	38,088	64,555	107,313	191,397
방송시설 임대	6,406	2,726	8,805	6,685
행사	7,559	12,297	26,563	46,393
기타	103,100	183,882	199,709	228,336
소계	1,321,496	1,926,284	2,464,492	2,949,776

※ 출처: KOSIS(과학기술정보통신부, 방송통신위원회, 방송산업실태조사)

① P 방송사와 Q 방송사의 방송제공 매출액의 차이는 2017년이 가장 크다.

② 2016년 이후 두 방송사의 전년 대비 행사 매출액 증감 추이는 매년 같다.

③ 2018년 P 방송사의 프로그램 판매 매출액은 같은 해 Q 방송사의 프로그램 판매 매출액의 65% 이상이다.

④ 2015년부터 2018년까지 광고 매출액 평균은 P 방송사가 Q 방송사보다 작다.

[78 – 79] 다음은 연령대별 시민 천 명을 대상으로 올 한해 국내여행 횟수를 조사한 자료이다. 각 물음에 답하시오.

[연령대별 올 한해 국내여행 횟수]

구분	30대	40대	50대	60대 이상
0회	337	420	534	687
1회	149	170	141	110
2회	170	156	126	113
3회	114	99	63	47
4회	154	96	97	30
5회	76	59	39	13

78. 올해 국내여행을 1회 이상 다녀온 30대의 올 한해 평균 국내여행 횟수는 약 얼마인가?

① 2.02회   ② 2.25회   ③ 2.51회   ④ 2.76회

79. 다음 중 자료에 대한 설명으로 옳지 않은 것은?

① 조사에 참여한 50대는 응답자의 2명 중 1명꼴로 올해 국내여행을 한 번도 다녀오지 않았다.

② 50대의 약 14%, 60대 이상의 11%만이 올해 국내여행을 단 1회 다녀왔다.

③ 올해 국내여행을 1회 이상 다녀온 40대의 약 33%가 단 1회 국내여행을 다녀왔다.

④ 조사에 참여한 전체 응답자 중 올해 국내여행을 2회 다녀온 사람들은 전체 응답자의 약 14%이다.

80. 다음은 연도별 화재발생건수 및 화재로 인한 인명피해자 수에 대한 자료이다. 이를 바탕으로 만든 그래프로 옳지 않은 것은?

[연도별 화재발생건수 및 인명피해자 수]

(단위: 건, 명)

구분	화재발생건수	인명피해자 수	
		사망자 수	부상자 수
2014	42,135	325	1,856
2015	44,435	253	1,840
2016	43,414	306	1,718
2017	44,178	345	1,852
2018	42,338	369	2,225
전체	216,500	1,598	9,491

※ 출처: KOSIS(소방청, 화재통계연보)

① [사망자 수의 전년 대비 증가율]

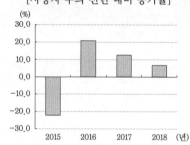

② [화재발생건수 대비 부상자 수 비율]

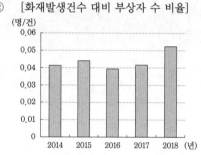

③ [인명피해자 수]

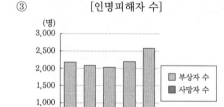

④ [5년간 화재발생건수의 편차]

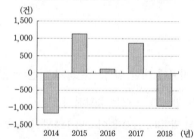

약점 보완 해설집 p.54

공기업 취업의 모든 것, 해커스공기업

public.Hackers.com

해커스공기업

실전모의고사 5회 피듈형

성명

수험번호

⓪	⓪	⓪	⓪	⓪	⓪	⓪	⓪
①	①	①	①	①	①	①	①
②	②	②	②	②	②	②	②
③	③	③	③	③	③	③	
④	④	④	④	④	④	④	
⑤	⑤	⑤	⑤	⑤	⑤	⑤	
⑥	⑥	⑥	⑥	⑥	⑥	⑥	
⑦	⑦	⑦	⑦	⑦	⑦	⑦	
⑧	⑧	⑧	⑧	⑧	⑧	⑧	
⑨	⑨	⑨	⑨	⑨	⑨	⑨	

생년월일

감독관 확인

1	① ② ③ ④	21	① ② ③ ④	41	① ② ③ ④	61	① ② ③ ④
2	① ② ③ ④	22	① ② ③ ④	42	① ② ③ ④	62	① ② ③ ④
3	① ② ③ ④	23	① ② ③ ④	43	① ② ③ ④	63	① ② ③ ④
4	① ② ③ ④	24	① ② ③ ④	44	① ② ③ ④	64	① ② ③ ④
5	① ② ③ ④	25	① ② ③ ④	45	① ② ③ ④	65	① ② ③ ④
6	① ② ③ ④	26	① ② ③ ④	46	① ② ③ ④	66	① ② ③ ④
7	① ② ③ ④	27	① ② ③ ④	47	① ② ③ ④	67	① ② ③ ④
8	① ② ③ ④	28	① ② ③ ④	48	① ② ③ ④	68	① ② ③ ④
9	① ② ③ ④	29	① ② ③ ④	49	① ② ③ ④	69	① ② ③ ④
10	① ② ③ ④	30	① ② ③ ④	50	① ② ③ ④	70	① ② ③ ④
11	① ② ③ ④	31	① ② ③ ④	51	① ② ③ ④	71	① ② ③ ④
12	① ② ③ ④	32	① ② ③ ④	52	① ② ③ ④	72	① ② ③ ④
13	① ② ③ ④	33	① ② ③ ④	53	① ② ③ ④	73	① ② ③ ④
14	① ② ③ ④	34	① ② ③ ④	54	① ② ③ ④	74	① ② ③ ④
15	① ② ③ ④	35	① ② ③ ④	55	① ② ③ ④	75	① ② ③ ④
16	① ② ③ ④	36	① ② ③ ④	56	① ② ③ ④	76	① ② ③ ④
17	① ② ③ ④	37	① ② ③ ④	57	① ② ③ ④	77	① ② ③ ④
18	① ② ③ ④	38	① ② ③ ④	58	① ② ③ ④	78	① ② ③ ④
19	① ② ③ ④	39	① ② ③ ④	59	① ② ③ ④	79	① ② ③ ④
20	① ② ③ ④	40	① ② ③ ④	60	① ② ③ ④	80	① ② ③ ④

해커스
한국수력원자력 & 5대 발전회사
NCS+한국사/전공
통합 봉투모의고사

약점 보완 해설집

NCS 전문가의 학습가이드

· NCS 실전모의고사의 회차별 특징과 풀이 전략을 확인해 보세요.

실전모의고사 1~2회 `PSAT형`

PSAT형 시험은 모듈형 시험보다 제시되는 자료의 길이가 길고, 논리적 사고력과 정보 해석 및 추론 능력을 요구하는 문제가 높은 비중으로 출제됩니다. 또한, 기업마다 출제되는 문제의 난이도와 제한 시간이 상이함에 따라 주어진 시간 내에 많은 문제를 정확하게 풀 수 있도록 문제 풀이 속도와 정확성을 기르는 것이 좋습니다.

실전모의고사 3~5회 `피듈형`

피듈형 시험은 모듈 응용형으로도 불리며 모듈형과 PSAT형 문제가 모두 출제됩니다. 특히, 모듈형 문제가 출제되는 영역과 PSAT형 문제가 출제되는 영역이 구분되므로 조직이해능력, 직업윤리 등은 NCS 가이드북의 핵심 내용을 정리하여 영역별 기본 이론을 암기하고, 이외 영역은 다양한 유형의 PSAT형 문제를 충분히 풀어보면서 논리적 사고력과 문제 해결력을 기르는 것이 좋습니다.

실력 점검표

· 실제 풀이 시간과 맞힌 개수를 적어 보면서 문제 풀이 실력을 확인해 보세요. 추가로 아래 QR코드를 통해 경쟁자와 나의 위치를 비교해 보세요.
  - 제한 시간 내에 문제 풀이를 완료하고, 적정 정답 개수(총 문항 수의 80%) 이상의 문제를 맞혔다면 '상', 둘 중 하나만 만족했다면 '중', 둘 중 하나도 만족하지 못했다면 '하'에 표시하세요.
  - 풀이 실력이 '하'인 경우에는 실전모의고사를 다시 한번 풀어보면서 실력을 향상시켜 보세요.
· 또한, 해커스공기업 사이트(public.Hackers.com)에서 제공하는 <한수원&5대 발전회사 합격족보>를 통해 기업별 합격가이드 및 기출족보를 확인하여 한국수력원자력&5대 발전회사 합격에 완벽하게 대비해 보세요.

구분	학습 날짜	풀이 시간	적정 정답 개수 대비 맞힌 개수	풀이 실력
실전모의고사 1회	월 일	/60분	/40	상 중 하
실전모의고사 2회	월 일	/60분	/48	상 중 하
실전모의고사 3회	월 일	/60분	/40	상 중 하
실전모의고사 4회	월 일	/70분	/56	상 중 하
실전모의고사 5회	월 일	/60분	/64	상 중 하

'바로 채점 및 성적 분석 서비스'로 바로 확인하는 내 위치! ▶

실전모의고사 1회 PSAT형

정답

01 의사소통	02 수리	03 수리	04 수리	05 자원관리	06 문제해결	07 의사소통	08 기술	09 문제해결	10 조직이해
④	⑤	①	②	③	⑤	②	①	①	⑤
11 수리	12 의사소통	13 정보	14 기술	15 자원관리	16 수리	17 조직이해	18 문제해결	19 의사소통	20 의사소통
⑤	②	①	④	④	②	③	②	③	②
21 기술	22 문제해결	23 자원관리	24 정보	25 수리	26 수리	27 자원관리	28 조직이해	29 자원관리	30 의사소통
①	⑤	③	⑤	④	③	④	②	③	⑤
31 기술	32 기술	33 문제해결	34 조직이해	35 수리	36 정보	37 문제해결	38 문제해결	39 의사소통	40 정보
②	⑤	⑤	④	③	②	⑤	⑤	①	⑤
41 정보	42 의사소통	43 정보	44 수리	45 조직이해	46 자원관리	47 조직이해	48 수리	49 기술	50 자원관리
②	④	③	①	③	③	③	②	④	④

취약 영역 분석표

영역별로 맞힌 개수, 틀린 문제 번호와 풀지 못한 문제 번호를 적고 나서 취약한 영역이 무엇인지 파악해 보세요.

영역	맞힌 개수	틀린 문제 번호	풀지 못한 문제 번호
의사소통능력	/8		
수리능력	/10		
문제해결능력	/7		
자원관리능력	/7		
기술능력	/6		
조직이해능력	/6		
정보능력	/6		
TOTAL	/50		

해설

01 의사소통능력 문제 정답 ④

이 글은 신재생에너지에 대한 관심이 높아지면서 신재생에너지 확산을 위한 노력의 일환으로 여러 제도가 마련되어 있으며, 이 제도에는 신재생에너지 공급을 장려하는 RPS 제도와 이를 뒷받침하는 REC가 있어 계속해서 신재생에너지가 확산될 것으로 기대하고 있다는 내용이므로 이 글의 제목으로 가장 적절한 것은 ④이다.

02 수리능력 문제 정답 ⑤

조사기간 동안 처음으로 다문화 이혼건수가 200건 미만인 지역이 2개 이상을 기록한 해는 2020년이고 2020년에 다문화 이혼건수가 200건 미만인 지역은 광주와 울산이며, 두 지역의 다문화 이혼건수 합은 187 + 170 = 357건으로 이는 전체 다문화 이혼건수의 (357 / 3,364) × 100 ≒ 11%이므로 옳은 설명이다.

오답 체크

① 서울 및 6개 광역시 전체 다문화 이혼건수는 매년 감소하였으나, 전체 총 이혼건수는 2018년과 2019년에 전년 대비 증가하여 증감 추이가 서로 다르므로 옳지 않은 설명이다.

② 2020년 서울의 다문화 이혼건수는 1,538건이고, 6개 광역시 전체 다문화 이혼건수는 3,364 − 1,538 = 1,826건으로 서울의 다문화 이혼건수가 6개 광역시 전체 다문화 이혼건수보다 더 적으므로 옳지 않은 설명이다.

③ 대전의 경우 2016년 대비 2020년 총 이혼건수가 3,036 − 2,917 = 119건 증가하였으므로 옳지 않은 설명이다.

④ 조사기간 동안 서울 및 6개 광역시 전체 다문화 이혼건수가 처음으로 4,000건 미만을 기록한 해는 3,958건을 기록한 2019년이고, 2019년에 전년 대비 다문화 이혼건수가 감소한 지역은 서울, 부산, 광주, 울산 4개 지역이므로 옳지 않은 설명이다.

03 수리능력 문제 정답 ①

⊙ 2020년 가해자 연령별 교통사고 부상자 수의 1%와 사망자 수를 비교하면 20세 미만은 10,346 × 0.01 = 103.46 > 103명, 20대는 45,135 × 0.01 = 451.35 > 385명, 30대는 46,922 × 0.01 = 469.22 > 383명, 40대는 55,737 × 0.01 = 557.37 > 494명, 50대는 73,703 × 0.01 = 737.03 > 715명, 60대는 50,967 × 0.01 = 509.67 < 588명, 70세 이상은 19,539 × 0.01 = 195.39 < 413명으로 60대와 70세 이상에서만 사망자 수가 부상자 수의 1% 이상이므로 옳지 않은 설명이다.

ⓒ 2020년 가해자 연령 20대부터 60대까지의 사망자 수 평균은 (385 + 383 + 494 + 715 + 588) / 5 = 513명이므로 옳지 않은 설명이다.

오답 체크

ⓒ 조사기간 동안 50대의 교통사고 발생건수는 매년 50,000건 이상으로 교통사고 발생건수가 가장 많은 가해자 연령이므로 옳은 설명이다.

ⓔ 2020년 가해자 연령 50대의 교통사고 1건당 부상자 수는 73,703 / 50,421 ≒ 1.46명이므로 옳은 설명이다.

04 수리능력 문제 정답 ②

사업장 1개소당 근로자 수가 1,070명 이상인 업종은 1,084,986 / 875 ≒ 1,240명인 제조업, 16,617 / 15 ≒ 1,108명인 수도, 하수 및 폐기물 처리, 원료 재생업, 97,252 / 77 ≒ 1,263명인 건설업, 331,144 / 239 ≒ 1,386명인 도매 및 소매업, 123,014 / 74 ≒ 1,662명인 숙박 및 음식점업, 229,875 / 189 ≒ 1,216명인 정보통신업, 321,665 / 176 ≒ 1,828명인 금융 및 보험업, 12,052 / 4 ≒ 3,013명인 국제 및 외국기관 총 8종으로, 7종 이상이므로 옳은 설명이다.

오답 체크

① 근로자가 많은 업종부터 순서대로 나열하면 제조업, 사업시설관리 및 사업지원 서비스업, 도매 및 소매업 순으로 세 번째로 많은 근로자를 고용하고 있는 업종은 도매 및 소매업이므로 옳지 않은 설명이다.

③ 사업장이 200개소 이상인 업종 중 보건업 및 사회복지 서비스업은 고용된 근로자가 149,316명으로 150,000명 미만이므로 옳지 않은 설명이다.

④ 근로자를 고용하고 있는 사업장 전체 개소수에서 전문과학 및 기술 서비스업 사업장이 차지하는 비중은 전문과학 및 기술 서비스업 사업장의 비율인 6.5%로 7.5% 미만이므로 옳지 않은 설명이다.

⑤ 업종 한 종류당 평균 근로자 수는 3,742,423 / 20 ≒ 187,121명이므로 옳지 않은 설명이다.

05 자원관리능력 문제 정답 ③

'1. 평가 지표별 점수'에 따르면 평가 지표별로 1위 기업에 4점, 2위 기업에 3점, 3위 기업에 2점, 4위 기업에 1점을 부여하며, 부채비율은 낮을수록 순위가 높으며, 부채비율을 제외한 나머지 지표는 클수록 순위가 높으므로 매출이익률과 경상이익률, 매출액 증가율, 순자산은 클수록 순위가 높고, 부채비율은 낮을수록 순위가 높다. 이때, '2. 기업 평가순위'에 따라 평가 지표별 점수를 모두 합한 점수를 기업 평가점수로 하고, 기업 평가순위는 기업 평가점수가 큰 기업부터 순서대로 1위부터 4위까지 부여하며, 기업 평가점수가 같을 경우, 매출액 증가율이 높은 기업부터 더 높은 순위를 부여함에 따라 평가 지표에 따른 기업 평가순위는 다음과 같다.

구분	A 기업	B 기업	C 기업	D 기업
매출이익률	3위	2위	4위	1위
경상이익률	4위	3위	2위	1위
부채비율	2위	1위	3위	4위
매출액 증가율	2위	1위	3위	4위
순자산	4위	1위	3위	2위
기업 평가점수	10점	17점	10점	13점
기업 평가순위	3위	1위	4위	2위

또한, '3. 지원한도'에 의해 각 기업의 지원금 지원한도는 평가순위별 지원한도와 기업별 순자산의 70%에 해당하는 금액 중 더 작은 금액을 지원금 지원한도 금액으로 함에 따라 기업 평가순위가 1위인 B 기업은 순자산 2,106억 원의 70%에 해당하는 금액인 $2,106 \times 0.7 = 1,474.2$억 원과 1위 지원한도인 1,400억 원 중 더 작은 금액인 1,400억 원의 지원금 지원한도 금액보다 지원요구금액인 1,250억 원이 더 작으므로 1,250억 원을 지급받고, 기업 평가순위가 2위인 D 기업은 순자산 1,495억 원의 70%에 해당하는 금액인 $1,495 \times 0.7 = 1,046.5$억 원과 2위 지원한도인 1,050억 원 중 더 작은 금액인 1,046.5억 원의 지원금 지원한도 금액보다 지원요구금액인 1,350억 원이 더 크므로 지원금 지원한도 금액인 1,046.5억 원을 지급받으며, 기업 평가순위가 3위인 A 기업은 순자산 422억 원의 70%에 해당하는 금액인 $422 \times 0.7 = 295.4$억 원과 3위 지원한도인 700억 원 중 더 작은 금액인 295.4억 원의 지원금 지원한도 금액보다 지원요구금액인 350억 원이 더 크므로 295.4억 원을 지급받는다. 기업 평가순위가 4위인 C 기업은 순자산 638억 원의 70%에 해당하는 금액인 $638 \times 0.7 = 446.6$억 원과 4위 지원한도인 350억 원 중 더 작은 금액인 350억 원의 지원금 지원한도 금액보다 지원요구금액인 700억 원이 더 크므로 지원금 지원한도 금액인 350억 원을 지급받아야 하지만 지원금 지원한도 금액의 산정에도 불구하고, 평가순위가 3위와 4위인 기업 중 부채비율이 400% 이상인 기업은 해당 기업 순자산의 50%에 해당하는 금액만큼만 지급해야 하므로 부채비율이 423%이고 4위인 C 기업은 순자산의 50%에 해당하는 금액인 $638 \times 0.5 = 319$억 원만큼만 지급이 가능하므로 C 기업은 319억 원을 지급받는다. 이에 따라 가장 많은 지원금을 지급받는 기업은 1,250억 원을 지급받는 B 기업이고, 가장 적은 지원금을 지급받는 기업은 295.4억 원을 지급받는 A 기업이다.
따라서 가장 많은 지원금을 지급받는 기업과 가장 적은 지원금을 지급받는 기업의 지원금 차는 $1,250 - 295.4 = 954.6$억 원이다.

06 문제해결능력 문제   정답 ⑤

[실내 자전거 운동량 정보]에 따르면 운전자의 운동량은 실내 자전거 운행 거리에 비례하고, 자전거의 강도 단계는 1단계가 기본이며, 같은 거리를 운행 시 자전거의 단계를 2단계로 높이면 운전자의 운동량은 1.7배가 된다. 또한, 좌식 실내 자전거와 입식 실내 자전거로 같은 거리를 운행하는 경우, 좌식 실내 자전거 운동량은 입식 실내 자전거 운동량의 75%이고, 외발 실내 자전거와 입식 실내 자전거로 같은 거리를 운행하는 경우, 외발 실내 자전거 운동량이 입식 실내 자전거 운동량의 140%이므로 입식 실내 자전거의 1단계 강도로 1km를 운행하는 운동량을 1이라고 하면 좌식 실내 자전거의 1단계 강도로 1km를 운행하는 운동량은 $1 \times 0.75 = 0.75$이고, 외발 실내 자전거의 1단계 강도로 1km를 운행하는 운동량은 $1 \times 1.4 = 1.40$이며, 각 자전거의 2단계 강도 운행 시 운동량은 각 운동량에 1.7을 곱한 것과 같다. 갑은 좌식 실내 자전거의 1단계 강도로 1.8km의 거리를 운행한 뒤, 이어서 외발 실내 자전거의 1단계 강도로 1.2km의 거리를 운행하였으므로 갑의 운동량은 $(0.75 \times 1.8) + (1.4 \times 1.2) = 3.03$이고, 을은 좌식 실내 자전거의 2단계 강도로 2.2km의 거리를 운행하였으므로 을의 운동량은 $0.75 \times 2.2 \times 1.7 = 2.805$이며, 병은 외발 실내 자전거의 1단계 강도로 2.0km의 거리를 운행하였으므로 병의 운동량은 $1.4 \times 2.0 = 2.80$이다. 정은 좌식 실내 자전거의 2단계 강도로 1.0km의 거리를 운행한 뒤, 이어서 입식 실내 자전거의 1단계 강도로 1.5km의 거리를 운행하였으므로 정의 운동량은 $(0.75 \times 1.0 \times 1.7) + (1 \times 1.5) = 2.775$이고, 무는 입식 실내 자전거의 2단계 강도로 1.7km의 거리를 운행하였으므로 무의 운동량은 $1 \times 1.7 \times 1.7 = 2.89$이다.
따라서 일일 실내 자전거 운동량이 두 번째로 많은 사람은 '무'이다.

07 의사소통능력 문제   정답 ②

3문단에서 액티브 노이즈 캔슬링 기술은 파장이 짧은 고음의 소리보다 파장이 긴 저음의 소리를 상쇄하는 데 효과적이며, 고음은 마루와 골의 간격이 짧고, 저음은 마루와 골의 간격이 길다고 하였으므로 액티브 노이즈 캔슬링 기술이 파동의 마루와 골의 간격이 긴 소리보다 짧은 소리를 차단하는 데 탁월하다는 것은 아님을 알 수 있다.

[오답 체크]

① 4문단에서 액티브 노이즈 캔슬링은 사전에 분석한 경험이 있는 소음과 비슷한 소리가 지속적으로 유입되면 적절한 순간에 이에 반대되는 역 파장을 내보내 소음을 차단하기 때문에 소음을 규칙적이고 지속적으로 차단할 수 있다고 하였으므로 적절한 내용이다.

③ 1문단에서 패시브 노이즈 캔슬링은 공기와 귀 사이 공간에 위치한 소리 전달 통로에 물리적 장애물을 두는 원리를 적용한 것으로, 비교적 간단한 원리를 적용하기 때문에 제작이 수월하다고 하였으므로 적절한 내용이다.

④ 5문단에서 노이즈 캔슬링은 사용자 주위 소음을 차단하는 기능이기 때문에 반대편의 통화 상대자에게는 소음 차단 기능이 적용되지 않는다고 하였으므로 적절한 내용이다.

⑤ 2문단에서 액티브 노이즈 캔슬링은 소리의 상쇄 및 간섭의 원리를 적용한 기술로, 방향은 다르나 폭이 같은 서로 다른 두 파동이 만나게 되면 간섭이 일어나 두 파동의 진폭이 커지거나 사라진다고 하였으므로 적절한 내용이다.

08 기술능력 문제　　　　　　　　　　정답 ①

원자력사업자의 원자로운전책임자는 시설 운전 상태가 비상 발령 기준에 해당됨을 확인한 뒤 방사능 비상을 발령하고, 원자력사업자는 비상 발령 즉시 소외 방사능방재대책기관에 비상 발령을 보고한 뒤 단계별 적절한 대응 활동을 전개하고 피해 회복 및 재발 방지를 위해 사후 대책 수립 및 원자력시설 복구 조직 운영과 같은 복구 활동을 전개해야 한다.

따라서 방사능 누출 사고 발생 시 원자력사업자로서 한국수력원자력의 대응 절차를 순서대로 나열하면 '시설 운전 이상 상태 확인 → 방사능 비상 발령 → 방사능 비상 발령 보고 → 비상 단계별 대응 조치 시행 → 사후 대책 수립 및 원자력시설 복구 조직 운영'이 된다.

오답 체크

② 시설 운전 이상 상태를 확인한 결과 비상 발령 기준에 해당될 때 방사능 비상을 발령해야 하며, 비상 발령 상황 전파는 원자력사업자로부터 비상 발령 보고를 받은 원자력안전위원회, 원자력안전위원회, 광역·기초자치단체, 원자력안전기술원이 수행하는 활동이므로 적절하지 않다.

③ 시설 운전 이상 상태를 확인한 결과 비상 발령 기준에 해당될 때 방사능 비상을 발령해야 하며, 사고 원인 조사는 한국수력원자력이 방사능 비상 발령 후 백색 비상 또는 청색 비상 단계일 때 수행하는 활동이므로 적절하지 않다.

④ 비상 발령 상황 인지 교차 확인은 원자력사업자로부터 비상 발령 보고를 받은 원자력안전기술원이 비상 발령 상황 전파 단계에서 수행하는 활동이므로 적절하지 않다.

⑤ 시설 내외 환경방사능 감시 강화는 한국수력원자력이 백색 비상 단계에서 수행하는 대응 조치로, 복구 활동 전에 수행하는 활동이므로 적절하지 않다.

09 문제해결능력 문제　　　　　　　　정답 ①

제58조 제5항에서 고용노동부장관 승인의 유효기간이 만료되었을 때 사업주가 유효기간 연장을 신청할 경우 승인의 유효기간이 만료되는 날의 다음 날을 기준으로 3년의 범위에서 고동노동부령으로 정하는 바에 따라 기간 연장을 승인할 수 있다고 하였으므로 가장 적절하지 않다.

오답 체크

② 제60조에서 도급의 승인, 연장승인, 변경승인을 받은 작업을 도급받은 수급인은 그 작업을 하도급할 수 없다고 하였으므로 적절하다.

③ 제58조 제2항 제1호에서 일시·간헐적으로 하는 작업을 도급하는 경우 제1항 각호에 따른 작업을 도급하여 사업주의 사업장에서 수급인의 근로자가 그 작업을 수행할 수 있다고 하였으므로 적절하다.

④ 제59조 제1항에서 사업주는 자신의 사업장에서 피부 부식성이 있는 물질의 취급 등 대통령령으로 정한 작업을 도급하려는 경우 고용노동부장관의 승인을 받아야 한다고 하였으므로 적절하다.

⑤ 제61조에서 사업주는 산업재해 예방을 위한 조치를 할 수 있는 능력을 갖춘 사업주에게 도급하여야 한다고 하였으므로 적절하다.

10 조직이해능력 문제　　　　　　　　정답 ⑤

제시된 결재 규정에 따르면 40만 원을 초과하는 출장비의 결재를 받을 때 필요한 서류는 출장계획서와 출장비신청서이며, 출장비신청서는 대표이사가 최고결재권자이나 출장계획서는 본부장 전결에 해당하므로 출장으로 유류비 45만 원을 사용한 박지은 대리는 출장계획서 작성 시 최고결재권자로부터 전결 권한을 위임받은 본부장의 결재란에 '전결', 최종결재란에 '본부장', 이하 직책자의 결재란을 포함한 결재 양식을, 출장비신청서 작성 시 최종결재란에 '대표이사', 이하 직책자의 결재란을 포함한 결재 양식을 작성해야 한다.

따라서 출장비신청서의 경우 [○○공사 결재 규정]에 따라 최종결재란에 '대표이사' 표시를 비롯한 이하 직책자의 결재란이 포함된 ⑤가 가장 올바르다.

11 수리능력 문제　　　　　　　　　　정답 ⑤

㉠ 3월과 4월의 여객 수가 가장 많은 지역은 각각 아시아 지역이므로 옳지 않은 설명이다.

㉡ 6월 여객 수가 두 번째로 많은 아시아 지역의 운항 편수 1편당 여객 수는 55,415 / 3,041 ≒ 18.2명으로 20명 미만이므로 옳지 않은 설명이다.

㉢ 5월 운항 편수가 1,000편 미만인 지역 중 가장 많은 운항 편수를 기록한 일본 지역의 제시된 기간 동안 월평균 운항 편수는 (639 + 634 + 719 + 791 + 633 + 685) / 6 = 683.5편으로 700편 미만이므로 옳지 않은 설명이다.

오답 체크

㉣ 2월 이후 중국의 운항 편수와 여객 수의 전월 대비 증감 추이는 감소, 증가, 감소, 감소, 증가로 매월 서로 동일하므로 옳은 설명이다.

12 의사소통능력 문제　　　　　　　　정답 ②

이 글은 윤달이 태음력과 태양력의 차이에서 비롯된 날짜와 계절의 불일치를 해소하기 위해 등장하였다는 내용을 소개하며 윤달을 두는 데 가장 많이 사용되는 19년 7윤법에 대해 설명하는 내용이므로 이 글의 주제로 가장 적절한 것은 ②이다.

오답 체크

① 윤달이 날짜와 계절의 불일치 문제를 해결하기 위해 만든 치윤법에서 파생된 개념이라고 하였으므로 적절하지 않은 내용이다.

③ 동서양에서 윤달을 두는 방법의 차이점에 대해서는 다루고 있지 않으므로 적절하지 않은 내용이다.

④ 19년 7윤법의 계산 방법과 특징에 대해 서술하고 있지만, 글 전체를 포괄할 수 없으므로 적절하지 않은 내용이다.

⑤ 글 전체에서 윤달 삽입 시 나타날 수 있는 문제점에 대해서는 언급하고 있지 않으므로 적절하지 않은 내용이다.

13 정보능력 문제   정답 ①

1문단에서 C언어는 인간이 사용하는 부호를 기계어로 바꾸어 실행하는 인터프리터 언어보다 더 인간 사고에 적합한 언어인 컴파일 언어라고 하였으며, 2문단에서 C++는 C언어에 객체 지향의 개념을 더해 개선한 언어라고 하였으므로 가장 적절하지 않다.

14 기술능력 문제   정답 ④

[비밀번호 등록 매뉴얼]에 따르면 비밀번호를 등록하기 위해서는 # 버튼 입력 후 새로 등록할 비밀번호를 입력하고 다시 # 버튼을 입력해야 한다. 이때 새로 설정하는 비밀번호는 같은 숫자가 두 번 이상 들어갈 수 없고, 앞뒤로 연속된 숫자를 사용할 수 없으며, 1, 3, 5번째 자리에 3의 배수가 들어갈 수 없다. 또한 기존 비밀번호인 '15294'와 위치 및 숫자가 모두 일치하는 숫자를 사용할 수 없다. 따라서 비밀번호 등록 매뉴얼 및 설정 조건에 맞게 비밀번호를 등록한 ④가 가장 적절하다.

15 자원관리능력 문제   정답 ④

FIFO 방식은 선입 선출 방식으로 수임 순서가 먼저인 업무 순서대로 처리하는 방식임에 따라 FIFO 방식으로 업무처리를 하는 경우 업무처리 순서는 'D-C-B-A-E' 순이고, 순서대로 5일, 7일, 14일, 18일, 28일에 업무가 종료되어 마감기한일을 넘겨서 완료되는 업무는 A와 E 2개이다. 또한 SPT 방식은 최소 공정시간 방식으로 처리 소요일이 짧은 작업 순서대로 처리하는 방식임에 따라 SPT 방식으로 업무처리를 하는 경우 업무처리 순서는 'C-A-D-B-E' 순이고, 순서대로 2일, 6일, 11일, 18일, 28일에 업무가 종료되어 마감기한일을 넘겨서 완료되는 업무는 D와 E 2개이다.

따라서 FIFO 방식으로 업무처리를 하는 경우와 SPT 방식으로 업무처리를 하는 경우 모두 마감기한일을 넘겨서 완료되는 업무는 2개로 동일하므로 옳지 않은 내용이다.

오답 체크

① MST 방식은 최소 여유시간 방식으로 마감기한일이 가장 빠른 순서대로 처리하는 방식임에 따라 MST 방식으로 업무처리를 하는 경우 업무처리 순서는 'C-D-A-B-E' 순이고, 순서대로 2일, 7일, 11일, 18일, 28일에 업무가 종료되어 마감기한일을 넘겨서 완료되는 업무는 E 업무 1개이므로 옳은 내용이다.

② FIFO 방식은 선입 선출 방식으로 수임 순서가 먼저인 업무 순서대로 처리하는 방식임에 따라 FIFO 방식으로 업무처리를 하는 경우 업무처리 순서는 'D-C-B-A-E' 순이므로 옳은 내용이다.

③ SPT 방식은 최소 공정시간 방식으로 처리소요일이 짧은 작업 순서대로 처리하는 방식임에 따라 SPT 방식으로 업무처리를 하는 경우 업무처리 순서는 'C-A-D-B-E' 순이고, 3번째 순서로 처리하는 D 업무의 업무 종료일은 3월 11일이므로 옳은 내용이다.

⑤ 모든 방식으로 업무처리를 하여도 마지막 업무인 E 업무의 업무 종료일은 28일로 동일하므로 옳은 내용이다.

16 수리능력 문제   정답 ②

경기의 경찰공무원 1명당 주민등록 인구수는 2018년에 (13,077 × 1,000) / 22,845 ≒ 572명, 2020년에 (13,427 × 1,000) / 24,245 ≒ 554명으로 2020년에 2년 전 대비 감소하였으므로 옳은 설명이다.

오답 체크

① 2020년 구급·구조대원 수가 가장 적은 지역은 충북이고, 2020년 구급·구조대원 수가 2년 전 대비 다른 지역에 비해 가장 적게 증가한 지역은 1,146 - 1,025 = 121명을 기록한 전남으로 서로 다르므로 옳지 않은 설명이다.

③ 2020년 전북의 경찰공무원 수는 구급·구조대원 수의 5,011 / 1,001 ≒ 5.01배이지만 전남의 경찰공무원 수는 구급·구조대원 수의 5,539 / 1,146 ≒ 4.83배이므로 옳지 않은 설명이다.

④ 2019년 구급·구조대원 수가 가장 많은 3개 지역의 순서는 경기, 경북, 경남 순이므로 옳지 않은 설명이다.

⑤ 제시된 기간 동안 경찰공무원 수가 5,000명 이상인 지역의 수가 5개인 2020년에 경찰공무원 수가 5,000명 미만인 지역의 평균 경찰공무원 수는 (4,389 + 3,696 + 4,702) / 3 ≒ 4,262명으로 4,300명 미만이므로 옳지 않은 설명이다.

17 조직이해능력 문제   정답 ③

직무 관리는 NCS 분류 체계상 인사 직무의 능력 단위에 해당하므로 가장 적절하지 않다.

🔍 더 알아보기

경영기획 직무와 인사 직무의 능력 단위

· 경영기획: 사업환경 분석, 경영방침 수립, 경영계획 수립, 신규사업 기획, 사업별 투자 관리, 예산 관리, 경영실적 분석, 경영 리스크 관리, 이해관계자 관리
· 인사: 인사 기획, 직무 관리, 인력 채용, 인력 이동 관리, 인사 평가, 핵심 인재 관리, 교육 훈련 운영, 임금 관리, 급여 지급, 복리 후생 관리, 조직 문화 관리, 인사 아웃소싱, 퇴직 업무 지원, 전직 지원

18 문제해결능력 문제   정답 ②

'5. 낙찰자 결정방법'에 따르면 예비가격 기초금액의 102~98% 범위 내에서 서로 다르게 작성된 15개의 복수예비가격 중 응찰자가 투표한 결과 다수 득표 순으로 선정된 4개의 산출평균가격을 예정가격으로 하며, 예정가격 이하 낙찰하한가격 이상으로 입찰한 자 중 최저가격으로 입찰한 자 순으로 당해 용역 적격심사기준에 의거 심사하여 적격하다고 인정된 업체를 낙찰자로 결정하므로 출퇴근버스 임차용역에 낙찰된 업체가 출퇴근버스 임차용역 공고에 의

거하여 가능한 한 최저가격으로 입찰하였다면 낙찰된 업체의 입찰가격은 낙찰하한가격과 같음을 알 수 있다. 낙찰하한가격은 예비가격 기초금액의 80.495%이고, 예비가격 기초금액은 추정가격에 부가가치세 10%를 합산한 금액임에 따라 $233{,}181{,}450 \times 1.1 \fallingdotseq 256{,}499{,}590$원이며, 낙찰하한가격은 $256{,}499{,}590 \times 0.80495 \fallingdotseq 206{,}469{,}340$원이다.

따라서 출퇴근버스 임차용역에 낙찰된 업체가 입찰한 가격은 206,469,340원이다.

[19 - 20]

19 의사소통능력 문제 　　　　　　　정답 ③

이 글은 지구온난화를 유발하는 주범인 이산화탄소 배출량을 줄이기 위한 방법으로 이산화탄소를 포집하는 기술을 소개하며, 이산화탄소 포집 기술을 연소 전 포집 기술, 순산소 연소 기술, 연소 후 포집 기술로 크게 나눈 뒤 각각의 특성과 원리, 장단점을 설명하는 내용이므로 이 글의 주제로 가장 적절한 것은 ③이다.

20 의사소통능력 문제 　　　　　　　정답 ②

2문단에서 연소 전 포집 기술은 고농도의 이산화탄소를 고압에서 포집한다고 하였고, 4문단에서 연소 후 포집 기술은 대기압에서 이산화탄소를 포집한다고 하였으므로 연소 전 포집 기술을 적용했을 때와는 달리 연소 후 포집 기술을 적용하면 고압에서 이산화탄소를 포집할 수 있는 것은 아님을 알 수 있다.

오답 체크

① 3문단에서 순산소 연소 기술은 연소 후 배출되는 이산화탄소의 농도가 높기 때문에 다른 기술과 달리 별도의 분리 공정 없이도 이산화탄소를 포집할 수 있다고 하였으므로 적절한 내용이다.
③ 4문단에서 연소 후 포집 기술은 다른 기술들과 비교하여 상용화될 수 있는 가능성이 높다고 하였으므로 적절한 내용이다.
④ 1문단에서 이산화탄소 포집 기술은 지구온난화를 유발하는 이산화탄소의 배출량을 줄일 수 있는 기술로, 대용량의 이산화탄소를 고농도로 포집한다고 하였으므로 적절한 내용이다.
⑤ 4문단에서 연소 후 포집 기술은 포집 전에 황산화물 또는 질소산화물과 같은 불순물을 제거해야 한다는 단점이 있다고 하였으므로 적절한 내용이다.

21 기술능력 문제 　　　　　　　정답 ①

'통신장애 발생 시 - 5'에서 갑작스러운 긴급 상황 발생 시 휴대폰의 긴급 전화 기능을 활용하되, 긴급 전화 목록의 사용자 입력은 사전에 별도의 긴급 번호를 저장할 수 있어도 통신장애 발생 시에는 연결이 제한된다고 하였으므로 가장 적절하지 않다.

22 문제해결능력 문제 　　　　　　　정답 ⑤

친족 사망 또는 위독 관련 증빙서류 제출 시 비전자여권인 긴급여권은 여권 발급 수수료가 20,000원이므로 옳지 않은 내용이다.

23 자원관리능력 문제 　　　　　　　정답 ③

제시된 자료에 따르면 젖소 40마리, 소 50마리, 돼지 700마리, 산양 300마리, 면양 300마리, 토끼 5,000마리, 닭 15,000마리, 오리 10,000마리 규모 이내의 사육두수에서 발생하는 소득은 전액 비과세하고, 이를 초과하는 사육두수에서 발생하는 축산부업소득과 기타 부업소득은 둘을 합하여 연간 1,200만 원까지 비과세하며, 농가부업규모는 가축별로 적용하고 축산에 있어서 가축별로 각각의 마리당 발생하는 소득은 동일하다. A 농민은 젖소 52마리와 소 14마리, 돼지 753마리와 닭 9,840마리, 오리 10,182마리를 사육하므로 젖소 12마리와 돼지 53마리, 오리 182마리에서 발생하는 소득은 전액 비과세 사육두수를 초과하는 과세 대상 소득이다. 이때, 젖소 1마리당 소득은 $52{,}000{,}000 / 52 = 1{,}000{,}000$원이고, 돼지 1마리당 소득은 $387{,}795{,}000 / 753 = 515{,}000$원이며, 오리 1마리당 소득은 $52{,}640{,}940 / 10{,}182 = 5{,}170$원임에 따라 A 농민이 전액 비과세 사육두수를 초과한 과세 대상 소득은 $(12 \times 1{,}000{,}000) + (53 \times 515{,}000) + (182 \times 5{,}170) = 40{,}235{,}940$원이다. 이때, 초과하는 사육두수에서 발생하는 축산부업소득과 기타 부업소득은 둘을 합하여 연간 1,200만 원까지 비과세하므로 A 농민의 실제 과세 대상 소득은 $40{,}235{,}940 - 12{,}000{,}000 = 28{,}235{,}940$원이다.

따라서 A 농민의 과세 대상 소득은 28,235,940원이다.

24 정보능력 문제 　　　　　　　정답 ⑤

제시된 자료에 따르면 13자리로 구성된 바코드의 처음 3개의 숫자는 국가 코드를, 그다음 4개의 숫자는 제조업체 코드를, 그다음 5개의 숫자는 상품 코드를, 마지막 1개의 숫자는 검증 코드를 나타낸다. 이때 [상품관리목록]의 NO. 5 상품은 중국의 D 사에서 제조한 액세서리이므로 [국가별 바코드 구성]에 따라 처음 3개의 숫자는 695로, 그다음 4개의 숫자는 6600으로, 그다음 5개의 숫자는 09146으로 나타냄을 알 수 있다. 또한, [바코드의 검증 코드 계산 방법]에 따라 13번째 자리에 위치한 검증 코드를 계산하면 $\{(9 + 6 + 0 + 0 + 1 + 6) \times 3\} + (6 + 5 + 6 + 0 + 9 + 4) = 66 + 30 = 96$이며, 96이 10의 배수가 되기 위해 더해야 하는 최솟값은 4이므로 검증 코드는 4이다.

따라서 NO. 5 제품의 바코드는 6956600091464이므로 가장 적절하지 않다.

① [상품관리목록]의 NO. 1 상품은 홍콩의 E 사에서 제조한 신발이며, [국가별 바코드 구성]에 따라 처음 3개의 숫자는 489로, 그다음 4개의 숫자는 5200으로, 그다음 5개의 숫자는 06125로 나타내므로 [바코드의 검증 코드 계산 방법]에 따라 13번째 자리에 위치한 검증 코드를 계산하면 $\{(8+5+0+0+1+5) \times 3\} + (4+9+2+0+6+2) = 57 + 23 = 80$이며, 80이 10의 배수가 되기 위해 더해야 하는 최솟값은 0이므로 적절하다.

② [상품관리목록]의 NO. 2 상품은 프랑스의 J 사에서 제조한 신발이며, [국가별 바코드 구성]에 따라 처음 3개의 숫자는 310으로, 그다음 4개의 숫자는 2700으로, 그다음 5개의 숫자는 13356으로 나타내므로 [바코드의 검증 코드 계산 방법]에 따라 13번째 자리에 위치한 검증 코드를 계산하면 $\{(1+2+0+1+3+6) \times 3\} + (3+0+7+0+3+5) = 39 + 18 = 57$이며, 57이 10의 배수가 되기 위해 더해야 하는 최솟값은 3이므로 적절하다.

③ [상품관리목록]의 NO. 3 상품은 필리핀의 G 사에서 제조한 건조식품이며, [국가별 바코드 구성]에 따라 처음 3개의 숫자는 480으로, 그다음 4개의 숫자는 1230으로, 그다음 5개의 숫자는 07156으로 나타내므로 [바코드의 검증 코드 계산 방법]에 따라 13번째 자리에 위치한 검증 코드를 계산하면 $\{(8+1+3+0+1+6) \times 3\} + (4+0+2+0+7+5) = 57 + 18 = 75$이며, 75가 10의 배수가 되기 위해 더해야 하는 최솟값은 5이므로 적절하다.

④ [상품관리목록]의 NO. 4 상품은 한국의 A 사에서 제조한 가전이며, [국가별 바코드 구성]에 따라 처음 3개의 숫자는 880으로, 그다음 4개의 숫자는 3500으로, 그다음 5개의 숫자는 05089로 나타내므로 [바코드의 검증 코드 계산 방법]에 따라 13번째 자리에 위치한 검증 코드를 계산하면 $\{(8+3+0+0+0+9) \times 3\} + (8+0+5+0+5+8) = 60 + 26 = 86$이며, 86이 10의 배수가 되기 위해 더해야 하는 최솟값은 4이므로 적절하다.

25 수리능력 문제   정답 ④

제시된 기간 동안 인천의 평균 기온이 12.0℃ 미만을 기록한 2017년, 2018년에 인천의 연평균 강수량은 $(724.4 + 1,012.6) / 2 = 868.5$mm로 865mm 이상이므로 옳지 않은 설명이다.

① 제시된 지역 중 강수량이 1,000.0mm 미만을 기록한 지역의 수는 2017년에 4개, 2019년에 4개로 동일하므로 옳은 설명이다.

② 제시된 기간 동안 평균 기온이 가장 높은 지역은 매년 부산이므로 옳은 설명이다.

③ 2017년 이후 서울의 강수량의 전년 대비 증감 추이는 증가, 증가, 감소, 증가이고, 평균 기온의 전년 대비 증감 추이는 감소, 감소, 증가, 감소로 서로 정반대이므로 옳은 설명이다.

⑤ 2020년 울산의 강수량은 2017년 대비 $\{(1,557.9 - 671.4) / 671.4\} \times 100 ≒ 132\%$ 증가하여 120% 이상 증가하였으므로 옳은 설명이다.

26 수리능력 문제   정답 ③

2018년 강원의 발전량은 전년 대비 $\{(30,981 - 20,878) / 20,878\} \times 100 ≒ 48.4\%$ 증가하였으므로 옳은 설명이다.

① 경북의 2014년부터 2018년까지의 평균 발전량은 $(73,126 + 84,608 + 81,885 + 84,097 + 76,125) / 5 = 79,968.2$GWh이므로 옳지 않은 설명이다.

② 2017년에 발전량이 높은 지역 3순위는 전남, 4순위는 경기이지만 2018년에 발전량이 높은 지역 3순위는 경기, 4순위는 전남이므로 옳지 않은 설명이다.

④ 2018년 충북의 발전량은 전년 대비 증가하였으나 2018년 충남의 발전량은 전년 대비 감소하였으므로 옳지 않은 설명이다.

⑤ 2015년 서울의 발전량은 769GWh = 769,000MWh이므로 옳지 않은 설명이다.

27 자원관리능력 문제   정답 ④

[제품 수출 우선 대상 국가 평가방법]에 따르면 국가별로 종합 순위를 평가하여 종합 순위가 가장 높은 국가를 제품 수출 우선 대상 국가로 선정하며, 국가별 종합 순위는 국가별 종합 점수가 높을수록 높고, 국가별 종합 점수는 성장 가능성 점수를 40점 만점, 국가 경제 순위 점수를 30점 만점, 제품 수출액 점수를 30점 만점으로 하여 각 점수의 합계로 구한다. 이때, 성장 가능성 점수는 성장 가능성 평가가 가장 높은 국가에 40점, 가장 낮은 국가에 0점, 그 밖의 모든 국가에 20점을 부여하며, 성장 가능성 평가는 시장규모 점수와 판매 성장률 점수, 인구규모 점수의 합이 높은 순서대로 높게 평가하며, 시장규모 점수는 시장규모가 큰 순서대로 10점, 8점, 6점, 3점, 0점을 부여하고, 판매 성장률 점수는 판매 성장률이 높은 순서대로 10점, 8점, 6점, 4점, 2점을 부여하며, 인구규모 점수는 인구규모가 큰 순서대로 10점, 7점, 5점, 3점, 1점을 부여하므로 국가별 성장 가능성 평가 항목별 순위와 그에 따른 성장 가능성 점수는 다음과 같다.

구분	시장규모		판매 성장률		인구규모		성장가능성 평가 순위	성장가능성 점수
	순위	점수	순위	점수	순위	점수		
A 국	1위	10점	4위	4점	4위	3점	3위	20점
B 국	5위	0점	3위	6점	5위	1점	5위	0점
C 국	3위	6점	2위	8점	2위	7점	2위	20점
D 국	4위	3점	1위	10점	1위	10점	1위	40점
E 국	2위	8점	5위	2점	3위	5점	4위	20점

또한, 국가 경제 순위 점수는 국가 경제 순위가 가장 높은 국가에 30점, 가장 낮은 국가에 10점, 그 밖의 모든 국가에 20점을 부여하고, 제품 수출액 점수는 제품 수출액이 가장 많은 국가에 30점, 가장 적은 국가에 0점, 그 밖의 모든 국가에 15점을 부여하므로 국가별 국가 경제 순위 및 제품 수출액의 순위와 그에 따른 국가 경제 순위 점수 및 제품 수출액 점수는 다음과 같다.

구분	국가 경제 순위		제품 수출액	
	순위	점수	순위	점수
A 국	4위	20점	2위	15점
B 국	2위	20점	1위	30점
C 국	3위	20점	3위	15점
D 국	5위	10점	4위	15점
E 국	1위	30점	5위	0점

이에 따라 국가별 종합 점수 및 종합 순위는 다음과 같다.

구분	성장 가능성 점수	국가 경제 순위 점수	제품 수출액 점수	종합 점수	종합 순위
A 국	20점	20점	15점	55점	공동 2위
B 국	0점	20점	30점	50점	공동 4위
C 국	20점	20점	15점	55점	공동 2위
D 국	40점	10점	15점	65점	1위
E 국	20점	30점	0점	50점	공동 4위

따라서 제품 수출 우선 대상 국가에 선정되는 국가는 종합 순위가 가장 높은 D 국이다.

28 조직이해능력 문제   정답 ②

마이클 포터의 산업구조 분석 모델은 기존 경쟁자 간의 경쟁 정도, 잠재적 진입자의 위협, 대체재의 위협, 공급자들의 교섭력, 구매자들의 교섭력이라는 다섯 가지 요인으로 산업의 경쟁력과 수익성을 분석하는 방법이다. 이때 각 요인의 힘이 강하면 기업에 위협이 되고, 힘이 약하면 기회로 작용한다.
따라서 기존 은행의 거대한 자본조달능력과 지적재산은 신규 진입자에게 진입장벽을 형성하여 잠재적 진입자의 위협을 약화시켜 기회로 작용할 가능성이 높으므로 가장 적절하지 않다.

오답 체크

ⓐ 은행 간 유사한 서비스를 제공하여 서비스 간 차별성이 낮아질수록 대체재의 위협이 강해져 기업에 위협으로 작용할 가능성이 높으므로 적절하다.
ⓒ 기존 은행 간 마켓쉐어가 유사하여 기존 경쟁자 간의 경쟁 정도가 높을수록 기업에 위협으로 작용할 가능성이 높으므로 적절하다.
ⓔ 공급자가 독점적인 공급력을 가질수록 공급자의 교섭력이 강해져 기업에 위협으로 작용할 가능성이 높으므로 적절하다.
ⓕ 구매자의 정보력이 높을수록 구매자의 교섭력이 강해져 기업에 위협으로 작용할 가능성이 높으므로 적절하다.

29 자원관리능력 문제   정답 ③

[상점별 할인 정보]에 따라 가장 저렴하게 구매하기 위한 방법을 비교한다. 먼저, 자재별로 가격이 가장 저렴한 상점에서 구매하는 경우, A는 가 상점에서 1개 구매하여 3만 원, B는 가 상점 또는 다 상점에서 3개 구매하여 4 × 3 = 12만 원, C는 다 상점에서 1개 구매하여 6만 원, D는 가 상점에서 2개 구매하여 3 × 2 = 6만 원, E는 다 상점에서 3개 구매하여 5 × 3 = 15만 원으로 총 구매 비용은 3 + 12 + 6 + 6 + 15 = 42만 원이다. 가 상점의 할인 정보를 적용하여 구매하는 경우, 가 상점에서 모든 자재를 구매해야 3 + (4 × 3) + 8 + (3 × 2) + (6 × 3) = 47만 원으로 45만 원 이상이며, 20% 할인받아 구매하면 총 구매 비용은 47 × (1 − 0.2) = 37.6만 원이다. 또한, 나 상점의 할인 정보를 적용하여 구매하는 경우, 나 상점에서 A를 1개 구매하고 B와 E를 50% 할인받아 각각 3개씩 구매하면 4 + {(5 × 3) + (8 × 3)} × (1 − 0.5) = 23.5만 원이며, 나머지 자재는 자재별로 가격이 가장 저렴한 상점에서 구매하면 C는 다 상점에서 1개 구매하고, D는 가 상점에서 2개 구매하므로 총 구매 비용은 23.5 + 6 + (3 × 2) = 35.5만 원이다. 다 상점의 할인 정보를 적용하여 구매하는 경우, 다 상점에서 A~E를 각각 1개씩 구매하면 5 + 4 + 6 + 4 + 5 = 24만 원에서 8만 원을 할인받아 24 − 8 = 16만 원이다. 나머지 자재는 자재별로 가격이 가장 저렴한 상점에서 구매하면 B는 가 상점 또는 다 상점에서 2개 구매하고, D는 가 상점에서 1개 구매하며, E는 다 상점에서 2개 구매하여 (4 × 2) + 3 + (5 × 2) = 21만 원이므로 총 구매 비용은 16 + 21 = 37만 원이다. 이때, 구매하는 A는 1개이고, 각 상점에서 할인을 받으려면 A는 반드시 구매해야 하므로 두 상점에서 동시에 할인을 받는 경우는 없다.
따라서 가장 저렴한 방법으로 구매할 때 총 구매 비용은 35.5만 원이다.

30 의사소통능력 문제   정답 ⑤

이 글은 원자력을 전력 에너지원으로 사용하려는 움직임이 일어난 후 에너지 혁명을 일으키리란 기대 속에서 원자력발전이 시작되었으나 스리마일섬 원전 사고, 체르노빌 원전 사고, 후쿠시마 원전 사고를 순차적으로 겪으며 사회적 신뢰를 잃었고, 이에 따라 원자력계는 투명한 정보 공개를 통해 사회적 신뢰를 회복하고 안전성을 강화하는 방향으로 발전해 나가야 한다는 내용을 설명하는 글이다.
따라서 '나) 원자력발전의 시작 → 라) 스리마일섬 원전 사고를 기점으로 난관에 부딪친 원자력발전 → 마) 스리마일섬에 이어 역대 최악으로 꼽히는 체르노빌 원전 사고 → 다) 가장 최근 발생한 후쿠시마 원전 사고 → 가) 양면성을 지닌 원자력발전이 나아가야 할 방향' 순으로 연결되어야 한다.

[31-32]

31 기술능력 문제 　　　　　　　　정답 ②

'3. 수력설비 시공 시 준수사항 - 수차'에서 효율은 정격 낙차에서 75% 이상이어야 하나, 정격 출력이 10kW 이하인 경우에는 50% 이상의 효율을 가져야 한다고 하였으므로 수력설비 설치 현장 확인 시 신재생에너지센터의 설치 확인자의 행동으로 가장 적절하지 않다.

오답 체크

① '3. 수력설비 시공 시 준수사항 - 기타'에서 현장에서 가동 상태 확인 시 수차, 발전기, 모니터링 설비가 정상적으로 가동하고 있어야 한다고 하였으므로 수력설비 설치 현장 확인 시 신재생에너지센터의 설치 확인자의 행동으로 적절하다.

③ '3. 수력설비 시공 시 준수사항 - 부대설비'에서 전원공급이 상실되는 등의 비상상황에 대비하여 입구밸브가 자동으로 닫힐 수 있도록 설치되어야 한다고 하였으므로 수력설비 설치 현장 확인 시 신재생에너지센터의 설치 확인자의 행동으로 적절하다.

④ '3. 수력설비 시공 시 준수사항 - 발전기'에서 발전기의 회전자는 수차의 최대 무구속 속도로 인해 가해지는 모든 기계적 응력에 견딜 수 있도록 시공되어야 한다고 하였으므로 수력설비 설치 현장 확인 시 신재생에너지센터의 설치 확인자의 행동으로 적절하다.

⑤ '3. 수력설비 시공 시 준수사항 - 설치 위치'에서 수력설비는 주변 환경에 미치는 영향을 최소화할 수 있는 장소에 설치해야 한다고 하였으므로 수력설비 설치 현장 확인 시 신재생에너지센터의 설치 확인자의 행동으로 적절하다.

32 기술능력 문제 　　　　　　　　정답 ⑤

'2. 수력설비 설치 확인 절차'에서 설치 확인 신청은 시공자가 아닌 소유자가 제출하는 것이라고 하였고, '3. 수력설비 시공 시 준수사항 - 기타'에서 소유자는 추가로 제출해야 할 서류를 준비하여 설치 확인 신청서를 제출할 때 함께 제출해야 한다고 하였으므로 가장 적절하지 않다.

오답 체크

① '3. 수력설비 시공 시 준수사항 - 부대설비'에서 작동유나 윤활유 등의 오일 온도가 파열됐을 경우를 대비하여 경보를 울릴 수 있는 온도감지 센서가 설치되어야 한다고 하였으므로 적절하다.

② '3. 수력설비 시공 시 준수사항 - 기타'에서 모든 기기는 용량과 제작자, 그 외 기기별로 나타내어야 할 사항이 명시된 명판을 부착해야 한다고 하였으므로 적절하다.

③ '3. 수력설비 시공 시 준수사항 - 부대설비'에서 수압철관이나 수차, 스파이럴케이싱 등 주요 부위의 표고가 설계 도면과 정확히 일치해야 한다고 하였으므로 적절하다.

④ '3. 수력설비 시공 시 준수사항 - 기초 콘크리트'에서 시멘트는 품질이 균일함과 동시에 포틀랜드 시멘트 또는 이에 상응하는 것의 이상의 것을 사용해야 한다고 하였으므로 적절하다.

33 문제해결능력 문제 　　　　　　　　정답 ⑤

[전년도 근무 사항] 및 [성과급 지급 기준표]를 바탕으로 지급되는 직원별 성과급은 다음과 같다.

구분	종합 점수	종합 등급	성과급
가	83점	B 등급	1,650,000 × 2.15 = 3,547,500원
나	78 - 5 = 73점	C 등급	1,720,000 × 1.20 = 2,064,000원
다	91점	A 등급	1,800,000 × 3.00 = 5,400,000원
라	70 - 10 = 60점	D 등급	1,680,000 × 0.75 = 1,260,000원
마	97 - 20 = 77점	B 등급	1,580,000 × 2.15 = 3,397,000원

㉠ 성과급을 전년도 기본급의 300% 받는 직원은 종합 등급이 A 등급인 다뿐이므로 옳은 설명이다.

㉢ 결근일이 가장 많은 마의 종합 점수는 77점으로 경영 평가 점수인 97점보다 20점 낮으므로 옳은 설명이다.

㉣ 라의 지각 횟수가 2회 적었을 경우 종합 점수는 70 - 5 = 65점이 되어 종합 등급은 C 등급으로 성과급은 지금보다 1,680,000 × (1.20 - 0.75) = 756,000원 높았을 것이므로 옳은 설명이다.

오답 체크

㉡ 종합 점수가 두 번째로 높은 가의 종합 등급은 B 등급으로 전년도 기본급의 15%를 추가 성과급으로 지급받아 성과급은 3,547,500원이므로 옳지 않은 설명이다.

34 조직이해능력 문제 　　　　　　　　정답 ④

조직목표는 구체적이고 현실적으로 제시할수록 더 높은 성과를 달성할 수 있으므로 조직목표를 포괄적이고 추상적으로 제시할수록 더 높은 성과를 이룰 수 있다는 부분이 수정되어야 한다.

오답 체크

① 조직목표는 각각 다른 업무를 하는 조직구성원 사이에 공통된 목표를 제공함으로써 소속감과 일체감을 느끼게 만들고 의사소통을 원활하게 만들어 조직의 손실을 최소화한다.

② 조직목표는 크게 조직이 공식적으로 추구하는 공식적 목표와 실제로 추구하는 실제적 목표로 구분되며 공식적 목표와 실제적 목표는 다를 수 있다.

③ 운영목표라고도 불리는 실제적 목표는 사명을 달성하기 위한 세부 목표로, 조직이 실제 활동을 통해 이루고자 하는 목표를 측정할 수 있는 형태로 정리한 단기적 목표이다.

⑤ 조직목표 중 운영목표에 해당하는 실제적 목표에는 전체 성과, 시장, 생산성, 자원, 혁신과 변화, 인력개발 영역이 포함되어야 한다.

35 수리능력 문제 　　　　　　　　정답 ③

3월 경기의 개인 → 개인 토지거래 1필지당 면적은 (21,261 × 1,000) / 48,634 ≒ 437㎡로 400㎡ 이상이므로 옳은 설명이다.

① 2월 전국의 개인 → 개인 토지거래 필지와 면적 모두 전월 대비 감소
  하였으므로 옳지 않은 설명이다.
② 3월 경기의 개인 → 개인 토지거래 필지는 전국의 개인 → 개인 토지
  거래 필지의 (48,634 / 211,018) × 100 ≒ 23%로 20% 이상이므로
  옳지 않은 설명이다.
④ 1월 전국의 토지거래 필지가 네 번째로 많은 거래 주체는 개인 → 기타
  이고, 전국의 토지거래 면적이 네 번째로 넓은 거래 주체는 법인 → 개
  인으로 동일하지 않으므로 옳지 않은 설명이다.
⑤ 3월 전국의 토지거래 면적이 다른 거래 주체에 비해 가장 작은 거래 주
  체는 기타 → 기타이므로 옳지 않은 설명이다.

36 정보능력 문제   정답 ②

2문단에서 파이썬은 소스 코드를 컴퓨터의 사고 체계에 맞추기보다
인간의 사고 체계에 맞췄기 때문에 쉽게 써 내려갈 수 있다고 하였으
므로 가장 적절하지 않다.

① 4문단에서 일부 개발자들은 파이썬이 일반적인 프로그래밍 언어로 성
  장하지 못할 수도 있음을 걱정하고 있는데, 그 이유로 복잡하고 반복
  연산이 많은 프로그램에는 활용하기 어렵다는 파이썬의 단점을 언급
  하고 있으므로 적절하다.
③ 3문단에서 파이썬을 개발한 귀도가 파이썬의 소스 코드를 공개해 놓
  아 누구나 무료로 자유롭게 사용할 수 있을 뿐 아니라 복제 및 배포, 수
  정이 가능하다고 하였으므로 적절하다.
④ 1문단에서 파이썬은 소스 코드를 한 줄씩 해석하고 바로 실행하여 실
  행 결과를 즉시 확인할 수 있는 인터프리터 언어라고 하였으므로 적절
  하다.
⑤ 3문단에서 파이썬은 쉽고 간결한 사용이 가능한 프로그래밍 언어이기
  때문에 프로그램을 잘 알지 못하는 초보자도 소스 코드의 의미를 직관
  적으로 해석할 수 있다고 하였으므로 적절하다.

[37-38]
37 문제해결능력 문제   정답 ⑤

'3. 심사 절차 및 기준'에 따르면 2050 탄소중립 대국민 아이디어의
심사기준은 창의성, 효과성, 지속성, 실현 가능성 총 4개 항목이며,
항목별 배점은 창의성 20점, 효과성 25점, 지속성 25점, 실현 가능
성 30점으로 같지 않으므로 옳지 않은 내용이다.

① '4. 시상내역 및 혜택'에 따르면 참가상으로 추첨을 통해 10명에게
  1만 원 상당의 상품을 지급하므로 옳은 내용이다.
② '6. 주의사항'에 따르면 일반적으로 공지되었거나 이미 이용되고 있는
  아이디어의 경우 심사대상에서 제외하고 기수상 시 수상을 취소하고
  포상금을 환수 조치하므로 옳은 내용이다.

③ '2. 추진계획'에 따르면 아이디어 공모분야는 효율 개선, 자원순환, 탄
  소흡수원, 저탄소생활 총 4가지 분야이므로 옳은 내용이다.
④ '5. 제출서류 및 신청접수'에 따르면 2050 탄소중립 대국민 아이디어
  공모 신청기간은 10. 6.부터 12. 3.까지 59일간 진행되므로 옳은 내
  용이다.

38 문제해결능력 문제   정답 ⑤

'4. 시상내역 및 혜택'에 따르면 포상금에 대한 제세공과금은 포
상금의 22%이고, 최우수상과 장려상 상금은 각각 300만 원
과 50만 원이다. 2050 탄소중립 대국민 아이디어 공모전은 다수
가 경쟁을 하여 상금을 수상하므로 필요경비 80%를 인정받을
수 있어 총상금의 금액의 80%를 제외한 금액에 대해서만 제세
공과금을 적용하므로 총상금 300 + 50 = 350만 원의 20% 금액
인 3,500,000 × 0.2 = 700,000원에 대해서만 제세공과금이 적
용된다. 이에 따라 적용되는 제세공과금은 700,000원의 22%인
700,000 × 0.22 = 154,000원이다.
따라서 최우수상과 장려상에 동시 선정된 입상자가 제세공과금을
제외하고 받게 되는 상금은 3,500,000 − 154,000 = 3,346,000원
= 334만 6천 원이다.

> ⏱ **빠른 문제 풀이 Tip**
>
> 2050 탄소중립 대국민 아이디어 공모전 상금의 경우 필요경
> 비 80%를 인정받을 수 있어 총상금의 금액의 80%를 제외한 금
> 액에 대해서만 제세공과금 22%가 적용됨에 따라 총금액의 20%
> 의 22%는 0.2 × 0.22 = 0.044로 총금액의 4.4%가 제세공과금으
> 로 적용되는 것과 같으므로 최우수상과 장려상에 동시 선정된 입상
> 자가 제세공과금을 제외하고 받게 되는 상금은 3,500,000 × (1 −
> 0.044) = 3,346,000원이다.

39 의사소통능력 문제   정답 ①

5문단에서 태양 전지는 25°C를 넘어가는 순간부터 효율이 떨어지
기 때문에 평균 온도가 사계절 중 가장 높은 여름은 발전 효율이 낮
을 수 있으며 오히려 여름보다 봄의 발전 효율이 더 높다고 하였으
므로 태양광 발전 효율이 사계절 중 여름에 가장 높은 것은 아님을
알 수 있다.

② 3문단에서 실리콘계 태양 전지를 구성하는 반도체 중 하나인 P형 반
  도체는 실리콘에 갈륨이나 인과 같은 물질을 합성하여 양공이 많은데,
  양공은 전자가 빠져나간 구멍이 양전하를 띠고 있는 것을 말한다고 하
  였으므로 적절한 내용이다.
③ 1문단에서 태양열 발전은 태양의 열을 이용하여 코일과 자석이 설치
  되어 있는 터빈을 돌리며, 터빈의 코일과 자석에 의해 전자기력이 발
  생하면서 전기를 얻는 방식이라고 하였으므로 적절한 내용이다.

④ 2문단에서 태양광 발전은 금속 등의 물질에 빛을 쪼이게 되면 전자를 방출하는 현상을 의미하는 광전 효과를 이용한다고 하였으므로 적절한 내용이다.

⑤ 4문단에서 N형 반도체와 P형 반도체 사이에 발생한 전위차에 전류가 흐를 수 있도록 길을 만들어주면 N형 반도체에서 P형 반도체로 전류가 흐르게 된다고 하였으므로 적절한 내용이다.

[40~41]
40 정보능력 문제   정답 ⑤

[시스템 항목별 세부사항]에서 오류 발생 위치에 해당하는 숫자가 오류 유형에 해당하는 숫자에 포함될 경우 오류 유형에 해당하는 숫자를 순서대로 나열한 값이, 오류 발생 위치에 해당하는 숫자가 오류 유형에 해당하는 숫자에 포함되지 않을 경우 오류 유형에 해당하는 숫자를 거꾸로 나열한 값이 Error Value 값이라고 하였으므로 발견된 Error Value 값은 모두 284, 725, 397이다. 이때 System Error Type이 SAP-13이면 모든 Error Value 값 중 가장 큰 값을 Final Error Value 값으로 지정하므로 Final Error Value 값은 725이고, System Back-Up이 A-11이면 Collecting Value 값에 2를 곱한 값을 Final Collecting Value 값으로 지정하므로 Final Collecting Value 값은 509 × 2 = 1018이다. 또한, Final Collecting Value 값은 Final Error Value를 구성하는 숫자와 대조하여 시스템 상태를 판단하며, Final Error Value 값(725)을 구성하는 숫자가 Final Collecting Value 값(1018)에 모두 포함되어 있지 않아 시스템 상태는 '정지'이다.

따라서 입력될 Solution Code는 'SMAER'이다.

41 정보능력 문제   정답 ②

[시스템 항목별 세부사항]에서 오류 발생 위치에 해당하는 숫자가 오류 유형에 해당하는 숫자에 포함될 경우 오류 유형에 해당하는 숫자를 순서대로 나열한 값이, 오류 발생 위치에 해당하는 숫자가 오류 유형에 해당하는 숫자에 포함되지 않을 경우 오류 유형에 해당하는 숫자를 거꾸로 나열한 값이 Error Value 값이라고 하였으므로 발견된 Error Value 값은 모두 529, 481, 372이다. 이때 System Error Type이 DLA-15이면 모든 Error Value 값의 합을 Final Error Value 값으로 지정하므로 Final Error Value 값은 529 + 481 + 372 = 1382이고, System Back-Up이 B-11이면 Collecting Value 값을 그대로 Final Collecting Value 값으로 지정하므로 Final Collecting Value 값은 4589이다. 또한, Final Collecting Value 값은 Final Error Value를 구성하는 숫자와 대조하여 시스템 상태를 판단하며, Final Error Value 값(1382)을 구성하는 숫자가 Final Collecting Value 값(4589)에 1개 포함되어 시스템 상태는 '주의'이다.

따라서 입력될 Solution Code는 'OKEUA'이다.

42 의사소통능력 문제   정답 ④

소득효과는 재화의 절대가격이 하락한 만큼 구매력이 상승함으로써 실질소득 증가에 따른 수요 증가와 동일한 효과를 보인다고 하였으므로 가장 적절하지 않다.

오답 체크

① 소득효과는 제품의 절대가격이 하락한 만큼 구매력이 상승한다고 하였으므로 적절하다.

② 대체효과는 두 제품 중 하나의 가격이 내려가 상대적으로 비싼 제품보다 저렴한 제품의 대체 수요가 증가한다고 하였으므로 적절하다.

③ 정상재는 실질소득이 증가할 때 제품 구매량이 증가하는 양의 소득효과를 보인다고 하였으므로 적절하다.

⑤ 명목소득은 측정 시점의 화폐액을 기준으로 나타낸 소득으로, 물가 변동에 크게 영향을 받는다고 하였으므로 적절하다.

43 정보능력 문제   정답 ③

거주 지역이 강원인 고객의 서비스 만족도 점수를 구하기 위해서는 비교해서 찾을 값인 거주 지역 값이 첫 번째 열에 해당하는 셀 범위에서 거주 지역이 강원인 고객을 찾아 해당 고객의 서비스 만족도 점수를 구해야 한다. 이에 따라 배열의 첫 열에서 값을 검색하여 지정한 열과 같은 행에서 데이터를 돌려줄 때 사용하는 함수인 VLOOKUP을 사용한다. 이때 VLOOKUP 함수의 일치 옵션이 TRUE 또는 1이면 검색값보다 작거나 같은 값 중에서 가장 근접한 값을 찾고, FALSE 또는 0이면 검색값과 정확하게 일치하는 값을 찾으므로 [H2] 셀의 값을 찾기 위해서는 일치 옵션이 0이어야 한다.

따라서 VLOOKUP 함수식인 '=VLOOKUP(비교해서 찾을 값, 비교를 위해 참조할 범위, 열 번호, 일치 옵션)'을 적용하면 '=VLOOKUP(G2, C2:E17, 3, 0)'이다.

구분	내용	적용
비교해서 찾을 값	거주 지역이 '강원'인 셀값	G2
비교를 위해 참조할 범위	거주 지역을 첫 번째 열로 하여 서비스 만족도 점수를 구할 셀 범위	C2:E17
열 번호	'서비스 만족도'가 위치한 열 번호	3
일치 옵션	'강원'과 정확하게 일치하는 값을 구할 옵션	0

함수	설명
LOOKUP	배열이나 한 행 또는 한 열 범위에서 원하는 값을 찾을 때 사용하는 함수 식 =LOOKUP(비교해서 찾을 값, 비교를 위해 참조할 범위, 결과 범위)
HLOOKUP	배열의 첫 행에서 값을 검색하여 지정한 행의 같은 열에서 데이터를 추출할 때 사용하는 함수 식 =HLOOKUP(비교해서 찾을 값, 비교를 위해 참조할 범위, 행 번호, 일치 옵션)

44 수리능력 문제

정답 ①

○ 1분기 대비 4분기에 장애인 취업자 수가 증가한 지역은 서울, 경기, 인천, 강원, 충남, 전북, 대구, 경북, 부산, 경남, 울산, 제주로 총 12개 지역이므로 옳지 않은 설명이다.

○ 제시된 기간 중 서울의 장애인 취업자 수가 처음으로 2,000명 이상인 3분기의 전국 장애인 취업자 수는 장애인 구직자 수의 (12,913 / 15,492) × 100 ≒ 83%로 80% 이상이므로 옳지 않은 설명이다.

오답 체크

○ 제시된 기간 동안 매 분기 장애인 구직자 수가 1,000명 이상인 서울, 경기, 부산의 1분기 장애인 취업자 수의 평균은 (1,564 + 2,813 + 485) / 3 ≒ 1,621명으로 1,600명 이상이므로 옳은 설명이다.

○ 2분기 이후 전국의 장애인 취업자 수와 구직자 수의 직전 분기 대비 증감 추이는 감소, 증가, 증가로 동일하므로 옳은 설명이다.

45 조직이해능력 문제

정답 ③

제시된 조직도를 통해 자사는 기능적 조직구조, 경쟁사는 사업별 조직구조를 갖추고 있음을 확인할 수 있다.

따라서 사업별로 조직을 구성하여 급변하는 환경 변화에 효과적인 대응이 가능한 것은 사업별 조직구조의 특징이므로 가장 적절하지 않다.

구분	기능적 조직구조	사업별 조직구조
특징	· 업무 내용의 유사성 및 관련성을 기준으로 결합한 조직구조	· 개별 제품·서비스, 프로젝트, 프로그램 등을 기준으로 결합한 조직구조
강점	· 환경이 안정적일 때, 일상적 기술을 활용할 때, 조직의 내부 효율성이 중요할 때 효과적 · 기능 부서 내 규모의 경제 효과 달성 · 소품종·소규모 기업에 적합함	· 불안정한 환경에서 신속한 변화에 적합함 · 분권화된 의사결정이 가능함 · 다품종·대규모 기업에 적합함
약점	· 환경 변화에 대한 반응이 느림 · 의사결정이 최고경영층에 집중됨	· 특정 분야에 대한 지식·능력의 전문화 어려움 · 기능 부서 내 규모의 경제 효과 감소

46 자원관리능력 문제

정답 ③

윤진이가 오전 9시에 집에서 출발해 A, B 미술관을 차례로 관람하며 버스, 지하철, 택시를 한 번씩 이용해 최대한 빨리 집에 돌아오고자 한다. 이때, 오전 9시부터 오전 11시는 러시아워로 버스와 택시의 소요 시간이 50% 증가하며, 버스, 지하철, 택시 어느 것을 이용해 A 미술관에 가서 관람해도 A 미술관 관람이 끝난 시각은 11시가 넘어 러시아워는 집에서 A 미술관으로 이동할 때의 대중교통에만 해당하므로 실제 소요 시간은 다음과 같다.

구분	집에서 A 미술관	A 미술관 관람	A 미술관에서 B 미술관	B 미술관 관람	B 미술관에서 집
버스	2시간 =120분	1시간 =60분	2시간 20분 =140분	1시간 =60분	2시간 =120분
지하철	1시간 10분 =70분		1시간 30분 =90분		1시간 20분 =80분
택시	1시간 15분 =75분		1시간 =60분		55분

A, B 미술관 관람 시간은 모두 60분으로 동일하므로 각 대중교통 이용 순서별로 이동 소요 시간만을 계산하면

'버스 − 지하철 − 택시' 순으로 이용할 경우 120분 + 90분 + 55분 = 265분,

'버스 − 택시 − 지하철' 순으로 이용할 경우 120분 + 60분 + 80분 = 260분,

'지하철 − 택시 − 버스' 순으로 이용할 경우 70분 + 60분 + 120분 = 250분,

'지하철 − 버스 − 택시' 순으로 이용할 경우 70분 + 140분 + 55분 = 265분,

'택시 – 버스 – 지하철' 순으로 이용할 경우 75분+140분+80분=295분,

'택시 – 지하철 – 버스' 순으로 이용할 경우 75분+90분+120분=285분이 소요된다.

따라서 집으로 최대한 빠르게 돌아올 수 있는 대중교통 이용 순서는 '지하철 – 택시 – 버스' 순이다.

47 조직이해능력 문제 정답 ③

㉠ 경쟁사의 제품과 동일한 제품을 판매할 때 자사의 제품 가격을 낮춰 높은 경쟁력을 확보하는 전략은 '원가 우위 전략'에 해당한다.

㉡ 경쟁 제품과 구분되는 뚜렷한 특징을 창조하여 경쟁우위를 달성하는 전략은 '차별화 전략'에 해당한다.

㉢ 제품, 고객, 지역 등 특정 영역으로 시장을 한정하여 기업의 자원을 집중적으로 투입하는 전략은 '집중화 전략'에 해당한다.

48 수리능력 문제 정답 ②

2016년 산불 발생 건수의 전년 대비 감소율은 {(623−391)/623}×100 ≒ 37.2%이므로 옳지 않은 설명이다.

오답 체크

① 2019년 봄에 발생한 산불 발생 건수는 2019년 여름에 발생한 산불 발생 건수의 392/34 ≒ 11.5배이므로 옳은 설명이다.

③ 산불 발생 건수는 2015년, 2017년, 2019년에 전년 대비 증가하였으며 2016년, 2018년에 전년 대비 감소하여 매년 전년 대비 증가와 감소를 반복하므로 옳은 설명이다.

④ 2019년 전체 산불 발생 건수에서 겨울에 발생한 산불 발생 건수가 차지하는 비중은 (197/653)×100 ≒ 30.2%이므로 옳은 설명이다.

⑤ 산불 발생 건수가 2014년보다 많은 해는 2015년, 2017년, 2018년, 2019년이므로 옳은 설명이다.

49 기술능력 문제 정답 ④

실험 단계 안전 수칙 확인 사항에서 면 소재의 실험복은 나일론 소재의 실험복에 비해 불이 잘 옮겨붙지 않고 반응성도 적기 때문에 예상치 못한 사고 발생 시 연구자의 피부를 보호하기에 적절하다고 하였으므로 면으로 만들어진 실험복은 실험 시 발생할 수 있는 화재와 같은 위험 상황에서 연구자의 피부를 보호하기 어렵기 때문에 나일론으로 만들어진 실험복을 착용해야 한다는 것은 가장 적절하지 않다.

오답 체크

① 실험 단계 안전 수칙 확인 사항에서 강산 또는 부식성이 강한 화합물을 다루는 실험이라면 보호층이 두꺼운 합성 고무장갑을 사용해야 한다고 하였으므로 적절하다.

② 정리 단계 안전 수칙 확인 사항에서 실험을 마치고 나면 가능한 한 잔여물을 빨리 처리해야 하며, 사용하고 남은 용액은 폐액통에 구분해 버려야 한다고 하였으므로 적절하다.

③ 실험 단계 안전 수칙 확인 사항에서 실험 시 기화된 유독물질이 보안경 내로 침투하는 것을 막아 안구 표면의 손상을 예방할 수 있는 밀폐형 보안경을 착용해야 한다고 하였으므로 적절하다.

⑤ 준비 단계 안전 수칙 확인 사항에서 안전 도구를 점검한 후 실험 과정에서 발생할 수 있는 비상 상황에 대비할 수 있도록 출입문을 개방하였는지 확인해야 한다고 하였으므로 적절하다.

50 자원관리능력 문제 정답 ④

[N 사 슬림형 13인치 노트북 판매 안내]에 따르면 노트북의 판매 가격은 1,250,000원이며 5대를 구입하므로 특별 할인 행사를 적용하지 않은 노트북의 총 판매 가격은 1,250,000 × 5 = 6,250,000원이다. 이때, [특별 할인 행사]에 따라 2월 중에 적용할 수 있는 특별 할인 행사는 N 사 슈퍼 브랜드 세일과 다다익선 세일이며, 5대 이상 구매하므로 7%의 할인율을 적용받는 다다익선 세일이 가장 저렴하게 구입할 수 있는 특별 할인 행사이다. 또한, 일시불로 결제 시 통 큰 결제 이벤트도 중복 적용이 가능하며, 가장 마지막에 적용되므로 다다익선 세일을 적용한 금액에 2%가 추가 할인된다. 따라서 2월 중에 가장 저렴하게 구입할 수 있는 특별 할인 행사를 모두 적용하여 일시불로 결제를 하였다면 총 결제 금액은 6,250,000 × (1 − 0.07) × (1 − 0.02) = 5,696,250원이므로 옳은 내용이다.

오답 체크

① 1월 중에 노트북을 구매한다면, [특별 할인 행사]에 따라 N 사 슈퍼 브랜드 세일을 적용하였을 때 할인받는 금액이 1,250,000 × 5 × 0.05 = 312,500원이고, 얼리버드 이벤트를 적용하였을 때 할인받는 금액이 500,000원임에 따라 얼리버드 이벤트를 적용하는 것이 더 유리하므로 옳지 않은 내용이다.

② 노트북과 함께 사용할 30,000원 상당의 마우스도 추가로 구매하고자 한다면, [N 사 슬림형 13인치 노트북 판매 안내]에 따라 제품을 방문 수령하는 것이 퀵서비스를 이용하여 수령하는 것보다 30,000원 상당의 마우스 5대를 증정받고, 제품을 5대 구입하므로 퀵서비스를 이용하여 수령하여도 추가 결제 금액이 없어 총 30,000 × 5 = 150,000원을 절약할 수 있으므로 옳지 않은 내용이다.

③ 5월 중에는 [특별 할인 행사]에 따라 적용할 수 있는 특별 할인 행사가 없고, 노트북 5대 구매 시 500만 원 이상 구매하게 되어 24개월 무이자 할부가 가능함에 따라 결제 시 16개월 무이자 할부를 적용한다면, 첫 번째 대금 결제일에 납부해야 할 금액은 (1,250,000 × 5) / 16 = 390,625원이므로 옳지 않은 내용이다.

⑤ [N 사 슬림형 13인치 노트북 판매 안내]에 따라 제품을 5대 구입하므로 택배배송을 이용하여 수령하여도 추가 결제 금액이 없으며, 4월 중에는 [특별 할인 행사]에 따라 적용할 수 있는 특별 할인 행사가 없어, 6개월 무이자 할부를 적용하여 결제하였다면 총 결제 금액은 1,250,000 × 5 = 6,250,000원이므로 옳지 않은 내용이다.

실전모의고사 2회 [PSAT형]

정답

01 의사소통	02 의사소통	03 의사소통	04 의사소통	05 의사소통	06 의사소통	07 의사소통	08 의사소통	09 의사소통	10 의사소통
③	④	③	④	②	④	②	④	③	③
11 의사소통	12 의사소통	13 의사소통	14 의사소통	15 의사소통	16 의사소통	17 의사소통	18 의사소통	19 의사소통	20 의사소통
④	④	②	②	②	③	③	③	②	③
21 수리	22 수리	23 수리	24 수리	25 수리	26 수리	27 수리	28 수리	29 수리	30 수리
②	①	②	④	①	③	①	④	①	①
31 수리	32 수리	33 수리	34 수리	35 수리	36 수리	37 수리	38 수리	39 수리	40 수리
③	②	④	④	③	④	③	③	③	②
41 문제해결	42 문제해결	43 문제해결	44 문제해결	45 문제해결	46 문제해결	47 문제해결	48 문제해결	49 문제해결	50 문제해결
③	②	④	③	②	④	④	④	③	③
51 문제해결	52 문제해결	53 문제해결	54 문제해결	55 문제해결	56 문제해결	57 문제해결	58 문제해결	59 문제해결	60 문제해결
③	②	③	②	③	④	②	③	③	③

취약 영역 분석표

영역별로 맞힌 개수, 틀린 문제 번호와 풀지 못한 문제 번호를 적고 나서 취약한 영역이 무엇인지 파악해 보세요.

영역	맞힌 개수	틀린 문제 번호	풀지 못한 문제 번호
의사소통능력	/20		
수리능력	/20		
문제해결능력	/20		
TOTAL	/60		

해설

01 의사소통능력 문제   정답 ③

1문단에서 한국은 청정수소 중심의 전주기 수소 생태계를 구축하기 위해 2019년 1월에는 수소 로드맵을 발표하였으며, 그 이듬해인 2020년 2월에 수소법을 제정했다고 하였으므로 한국이 수소 생태계 구축을 위해 2019년 수소법을 제정한 것은 아님을 알 수 있다.

오답 체크

① 4문단에서 양국은 청정에너지 연구개발(R&D)을 촉진하기 위한 미션이노베이션 등 플랫폼을 통해 양국 간 공동 기술개발 및 실증 사업 발굴을 촉진하기로 했다고 하였으므로 적절한 내용이다.

② 2문단에서 산업통상자원부는 지난 1일 개최한 이니셔티브 추진설명회에 참석한 칠레가 관심을 보인 것을 언급하며, 칠레도 이니셔티브 출범에 적극적으로 참여하여 우리와 함께하자고 제안했다고 하였으므로 적절한 내용이다.

④ 3문단에서 산업통상자원부는 재생에너지 관련 기업인 동서발전이나 한수원 등 우리 기업들이 칠레 정부의 지원 덕분에 칠레 현지 태양광 산업에 활발히 진출 중임을 언급했다고 하였으므로 적절한 내용이다.

02 의사소통능력 문제   정답 ④

2문단에서 뇌 기능 저하를 겪는 뇌전증 환자를 대상으로 뇌의 특정 부위에 전기자극술을 시도한 결과 기억력이 향상되는 것을 확인할 수 있다고 하였으나, 뇌가 고기능 상태일 때는 오히려 기억력을 감퇴시켰다고 하였으므로 뇌전증 환자의 상태가 호전되었을 때 자극기술을 받는다면 기억력 향상에 큰 도움이 되는 것은 아님을 알 수 있다.

오답 체크

① 3문단에서 연구진은 전기자극을 통해 별아교세포 수가 정상 범위까지 증가하여 활성도가 높아지고 통증이 감소했다고 하였으므로 적절하다.

② 1문단에서 뇌 심부에 직접 긴 바늘 형태의 전극을 심는 뇌심부자극술은 우울증 치료를 위해 사용되고 있다고 하였으므로 적절하다.

③ 5문단에서 경두개직류전기자극술은 위험 발생률이 낮지만, 전극으로부터 뇌 심부까지 전해지는 전기의 양이 20%를 하회한다고 하였으므로 적절하다.

03 의사소통능력 문제   정답 ③

이 글은 수질 오염 물질을 배출하는 비점오염원의 주요 물질을 소개하고, 비점오염원 물질이 수질에 미치는 악영향을 설명하며, 수질을 개선하기 위해서는 비점오염원에 대한 관리가 필수적이라는 내용이므로 이 글의 주제로 가장 적절한 것은 ③이다.

오답 체크

① 비점오염원이 오염 물질을 배출하는 시기에 대해서는 다루고 있지 않으므로 적절하지 않은 내용이다.

② 2문단에서 오염 물질 배출 지점을 특정할 수 있는 점오염원과 달리 비점오염원은 오염 물질 배출 지점을 특정하기 어려우며, 점오염원처럼 오염 물질을 항상 배출하는 것도 아니라고 하였지만, 글 전체를 포괄할 수 없으므로 적절하지 않은 내용이다.

④ 5문단에서 비점오염원이 관리되지 않은 환경에 조성된 친수 시설에서는 비가 내린 뒤 악취 발생 및 물고기 폐사 등의 문제가 발생한다고 하였지만, 글 전체를 포괄할 수 없으므로 적절하지 않은 내용이다.

04 의사소통능력 문제   정답 ④

신문 기사는 키덜트 문화의 확산이 제품과 서비스를 필요해서 구매하던 시대에서 벗어나 취향까지 소비하는 시대로 변화하고 있음을 시사하며, 개인의 가치와 취향을 존중하는 경향에 맞추어 본인의 관심사에 집중하는 사람이 늘어나면서 키덜트 시장과 소비층이 지속적으로 확대될 것으로 예측된다고 설명하고 있다.
따라서 키덜트 문화가 대중화되는 현상이 소비자가 제품과 서비스를 구매할 때 본인의 취향까지 고려하는 시대로 변화하고 있다는 증거로 여겨진다는 내용의 ④가 가장 적절하다.

오답 체크

① 현재 키덜트의 상당수를 차지하는 30~40대가 경제력을 갖추고 있으며 관심 있는 분야에 시간과 돈을 적극 투자하는 경우가 많다고 하였지만, 키덜트 문화가 대중화되는 현상이 30~40대가 관심 분야에 적극적으로 시간과 돈을 투자할 충분한 경제력을 갖추고 있다는 증거인지는 알 수 없으므로 적절하지 않다.

② 과거에는 키덜트를 다 큰 어른이 현실에서 도피하는 퇴행 현상 등 부정적으로 보는 시각이 많았지만 요즘에는 긍정적인 평가를 받으며 하나의 문화이자 소비 성향으로 자리 잡고 있다고 하였으므로 적절하지 않다.

③ 기존에 어린이를 주 고객층으로 하던 관련 분야에서는 저출산으로 아이들의 수가 줄어들면서 키덜트를 새로운 고객층으로 확보하기 위한 노력을 지속하고 있다고 하였으므로 적절하지 않다.

05 의사소통능력 문제   정답 ②

4문단에서 산업통상자원부는 공급망 리스크 관리로 경제안보를 실현하겠다고 밝히며, 이를 위해 경제안보 핵심품목별 수급 상황을 고려한 비축 확대를 실현하겠다고 하였으므로 산업통상자원부가 공급망 리스크 관리를 위해 경제안보 핵심품목별 수급 상황을 고려하여 비축 축소를 목표로 두고 있는 것은 아님을 알 수 있다.

① 5문단에서 국부창출형 통상을 추진한다고 하였으며, 이를 위해 팬데믹 장기화에 따른 필수 인력이 국경을 이동할 시 이들을 지속적으로 지원할 계획이라고 하였으므로 적절한 내용이다.

③ 1문단에서 산업통상자원부는 청정에너지 전환을 가속화하기 위해 재생에너지 적정 이격 거리 기준을 마련함과 동시에 이를 법제화하겠다는 목표를 제시했다고 하였으므로 적절한 내용이다.

④ 3문단에서 수요 창출과 민간투자 촉진을 통해 신산업의 고성장을 촉진하기 위한 전략의 일환으로 반도체는 세제 지원을 강화하여 첨단 반도체 기술 및 시설투자를 활성화할 계획이라고 하였으므로 적절한 내용이다.

06 의사소통능력 문제　　　　　　　정답 ④

4문단에서 액화한 석탄은 뜨거운 열이 공급되어 분자 간의 거리가 상대적으로 멀어지게 되면서 외부와의 접촉이 자유로워지고, 이로 인해 동일한 시간 동안 비교적 안정적으로 많은 산소와 결합할 수 있는 조건이 조성된다고 하였으므로 물질이 다량의 산소와 안정적으로 결합하기 위해서는 분자 간의 거리가 가까워지면서 외부와의 접촉이 자유로워져야 하는 것은 아님을 알 수 있다.

① 3문단에서 탄소 함유량이 상대적으로 적은 아역청탄이나 갈탄은 무연탄보다 연소 시 방출하는 질산 가스, 황산 가스 또는 그을음의 양이 많다고 하였으므로 적절한 내용이다.

② 5문단에서 석탄을 액화한다고 하더라도 탄소를 연소할 때 발생하는 이산화탄소 배출량을 줄일 수 없다는 기술적 문제가 남아 있다고 하였으므로 적절한 내용이다.

③ 2문단에서 석탄 액화 기술은 석탄에 산소와 증기를 넣은 후 고온·고압에서 합성 가스를 추출하여 이를 액화시키고 정제하고 나면 휘발유와 경유가 만들어지는 기술이라고 하였으므로 적절한 내용이다.

07 의사소통능력 문제　　　　　　　정답 ②

1문단에서 상품과 서비스의 가격이 상승해 화폐의 가치가 떨어지는 현상을 인플레이션이라고 한다고 하였으므로 마트의 모든 생필품 가격이 어제보다 올랐을 경우 화폐의 가치가 어제보다 상승한 것은 아님을 알 수 있다.

① 4문단에서 인플레이션 발생 시 화폐의 가치가 떨어져 월급을 받는 직장인들과 채권자들은 상대적으로 손해를 입을 수 있다고 하였으므로 적절한 내용이다.

③ 3문단에서 비용 인상 인플레이션은 공급 측면에서 설명되는 이론이라고 하였으므로 적절한 내용이다.

④ 2문단에서 시중의 통화량이 많다면 물가가 상승하게 된다고 하였으므로 적절한 내용이다.

[08-09]
08 의사소통능력 문제　　　　　　　정답 ④

이 글은 미래의 에너지원 중 하나인 염분차 발전에 대해 소개하고, 염분차 발전 방식을 압력지연삼투 발전 방식과 역전기투석 발전 방식으로 나누어 각각의 발전 원리를 설명하는 글이다.
따라서 '(다) 염분차 발전 방식의 장점 → (가) 염분차 발전 방식의 종류 소개 → (라) 염분차 발전 방식(1): 압력지연삼투 발전 방식의 원리 → (마) 염분차 발전 방식(2): 역전기투석 발전 방식의 전압 발생 원리 → (나) 염분차 발전 방식(2): 역전기투석 발전 방식의 전기 생산 원리' 순으로 연결되어야 한다.

09 의사소통능력 문제　　　　　　　정답 ③

(마)문단에서 역전기투석 발전은 음이온 교환막과 양이온 교환막이 교차로 배치되어 있으며, 음이온 교환막 쪽으로 음이온인 염소 이온이, 양이온 교환막 쪽으로 양이온인 나트륨 이온이 통과하게 되면서 이온의 위치 에너지 차이로 인해 전압이 발생한다고 하였으므로 역전기투석 발전은 양이온 교환막 쪽으로 염소 이온을, 음이온 교환막 쪽으로 나트륨 이온을 통과시킴으로써 전압을 발생시키는 것은 아님을 알 수 있다.

① (라)문단에서 압력지연삼투 발전에 사용되는 반투과성 분리막은 물과 같은 작은 분자의 물질만 통과시킬 수 있어 이를 통해 담수가 해수로 이동할 때 소금은 남고 물만 이동하게 된다고 하였으므로 적절한 내용이다.

② (가)문단에서 염분의 농도가 서로 다른 두 물이 분리됐다가 다시 섞이게 되면 염분 농도의 차이로 인해 염분의 농도가 낮은 물이 염분의 농도가 높은 물 쪽으로 이동하게 된다고 하였으므로 적절한 내용이다.

④ (다)문단에서 염분차 발전은 전력 사용량이 많아 발생하는 블랙아웃을 대비할 대용량 전력 저장 장치로도 활용될 수 있다고 하였으므로 적절한 내용이다.

[10-11]
10 의사소통능력 문제　　　　　　　정답 ③

이 글은 니켈 배터리를 대체하는 리튬이온 배터리의 실용화 과정과 구조, 장단점을 설명하는 내용이므로 이 글의 제목으로 가장 적절한 것은 ③이다.

① 2문단에서 1990년대 후반에 이르러 휴대용 전자기기가 보편화되면서 니켈 배터리의 한계를 체감한 사람들이 니켈 배터리의 대체품으로 용량이 크고 높은 효율을 지닌 리튬 배터리에 주목했다고 하였지만, 리튬이온 배터리의 실용화로 촉진된 전기·전자 분야 산업의 발달에 대해서는 다루고 있지 않으므로 적절하지 않은 내용이다.

② 1문단에서 니켈카드뮴 배터리가 메모리 현상이 발생한다는 단점으로 인해 카드뮴을 수소저장합금으로 교체하여 메모리 현상을 줄이고 효율성을 높인 니켈수소 배터리가 개발되어 통용되었다고 하였지만, 글 전체를 포괄할 수 없으므로 적절하지 않은 내용이다.

④ 리튬이온 배터리의 한계를 극복할 수 있는 신소재 배터리의 개발에 대해서는 다루고 있지 않으므로 적절하지 않은 내용이다.

11 의사소통능력 문제   정답 ④

6문단에서 리튬이온 배터리는 온도에 민감해서 온도가 높을수록 수명이 줄어든다고 하였으므로 리튬이온 배터리가 낮은 온도에 노출될수록 배터리 수명이 짧아지는 것은 아님을 알 수 있다.

오답 체크

① 5문단에서 리튬이온 배터리는 리튬이온이 양극과 음극에서 삽입·탈리되면서 전기화학적 산화와 환원 반응을 일으키는 과정에서 발생하는 전자가 전기 에너지를 생성한다고 하였으므로 적절한 내용이다.

② 2문단에서 니켈 배터리의 전압이 불안정하고 전류량이 약하다는 문제는 추가 회로의 설치를 통해 해결할 수 있다고 하였으므로 적절한 내용이다.

③ 3문단에서 리튬 배터리의 제조는 1970년대에 최초로 성공하였고, 1980년대 프랑스에서 흑연 내에 리튬 원소를 삽입하는 방식을 고안하여 리튬 배터리의 안정성을 높이면서 본격적인 실용화 연구가 진행되었다고 하였으므로 적절한 내용이다.

12 의사소통능력 문제   정답 ④

6문단에서 2021년 12월에 3차 문화도시로 공주시, 목포시, 밀양시를 포함한 6개의 시가 새롭게 지정되었다고 하였으므로 목포시가 2022년 1월에 지정된 4차 문화도시는 아님을 알 수 있다.

오답 체크

① 4문단에서 문화도시는 시민의 참여가 밑거름이 되며, 2차 문화도시인 전북 완주군은 시민문화배심원단과 문화현장주민기획단을 통해 관련 내용을 진행했다고 하였으므로 적절한 내용이다.

② 2문단에서 문화도시 사업 기간 동안 시민들은 매일 오후 6시부터 11시까지 색색 조명의 굴포빛누리를 누릴 수 있게 되었다고 하였으므로 적절한 내용이다.

③ 5문단에서 경남 김해시는 도시 고유의 역사 문화적 유산을 활용해 '도시가 박물관'이라는 주제로 도시 전체를 박물관으로 만든 사업을 구상했다고 하였으므로 적절한 내용이다.

13 의사소통능력 문제   정답 ②

이 글은 이슬람 세계에서 성속의 지배자를 의미하는 술탄이란 명칭이 사용되게 된 유래와 시간의 흐름에 따라 변천된 술탄의 의미에 대해 설명하는 글이다.

따라서 '(나) 술탄의 의미와 시간의 흐름에 따라 의미가 달라진 술탄 → (라) 최초의 술탄과 당시 술탄의 상징성 → (다) 이슬람 세계에서 최고 통치자로 사용된 술탄 → (가) 아바스조가 멸망한 이후의 술탄의 상징성 → (마) 오늘날 다양한 국가에서 사용되는 술탄 칭호' 순으로 배열되어야 한다.

14 의사소통능력 문제   정답 ②

4문단에서 설악산 고산지대에 생육하고 있는 눈측백은 나이테를 통해 200년 이상 생존한 노령목임이 확인되었다고 하였으므로 설악산 고산지대에서 확인되는 눈측백은 200년 이상 생존할 수 있는 나무임을 알 수 있다.

오답 체크

① 2문단에서 설악산 권역은 백두대간 남한 지역에서 최상위 권역에 위치해 있다고 하였으므로 적절하지 않은 내용이다.

③ 1문단에서 2021년 백두대간 설악산 권역 117km에 대한 실태조사에서 513종의 식물을 발견했다고 하였으므로 적절하지 않은 내용이다.

④ 3문단에서 백두대간 설악산 권역에는 산양, 담비, 삵, 붉은배새매, 황조롱이, 수리부엉이 등의 법정 보호종도 서식하고 있다고 하였으므로 적절하지 않은 내용이다.

15 의사소통능력 문제   정답 ②

빈칸 뒤에서는 로제 와인은 2~3년 이상 오래 숙성해서는 안 되므로 2~3년보다 오래된 와인 섭취 시 로제 와인의 진정한 맛을 느끼지 못할 수 있다는 내용을 말하고 있다.

따라서 오랫동안 숙성한 와인보다 오래 숙성하지 않은 와인의 맛이 더 좋아 숙성 초기에 마셔야 한다는 내용이 들어가야 한다.

[16-17]
16 의사소통능력 문제   정답 ③

이 글은 문학 치료의 의미를 설명하고 최초의 문학 치료와 시대가 흐름에 따라 어떤 방식으로 치료를 진행해왔는지를 설명하는 글이므로 이 글의 제목으로 가장 적절한 것은 ③이다.

오답 체크

① 4문단에서 문학 치료의 효과에 대해서는 언급하고 있으나, 글 전체를 포괄할 수 없으므로 적절하지 않은 내용이다.

② 글 전체에서 문학 치료 도입의 필요성에 대해서는 다루고 있지 않으므로 적절하지 않은 내용이다.

④ 4문단에서 문학 치료는 독서 치료와 시 치료로 구분된다는 내용은 언급하고 있으나, 글 전체를 포괄할 수 없으므로 적절하지 않은 내용이다.

17 의사소통능력 문제   정답 ③

빈칸 앞에서는 로마 의사 소라누스가 내담자에게 시와 드라마를 처방했다는 내용을 설명하고 있고, 빈칸 뒤에서는 조증 환자에게 비극적 내용의 문학을, 우울증 환자에게는 희극적 내용의 문학을 처방했다는 내용을 설명하고 있다.

따라서 앞의 내용에 대한 예시를 들 때 사용하는 접속어 '예컨대'가 들어가야 한다.

[18-19]
18 의사소통능력 문제   정답 ③

1문단에서 최근에는 처음부터 완벽한 계획을 수립하여 절차대로 시행하는 기존의 방식이 아닌 상황에 따라 언제든 의사 결정을 수정 및 보완할 수 있는 조직 운영 방식이 요구된다고 하였으므로 오늘날 조직 운영 방식이 완벽한 계획 수립 후 절차에 따라 그대로 시행함을 중시하는 것은 아님을 알 수 있다.

오답 체크

① 3문단에서 애자일 조직의 리더는 전문가로서 자신의 업무를 수행하면서 조직을 지원하고 조율하는 역할을 수행한다고 하였으므로 적절한 내용이다.

② 4문단에서 애자일 조직은 사전 분석과 기획을 최소화하는 대신 시제품 등을 통해 외부 상황의 변화와 피드백을 지속적으로 반영하여 업무 완성도를 높인다고 하였으므로 적절한 내용이다.

④ 2문단에서 애자일 조직은 구성원 개개인에게 의사 결정 권한을 부여하여 불확실성이 높은 상황에 빠르게 대응하고 신속하게 성과를 도출하는 것을 목표로 한다고 하였으므로 적절한 내용이다.

19 의사소통능력 문제   정답 ②

빈칸 앞에서는 애자일 조직이 월 단위의 단기 계획을 수립하고 시제품 등을 통해 외부 상황의 변화와 피드백을 계속 반영하여 업무 완성도를 높여간다는 내용을 말하고 있고, 빈칸 뒤에서는 애자일 조직이 제한된 시간 내 무엇이든 만들어 변동성 높은 외부 상황에 빠르게 대응하며 마감 기한은 평균 2주에서 한 달이 넘지 않도록 설정한다는 내용을 말하고 있다.

따라서 업무 진행 시 명확한 마감 기한을 설정하는 것이 중요하다는 내용이 들어가야 한다.

20 의사소통능력 문제   정답 ③

이 글은 칸트가 주장한 의무론적 윤리를 선의지라는 개념과 자연적 경향성 및 도덕적 행위의 관계성을 바탕으로 설명하는 내용이므로 이 글의 제목으로 가장 적절한 것은 ③이다.

오답 체크

① 칸트의 의무론적 윤리에서 선의지가 도덕적 행위의 유일한 근거라고 하였지만, 글 전체를 포괄할 수 없으므로 적절하지 않은 내용이다.

② 현대 의무론적 윤리학 형성의 기반이 된 철학적 개념에 대해서는 다루고 있지 않으므로 적절하지 않은 내용이다.

④ 의무론적 윤리의 역사적 발전 과정에 대한 칸트의 통찰에 대해서는 다루고 있지 않으므로 적절하지 않은 내용이다.

21 수리능력 문제   정답 ②

정사각형 모양 토지의 가로변 하나에 심은 나무 수를 x라고 하면, 가로 간격은 2m, 세로 간격은 1m로 나무를 추가로 심으며, 토지의 가로변과 세로변의 길이가 동일하여 세로변 하나에 심은 나무 수는 가로변 하나에 심은 나무 수의 2배보다 1그루 더 적다. 이에 따라 정사각형 모양 토지의 세로변 하나에 심은 나무 수는 $2x-1$이다. 이때, 정사각형 모양의 토지 전체에 심은 나무가 총 3,160그루이며, 이는 가로변 하나에 심은 나무 수와 세로변 하나에 심은 나무 수의 곱과 같으므로

$x \times (2x-1) = 3,160 \rightarrow (2x+79)(x-40) = 0 \rightarrow x = 40$

정사각형 모양의 토지에 심은 나무의 가로 간격은 2m이며, 각 꼭짓점 부분에도 나무를 1그루씩 심었으므로 정사각형 모양의 토지 한 변의 길이는 $(40-1) \times 2 = 78$m이다.

따라서 토지의 면적은 $78 \times 78 = 6,084$m²이다.

22 수리능력 문제   정답 ①

작업량 = 시간당 작업량 × 시간임을 적용하여 구한다.

전체 일의 양을 1이라고 하면 현 부장이 프로젝트를 혼자 진행할 때 소요되는 기간은 20일이므로 현 부장이 하루 동안 할 수 있는 일의 양은 $\frac{1}{20}$이다. 윤 대리가 하루 동안 할 수 있는 일의 양을 $\frac{1}{x}$이라고 하면

현 부장과 윤 대리가 함께 진행할 때 소요되는 기간은 12일이므로

$\left(\frac{1}{20} + \frac{1}{x}\right) \times 12 = 1 \rightarrow 3(x+20) = 5x \rightarrow x = 30$

따라서 윤 대리가 프로젝트를 혼자 진행하여 완료할 때까지 소요되는 기간은 30일이다.

23 수리능력 문제　　　　　　정답 ②

현재 아들 나이의 십의 자릿수를 x, 일의 자릿수를 y라고 하면 현재 아들의 나이는 $10x+y$이고, 아버지의 나이는 $10y+x+3$이다. 지금으로부터 13년 전에는 아버지의 나이가 아들의 나이의 4배였으므로

$10y+x+3-13=(10x+y-13)\times4 \rightarrow 13x-2y=14$
$\rightarrow 52x-8y=56$　…ⓐ

지금으로부터 13년 후에는 아버지의 나이가 아들의 나이의 2배가 되므로

$10y+x+3+13=(10x+y+13)\times2$
$\rightarrow 19x-8y=-10$　…ⓑ

ⓐ-ⓑ에서 $33x=66$이므로 $x=2$, $y=6$이다.
따라서 현재 아버지의 나이는 $(10\times6)+2+3=65$세이다.

24 수리능력 문제　　　　　　정답 ④

가위바위보 세 판을 한 후, 소희가 사과 5개를 가지고 있을 경우는 게임의 결과가 3무일 경우와 1승 1무 1패일 경우이다. 가위바위보에서 이길 확률, 비길 확률, 질 확률은 모두 $\frac{1}{3}$로 같으므로 게임 결과가 3무일 확률은 $\frac{1}{3}\times\frac{1}{3}\times\frac{1}{3}=\frac{1}{27}$이고, 1승 1무 1패일 경우는 (승, 무, 패), (승, 패, 무), (무, 승, 패), (무, 패, 승), (패, 승, 무), (패, 무, 승)으로 6가지이므로 이때의 확률은 $\frac{1}{3}\times\frac{1}{3}\times\frac{1}{3}\times6=\frac{6}{27}$이다.
따라서 소희와 재형이가 가위바위보 세 판을 했을 때, 소희가 사과 5개를 가지고 있을 확률은 $\frac{1}{27}+\frac{6}{27}=\frac{7}{27}$이다.

25 수리능력 문제　　　　　　정답 ①

$a\le x\le b$ 범위에서 $f(x)$ 그래프와 $g(x)$ 그래프 사이의 넓이는 $\int_a^b|f(x)-g(x)|dx$임을 적용하여 구한다.
두 곡선 $f(x)=-x^2+4x-3$, $g(x)=x^2-2x+1$이 만나는 점의 좌표를 구하면

$-x^2+4x-3=x^2-2x+1 \rightarrow 2x^2-6x+4=0 \rightarrow x^2-3x+2=0$
$\rightarrow (x-1)(x-2)=0 \rightarrow x=1$ 또는 $x=2$

$(1, 0)$, $(2, 1)$에서 두 그래프가 만나고, $f(x)$는 위로 볼록한 그래프이며, $g(x)$는 아래로 볼록한 그래프임에 따라 $1\le x\le 2$ 범위에서 곡선 $f(x)=-x^2+4x-3$이 곡선 $g(x)=x^2-2x+1$보다 위에 있다.

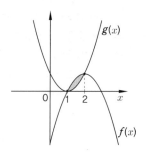

이에 따라 두 곡선으로 둘러싸인 도형의 넓이는 $\int_1^2\{(-x^2+4x-3)-(x^2-2x+1)\}dx=\int_1^2(-2x^2+6x-4)dx=\left|\left(-\frac{16}{3}+12-8\right)-\left(\frac{2}{3}-3+4\right)\right|=\frac{1}{3}$이다.

따라서 두 곡선으로 둘러싸인 도형의 넓이는 $\frac{1}{3}$이다.

26 수리능력 문제　　　　　　정답 ③

언어, 수리, 직무, 외국어 점수를 각각 w, x, y, z라고 하면 산출 방법 1에 따라 $(2w+2x+3y+3z)/10=85$이며, 산출 방법 2에 따라 $(w+x+y+z)/4=82$이다. 이때 언어, 수리, 직무, 외국어 순으로 3:3:2:2의 가중치를 준 A 씨의 최종 점수는 $(3w+3x+2y+2z)/10=\{5(w+x+y+z)-(2w+2x+3y+3z)\}/10=\{(82\times4\times5)-(85\times10)\}/10=(1,640-850)/10=79$점이다.
따라서 언어, 수리, 직무, 외국어 순으로 3:3:2:2의 가중치를 준 A 씨의 최종 점수는 '79점'이다.

⏱ 빠른 문제 풀이 Tip

2:2:3:3의 가중치를 준 최종 점수와 3:3:2:2의 가중치를 준 최종 점수의 평균 점수는 1:1:1:1의 가중치를 준 최종 점수와 같다.
따라서 언어, 수리, 직무, 외국어 순으로 3:3:2:2의 가중치를 준 A 씨의 최종 점수는 $82\times2-85=79$점이다.

27 수리능력 문제　　　　　　정답 ①

ⓛ 2017년 대비 2018년 수거검사 전체 건수 증가량이 50건 이상인 기관은 광주식약청, 경인식약청, 부산식약청, 대구식약청으로, A를 제외한 B, C, D, E가 이에 해당하므로 A가 서울식약청이다.

㉠ 2015년과 2018년의 부적합 건수가 같은 기관은 A, C이고, A가 서울식약청이므로 C는 경인식약청이다.

ⓒ 2018년 지역별로 부적합 건수가 수거검사 전체 건수에서 차지하는 비중은 대구식약청이 광주식약청이나 부산식약청보다 높고, 2018년 지역별로 부적합 건수가 수거검사 전체 건수에서 차지하는 비중은 B가 $(7/1,794)\times100\fallingdotseq0.39\%$, D가 $(9/1,693)\times100\fallingdotseq0.53\%$, E가 $(7/1,469)\times100\fallingdotseq0.48\%$로 D가 세 곳 중 가장 크므로 D가 대구식약청이다.

㉣ 2014년부터 2018년까지 수거검사 전체 건수의 연평균 건수는 B가 $(750+1,354+1,311+1,503+1,794)/5=1,342.4$건, 대구식약청인 D가 $(683+1,440+1,406+1,344+1,693)/5=1,313.2$건, E가 $(594+1,441+1,261+1,376+1,469)/5=1,228.2$건으로 D보다 많은 B가 부산식약청이고, 나머지 E가 광주식약청이다.

따라서 A는 서울식약청, B는 부산식약청, C는 경인식약청, D는 대구식약청, E는 광주식약청이다.

28 수리능력 문제

2019년 학교 전체 평균 예산의 전년 대비 증가량은 일반 고등학교가 1,781 - 1,663 = 118만 원, 특성화 고등학교가 1,368 - 1,478 = -110만 원, 마이스터 고등학교가 3,813 - 3,293 = 520만 원, 예체능 고등학교가 2,470 - 893 = 1,577만 원이므로 옳지 않은 설명이다.

오답 체크

① 2019년과 2020년 초등학교의 학교 전체 평균 예산은 전년 대비 매년 감소하였고, 중학교의 학교 전체 평균 예산은 전년 대비 매년 증가, 고등학교의 학교 전체 평균 예산도 전년 대비 매년 증가하였으므로 옳은 설명이다.

② 고등학교의 학교 자체 평균 예산이 가장 많았던 2020년에 학교 자체 평균 예산이 다른 고등학교 유형에 비해 가장 작은 고등학교 유형은 예체능 고등학교이므로 옳은 설명이다.

③ 2020년 학생 1인당 평균 예산이 가장 많은 고등학교 유형인 마이스터 고등학교의 2018년 대비 2020년 학생 1인당 평균 예산의 증가율은 {(29.0 - 9.3) / 9.3} × 100 ≒ 212%로 210% 이상이므로 옳은 설명이다.

29 수리능력 문제

6월 전체 건축물거래가 10,000호 미만인 지역은 대구, 광주, 대전, 울산, 세종, 강원, 충북, 충남, 전북, 전남, 제주 11개이고, 전체 건축물거래가 10,000호 이상인 지역은 서울, 부산, 인천, 경기, 경북, 경남 6개임에 따라 전체 건축물거래가 10,000호 미만인 지역의 수는 전체 건축물 거래가 10,000호 이상인 지역의 수보다 11 - 6 = 5개 더 많으므로 옳지 않은 설명이다.

오답 체크

② 제시된 기간 동안 제주의 외국인 건축물거래가 가장 많은 5월에 제주 전체 건축물거래에서 외국인 건축물거래가 차지하는 비중은 (62 / 2,547) × 100 ≒ 2.4%로 2.0% 이상이므로 옳은 설명이다.

③ 제시된 기간 동안 충남은 충북보다 전체 건축물거래와 외국인 건축물거래 각각이 매월 모두 많았으므로 옳은 설명이다.

④ 1월과 6월 외국인 건축물거래가 동일한 강원의 1분기 전체 건축물거래 월평균은 (5,583 + 6,180 + 6,051) / 3 = 5,938호이므로 옳은 설명이다.

30 수리능력 문제

2016년 이후 처음으로 광업·제조업 종사자 수가 전년 대비 감소한 2017년에 평균 교역 품목 수는 수입이 수출보다 8.1 - 5.9 = 2.2개 많으므로 옳은 설명이다.

오답 체크

② 2019년 광업·제조업 종사자 수는 2011년 대비 {(2,940 - 2,706) / 2,706} × 100 ≒ 9% 증가하여 10% 미만 증가하였으므로 옳지 않은 설명이다.

③ 2016년 이후 수출과 수입의 교역액 차이는 2016년에 419 - 258 = 161십억 달러, 2017년에 482 - 310 = 172십억 달러, 2018년에 508 - 345 = 163십억 달러, 2019년에 455 - 321 = 134십억 달러로 2017년에 가장 크고, 제시된 기간 중 종사자 수가 가장 많은 해는 종사자 수가 2,969천 명인 2016년으로 서로 다르므로 옳지 않은 설명이다.

④ 2016년 이후 수출 교역액이 최초로 500십억 달러 이상이었던 해는 2018년이지만 수입 교역액이 최초로 300십억 달러 이상이었던 해는 2017년으로 서로 다르므로 옳지 않은 설명이다.

31 수리능력 문제

제시된 기간 동안 자동차 주행거리 10억km당 사망자 수가 가장 적은 지역은 2016년부터 2019년까지는 인천, 2020년에는 세종으로 매년 동일하지 않으므로 옳지 않은 설명이다.

오답 체크

① 2017년 이후 전국의 자동차 주행거리 10억km당 사망자 수의 전년 대비 감소량은 2017년에 13.8 - 13.1 = 0.7명, 2018년에 13.1 - 11.6 = 1.5명, 2019년에 11.6 - 10.2 = 1.4명, 2020년에 10.2 - 9.3 = 0.9명으로 2018년에 가장 많이 감소하였으므로 옳은 설명이다.

② 자동차 주행거리 10억km당 사망자 수가 10명 이상인 지역의 수는 2016년에 대구, 대전, 울산, 세종, 경기, 강원, 충북, 충남, 전북, 전남, 경북, 경남, 제주로 13개 지역이고, 2020년에 강원, 충북, 충남, 전북, 전남, 경북, 경남으로 7개 지역임에 따라 2016년이 2020년보다 13 - 7 = 6개 지역 더 많으므로 옳은 설명이다.

④ 2019년 자동차 주행거리 10억km당 사망자 수가 10명 미만인 지역은 서울, 부산, 대구, 인천, 광주, 대전, 울산, 세종, 경기, 제주로 총 10개 지역이고, 이 지역들의 자동차 주행거리 10억km당 사망자 수의 평균은 (6.2 + 5.7 + 7.0 + 4.8 + 5.2 + 8.4 + 7.4 + 6.6 + 7.8 + 7.3) / 10 = 6.64명으로 7명 미만이므로 옳은 설명이다.

32 수리능력 문제

㉠ 제시된 기간 동안 매년 수입액 상위 10개국에 해당하면서 수출액 상위 10개국에는 해당하지 않는 국가는 프랑스, C, 영국, D, 아일랜드이므로 C와 D는 각각 독일 또는 이탈리아이다.

㉣ 2018년 수입액 상위 10개국 중 스위스를 제외하고 전년 대비 수입 감소액이 가장 적은 국가는 태국이며, A~E 중 독일 또는 이탈리아인 C, D를 제외한 국가의 2018년 수입 감소액은 A가 367,483 - 314,615 = 52,868천 달러, B가 223,891 - 213,513 = 10,378천 달러, E가 56,444 - 55,231 = 1,213천 달러이므로 수입 감소액이 가장 적은 E가 태국이다.

㉢ 2016년 C 수입액은 태국 수입액의 1.80배인 22,750 × 1.80 = 40,950천 달러보다 많지만, 같은 해 D 수입액은 40,950천 달러보다 적으므로 C가 이탈리아, D가 독일이다.

ⓒ 2017년 일본 수출액의 전년 대비 증가율은 25% 미만이고, A 수출액의 전년 대비 증가율은 {(445,471 − 346,972) / 346,972} × 100 ≒ 28%, B 수출액의 전년 대비 증가율은 {(225,390 − 182,674) / 182,674} × 100 ≒ 23%이므로 B가 일본, A가 미국이다.

따라서 A는 미국, B는 일본, C는 이탈리아, D는 독일, E는 태국이다.

33 수리능력 문제 　　　　　　　　　정답 ④

3월의 시가총액은 같은 달 전체 거래대금의 2,133 / 333 ≒ 6.4배로 7배 미만이므로 옳은 설명이다.

오답 체크

① 제시된 기간 중 전체 거래량이 가장 많은 6월의 일평균 거래량은 전체 거래량이 가장 적은 5월의 일평균 거래량보다 1,607 − 989 = 618백만 주 더 많으므로 옳지 않은 설명이다.

② 제시된 기간 중 일평균 거래대금이 가장 높은 달은 1월이지만 일평균 거래량이 가장 많은 달은 2월로 서로 다르므로 옳지 않은 설명이다.

③ 2월 이후 시가총액의 전월 대비 증가량은 2월에 2,080 − 2,051 = 29조 원, 3월에 2,133 − 2,080 = 53조 원, 4월에 2,197 − 2,133 = 64조 원, 5월에 2,240 − 2,197 = 43조 원, 6월에 2,308 − 2,240 = 68조 원으로 6월에 전월 대비 가장 많이 증가하였고, 6월 전체 거래대금은 전월 대비 373 − 304 = 69조 원 증가하였으므로 옳지 않은 설명이다.

34 수리능력 문제 　　　　　　　　　정답 ④

ⓐ 2019년 전체 인원의 90%는 16,095 × 0.9 ≒ 14,486천 명이고, 시력이 0.5~1.5에 속하는 사람의 수는 좌안이 3,126 + 6,690 + 4,921 = 14,737천 명, 우안이 3,099 + 6,752 + 4,877 = 14,728천 명으로 좌안과 우안 모두 14,486천 명 이상이므로 옳지 않은 설명이다.

ⓑ 시력이 0.1 이하 또는 1.6~2.0에 속하는 사람의 수는 2018년에 좌안이 145 + 126 = 271천 명, 우안이 149 + 113 = 262천 명으로 좌안이 우안보다 271 − 262 = 9천 명 더 많으며, 2019년에 좌안이 158 + 134 = 292천 명, 우안이 165 + 45 = 210천 명으로 좌안이 우안보다 292 − 210 = 82천 명 더 많으므로 옳지 않은 설명이다.

ⓔ 조사기간 동안 좌안과 우안 시력이 0.8~1.0인 사람의 수가 모두 처음으로 6,000천 명 이상을 기록한 해는 2017년이고, 2017년의 모든 시력 구간 중 전년 대비 사람의 수가 0.1 이하, 1.6~2.0에서 감소, 기타에서 동일하므로 옳지 않은 설명이다.

오답 체크

ⓒ 2019년 우안 시력이 1.6~2.0인 사람 수의 전년 대비 감소율은 {(113 − 45) / 113} × 100 ≒ 60%이므로 옳은 설명이다.

35 수리능력 문제 　　　　　　　　　정답 ③

2017년 이후 전국의 자전거 교통사고 발생 건수의 전년 대비 증감 추이는 감소, 감소, 증가, 증가이지만 같은 기간 전국의 자전거 교통사고 사망자 수의 전년 대비 증감 추이는 증가, 감소, 감소, 증가로 서로 동일하지 않으므로 옳지 않은 설명이다.

오답 체크

① 2020년 전국의 자전거 교통사고 발생 건수는 2016년 대비 14,937 − 5,667 = 9,270건 감소하였으므로 옳은 설명이다.

② 2017년 자전거 교통사고 발생 건수가 1,000건 이상인 지역은 서울, 대구, 경기, 경북으로 2017년 4개 지역의 평균 자전거 교통사고 발생 건수는 (2,990 + 1,333 + 3,124 + 1,047) / 4 = 2,123.5건으로 2,000건 이상이므로 옳은 설명이다.

④ 제시된 기간 동안 강원의 자전거 교통사고 발생 건수가 100건 미만인 2018년, 2019년, 2020년에 제주의 자전거 교통사고 발생 건수도 매년 100건 미만이므로 옳은 설명이다.

36 수리능력 문제 　　　　　　　　　정답 ④

1인 가구의 월평균 비소비지출은 1분기에 1,796,639 − 1,340,772 = 455,867원, 2분기에 1,773,411 − 1,355,360 = 418,051원, 3분기에 1,887,791 − 1,405,225 = 482,566원, 4분기에 1,863,710 − 1,439,660 = 424,050원임에 따라 3분기에 직전분기 대비 증가하였으므로 옳지 않은 설명이다.

오답 체크

① 4인 가구의 월평균 비소비지출은 1분기에 6,002,757 − 4,641,479 = 1,361,278원, 2분기에 5,734,233 − 4,469,166 = 1,265,067원임에 따라 2분기 4인 가구의 월평균 비소비지출은 직전분기 대비 {(1,361,278 − 1,265,067) / 1,361,278} × 100 ≒ 7.1% 감소하였으므로 옳은 설명이다.

② 1~4분기 동안 5인 이상 가구의 월평균 처분가능소득의 평균은 (5,153,853 + 4,959,671 + 5,048,697 + 5,143,852) / 4 ≒ 5,076,518원이므로 옳은 설명이다.

③ 3분기 3인 가구의 1인당 월평균 소득은 5,255,306 / 3 ≒ 1,751,769원, 2인 가구의 1인당 월평균 소득은 3,424,735 / 2 ≒ 1,712,367.5원임에 따라 3인 가구의 1인당 월평균 소득이 2인 가구의 1인당 월평균 소득보다 더 많으므로 옳은 설명이다.

37 수리능력 문제 　　　　　　　　　정답 ③

ⓑ 2019년 지역별 대상 인원 대비 수검 인원의 비율은 경북이 (103 / 133) × 100 ≒ 77%이고, 경남이 (142 / 180) × 100 ≒ 79%로 경남이 경북보다 더 높으므로 옳지 않은 설명이다.

ⓒ 2019년 1개 지역당 평균 수검 인원은 2,104 / 17 ≒ 124명으로 125명 미만이므로 옳지 않은 설명이다.

ⓒ 제시된 기간 동안 전국의 대상 인원 중 수검을 받지 않은 인원은 2017년에 3,022−2,182=840명, 2018년에 2,889−2,152=737명, 2019년에 2,713−2,104=609명으로 2019년이 가장 적으므로 옳은 설명이다.

ⓔ 2018년 대상 인원이 100명 미만인 지역은 광주, 대전, 울산, 세종, 강원, 충북, 전북, 전남, 제주로 9개 지역이고, 100명 이상인 지역은 서울, 부산, 대구, 인천, 경기, 충남, 경북, 경남으로 8개 지역으로 100명 미만인 지역이 100명 이상인 지역보다 더 많으므로 옳은 설명이다.

38 수리능력 문제 정답 ③

2019년 10월 출발 운항 편수당 출발 여객 수는 2,917,816/16,702≒175명이므로 옳은 설명이다.

① 2019년 11월에 도착 화물의 양은 전월 대비 감소하였으나 출발 화물의 양은 전월 대비 증가하였으며, 2019년 12월에 도착 화물의 양은 전월 대비 증가하였으나 출발 화물의 양은 전월 대비 감소하였으므로 옳지 않은 설명이다.

② 2019년 12월 출발 운항 편수는 2019년 7월 출발 운항 편수보다 17,602−17,248=354편 적으므로 옳지 않은 설명이다.

④ 2019년 9월 도착 화물의 양의 전월 대비 감소율은 {(159,694−151,370)/159,694}×100≒5.2%이므로 옳지 않은 설명이다.

39 수리능력 문제 정답 ③

2017년 자연증가건수가 양수인 지역은 경기, 충북, 충남, 경남 4개이며, 2018년 자연증가건수가 양수인 지역은 경기 1개이므로 옳지 않은 설명이다.

① 2019년 자연증가건수가 가장 적은 3개 지역의 순서는 경북, 전남, 전북 순이고, 같은 해 출생건수가 가장 적은 3개 지역의 순서는 강원, 전북, 충북 순으로 순서가 서로 다르므로 옳은 설명이다.

② 2019년 제시된 지역의 전체 자연증가건수는 22,630−(3,623+2,030+2,368+5,554+5,955+7,231+2,855)=−6,986건임에 따라 전체 감소건수가 전체 증가건수보다 더 많으므로 옳은 설명이다.

④ 조사기간 동안 매년 출생건수가 10,000명 미만을 기록한 지역은 강원이고, 강원의 연평균 출생건수는 (8,958+8,351+8,283)/3≒8,531명, 연평균 사망건수는 (11,545+11,976+11,906)/3≒11,809명이며, 둘의 차이는 11,809−8,531≒3,278명이므로 옳은 설명이다.

40 수리능력 문제 정답 ②

제시된 자료에 따르면 연도별 유리업체 재활용 가능자원 이용률은 2014년에 77.4%, 2015년에 77.3%, 2016년에 76.5%, 2017년에 90.8%, 2018년에 79.5%이므로 옳은 그래프는 ②이다.

① 2017년 제지업체 재활용 가능자원 사용량은 9,465천 톤이지만 이 그래프에서는 9,000천 톤보다 낮게 나타나고, 2018년 제지업체 재활용 가능자원 사용량은 8,551천 톤이지만 이 그래프에서는 9,000천 톤보다 높게 나타나므로 옳지 않은 그래프이다.

③ 2015년 철강업체 제품 생산량은 69,670천 톤이지만 이 그래프에서는 70,000천 톤보다 높게 나타나므로 옳지 않은 그래프이다.

④ 2016년 제지업체 재활용 가능자원 이용률은 74.2%이지만 이 그래프에서는 76.0%보다 높게 나타나므로 옳지 않은 그래프이다.

41 문제해결능력 문제 정답 ③

최우선으로 협상하는 업체는 기술능력평가 점수가 85점 이상이어야 하므로 기술능력평가 점수가 80점인 B 업체는 제외한다. 이에 따라 최종 점수는 (기술능력평가 점수)×0.8+(입찰가격평가 점수)×0.2이므로 A 업체, C 업체, D 업체의 최종 점수를 구하면 다음과 같다.

구분	기술능력평가 점수	입찰가격평가 점수	최종 점수
A 업체	85	90	(85×0.8)+(90×0.2)=86점
C 업체	92	80	(92×0.8)+(80×0.2)=89.6점
D 업체	88	84	(88×0.8)+(84×0.2)=87.2점

따라서 최우선으로 협상하는 업체는 'C 업체'이다.

42 문제해결능력 문제 정답 ②

'3. 도서관 회원 가입 및 대출 이용 안내'에서 회원증은 재발급 시, 신청일 기준 14일간 이용이 중지된다고 하였으므로 가장 적절하다.

① '4. 도서관 회원 준수사항'에서 회원증 분실 시 즉시 도서관에 알려야 하며, 분실로 인한 상황에 대한 책임은 전적으로 본인에게 있다고 하였으므로 적절하지 않다.

③ '1. 자료실 및 열람실 이용 안내'에서 일요일은 국가 지정 공휴일과 중복 시에만 휴관하지만, 일반 열람실은 동절기에 오전 8시부터 오후 10시까지만 이용 가능하므로 적절하지 않다.

④ '2. 복사 및 프린트 이용 안내'에서 복사 및 프린트는 카드 자율복사제로 운영되며, 3,000원권 카드는 자동판매기를 통해 구매 가능하지만 5,000원권 구매는 종합 자료실 데스크에 문의해야 한다고 했으므로 적절하지 않다.

43 문제해결능력 문제   정답 ④

'7. 심사 기준'에 따르면 심사 기준은 상징성, 창의성, 대중성으로 구분되며 상징성과 창의성이 각각 40점, 대중성이 20점으로 심사 기준 중 점수 비중이 가장 낮은 심사 기준은 대중성이므로 옳은 내용이다.

오답 체크

① '9. 유의사항'에 따르면 중복 응모는 불가능하며, 여러 아이디어 등록 시 가장 먼저 등록된 아이디어만 접수되므로 옳지 않은 내용이다.

② '9. 유의사항'에 따르면 응모 양식의 인적사항은 응모 접수 시 필수 제출 내용이라 하였고, '5. 응모 양식'에 따라 제안자 인적사항에 아이디어 제안자의 이름과 주소, 휴대폰 번호가 포함되므로 옳지 않은 내용이다.

③ '8. 시상내역'에 따르면 후보작은 1차 심사에서 선정된 아이디어 중 대상으로 선정된 아이디어가 아닌 작품을 의미하며, '6. 심사 방법'에서 응모 아이디어 중 심사 기준에 미달하는 아이디어가 많을 경우 1차 심사에서 5점 미만으로 선정될 수 있음에 따라 후보작으로 선정되어 20만 원을 받는 아이디어 제안자는 4명 미만일 수 있으므로 옳지 않은 내용이다.

44 문제해결능력 문제   정답 ③

[행사 전단지]에 따르면 조각 피자 두 조각 동시 구매 시 탄산음료 한 캔을 무료 제공하고, 치킨 두 마리 동시 구매 시 치킨 한 마리를 추가 제공하며, 과자 두 봉지 동시 구매 시 과자 한 봉지를 추가 제공한다. 또한, 모든 행사는 품목별로 한 번씩만 적용 가능하므로 같은 품목에서 행사를 두 번 이상 적용할 수는 없다. 이에 따라 조각 피자 두 조각 동시 구매 시 탄산음료 한 캔을 무료 제공받으면 3,500 × 2 = 7,000원의 가격에 (480 × 2) + 150 = 1,110kcal를 얻을 수 있고, 치킨 두 마리 동시 구매 시 치킨 한 마리를 추가 제공받으면 5,500 × 2 = 11,000원의 가격에 650 × 3 = 1,950kcal를 얻을 수 있으며, 과자 두 봉지 동시 구매 시 과자 한 봉지를 추가 제공받으면 2,000 × 2 = 4,000원의 가격에 260 × 3 = 780kcal를 얻을 수 있다. 예산은 20,000원임에 따라 행사를 진행하고 있는 모든 상품을 구매할 수는 없고, 조각 피자 두 조각과 과자 두 봉지를 동시에 구매한 가격 7,000 + 4,000 = 11,000원과 치킨 두 마리를 동시에 구매한 가격은 같으나 총 칼로리는 치킨 두 마리를 동시에 구매한 칼로리가 조각 피자 두 조각과 과자 두 봉지를 동시에 구매한 칼로리인 1,110 + 780 = 1,890kcal보다 높으므로 치킨 두 마리를 동시에 구매하여야 한다. 치킨 두 마리를 동시에 구매하고 남은 9,000원으로 구매할 수 있는 품목은 치킨 한 마리와 과자 한 봉지, 탄산음료 한 캔 또는 조각 피자 두 조각과 과자 한 봉지 또는 과자 네 봉지 또는 빵 네 개 또는 조각 피자 한 조각과 탄산음료 한 캔, 과자 두 봉지이다. 치킨 한 마리와 과자 한 봉지, 탄산음료 한 캔을 구매하는 경우 얻을 수 있는 칼로리는 650 + 260 + 150 = 1,060kcal이

고, 조각 피자 두 조각과 과자 한 봉지를 구매하는 경우 얻을 수 있는 칼로리는 1,110 + 260 = 1,370kcal이며, 과자 네 봉지를 구매하는 경우 얻을 수 있는 칼로리는 1,300kcal, 빵 네 개를 구매하는 경우 얻을 수 있는 칼로리는 1,000kcal, 조각 피자 한 조각과 탄산음료 한 캔, 과자 두 봉지를 구매하는 경우 얻을 수 있는 칼로리는 480 + 150 + 780 = 1,410kcal이므로 예산 20,000원으로 가장 높은 칼로리를 얻을 수 있도록 물건을 구매하고자 하면, 치킨 두 마리와 조각 피자 한 조각을 동시에 구매하고, 탄산음료 한 캔, 과자 두 봉지를 구매하여야 함을 알 수 있다.

따라서 성진이가 얻을 수 있는 최대 칼로리는 1,950 + 1,410 = 3,360kcal이다.

45 문제해결능력 문제   정답 ②

[최종 등급 산출 방식]에 따르면 교과별 가중치는 0.5 + {0.7 × (교과별 이수단위 합 / 100)}이고, 교과별 이수단위의 총합이 65 이상인 교과는 교과별 가중치를 1.0으로 하므로 각 지원자의 교과별 가중치를 구하면 다음과 같다.

구분	국어	영어	수학	과학	사회
A	1.000	0.913	0.808	0.731	1.000
B	0.899	1.000	0.871	0.766	1.000
C	0.843	0.794	1.000	1.000	0.745
D	0.927	1.000	0.92	0.815	1.000

교과별 평가 등급은 교과별 평균 등급 × 교과별 가중치이므로 각 지원자의 교과별 평가 등급을 구하면 다음과 같다.

구분	국어	영어	수학	과학	사회
A	1.0000	1.9173	1.6160	1.0234	2.1000
B	1.0788	1.3000	1.6549	1.8384	1.0000
C	1.5174	0.7940	2.3000	1.7000	1.1175
D	2.0394	1.5000	1.1040	1.1410	2.2000

이때, 최종 등급은 교과별 평가 등급의 총합 / 반영 교과의 수이므로 A의 최종 등급은 (1.0000 + 1.9173 + 1.6160 + 1.0234 + 2.1000) / 5 ≒ 1.53이고, B의 최종 등급은 (1.0788 + 1.3000 + 1.6549 + 1.8384 + 1.0000) / 5 ≒ 1.37이다. C의 최종 등급은 (1.5174 + 0.7940 + 2.3000 + 1.7000 + 1.1175) / 5 ≒ 1.49이고, D의 최종 등급은 (2.0394 + 1.5000 + 1.1040 + 1.1410 + 2.2000) / 5 ≒ 1.60이며, 최종 등급은 숫자가 작을수록 높으므로 최종 등급이 가장 높은 지원자는 B이다.

따라서 최우수 학생으로 선발되는 지원자는 'B'이다.

46 문제해결능력 문제 정답 ④

지혜는 A 찜닭가게에서 21,500원짜리 찜닭 1마리와 7,000원짜리 사이드 메뉴 계란말이 1개를 주문하므로 전체 주문 가격은 21,500 + 7,000 = 28,500원이다.
이에 따라 A 찜닭가게 이벤트별로 지혜가 주문한 메뉴의 총 가격은 다음과 같다.

이벤트명	내용
방문포장	{21,500 × (1 - 0.35)} + 7,000 = 20,975원
제휴할인	28,500 × (1 - 0.2) = 22,800원
애플리케이션 주문	21,500원
회원카드 더블 할인	(28,500 - 6,000) × (1 - 0.08) = 20,700원

따라서 지혜가 주문한 메뉴의 총 가격이 가장 저렴해지는 이벤트는 회원카드 더블 할인이다.

47 문제해결능력 문제 정답 ④

최초로 음주운전을 했을 때 혈중알코올농도 0.08% 이상인 경우 받을 수 있는 최대 징계는 강등이므로 A 씨가 최초로 음주운전에 적발되었을 때 혈중알코올농도가 0.09%라면 최대 정직의 징계를 받게 된다는 설명은 가장 적절하지 않다.

오답 체크

① 3회 이상 음주운전을 한 경우 최대 징계가 파면이므로 적절하다.

② 운전업무 관련 공무원이 운전면허 정지 처분을 받고 음주운전을 한 경우 해임, 강등, 정직의 징계를 받을 수 있으므로 적절하다.

③ 음주운전으로 면허가 취소된 상태에서 음주운전을 한 경우 파면, 해임, 강등의 징계를 받을 수 있으므로 적절하다.

48 문제해결능력 문제 정답 ④

'4. 응모조건'에 따르면 공공저작물 활용 국민참여 이용수기 공모전의 응모조건은 □□발전 홈페이지 내 공공누리 게시판에 등재된 공공저작물 1개 이상 이용, 공공누리 유형별로 이용조건 준수, 이용 공공저작물 선택 후 신청서 작성 3가지이며, 응모조건을 모두 만족하여야 응모가 가능함에 따라 □□발전 홈페이지 외 공공누리 게시판에 등재된 공공저작물을 1개 이상 이용한 자는 공공저작물 활용 국민참여 이용수기 공모에 응모 불가능하므로 옳지 않은 내용이다.

오답 체크

① '6. 포상 안내'에 따르면 공공저작물 활용 국민참여 이용수기 공모전 상금의 금액은 발전공감상을 제외하고 영상활용상과 어문활용상, 사진활용상 모두 5만 원으로 동일하므로 옳은 내용이다.

② '7. 심사기준'에 따르면 공공저작물 활용 국민참여 이용수기 공모전의 심사기준은 공공저작물 활용 적합성, 출처 표시, 창의성, 활용성으로 총 4가지이므로 옳은 내용이다.

③ '3. 공모분야'에 따르면 공공누리 게시판에 등재된 영상을 활용하여 공공저작물 활용 국민참여 이용수기 공모전에 응모하는 것은 특별분야에 해당하므로 옳은 내용이다.

49 문제해결능력 문제 정답 ③

[A 도시 관광지 정보]에 따르면 투어 패스로 무료 이용할 수 있거나 할인이 되는 관광지는 가 전망대와 나 미술관, 라 관람차, 바 크루즈와 고성 타워이며, 할인받는 가격은 총 (15 × 0.5) + 10 + 8 + (12 × 0.2) + 8 = 35.9달러이다. 이때, 이동 시간과 관광지 관람 시간을 고려하여 하루에 방문할 수 있는 관광지는 3군데를 넘을 수 없고 투어 패스로 무료 이용할 수 있거나 할인이 되는 관광지는 총 5군데이므로 2일 동안 모두 방문이 가능하다. 이에 따라 할인받는 총 가격인 35.9달러보다 저렴한 2일 투어 패스권을 구매할 때 더 저렴하므로 2일 투어 패스권을 구매하여 무료 이용할 수 있거나 할인이 되는 관광지를 2일 동안 모두 방문하고, 고성의 타워와 정원은 별개의 관광지이지만, 반드시 같은 날에 방문해야 하므로 2일 투어 패스권 사용 시 함께 방문하며, 다 박물관과 마 과학관은 남은 1일에 함께 방문하여 관람료를 지불한다. 이때, 다 박물관, 마 과학관, 고성 정원은 2일 투어 패스권을 사용하지 않으므로 별도의 관람료를 지불한다. 따라서 사희가 A 도시의 관광지를 모두 방문하는 데 필요한 최소 금액은 29 + (15 × 0.5) + 6 + 4 + (12 × 0.8) + 3 = 59.1달러이다.

50 문제해결능력 문제 정답 ③

'2. 주차장 이용 요금'에서 2시간 이내로 이용할 경우 무료라고 하였으며, 임 씨가 2시간 주차권을 2매 구입했다면 4시간을 더 이용할 수 있어 주차장 이용 가능 시간은 최대 6시간이므로 가장 적절하지 않다.

오답 체크

① '4. 무인 정산기 이용 방법'에서 5호관 지하 2층 4호기 엘리베이터 전실에 있는 사전 정산기 이용 시 요금 정산 후 15분간의 출차 여유 시간을 부여한다고 하였으므로 적절하다.

② '3. 주차장 이용 할인권'에서 H 타워 상가 및 업무 시설 방문 고객에 한하여 주차장 이용 할인권을 판매한다고 하였으므로 적절하다.

④ '1. 주차장 운영 시간'에서 평일 운영 시간인 오후 11시 이후 입출차가 제한된다고 하였으므로 적절하다.

51 문제해결능력 문제 정답 ③

'4. 기타 사항'에 따르면 건설공사 안전점검 수행기관 모집 공고에 응모한 업체가 1개 사일 경우 재공고하므로 옳지 않은 내용이다.

① '2. 안전점검 수행기관 공고 일정'에 따르면 건설공사 안전점검 수행기관 모집에 접수할 경우 마감 일시까지 접수 여부를 담당자에게 필수적으로 확인해야 하며, 신청서 등 제출서류 접수 마감은 9월 24일이므로 옳은 내용이다.

② '5. 향후 일정'에 따르면 안전점검 수행기관 지정 공고는 별도로 공지되며, 안전점검 수행기관 지정 공개는 심사 후 즉시 홈페이지 공지사항을 통해 확인할 수 있으므로 옳은 내용이다.

④ '3. 참가 자격'에 따르면 「시설물의 안전 및 유지관리에 관한 특별법」 제28조 및 같은 법 시행령 제23조에 따라 안전진단 전문기관(종합 분야)에 등록한 업체에게 참가 자격이 있으므로 옳은 내용이다.

52 문제해결능력 문제   정답 ②

[신고 보상금 지급기준]에 따르면 보상대상가액이 40억 원을 초과하는 경우 신고 보상금 지급액은 3억 4천 6백만 원 + 40억 원 초과 금액의 4%이다. 보상대상가액이 48억 7천 5백만 원이므로 3억 4천 6백만 원과 40억 원을 초과하는 금액인 8억 7천 5백만 원의 4% 금액인 875,000,000 × 0.04 = 35,000,000원을 합한 금액이 부패행위를 신고한 신고자가 받을 수 있는 신고 보상금이다.

따라서 보상대상가액이 48억 7천 5백만 원인 부패행위를 신고한 신고자가 받을 수 있는 신고 보상금은 346,000,000 + 35,000,000 = 381,000,000원 = 3억 8천 100만 원이다.

53 문제해결능력 문제   정답 ③

'3. 주의사항'에서 퇴직연금이 2개 이상인 경우 보호받을 수 있는 금액은 모두 합산하여 최대 5천만 원까지라고 하였으므로 가장 적절하지 않다.

① '2. – 소득원천별 과세구조'에서 퇴직금 일시금 수령 시 퇴직소득세가 부과되며, 근속 기간 및 금액에 따라 차등 적용된다고 하였으므로 적절하다.

② '2. – 혜택'에서 개인 추가 납입금에 한해 연간 최대 700만 원까지 세액공제가 가능하며, 총급여가 5,500만 원 이하인 경우 연간 최대 115.5만 원을 환급받을 수 있다고 하였으므로 적절하다.

④ '2. – 가입 대상'에서 퇴직자는 퇴직금 수령일로부터 60일 이내에 한해서만 개인형 퇴직연금에 가입 가능하다고 하였으므로 적절하다.

54 문제해결능력 문제   정답 ②

광고 표출 횟수당 비용 = 1개월당 광고 표출 비용 / 1개월당 광고 표출 횟수임을 적용하여 구한다.

회사별 1개월당 광고 표출 비용과 1개월당 광고 표출 횟수 및 광고 표출 횟수당 비용을 표로 나타내면 다음과 같다.

구분	1개월당 광고 표출 비용	1개월당 광고 표출 횟수	광고 표출 횟수당 비용
A 회사	7,200 × {1 − (20 / 100)} = 5,760만 원	2 × 24 × 30 = 1,440회	5,760 / 1,440 = 4.0만 원
B 회사	9,000 × {1 − (10 / 100)} = 8,100만 원	3 × 24 × 30 = 2,160회	8,100 / 2,160 ≒ 3.8만 원
C 회사	9,600 × {1 − (20 / 100)} = 7,680만 원	2 × 24 × 30 = 1,440회	7,680 / 1,440 ≒ 5.3만 원
D 회사	14,400 × {1 − (20 / 100)} = 11,520만 원	3 × 24 × 30 = 2,160회	11,520 / 2,160 ≒ 5.3만 원

따라서 광고 표출 횟수당 비용이 가장 저렴한 회사는 'B 회사'이다.

⏱ 빠른 문제 풀이 Tip

1개월당 광고 표출 횟수 = 1시간당 광고 표출 횟수 × 30일 × 24시간에서 회사별로 30과 24시간은 동일하게 곱해지므로 1개월당 광고 표출 비용 / 1시간당 광고 표출 횟수가 가장 저렴한 회사가 광고 표출 횟수당 비용이 가장 저렴한 회사임을 알 수 있다.

구분	1개월당 광고 표출 비용 / 1시간당 광고 표출 횟수
A 회사	[7,200 × {1 − (20 / 100)}] / 2 = 2,880만 원
B 회사	[9,000 × {1 − (10 / 100)}] / 3 = 2,700만 원
C 회사	[9,600 × {1 − (20 / 100)}] / 2 = 3,840만 원
D 회사	[14,400 × {1 − (20 / 100)}] / 3 = 3,840만 원

따라서 광고 표출 횟수당 비용이 가장 저렴한 회사는 'B 회사'이다.

55 문제해결능력 문제   정답 ③

제시된 자료에 따르면 상현이는 6개월 전 ○○보험의 기본계약과 선택계약을 모두 가입하였고, 202X년 03월 15일에 응급실에 내원하여 진료를 받았다. 이때, 상현이는 응급환자에 해당하지 않으므로 '2. 선택계약 – 응급실 내원비 보장'에 따라 1만 원을 지급받으며, 진료 결과 척추 중재 시술을 받았고, 척추 중재 시술은 보험약관에 근거하여 1종 수술로 분류되므로 '1. 기본계약 – 수술비'에 따라 20만 원을 지급받는다. 또한, △△상급종합병원에서 5일간 입원 치료를 받아 '1. 기본계약 – 통합 입원'에 따라 1일당 5만 원씩 지급받고 '2. 선택계약 – 종합병원 입원'에 따라 1일당 2만 원씩 지급받아 1일당 7만 원씩 총 7 × 5 = 35만 원을 지급받는다. 이때, 입원 기간 5일 중 2일간 간병인을 지원받았으므로 '2. 선택계약 – 간병인 지원'에 따라 간병인을 지원받지 않은 3일 치 금액인 2 × 3 = 6만 원을 지급받는다.

따라서 상현이가 지급받을 총보험금은 1 + 20 + 35 + 6 = 62만 원이다.

56 문제해결능력 문제　　　　　정답 ④

[골프장 이용 요금 안내]에 따르면 골프장 이용 요금은 캐디비와 그린피, 카트료를 모두 합한 금액이며, 그린피는 1인당 요금이며, 캐디비와 카트료는 1팀당 요금이고, 1팀은 최대 4명까지 구성 가능하다. 진세와 친구 5명은 총 6명이므로 2개 팀으로 구성하였을 때 요금이 최소가 된다. 이때, 진세는 지정회원이고, 주말에 이용하므로 2팀에 필요한 캐디비와 카트료는 (140,000 + 18,000) × 2 = 316,000원이고, 6명의 그린피는 72,000 × 6 = 432,000원이다.

따라서 진세와 친구들이 지불해야 하는 골프장 이용 요금의 최소 금액은 316,000 + 432,000 = 748,000원이다.

[57-58]

57 문제해결능력 문제　　　　　정답 ②

'2. 지원 자격'에 따르면 자격 요건 구비 시점은 공고일 전일을 기준으로 하나, 병역의 경우 최종 합격자 발표일 이전에 전역 가능한 자를 포함하므로 옳은 내용이다.

① '4. 선발 절차 및 일정'에 따르면 필기 전형은 지원서 접수 시 서울, 울산, 대전, 광주 중에서 선택한 장소 1곳에서 진행되므로 옳지 않은 내용이다.
③ '3. 채용 분야별 선발 예정 인원'에 따르면 건축 분야의 선발 예정 인원은 총 4명이고, '4. 선발 절차 및 일정'에 따르면 필기 전형 대상자는 채용 예정 인원이 5명 이상인 경우 3배수, 4명 이하인 경우 5배수를 선발하므로 옳지 않은 내용이다.
④ '1. 지원서 접수'에 따르면 ○○발전의 신입 직원 채용 지원서 접수는 20XX년 7월 22일 13시부터 가능하므로 옳지 않은 내용이다.

58 문제해결능력 문제　　　　　정답 ③

'2. 지원 자격'에 따르면 학력 및 전공에는 제한이 없지만, 대졸 또는 이와 유사한 수준의 지식 보유자이어야 하며 자격 요건 구비 시점은 공고일 전일을 기준으로 하므로 지원자 A의 문의사항에 대한 귀하의 답변으로 옳은 것은 ③이다.

59 문제해결능력 문제　　　　　정답 ③

제7조 제2항에서 방사성폐기물 관리사업자가 방사성폐기물 관리 시행계획 중 산업통상자원부령으로 정하는 경미한 사항을 변경하려는 경우 산업통상자원부장관에게 신고해야 한다고 하였으므로 가장 적절하지 않다.

① 제8조 제2항에서 산업통상자원부장관이 기본계획 수립을 위한 실태 조사를 위해 관계 기관장, 방사성폐기물 발생자, 방사성폐기물 관리 사업자에게 필요한 자료 제출을 요청할 때 요청을 받은 자는 특별한 사유가 없는 경우 요청에 따라야 한다고 하였으므로 적절하다.
② 제11조 제2항에서 방사성폐기물 관리사업자는 운영기준을 제정·변경·폐지하려는 경우 산업통상자원부장관의 승인을 받아야 한다고 하였으므로 적절하다.
④ 제5조 제3항에서 원자력발전사업자는 방사성폐기물 관리시설의 부지 선정에 있어 방사성폐기물 관리사업자에게 인적·기술적 지원과 협력을 해야 한다고 하였으므로 적절하다.

60 문제해결능력 문제　　　　　정답 ③

1문단에 따르면 창업기업 서비스 바우처 사업은 초기 청년 창업기업의 경영안정을 위해 세무·회계 및 기술임치 등에 드는 비용을 연간 100만 원까지 바우처 방식으로 지원하므로 옳지 않은 내용이다.

① 2문단에 따르면 창업기업 서비스 바우처 사업의 지원 대상은 1월 1일을 기준으로 현재 설립한 지 3년 이내이면서 대표자가 39세 이하인 초기 청년 창업기업이므로 옳은 내용이다.
② 1문단에 따르면 중소벤처기업부는 '창업기업 서비스 바우처 사업' 참여기업을 오는 1월 20일부터 27일까지 모집하므로 옳은 내용이다.
④ 3문단에 따르면 창업기업은 원하는 기관에서 자유롭게 서비스를 이용한 후 서비스 제공기관에서 발행한 전자세금계산서를 창업지원포털에 등록하여야 하므로 옳은 내용이다.

실전모의고사 3회 [피듈형]

정답

01 의사소통	02 의사소통	03 의사소통	04 의사소통	05 의사소통	06 의사소통	07 의사소통	08 의사소통	09 의사소통	10 의사소통
②	②	④	④	①	④	②	②	③	②
11 수리	**12** 수리	**13** 수리	**14** 수리	**15** 수리	**16** 수리	**17** 수리	**18** 수리	**19** 수리	**20** 수리
①	④	④	③	③	④	①	③	③	①
21 자원관리	**22** 자원관리	**23** 자원관리	**24** 자원관리	**25** 자원관리	**26** 자원관리	**27** 자원관리	**28** 자원관리	**29** 자원관리	**30** 자원관리
③	②	②	③	①	④	①	④	③	②
31 문제해결	**32** 문제해결	**33** 문제해결	**34** 문제해결	**35** 문제해결	**36** 문제해결	**37** 문제해결	**38** 문제해결	**39** 문제해결	**40** 문제해결
③	④	③	④	③	③	②	③	①	④
41 정보	**42** 정보	**43** 정보	**44** 정보	**45** 정보	**46** 정보	**47** 정보	**48** 정보	**49** 정보	**50** 정보
②	③	④	③	②	③	③	②	④	④

취약 영역 분석표

영역별로 맞힌 개수, 틀린 문제 번호와 풀지 못한 문제 번호를 적고 나서 취약한 영역이 무엇인지 파악해 보세요.

영역	맞힌 개수	틀린 문제 번호	풀지 못한 문제 번호
의사소통능력	/10		
수리능력	/10		
자원관리능력	/10		
문제해결능력	/10		
정보능력	/10		
TOTAL	/50		

해설

01 의사소통능력 문제   정답 ②

날짜 다음 괄호를 사용할 때는 괄호 뒤에 마침표를 찍지 않아야 하므로 '20XX. X. X.(수)' 뒤에 마침표를 추가하는 것은 가장 적절하지 않다.

02 의사소통능력 문제   정답 ②

이 글은 좀비기업의 증가가 경제 전반에 막대한 손해를 입히고 있어 자본 낭비를 막기 위해 좀비기업에 대한 지원을 중단해야 한다는 내용이므로 이 글의 중심 내용으로 가장 적절한 것은 ②이다.

오답 체크

① 좀비기업의 지원금으로 인해 벤처기업의 지원금이 줄어든다는 내용에 대해서는 서술하고 있지만, 글 전체를 포괄할 수 없으므로 적절하지 않은 내용이다.

③ 좀비기업의 분류 기준에 대해 다루고 있지 않으므로 적절하지 않은 내용이다.

④ 낮은 금리로 인해 대출금 회수 가능성이 낮은 좀비기업의 차입금 조달이 쉬워진다는 내용에 대해서는 서술하고 있지만, 글 전체를 포괄할 수 없으므로 적절하지 않은 내용이다.

03 의사소통능력 문제   정답 ④

ⓔ이 있는 문장 앞에서 파나마병을 해결하기 위해 곰팡이에 강한 품종 개량 연구가 진행되고 있다고 하였으며, ⓔ이 있는 문장에서 전문가는 문제의 근본적인 원인은 단일 품종 위주의 대량생산 방식에 있다고 지적하며 바나나 생산 방식을 변경하여 유전적 다양성을 갖추어야 함을 충고한다고 하였으므로 앞의 내용과 뒤의 내용이 상반될 때 쓰는 접속 부사 '그러나'를 '그리고'로 바꾸어 쓰는 것은 가장 적절하지 않다.

오답 체크

① '모든' 또는 '전체'의 뜻을 나타내는 관형사 '전'은 뒤에 오는 명사와 띄어 써야 하므로 '전 세계적으로'가 적절하다.

② ⓛ이 있는 문장에서 곰팡이는 바나나를 파나마병에 걸리게 하는 주체이므로 사동 표현 '감염시킨다'가 적절하다.

③ ⓒ이 있는 문장에서 파나마병 전염을 예방하는 유일한 방법은 농장 주변을 막아 외부와 통하지 못하게 하는 것뿐이라는 의미로 쓰였으므로 '차단'이 적절하다.
- 차단: 결단을 내려 처치하거나 처분함

04 의사소통능력 문제   정답 ④

이 글은 지구 생태계 보존을 위해 씨드 뱅크가 등장했으며, 다양한 품종의 유전자를 씨앗 형태로 보존하는 기능을 한다는 내용이므로 이 글의 제목으로 가장 적절한 것은 ④이다.

05 의사소통능력 문제   정답 ①

질문 2는 방문, 질문 13은 견학 신청과 관련한 질문이므로 ⊙에 해당하는 질문으로 가장 적절하다.

오답 체크

② 질문 10은 연료와 관련한 질문이므로 ⓒ에 해당한다.

③ 질문 11은 환경과 관련한 질문이므로 ⓔ에 해당한다.

④ 질문 9는 안전과 관련한 질문이므로 ⓛ에 해당한다.

06 의사소통능력 문제   정답 ④

'2. 우리나라의 노인 빈곤율이 높은 원인 - 2)'에서 노후 준비를 하지 않고 있다고 응답한 비중이 60대 이상 가구에서 40% 이상인 것으로 나타났다고 하였으므로 60대 이상 가구 중 노후 준비를 하지 않는 가구가 약 30%를 차지한다는 반응은 가장 적절하지 않다.

오답 체크

① '3. 높은 노인 빈곤율이 사회·경제에 미치는 영향 - 1)'에서 노인 빈곤율과 자살률이 밀접한 연관이 있다는 점을 바탕으로 추론하면 은퇴 후 악화되는 고령층의 경제 상황이 높은 자살률의 주된 원인 중 하나라고 하였으므로 적절하다.

② '2. 우리나라의 노인 빈곤율이 높은 원인 - 1)'에서 우리나라는 2025년에 전체 인구에서 65세 이상 인구의 비중이 20% 이상인 초고령화 사회에 들어서게 될 것으로 전망된다고 하였으므로 적절하다.

③ '1. 빈곤의 개념'에서 우리나라가 빈곤 유형과 관계없이 OECD 국가 중에서 노인 빈곤율이 가장 높은 것으로 파악된다고 하였으므로 적절하다.

07 의사소통능력 문제   정답 ②

전압조정이 불가능하여 입력전원에 따라 출력전압이 변화하는 오프라인 방식과 달리 라인 인터렉티브 방식은 자동전압조정기능을 내장하여 출력전압을 일정하게 유지할 수 있다고 하였으므로 라인 인터렉티브 방식과 오프라인 방식이 입력전압의 변화에 따라 출력전압도 변동되는 것은 아님을 알 수 있다.

오답 체크

① UPS는 주전원이 사라졌을 때 부하에 전력을 가해 한동안 전원을 유지할 수 있는 무정전 전원 장치라고하였으므로 적절하다.

③ 정지형 UPS는 온라인, 오프라인, 라인 인터렉티브 방식으로 나뉜다고 하였으며, 온라인 방식은 전력 소모가 많아 오프라인 방식보다 효율이 낮은 반면 오프라인 방식과 라인 인터렉티브 방식은 입력전원이 정상인 경우 전력 소모가 적어 효율이 높다고 하였으므로 적절하다.

④ 회생모드 전환 시 온라인 방식은 별도의 시간 소요가 없어 계속 전원을 유지할 수 있다고 하였으며, 오프라인 방식은 계통 주기의 1/4이 소요되어 일시적으로 전원이 차단된다고 하였으므로 적절하다.

08 의사소통능력 문제　　　　　정답 ②

20X1년 반부패 신고 사례 접수 시 인권경영 규정에 기반하여 조처한다고 하였으며, 20X0년에 접수된 신고 32건 중 규정 위반 15건에 대해서만 조처를 했으므로 인권경영 규정에 따라 반부패 익명 신고 시스템을 통해 접수된 모든 사례를 처벌할 예정인 것은 아님을 알 수 있다.

오답 체크

① 20X0년 3월, 9월에 추진되어 반기별 1회로 연간 총 2회 시행하던 청렴 시책에 대한 임직원의 의견 수렴을 20X1년에는 3월, 6월, 9월, 12월에 분기별 1회로 연간 총 4회 시행할 계획이므로 적절한 내용이다.

③ 20X1년 청렴·윤리경영 시스템 운영 강화 사업의 일환으로 청렴 마일리지 제도를 시행하여 청렴 시책 참여 실적 우수자 및 교육 우수 수강자에게 청렴 마일리지를 부여하고 우수 직원 및 부서에 인센티브를 지급할 예정이므로 적절한 내용이다.

④ 20X1년 인권경영 시스템 운영 강화 사업의 일환으로 10월에 임직원 인권의식 수준 설문조사를 시행하여 조사 결과가 일정 수준 미만인 경우 인권교육 추가 교육 대상자로 선정할 예정이라고 하였으므로 적절한 내용이다.

[09-10]
09 의사소통능력 문제　　　　　정답 ③

5문단에서 양수식 수력발전이 다른 수력발전과 달리 유량 변동에 큰 영향을 받지 않는다고 하였으므로 계절에 따른 유량 변동에 유리한 발전 방식이 유역 변경식 발전인 것은 아님을 알 수 있다.

오답 체크

① 4문단에서 유역 변경식 발전에 사용된 물은 관개용수로 사용한다고 하였으므로 적절하다.

② 1문단에서 수력발전은 물을 통해 전력을 생산하여 공해를 유발하지 않는 청정에너지라고 하였으므로 적절하다.

④ 2문단에서 수력발전으로 얻은 전기는 변압기를 통해 고전압으로 변환된 후 송전선을 통해 외부로 운송된다고 하였으므로 적절하다.

10 의사소통능력 문제　　　　　정답 ②

5문단에서 양수식 수력발전은 양수에 필요한 전력이 방류를 통해 얻을 수 있는 발전 전력량보다 약 30% 많지만, 값싼 심야 시간대의 잉여전력을 위치에너지로 변환하여 저장했다가 필요할 때 재생산한다는 관점에서 발전 원가를 절감할 수 있는 경제적인 발전 방식이라고 하였으므로 가장 적절하지 않다.

오답 체크

① 1문단에서 수력발전은 외부 전원 없이도 자체 기동이 가능하며, 대용량 발전소의 정상 작동이 불가능할 때 상시 대기 예비 전력으로 전력 조달이 가능하다고 하였으므로 적절하다.

③ 3문단에서 수력발전소는 낙차가 크고 유량이 풍부한 지역에 건설하는 것이 유리하지만, 우리나라는 낙차가 크지 않고 계절에 따른 유량 변동이 커 수력발전에 불리한 입지 조건이라고 하였으므로 적절하다.

④ 2문단에서 댐을 건설하여 고지대의 물을 막은 후 하류로 방류하는 수력발전은 고지대의 물이 가지고 있던 위치에너지가 운동에너지로 변환되고, 그 운동에너지가 수차를 돌려 전기에너지로 변환된다고 하였으므로 적절하다.

11 수리능력 문제　　　　　정답 ①

A 기기와 B 기기에 걸린 전압은 동일하고, 전압 = 전류 × 저항, 소비전력 = 전압 × 전류임에 따라 소비전력 = (전류)^2 × 저항이며, 전류의 크기 = |전류| = $\sqrt{\frac{\text{소비전력}}{\text{저항}}}$임을 적용하여 구한다.

A 기기의 소비전력은 486W, 저항은 6Ω이므로 전류의 크기는 $\sqrt{\frac{486}{6}}$ = 9A이고, B 기기의 소비전력은 1,352W, 저항은 8Ω이므로 전류의 크기는 $\sqrt{\frac{1,352}{8}}$ = 13A이다.

따라서 두 기기에 흐르는 전류 크기의 차이는 13 - 9 = 4A이다.

12 수리능력 문제　　　　　정답 ④

소금의 양 = 소금물의 양 × $\frac{\text{소금물의 농도}}{100}$임을 적용하여 구한다.

영철이가 가지고 있던 소금물의 양을 x라고 하면 희철이가 가지고 있던 소금물의 양은 $200 - x$이며, 영철이가 가지고 있던 소금의 양은 $0.11x$이고 희철이가 가지고 있던 소금의 양은 $0.05(200 - x)$ = $10 - 0.05x$이다.

두 사람이 가지고 있던 소금물을 합쳐 농도 9.5%의 소금물 200g을 만들었으므로

$\frac{0.11x + 10 - 0.05x}{200}$ × 100 = 9.5 → 0.06x + 10 = 19 → x = 150

따라서 영철이와 희철이가 가지고 있던 소금물의 양은 각각 150g, 50g이다.

13 수리능력 문제
정답 ④

민재의 현재 나이를 x, 정민이의 현재 나이를 y라고 하면

$x:y=3:5 \rightarrow 3y=5x \rightarrow 12y-20x=0$ ··· ⓐ

$x-2:y-2=4:7 \rightarrow 4(y-2)=7(x-2)$

$\rightarrow 12y-21x=-18$ ··· ⓑ

ⓐ - ⓑ에서 $x=18$이므로 민재의 현재 나이는 18세이다.

14 수리능력 문제
정답 ③

시간 = $\frac{거리}{속력}$임을 적용하여 구한다.

다리를 완전히 건너는 데 이동한 거리 = 다리의 길이 + 기차의 길이 이므로 기차의 길이를 x라고 하면

$\frac{720+x}{40}=20 \rightarrow x=80$

따라서 길이가 1,320m인 다리를 기차가 완전히 건너는 데 걸리는 시간은 $\frac{1,320+80}{40}=35$초이다.

15 수리능력 문제
정답 ③

손익 = 판매가 - 원가임을 적용하여 구한다.

샤프 1자루당 원가는 $\frac{2,400}{6}=400$원이고, 30세트 중 8세트를 폐기 처분했으므로 22세트를 판매한다.

샤프 1자루당 판매가격을 x라고 하면 총매출액은 $3 \times 22 \times x=66x$원이고, 원가는 $(3 \times 30) \times 400=36,000$원이며, 3,000원의 손해가 생기므로 $66x-36,000=-3,000 \rightarrow x=500$

따라서 샤프 1자루당 판매가격은 500원이다.

16 수리능력 문제
정답 ④

등차수열의 일반항은 $a_n=a+(n-1)d$임을 적용하여 구한다. (a: 첫째 항, d: 공차)

첫째 항이 25이고, 공차가 7이므로 $a_{25}=25+(25-1) \times 7=25+24 \times 7=25+168=193$

따라서 제25항의 숫자는 193이다.

17 수리능력 문제
정답 ①

$\log_{10}\frac{1}{a}=-\log_{10}a$, $n\log_{10}a=\log_{10}a^n$, $\log_{10}ab=\log_{10}a+\log_{10}b$, $\log_{10}\frac{b}{a}=\log_{10}b-\log_{10}a$이고, $\log_{10}a=c$이면 $10^c=a$임을 적용하여 구한다.

pH가 3인 A 사이다 1L 속에 들어있는 수소이온의 몰 수를 x, pH가 4인 B 사이다 1L 속에 들어있는 수소이온의 몰 수를 y라고 하면 A 사이다 1L 속에 들어있는 수소이온 몰 수는

$3=\log_{10}\frac{1}{x} \rightarrow 3=-\log_{10}x \rightarrow x=10^{-3}$

B 사이다 1L 속에 들어있는 수소이온 몰 수는

$4=\log_{10}\frac{1}{y} \rightarrow 4=-\log_{10}y \rightarrow y=10^{-4}$이므로

B 사이다 2L 속에 들어있는 수소이온의 몰 수는 $10^{-4} \times 2$이다.

이에 따라 A 사이다 1L와 B 사이다 2L를 하나의 비커에 담아 섞은 사이다 3L 속에 들어있는 수소이온의 몰 수는 $10^{-3}+10^{-4} \times 2=12 \times 10^{-4}$임에 따라 비커에 담긴 사이다 1L 속에 들어있는 수소이온의 몰 수는 $\frac{12 \times 10^{-4}}{3}=4 \times 10^{-4}$이므로 pH는 $\log_{10}\frac{1}{4 \times 10^{-4}}=-\log_{10}(4 \times 10^{-4})=-\log_{10}2^2+4=-2\log_{10}2+4=-2\log_{10}\frac{10}{5}+4=-2(\log_{10}10-\log_{10}5)+4=-2(1-0.7)+4=-0.6+4=3.4$이다.

따라서 비커에 담긴 사이다의 pH는 3.4이다.

18 수리능력 문제
정답 ③

2019년 대전광역시의 상용직 비중은 2018년에 비해 72.0 - 70.3 = 1.7%p 증가하였으므로 옳은 설명이다.

오답 체크

① 2019년에 상용근로자가 2018년에 비해 감소한 도시는 없으므로 옳지 않은 설명이다.

② 2018년 울산광역시의 임금근로자는 475천 명으로 2018년 대구광역시의 상용근로자인 585천 명보다 적으므로 옳지 않은 설명이다.

④ 2019년에 임금근로자는 서울특별시, 부산광역시, 인천광역시, 대구광역시, 대전광역시, 광주광역시, 울산광역시 순으로 많으므로 옳지 않은 설명이다.

19 수리능력 문제
정답 ③

제시된 자료에 따르면 2015년 LNG 수입량은 33,366천M/T, 2016년 LNG 수입량은 33,453천M/T으로 2016년 LNG 수입량은 전년 대비 증가하였으나 [연도별 LNG 수입량] 꺾은선그래프는 2016년에 전년 대비 감소하므로 가장 옳지 않은 그래프는 ③이다.

20 수리능력 문제
정답 ①

접수 물량당 요금은 2015년에 330,105 / 137,301 ≒ 2.40천 원, 2016년에 387,546 / 164,730 ≒ 2.35천 원, 2017년에 439,696 / 188,715 ≒ 2.33천 원, 2018년에 495,601 / 214,437 ≒ 2.31천 원이다.

따라서 우체국 택배 접수 물량당 요금이 가장 비싼 해는 '2015년'이다.

21 자원관리능력 문제   정답 ③

시간을 관리함으로써 제품 생산 시간 단축을 통해 더욱 빠르게 상품을 시장에 판매하여 시장 점유율을 증가시킬 수 있는 것은 기업 측면에서의 시간 관리 효과이므로 가장 적절하지 않다.

22 자원관리능력 문제   정답 ②

[정률법 감가상각비 계산식]에 따르면 연간 감가상각률은 $1 - \sqrt[n]{\frac{\text{추정잔존가치}}{\text{구입 가격}}}$ 이며, 1년 후 감가상각비는 당해 제품의 가격×연간 감가상각률이고, 최초 제품의 가격은 구입 가격으로 산정하므로 기계장치의 1년 후 감가상각비는 $10,000,000 \times \left(1 - \sqrt[2]{\frac{100,000}{10,000,000}}\right)$ $= 10,000,000 \times 0.9 = 9,000,000$원이다.

따라서 1년 후 제품의 가격은 $10,000,000 - 9,000,000 = 1,000,000$원임에 따라 기계장치의 2년 후 감가상각비는 $1,000,000 \times 0.9 = 900,000$원이다.

23 자원관리능력 문제   정답 ②

제시된 자료에 따르면 △△회사의 전체 직원 수는 12 + 11 + 8 + 7 + 8 + 15 + 9 = 70명으로 김 대리는 전체 직원에게 지급할 칼라 티셔츠와 점퍼를 주문해야 한다. 또한, 칼라 티셔츠는 로고를 추가해야 하고, 점퍼는 로고와 문구를 추가해야 한다. 업체별로 상의를 주문했을 때 총비용은 다음과 같다.

구분	총비용
A 업체	{(9,000 + 2,000) + (42,000 + 2,000 + 1,000)} × 70 = 3,920,000원
B 업체	{(9,500 + 1,500) + (41,500 + 1,500 + 1,500)} × 70 = 3,885,000원
C 업체	{(11,500 + 2,500) + (38,500 + 2,500 + 1,500)} × 70 = 3,955,000원
D 업체	{(10,500 + 1,500) + (41,500 + 1,500 + 1,000)} × 70 = 3,920,000원

이에 따라 상의는 비용이 가장 저렴한 B 업체를 선정한다. 또한, 기술팀 직원 9명은 정전기 방지 기능이 있는 하의도 함께 주문해야 하며, 가격이 더 저렴하다면 상의와 하의를 서로 다른 업체에서 주문해도 되므로 하의는 정전기 방지용 바지가 가장 저렴한 A 업체를 선정한다.

따라서 김 대리가 주문해야 할 회사 유니폼의 총비용은 3,885,000 + (22,500 × 9) = 4,087,500원이다.

24 자원관리능력 문제   정답 ③

송년회는 만년필을 주문하는 날로부터 열흘 뒤이므로 배송 소요 시간이 2주가 걸리는 B 만년필은 주문할 수 없다. 전 직원 1,000명에게 1인당 2개씩 선물하려면 2,000개의 만년필을 주문해야 하며, 만년필 가격표에 따른 A, C, D 만년필에 회사 마크를 레이저 인쇄한 총비용은 다음과 같다.

구분	만년필 비용	레이저 인쇄 비용	총비용
A 만년필	25,000 × 2,000 × 1.1 = 55,000,000원	20 × 30,000 = 600,000원	55,600,000원
C 만년필	23,000 × 2,000 × 1.1 = 50,600,000원	2,000 × 700 = 1,400,000원	52,000,000원
D 만년필	22,000 × 2,000 × 1.1 = 48,400,000원	2,000 × 1,000 = 2,000,000원	50,400,000원

만년필 구매에 사용할 수 있는 예산은 5,500만 원이므로 총비용이 5,500만 원을 초과하는 A 만년필은 주문할 수 없다.

따라서 C 만년필과 D 만년필 중 예산을 최대한 사용할 때 주문하게 될 만년필은 'C 만년필'이다.

25 자원관리능력 문제   정답 ①

인적 자원은 예산, 물적 자원과 달리 능동적이고 반응적인 성격을 가지므로 가장 적절하지 않다.

26 자원관리능력 문제   정답 ④

[6월 회의실 예약 현황]에 따르면 신입사원 교육이 진행 가능한 날짜는 6월 15일과 6월 16일이다.

따라서 6월 15일에 첫째 날 교육을 진행하면 16일에 둘째 날 교육을 진행하여 둘째 날에 커뮤니케이션 기술 교육을 진행하는 박영규 강사는 6월 16일에 교육을 진행하므로 옳은 내용이다.

오답 체크

① 강사의 이동시간을 고려하여 강사료는 실제 교육시간에 왕복 2시간을 추가 산정하여 3시간 동안 커뮤니케이션 기술 교육을 진행하는 박영규 강사에게 지불할 강사료는 120,000 × (3 + 2) = 600,000원이므로 옳지 않은 내용이다.

② 점심시간을 고려하여 교육이 중간에 끊기지 않도록 점심시간을 제외한 근무시간에만 교육을 진행하여 12:00~13:00에는 교육을 진행할 수 없으므로 옳지 않은 내용이다.

③ 서로 다른 날에 진행하는 교육끼리는 교육의 순서 변동이 불가하여 첫째 날에 이진영 강사가 진행하는 문서 작성법 교육과 둘째 날에 최창현 강사가 진행하는 직장 내 성희롱 예방 교육은 같은 날 교육을 진행할 수 없으므로 옳지 않은 내용이다.

27 자원관리능력 문제   정답 ①

옐로나이프 지사에서 근무하는 A 사원은 밴쿠버 본사에 방문하여 1시간 동안 발표 리허설 후 서울에서 개최되는 국제박람회에 3월 15일 오후 1시에 도착하려면 서울보다 16시간 느린 옐로나이프 현지 시각으로 3월 14일 오후 9시에 서울에 도착해야 한다. 이에 따라 옐로나이프에서 밴쿠버까지 비행시간이 2시간 30분 소요되고, 밴쿠버 본사에 방문하여 1시간 동안 발표 리허설 후 밴쿠버에서 서울까지 비행시간이 15시간 30분 소요됨에 따라 총 19시간이 소요되므로 3월 14일 오전 2시에 옐로나이프에서 출발해야 한다.

따라서 A 사원이 옐로나이프 지사에서 출발해야 하는 현지 시각은 3월 14일 오전 2시이다.

28 자원관리능력 문제   정답 ④

[○○스키장 리프트 이용 요금]에 따르면 소인은 만 13세 이하, 대인은 만 14세 이상을 의미하고, [리프트권 할인 정보]에 따라 할인은 중복 적용되지 않으며, 개인마다 할인율이 가장 높은 할인이 적용된다. 또한, 제휴 카드 할인과 ☆☆시 지역 주민 할인은 본인 외 2명까지 할인이 적용되며, 장애/국가유공자 할인은 본인에 한하여 할인이 적용된다. ☆☆시 지역 주민인 만 18세 갑과 동갑인 친구 2명은 모두 대인으로 ☆☆시 지역 주민 할인을 적용받는 것이 가장 할인율이 높지만, 갑이 모든 일행의 주말 리프트 3시간권을 제휴 카드로 온라인 예매하였으므로 3명 모두 25%의 제휴 카드 할인을 적용받아 갑이 지불한 요금은 $(71,000 \times 3) \times (1 - 0.25) = 159,750$원이고, 국가유공자인 만 32세 을은 대인이고, 만 30세인 배우자도 대인이며, 만 12세인 딸은 소인으로 을이 모든 일행의 주중 리프트 4시간권을 현금으로 현장 발매하였으므로 국가유공자인 을만 본인에 한하여 50% 장애/국가유공자 할인을 적용받아 을이 지불한 요금은 $63,000 \times (1 - 0.5) + 63,000 + 46,000 = 140,500$원이다. 또한, 만 30세인 병은 대인이고, 만 10세인 아들과 만 9세인 딸은 소인으로 병이 모든 일행의 주중 리프트 2시간권을 비제휴 카드로 현장 발매하였으므로 적용받는 할인이 없어 병이 지불한 요금은 $55,000 + (40,000 \times 2) = 135,000$원이다.

따라서 갑, 을, 병이 각각 지불한 요금을 바르게 연결한 것은 ④이다.

29 자원관리능력 문제   정답 ③

김 씨의 3개월간 임금총액은 $9,000,000 + 3,700,000 = 12,700,000$원, 상여금 가산액은 $4,000,000 / 4 = 1,000,000$원, 연차수당 가산액은 $400,000 / 4 = 100,000$원이므로 김 씨의 1일 평균임금은 $12,700,000 + 1,000,000 + 100,000 = 13,800,000$원을 퇴직일 이전 3개월간의 총 근무 일수인 92일로 나눈 $13,800,000 / 92 = 150,000$원이다. 이때 김 씨의 재직 일수는 2001년 1월 1일부터 2021년 1월 1일까지의 기간에서 퇴사하는 당일을 제외한 $365 \times 20 + 1 - 1 = 7,300$일이다.

따라서 김 씨가 받을 퇴직금은 $150,000 \times 30 \times (7,300 / 365) = 150,000 \times 30 \times 20 = 9,000$만 원이다.

30 자원관리능력 문제   정답 ②

[물류창고 운영 규칙]에 따르면 매월 1일에 A 물품은 25개, B 물품은 20개, C 물품은 15개가 입고되고, 입고된 물품은 입고된 달의 바로 다음 달 말일까지 출고되지 않을 경우 해당 일에 반품한다. 또한, 각 물품은 물류창고에 입고된 순서대로 주문 수량만큼 출고되어 모두 판매되므로 해당 월에 이월된 물품이 입고된 물품보다 먼저 출고되며, 수량이 없는 물품은 해당 월에 더 이상 물류 업무가 진행되지 않는다. 이에 따라 물품의 이월 개수가 출고 개수보다 많을 때, 출고되고 남은 이월 물품은 반품하고, 창고에 남은 물품은 다음 달로 이월한다. 또한, 3월 출고량은 2월 출고량보다 A 물품은 30%, B 물품은 20%, C 물품은 25%가 증가함에 따라 물품별 이월, 입고, 출고, 반품 개수는 다음과 같다.

구분		2월	3월	4월 1일
A 물품	이월	14개	$14 + 25 - 20$ $= 19$개	$19 + 25 - 26$ $= 18$개
	입고	25개	25개	25개
	출고	20개	$20 \times 1.3 = 26$개	0개
	반품	0개	0개	0개
B 물품	이월	22개	20개	20개
	입고	20개	20개	20개
	출고	15개	$15 \times 1.2 = 18$개	0개
	반품	$22 - 15 = 7$개	$20 - 18 = 2$개	0개
C 물품	이월	17개	15개	15개
	입고	15개	15개	15개
	출고	12개	$12 \times 1.25 = 15$개	0개
	반품	$17 - 12 = 5$개	0개	0개

4월 1일 창고에 남아있는 물품의 개수는 이월 개수와 입고 개수의 합이므로 A 물품이 $18 + 25 = 43$개, B 물품이 $20 + 20 = 40$개, C 물품이 $15 + 15 = 30$개이다.

따라서 4월 1일 창고에 남아있는 물품의 총개수는 $43 + 40 + 30 = 113$개이다.

31 문제해결능력 문제   정답 ③

부장보다 먼저 입사한 직원은 1명이므로 부장은 두 번째로 입사했다. 차장을 제외한 나머지 직원은 모두 외동이며 가장 먼저 입사한 직원은 외동이 아니므로 차장은 첫 번째로 입사했다. 이때 사원은 세 번째로 입사했으므로 대리는 네 번째로 입사했다.

따라서 가장 마지막으로 입사한 직원의 직급은 '대리'이다.

32 문제해결능력 문제   정답 ④

A~D 4명의 성적은 모두 다르고 A는 4명 중 가장 높은 점수를 받았으므로 A는 1등이다.

이때 B의 성적은 3등과 4등의 평균 점수보다 낮으므로 B는 4등이다. D는 C보다 점수가 낮으므로 3등은 D이며 2등은 C이다.

따라서 경시대회에서 3등을 한 사람은 'D'이다.

33 문제해결능력 문제   정답 ③

[청렴마일리지 적립 기준]에서 항목별 총점수는 항목점수를 초과할 수 없으며, 청렴 활동에서 윤리 교육의 항목점수는 15점이라고 하였으므로 D 인턴이 인재개발원, 권익위 청렴연수원, 사내 감사실에서 주관하는 정규 윤리 교육을 모두 수강하여 총 20점을 받을 수 있다는 설명은 가장 적절하지 않다.

오답 체크

① 청렴 활동에서 사내 사회봉사에 참여할 경우 시간당 1점이 적립되고, 연간 최대 10시간이 인정된다고 하였으므로 적절하다.

② 임직원 행동 방침에서 임직원의 금품 수령 사실을 신고할 경우 35점이 적립된다고 하였으므로 적절하다.

④ 청렴 활동에서 청렴 행사에 참여할 경우 회당 3점이 적립되고, 청렴 경진 대회에 참가하였으나 수상하지 못할 경우 회당 1점이 적립된다고 하였으므로 적절하다.

34 문제해결능력 문제   정답 ④

제10조 제3항 제3호에서 무기류나 위해물품을 휴대하거나 숨기고 있다고 의심되는 경우 공항운영자는 승객의 동의를 얻은 후 직접 신체에 대한 검색 또는 개봉검색을 해야 한다고 하였으므로 가장 적절하지 않다.

오답 체크

① 제11조 제5항에서 항공운송사업자는 보안검색이 끝나 항공기에 탑재된 위탁수하물이 탑승한 승객의 소유인지 확인하여 수하물 소유자가 항공기에 탑승하지 않은 경우 운송해서는 안 된다고 하였으므로 적절하다.

② 제10조 제4항에서 공항운영자는 기내 휴대 금지 물품이 항공보안에 위해가 되지 않는다고 인정되는 경우 위탁수하물로 탑재할 수 있다고 하였으므로 적절하다.

③ 제11조 제3항 제1호에서 엑스선 검색장비가 정상 작동하지 않을 경우 항공기 탑재 전에 위탁수하물을 개봉하여 내용물을 검색해야 하며, 폭발물이 있다고 의심되는 경우 폭발물 흔적탐지장비 등을 추가하여 보안검색을 해야 한다고 하였으므로 적절하다.

35 문제해결능력 문제   정답 ③

민법이 규정한 권리와 의무의 발생, 변경, 소멸 등 실체적 법률관계가 법원을 비롯한 관련 기관에 의해 실행되기 위해서는 절차법이 필요하다고 하였으므로 가장 적절하지 않다.

오답 체크

① 사법은 개인과 개인 간의 사적인 관계를 규율하고, 민법은 일반사법에 속한다고 하였으므로 적절하다.

② 특별법은 특정 사람·장소·사항에 적용된다고 하였으므로 적절하다.

④ 노동관계에서 노동법 규정이 없으면 민법에 해당하는 내용으로 간주한다고 하였으므로 적절하다.

36 문제해결능력 문제   정답 ③

'2. 지원 대상'에 따르면 손실보상 선지급을 신청할 수 있는 대상자에게는 개별적으로 문자가 발송될 예정이므로 옳은 내용이다.

오답 체크

① '3. 신청 안내'에 따르면 출생연도 끝자리가 9와 4인 사람이 01. 19. (수)에 손실보상 선지급을 신청할 수 있으나, 01. 24.(월)~02. 04. (금)까지는 출생연도에 관계없이 신청할 수 있으므로 옳지 않은 내용이다.

② '4. 손실보상 선지급금 지급 안내'에 따르면 손실보상 선지급은 손실보상 대상 여부만 확인되면 신청 후 3영업일 이내에 지급되지만, 1월 26일(수)에 신청한 경우 설 연휴 전인 1월 28일(금)까지 지급될 예정이므로 옳지 않은 내용이다.

④ '5. 문의사항'에 따르면 추가 문의는 손실보상 콜센터 또는 중소기업 통합콜센터로 전화 문의할 수 있으므로 옳지 않은 내용이다.

37 문제해결능력 문제
정답 ②

3문단에 따르면 개선된 자동차 365 서비스에서는 매매용 자동차에 대해 정비 등의 이력 조회 서비스 수수료를 무료로 제공하는 것으로 전환했으므로 옳지 않은 내용이다.

오답 체크

① 1문단에 따르면 본인 소유 자동차를 등록할 경우 해당 자동차에 대한 예상 연세액, 주행거리, 리콜 정보, 제원 정보, 검사·정비 이력 정보 등을 마이 페이지에서 모두 확인할 수 있으므로 옳은 내용이다.

③ 2문단에 따르면 자동차 365 서비스에서는 1월 12일부터 2주간 이벤트를 실시하며, 당첨자 200명에게 기프티콘을 증정하므로 옳은 내용이다.

④ 1문단에 따르면 개편된 자동차 365 서비스에서는 자동차 조회 때 1회 인증으로 모든 조회를 할 수 있도록 본인 인증 편의를 높였으므로 옳은 내용이다.

[38-39]
38 문제해결능력 문제
정답 ③

'2. 티 세트 판매 정보'에 따르면 B 세트의 세트당 판매 가격은 27,000원임에 따라 15개를 구매했다면 총 27,000 × 15 = 405,000원을 결제해야 하나, 단일 상품을 10세트 이상 구매 시 전체 결제 금액의 10% 할인이 적용되어 405,000 × 0.9 = 364,500원을 결제해야 하므로 옳은 내용이다.

오답 체크

① '1. 판매 안내'에 따르면 주문 방법은 S 쇼핑몰 홈페이지에서 온라인으로 주문한 뒤 가상계좌로 대금을 이체해야 하므로 옳지 않은 내용이다.

② '3. 유의사항'에 따르면 대량 구매에 따른 할인을 제외하고 별도의 할인은 추가로 적용되지 않으므로 옳지 않은 내용이다.

④ '3. 유의사항'에 따르면 구매 후 배송은 주말을 제외한 영업일을 기준으로 최대 7일까지 소요되므로 옳지 않은 내용이다.

39 문제해결능력 문제
정답 ①

'2. 티 세트 판매 정보'와 유 부장의 지시사항에 따르면 甲 상사에는 가장 비싼 B 세트 1개를, 乙 상사에는 구성 상품으로 개별 티백이 20개 이상이면서 가장 저렴한 D 세트 5개와 다과가 포함되어 있으면서 25,000원이 넘지 않는 E 세트 1개를 전달해야 하며, 丙 상사에는 가장 저렴한 C 세트 5개를 전달해야 한다. 또한, 甲 상사와 乙 상사의 각 사장님에게 전달할 세트 1개에는 보자기 포장을 추가해야 하므로 각각 5,000원의 금액이 추가된다. 이때, 김 사원이 구매할 티 세트는 총 12개이지만 대량 구매 할인은 단일 상품에 대해 10세트 이상을 구매해야 하므로 별도의 추가 할인은 받을 수 없음을 알 수 있다.

따라서 김 사원이 구매할 티 세트의 총금액은 (27,000 + 5,000) + (17,000 × 5) + (20,000 + 5,000) + (13,500 × 5) = 209,500원이다.

40 문제해결능력 문제
정답 ④

할아버지의 나이는 만 68세로 시니어에 해당하며 할머니, 아버지, 어머니의 나이는 각각 만 64세, 만 41세, 만 43세로 어른에 해당한다. 또한, 다영이의 나이는 만 15세로 청소년에 해당하며 동생의 나이는 만 12세로 어린이에 해당한다.

1일 이용권 구매 시 아버지는 통신사 할인으로 본인 포함 최대 2명까지 15% 할인을 받을 수 있으므로 아버지와 1일 이용권 가격이 가장 비싼 어른 요금에 해당하는 할머니 또는 어머니가 15% 할인을 받는다. 또한, 할아버지는 국가유공자로 1일 이용권 구매 시 10,000원을 할인받으므로 다영이네 가족이 1일 이용권을 구매하여 놀이공원을 1회 이용하는 데 발생하는 총비용은 (46,000 - 10,000) + 56,000 + (56,000 × 0.85) × 2 + 50,000 + 46,000 = 283,200원이다. 연간 이용권 구매 시 할아버지는 국가유공자로 50,000원을 할인받으므로 다영이네 가족이 연간 이용권을 구매하여 올 한 해 동안 놀이공원을 이용하는 데 발생하는 총비용은 (170,000 - 50,000) + 220,000 × 4 + 185,000 = 1,185,000원이다.

따라서 1년 동안 놀이공원 이용권으로 발생하는 총비용이 1일 이용권으로 구매했을 때와 연간 이용권을 구매했을 때 같아지는 놀이공원 이용 횟수는 1,185,000 / 283,200 ≒ 4.2회이므로 다영이네 가족이 올 한 해 동안 놀이공원을 이용해야 하는 최소 횟수는 '5회'이다.

41 정보능력 문제
정답 ②

주로 첨부파일이나 웹페이지 접속을 통해 퍼지며, 컴퓨터에 저장된 모든 데이터를 암호화하여 사용 불능 상태로 만든 후 돈을 요구하는 것은 랜섬웨어이므로 가장 적절하지 않은 것은 ②이다.

🔍 더 알아보기

· 스파이웨어: 보통 소프트웨어 다운 과정에서 사용자 동의 없이 설치되며, 팝업 광고를 띄우거나 사용자를 특정 홈페이지로 유도하는 상업적 용도로 사용되지만, 개인정보를 수집하여 외부로 유출하기도 함

42 정보능력 문제
정답 ③

영업 1부의 총매출액을 구하기 위해서는 부서명에 해당하는 셀 범위에서 소속 부서가 영업 1부인 사원들을 찾아 해당 사원들의 매출액의 총합을 구해야 한다. 이에 따라 지정한 범위의 셀값 중 조건에 만족하는 셀의 합을 구할 때 사용하는 함수인 SUMIF를 사용한다.

따라서 SUMIF 함수식인 '=SUMIF(지정한 범위, 조건식, 합을 구할 범위)'를 적용하면 '=SUMIF(B2:B10, E2, C2:C10)'이다.

구분	내용	적용
지정한 범위	부서명에 해당하는 셀 범위	B2:B10
조건식	소속 부서명이 '영업 1부'인 셀값	E2
합을 구할 범위	'영업 1부' 매출액의 총합을 구할 셀 범위	C2:C10

🔍 **더 알아보기**

함수	설명
DSUM	지정한 범위 내 조건에 만족하는 자료를 대상으로 지정한 열에서 합을 구할 때 사용하는 함수 식 =DSUM(지정한 범위, 열 번호, 조건)
SUM	지정한 범위의 합을 구할 때 사용하는 함수 식 =SUM(지정한 범위)
SUMIFS	지정한 범위의 셀값 중 조건에 만족하는 셀의 합을 구할 때 사용하는 함수로, 한 가지 조건만 지정 가능한 SUMIF 함수와 달리 여러 개의 조건 지정 가능 식 =SUMIFS(합을 구할 범위, 지정한 범위 1, 조건식 1, 지정한 범위 2, 조건식 2…)

43 정보능력 문제 　　　　　　　정답 ④

고성능 컴퓨터를 이용해 초당 엄청난 양의 접속 신호를 한 사이트에 집중적으로 보냄으로써 상대 컴퓨터의 서버를 접속 불능 상태로 만들어 버리는 해킹 수법은 '스머핑'이다.

🔍 **더 알아보기**

해킹 수법

종류	내용
피싱	전자 우편이나 메신저를 사용해서 믿을 만한 사람이나 기업이 보낸 것처럼 가장하여, 비밀번호나 신용 카드 정보와 같이 기밀을 유지해야 하는 정보를 부정하게 얻으려는 수법
파밍	가짜 사이트를 진짜로 오인해 접속하도록 한 뒤 금융정보나 개인정보를 빼내는 수법
스푸핑	인터넷 프로토콜인 TCP/IP의 구조적 결함을 이용하거나 임의로 웹 사이트를 구성하여 사용자들의 방문을 유도하고 정보를 빼내는 수법

44 정보능력 문제 　　　　　　　정답 ③

인간이 구분하기 쉬운 고급 언어로 작성된 프로그램을 기계가 이해하기 쉽도록 기계어로 번역하는 것을 컴파일이라고 하는데, 컴파일을 처리하는 프로그램은 컴파일러이므로 가장 적절하지 않다.

🔍 **더 알아보기**

· **어셈블러**: 어셈블러 언어를 기계어로 번역하는 프로그램으로, 여기서 어셈블러 언어란 하드웨어가 직접 이해하여 실행하는 기계어는 일반적으로 비트열 또는 16진수로 표현되어 있어 인간이 이해하기 어렵기 때문에 인간이 이해하기 쉽도록 기계어와 거의 1대 1로 대응하는 기호로 표현된 언어를 말함

45 정보능력 문제 　　　　　　　정답 ②

전원이 끊겨도 기억된 내용이 지워지지 않으면서 입력과 수정이 쉽도록 개발된 빠른 속도의 기억 장치는 '플래시 메모리'이다.

오답 체크

① 램(RAM): 현대식 컴퓨터 메모리로, 데이터가 저장되어 있는 위치에 관계없이 일정한 시간 내에 기억 내용을 읽거나 쓸 수 있는 기억 장치

③ 캐시 메모리: 주기억 장치의 호출 시간을 줄이고 중앙 처리 장치(CPU)의 처리 능력을 향상시키기 위한 것으로, 컴퓨터의 처리 속도 향상을 위해 사용되는 소형의 고속 기억 장치

④ 하드 디스크 드라이브: 자성체로 코팅된 원판형 알루미늄 기판에 자료를 저장하고 읽어 내도록 만든 보조 기억 장치

46 정보능력 문제 　　　　　　　정답 ③

의사소통능력 점수가 70점 이상이면서 문제해결능력 점수가 80점 이상인 지원자의 수를 구하기 위해서는 의사소통능력 점수에 해당하는 영역과 문제해결능력 점수에 해당하는 영역을 찾아 각각의 조건을 동시에 만족하는 셀의 개수를 구해야 한다. 이에 따라 지정한 여러 범위에서 각 범위에 해당하는 조건을 동시에 만족하는 셀의 개수를 구하고자 할 때 사용하는 함수인 COUNTIFS를 사용한다. 따라서 COUNTIFS 함수식인 '=COUNTIFS(지정한 범위 1, 조건식 1, 지정한 범위 2, 조건식 2…)'를 적용하면 '=COUNTIFS(B3:B11, ">=70", D3:D11, ">=80")'이다.

구분	내용	적용
지정한 범위 1	의사소통능력 점수가 70점 이상이라는 조건을 만족하는 셀의 개수를 구할 범위	B3:B11
조건식 1	의사소통능력 점수가 70점 이상인 셀의 개수를 구하는 조건식	">=70"
지정한 범위 2	문제해결능력 점수가 80점 이상이라는 조건을 만족하는 셀의 개수를 구할 범위	D3:D11
조건식 2	문제해결능력 점수가 80점 이상인 셀의 개수를 구하는 조건식	">=80"

🔍 더 알아보기

함수	설명
COUNT	지정한 범위에서 숫자 셀의 개수를 구할 때 사용하는 함수 식 =COUNT(지정한 범위)
COUNTA	지정한 범위에서 빈 셀을 제외한 셀의 개수를 구할 때 사용하는 함수 식 =COUNTA(지정한 범위)
COUNTBLANK	지정한 범위에서 빈 셀의 개수를 구할 때 사용하는 함수 식 =COUNTBLANK(지정한 범위)
COUNTIF	지정한 범위의 셀값 중 조건을 만족하는 셀의 개수를 구할 때 사용하는 함수 식 =COUNTIF(지정한 범위, 조건식)

47 정보능력 문제

정답 ③

생산부 소속 사원들의 실적 평가 평균 점수를 구하기 위해서는 소속 부서 열에서 "생산부"에 해당하는 사원들의 실적 평가 점수의 평균을 구해야 한다. 이에 따라 지정한 범위의 셀값 중 조건에 만족하는 셀의 평균을 구할 때 사용하는 함수인 AVERAGEIF를 사용한다.

따라서 AVERAGEIF 함수식인 '=AVERAGEIF(지정한 범위, 조건식, 평균을 구할 범위)를 적용하면 '=AVERAGEIF(B2:B18, "생산부", D2:D18)이다.

구분	내용	적용
지정한 범위	사원들의 소속 부서가 적혀 있는 셀 범위	B2:B18
조건식	지정한 범위 내에서 소속 부서가 생산부에 해당하는 셀값	"생산부"
평균을 구할 범위	사원들의 실적 평가 점수가 적힌 셀 범위	D2:D18

🔍 더 알아보기

함수	설명
AVERAGE	지정한 범위에서 빈 셀을 제외한 모든 셀의 평균을 구함 식 =AVERAGE(지정한 범위)
AVERAGEIFS	지정한 범위에서 빈 셀을 제외하고 여러 개의 조건을 만족하는 모든 셀의 평균을 구함 식 =AVERAGEIFS(평균을 구할 범위, 지정한 범위 1, 조건 1, 지정한 범위 2, 조건 2…)

48 정보능력 문제

정답 ②

3문단에서 판독기와 태그가 분리되어 있는 RFID는 단방향 통신이 가능하지만, 상황에 따라 자체적으로 태그와 판독기의 역할을 변경하는 NFC는 양방향 통신이 가능하다고 하였으므로 가장 적절하지 않다.

오답 체크

① 3문단에서 모바일 기기와 같은 개인 단말기에서 주로 사용되는 NFC는 암호화가 가능하기 때문에 보안성이 뛰어나다는 장점이 있다고 하였으므로 적절하다.
③ 2문단에서 하이패스 단말기는 차량의 운행 정보가 저장된 데이터를 안테나로 보내는데, 데이터를 전달받은 안테나는 이를 디지털 신호로 바꾼 다음에 판독기로 보낸다고 하였으므로 적절하다.
④ 1문단에서 RFID는 전파를 이용해 물체의 정보를 인식하기 때문에 해당 물체와 직접적인 접촉이 없더라도 정보를 인식할 수 있다고 하였으므로 적절하다.

49 정보능력 문제

정답 ④

4문단에서 코드 분할 다중 접속은 통화자가 한 기지국에서 다른 기지국으로 들어갈 때 새로운 기지국과 먼저 연결시킨 후에 기존 기지국과의 연결을 끊는다고 하였으므로 가장 적절하지 않다.

오답 체크

① 3문단에서 시간 분할 다중 접속에서는 중계기가 하나일 뿐 아니라 중계기가 증폭하는 반송파 또한 하나이기 때문에 혼변조의 문제가 발생할 가능성이 없다고 하였으므로 적절하다.
② 5문단에서 직교 주파수 분할 다중 접속은 주파수 자원이 연속되지 않아도 하나의 단말기에 할당할 수 있다고 하였으므로 적절하다.
③ 2문단에서 단일의 중계기로 여러 전파를 함께 증폭하는 데에 따르는 혼변조 방해를 감소시키기 위해서는 중계기를 선형 영역에서 동작시켜야 한다고 하였으므로 적절하다.

50 정보능력 문제

정답 ④

2문단에서 정보화가 달성된 미래 사회에서는 기존의 3대 생산 요소인 토지, 자본, 노동보다 지식과 기술이 생산해내는 새로운 지식과 기술을 개발·활용·공유·저장할 수 있는 능력이 더 높은 가치를 얻게 될 것으로 전망된다고 하였으므로 가장 적절하지 않다.

실전모의고사 4회 　피듈형

정답

01 의사소통	02 의사소통	03 의사소통	04 의사소통	05 의사소통	06 의사소통	07 의사소통	08 의사소통	09 의사소통	10 의사소통
③	④	④	①	②	④	③	③	④	③
11 의사소통	12 의사소통	13 의사소통	14 의사소통	15 의사소통	16 의사소통	17 의사소통	18 의사소통	19 의사소통	20 의사소통
④	③	④	②	②	①	②	④	③	①
21 수리	22 수리	23 수리	24 수리	25 수리	26 수리	27 수리	28 수리	29 수리	30 수리
③	④	③	④	②	③	②	④	④	③
31 수리	32 수리	33 수리	34 수리	35 수리	36 수리	37 수리	38 수리	39 수리	40 수리
④	④	①	③	③	④	④	④	④	②
41 문제해결	42 문제해결	43 문제해결	44 문제해결	45 문제해결	46 문제해결	47 문제해결	48 문제해결	49 문제해결	50 문제해결
①	④	①	③	①	②	③	④	④	④
51 문제해결	52 문제해결	53 문제해결	54 문제해결	55 문제해결	56 문제해결	57 문제해결	58 문제해결	59 문제해결	60 문제해결
③	②	④	②	③	③	③	④	③	④
61 직업윤리	62 직업윤리	63 직업윤리	64 직업윤리	65 직업윤리	66 직업윤리	67 직업윤리	68 직업윤리	69 직업윤리	70 직업윤리
③	④	④	②	④	①	②	④	①	①

취약 영역 분석표

영역별로 맞힌 개수, 틀린 문제 번호와 풀지 못한 문제 번호를 적고 나서 취약한 영역이 무엇인지 파악해 보세요.

영역	맞힌 개수	틀린 문제 번호	풀지 못한 문제 번호
의사소통능력	/20		
수리능력	/20		
문제해결능력	/20		
직업윤리	/10		
TOTAL	/70		

해설

01 의사소통능력 문제
정답 ③

요청 사항에서 금액을 표시할 때에는 아라비아 숫자로 쓰되, 숫자 다음에 괄호를 하고 한글로 기재해야 한다고 하였으므로 ⓒ은 '금 35,000,000원(금삼천오백만원)'으로 수정해야 한다.
따라서 요청 사항에 따라 바르게 수정되지 않은 것은 ③이다.

오답 체크
① 경유기관이 없으면 아무것도 적지 않고 빈칸으로 두어야 한다고 하였으므로 적절하다.
② 쌍점(:)은 앞말에 붙여 쓰고 뒷말과는 띄어 써야 한다고 하였으므로 적절하다.
④ 첨부물이 있으면 붙임 표시문 다음에 한 글자(2타) 띄우고 '끝' 표시를 해야 한다고 하였으므로 적절하다.

02 의사소통능력 문제
정답 ④

'띄다'는 눈에 보인다는 의미의 뜨이다의 준말이고, '띠다'는 '띠나 끈 따위를 두르다', '물건을 몸에 지니다', '용무나, 직책, 사명 따위를 지니다'의 뜻을 나타내며, 형의 행동이 눈에 보이게 달라져 부모님께서 걱정하신다고 하였으므로 ⓔ은 '띄게'가 적절하다.

오답 체크
① 한글 맞춤법 제57항에 따라 무엇과 무엇이 힘 있게 닿거나 마주 대다라는 의미의 부딪다를 강조하여 이르는 말인 '부딪치다'와 부딪다의 피동사로서 무엇과 무엇이 힘 있게 닿게 되거나 마주 대게 되다라는 의미의 '부딪히다'는 구별하여 적어야 하며, 김 대리가 사장과 눈길이나 시선 따위를 맞추기를 피하거나 싫어한다고 하였으므로 ⓐ은 '부딪치기'가 적절하다.
② 한글 맞춤법 제27항에 따라 어원이 분명하지 아니한 것은 원형을 밝히어 적지 않아야 하므로 ⓑ은 '며칠'이 적절하다.
③ '뱃속'은 합성어로서 마음을 속되게 이르는 경우에 사용하고, '배 속'은 구로서 배의 안쪽 부분을 이르는 경우에 사용하며, 합격자가 발표되는 날을 하루 앞두고 불합격에 대한 걱정에 마음이 편안하지 않다고 하였으므로 ⓒ은 '뱃속'이 적절하다.

03 의사소통능력 문제
정답 ④

기획서 작성법에 따르면 기대효과를 포함해야 하므로 '2. 세부 내용' 마지막에 기술 수출을 통한 매출 확대 등 기술 개발 기획을 통해 얻을 수 있는 기대효과와 관련된 내용을 추가하는 것이 가장 적절하다.

04 의사소통능력 문제
정답 ①

정 팀장이 이 사원과의 대화 도중 자꾸 시계를 쳐다보았다고 하였으므로 산만한 행동을 삼가고 상대방에게 귀를 기울이며 상대방에 대한 관심을 충분히 보여 주는 '주의 기울이기'가 정 팀장에게 필요한 경청 훈련 방법으로 가장 적절하다.

🔍 더 알아보기
경청 훈련 방법
· **주의 기울이기**: 산만한 행동을 삼가고 상대의 얼굴, 동작, 호흡, 어조, 억양, 소리의 크기 등에 주의를 기울이며 바라보기, 듣기, 따라 하기 등을 통해 상대방에 대한 관심을 충분히 보여 주도록 함
· **상대의 경험을 인정하고 더 많은 정보 요청하기**: 상대의 말을 인정함을 언어적·비언어적 표현을 통해 알려주고, 부드러운 지시나 진술, 질문을 통해 상대방이 더 많은 정보를 제공하도록 함
· **정확성을 위해 요약하기**: 상대방의 요점을 자신의 말로 반복하거나 요약을 확인 또는 명료화하기 위한 질문을 통해 상대방의 말에 대한 이해도를 확인하고 상호 메시지를 공유하는 데 도움이 됨
· **개방적인 질문하기**: '누가, 무엇을, 어디에서, 언제, 어떻게'로 시작되는 개방적인 질문을 통해 상대의 다양한 생각을 이해하고 더 많은 정보를 얻을 수 있음
· **'왜?'라는 질문이나 말 피하기**: '왜?'라는 질문은 보통 진술을 가장한 부정적·강압적·추궁적 표현이므로 지양하는 것이 바람직함

05 의사소통능력 문제
정답 ②

평야내지는(X) → 평야 내지는(O)
· 한글 맞춤법 제45항에 따라 두 말을 이어 주거나 열거할 적에 쓰이는 말 '내지'는 앞말에 띄어 쓴다.

06 의사소통능력 문제
정답 ④

ⓐ 표준어 규정 제12항에 따라 '웃-' 및 '윗-'은 명사 '위'에 맞추어 '윗-'으로 통일하지만 아래위 대립이 없는 명사 앞에서는 '웃-'으로 표기하므로 '웃어른'이 적절하다.
ⓓ 표준어 규정 제12항에 따라 '웃-' 및 '윗-'은 명사 '위'에 맞추어 '윗-'으로 통일하므로 '윗목'이 적절하다.
ⓔ 표준어 규정 제12항에 따라 '웃-' 및 '윗-'은 명사 '위'에 맞추어 '윗-'으로 통일하지만 아래위 대립이 없는 명사 앞에서는 '웃-'으로 표기하므로 '웃돈'이 적절하다.
따라서 ⓐ~ⓔ을 바르게 고쳐 쓴다고 할 때 적절하지 않은 것의 개수는 3개이다.

ⓒ 표준어 규정 제12항에 따라 '웃-' 및 '윗-'은 명사 '위'에 맞추어 '윗-'으로 통일하므로 '윗도리'가 적절하다.

ⓒ 표준어 규정 제12항에 따라 '웃-' 및 '윗-'은 명사 '위'에 맞추어 '윗-'으로 통일하지만 된소리나 거센소리 앞에서는 '위-'로 표기하므로 '위층'이 적절하다.

07 의사소통능력 문제 정답 ③

'대신'은 어떤 대상의 자리나 구실을 바꾸어서 새로 맡음 또는 그렇게 새로 맡은 대상을 의미하는 명사이며, 한글 맞춤법 제2항에 따라 문장의 각 단어는 띄어 써야 하므로 ⓒ을 '원판대신'으로 붙여 쓰는 것은 가장 적절하지 않다.

① '보여지다'는 피동사 '보이다'에 '-어지다'가 결합한 이중 피동 표현이므로 ⓐ을 '보이는'으로 고쳐 쓰는 것이 적절하다.

② 균등한 간격으로 구멍을 낸 두 개의 원판이 반대 방향으로 돌아가는 방식으로 구현되는 주체가 생략되었으므로 ⓒ에 주어인 '기계식은'을 추가하는 것이 적절하다.

④ 스트로보스코프를 통해 점멸 주기를 변화시켜 간단하게 운동체를 다양한 상태로 확인할 수 있다고 하였으므로 ⓔ은 적당하게 맞추어 나간다는 의미의 '조절(調節)'로 바꿔 쓰는 것이 적절하다.
 • 고정(固定): 한번 정한 대로 변경하지 아니함

08 의사소통능력 문제 정답 ③

'회의 내용'에 따르면 온라인 포스터의 디자인 시안을 최종 컨펌하는 것은 사업 홍보 및 참여기업 모집을 위한 온라인 포스터 제작 마감일인 5/15(금) 16시보다 이틀 전까지 완료해야 하므로 한 대리가 최우선으로 완료해야 하는 업무로 가장 적절한 것은 ③이다.

09 의사소통능력 문제 정답 ④

공문서 작성 시 호칭어나 관직명은 띄어 써야 하므로 발신명의를 '△△안전부장관'으로 붙여 쓰는 것은 가장 적절하지 않다.

① 공문서 작성 시 첨부물의 명칭과 수량을 제시해야 하므로 '붙임'에 첨부물 수량을 기재하는 것은 적절하다.

② 공문서 작성 시 쌍점은 앞말에 붙여 써야 하므로 '2.'의 하위 항목에 사용된 쌍점을 앞말에 붙이도록 수정하는 것은 적절하다.

③ 공문서 작성 시 열거된 용어가 대등하거나 밀접한 경우 가운뎃점을 사용해야 하므로 '융·복합'으로 고쳐 쓰는 것은 적절하다.

10 의사소통능력 문제 정답 ③

ⓒ이 있는 문장 앞에서 양반들이 대동법에 거세게 반발했다는 내용을 말하고 있고, ⓒ이 있는 문장에서 광해군은 양반들의 반대에도 불구하고 대동법을 유지했다고 하였으므로 ⓒ은 힘들고 어려운 일을 참고 견딘다는 의미의 '무릅쓰고'가 적절하다.

① ⓐ이 있는 문장에서 중간 상인이 자신의 이익을 더 많이 취하고자 했다는 내용을 말하고 있고, ⓐ이 있는 문장 뒤에서 원가보다 많은 폭리를 취했다고 하였으므로 ⓐ은 살림을 넉넉하게 한다는 의미의 '늘리고자'가 적절하다.
 • 늘이다: 본디보다 더 길어지게 하다

② 한글 맞춤법 제2항에 따라 문장의 각 단어는 띄어 써야 하고, '배'는 일정한 수나 양이 그 수만큼 거듭됨을 이르는 명사이므로 ⓒ은 '수십 배'가 적절하다.

④ 한글 맞춤법 제40항에 따라 어간의 끝음절 '하'의 'ㅏ'가 줄고 'ㅎ'이 다음 음절의 첫소리와 어울려 거센소리로 될 적에는 거센소리로 적어야 하므로 ⓔ은 '편찬케'가 적절하다.

11 의사소통능력 문제 정답 ④

이 글은 언어와 문화는 서로 밀접한 관계를 맺으며 상호 영향력을 행사하고, 언어의 구조는 인간의 사고방식에 영향을 미치기 때문에 국제적 의사소통 시 현지 언어를 익히는 것은 의사소통 수단을 넘어 현지인의 사고방식과 행동 양식을 이해하는 데 도움이 된다는 내용이므로 이 글의 주제로 가장 적절한 것은 ④이다.

① 문화 이해가 언어 학습에 미치는 긍정적 영향에 대해서는 다루고 있지 않으므로 적절하지 않은 내용이다.

② 언어는 동일한 문화의 특성이 반영된 독자적 상징체계이기 때문에 서로 다른 언어를 구사하는 사람은 같은 대상이더라도 동일한 방식으로 지각하지 않는다는 내용에 대해 서술하고 있지만, 글 전체를 포괄할 수 없으므로 적절하지 않은 내용이다.

③ 어휘에는 해당 문화권에서 중요시하는 것들이 동의어와 세분화된 용어를 통해 직접적으로 드러난다는 내용에 대해 서술하고 있지만, 글 전체를 포괄할 수 없으므로 적절하지 않은 내용이다.

12 의사소통능력 문제 정답 ③

빈칸 앞에서는 심장 기능은 일정 강도의 운동을 통해 강화할 수 있다는 내용을 말하고 있고, 빈칸 뒤에서는 운동 강도가 높아지면 심장은 더 많은 혈액을 공급하기 위해 박동수가 빨라진다는 내용을 말하고 있다.
따라서 운동 강도는 심박수를 통해 측정할 수 있다는 내용이 들어가야 한다.

13 의사소통능력 문제   정답 ④

이 글은 토리의 개념과 지역별로 구분되는 토리의 특징에 대해 소개하고, 토리가 우리나라 민요에서 갖는 의의에 대해 설명하는 글이다. 따라서 '(나) 토리의 정의 → (다) 민요권별 토리의 특징(1): 경토리, 수심가토리 → (마) 민요권별 토리의 특징(2): 메나리토리 → (라) 민요권별 토리의 특징(3): 육자배기토리, 제주토리 → (가) 우리나라 민요에서 토리의 존재 이유와 중요성' 순으로 연결되어야 한다.

14 의사소통능력 문제   정답 ②

인위적으로 발생한 미세먼지는 다시 1차 미세먼지와 2차 미세먼지로 나뉜다고 하였으므로 흙먼지와 같이 자연적 발생원으로부터 발생한 고체 상태의 미세먼지를 1차 미세먼지라고 부르는 것은 아님을 알 수 있다.

오답 체크

① 대기오염물질의 구성 성분은 황산염, 질산염과 같이 공기 중 화학반응을 통해 형성된 대기오염물질 덩어리가 가장 큰 비중을 차지한다고 하였으므로 적절하다.

③ 특정 배출원 없이 대기에 흩날리는 날림먼지는 상당히 많은 양의 초미세먼지를 유발하지만 정확한 발생원이나 통계를 추산하기 어렵다고 하였으므로 적절하다.

④ 국립환경과학원의 보고서에 따르면 제조업 연소와 이동오염원에서 대부분의 미세먼지가 배출된다고 하였으므로 적절하다.

15 의사소통능력 문제   정답 ②

3문단에서 오늘날은 상대적 평등을 옳은 것으로 인정하고 있으며, 상대적 평등은 본질적으로 평등한 것과 불평등한 것을 구분하여 이에 맞는 대우를 하는 합리적 차별을 인정한다고 하였으므로 오늘날 적용되는 평등권이 본질적으로 불평등한 것에 대한 일말의 차별도 용인하지 않는 것은 아님을 알 수 있다.

오답 체크

① 2문단에서 자유권 제한은 해당 법률에서 목적하는 바를 이루기 위해 자유권을 제한하는 것만이 유일한 방법일 때 적용된다고 하였으므로 적절하다.

③ 1문단에서 한국의 헌법은 포괄적 기본권으로서 인간의 존엄과 가치 및 행복 추구권을 규정하고 있으며, 이것이 실질적으로 이루어질 수 있도록 개별적 기본권을 보장하고 있다고 하였으므로 적절하다.

④ 3문단에서 평등권이란 모든 사람은 법 앞에 평등하며 불합리한 차별을 받지 않아야 한다는 객관적 법질서의 근본 규범성을 띤다고 하였으므로 적절하다.

[16-17]
16 의사소통능력 문제   정답 ①

이 글은 인공지능이 오랜 연구 끝에 4차 산업혁명의 주요 요소로 떠올라 적용 분야가 확산되어 빠르게 일상 속에 자리 잡고 있으며, 아직 강한 인공지능 수준에 이르기에는 기술적 한계가 있으나 계속해서 발전하고 있는 인공지능의 영향력 예측의 어려움과 분야별 인공지능 정의와 개발 양상이 달라 추후 인공지능의 향상이 인류에 미칠 잠재적 위험성 및 이에 대한 윤리적 논의가 필요하다는 내용이므로 이 글의 중심 내용으로 가장 적절한 것은 ①이다.

오답 체크

② 일상 속 깊숙이 자리한 인공지능에 대해서는 서술하고 있지만, 글 전체를 포괄할 수 없으므로 적절하지 않다.

③ 분야별 인공지능을 정의하고 개발하는 양상이 달라 정확한 기술 발달 수준을 파악할 수 없다는 내용에 대해서는 서술하고 있지만, 분야마다 상이한 발달 수준으로 인해 예견되는 문제들에 대해서는 다루고 있지 않으므로 적절하지 않다.

④ 머신러닝 구현이 가능해지면서 인공지능이 4차 산업혁명의 핵심 요소로 부상하게 되었다는 내용에 대해서는 서술하고 있지만, 머신러닝의 발전 양상에 대해서는 다루고 있지 않으므로 적절하지 않다.

17 의사소통능력 문제   정답 ②

오래전부터 연구되었던 인공지능 개발은 기술적 한계로 인해 침체기를 겪었으나 1990년대 인터넷 발전과 함께 부활하였으며, 클라우드 컴퓨팅의 발전과 빅데이터를 바탕으로 딥러닝이 구현되자 4차 산업혁명의 핵심 요소로 부상했다고 하였으므로 가장 적절하지 않다.

오답 체크

① 특정 영역의 문제를 해결하는 인공지능은 약한 인공지능이라고 한다고 하였으므로 적절하다.

③ 인공지능이 인류의 위협이 되지 않을 것이라고 말하는 사람들은 인공지능을 안전하게 관리하기 위해 인류 스스로 도덕적이고 이상적인 사회로 발전해야 함을 주장한다고 하였으므로 적절하다.

④ 인공지능이 인간의 비윤리적인 부분마저 학습하기 때문에 윤리적으로 올바른 데이터를 학습시키는 것이 중요하다고 하였으므로 적절하다.

18 의사소통능력 문제   정답 ④

'각 나라' 또는 '여러 나라'를 의미하는 '각국'은 관형사 '각'과 독립성 없는 1음절 한자어 '국'의 합성어이므로 '각 국'으로 띄어 쓰는 것은 가장 적절하지 않다.

오답 체크

① ㉠ 앞에서 국제석유자본이 원유 공시가격을 낮추었기 때문에 공시가격을 회복하고자 OPEC을 결성하였다는 내용을 말하고 있으므로 의미상 앞뒤 문장의 연결을 고려하여 '하락'으로 고치는 것이 적절하다.

② '가량'은 수량을 나타내는 명사 또는 명사구 뒤에 붙어 '정도'의 뜻을
더하는 접미사이므로 '가량'을 앞말에 붙여 쓰는 것이 적절하다.

③ ©의 앞에서는 OPEC이 생산량을 조절하여 원유가 상승을 도모하는
집단으로 변질되었다는 내용을 말하고 있고, ©의 뒤에서는 OPEC이
유가를 130%까지 올리는 등 석유 가격을 정치적인 무기로 쓰는 데 이
르렀다고 하였으므로 문장을 병렬적으로 연결하는 '그리고'로 수정하
는 것이 적절하다.

[19~20]

19 의사소통능력 문제   정답 ③

글의 전체에서 중심 화제에 대한 상반된 주장을 통시적으로 서술하
는 방식은 확인할 수 없으므로 가장 적절하지 않다.

> **오답 체크**

① 1, 2문단에서 슘페터가 바라본 자본주의의 발전 동력이 무엇인지 질
문하고 그것이 바로 기업가의 기술혁신에 의한 창조적 파괴라고 자문
자답하며 중심 화제를 전개하고 있으므로 적절하다.

② 5문단에서 슘페터의 사회주의가 일반적인 사회주의의 정의와 동일하
지만, 민주주의는 고전적 민주주의의 정의와 다르다고 비교하며 설명
하고 있으므로 적절하다.

④ 글 전체에서 슘페터의 관점으로 자본주의, 사회주의, 민주주의에 대해
설명하고 있으므로 적절하다.

20 의사소통능력 문제   정답 ①

3문단에서 슘페터는 진보를 자동화하려는 자본주의의 특성으로 인
해 혁신의 일상화와 경제 발전의 자동화가 발생하여 자본주의의 발
전 동력을 일으키는 혁신적인 기업가 집단이 무력화된다고 하였으므
로 자본주의가 고도화될수록 혁신이 일어나는 환경이 개선되면서
자본주의의 발전 원동력이 강해지는 것은 아님을 알 수 있다.

> **오답 체크**

② 2문단에서 슘페터에 의하면 자본주의 발전의 원동력은 기업가의 기술
혁신에 의한 창조적 파괴라고 하였으므로 적절하다.

③ 5문단에서 민주주의의 성공 여부는 특정 경제 체제보다 사회적 성숙
도에 의해 좌우된다고 하였으므로 적절하다.

④ 1문단에서 자본주의 체제를 성공으로 이끈 요인이 도리어 자본주의
를 붕괴시켜 사회주의로 대체되리라고 예측했다고 하였으므로 적절
하다.

21 수리능력 문제   정답 ③

일반매장에서 판매되는 콘 아이스크림의 금액을 x라고 하면 일반매
장에서 판매되는 바 아이스크림의 금액은 $0.8x$이다.

할인매장에서는 일반매장의 판매 금액에 콘 아이스크림 30%, 바
아이스크림 40%의 할인을 적용하여 판매하고, 지빈이가 할인매장

에서 콘 아이스크림 16개와 바 아이스크림 14개를 구매한 금액이
26,880원이므로

$16 \times (1 - 0.3)x + \{14 \times (1 - 0.4) \times 0.8x\} = 26,880$

$\rightarrow 17.92x = 26,880 \rightarrow x = 1,500$

일반매장에서 판매되는 콘 아이스크림은 1,500원, 바 아이스크림은
$1,500 \times 0.8 = 1,200$원이다.

따라서 지빈이가 할인매장에서 할인받은 금액은 $(16 \times 1,500 \times 0.3) + (14 \times 1,200 \times 0.4) = 13,920$원이다.

22 수리능력 문제   정답 ④

시간당 작업량 $= \frac{작업량}{시간}$임을 적용하여 구한다.

전체 일의 양을 1이라고 하면 희영이가 혼자 1분 동안 한 일의 양
은 $\frac{1}{12}$, 철이가 혼자 1분 동안 한 일의 양은 $\frac{1}{6}$, 광수가 혼자 1분 동안
한 일의 양은 $\frac{1}{8}$이므로 세 사람이 함께 1분 동안 한 일의 양은 $\frac{1}{12} + \frac{1}{6} + \frac{1}{8} = \frac{3}{8}$이다.

따라서 세 사람이 함께 동시에 일을 시작하여 모든 상품을 포장하는
데 걸리는 시간은 $\frac{8}{3}$분, 즉 2분 40초이다.

23 수리능력 문제   정답 ③

평면 A가 존재할 때, 평면 A 위에 위치하지 않은 도형의 넓이를 S_1
이라 하고, 이 도형을 평면 A 위로 정사영 했을 때의 넓이를 S_2, 도
형이 포함된 평면과 평면 A가 이루는 각의 크기를 θ라고 하면 $S_2 = S_1\cos\theta$임을 적용하여 구한다.

새로 만들어지는 단면의 넓이를 S_1이라고 하면, 원기둥의 밑면의
넓이가 S_2이고, 잘린 원기둥 단면과 원기둥의 밑면이 이루는 각은
θ = 60°이다.

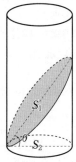

이때, 반지름의 길이가 2cm인 원기둥의 밑면의 넓이는 $S_2 = 2^2\pi = 4\pi$cm²이므로

$S_2 = S_1\cos\theta \rightarrow 4\pi = S_1\cos60° \rightarrow 4\pi = S_1 \times \frac{1}{2} \rightarrow S_1 = 8\pi$

따라서 만들어지는 단면의 넓이는 8πcm²이다.

24 수리능력 문제 정답 ④

열차가 춘천까지 운행하는 동안 비어 있는 좌석은 없었으므로 서울에서 승차한 탑승객 30명은 모두 좌석을 이용했으며, 운행 도중 승차한 15명 중 5명은 좌석을 이용하고, 10명은 입석을 이용했다.

서울에서 춘천까지 좌석을 이용한 탑승객 25명의 교통비는 25 × 20,000 = 500,000원이고, 서울부터 좌석을 이용하다 도중에 하차한 탑승객 5명의 교통비는 5 × 10,000 = 50,000원이다.

운행 도중에 승차하여 춘천까지 좌석을 이용한 탑승객 5명과 입석을 이용한 탑승객 10명의 교통비는 5 × 10,000 + 10 × 5,000 = 100,000원이다.

따라서 열차 탑승객의 총 교통비는 500,000 + 50,000 + 100,000 = 650,000원이다.

25 수리능력 문제 정답 ②

제시된 숫자는 아래와 같은 군으로 분류된다.
(1) (2^1 2^2) (3^1 3^2 3^3) (4^1 4^2 4^3 4^4) …

121 = 11^2이므로 121이 처음으로 나오는 항은 제11군의 2번째 항임을 알 수 있다. 제1군부터 제n군까지의 항의 개수는 $\frac{n(n+1)}{2}$개이므로 제10군까지의 항의 개수는 $\frac{10(10+1)}{2}$ = 55개이고, 제11군의 2번째 항까지의 항의 개수는 55 + 2 = 57개이다.

따라서 121이 처음으로 나오는 항은 57번째 항이다.

26 수리능력 문제 정답 ③

판매가 = 원가 × (1 + 이익률)임을 적용하여 구한다.

사과 한 개의 원가는 $\frac{16,000}{20}$ = 800원이고, 판매 가능한 사과의 개수는 (20 − 2) × 10 = 180개이며 A 씨가 지불한 총금액은 (16,000 × 10) + 20,000 = 180,000원이다.

사과 한 개의 원가에 붙여야 할 이익률을 x%라고 하면
$\left\{800 \times \left(1 + \frac{x}{100}\right)\right\} \times 180 = 180,000 \times (1 + 0.16) \rightarrow 8x = 360 \rightarrow x = 45$

따라서 사과 한 개의 원가에 45%의 이익을 붙여서 팔아야 한다.

27 수리능력 문제 정답 ②

4분기 전체 이용 건수 1건당 전체 이용금액은 (74,107 × 1,000,000,000) / (1,802 × 1,000,000) ≒ 41,125원으로 4만 원 이상이므로 옳은 설명이다.

오답 체크

① 전체 이용 건수에서 신용카드 이용 건수가 차지하는 비중은 1분기에 (1,098 / 1,340) × 100 ≒ 82%, 2분기에 (1,144 / 1,395) × 100 ≒ 82%, 3분기에 (1,306 / 1,603) × 100 ≒ 81%, 4분기에 (1,471 /

1,802) × 100 ≒ 82%로 모두 85% 미만이므로 옳지 않은 설명이다.

③ 2020년 계좌이체 총 이용 건수는 65 + 73 + 97 + 121 = 356백만 건이고, 가상계좌 총 이용 건수는 58 + 57 + 64 + 66 = 245백만 건으로 계좌이체 총 이용 건수가 가상계좌 총 이용 건수보다 더 많으므로 옳지 않은 설명이다.

④ 2분기 이후 전체 이용금액이 처음으로 60,000십억 원 이상이었던 3분기에 전체 이용금액은 전년 대비 66,715 − 59,384 = 7,331십억 원 증가하였으므로 옳지 않은 설명이다.

28 수리능력 문제 정답 ④

2020년 주택연금 잔액의 4년 전 대비 증가율은 경북이 {(649 − 247) / 247} × 100 ≒ 163%, 경남이 {(1,734 − 678) / 678} × 100 ≒ 156%로 증가율은 경북이 경남보다 크므로 옳지 않은 설명이다.

오답 체크

① 2017년 이후 전국의 주택연금 잔액은 전년 대비 매년 증가하였으므로 옳은 설명이다.

② 2020년 전국의 주택연금 잔액에서 주택연금 잔액이 가장 많은 3개 지역인 서울, 경기, 부산의 주택연금 잔액의 합이 차지하는 비중은 {(29,059 + 26,135 + 4,789) / 73,493} × 100 ≒ 82%로 80% 이상이므로 옳은 설명이다.

③ 제시된 기간 중 대전의 주택연금 잔액이 가장 적은 2016년에 대전의 주택연금 잔액은 658십억 원이고, 충북과 충남의 주택연금 잔액의 합은 299 + 299 = 598십억 원으로 대전이 충북과 충남의 합보다 더 크므로 옳은 설명이다.

29 수리능력 문제 정답 ④

제시된 세 가지 원료원의 전력거래량 합에서 유연탄 전력거래량이 차지하는 비중은 2014년에 {189,471 / (149,199 + 189,471 + 114,847)} × 100 ≒ 41.8%이며, 2013년에 {186,987 / (132,465 + 186,987 + 119,875)} × 100 ≒ 42.6%이므로 옳지 않은 설명이다.

오답 체크

① 유연탄 전력거래량은 2012년에 184,603GWh, 2013년에 186,987GWh, 2014년에 189,471GWh, 2015년에 194,288GWh, 2016년에 199,539GWh, 2017년에 225,131GWh, 2018년에 226,927GWh로 2013년 이후 매년 전년 대비 증가했으므로 옳은 설명이다.

② 2017년 원자력 전력거래량은 2015년 LNG 전력거래량의 141,278 / 106,426 ≒ 1.3배이므로 옳은 설명이다.

③ 2012년부터 2018년까지 원자력 전력거래량의 평균은 (143,548 + 132,465 + 149,199 + 157,167 + 154,310 + 141,278 + 127,078) / 7 ≒ 143,577.9GWh이므로 옳은 설명이다.

30 수리능력 문제
정답 ③

2019년 대졸 아버지의 교육 정도에서 영어와 수학의 학생 1인당 월평균 사교육비의 합은 10.9 + 10.2 = 21.1만 원으로 전체의 (21.1 / 26.8) × 100 ≒ 79%이므로 옳은 설명이다.

오답 체크

① 아버지의 교육 정도별 2018년 대비 2019년 전체 학생 1인당 월평균 사교육비 증가액을 구하면 고졸은 16.8 − 15.0 = 1.8만 원, 대졸은 26.8 − 24.8 = 2.0만 원, 대학원졸은 35.4 − 32.0 = 3.4만 원으로 아버지의 교육 정도가 고학력일수록 2018년 대비 2019년 전체 학생 1인당 월평균 사교육비 증가액은 증가하므로 옳지 않은 설명이다.

② 2019년 평균 아버지의 교육 정도에서 과목별 학생 1인당 월평균 사교육비가 가장 높은 과목은 9.4만 원을 기록한 영어이고, 영어의 전년 대비 월평균 사교육비 증가율은 {(9.4 − 8.5) / 8.5} × 100 ≒ 11%로 10% 이상이므로 옳지 않은 설명이다.

④ 2019년 학생 1인당 월평균 사교육비가 높은 과목 3개의 순서는 아버지의 교육 정도가 대졸, 대학원졸인 경우 영어, 수학, 국어 순서이지만 고졸인 경우 영어, 수학이 동일하여 대졸, 대학원졸인 경우와 순서가 동일하지 않으므로 옳지 않은 설명이다.

31 수리능력 문제
정답 ④

2018년 남아프리카공화국의 경제활동가능인구수는 (22,728 × 100) / 55.2 ≒ 41,174천 명이므로 옳은 설명이다.

오답 체크

① 2016년 대비 2017년 경제활동인구수의 증가 인원은 한국이 27,748 − 27,418 = 330천 명, 일본이 67,200 − 66,480 = 720천 명, 캐나다가 19,663 − 19,441 = 222천 명, 미국이 160,320 − 159,187 = 1,133천 명, 프랑스가 29,668 − 29,556 = 112천 명, 독일이 43,285 − 43,041 = 244천 명, 남아프리카공화국이 22,438 − 21,740 = 698천 명으로 미국이 가장 많으므로 옳지 않은 설명이다.

② 2018년에 경제활동인구수가 가장 적은 국가는 캐나다이지만 2018년에 경제활동참가율이 가장 작은 국가는 남아프리카공화국이므로 옳지 않은 설명이다.

③ 2015년 미국의 경제활동인구수는 2015년 캐나다의 경제활동인구수의 157,130 / 19,278 ≒ 8.15배이므로 옳지 않은 설명이다.

32 수리능력 문제
정답 ④

2020년 생산량이 2,500천 톤 미만인 품목은 과자·빵·떡류, 절임·조림류, 조미식품, 즉석식품류 4개이며, 4개 품목의 수출량 합은 48 + 41 + 59 + 29 = 177천 톤으로 100천 톤 이상이므로 옳지 않은 설명이다.

오답 체크

① 2019년과 2020년 모두 수출량이 가장 많은 품목은 당류이며, 생산량이 가장 많은 품목은 음료류로 서로 다르므로 옳은 설명이다.

② 수출량이 100천 톤 이상을 기록한 품목은 2019년에 5개, 2020년에 6개이므로 옳은 설명이다.

③ 2019년과 2020년 모두 국내 판매량이 가장 높은 품목은 음료류이며, 음료류의 생산량 대비 국내 판매량의 비중은 2019년이 (4,763 / 5,201) × 100 ≒ 92%, 2020년이 (4,807 / 5,217) × 100 ≒ 92%이므로 옳은 설명이다.

33 수리능력 문제
정답 ①

㉠ 1월 대비 12월 수도권의 신문지 재활용자원 가격 증가율은 {(152 − 90) / 90} × 100 ≒ 69%이므로 옳은 설명이다.

㉡ 2021년 1분기 평균 신문지 재활용자원 가격은 수도권이 (90 + 93 + 97) / 3 ≒ 93원/kg, 강원이 (81 + 86 + 86) / 3 ≒ 84원/kg, 충북이 (87 + 94 + 98) / 3 = 93원/kg, 충남이 (86 + 92 + 98) / 3 = 92원/kg, 전북이 (74 + 78 + 78) / 3 ≒ 77원/kg, 전남이 (91 + 89 + 91) / 3 ≒ 90원/kg, 경북이 (92 + 94 + 101) / 3 ≒ 96원/kg, 경남이 (86 + 90 + 94) / 3 = 90원/kg으로 경북이 가장 높으므로 옳은 설명이다.

오답 체크

㉢ 2021년 4분기 동안 신문지 재활용자원 가격이 가장 높은 지역은 10월에 165원/kg을 기록한 충북, 11월에 167원/kg을 기록한 충북, 12월에 167원/kg을 기록한 충북으로 4분기 동안 매월 충북이 신문지 재활용자원 가격이 가장 높은 지역을 기록했으므로 옳지 않은 설명이다.

㉣ 경북의 경우 3월에 신문지 재활용자원 가격이 101원/kg을 기록하였으므로 옳지 않은 설명이다.

34 수리능력 문제
정답 ③

2018년의 비경제활동 인구수는 5,697 + 10,591 = 16,288천 명, 같은 해 심신장애로 인한 비경제활동 인구수는 277 + 150 = 427천 명임에 따라 비경제활동 인구수에서 심신장애로 인한 비경제활동 인구수가 차지하는 비중은 (427 / 16,288) × 100 ≒ 2.6%이므로 옳지 않은 설명이다.

오답 체크

① 가사로 인한 남자 비경제활동 인구 1명당 가사로 인한 여자 비경제활동 인구수는 2014년에 5,737 / 124 ≒ 46명, 2015년에 5,674 / 141 ≒ 40명임에 따라 2015년이 2014년보다 더 적으므로 옳은 설명이다.

② 제시된 기간 중 연로로 인한 남자 비경제활동 인구수가 가장 많은 2017년에 연로로 인한 여자 비경제활동 인구수는 전년 대비 909 − 869 = 40천 명 증가하였으므로 옳은 설명이다.

④ 2019년 통학으로 인한 비경제활동 인구수는 전년 대비 (2,008 + 1,827) − (1,903 + 1,805) = 127천 명 감소하였으므로 옳은 설명이다.

35 수리능력 문제   정답 ③

- ⊙ 3월의 전자부품을 제외한 정보통신방송기기 수출액은 17,411 − 12,230 = 5,181백만 달러이고, 수입액은 10,944 − 5,771 = 5,173백만 달러이므로 옳은 설명이다.
- ⓔ 2월에 수입액이 수출액보다 더 많았던 품목은 컴퓨터 및 주변기기, 영상 및 음향기기 2개 품목이며, 2개 품목의 2월 수입액 평균은 (1,255 + 259) / 2 = 757백만 달러이므로 옳은 설명이다.

오답 체크

- ⓛ 2월의 경우 전월 대비 수출 및 수입액이 모두 감소하였으나, 3월의 경우 전월 대비 수출 및 수입액이 모두 증가하였으므로 옳지 않은 설명이다.
- ⓒ 전체 수출액 또는 수입액이 10,000백만 달러 미만이었던 달은 수입액이 9,193백만 달러를 기록한 2월이 유일하며, 2월의 수출액 상위 3개 품목의 순서는 전자부품, 정보통신응용기반기기, 통신 및 방송기기이고, 수입액 상위 3개 품목의 순서는 전자부품, 정보통신응용기반기기, 컴퓨터 및 주변기기로 3번째 순서가 서로 다르므로 옳지 않은 설명이다.

36 수리능력 문제   정답 ④

조사기간 동안 A 사의 시내전화 번호 이동자 수가 가장 적었던 달은 304회선을 기록한 5월이고, 5월 A 사의 시내전화 번호 이동자 수는 C 사보다 304 − 272 = 32회선이 많으므로 옳은 설명이다.

오답 체크

- ① 분기별 전체 시내전화 번호 이동자 수를 구하면 1분기 1,762 + 1,469 + 2,284 = 5,515회선, 2분기 2,420 + 2,216 + 1,616 = 6,252회선, 3분기 2,012 + 1,347 + 1,403 = 4,762회선으로 2분기가 가장 많으므로 옳지 않은 설명이다.
- ② 2월부터 9월까지 B 사의 전월 대비 시내전화 번호 이동자 수가 감소한 달은 2월, 5월, 6월, 8월 총 4개이므로 옳지 않은 설명이다.
- ③ C 사의 시내전화 번호 이동자 수가 가장 많았던 달은 324회선을 기록한 4월이고 A 사의 경우 453회선을 기록한 7월, B 사의 경우 1,718회선을 기록한 4월로, A 사는 4월이 시내전화 번호 이동자 수가 가장 많지 않으므로 옳지 않은 설명이다.

37 수리능력 문제   정답 ④

2019년 60대 이상 여자 구직급여 신청자 수는 574,312 × 0.135 ≒ 77,532명이므로 옳은 설명이다.

오답 체크

- ① 50대 구직급여 신청자 수는 2018년에 253,998명, 2016년에 225,267명이므로 옳지 않은 설명이다.
- ② 2019년 40대 남자 구직급여 신청자 수는 573,588 × 0.189 ≒ 108,408명, 2019년 40대 여자 구직급여 신청자 수는 574,312 × 0.22 ≒ 126,349명이므로 옳지 않은 설명이다.

- ③ 2018년 20대 이하 구직급여 신청자 수는 2017년 대비 {(175,059 − 159,716) / 159,716} × 100 ≒ 9.6% 증가했으므로 옳지 않은 설명이다.

38 수리능력 문제   정답 ④

2008년 대비 2018년에 전체 여성 봉사활동 횟수의 증가량 50,572 − 35,666 = 14,906백 회는 전체 남성 봉사활동 횟수의 증가량 27,330 − 15,633 = 11,697백 회보다 14,906 − 11,697 = 3,209백 회 더 많으므로 옳은 설명이다.

오답 체크

- ① 2014년에 30대 남성의 봉사활동 횟수는 2년 전 대비 증가하였지만, 30대 여성의 봉사활동 횟수는 2년 전 대비 감소하였으므로 옳지 않은 설명이다.
- ② 제시된 기간 중 20대 여성의 봉사활동 횟수가 처음으로 14,000백 회를 넘는 2014년에 20대 여성의 봉사활동 횟수가 전체 여성 봉사활동 횟수에서 차지하는 비중은 (14,198 / 57,508) × 100 ≒ 24.7%로 30% 미만이므로 옳지 않은 설명이다.
- ③ 2014년에 봉사활동 횟수가 적은 순서에 따른 연령대별 순위는 남성이 30대, 40대, 50대, 60대 이상, 10대 이하, 20대 순이고, 여성이 30대, 40대, 50대, 10대 이하, 60대 이상, 20대 순으로 서로 다르므로 옳지 않은 설명이다.

39 수리능력 문제   정답 ③

- ⊙ 4개 등급의 평균 건설사업관리기술인 노임가격은 2015년에 (289 + 245 + 197 + 150) / 4 ≒ 220천 원, 2022년에 (352 + 312 + 271 + 206) / 4 ≒ 285천 원으로 2015년보다 2022년에 285 − 220 ≒ 65천 원 더 많으므로 옳은 설명이다.
- ⓛ 조사기간 동안 특급 건설사업관리기술인 노임가격이 처음으로 320천 원 이상을 기록한 해는 323천 원을 기록한 2018년이고, 2018년에 각 등급의 전년 대비 건설사업관리기술인 노임가격이 특급에서 323 − 311 = 12천 원, 고급에서 272 − 262 = 10천 원, 중급에서 226 − 213 = 13천 원, 초급에서 178 − 169 = 9천 원 증가하였으므로 옳은 설명이다.
- ⓒ 2015년 대비 2020년 건설사업관리기술인 노임가격의 증가율은 고급이 {(291 − 245) / 245} × 100 ≒ 19%이고, 중급이 {(258 − 197) / 197} × 100 ≒ 31%로 고급이 중급보다 낮으므로 옳은 설명이다.

오답 체크

- ⓔ 2022년 초급 건설사업관리기술인 노임가격은 206천 원이므로 옳지 않은 설명이다.

40 수리능력 문제 정답 ②

2분기 서울의 토지거래 필지 수 대비 인천의 토지거래 필지 수 비율은 4월이 $(22,777 / 30,757) \times 100 \fallingdotseq 74\%$, 5월이 $(20,822 / 28,325) \times 100 \fallingdotseq 74\%$, 6월이 $(19,372 / 25,784) \times 100 \fallingdotseq 75\%$로 모두 70% 이상이므로 옳은 설명이다.

오답 체크

① 6월 서울의 토지거래 1필지당 면적은 $(1,659 \times 1,000) / 25,784 \fallingdotseq 64m^2$로 0.1$m^2$ 이상이므로 옳지 않은 설명이다.

③ 2분기 월평균 토지거래 면적은 대구가 $(1,620 + 4,008 + 1,376) / 3 \fallingdotseq 2,335m^2$, 울산이 $(1,751 + 2,388 + 2,900) / 3 \fallingdotseq 2,346m^2$로 대구가 울산보다 작으므로 옳지 않은 설명이다.

④ 5월에는 대구, 광주, 울산이 전월 대비 토지거래 필지 수가 증가하였고, 6월에는 대전, 울산이 전월 대비 토지거래 필지 수가 증가하였으므로 옳지 않은 설명이다.

41 문제해결능력 문제 정답 ①

여섯 번째 명제의 '대우'와 다섯 번째 명제, 세 번째 명제를 차례로 결합한 결론은 다음과 같다.

· 여섯 번째 명제(대우): 환경운동에 관심이 있는 사람은 일회용품을 사용하지 않는다.
· 다섯 번째 명제: 일회용품을 사용하지 않는 사람은 자연을 아낀다.
· 세 번째 명제: 자연을 아끼는 사람은 숲을 보존한다.
· 결론: 환경운동에 관심이 있는 사람은 숲을 보존한다.

따라서 환경운동에 관심이 있는 사람은 숲을 보존하므로 항상 옳은 설명이다.

오답 체크

② 자연휴양림으로 운영되는 곳은 나무가 많이 모인 곳이고, 나무가 많이 모인 곳은 숲이므로 항상 옳지 않은 설명이다.

③ 자연을 아끼는 사람이 환경운동에 관심이 있는지는 알 수 없으므로 항상 옳은 설명은 아니다.

④ 일회용품을 사용하지 않는 사람이 공기가 좋은 곳을 만드는지는 알 수 없으므로 항상 옳은 설명은 아니다.

42 문제해결능력 문제 정답 ④

5명의 평균 몸무게는 70kg이므로 5명의 몸무게 합은 $70 \times 5 = 350$kg이다. 자신을 제외한 4명의 평균 몸무게가 65kg이라고 한 B의 진술이 진실일 경우, B의 몸무게는 $350 - 65 \times 4 = 90$kg이고 1명당 몸무게는 85kg을 넘지 않으므로 B의 진술은 항상 거짓이다. 또한, 5명 모두 50kg을 넘는다면 5명 중 1명만이 양보하여 수용 가능 무게가 300kg인 엘리베이터를 탈 수 있으므로 A의 진술과 C의 진술은 서로 모순이다. 이에 따라 B와 A 또는 B와 C의 진술이

거짓이며 D와 E의 진술은 항상 참이므로 D는 80kg, D보다 10kg 가벼운 E는 $80 - 10 = 70$kg이다. A, B, C 몸무게의 합은 전체 몸무게에서 D, E 몸무게의 합을 뺀 $350 - (80 + 70) = 200$kg이다.

따라서 A, B, C 3명의 평균 몸무게인 $200 / 3 \fallingdotseq 66.7$kg는 E의 몸무게인 70kg을 넘지 않아 E가 5명 중 제일 가벼울 수 없으므로 항상 옳지 않은 설명이다.

오답 체크

① B의 진술은 항상 거짓이므로 항상 옳은 설명이다.

② A, B, C 3명의 몸무게의 합은 200kg으로 평균 몸무게는 $200 / 3 \fallingdotseq 66.7$kg이므로 항상 옳은 설명이다.

③ A, B, C 3명의 몸무게의 합은 200kg으로 A, B, C 중 1명은 80kg 초과, 나머지 2명은 80kg 미만일 수 있으므로 항상 옳지 않은 설명은 아니다.

43 문제해결능력 문제 정답 ①

B보다 나중 요일의 수업을 수강하는 사람은 없으므로 B는 금요일에 수업을 수강한다. 또한, C는 경영 과학 수업을 수강하므로 화요일에 수업을 수강하며 C는 D보다 이전 요일의 수업을 수강하고 D가 수강하는 수업은 두 과목이므로 D는 목요일에 수업을 수강한다. 이때 E는 교양 과목을 수강하지 않으므로 E는 월요일에 수업을 수강하며 A는 교양 과목을 수강하므로 수요일에 수업을 수강한다. 이에 따라 요일별 수강 학생은 다음과 같다.

월	화	수	목	금
E	C	A	D	B

따라서 학생과 수강 과목을 바르게 연결한 것은 'A – 프로그래밍'이다.

44 문제해결능력 문제 정답 ③

자신이 만든 계획이나 주장을 주위 사람에게 설득하여 이해시키기 위해 필요한 것은 '논리적 사고'이므로 가장 적절하지 않다.

🔎 더 알아보기

사고력의 종류

창의적 사고	당면한 문제를 해결하기 위해 이미 알고 있는 경험지식을 해체하여 새로운 아이디어를 다시 도출하는 사고
논리적 사고	업무 수행 중 자신이 만든 계획이나 주장을 주위 사람에게 설득하여 이해시키기 위해 필요한 사고
비판적 사고	어떤 주제나 주장 등에 대해서 적극적으로 분석 및 종합하여 평가하는 능동적인 사고

45 문제해결능력 문제 　　　　　　정답 ①

현재 당면하고 있는 문제와 이에 대한 해결책뿐만 아니라 해당 문제와 해결책이 상위 시스템 또는 다른 문제와 어떻게 연결되어 있는지에 대한 생각을 통해 문제를 해결하는 방법은 '전략적 사고를 통한 문제 해결'이므로 가장 적절하다.

[46 - 47]
46 문제해결능력 문제 　　　　　　정답 ②

도서관은 적용 예외 건물이라고 하였으므로 도서관 열람실 및 휴게실의 실내 온도를 26도 이상으로 유지하는 것은 가장 적절하지 않다.

오답 체크

① 4회 이상 적발 시 적발 과태료는 400만 원이라고 하였으므로 적절하다.
③ 모든 서비스업 사업장은 오후 5시부터 오후 7시까지 네온사인 사용을 금지한다고 하였으므로 적절하다.
④ 사용전력 5,000kW 이상의 대규모 전기 사용자는 오후 2시부터 오후 6시 사이에 전기 사용량을 5~10% 감축해야 한다고 하였으므로 적절하다.

47 문제해결능력 문제 　　　　　　정답 ③

사용전력 3,000kW 이상의 대규모 전기 사용자는 오전 10~11시, 오후 2~6시에만 전기 사용량을 10~15% 감축해야 한다고 하였으므로 18시 이후에도 감축된 전기 소비량을 유지하고 있는지 확인하는 것은 가장 적절하지 않다.

오답 체크

① 네온사인은 오후 8시 이후 사업장당 1개만 이용 가능하며, 3회 적발 시 과태료가 350만 원이라고 하였으므로 적절하다.
② 예비전력이 300만kW 이하일 경우 공공기관의 냉방기 가동이 전면 중지되고 위반 시 경고 조치를 내린다고 하였으므로 적절하다.
④ 점포 또는 상가 건물의 실내 온도를 27도 이상으로 유지해야 하지만, 사회복지시설은 적용 예외 건물에 해당한다고 하였으므로 적절하다.

48 문제해결능력 문제 　　　　　　정답 ④

하준이가 3년 계약으로 건물에 식당을 개업하였을 때 A 건물의 총월세는 165 × 36 = 5,940만 원이고, 보증금은 2년 이상 계약 시 10% 감면되어 6,300 × 0.9 = 5,670만 원이며, 인테리어 비용은 750만 원이므로 총비용은 5,940 + 5,670 + 750 = 12,360만 원이다. B 건물의 총월세는 3년 이상 계약 시 매달 월세가 10% 감면되어 (150 × 0.9) × 36 = 4,860만 원이고, 보증금은 7,400만 원이며, 인테리어 비용은 410만 원이므로 총비용은 4,860 + 7,400 + 410 = 12,670만 원이다. C 건물의 총월세는 135 × 36 = 4,860만 원이고, 보증금은 6,800만 원이며, 인테리어 비용은 580만 원이므로 총비용은 4,860 + 6,800 + 580 = 12,240만 원이다. D 건물의 총월세는 180 × 36 = 6,480만 원이고, 보증금은 5,700만 원이며, 2년 이상 계약 시 인테리어는 무상 제공되므로 총비용은 6,480 + 5,700 = 12,180만 원이다.
따라서 하준이가 선택할 건물은 총비용이 가장 저렴한 'D 건물'이다.

49 문제해결능력 문제 　　　　　　정답 ④

이 글에서 A 기업은 신상 코트의 판매량을 정확하게 예상하지 못한 것이 근본적인 원인이 되어 재고가 쌓이고 있으며, 이를 해결하기 위해 추가 생산량 감축 및 할인 판매를 계획하였으나 유행에 민감한 의류 특성상 판매량 증진 효과가 미비할 것으로 예상되고, 단추 납품 계약 또한 과도한 수량으로 체결하여 문제 상황에 놓여 있다. 따라서 A 기업이 직면한 문제의 쟁점은 '정확한 판매량 예측 및 재고 처리를 위해 어떻게 해야 하는가?'이다.

50 문제해결능력 문제 　　　　　　정답 ④

약점인 제조 공장 화재 사건으로 인한 생산라인 감소를 극복하기 위해 화재 안전 최고등급을 받은 새 공장에서 기회인 소비자들이 기대하는 신제품 제조를 추진하는 것은 WO 전략이므로 가장 적절하다.

오답 체크

① 유럽 시장으로 진출해 해외 점유율을 확보하는 것은 약점인 하락한 점유율을 높이고 위협인 축소되는 추세의 국내 맥주 시장을 피하는 WT 전략이므로 적절하지 않다.
② 농가와의 계약으로 보리를 미리 저렴하게 확보해 강점인 100% 보리 맥주의 가격을 낮추는 것은 가격 경쟁력을 확보해 위협인 원가 상승을 해결하는 ST 전략이므로 적절하지 않다.
③ 시장 점유율을 높이기 위해 캔 맥주 구매 시 사은품을 함께 주는 이벤트를 하는 것은 약점인 하락하는 점유율을 높이고 캔 맥주 구매 시 사은품을 줌으로써 기회인 1인 가구의 증가로 캔 맥주의 수요가 증가하는 것을 활용하는 WO 전략이므로 적절하지 않다.

51 문제해결능력 문제 정답 ③

필립스 곡선은 실업률과 물가 상승률의 사이에 있는 역의 상관관계를 나타낸 곡선이므로 빈칸에 들어갈 말을 순서대로 바르게 나열하면 '실업률 - 물가 상승률'이 된다.

52 문제해결능력 문제 정답 ②

제시된 자료에 따르면 영업현금흐름 = 영업이익 × (1 - 법인세율) + 감가상각비로, T 사의 20XX년 영업현금흐름은 1,520 × (1 - 0.2) + 330 = 1,546억 원이므로 옳지 않은 내용이다.

오답 체크

① 영업현금흐름에 대한 자료에 따르면 기업의 성과를 측정할 때 매출과 영업이익만 높은 배점을 두고 성과지표로 활용할 경우, 외상을 하여 매출 규모를 무리하게 확장시키고, 기업 내의 현금 및 현금성 자산의 확보가 어려워져 기업의 자금 유동성이 악화될 위험이 있다고 하였으므로 옳은 내용이다.

③ 영업현금흐름에 대한 자료에 따르면 영업현금흐름을 구할 때는 감가상각비를 현금 유출로 인식하지 않는다고 하였으므로 옳은 내용이다.

④ [T 사 20XX년 손익계산서]에 따르면 법인세비용 차감 전 순이익은 영업이익인 1,520억 원에 기업의 금융비용인 이자비용 370억 원을 제한 1,520 - 370 = 1,150억 원이므로 옳은 내용이다.

53 문제해결능력 문제 정답 ④

프로그램으로 스마트폰 게임의 하루 이용 시간을 제한하는 방법이 있다는 것은 창의적인 의견을 제시하는 초록 모자의 역할이고, 이용 시간 경고 알람이 오면 이용자가 게임을 자제할 것 같다는 것은 긍정적인 의견을 제시하는 노란 모자의 역할이며, 실질적으로 많은 사람들이 이용할 것 같지 않다는 것은 부정적이며 신중한 의견을 제시하는 검정 모자의 역할이다.

따라서 현수가 쓰지 않은 모자 색깔로 가장 적절한 것은 '빨간색'이다.

> 🔍 **더 알아보기**
> · 여섯 색깔 사고모자 기법: 드 보노가 고안한 기법으로 개개인의 성향 등에 의해서 논의가 지나치게 감정적으로 변하는 것을 방지하고 빨간색, 검정색, 하얀색, 노란색, 초록색, 파란색 순서대로 각각 감정적, 부정적, 중립적, 낙관적, 창의적, 이성적 사고를 뜻하는 여섯 가지 색깔의 모자를 차례대로 바꿔 쓰면서 모자 색깔이 뜻하는 유형대로 생각해보는 방법

54 문제해결능력 문제 정답 ②

민지는 P 회사에서 300km 떨어진 H 회사까지 P 회사 소유의 차로 왕복하므로 총 600km의 거리를 이동한다. 출발하기 전에 기름은 필요한 만큼만 충전하므로 600km를 이동하는 데 필요한 기름의 양을 구한 뒤 각 자동차에 채워져 있는 기름의 양을 뺀 만큼을 충전한다. 이때 600km를 이동하는 데 필요한 기름의 양은 자동차별로 600에서 복합연비를 나눈 값이므로 A 자동차가 600 / 24 = 25L, B 자동차가 600 / 16 = 37.5L, C 자동차가 600 / 20 = 30L, D 자동차가 600 / 12 = 50L이다. 또한 출발하기 전에 교체 필요 타이어를 교체하므로 자동차별 발생 비용은 다음과 같다.

구분	필요한 기름의 양	기름 비용	타이어 교체 비용	총비용
A 자동차	25 - 10 = 15L	1,500 × 15 = 22,500원	20,000 × 2 = 40,000원	22,500 + 40,000 = 62,500원
B 자동차	37.5 - 20 = 17.5L	1,200 × 17.5 = 21,000원	20,000원	21,000 + 20,000 = 41,000원
C 자동차	30L	1,200 × 30 = 36,000원	20,000원	36,000 + 20,000 = 56,000원
D 자동차	50 - 10 = 40L	1,200 × 40 = 48,000원	0원	48,000원

따라서 총비용이 가장 적게 발생하는 자동차는 'B 자동차'이다.

55 문제해결능력 문제 정답 ③

식이섬유가 주요 영양소로 함유된 식품군은 곡류와 채소류, 과일류 총 3개이며, 해당 식품군에 포함되는 대표식품들 중 1회 권장 섭취량이 가장 많은 대표식품은 1회 분량이 210g인 쌀밥, 보리밥이므로 옳지 않은 내용이다.

오답 체크

① [생애주기별·식품군별 1일 권장 섭취 횟수]에 따르면 남자 성인의 경우 고기·생선·계란·콩류의 1일 권장 섭취 횟수는 5회이며, [식품군별 1회 권장 섭취량]에서 계란의 1회 권장 섭취량은 50g이므로 계란만으로 고기·생선·계란·콩류의 1일 권장 섭취 횟수를 모두 채웠다면, 총 섭취량은 50 × 5 = 250g이므로 옳은 내용이다.

② [생애주기별·식품군별 1일 권장 섭취 횟수]에 따르면 여자 청소년의 1일 권장 섭취 칼로리는 2,000kcal로 여자 성인의 1일 권장 섭취 칼로리인 1,900kcal보다 높고, 남자 청소년의 1일 권장 섭취 칼로리와 남자 성인의 1일 권장 섭취 칼로리는 2,400kcal로 같으므로 옳은 내용이다.

④ [생애주기별·식품군별 1일 권장 섭취 횟수]에 따르면 여자 노인의 경우 유지·당류의 1일 권장 섭취 횟수는 3회이며, [식품군별 1회 권장 섭취량]에서 꿀의 1회 권장 섭취량은 10g이므로 여자 노인이 꿀을 유지·당류의 1일 권장 섭취량 이하로 섭취하기 위해서는 30g 이하로 섭취하여야 하므로 옳은 내용이다.

56 문제해결능력 문제

이 주임은 오전 9시에 집에서 출발하여 회사에서 1시간 동안 미팅에 필요한 자료를 정리한 후, 오전 11시 30분에 예정되어 있는 거래처 미팅을 가려고 하며 미팅에 지각하지 않으므로 이동 시 소요되는 시간은 90분 이하여야 한다.

최단 시간에 도착할 수 있는 경로는 집에서 회사로 이동할 때 소요 시간이 가장 짧은 택시를 이용하고 회사에서 미팅 장소로 이동할 때 소요 시간이 가장 짧은 기차를 이용하는 경로이다.

이동 경로	이동 수단	소요 시간(분)	비용(원)
집 → 회사	택시	10	3,800
회사 → 미팅 장소	기차	29	4,800
합계		39	8,600

최소 비용으로 이동할 수 있는 경로는 집에서 회사로 이동할 때 비용이 가장 저렴한 도보를 이용하고 회사에서 미팅 장소로 이동할 때 비용이 가장 저렴한 지하철을 이용하는 경로이다.

이동 경로	이동 수단	소요 시간(분)	비용(원)
집 → 회사	도보	30	0
회사 → 미팅 장소	지하철	65	1,850
합계		95	1,850

이때 이동 시 소요되는 시간은 총 95분이므로 두 번째로 비용이 저렴한 경로를 구하면 집에서 회사로 이동할 때 지하철을 이용하고 회사에서 미팅 장소로 이동할 때 지하철을 이용하는 경로임을 알 수 있다.

이동 경로	이동 수단	소요 시간(분)	비용(원)
집 → 회사	지하철	16	1,250
회사 → 미팅 장소	지하철	65	1,850
합계		81	3,100

따라서 최단 시간에 도착할 수 있는 경로로 갈 때 발생하는 총비용과 최소 비용으로 이동할 수 있는 경로로 갈 때 발생하는 총비용의 차는 8,600 - 3,100 = 5,500원이다.

57 문제해결능력 문제

위협 요인인 지속되고 있는 감염병 재난 상황으로 인한 안전보건에 대한 욕구 상승을 회피하고 약점 요인인 시설 노후화에 따른 인프라 및 자원의 제한을 최소화하는 WT(약점-위협) 전략이므로 가장 적절하지 않다.

오답 체크

① 기회 요인인 사업 운영에 대한 주민 등 이해관계자의 높아진 관심을 활용하기 위해 강점 요인인 임직원·주민·전문기관이 참여한 중장기 경영 계획 수립을 통해 확보한 체계성을 이용한 SO(강점-기회) 전략이므로 적절하다.

② 약점 요인인 시설 노후화로 인한 인프라 및 자원 활용 제한을 기회 요인인 사업 운영에 대한 주민 등 이해관계자의 높아진 관심을 통해 극복하는 WO(약점-기회) 전략이므로 적절하다.

④ 위협 요인인 서비스 및 시설 개선에 대해 높아진 주민 등 이해관계자의 요구를 회피하고 약점 요인인 시설 노후화로 인한 인프라 및 자원의 제한을 최소화하는 WT(약점-위협) 전략이므로 적절하다.

58 문제해결능력 문제

2문단에 따르면 2022년 전기자동차 보조금 업무처리지침 개편안에서는 국비 기준 최대 보조 금액이 승용차가 800만 원에서 700만 원으로 줄었으므로 옳지 않은 내용이다.

오답 체크

① 3문단에 따르면 무공해차 보급형 차량 모델을 육성하기 위해 구간별 보조금 지원 상한액이 인하되어 올해는 8,500만 원 이상의 경우 미지원으로 바뀌므로 옳은 내용이다.

② 6문단에 따르면 전기자동차 보조금 업무처리지침 개편안의 자세한 내용은 무공해차 통합 누리집(www.ev.or.kr)에서 확인 가능하므로 옳은 내용이다.

③ 4문단에 따르면 2022년 전기자동차 보조금 업무처리지침 개편안에는 '저공해차 보급 목표제' 대상기업 차량에 지원하던 보조금에 무공해차 목표를 달성했을 경우 보조금을 추가해 최대 규모를 확대한다는 내용이 담겨져 있으므로 옳은 내용이다.

59 문제해결능력 문제   정답 ③

4문단에 따르면 평균자책점은 투수가 허용한 자책점의 합에 9를 곱하고, 이 값을 다시 투수가 던진 이닝 수로 나누어 구해야 하며, 한 시즌 동안 130이닝을 등판하여 총 자책점으로 50점을 기록한 乙의 평균자책점은 $(50 \times 9) \div 130 ≒ 3.46$으로 3.5보다 작으므로 옳지 않은 내용이다.

오답 체크

① 2문단에 따르면 타율의 경우 소수점 아래 첫째 자리 숫자에 '할'을, 소수점 아래 둘째 자리 숫자에 '푼'을, 소수점 아래 셋째 자리 숫자에 '리'를 붙여 읽지만, 해당되는 수치가 없다면 그 수치는 제외하고 읽어야 하므로 옳은 내용이다.

② 1문단에 따르면 야구를 통계학적·수학적 방법으로 분석하는 것을 일컬어 세이버매트릭스라고 하며, 세분화된 기록과 통계 수치를 활용하면 선수의 가치를 가늠하거나 미래를 예측할 수 있으므로 옳은 내용이다.

③ 3문단에서 타율을 계산할 때 활용되는 타수는 타석에서 볼넷, 몸에 맞는 공, 고의사구, 희생타를 제외한 수치이므로 옳은 내용이다.

60 문제해결능력 문제   정답 ④

2문단에 따르면 타율은 안타를 타수로 나누어 계산된 수이고, 3문단에서 타수는 타석에서 볼넷, 몸에 맞는 공, 고의사구, 희생타를 제외한 수치이며, 타율이 가장 높았던 선수가 타격왕이 된다고 하였으므로 A~D 선수의 타율을 계산하면 다음과 같다.

A 선수	$125 / (400 - 30 - 3 - 15) ≒ 0.355$
B 선수	$150 / (460 - 25 - 5 - 1 - 20) ≒ 0.367$
C 선수	$132 / (420 - 40 - 1 - 24) ≒ 0.372$
D 선수	$140 / (380 - 10 - 2 - 1 - 8) ≒ 0.390$

따라서 A~D 선수 중 타격왕을 차지한 사람은 'D 선수'이다.

61 직업윤리 문제   정답 ③

· 장수: 악수를 할 때는 오른손을 사용해야 하므로 옳지 않은 내용이다.
· 태민: 우리나라에서는 악수할 때 가벼운 절을 하지만, 서양에서는 허리를 세운 채로 악수를 하므로 옳지 않은 내용이다.

따라서 직장에서의 인사예절에 대해 바르게 이해하지 못한 사람은 총 '2명'이다.

62 직업윤리 문제   정답 ④

제4조 제5항에서 윤리책임관에 의해 보고를 받은 이사장은 공정한 직무수행을 해치는 지시를 이행하지 않았음에도 같은 지시를 반복한 상급자에게 징계 등 필요한 조치를 할 수 있다고 하였으므로 물품 구매 담당 하급자에게 상급자가 특정 업체와의 수의계약 체결을 반복 지시하였지만 해당 하급자가 지시를 이행하지 않았다는 보고를 받은 이사장 D가 해당 상급자에게 징계 조치를 한 것은 행동강령을 위반한 사례로 가장 적절하지 않다.

오답 체크

① 제7조에서 임직원은 출장비·업무추진비 등 업무수행을 위한 예산을 목적 외의 용도로 사용하여 공단에 재산상 손해를 입혀서는 안 된다고 하였으므로 적절하다.

② 제29조에서 임직원은 직장에서의 지위 또는 관계 등의 우위를 이용하여 업무상 적정 범위를 넘어 다른 근로자에게 신체적·정신적 고통을 주거나 근무환경을 악화시키는 행위를 하여서는 안 된다고 하였으므로 적절하다.

③ 제4조 제2항에서 상급자로부터 제1항을 위반하는 지시를 받은 임직원은 해당 상급자에게 사유를 소명하고 지시에 따르지 않아야 한다고 하였으므로 적절하다.

63 직업윤리 문제   정답 ④

㉠ 자신의 행동이 비윤리적이라는 것은 알고 있지만 윤리적인 기준에 따라 행동해야 한다는 사실을 중요하게 여기지 않아 비윤리적 행위를 저지르는 것은 '무관심'이다.

㉡ 무엇이 옳고 그른지 알지 못하여 비윤리적 행위를 저지르는 것은 '무지'이다.

㉢ 특정 행동이 잘못이라는 것을 알고 그러한 행동을 하지 않으려고 노력하지만 자신의 통제를 벗어나는 어떤 요인으로 인해 비윤리적 행위를 저지르는 것은 '무절제'이다.

따라서 ㉠~㉢에 들어갈 용어를 바르게 연결한 것은 ④이다.

64 직업윤리 문제   정답 ②

제시된 글에서 교관은 과거 교칙 위반을 보고하지 않고 넘어간 사실을 들켜 문책성 전출을 당했다고 하였으므로 개인의 인정에 치우쳐 부정직한 행동을 타협할 경우 또 다른 부정을 유발할 수 있기 때문에 부정직한 행위를 눈감아 주어서는 안 된다는 것이 가장 적절하다.

65 직업윤리 문제

밑줄 친 부분은 사회 구성원으로서 직업에 대한 자신의 역할과 책무를 성실하게 수행하고 책임을 다하는 태도인 '책임의식'에 해당한다.

> 🔍 **더 알아보기**
>
> **직업윤리의 덕목**
> · **소명의식**: 자신에게 주어진 일은 하늘에 의해 주어진 일이라고 생각하는 태도
> · **천직의식**: 자신이 맡은 일이 능력과 적성에 꼭 맞는다 여기고 그 일에 열정을 갖고 성실히 임하는 태도
> · **직분의식**: 자신의 일이 사회 또는 기업에 중요한 역할을 하고 있다는 믿음을 갖고 일하는 태도
> · **책임의식**: 직업에 대한 사회적 역할과 직무에 따른 임무를 성실하게 수행하고 책임을 다하는 태도
> · **전문가의식**: 자신의 일이 관련 지식을 보유하고 교육을 받았을 때만 가능한 것으로 믿고 수행하는 태도
> · **봉사의식**: 직업 활동을 통해 타인과 공동체에 봉사하는 정신을 갖추고 실천하는 태도

66 직업윤리 문제

부장이 단순히 마감 기한을 준수하기 위해 팀원들에게 근무시간 외 업무를 지시하는 것은 직장에서의 지위적 우위를 이용하여 업무상 적정 범위를 넘어 신체적·정신적 고통을 유발하거나 근무환경을 악화시키는 행위로 볼 수 없으므로 직장 내 괴롭힘에 해당하는 사례로 가장 적절하지 않다.

오답 체크

② 과장이 업무 실수를 한 팀원에게 인격모독에 가까운 업무상 질책을 반복하는 것은 지위적 우위를 이용하여 업무상 적정 범위를 넘어 정신적 고통을 유발하거나 근무환경을 악화시키는 행위로 판단되므로 직장 내 괴롭힘에 해당한다.

③ 휴일에 팀원들이 있는 메신저에서 팀장이 개인적인 하소연을 하고 계속해서 답장을 강요하는 것은 회사 외부에서 발생했더라도 지위적 우위를 이용하여 업무상 적정 범위를 넘어 정신적 고통을 유발하는 행위로 판단되므로 직장 내 괴롭힘에 해당한다.

④ 사장이 부하직원에게 업무와 무관한 사적 심부름을 지속적으로 요구하는 것은 지위적 우위를 이용하여 업무상 적정 범위를 넘어 신체적 고통을 유발하거나 근무환경을 악화시키는 행위로 판단되므로 직장 내 괴롭힘에 해당한다.

67 직업윤리 문제

제6조 제2항에서 기관은 고충상담원을 2인 이상 지정해야 하며 반드시 남성과 여성이 각 1인 이상 포함되도록 구성해야 하지만, 어느 한 성이 5인 미만일 경우 남녀 구분 없이 동일한 성으로 2인 이상 지정할 수 있으며 상시근로자가 30인 미만인 기관은 1인 이상 지정할 수 있다고 하였으므로 가장 적절하지 않다.

오답 체크

① 제2조 제1항에서 이 지침은 기관의 장과 소속 구성원뿐만 아니라 기관의 통제 범위 내에 있는 것으로 인정되거나 업무 관련성이 있는 제3자가 피해자인 성희롱·성폭력을 포함한다고 하였으므로 적절하다.

③ 제3조 제1항 제4호에서 성적 언동은 남녀 간의 육체적 관계나 남성 또는 여성의 신체적 특징과 관련된 육체적, 언어적, 시각적 행위라고 하였으므로 적절하다.

④ 제2조 제2항에서 이 지침의 피해자 보호는 피해자뿐 아니라 피해를 입었다고 주장하는 자, 신고자, 조력자, 대리인에게도 적용된다고 하였으므로 적절하다.

68 직업윤리 문제

제품 기능을 과장한 허위 광고를 개제하는 경우는 기업의 대외 이미지에 초점을 두고 바람직하지 못한 문제를 다루는 대외적 소극적 기업윤리를 위반하는 사례이므로 가장 적절하지 않다.

69 직업윤리 문제

㉠과 ㉡은 외부로부터 강요당한 근면, ㉢과 ㉣은 스스로 자진해서 하는 근면에 해당한다.
따라서 ⓐ, ⓑ에 해당하는 사례가 가장 올바르게 짝지어진 것은 ① 이다.

명함 예절에서 방문한 사람이 방문객을 맞이하는 사람에게 먼저 명함을 건네는 것이 적절한 순서이므로 가장 적절하지 않은 설명을 한 사람은 '명은'이다.

🔍 **더 알아보기**

명함 예절

명함을 건네는 순서	· 직위가 낮은 사람이 높은 사람에게, 방문한 사람이 방문받은 사람에게, 서비스 제공자가 고객에게, 소개된 사람이 소개받은 사람에게 명함을 건네야 함 · 여러 사람과 만날 때는 가장 직급이 높은 사람에게 먼저 명함을 건네야 함 · 직장 상사와 함께 외부업체 등을 방문할 때는 상사가 먼저 외부인에게 명함을 건넨 후 부하 직원의 명함을 건네야 함
명함을 주고받을 때 태도	· 명함을 주고받을 때는 명함을 건네는 사람과 받는 사람 모두 일어서야 함 · 명함을 왼손으로 받쳐 오른손으로 건네고, 두 사람이 동시에 명함을 주고받을 때는 왼손으로 받고 오른손으로 건네야 함 · 명함을 건넬 때는 상대방이 읽기 편하도록 상대방 쪽으로 명함을 돌려서 건네야 함 · 받은 명함을 바로 주머니에 넣지 말고 테이블이나 명함 지갑 위에 올려둔 후 대화 도중 상대방 이름을 잊었을 때 참고하는 것도 좋음 · 명함에 읽기 어려운 한자나 외국어가 있다면 바로 물어봐서 추후 실수하지 않도록 함 · 명함에 없는 부가 정보는 상대방과의 만남이 끝난 후 적어야 함 · 명함은 반드시 명함 지갑에서 꺼내고 상대방에게 받은 명함도 명함 지갑에 넣어야 함

실전모의고사 5회 <u>피둘형</u>

정답

의사소통능력

01	02	03	04	05	06	07	08	09	10
②	③	④	②	②	③	③	④	②	②
11	12	13	14	15	16	17	18	19	20
③	①	②	②	②	②	①	③	④	③

문제해결능력

21	22	23	24	25	26	27	28	29	30
④	③	④	①	①	②	③	④	②	②
31	32	33	34	35	36	37	38	39	40
①	③	④	①	③	④	②	④	④	④

기술능력

41	42	43	44	45	46	47	48	49	50
③	④	③	④	①	①	②	③	②	②
51	52	53	54	55	56	57	58	59	60
④	③	②	③	③	②	④	④	②	③

자원관리능력

61	62	63	64	65	66	67	68	69	70
③	②	③	③	④	①	④	④	③	①

71	72	73	74	75	76	77	78	79	80
②	④	④	③	④	②	④	③	①	①

수리능력

61	62	63	64	65	66	67	68	69	70
③	③	④	③	④	②	③	③	②	③

71	72	73	74	75	76	77	78	79	80
④	①	③	②	③	③	②	④	③	②

취약 영역 분석표

영역별로 맞힌 개수, 틀린 문제 번호와 풀지 못한 문제 번호를 적고 나서 취약한 영역이 무엇인지 파악해 보세요.

영역	맞힌 개수	틀린 문제 번호	풀지 못한 문제 번호
의사소통능력	/20		
문제해결능력	/20		
기술능력	/20		
자원관리능력	/20		
수리능력	/20		
TOTAL	/		

해설

01 의사소통능력 문제
정답 ②

지원 대상 선정 기업에 제공하는 지원 내용 및 지원 규모와 관련된 내용을 설명하고 있는 세 번째 문단의 두 번째 하위 내용은 지원 기업 선정과 관련된 내용을 설명하고 있는 세 번째 문단에 포함되는 내용이므로 세 번째 문단의 두 번째 하위 내용 기호를 '□'로 수정하고 별도의 문단으로 구분하는 것은 가장 적절하지 않다.

> 🔍 **더 알아보기**
>
> **보도자료 작성 시 올바른 기호 사용 방법**
> · 문단 표시: □
> · 문단 내 하위 내용 표시: ○
> · 문단 내 하위 내용의 하위 내용 표시: -
> · 단어나 어구에 대한 부연 설명 또는 해설 표시: * 혹은 ☞

02 의사소통능력 문제
정답 ③

'-밖에'는 '그것 말고는', '그것 이외에는', '기꺼이 받아들이는', '피할 수 없는'의 뜻을 나타내는 보조사로 앞말에 붙여 써야 하므로 '수 밖에'로 띄어 쓰는 것은 가장 적절하지 않다.

오답 체크

① ㉠이 있는 문장에서 프리미엄 독서실의 수익을 만들어내는 방식이 PC방 창업 붐을 연상하게 한다고 하였으므로 전에 없던 것을 처음으로 생각하여 지어내거나 만들어 낸다는 의미의 '창출(創出)'이 적절하다.
  · 산출(算出): 계산하여 냄

② ㉡이 있는 문장에서 과거에 PC방이 공간을 제공하고 임대료를 받아 이익을 얻었다는 내용을 말하고 있고 ㉡의 뒤에서는 오늘날 PC방은 부가적인 상품 판매를 통해 이익을 거둔다는 내용을 말하고 있으므로 '냈다'가 적절하다.

④ 한글 맞춤법 제57항에 따라 까닭을 나타내는 연결 어미 '-(으)므로'와 어떤 일의 수단이나 도구임을 나타내는 조사 '-(으)ㅁ으로써'를 구별해야 하며, ㉣이 있는 문장에서 프리미엄 독서실이 공간과 콘텐츠를 결합하여 제공하는 방법을 통해 자기 주도 학습 능력을 극대화하는 장소가 되어야 한다고 하였으므로 '제공함으로써'가 적절하다.

03 의사소통능력 문제
정답 ④

공문서 작성 시 본문 내용의 마지막 글자 뒤에 '끝' 표시를 해야 하므로 가장 적절하다.

오답 체크

① 공문서 작성 시 물결표(~)는 앞말과 뒷말에 붙여 써야 하므로 적절하지 않다.
② 공문서 작성 시 숫자는 아라비아 숫자로 표기해야 하므로 적절하지 않다.
③ 공문서 작성 시 둘째 항목은 '가., 나., 다.'로 표기해야 하므로 적절하지 않다.

04 의사소통능력 문제
정답 ②

밑줄 친 단어는 3일이 지난 뒤라는 의미로 쓰였으므로 모레의 다음 날을 의미하는 ②가 적절하다.

오답 체크

① 모레: 내일의 다음 날
③ 나흘: 네 날
④ 사흘: 세 날

05 의사소통능력 문제
정답 ②

빈칸이 있는 문장에서 손을 통해 세균이 전해져 병에 옮긴다는 의미로 쓰였으므로 널리 퍼져서 많은 사람들에게 골고루 미치게 되어 누리게 된다는 의미의 ②가 가장 적절하지 않다.

오답 체크

① 전파(傳播): 전하여 널리 퍼뜨려지다
③ 확산(擴散): 흩어져 널리 퍼지게 되다
④ 전염(傳染): 병이 남에게 옮다

06 의사소통능력 문제
정답 ③

제시된 의미에 해당하는 한자성어는 '부화뇌동(附和雷同)'이다.

오답 체크

① 표리부동(表裏不同): 겉으로 드러나는 언행과 속으로 가지는 생각이 다름
② 후안무치(厚顔無恥): 뻔뻔스러워 부끄러움이 없음
④ 견리사의(見利思義): 눈앞에 이익을 보면 의리를 먼저 생각함

07 의사소통능력 문제   정답 ③

상대의 행동이 나의 행동에 어떠한 영향을 미치는지에 대해 피드백을 전달할 때 부정적인 피드백을 반복할 경우 역효과가 나타날 가능성이 있어 상대의 긍정적인 면과 부정적인 면을 균형 있게 전달해야 하므로 가장 적절하지 않은 이야기를 한 사람은 '병 사원'이다.

> 🔍 **더 알아보기**
>
> **의사소통 개발 방법**
> - **사후검토와 피드백(Feedback) 주고 받기**: 상대의 행동이 나의 행동에 어떤 영향을 미치는지에 대해 솔직하게 전달하는 것으로, 의사소통의 부정확성을 줄이기 위해 전달자는 사후검토와 피드백을 통해 메시지의 내용이 실제로 어떻게 해석되고 있는지 검토할 수 있으나, 부정적인 피드백을 반복적으로 주는 경우 역효과가 나타날 수 있으므로 상대의 긍정적인 면과 부정적인 면을 균형 있게 전달해야 함
> - **언어의 단순화**: 의사소통에서 쓰이는 어휘는 상황에 따라 달라질 수 있지만, 받아들이는 사람을 고려하여 명확하게 이해할 수 있는 어휘를 선택해야 하며 전문용어의 경우 조직 구성원 간의 이해를 촉진시킬 수 있으나, 조직 외부인에게는 예기치 못한 문제를 일으킬 수 있으므로 주의해야 함
> - **적극적인 경청**: 상대가 전달하고자 하는 내용에 관심을 보이지 않는다면 대화를 이어 가기 어려우므로 의사소통을 하는 양쪽 모두가 동일한 주제에 대해 생각해야 하며, 이를 위해 상대의 입장에서 생각하고 자신의 감정을 이입해야 함
> - **감정의 억제**: 의사소통 과정에서 어떤 감정을 느끼는 것은 자연스러운 일이지만, 자신의 감정에 지나치게 몰입하게 되면 상대의 메시지를 오해하기 쉽고 자신의 의사표현 또한 정확하게 하지 못할 수 있으므로 평정을 찾을 때까지 의사소통을 연기하거나 자기 자신과 조직의 분위기를 개선할 수 있도록 노력해야 함

08 의사소통능력 문제   정답 ④

ⓔ은 은혜를 갚는다는 의미로 쓰였으므로 은혜를 저버린다는 의미의 '배은'은 가장 적절하지 않다.

> **오답 체크**
>
> ① 타협: 어떤 일을 서로 양보하여 협의함
> ② 추상적: 구체성이 없이 사실이나 현실에서 멀어져 막연하고 일반적인. 또는 그런 것
> ③ 괜스레: 까닭이나 실속이 없는 데가 있게

09 의사소통능력 문제   정답 ②

이 글은 국립국어원에서 순화어 작업을 진행하고 있으나 말은 대중의 호응을 얻으면 살아남고 그렇지 못하면 사라지게 된다는 점에서 순화어 작업이 효과를 얻기 위해서는 대중의 적극적인 참여가 필요

하다는 내용의 글이다.

따라서 두 손뼉이 마주쳐야 소리가 나지 외손뼉만으로는 소리가 나지 아니한다는 뜻으로, 일은 상대가 같이 응하여야지 혼자서만 해서는 잘되는 것이 아님을 이르는 '외손뼉이 못 울고 한 다리로 가지 못한다'가 적절하다.

> **오답 체크**
>
> ① 이 없으면 잇몸으로 산다: 요긴한 것이 없으면 안 될 것 같지만 없으면 없는 대로 그럭저럭 살아 나갈 수 있음을 이르는 말
> ③ 말이 말을 만든다: 말은 사람의 입을 거치는 동안 그 내용이 과장되고 변한다는 말
> ④ 우선 먹기는 곶감이 달다: 앞일은 생각해 보지도 아니하고 당장 좋은 것만 취하는 경우를 이르는 말

10 의사소통능력 문제   정답 ②

제시된 대화에서 박 부장은 김 대리의 말을 재언급하며 상대방이 전달하고자 하는 말과 감정을 정확하게 파악한 공감적 듣기를 하고 있으며, 그에 맞는 반응을 하는 기본적 수준을 보이고 있으므로 박 부장의 공감적 이해 수준으로 가장 적절한 것은 ②이다.

> 🔍 **더 알아보기**
>
> **공감적 이해의 세 가지 수준**
> - **인습적 수준**: 상대방의 말을 듣고 이에 대한 반응을 보이지만, 자신의 생각에 사로잡혀 자신의 주장만 하거나 상대방의 사고나 감정과 일치된 의사소통을 하지 못하고 어설픈 조언 또는 상투적 충고를 함
> - **기본적 수준**: 상대방의 행동이나 말에 주의를 기울여 상대방의 현재 마음 상태나 전달하고자 하는 내용을 정확하게 파악하고 그에 맞는 반응을 하며, 상대방의 의견을 요약하거나 상대방의 말을 재언급하는 등 공감적 듣기를 함
> - **심층적 수준**: 말로 명확하게 표현되지 않는 상대방의 내적 감정이나 사고를 지각하여 왜곡하지 않고 충분히 내보임으로써 상대방의 적극적인 성장 동기를 이해하고 표현하는 등 상대의 의견에 긍정적으로 반응하고 사기를 북돋음

11 의사소통능력 문제   정답 ③

밑줄 친 단어는 제출된 의안이나 청원 따위가 담당 기관이나 회의에서 승인되거나 가결된다는 의미로 쓰였으므로 의논한 안건을 받아들이지 아니하기로 결정한다는 의미의 ③이 가장 적절하다.

> **오답 체크**
>
> ① 가결(可決): 회의에서, 제출된 의안을 합당하다고 결정함
> ② 표결(表決): 회의에서 어떤 안건에 대하여 가부 의사를 표시하여 결정함
> ④ 판결(判決): 시비나 선악을 판단하여 결정함

12 의사소통능력 문제   정답 ①

- ㉠ 제시된 의미에 해당하는 한자성어는 語不成說(말씀 어, 아닐 불, 이룰 성, 말씀 설)이다.
- ㉡ 제시된 의미에 해당하는 한자성어는 刻骨難忘(새길 각, 뼈 골, 어려울 난, 잊을 망)이다.
- ㉢ 제시된 의미에 해당하는 한자성어는 格物致知(격식 격, 만물 물, 이를 치, 알 지)이다.

따라서 ㉠~㉢의 의미에 해당하는 한자성어를 바르게 연결한 것은 ①이다.

오답 체크

· 重言復言(중언부언): 이미 한 말을 자꾸 되풀이함 또는 그런 말
· 刻骨痛恨(각골통한): 뼈에 사무칠 만큼 원통하고 한스러움 또는 그런 일
· 捲土重來(권토중래): 땅을 말아 일으킬 것 같은 기세로 다시 온다는 뜻으로, 한 번 실패하였으나 힘을 회복하여 다시 쳐들어옴을 이르는 말

13 의사소통능력 문제   정답 ②

한글 맞춤법 제41항에 따라 조사는 그 앞말에 붙여 써야 하고, '뿐'은 그것만이고 더는 없음 또는 오직 그렇게 하거나 그러하다는 것을 나타내는 보조사이므로 ㉡은 '본인뿐만'이 적절하다.

오답 체크

① 한글 맞춤법 제42항에 따라 의존 명사는 띄어 써야 하고, '따위'는 앞에 나온 대상을 낮잡거나 부정적으로 이르는 의존 명사이므로 ㉠은 '괴로움 따위'가 적절하다.
③ 한글 맞춤법 제42항에 따라 의존 명사는 띄어 써야 하고, '만큼'은 앞의 내용에 상당한 수량이나 정도임을 나타내는 의존 명사이므로 ㉢은 '노력한 만큼'이 적절하다.
④ 한글 맞춤법 제42항에 따라 의존 명사는 띄어 써야 하고, '딴'은 자기 나름대로의 생각이나 기준을 나타내는 의존 명사이므로 ㉣은 '제 딴에는'이 적절하다.

14 의사소통능력 문제   정답 ②

제시된 의미에 해당하는 한자성어는 '승승장구(乘勝長驅)'이다.

오답 체크

① 고군분투(孤軍奮鬪): 따로 떨어져 도움을 받지 못하게 된 군사가 많은 수의 적군과 용감하게 잘 싸움
③ 파죽지세(破竹之勢): 대를 쪼개는 기세라는 뜻으로, 적을 거침없이 물리치고 쳐들어가는 기세를 이르는 말
④ 점입가경(漸入佳境): 들어갈수록 점점 재미가 있음

[15-16]
15 의사소통능력 문제   정답 ②

제시된 글은 고구려 시대부터 시작되어 고려 시대까지 여러 빈민 구휼 제도를 시행하였으나 상황에 따른 긴급 조치일 뿐 조선 시대에 이르러서야 정식 제도로 확립되어 의창, 사창, 상평창 등으로 시행되었다는 내용이다.

따라서 고려 태조 때 설치되어 평상시에 곡식을 저장해두었다가 흉년에 굶주리고 가난한 사람들에게 곡식을 대여해주고 가을에 갚도록 하는 흑창이 고려 성종에 의해 의창으로 개칭되고 지방에도 설치되었다는 내용의 (나)문단 뒤에 위치하는 것이 가장 적절하다.

16 의사소통능력 문제   정답 ②

㉠은 빚을 갚는다는 의미로 쓰였으므로 남의 권리를 침해한 사람이 그 손해를 물어 준다는 의미의 '배상'이 가장 적절하지 않다.

오답 체크

① 변제(辨濟): 남에게 진 빚을 갚음
③ 청산(淸算): 서로 간에 채무·채권 관계를 셈하여 깨끗이 해결함
④ 변상(辨償): 남에게 진 빚을 갚음

[17-18]
17 의사소통능력 문제   정답 ①

이 글은 디지털화 및 비대면 경제로의 전환이 더욱더 빠르게 일어날 가능성이 큰 가운데 기술·기계로의 일자리 대체와 근무 시스템의 디지털화가 진행되는 과정에서 일자리 총량과 기업의 요구 역량에도 변화가 발생할 것으로 예측됨에 따라 잠재 위험에 대한 적절한 대응 방안을 마련해야 한다는 내용이므로 이 글의 주제로 가장 적절한 것은 ①이다.

오답 체크

② 3문단에서 디지털·비대면 경제가 도래함에 따른 일자리 변화가 일자리 총량의 감소로 이어지는 것이 아니며 오히려 일자리 자체는 늘어날 전망이라고 하였지만, 글 전체를 포괄할 수 없으므로 적절하지 않은 내용이다.
③ 디지털·비대면 경제로의 전환을 촉진하는 방법에 대해서는 다루고 있지 않으므로 적절하지 않은 내용이다.
④ 4문단에서 디지털 경제 체제로의 이행이 급속화될 경우 디지털·비대면 인프라를 잘 갖춘 기업과 그렇지 못한 기업 간의 격차가 더욱 확대될 것이라고 하였지만, 글 전체를 포괄할 수 없으므로 적절하지 않은 내용이다.

18 의사소통능력 문제

3문단에서 비대면 근무가 장기화됨에 따라 많은 기업이 기존의 비판적 사고, 분석 및 문제해결능력과 함께 스트레스 내성, 사고의 유연성, 융통성 등의 새로운 역량을 높게 사고 있다고 하였으므로 근무 시스템의 변화로 인해 기업이 직원들에게 이전과 전혀 다른 역량을 요구하게 된 것은 아님을 알 수 있다.

> **오답 체크**
> ① 4문단에서 디지털 기술이 기존 노동자의 업무를 대체함에 따라 디지털 기술 활용 역량이 떨어지거나 단순 반복 노동을 하던 기존 노동자의 일자리가 보장되지 않을 경우 구조적 실업이 도래할 가능성이 있다고 하였으므로 적절한 내용이다.
> ② 2문단에서 세계경제포럼의 보고서에 의하면 2025년까지 사무 분야를 중심으로 8천 500만여 개의 일자리가 기술·기계로 대체될 전망이라고 하였으므로 적절한 내용이다.
> ④ 1문단에서 코로나19로 인해 기존 노동 집약형 산업을 중심으로 발생한 문제가 연관 산업으로도 연쇄 부작용을 일으킴에 따라 노동력 의존도가 높은 기존 산업의 구조적 전환에 대한 필요성이 제기되고 있으며 이는 디지털화 및 비대면 경제로의 전환이 가속화될 가능성이 큼을 시사한다고 하였으므로 적절한 내용이다.

[19-20]
19 의사소통능력 문제

3문단에서 문 열고 난방 영업을 하는 매장 적발 시 최초 경고 후 추가 적발되는 경우부터 과태료가 부과되어 1회 적발 시 150만 원이 부과될 수 있다고 하였으므로 히터를 켠 채로 가게 문을 열고 운영할 때 최초 1회 적발 시 바로 최대 150만 원의 과태료가 부과되는 것은 아님을 알 수 있다.

> **오답 체크**
> ① 1문단에서 정부는 예비전력이 400만kW 이하로 떨어질 때부터 경보를 시작한다고 하였으며, 2문단에서 경보 발령 시 한국전력은 방송사를 통해 전력수급경보 공지를 안내한다고 하였으므로 적절하다.
> ② 1문단에서 전력 보유량이 200~100만kW인 경우 경계 단계에 해당하며, 전력 보유량이 특정 단계에서 20분 이상 지속될 경우 단계별 경보가 발령된다고 하였으므로 적절하다.
> ③ 1문단에서 전력시장 운영규칙은 2시간 이내에 공급할 수 있는 예비전력을 기준으로 하고 있지만, 여름철·겨울철은 20분 이내에 공급할 수 있는 예비전력을 기준으로 하고 있다고 하였으므로 적절하다.

20 의사소통능력 문제

2문단에서 예비전력이 300만kW 이하가 되어 주의·경계 단계로 접어들 때 공공기관은 냉방기 사용이 전면 금지되고 모든 절전 계약 기업은 긴급 절전을 실시한다고 하였으므로 예비전력이 350만kW 이하로 떨어지는 경우 공공기관 및 모든 절전 계약 기업이 긴급 절전을 실시하는 것은 아님을 알 수 있다.

> **오답 체크**
> ① 3문단에서 문 열고 냉·난방 영업을 하는 매장을 대상으로 과태료를 부과하는 법안에 찬반 의견이 엇갈린다고 하였으므로 적절하다.
> ② 1문단에서 전력수급경보는 관심 단계에 접어들 때부터 경보를 시작한다고 하였으므로 적절하다.
> ④ 3문단에서 전력수요 측정에 실패하여 예고 없이 전국적으로 순환 정전 조치가 시행된 적이 있다고 하였으므로 적절하다.

21 문제해결능력 문제

제시된 조건에 따르면 1~6호의 병실은 모두 1인실이며, A~E 5명과 친구 1명이 각 병실에 입원해 있고, 숫자가 작은 병실일수록 앞의 병실이며, C 씨는 5호실보다 앞의 병실에 입원해 있다. 이때, A 씨가 C 씨보다 앞의 병실에 입원해 있으며, A 씨는 D 씨보다 뒤의 병실에 입원해 있어 C 씨보다 앞의 병실에 최소 2명이 입원하였으므로 C 씨는 3호실 또는 4호실에 입원해 있음을 알 수 있다. 먼저, C 씨가 3호실에 입원해 있는 경우, A 씨가 2호실, D 씨가 1호실에 입원해 있고, B 씨와 E 씨가 입원해 있는 병실 사이에는 한 개의 병실이 있으므로 B 씨가 4호실, E 씨가 6호실에 입원해 있다. 이에 따라 친구는 5호실에 입원해 있어야 하지만 이는 내가 입원해 있는 병실은 5호실이 아니라는 친구의 설명에 모순되므로 C 씨는 4호실에 입원해 있고 A 씨는 2호실 또는 3호실에 입원해 있어야 한다. A 씨가 3호실에 입원해 있다면 D 씨는 1호실 또는 2호실에 입원해 있지만, 이는 B 씨와 E 씨가 입원해 있는 병실 사이에는 한 개의 병실이 있다는 조건에 모순되므로 A 씨는 2호실에 입원해 있으며, D 씨는 1호실에 입원해 있고, B 씨 또는 E 씨가 3호실 또는 5호실에 입원해 친구는 6호실에 입원해 있다.

따라서 친구가 입원해 있는 병실은 6호실이므로 항상 옳은 설명이다.

> **오답 체크**
> ① C 씨는 4호실에 입원해 있으므로 항상 옳지 않은 설명이다.
> ② A 씨는 B 씨보다 앞의 병실에 입원해 있으므로 항상 옳지 않은 설명이다.
> ③ A 씨와 E 씨는 이웃한 병실에 입원해 있지 않을 수도 있으므로 항상 옳은 설명은 아니다.

22 문제해결능력 문제
정답 ③

팀장과 주임은 서로 마주 보고 앉으며, 인턴은 팀장의 바로 왼쪽 옆
자리에 앉고 대리와 과장은 바로 옆자리에 앉지 않으며 주임과 대리
사이에는 한 명의 팀원이 앉으므로 인사팀 팀원들이 6인용 원탁에
앉는 위치는 다음과 같다.

따라서 사원의 오른쪽 옆자리에 앉는 팀원은 '주임'이다.

23 문제해결능력 문제
정답 ④

D는 결승점에 들어왔을 때 먼저 도착한 6명이 있었으므로 최종 7등
이고, E는 결승점 10m 앞에서 2등을 제치고 순위 변화 없이 들어
왔으므로 최종 2등이다. 이때 B는 결승점 10m 앞에서 E에게 순위
가 밀려나 3등이 되었으며, 결승점 5m 앞에서 순위가 바뀌었으므
로 최종 4등임을 알 수 있다. 또한, F는 달리면서 C가 계속 보였다
고 했으므로 C, F 순으로 등수가 연속됨을 알 수 있다. 이에 따라 7
명의 순위는 다음과 같다.

1등	2등	3등	4등	5등	6등	7등
G	E	A	B	C	F	D

따라서 1등을 한 사람은 'G'이다.

24 문제해결능력 문제
정답 ①

김 대리가 진실을 말했다면 김 대리는 중고차 사업에 찬성했으며
5명 중 1명만 진실을 말했으므로 천 과장의 말은 거짓이 되어 중고
차 사업은 찬성 1표, 반대 4표 또는 찬성 0표, 반대 5표로 보류되었
다. 이에 따라 김 대리를 제외한 4명은 중고차 사업에 반대했으므로
항상 옳은 설명이다.

오답 체크

② 장 사원의 말은 항상 거짓이며 경우에 따라 중고차 사업에 반대한 사
람은 4명 또는 5명이므로 항상 옳은 설명은 아니다.

③ 김 대리가 진실을 말한 경우 오 차장은 거짓을 말했으므로 항상 옳은
설명은 아니다.

④ 김 대리가 거짓을 말한 경우 오 차장과 천 과장 모두 중고차 사업에 반
대할 수도 있으므로 항상 옳은 설명은 아니다.

25 문제해결능력 문제
정답 ①

기회 요소인 셀프퍼블리싱의 활성화를 활용하여 각 분야의 전문가
들을 대상으로 셀프퍼블리싱을 지원하는 공모전을 개최함으로써 약
점 요소인 장르 소설에 집중된 전자책 콘텐츠의 종류 문제를 해결하
는 WO(약점-기회) 전략에 해당하므로 가장 적절하다.

오답 체크

② 위협 요소인 전자책 콘텐츠 불법 유통 시장의 만연과 법적 제재 규정
의 미흡에 대응하는 전략이지만, 내부 환경이 고려되지 않았으므로 적
절하지 않다.

③ 약점 요소인 사용하기 복잡한 전차책 애플리케이션 인터페이스를 해
결하는 전략이지만, 외부 환경이 고려되지 않았으므로 적절하지 않다.

④ 강점 요소인 연예인이나 작가가 직접 읽어 주는 오디오북 서비스를 활
용하는 전략이지만, 외부 환경이 고려되지 않았으므로 적절하지 않다.

26 문제해결능력 문제
정답 ②

집단 의사결정은 구성원 사이의 의사전달을 용이하게 하므로 가장
적절하지 않다.

오답 체크

① 집단 의사결정은 문제에 대한 해결 과정이 개인이 아닌 집단에 의해 이
루어짐으로써 개인적 의사결정보다 여러 관점에서 문제를 분석할 수
있으므로 적절하다.

③ 독창적인 해결책을 고안하기보다 다른 구성원들의 동의를 구하는 것
에 관심을 가짐으로써 잘못된 결과를 초래하는 집단사고 현상이 발생
하기도 하므로 적절하다.

④ 효과적인 집단 의사결정 기법에는 브레인스토밍, 명목 집단 기법, 델
파이 기법 등이 있으며 그중 델파이 기법은 문제에 대한 여러 전문가
의 의견을 종합하여 미래를 예측하는 기법이므로 적절하다.

27 문제해결능력 문제
정답 ③

다현이는 경로 a, b, c, d 중 소요 시간 대비 총비용이 가장 저렴한 경
로를 이용하므로 경로별 소요 시간 대비 총비용을 구하면
경로 a는 1분당 (15,660+8,200)/135 ≒ 177원, 경로 b는 1분당
19,320/220 ≒ 88원, 경로 c는 1분당 18,780/235 ≒ 80원, 경로
d는 1분당 (15,804+8,600)/140 ≒ 174원이다.
따라서 다현이가 이용할 경로는 'c'이다.

28 문제해결능력 문제 정답 ④

식물성 기름을 저분자 물질로 분해하는 과정에서 모든 종류의 알코올을 사용할 수 있다고 하였으므로 가장 적절하지 않다.

오답 체크

① 바이오 디젤은 경유와 물성이 달라 바이오 디젤 함량이 높을 경우 차량 결함이 발생할 가능성이 있다고 하였으므로 적절하다.

② 미세조류를 이용한 바이오 디젤은 저온에서도 시동을 걸 수 있어 팜유에서 추출한 바이오 디젤의 문제점을 극복했다는 점에서 팜유에서 추출한 바이오 디젤은 저온에서 시동이 걸리지 않는 문제점이 있었다는 것을 추론할 수 있으므로 적절하다.

③ 바이오 디젤은 경유와 달리 산소를 포함하고 있어 더 완전한 연소가 일어난다고 하였으므로 적절하다.

29 문제해결능력 문제 정답 ②

[○○구 지역카드 안내문]에 따르면 1인당 월 누적 결제 금액 400,000원 한도까지 환급 적용되며, 매달 말일에 결제 금액의 6%가 환급된다. 종현이의 9월 지역카드 결제 내역 중 환급 가능한 사용처는 개인 운영 카페와 개인 운영 미용실이므로 9월 말일에 환급되는 금액은 $(15,000 + 78,000) \times 0.06 = 5,580$원이다. 또한, 종현이의 10월 지역카드 결제 내역 중 환급 가능한 사용처는 전통 시장과 개인 운영 컴퓨터 학원이므로 10월에 해당하는 누적 결제 금액은 $135,000 + 284,000 = 419,000$원이다. 이때, 1인당 월 누적 결제 금액 400,000원 한도까지 환급이 적용되므로 10월 말일에 환급받을 수 있는 금액은 $400,000 \times 0.06 = 24,000$원이다.

따라서 종현이가 9월과 10월에 환급받을 총금액은 $5,580 + 24,000 = 29,580$원이다.

30 문제해결능력 문제 정답 ②

제시된 자료에 따르면 지원 부서의 우대 자격증을 보유하고 있는 경우 최대 2개까지 인정되어 개당 3점씩 총 6점까지 가산점이 부여되며, 지원자가 해당하는 우대사항 적용 대상의 가산점이 부여된다. 이때, 부서별 우대 자격증과 우대사항 적용 대상의 가산점은 누적하여 적용된다. 갑은 1개의 우대 자격증이 해당하며, 취업지원 대상자(보훈)이므로 갑이 받는 가산점은 $3 + 10 = 13$점이다. 을은 해당하는 우대 자격증이 없으며, 저소득층이므로 을이 받는 가산점은 5점이다. 병은 2개 모두 우대 자격증에 해당하며, J 기업 주변지역 거주자이므로 병이 받는 가산점은 $6 + 7 = 13$점이다. 정은 3가지 모두 우대 자격증에 해당하지만 최대 2개까지 인정되며, 비수도권 지역인재이므로 정이 받는 가산점은 $6 + 3 = 9$점이다. 무는 1개의 우대 자격증이 해당하며, 저소득층이므로 무가 받는 가산점은 $3 + 5 = 8$점이다.

따라서 정이 받은 가산점은 9점이므로 옳지 않은 내용이다.

오답 체크

① 갑이 받은 가산점은 13점이고, 무가 받은 가산점은 8점으로 갑이 무보다 가산점을 높게 받았으므로 옳은 내용이다.

③ 병이 받은 가산점은 13점으로 병과 가산점이 동일한 사람은 갑 1명이므로 옳은 내용이다.

④ 을이 받은 가산점은 5점으로 전체 지원자 중 가산점을 가장 낮게 받았으므로 옳은 내용이다.

31 문제해결능력 문제 정답 ①

문제를 분석해 해결해야 할 것을 명확히 하는 단계는 '문제 도출' 단계이므로 가장 적절하지 않다.

🔍 더 알아보기

문제 해결 절차 5단계

문제 인식	해결해야 할 전체 문제를 파악하여 우선순위를 정하고, 선정 문제에 대한 목표를 명확히 하는 단계
문제 도출	선정된 문제를 분석해 해결할 것이 무엇인지 명확히 하는 단계
원인 분석	파악된 핵심 문제에 대한 분석을 통해 근본 원인을 도출하는 단계
해결안 개발	문제로부터 도출된 근본 원인을 해결할 수 있는 최적의 해결방안을 수립하는 단계
실행 및 평가	해결안 개발을 통해 만들어진 실행계획을 실제 상황에 적용해 근본 원인을 제거하는 단계

[32 - 33]

32 문제해결능력 문제 정답 ③

K 자동차의 도심연비는 12.4km/L, 고속도로연비는 15.1km/L이고 복합연비 $= \dfrac{1}{\dfrac{0.55}{\text{도심연비}} + \dfrac{0.45}{\text{고속도로연비}}}$ 이므로

$\dfrac{1}{\text{복합연비}} = \dfrac{0.55}{12.4} + \dfrac{0.45}{15.1} = \dfrac{0.55 \times 15.1 + 0.45 \times 12.4}{12.4 \times 15.1} = \dfrac{8.305 + 5.58}{187.24} = \dfrac{13.885}{187.24}$

이에 따라 복합연비는 $\dfrac{187.24}{13.885} \approx 13.5$km/L이다.

따라서 K 자동차의 복합연비는 13.7~11.6 구간에 속하므로 에너지소비효율등급은 '3등급'이다.

33 문제해결능력 문제 정답 ④

일반 전기자동차의 에너지소비효율등급 표시라벨에는 전기자동차를 1회 충전했을 때 주행할 수 있는 거리를 표시해야 하며, 자동차 연비등급은 표시되지 않으므로 가장 적절한 것은 ④이다.

34 문제해결능력 문제 정답 ①

한 사람보다 다수인 쪽이 제시하는 아이디어가 많으며, 아이디어 수가 많을수록 우수한 아이디어가 나올 가능성이 크고 일반적으로 비판이 가해지지 않으면 아이디어는 많아지므로 아이디어에 대해 가감 없이 비판하는 것이 가장 적절하지 않다.

35 문제해결능력 문제 정답 ③

퍼실리테이션이란 '촉진'을 의미하며 깊이 있는 커뮤니케이션을 통해 서로의 문제점에 공감하고 이해함으로써 창조적인 문제 해결을 도모하는 문제 해결 방법이다. 퍼실리테이션은 소프트 어프로치나 하드 어프로치 방법과 다르게 초기에 생각하지 못했던 창조적인 해결 방법이 도출되기도 하며, 구성원의 동기와 팀워크가 강화된다는 특징을 보인다.

> 🔍 **더 알아보기**
> · **하드 어프로치**: 사실과 원칙에 근거한 커뮤니케이션을 중심으로 서로의 생각을 직설적으로 주장하고 논쟁이나 협상을 통해 서로의 의견을 조정해 나가는 문제 해결 방법
> · **소프트 어프로치**: 전형적인 문제 해결 방법으로 직접적인 표현은 지양하며, 특정한 것을 시사하거나 암시하는 의사전달 방식을 통해 서로의 기분을 통하게 하여 해결을 도모하는 문제 해결 방법

36 문제해결능력 문제 정답 ④

'1. 근로 개시일'에 따르면 최혜지는 입사일로부터 4월 30일까지 수습기간을 적용하며, 수습기간 동안 급여의 95%를 지급함에 따라 4월 1일부터 4월 30일까지 근무한 급여가 지급되는 5월 10일에 지급받는 월급은 {(21,869,760 + 450,000 + 680,240 + 1,200,000) / 12} × 0.95 ≒ 1,915,833원이므로 옳은 내용이다.

오답 체크

① '4. 소정근로시간'에 따르면 근로시간을 초과하는 연장근로 및 휴일근로에 대한 수당은 제수당에 포함된 것으로 본다고 하였으므로 옳지 않은 내용이다.
② '9. 근로계약서 교부'에 따르면 "사업주"는 근로계약을 체결함과 동시에 본 계약서를 사본하여 "근로자"의 교부요구와 관계없이 "근로자"에게 교부해야 한다고 하였으므로 옳지 않은 내용이다.
③ '4. 소정근로시간'과 '5. 근무일 및 휴일'에 따르면 근로계약서상 근로시간은 8시 30분부터 17시 30분까지이며, 주휴일은 매주 금요일과 토요일로 한다고 하였으므로 옳지 않은 내용이다.

[37 - 38]
37 문제해결능력 문제 정답 ②

제시된 자료에 따르면 신재생 에너지 공급의무 비율 = (신재생 에너지 생산량 / 예상 에너지 사용량) × 100이고, 신재생 에너지 생산량 = 원별 설치규모 × 단위 에너지 생산량 × 원별 보정계수이며, 예상 에너지 사용량 = 건축 연면적 × 단위 에너지 사용량 × 지역계수이다. 사업자 갑은 전라남도에서 건축 연면적이 2,000m²인 판매 및 영업시설을 운영하므로 단위 에너지 사용량은 408.45kWh/m²이고, 지역계수는 0.99이므로 예상 에너지 사용량은 2,000 × 408.45 × 0.99 = 808,731kWh이다. 또한, 갑은 설치규모가 100kW인 고정식 태양광 발전 설비를 사용하므로 원별 설치규모는 100kW이고, 단위 에너지 생산량은 1,358kWh/kW이며, 원별 보정계수는 1.56이므로 신재생 에너지 생산량은 100 × 1,358 × 1.56 = 211,848kWh이다. 따라서 신재생 에너지 공급의무 비율은 (211,848 / 808,731) × 100 ≒ 26.2%이다.

38 문제해결능력 문제 정답 ④

'3. 예상 에너지 사용량'에 따르면 예상 에너지 사용량 = 건축 연면적 × 단위 에너지 사용량 × 지역계수이므로 단위 에너지 사용량이 높을수록 예상 에너지 사용량이 높다. 이때, 업무시설의 단위 에너지 사용량은 374.47kWh/m²이고, 위락시설의 단위 에너지 사용량은 400.33kWh/m²임에 따라 건축 연면적과 지역계수가 동일한 경우 단위 에너지 사용량이 업무시설보다 높은 위락시설의 예상 에너지 사용량이 더 높으므로 옳지 않은 내용이다.

오답 체크

① '1. 신재생 에너지 공급의무 비율'에 따르면 신재생 에너지 공급의무 비율 = (신재생 에너지 생산량 / 예상 에너지 사용량) × 100으로 예상 에너지 사용량이 동일한 경우 신재생 에너지 공급의무 비율은 신재생 에너지 생산량에 비례하므로 옳은 내용이다.
② '3. 예상 에너지 사용량'에 따르면 건축 연면적은 연면적에서 주차장 면적을 제외한 면적이므로 옳은 내용이다.
③ '5. 전라도 지역계수'에 따르면 전라북도가 전라남도보다 지역계수가 높고 '3. 예상 에너지 사용량'에서 지역계수가 높을수록 예상 에너지 사용량이 높다는 것을 알 수 있으며, '1. 신재생 에너지 공급의무 비율'에 따라 예상 에너지 사용량이 높을수록 신재생 에너지 공급의무 비율이 낮아지므로 다른 조건이 동일한 경우 지역계수가 전라남도보다 더 높은 전라북도의 신재생 에너지 공급의무 비율이 더 낮으므로 옳은 내용이다.

[39 - 40]
39 문제해결능력 문제 정답 ④

정 대리는 6월 3주 차 업무를 6월 15일(월) 9시에 시작해 순서대로 처리하며 점심 시간은 12시부터 13시이고 매주 목요일 13~14시에

팀 회의가 있으므로 정 대리의 6월 3주 차 업무를 스케줄표로 나타내면 다음과 같다.

구분	15일(월)	16일(화)	17일(수)	18일(목)	19일(금)
09:00~10:00	1번 업무	2번 업무	3번 업무	4번 업무	5번 업무
10:00~11:00					
11:00~12:00					
12:00~13:00	점심 시간				
13:00~14:00	1번 업무	2번 업무	3번 업무	마케팅팀 회의	5번 업무
14:00~15:00				5번 업무	
15:00~16:00					
16:00~17:00	2번 업무	3번 업무			
17:00~18:00					
야근	–	3번 업무 (1시간)	4번 업무 (5시간)	–	–

1번 업무인 마케팅 비용 및 예산 집행 신청서 작성에 6시간이 소요되며 6월 15일 9시에 시작해 6월 15일 16시에 끝나므로 업무 기한인 6월 15일 18시를 준수한다. 2번 업무인 시장조사 및 경쟁사 동향 파악에 9시간이 소요되며 6월 15일 16시에 시작해 6월 16일 17시에 끝나므로 업무 기한인 6월 16일 18시를 준수한다. 3번 업무인 고객 관리에 10시간이 소요되며 6월 16일 17시에 시작해 전날 야근을 하지 않으면 업무 기한인 6월 17일 18시까지 1시간이 부족하므로 전날인 6월 16일에 야근을 1시간 하게 된다. 4번 업무인 브랜드 관리 보고서 작성에 8시간이 소요되며 6월 18일 9시에 시작해 전날 야근을 하지 않으면 업무 기한인 6월 18일 14시까지 5시간이 부족하므로 전날인 6월 17일에 야근을 5시간 하게 된다. 5번 업무인 MD에 10시간이 소요되며 6월 18일 14시에 시작해 6월 19일 16시에 끝나므로 업무 기한인 6월 19일 18시를 준수한다.

따라서 정 대리가 6월 3주 차에 하게 되는 최소 야근 시간은 1+5=6시간이다.

40 문제해결능력 문제   정답 ④

강 사원이 바꿔 달라고 요청한 6월 5일은 6월 1주 차이므로 6월 3주 차 업무에 영향을 주지 않으며, 금요일이므로 팀 회의인 목요일에 영향을 주지 않으므로 바꿀 수 있는 사람은 '강 사원'이다.

오답 체크

① 박 과장이 바꿔 달라고 요청한 6월 10일은 수요일로 다음 날이 목요일이며 외근을 간 다음 날은 출근하지 않아 팀 회의에 영향을 주므로 바꿀 수 없다.

② 이 대리가 바꿔 달라고 요청한 6월 22일의 다음 날인 6월 23일에 정 대리는 외근이 잡혀 있고 이틀 연속 외근을 갈 수 없으므로 바꿀 수 없다.

③ 김 사원이 바꿔 달라고 요청한 6월 15일은 6월 3주 차이므로 6월 3주 차 업무에 영향을 주므로 바꿀 수 없다.

41 기술능력 문제   정답 ③

비경쟁적 벤치마킹은 제품이나 서비스, 프로세스의 단위 분야에 있어 가장 우수한 실무를 보이는 비경쟁적 기업 내 유사 분야를 대상으로 하는 벤치마킹으로, 다른 환경의 사례를 가공하지 않고 적용할 경우 효과가 없을 수는 있으나 혁신적인 아이디어가 창출될 가능성이 비교적 높으므로 가장 적절하지 않은 것은 ③이다.

🔍 더 알아보기

비교 대상에 따른 벤치마킹의 종류

내부 벤치마킹	의미	같은 기업 내의 다른 지역, 타 부서, 국가 간의 유사한 활동을 대상으로 하는 벤치마킹
	장점	자료 수집이 용이하며, 다각화된 우량기업에 효과적임
	단점	관점이 제한적일 수 있고, 편중된 내부 시각에 대한 우려가 있음
경쟁적 벤치마킹	의미	동일 업종에서 고객을 직접 공유하는 경쟁기업을 대상으로 하는 벤치마킹
	장점	경영성과와 관련된 정보 입수와 업무 및 기술에 대한 비교가 가능함
	단점	윤리적 문제가 발생할 수 있고, 대상의 적대적 태도로 인해 자료 수집이 어려움
비경쟁적 벤치마킹	의미	제품, 서비스 및 프로세스의 단위 분야에 있어 가장 우수한 실무를 보이는 비경쟁적 기업 내 유사 분야를 대상으로 하는 벤치마킹
	장점	혁신적인 아이디어의 창출 가능성이 높음
	단점	다른 환경의 사례를 가공하지 않고 적용할 경우 효과가 없을 수 있음
글로벌 벤치마킹	의미	프로세스에 있어 최고로 우수한 성과를 보유한 동일 업종의 비경쟁적 기업을 대상으로 하는 벤치마킹
	장점	자료 수집과 접근, 비교 가능한 업무 및 기술의 습득이 쉬움
	단점	문화나 제도적 차이로 발생하는 효과에 대한 검토가 없을 경우 잘못된 결과가 도출될 수 있음

42 기술능력 문제   정답 ④

기업이 기술선택을 위한 우선순위를 결정할 때는 외부에서 도입 또는 자체 개발하고자 하는 기술이 최신 기술인지 확인해야 하며, 진부화될 가능성이 적은 기술을 선택해야 하므로 가장 적절하다.

오답 체크

① 기업이 기술을 선택하기 위한 우선순위 결정 시 선택하고자 하는 기술이 제품의 성능이나 원가에 미치는 영향력이 큰 기술인지 고려해야 하므로 적절하지 않다.

② 기업이 기술을 선택하기 위한 우선순위 결정 시 쉽게 구할 수 없는 기술인지 확인해야 하므로 적절하지 않다.

③ 기업이 기술을 선택하기 위한 우선순위 결정 시 기업이 생산하는 제품 및 서비스에 더욱 광범위하게 활용할 수 있는 기술인지 검토해야 하므로 적절하지 않다.

> 🔍 **더 알아보기**
>
> **기술선택을 위한 우선순위 결정 요소**
> · 제품의 성능이나 원가에 미치는 영향력이 큰 기술
> · 기술을 활용한 제품의 매출과 이익 창출 잠재력이 큰 기술
> · 쉽게 구할 수 없는 기술
> · 기업 간에 모방이 어려운 기술
> · 기업이 생산하는 제품 및 서비스에 더욱 광범위하게 활용할 수 있는 기술
> · 최신 기술로, 진부화될 가능성이 적은 기술

[43 – 44]

43 기술능력 문제 · 정답 ③

키패드를 조작하여 자동 잠금 기능으로 전환하는 조치는 문이 자동으로 잠기지 않는 경우에 해당하므로 가장 적절하지 않다.

44 기술능력 문제 · 정답 ④

수리 가능한 동일 하자가 3회 이상 발생한 경우 보증기간 이후에는 유상수리를 받을 수 있으므로 제품을 수리해 주고 수리 비용을 청구하는 조치인 ④가 가장 적절하다.

45 기술능력 문제 · 정답 ①

제시된 사례는 페니실린이 우연한 기회로 발견되었으며, 항생제 페니실린을 개발하기까지 9년의 세월이 걸렸지만 이후 강한 효과를 보이는 항생제 개발의 발판이 되어 더 많은 질병을 치료할 수 있게 되었다고 하였으므로 기술혁신 과정 자체가 지니는 예측 불가함과 우연성으로 인해 기술 개발에 대한 기업의 투자가 가시적 성과로 나타나기까지 비교적 오랜 시간이 소요된다는 것이 가장 적절하다.

46 기술능력 문제 · 정답 ①

설비 점검 사항에서 지지대 후면은 하중에 견고한 구조로 설치되어 있는지 현장에서 육안으로 안전에 문제가 있다고 판단된 경우에만 구조계산서를 검토하여 적합성을 최종적으로 판별해야 한다고 하였으므로 지지대 후면이 구조계산서를 바탕으로 안전하게 설치되어 있는지 파악한 후에 육안으로 확인하는 것은 가장 적절하지 않다.

오답 체크

② 입지 점검 사항에서 산지에 설치된 태양광 설비는 배수 시설에 이물이 있는지 점검해야 하므로 적절하다.

③ 설비 점검 사항에서 모듈 배선은 케이블 타이로 고정되어 있는지, 전기배선의 연결 전선은 전용선을 사용하고 있는지 모두 확인해야 하므로 적절하다.

④ 설비 점검 사항에서 태양전지판의 모듈 전면에 음영이 있는지 확인해야 하므로 적절하다.

47 기술능력 문제 · 정답 ②

진 대리는 최신 회계 이론을 모르는 부분에 대해서만 빠르게 학습하기를 바라며, 부서 특성상 퇴근 이후 일정 시간을 정하여 고정된 스케줄에 따라 교육을 받기는 힘들다고 하였으므로 새로운 기술을 익히는 방법으로 원하는 시간에 원하는 장소에서 학습할 수 있는 'E-Learning을 활용한 기술교육'이 가장 적절하다.

> 🔍 **더 알아보기**
>
> **새로운 기술을 익히는 방법**

전문 연수원을 통한 기술과정 연수	· 연수시설이 없어 체계적인 교육을 진행하기 어려운 회사의 경우 전문 연수원을 통해 양질의 인재를 양성할 수 있음 · 각 분야의 전문가들로 구성하여 이론을 겸한 실무 중심의 교육을 할 수 있음 · 최신 실습 장비, 시청각시설, 전산시설 등 각종 부대시설 활용이 가능함 · 산학협력 연수 및 국내외 우수 연수기관과 협력한 연수가 가능함 · 자체적으로 교육하는 것보다 연수비가 저렴하여 교육이 부담이 적음
E-Learning을 활용한 기술교육	· 원하는 시간에 원하는 장소에서 학습이 가능함 · 원하는 내용을 원하는 순서에 맞게 원하는 시간만큼 학습이 가능하여 학습자 스스로 학습을 조절하고 통제할 수 있음 · 사진, 텍스트, 소리, 동영상 등 멀티미디어를 이용한 학습이 가능함 · 이메일, 자료실 등을 통해 의사교환과 상호작용이 자유롭게 이루어짐 · 책에 비해 새로운 내용을 업데이트하기 쉬워 새로운 내용을 신속하게 반영하고 교육에 소요되는 비용을 절감할 수 있음 · 인간적인 접촉이 적고 중도 탈락률이 높으며, 현장 중심의 실무교육이 힘들다는 단점이 있음
상급학교 진학을 통한 기술교육	· 실무 중심 전문교육기관이나 전문대학, 대학 및 대학원과 같은 상급학교 진학을 통해 학문적이면서 최신 기술의 흐름을 반영한 기술교육이 가능함 · 산업체와의 프로젝트 활동이 가능하여 실무 중심의 기술교육이 가능함 · 관련 분야의 종사자들과 함께하여 인적 네트워크 형성에 도움이 되고 경쟁을 통해 학습 효과를 향상할 수 있음 · E-Learning을 활용한 기술교육과 달리 원하는 시간에 학습할 수 없어 일정 시간을 할애해야 하며, 학습자 스스로 학습을 조절 및 통제할 수 없다는 단점이 있음

구분	A	B	C	D
최대 속도 1Gbps 이상	○	○		○
인공지능 스피커 제공	○			○
와이파이 공유기 2대 이상	○			○

이에 따라 주어진 조건을 모두 만족하는 인터넷 요금제는 A와 D이며, 이 중 A는 3년 약정 할인과 TV 결합 할인이 모두 가능하지만, 중복 할인은 불가능하므로 할인율이 더 큰 TV 결합 할인을 적용하면 월 요금이 $46,500 \times 0.9 = 41,850$원이고, D는 3년 약정에 따른 5% 할인이 가능해 월 요금이 $42,500 \times 0.95 = 40,375$원임에 따라 A보다 저렴함을 알 수 있다.

따라서 희정이와 정연이가 선택할 인터넷 요금제는 'D'이다.

OJT를 활용한 기술교육	• 조직 안에서 피교육자가 직무에 종사하며 받게 되는 교육훈련 방법으로, 업무 수행에 필요한 지식, 기술, 능력, 태도를 훈련받는 것을 말함 • 직장 상사나 선배가 지도해 주는 형태로 훈련이 진행되어 교육자와 피교육자 사이에 친밀감이 조성되며 시간의 낭비가 적고 조직의 필요에 합치되는 교육훈련을 할 수 있음 • 지도자의 높은 자질이 요구되며 교육훈련 내용의 체계화가 어려움 • 주로 기술직을 대상으로 하지만 관리직이나 전문직에도 점점 적용하고 있음

48 기술능력 문제   정답 ③

샐리의 법칙은 반복적으로 자신에게 유리한 상황만이 발생하는 경우를 뜻하는 용어로 네트워크 혁명의 3가지 법칙에 포함되지 않으므로 가장 적절하지 않다.

오답 체크

① 카오의 법칙: 창조성은 네트워크에 접속되어 있는 다양한 지수함수로 비례한다는 법칙
② 메트칼프의 법칙: 네트워크의 가치는 사용자 수의 제곱에 비례한다는 법칙
④ 무어의 법칙: 마이크로칩의 밀도가 24개월마다 2배씩 증가한다는 법칙

[49-50]
49 기술능력 문제   정답 ②

산업재산권 출원 시 특허청에 출원서, 요약서, 명세서, 도면을 제출하여야 하는 것은 특허권과 실용신안권이다. 특허권과 실용신안권은 모두 자연법칙을 이용한 기술적 사상의 창작에 대한 권리이지만, 'A 회사 미끄럼 방지 자동차 컵 홀더'는 기술 수준이 높지 않고, 물품의 형상, 구조 및 조합을 대상으로 하는 실용적인 창작에 해당하므로 A 회사에서 획득할 권리로 가장 적절한 것은 '실용신안권'이다.

50 기술능력 문제   정답 ②

A 회사가 추후 계획에 따라 획득할 산업재산권은 실용신안권이며, 실용신안권의 존속 기간은 실용신안 등록 출원일로부터 '10년'이다.

[51-52]
51 기술능력 문제   정답 ④

제시된 대화를 통해 확인할 수 있는 선택 조건과 조건에 부합하는 인터넷 요금제에 O 표시를 하면 다음과 같다.

52 기술능력 문제   정답 ③

[甲 사 인터넷 요금제 안내]에 따르면 요금제 A의 경우 와이파이 공유기 2대를 제공하며, 추가 혜택으로 와이파이 공유기 1대 또는 유해사이트 접속 및 악성코드 차단 중 선택할 수 있다. 인터넷 요금제 중 A로 계약을 하고 와이파이 공유기 3대를 이용하고 있다면 추가 혜택으로 와이파이 공유기 1대를 이용한 것이 되므로 유해사이트 접속 및 악성코드 차단 혜택을 받고 싶다면 혜택 변경 신청을 통해 와이파이 공유기 1대를 유해사이트 접속 및 악성코드 차단으로 바꿔야 한다.

따라서 정 사원이 고객에게 전달할 답변으로 가장 적절한 것은 ③이다.

[53-54]
53 기술능력 문제   정답 ②

무상보증기간은 구매일로부터 1년이며, 보증기간 이내 정상적인 사용 상태에서 구매 후 1개월 내로 중요 부품에 수리가 필요한 고장이 자연 발생한 경우 제품 교환 또는 무상수리를 받을 수 있으므로 가장 적절하다.

오답 체크

① 무상보증기간은 구매일로부터 1년이지만 개인용, 가정용 이외의 용도로 사용할 경우 보증기간은 1/2로 단축 적용되며, 보증기간 경과 후 정상적인 사용 상태에서 교환 불가능한 고장이 자연 발생한 경우 유상수리를 받을 수 있으므로 적절하지 않다.
③ 무상보증기간은 구매일로부터 1년이지만 개인용, 가정용 이외의 용도로 사용할 경우 보증기간은 1/2로 단축 적용되며, 보증기간이 경과한 후 정상적인 사용 상태에서 하자로 인한 고장이 자연 발생한 경우 유상수리를 받을 수 있으므로 적절하지 않다.

④ 무상보증기간은 구매일로부터 1년이며, 정상적인 사용 상태에서 보증기간 이내 교환된 제품이 1개월 내로 중요한 수리를 요하는 고장이 자연 발생한 경우 구매가에 환불받을 수 있으므로 적절하지 않다.

54 기술능력 문제
정답 ③

수해 등 천재지변으로 인해 발생한 고장은 보증기간과 무관하게 유상수리만 가능하므로 가장 적절하지 않다.

오답 체크

① 제품 구매 시 운송 과정 및 제품 설치 중 발생한 피해는 제품을 교환받을 수 있으므로 적절하다.
② 소비자 고의, 과실에 의해 발생한 고장 중 수리 가능한 경우 보증기간과 무관하게 유상수리만 가능하므로 적절하다.
④ 정상적인 사용 상태에서 발생한 고장이더라도 제품 자체의 하자가 아닌 외부 요인에 의한 고장일 경우 보증기간과 무관하게 유상수리만 가능하므로 적절하다.

55 기술능력 문제
정답 ③

블록체인은 수많은 컴퓨터에 데이터를 담은 블록을 동시에 복제해 저장하는 분산형 데이터 저장기술이므로 가장 적절하지 않다.

56 기술능력 문제
정답 ②

아이디어 전파, 혁신에 필요한 자원 확보, 아이디어 실현을 위한 혁신 활동을 하고 정력적이며 위험을 감수하는 태도를 바탕으로 아이디어 활용에 관심을 가지는 자질 또는 능력이 요구되는 혁신 과정에서의 역할은 '챔피언'이다.

🔍 더 알아보기

기술혁신의 역할

구분	활동	필요한 자질과 능력
아이디어 창안	· 아이디어 창출과 가능성 검증 · 업무 수행의 새로운 방법 고안 · 혁신적인 진보를 위한 탐색	· 각 분야의 전문 지식 · 추상화와 개념화 능력 · 새로운 분야의 일을 즐기는 태도
챔피언	· 아이디어의 전파 · 혁신을 위한 자원 확보 · 아이디어 실현을 위한 헌신	· 위험을 감수하는 태도 · 아이디어 응용에 관한 관심
프로젝트 관리	· 리더십 발휘 · 프로젝트 기획 및 조직 · 프로젝트의 효과적인 진행 감독	· 의사결정능력 · 업무 수행 방법에 대한 지식

정보 수문장	· 조직 외부의 정보를 내부 구성원에게 전달 · 조직 내의 정보원 기능	· 높은 수준의 기술적 역량 · 원만한 대인관계능력
후원	· 혁신에 대한 격려와 안내 · 불필요한 제약으로부터 프로젝트 보호 · 혁신에 대한 자원 획득 기능	· 조직의 주요 의사결정에 대한 영향력

57 기술능력 문제
정답 ④

기술 경영자에게는 빠르고 효과적으로 새로운 기술을 습득하고 기존의 기술에서 탈피하는 능력이 필요하므로 적절하지 않다.

🔍 더 알아보기

기술 경영자에게 필요한 능력
· 기술을 기업의 전반적인 전략목표에 통합시키는 능력
· 빠르고 효과적으로 새로운 기술을 습득하고 기존의 기술에서 탈피하는 능력
· 기술을 효과적으로 평가할 수 있는 능력
· 기술 이전을 효과적으로 할 수 있는 능력
· 새로운 제품 개발 시간을 단축할 수 있는 능력
· 크고 복잡하며 서로 다른 분야에 걸쳐 있는 프로젝트를 수행할 수 있는 능력
· 조직 내의 기술 이용을 수행할 수 있는 능력
· 기술 전문 인력을 운용할 수 있는 능력

58 기술능력 문제
정답 ④

엔지니어나 연구자가 기술을 자율적으로 선택하여 도입하는 방법은 상향식 기술선택이며, 기술 도입 전에 체계적인 분석이 선행되어야 하는 것은 하향식 기술선택이므로 가장 적절하지 않다.

59 기술능력 문제
정답 ②

수경 재배 기술을 새싹 인삼의 생육에 가장 적합한 온도, 습도, 물 공급량 등을 연구하여 적용한 C 조합의 기술적용 형태는 '선택한 기술을 분석·가공하여 활용하는 경우'에 해당하며, 이 경우는 여건, 환경 분석을 통해 업무 프로세스의 효율성을 최대화할 수 있지만 상대적으로 시간적인 부담이 크므로 가장 적절하다.

오답 체크

①, ③은 불필요한 기술을 버리고 선택한 기술을 적용하는 경우의 특징, ④는 선택한 기술을 그대로 적용하는 경우의 특징에 해당한다.

기술적용 형태에 따른 장·단점

선택한 기술을 그대로 적용하는 경우	장점	쉽게 적용 가능하며 시간 절약과 비용 절감 효과가 있음
	단점	선택한 기술이 적합하지 않을 경우 실패 위험 부담이 큼
불필요한 기술을 버리고 선택한 기술을 적용하는 경우	장점	프로세스의 효율성을 기대할 수 있으며, 시간 절약과 비용 절감 효과가 있음
	단점	부적절한 기술 선택 시 실패 위험 부담이 크며, 버린 기술이 과연 불필요한가에 대한 문제점이 존재함
선택한 기술을 분석·가공하여 활용하는 경우	장점	직장에 대한 여건, 환경 분석을 통해 업무 프로세스의 효율성을 최대화함
	단점	상대적으로 시간적인 부담이 큼

60 기술능력 문제　　　　　　정답 ③

제시된 자료는 제품의 특징, 기능 설명, 사용 방법, 고장 조치 방법 등 제품에 관련된 모든 서비스에 대해 소비자가 알아야 할 정보를 제공하는 '제품 매뉴얼'로, 제품의 종류와 관계없이 설계상 결함이나 위험 요소를 대변해서는 안 되므로 가장 적절하지 않다.

오답 체크

① 제품 매뉴얼은 제품의 안전한 사용을 위해 사용 중 해야 할 일과 하지 말아야 할 일을 정의해야 하므로 적절하다.

② 제품 매뉴얼은 한 문장에 통상 하나의 명령 또는 밀접하게 관련된 몇 가지의 명령만을 포함하며, 명확한 의미 전달을 위해 단정적으로 표현하고 수동태보다는 능동태 동사를, 추상명사보다는 행위동사를 사용하여 작성하므로 적절하다.

④ 제품 매뉴얼은 사용자가 찾고자 하는 정보를 쉽고 빠르게 찾을 수 있도록 짧고 의미 있는 제목이나 비고 등을 활용하므로 적절하다.

61 자원관리능력 문제　　　　　　정답 ③

[K 미술관 관람료 안내]에 따라 정리한 각 경우 관람료의 총액은 다음과 같다.

구분	관람료 총액
애니메이션관에 방문한 장애인 3명과 성인 5명	$(2,000 \times 3) + (1,500 \times 3) + (7,000 \times 2) = 24,500$원
애니메이션관에 20인 이상으로 단체 관람을 온 12살 초등학생 중 5명	$4,800 \times 5 = 24,000$원
현대미술관에 4살, 8살 자녀와 방문한 성인 부부	$0 + 3,000 + (8,000 \times 2) = 19,000$원
현대미술관에 20인 이상으로 단체 관람을 온 군인 중 5명	$4,000 \times 5 = 20,000$원

따라서 관람료의 총액이 가장 적은 경우는 4살, 8살 자녀와 현대미술관에 방문한 성인 부부 가족의 관람료이다.

62 자원관리능력 문제　　　　　　정답 ②

모든 연차 계산은 승진을 진행하는 해의 1월 1일을 기준으로 하며 근무 기간이 2년 이상인 직원은 자동으로 주임 승진 대상자가 되므로 2017년 1월 5일에 입사한 홍길동 사원은 2020년 1월 1일에 주임 승진 대상자가 된다. 이때 승진을 진행하는 해를 기준으로 전년도 업무 평가에서 S 등급, A 등급, B 등급을 받은 직원에 한해 승진이 진행되므로 2019년 업무 평가에서 C 등급을 받은 홍길동 사원은 2020년 1월 1일에 주임으로 승진하지 못한다. 이에 따라 홍길동 사원이 최대한 빠른 기간 내에 부장으로 승진한다면 홍길동 사원은 2021년 1월 1일에 주임으로 승진하며, 주임이 된 2021년 1월 1일로부터 2+3+3=8년 뒤인 2029년 1월 1일에 부장으로 승진한다. 따라서 2020년 1월 1일을 기준으로 홍길동 사원이 부장으로 승진하는 데 걸리는 기간은 '9년'이다.

63 자원관리능력 문제　　　　　　정답 ③

[우수 직원 포상 규정]에 따르면 최종 점수는 근속연수 점수, 프로젝트 기여 점수, 고객 칭찬 점수를 모두 합산한 점수이며, 최종 점수에 따라 특별 상품을 지급한다. 이에 따라 우수 직원들의 최종 점수는 다음과 같다.

구분	근속연수 점수	프로젝트 기여 점수	고객 칭찬 점수	최종 점수
정 팀장	10점	5점	5점	10+5+5 = 20점
서 과장	8점	7점	10점	8+7+10 = 25점
최 대리	6점	10점	3점	6+10+3 = 19점
박 사원	4점	3점	7점	4+3+7 = 14점
강 사원	4점	7점	10점	4+7+10 = 21점

따라서 서 과장은 우수 직원 중 최종 점수가 25점으로 가장 높으므로 옳은 내용이다.

오답 체크

① 강 사원의 최종 점수는 21점으로 16점 이상 24점 미만에 해당하여 특별 상품으로 제주도 여행을 지급받으므로 옳지 않은 내용이다.

② 정 팀장의 최종 점수는 20점, 최 대리의 최종 점수는 19점으로 최종 점수가 서로 다르므로 옳지 않은 내용이다.

④ 박 사원의 최종 점수는 14점으로 16점 미만에 해당하여 특별 상품으로 포상금을 지급받으므로 옳지 않은 내용이다.

64 자원관리능력 문제　　　　　정답 ③

[열차 서비스 품질 평가 기준]에 따른 열차별 평가 점수는 다음과 같다.

구분	평가 점수
A 열차	$(80 \times 0.1) + (90 \times 0.3) + (90 \times 0.3) + (100 \times 0.2) + (80 \times 0.1) = 8 + 27 + 27 + 20 + 8 = 90$점
B 열차	$(100 \times 0.1) + (90 \times 0.3) + (80 \times 0.3) + (90 \times 0.2) + (100 \times 0.1) = 10 + 27 + 24 + 18 + 10 = 89$점
C 열차	$(90 \times 0.1) + (100 \times 0.3) + (90 \times 0.3) + (80 \times 0.2) + (80 \times 0.1) = 9 + 30 + 27 + 16 + 8 = 90$점
D 열차	$(100 \times 0.1) + (80 \times 0.3) + (80 \times 0.3) + (100 \times 0.2) + (100 \times 0.1) = 10 + 24 + 24 + 20 + 10 = 88$점
E 열차	$(80 \times 0.1) + (80 \times 0.3) + (100 \times 0.3) + (100 \times 0.2) + (90 \times 0.1) = 8 + 24 + 30 + 20 + 9 = 91$점

따라서 평가 점수가 가장 높은 E 열차의 평가 점수는 91점이다.

65 자원관리능력 문제　　　　　정답 ④

간접비용은 생산에 직접 관련되지 않은 비용으로 보험료, 건물관리비, 광고비, 통신비, 공과금이 이에 해당한다.
따라서 간접비용에 해당하는 것을 모두 고르면 'ㄴ, ㄹ'이 된다.

🔍 **더 알아보기**

직접비용과 간접비용
- **직접비용**: 제품을 생산하거나 서비스를 창출하기 위해 직접 소비된 것으로 여겨지는 비용을 의미하며 재료비, 원료와 장비, 시설, 인건비 등이 이에 해당함
- **간접비용**: 직접비용에 상대되는 용어로서, 제품을 생산하거나 서비스를 창출하기 위해 소비된 비용 중 생산에 직접 관련되지 않은 비용을 의미하며 보험료, 건물관리비, 통신비, 광고비, 사무비품비, 공과금 등이 이에 해당함

66 자원관리능력 문제　　　　　정답 ①

E 씨의 능력을 최대한 발휘할 수 있도록 소프트웨어 개발팀에 배치한 것은 팀원의 능력이나 성격과 가장 적합한 위치에 배치해 팀원 개개인의 능력을 최대로 발휘하도록 하는 '적재적소주의'를 적용한 것이다.

🔍 **더 알아보기**

인력 배치의 원칙
- **적재적소주의**: 팀의 효율성을 높이기 위해 팀원의 능력이나 성격 등과 가장 적합한 위치에 배치하여 팀원 개개인의 능력을 최대로 발휘하도록 하는 원칙
- **능력주의**: 개인에게 능력을 발휘할 수 있는 기회와 장소를 부여하고, 그 성과를 바르게 평가하여 평가된 능력과 실적에 대해 그에 상응하는 보상을 주는 원칙
- **균형주의**: 팀 전체와 개인이 균형을 이루도록 모든 팀원에 대해 평등한 적재적소를 고려하여 배치해야 한다는 원칙

[67-68]
67 자원관리능력 문제　　　　　정답 ④

B 공장에서는 업무를 진행하는 데 필요한 필요인원과 근무인원의 수가 같거나, 근무인원의 수가 더 많은 날에만 해당 업무를 진행하며, 필요인원보다 근무인원이 적은 경우 다른 공장의 지원 업무를 하므로 가 업무의 세부 업무별 업무소요일과 필요인원을 고려한다. 이때, 같은 업무 내의 세부 업무는 반드시 진행순서에 따라 선행 작업이 종료되어야 다음 작업이 가능하므로 진행순서는 반드시 '가-1 → 가-2 → 가-3 → 가-4 → 가-5' 순으로 진행하며, 서로 다른 업무끼리는 필요인원을 충족한다면 순서를 고려하지 않고 동시에 진행 가능하지만 가 업무를 끝낼 수 있는 가장 빠른 날짜를 구해야 하므로 가 업무를 우선적으로 고려하여 생각한다. 가-1 세부 업무는 필요인원이 35명이고, 업무소요일이 5일이므로 1일부터 7일까지 진행하고, 가-2 세부 업무는 필요인원이 26명이고, 업무소요일이 4일이므로 8일부터 11일까지 진행하며, 가-3 세부 업무는 필요인원이 63명이고, 업무소요일이 3일이므로 필요인원보다 근무인원이 적은 14일과 15일, 17일, 18일에는 진행하지 않는다. 이에 따라 가-3 세부 업무는 16일, 21일, 22일에 걸쳐 진행해 22일까지 진행한다. 또한, 가-4 세부 업무는 필요인원이 52명이고, 업무소요일이 4일이나 필요인원보다 근무인원이 적은 24일에는 진행하지 않으므로 23일, 25일, 28일, 29일에 걸쳐 진행해 29일까지 진행하고, 가-5 세부 업무는 필요인원이 41명이고, 업무소요일이 2일이므로 30일부터 31일까지 진행한다.
따라서 가 업무를 끝낼 수 있는 가장 빠른 날짜는 31일이다.

68 자원관리능력 문제　　　　　정답 ④

B 공장에서는 3월 1일부터 가 업무를 우선적으로 진행하며, 가 업무를 우선적으로 진행하고 남는 근무인원이 나 업무를 진행하는 데 필요한 필요인원과 근무인원의 수가 같거나, 근무인원의 수가 더 많은 날에는 나 업무를 병행하여 진행하기로 계획을 세웠으므로 [3월 근무 스케줄]에서 가 업무를 진행하며 남는 근무인원을 정리하면 다음과 같다.

월	화	수	목	금
	1	2	3	4
	근무인원: 70명 가 업무 투입인원: 35명 남는 근무 인원: 35명	근무인원: 53명 가 업무 투입인원: 35명 남는 근무 인원: 18명	근무인원: 36명 가 업무 투입인원: 35명 남는 근무 인원: 1명	근무인원: 71명 가 업무 투입인원: 35명 남는 근무 인원: 36명
7	8	9	10	11
근무인원: 55명 가 업무 투입인원: 35명 남는 근무 인원: 20명	근무인원: 67명 가 업무 투입인원: 26명 남는 근무 인원: 41명	근무인원: 73명 가 업무 투입인원: 26명 남는 근무 인원: 47명	근무인원: 60명 가 업무 투입인원: 26명 남는 근무 인원: 34명	근무인원: 65명 가 업무 투입인원: 26명 남는 근무 인원: 39명
14	15	16	17	18
근무인원: 51명 가 업무 투입인원: 0명 남는 근무 인원: 51명	근무인원: 39명 가 업무 투입인원: 0명 남는 근무 인원: 39명	근무인원: 67명 가 업무 투입인원: 63명 남는 근무 인원: 4명	근무인원: 61명 가 업무 투입인원: 0명 남는 근무 인원: 61명	근무인원: 55명 가 업무 투입인원: 0명 남는 근무 인원: 55명

이때, 나-1 세부 업무는 필요인원이 42명이고, 업무소요일이 4일이므로 남는 근무인원이 42명 이상인 날짜에만 업무를 진행할 수 있고, 4일간 진행해야 한다. 남는 근무인원이 42명 이상인 가장 빠른 날짜는 9일, 14일, 17일, 18일이므로 나-1 세부 업무는 9일, 14일, 17일, 18일에 진행한다.

따라서 B 공장에서 나-1 세부 업무를 끝낼 수 있는 가장 빠른 날짜는 18일이다.

69 자원관리능력 문제   정답 ③

예산을 효과적으로 수립하기 위해서는 필요한 과업 및 활동을 구명한 뒤, 우선순위를 결정하여 예산을 배정해야 하므로 효과적인 예산 수립 방법을 순서대로 바르게 나열하면 'ⓒ → ⓔ → ⓖ'이 된다.

[70 - 72]
70 자원관리능력 문제   정답 ①

제시된 자료에 따르면 영업 이익은 자율주행 자동차 부품의 판매 가격에서 제조 원가와 운영비용을 제외한 금액을 의미하며 미국에서 자율주행 자동차 부품을 판매하는 경우 판매 가격은 개당 1,000,000원이며, 제조 원가는 개당 500,000원이고 미국의 지사에 부담하는 운영비용은 200,000원임에 따라 미국에서 자율주행 자동차 부품 한 개당 영업 이익은 1,000,000 - 500,000 - 200,000 = 300,000원이므로 옳은 내용이다.

② 유럽에서 자율주행 자동차 부품을 판매하는 경우 판매 가격은 개당 950,000원이며, 제조 원가는 개당 500,000원이고 유럽의 지사에 부담하는 운영비용은 250,000원임에 따라 유럽에서 자율주행 자동차 부품 한 개당 영업 이익은 950,000 - 500,000 - 250,000 = 200,000원이므로 옳지 않은 내용이다.

③ 제시된 자료에 따르면 N 사는 한국에 본사와 부품 생산 공장을 두고 제품을 생산하고 있으며, 제조국 내에는 판매 가능한 시장이 존재하지 않는다고 하였으므로 옳지 않은 내용이다.

④ 자동차 부품의 연간 영업 이익은 유럽에서 200,000 × 105 = 21,000,000원이고, 미국에서 300,000 × 70 = 21,000,000원으로 서로 동일하므로 옳지 않은 내용이다.

71 자원관리능력 문제   정답 ②

제시된 자료에 따르면 기존에 미국에서 판매되는 자율주행 자동차 부품은 연간 70개이며, 올해에는 연간 판매되었던 부품의 개수보다 10개 더 판매될 예정이므로 올해 미국에서 판매되는 부품의 개수는 80개이고, 유럽에서는 연간 판매되었던 부품의 개수와 동일하게 판매될 예정이므로 올해 유럽에서 판매되는 부품의 개수는 105개이다. 이때, 미국에서는 영업 이익의 20%를 세금으로 부과하고 유럽에서는 영업 이익의 10%를 세금으로 부과한다. 이에 따라 미국에서의 올해 영업 이익은 300,000 × 80 × (1 - 0.2) = 19,200,000원이고, 유럽에서의 올해 영업 이익은 200,000 × 105 × (1 - 0.1) = 18,900,000원이다. 따라서 올해 영업 이익이 더 높은 나라는 미국이며, 영업 이익은 19,200,000원이다.

따라서 올해 영업 이익이 더 높은 나라와 그 나라의 영업 이익을 바르게 연결한 것은 ②이다.

72 자원관리능력 문제   정답 ④

제시된 자료에 따르면 판매국에 부품 생산 공장을 세워 부품을 판매할 경우 개당 운영비용은 50,000원 증가하고, 부품 제조 원가는 기존 대비 15% 감소하므로 부품 생산 공장을 세웠을 경우 유럽에서 판매되는 부품의 개당 영업 이익은 950,000 - [(250,000 + 50,000) + {500,000 × (1 - 0.15)}] = 225,000원이다. 이때, 연간 판매되는 부품의 개수는 동일하므로 유럽에 부품 생산 공장을 세울 경우 향후 13년간 유럽에서 발생하는 영업 이익은 225,000 × 105 × 13 = 307,125,000원이고, 부품 생산 공장을 세우지 않을 경우 유럽에서 향후 13년간 발생하는 영업 이익은 200,000 × 105 × 13 = 273,000,000원이다.

따라서 유럽에 부품 생산 공장을 세울 경우 향후 13년간 유럽에서 발생하는 영업 이익과 부품 생산 공장을 세우지 않을 경우 유럽에서 발생하는 영업 이익의 차이는 307,125,000 - 273,000,000 = 34,125,000원이다.

[73 - 74]

73 자원관리능력 문제   정답 ④

'3. 등록 기간 및 절차'에 따르면 사전 등록은 사전 등록 기간에 홈페이지에서 신청서를 미리 작성해야 하며, 방문 당일 본인 확인 후 명찰을 수령하여 입장이 가능하므로 옳지 않은 내용이다.

오답 체크

① '1. 전시회 일정'에 따르면 4월 22일에는 2회 차 전시회의 4일 차로 대전 ☆☆홀에서 진행되고, '3. 등록 기간 및 절차'에 따라 회차별로 동일한 내용의 프로그램이 진행되며, '4. 주요 프로그램 및 내용'에 따라 전시회 4일 차에는 해외 신제품 라인업이 전시되므로 옳은 내용이다.

② '3. 등록 기간 및 절차'에 따르면 사전 등록 후에 등록한 회차와 다른 회차에 방문을 원하는 경우 현장 등록으로 변경해야 하므로 2회 차에 사전 등록한 2명이 4월 8일 1회 차 전시회에 모두 방문하려면 현장 등록을 해야 하고, 방문 당일 현장 등록 입장료의 80%인 (20,000 × 2) × 0.8 = 32,000원을 지불해야 하므로 옳은 내용이다.

③ '3. 등록 기간 및 절차'에 따르면 회차별로 동일한 내용의 프로그램이 진행되고, '4. 주요 프로그램 및 내용'에 따라 4월 5일과 4월 19일은 회차별 1일 차로 국내외 태양광 기술 동향 및 사례 소개가 동일하게 진행되므로 옳은 내용이다.

74 자원관리능력 문제   정답 ③

[대전 소재 호텔별 정보]에 따르면 강 대리는 신입사원 2명과 함께 1박 2일로 전시회에 방문하기 위해 총 3명이 호텔에서 하루 동안 숙박해야 하며, 하루 숙박 요금은 한 객실당 요금에 해당한다. 또한, 모든 호텔은 예약 가능 객실 외 다른 객실을 예약할 수 없고, 한 객실에 인원을 초과하여 숙박할 수 없으며, 호텔의 숙박 가능 여부와 전시회 일정을 고려하여 숙박 가능한 날짜에 따라 1회 차 또는 2회 차 전시회에 방문하려고 한다. 이에 따라 강 대리는 국내와 해외 태양광 모듈 신제품을 모두 확인할 수 있는 회차별 3~4일 차에 이틀 연속 전시회를 방문하므로 4월 7일이나 4월 21일에 숙박해야 한다. 먼저, A 호텔은 4월 21일에 숙박이 가능하며, 1인실 3개의 객실을 예약해야 하므로 전체 숙박 요금은 63,000 × 3 = 189,000원이고, B 호텔은 4월 7일과 21일 모두 숙박이 불가능하다. 또한, C 호텔은 4월 7일과 4월 21일에 모두 숙박이 가능하며, 2인실 2개의 객실을 예약해야 하므로 전체 숙박 요금은 96,000 × 2 = 192,000원이고, D 호텔은 4월 7일과 21일 모두 숙박이 불가능하며, E 호텔은 4월 7일에 숙박이 가능하여 3인실 1개의 객실을 예약해야 하므로 전체 숙박 요금은 174,000원이다. 이에 따라 숙박 가능한 호텔은 A 호텔, C 호텔, E 호텔이며, 이 중 가장 저렴한 호텔은 E 호텔이므로 강 대리는 E 호텔을 예약해야 한다.

따라서 강 대리가 선입금할 예약금은 전체 숙박 요금의 30%인 174,000 × 0.3 = 52,200원이다.

75 자원관리능력 문제   정답 ④

제시된 자료에 따르면 예비 창업자별로 기존 규정의 선정 기준 가중치를 적용한 최종 점수는 다음과 같다.

구분	기존 규정을 적용한 최종 점수
갑	(70 × 0.2) + (80 × 0.3) + (80 × 0.2) + (80 × 0.2) + (60 × 0.1) = 76점
을	(80 × 0.2) + (70 × 0.3) + (70 × 0.2) + (90 × 0.2) + (80 × 0.1) = 77점
병	(90 × 0.2) + (90 × 0.3) + (60 × 0.2) + (60 × 0.2) + (90 × 0.1) = 78점
정	(70 × 0.2) + (60 × 0.3) + (80 × 0.2) + (70 × 0.2) + (80 × 0.1) = 70점
무	(60 × 0.2) + (80 × 0.3) + (90 × 0.2) + (60 × 0.2) + (80 × 0.1) = 74점

또한, 변경된 규정의 선정 기준 가중치를 적용한 최종 점수는 다음과 같다.

구분	변경된 규정을 적용한 최종 점수
갑	(70 × 0.2) + (80 × 0.3) + (80 × 0.1) + (80 × 0.3) + (60 × 0.1) = 76점
을	(80 × 0.2) + (70 × 0.3) + (70 × 0.1) + (90 × 0.3) + (80 × 0.1) = 79점
병	(90 × 0.2) + (90 × 0.3) + (60 × 0.1) + (60 × 0.3) + (90 × 0.1) = 78점
정	(70 × 0.2) + (60 × 0.3) + (80 × 0.1) + (70 × 0.3) + (80 × 0.1) = 69점
무	(60 × 0.2) + (80 × 0.3) + (90 × 0.1) + (60 × 0.3) + (80 × 0.1) = 71점

이에 따라 기존 규정을 적용했을 때 선정되는 예비 창업자는 최종 점수가 가장 높은 병이고, 변경된 규정을 적용했을 때 선정되는 예비 창업자는 최종 점수가 가장 높은 을이다. 이때, 기존 규정을 적용하여 선정된 병의 월 임대료는 220만 원으로 200만 원 초과 300만 원 이하에 해당하여 월 임대료의 60%를 지원받으므로 병이 지급받는 지원금은 220 × 0.6 = 132만 원이고, 변경된 규정을 적용하여 선정된 을의 월 임대료는 350만 원으로 300만 원 초과에 해당하여 월 임대료의 40%를 지원받으므로 을이 지급받는 지원금은 350 × 0.4 = 140만 원이다.

따라서 기존 규정과 변경된 규정으로 선정된 두 예비 창업자가 지급받는 총지원금의 합은 132 + 140 = 272만 원이다.

76 자원관리능력 문제   정답 ②

회계상 거래는 회사 재산 상태에 영향을 미치고 그 영향을 금액으로 측정할 수 있는 사건으로 직원을 월급 200만 원에 채용하는 계약의 체결 자체는 경제적 거래이지만 회사 재산 상태에는 변화를 주지 않으므로 가장 적절하지 않다.

77 자원관리능력 문제 　　　　　　정답 ④

권 대리는 남자 직원 12명, 여자 직원 19명이 각각 사용할 방과 전원 수용 가능한 방 하나를 예약해야 한다. 모든 방의 기본 수용 인원은 2평당 1명이므로 방별 최대 수용 가능 인원은 다음과 같다.

구분	최대 수용 가능 인원
사과	16+3=19명
오렌지	12+2=14명
수박	10명
포도	19명
레몬	27+6=33명

이에 따라 전체 인원인 31명을 수용 가능한 방은 레몬 방뿐이므로 레몬 방을 예약하며, 남자 직원 방은 최대 수용 가능 인원이 12명 이상인 방 중 가장 저렴한 오렌지 방을 예약한다. 이때 여자 직원 방은 최대 수용 가능 인원이 19명 이상인 사과 방 또는 포도 방을 예약하며, 기본 수용 인원에서 1명씩 추가할 때마다 10,000원의 추가 비용이 발생하여 사과 방은 178,000+(3×10,000)=208,000원, 포도 방은 210,000원이므로 사과 방을 예약한다.

따라서 숙소 예약으로 발생할 총비용은 145,000+208,000+289,000+(4×10,000)=682,000원이다.

78 자원관리능력 문제 　　　　　　정답 ③

제시된 조건에 따르면 식단은 식품별 선호도 합이 200점 이하가 되도록 만들며, 동일한 식품을 포함하지 않고, 최소 7가지 식품을 포함해야 한다. 또한, 준비된 11개 식품 중 두부, 현미, 딸기, 고구마는 필수로 포함하여 식단을 만든다. 이때, GI 지수는 42+56+29+55=182이고, 선호도 합은 37+10+40+17=104점이므로 나머지 식단의 선호도 합이 200-104=96점 이하가 되도록 최소 3가지 식품을 포함하여 식단을 만들어야 한다.

③ 고구마는 필수 식단이므로 기타에 해당하는 우유, 닭고기를 포함한 6가지 식품에 대한 선호도 합은 104+25+50=179점으로 선호도가 200-179=21점 이하인 식품 중 GI 지수가 가장 낮은 미역을 포함하면 식단의 GI 지수는 182+25+45+16=268로 최소가 되므로 옳지 않은 설명이다.

<u>오답 체크</u>

① 두류/해조류를 최소로 포함하여 식단을 만들 경우 두류/해조류 중 필수 식단인 두부만 포함하여 9개의 식품으로 식단을 만들었을 때의 선호도 합은 104+20+22+60+25+50=281점이다. 선호도 합이 200점 이하가 되려면 최대 81점을 낮추어야 하고, 81점 이상인 식품은 없어 최소 2개의 식품을 제외해야 하므로 옳은 설명이다.

② 딸기는 필수 식단이므로 바나나와 딸기를 모두 넣고 식단을 만들 경우 5가지 식품에 대한 선호도 합은 104+60=164점으로 나머지 식품의 선호도 합은 200-164=36점 이하여야 함에 따라 선호도가 50점인 닭고기는 식단에 포함할 수 없으므로 옳은 설명이다.

④ GI 지수가 최소가 되도록 식단을 만들 경우 GI 지수가 낮은 7가지 식품으로 식단을 만들어야 하여 필수 식단을 제외한 3가지 식품을 GI 지수가 낮은 미역, 땅콩, 우유로 구성할 때의 선호도 합은 104+8+15+25=152점이므로 옳은 설명이다.

[79-80]
79 자원관리능력 문제 　　　　　　정답 ①

발전소 견학은 5/13(수) 오전 10시부터 오후 5시까지 진행되므로 관광버스는 5/13(수) 당일만 예약한다. 발전소 견학에 참여하는 인원은 총 78+12=90명이며, 관광버스는 종합보험이 가입되어 있고 냉장고를 보유한 버스로 대절하므로 대절 가능한 관광버스는 을 관광버스와 무 관광버스이다. 이때 을 관광버스는 45인승으로 2대를 대절하여 발생하는 비용은 250,000×2=500,000원이며, 무 관광버스는 25인승으로 4대를 대절하여 발생하는 비용은 150,000×4=600,000원이므로 을 관광버스를 2대 대절한다. 발전소 견학 중 식사는 1회 진행되며 도시락은 버스 기사 2명을 포함한 모든 인원수에 추가로 5개를 구매하므로 총 78+12+2+5=97개를 구매한다. 생수는 버스 기사 2명을 포함한 모든 인원당 2병씩 준비하므로 총 (78+12+2)×2=184병을 구매하여 도시락 종류별로 발생하는 도시락 및 생수 비용은 다음과 같다.

구분	도시락 비용	제공되는 생수 개수	생수 비용	합계
동백 도시락	9,000×97 =873,000원	97병	(184-97)×500 =43,500원	873,000+43,500 =916,500원
매화 도시락	8,500×97 =824,500원	97병	(184-97)×500 =43,500원	824,500+43,500 =868,000원
백합 도시락	7,500×97 =727,500원	-	184×500 =92,000원	727,500+92,000 =819,500원
튤립 도시락	10,000×97× 0.95=921,500원	97병	(184-97)×500 =43,500원	921,500+43,500 =965,000원

이에 따라 도시락 및 생수 비용이 가장 적게 발생하는 백합 도시락을 구매한다.

따라서 발전소 견학에 발생하는 총경비는 500,000+819,500=1,319,500원이다.

80 자원관리능력 문제 정답 ①

4개 팀의 수리력과 기술능력을 같은 가중치로 고려하여 비중의 평균을 구하면 다음과 같다.

구분	수리력과 기술능력 비중의 평균
P 팀	$(35+30)/2=32.5\%$
R 팀	$(20+40)/2=30.0\%$
E 팀	$(40+30)/2=35.0\%$
M 팀	$(10+20)/2=15.0\%$

이때 수리력과 기술능력 비중의 평균이 가장 높은 E 팀은 18명으로 16명을 초과한다.

따라서 인사팀장이 선발할 시범 팀으로 가장 적절한 팀은 'P 팀'이다.

61 수리능력 문제 정답 ③

숫자 카드 1장, 연산자 카드 1장, 숫자 카드 1장 순으로 총 3장의 카드를 뽑아 첫 번째에 뽑은 카드를 x, 두 번째에 뽑은 카드를 y, 세 번째에 뽑은 카드를 z라고 하고, 이를 (x, y, z)로 나타내면
+연산자 카드를 뽑는 경우 $(1, +, 7)$, $(2, +, 6)$, $(3, +, 5)$, $(5, +, 3)$, $(6, +, 2)$, $(7, +, 1)$ 6가지이고, −연산자 카드를 뽑는 경우 $(9, -, 1)$, $(10, -, 2)$ 2가지이며, ×연산자 카드를 뽑는 경우 $(1, \times, 8)$, $(2, \times, 4)$, $(4, \times, 2)$, $(8, \times, 1)$ 4가지이다.

따라서 총 3장의 카드를 뽑아 연산식을 만들었을 때, 뽑은 카드의 연산 결과가 8이 되는 경우의 수는 $6+2+4=12$가지이다.

62 수리능력 문제 정답 ③

시간 $=\frac{거리}{속력}$ 임을 적용하여 구한다.

자동차를 타고 이동한 시간은 $\frac{150}{60}=2\frac{1}{2}$시간이고, 항공기를 타고 이동한 거리는 $450-150=300$km이며, 이때의 이동 시간은 $\frac{300}{600}=\frac{1}{2}$시간이다.

따라서 목적지까지 이동하였을 때 걸린 시간은 $2\frac{1}{2}+\frac{1}{2}=3$시간이다.

63 수리능력 문제 정답 ④

이익 $=$ 판매가 $-$ 원가임을 적용하여 구한다.
할인액은 x원이고, 이익이 1,300원 이상이므로
$\{5,000 \times (1+0.4) - x\} - 5,000 \geq 1,300$
$\rightarrow 2,000 - x \geq 1,300 \rightarrow x \leq 700$
따라서 할인액의 최댓값은 700원이다.

64 수리능력 문제 정답 ③

시간 $=\frac{작업량}{시간당\ 작업량}$ 임을 적용하여 구한다.
물탱크의 총용량은 45L이고 물탱크 안에 물은 22.5L만큼 차 있으므로
$x=\frac{22.5}{2.5} \rightarrow x=9$
따라서 순환 시스템이 멈추기까지의 시간은 9시간이다.

65 수리능력 문제 정답 ④

2019년 원자력 생산량이 전년 동월 대비 증가한 달은 1~6월이며, 2019년 원자력 생산량의 전년 동월 대비 증가율은 1월에 $\{(2,611-2,093)/2,093\} \times 100 ≒ 24.7\%$, 2월에 $\{(2,350-1,873)/1,873\} \times 100 ≒ 25.5\%$, 3월에 $\{(2,989-1,969)/1,969\} \times 100 ≒ 51.8\%$, 4월에 $\{(3,014-2,007)/2,007\} \times 100 ≒ 50.2\%$, 5월에 $\{(3,146-2,421)/2,421\} \times 100 ≒ 29.9\%$, 6월에 $\{(2,893-2,408)/2,408\} \times 100 ≒ 20.1\%$이다.

따라서 2019년 원자력 생산량의 전년 동월 대비 증가율이 가장 큰 달은 3월이며, 3월의 전년 동월 대비 증가율은 약 51.8%이다.

66 수리능력 문제 정답 ②

독일의 DRAM 수출액이 미국의 DRAM 수출액의 10%보다 큰 달은 2019년 8월, 2019년 12월이므로 옳지 않은 설명이다.

오답 체크

① 일본의 DRAM 수출액이 가장 적은 2019년 11월에 미국의 DRAM 수출액은 전월 대비 $\{(415,597-367,377)/367,377\} \times 100 ≒ 13.1\%$ 증가하였으므로 옳은 설명이다.

③ 독일과 대만의 DRAM 수출액은 2019년 9월 이후 모두 전월 대비 증가, 감소, 감소, 증가, 감소하였으므로 옳은 설명이다.

④ 매월 중국을 제외한 나머지 4개 국가의 DRAM 수출액 합은 2019년 8월에 $24,389+52,360+34,823+328,375=439,947$천 달러, 9월에 $24,320+91,483+40,041+400,850=556,694$천 달러, 10월에 $20,546+58,399+28,675+367,377=474,997$천 달러, 11월에 $12,790+58,104+28,259+415,597=514,750$천 달러, 12월에 $22,450+68,864+40,948+404,320=536,582$천 달러, 2020년 1월에 $14,774+62,172+23,012+360,553=460,511$천 달러로 매월 1,000,000천 달러를 넘는 중국보다 적으므로 옳은 설명이다.

67 수리능력 문제   정답 ③

교통비는 6일에 한 번씩, 식비는 14일에 한 번씩 받으므로 6일과 14일의 최소공배수는 42일이다.

따라서 1년 동안 교통비와 식비를 같이 받게 되는 날은 총 365 / 42 ≒ 8.7일이다.

68 수리능력 문제   정답 ③

각 행은 열이 한 열 이동할 때마다 두 행의 위치가 서로 바뀐다. 첫 번째 행 첫 번째 열의 숫자 85의 경우 제시된 각 숫자 간의 값이 −3씩 변화하고, 두 번째 행 첫 번째 열의 숫자 13의 경우 제시된 각 숫자 간의 값이 +9씩 변화한다는 규칙이 적용된다.

따라서 첫 번째 행의 빈칸에 들어갈 숫자는 70 − 3 = 67이고, 두 번째 행의 빈칸에 들어갈 숫자는 58 + 9 = 67이므로 빈칸에 공통으로 들어갈 알맞은 숫자는 67이다.

69 수리능력 문제   정답 ②

이익 = 판매가 − 원가임을 적용하여 구한다.

달걀 44판을 모두 판매한 매출액이 178,000원이고, 그중 57,000원의 이익을 얻으므로

달걀 44판의 원가는 178,000 − 57,000 = 121,000원이다.

따라서 달걀 1판의 원가는 $\frac{121,000}{44}$ = 2,750원이다.

70 수리능력 문제   정답 ③

거리 = 속력 × 시간임을 적용하여 구한다.

강아지의 속력을 x라고 하면 24분은 0.4시간이므로

$7 \times 0.4 + x \times 0.4 = 6 \rightarrow 0.4x = 3.2 \rightarrow x = 8$

A와 B가 처음 만날 때까지 강아지는 A와 B 사이를 이동하는 것을 반복하므로 A와 B가 처음 만나는 데 걸린 시간은 강아지가 총 이동한 시간과 동일하다.

A와 B가 처음 만나는 데 걸린 시간을 y라고 하면

$7y + 5y = 6 \rightarrow y = 0.5$

따라서 A와 B가 처음 만날 때까지 강아지가 총 이동한 거리는 8 × 0.5 = 4km이다.

71 수리능력 문제   정답 ④

2020년 1분기 면세점 판매액은 2019년 1분기 면세점 판매액보다 5,619 − 4,215 = 1,404십억 원 감소하였으므로 옳지 않은 설명이다.

오답 체크

① 2019년 2분기에는 대형마트를 제외하고 모든 업태에서 지난 분기 대비 판매액이 증가하였으므로 옳은 설명이다.

② 조사기간 동안 매 분기 판매액이 가장 높은 업태는 전문소매점이므로 옳은 설명이다.

③ 2019년 1분기 대비 2020년 4분기에 판매액이 1,000십억 원 이상 증가한 업태는 승용차 및 연료 소매점과 무점포 소매이고 나머지 업태는 판매액이 1,000십억 원 미만 증가하였거나 판매액이 감소하였으며, 2019년 1분기 대비 2020년 4분기에 판매액이 승용차 및 연료 소매점은 27,659 − 22,568 = 5,091십억 원, 무점포 소매는 27,458 − 19,049 = 8,409십억 원 증가하여 가장 많이 증가한 업태는 무점포 소매이므로 옳은 설명이다.

72 수리능력 문제   정답 ①

조사기간 동안 미곡 생산량이 많은 3개 지역의 순위는 2019년, 2020년, 2021년 모두 전남, 충남, 전북 순이므로 옳은 설명이다.

오답 체크

② 2021년 미곡 생산량이 가장 많은 지역과 가장 적은 지역은 각각 전남과 강원이며, 이들의 생산 면적 1ha당 미곡 생산량은 전남이 (790 × 1,000) / (155 × 1,000) ≒ 5.1톤, 강원이 (156 × 1,000) / (29 × 1,000) ≒ 5.4톤으로 전남이 강원보다 적으므로 옳지 않은 설명이다.

③ 조사기간 동안 항상 미곡 생산 면적이 100천 ha 미만인 지역은 경기, 강원, 충북, 경북, 경남이며, 이들 중 강원의 경우 연평균 생산 면적이 (29 + 28 + 29) / 3 ≒ 29천 ha이므로 옳지 않은 설명이다.

④ 2020년과 2021년 동안 전년 대비 미곡 생산량의 증감 추이는 모든 지역이 동일하지만, 미곡 생산 면적의 증감 추이는 동일하지 않으므로 옳지 않은 설명이다.

73 수리능력 문제   정답 ③

ⓒ 조사기간 동안 전체 사과 재배면적은 31,000ha 이상 35,000ha 미만이고 이 범위의 50%는 15,500ha 이상 17,500ha 미만이며, 경북의 사과 재배면적은 항상 18,000ha 이상이므로 옳은 설명이다.

ⓔ 2021년 경상도 두 지역을 제외한 나머지 지역의 사과 재배면적은 34,201 − (20,955 + 3,774) = 9,472ha이며, 평균 사과 재배면적은 9,472 / 6 ≒ 1,579ha이므로 옳은 설명이다.

오답 체크

ⓐ 2021년을 제외하고 조사기간 동안 전체 사과 재배면적은 전년 대비 매년 감소하였으므로 옳지 않은 설명이다.

ⓑ 조사기간 동안 강원의 사과 재배면적이 처음으로 1,000ha 이상을 기록한 해는 1,092ha를 기록한 2019년이며, 2019년의 전년 대비 증가율은 {(1,092 − 947) / 947} × 100 ≒ 15%로 20% 미만이므로 옳지 않은 설명이다.

74 수리능력 문제
정답 ②

2015년 사우디아라비아 1인당 국내총생산의 전년 대비 감소율은 $\{(24,464-20,628)/24,464\}\times100≒15.7\%$, 2015년 터키 1인당 국내총생산의 전년 대비 감소율은 $\{(12,096-10,949)/12,096\}\times100≒9.5\%$로 사우디아라비아가 터키보다 크므로 옳지 않은 설명이다.

오답 체크

① 인도네시아의 1인당 국내총생산은 2013년, 2014년, 2015년, 2016년에 인도의 1인당 국내총생산의 2배 이상이므로 옳은 설명이다.

③ 2018년 1인당 국내총생산의 5년 전 대비 증가량은 한국이 33,346 − 27,178 = 6,168달러, 중국이 9,771 − 7,051 = 2,720달러, 인도가 2,016 − 1,450 = 566달러, 인도네시아가 3,894 − 3,624 = 270달러이며 일본, 사우디아라비아, 터키는 감소했으므로 옳은 설명이다.

④ 2013년 1인당 국내총생산이 높은 순위는 일본, 한국, 사우디아라비아, 터키, 중국, 인도네시아, 인도 순이고, 2018년 1인당 국내총생산이 높은 순위는 일본, 한국, 사우디아라비아, 중국, 터키, 인도네시아, 인도 순으로 순위가 동일한 국가는 일본, 한국, 사우디아라비아, 인도네시아, 인도 총 5개국이므로 옳은 설명이다.

⏱ 빠른 문제 풀이 Tip

② 2015년 사우디아라비아 1인당 국내총생산은 전년 대비 24,464 − 20,628 = 3,836달러 감소하여 2014년 1인당 국내총생산의 10%인 2,446.4달러를 넘고, 2015년 터키 1인당 국내총생산은 전년 대비 12,096 − 10,949 = 1,147달러 감소하여 2014년 1인당 국내총생산의 10%인 1,209.6달러를 넘지 않는다. 이에 따라 2015년 1인당 국내총생산의 전년 대비 감소율은 사우디아라비아가 터키보다 큼을 알 수 있다.

75 수리능력 문제
정답 ③

㉠ 2018년 2월, 3월과 2019년 8월, 9월에 제3군이 제2군보다 전염병 발생 건수가 더 많으므로 옳지 않은 설명이다.

㉡ 2019년 분기별 제1군 전염병 발생 건수는 1분기에 466 + 612 + 1,256 = 2,334건, 2분기에 1,735 + 2,303 + 2,306 = 6,344건, 3분기에 2,566 + 2,786 + 2,073 = 7,425건, 4분기에 1,200 + 407 + 335 = 1,942건으로 3분기에 제1군 전염병 발생 건수가 가장 많으므로 옳지 않은 설명이다.

㉣ 2019년 제4군 전염병의 총 발생 건수는 30 + 34 + 18 + 44 + 32 + 71 + 100 + 125 + 84 + 109 + 39 + 23 = 709건으로 750건 미만이므로 옳지 않은 설명이다.

오답 체크

㉢ 2018년 제2군 전염병 발생 건수가 다른 달들에 비해 가장 많은 5월에 제1~4군 전체 전염병 발생 건수에서 제2군 전염병 발생 건수가 차지하는 비중은 $\{15,823/(256+15,823+6,692+48)\}\times100≒69\%$로 70% 미만이므로 옳은 설명이다.

76 수리능력 문제
정답 ③

전체 실업자 수에서 3개월 미만 실업자 수를 제외한 나머지 인원인 3개월 이상 실업자 수가 가장 많은 분기는 1,224 − 721 = 503천 명인 2분기이며, 2분기의 전체 실업자 수는 1,224천 명으로 전체 실업자 수가 가장 많은 분기이므로 옳은 설명이다.

오답 체크

① 2020년 4분기 전체 실업자의 1분기 전체 실업자 대비 감소율은 $\{(1,163-1,046)/1,163\}\times100≒10\%$이므로 옳지 않은 설명이다.

② 2분기와 4분기에 서울과 경기의 지난 분기 대비 실업자 수의 증감 추이는 동일하지 않으므로 옳지 않은 설명이다.

④ 1분기와 4분기는 부산의 실업자 수가 경남의 실업자 수보다 적으므로 옳지 않은 설명이다.

77 수리능력 문제
정답 ②

2016년과 2017년에 P 방송사의 행사 매출액은 전년 대비 감소했으나 Q 방송사의 행사 매출액은 전년 대비 증가했으므로 옳지 않은 설명이다.

오답 체크

① P 방송사와 Q 방송사의 방송제공 매출액의 차이는 2015년에 350,492 − 298,421 = 52,071백만 원, 2016년에 438,253 − 401,965 = 36,288백만 원, 2017년에 658,343 − 567,459 = 90,884백만 원, 2018년에 765,074 − 716,645 = 48,429백만 원이므로 옳은 설명이다.

③ 2018년 P 방송사의 프로그램 판매 매출액은 124,595백만 원으로 같은해 Q 방송사의 프로그램 판매 매출액의 65%인 191,397 × 0.65 ≒ 124,408백만 원보다 크므로 옳은 설명이다.

④ 2015년부터 2018년까지 P 방송사의 광고 매출액 평균은 (874,725 + 968,036 + 1,252,705 + 1,225,148) / 4 = 1,080,153.5백만 원이며 Q 방송사의 광고 매출액 평균은 (754,804 + 1,148,414 + 1,261,983 + 1,351,506) / 4 = 1,129,176.75백만 원이므로 옳은 설명이다.

[78 - 79]
78 수리능력 문제
정답 ④

평균 국내여행 횟수 = (여행 횟수 × 횟수별 응답자 수)의 합 / 응답자 수의 합을 적용하여 구한다.
올해 국내여행을 1회 이상 다녀온 30대의 평균 국내여행 횟수는 $\{(1 \times 149) + (2 \times 170) + (3 \times 114) + (4 \times 154) + (5 \times 76)\} / (1,000 - 337) = 1,827 / 663 ≒ 2.76$회이다.

79 수리능력 문제
정답 ③

올해 국내여행을 1회 이상 다녀온 40대는 1,000 − 420 = 580명이고 국내여행을 1회만 다녀온 40대는 170명으로 (170 / 580) × 100 ≒ 29.3%에 해당하므로 옳지 않은 설명이다.

오답 체크

① 조사에 참여한 50대 응답자 1,000명 중 534명이 올해 국내여행을 한 번도 다녀오지 않았으므로 옳은 설명이다.

② 응답자 중 올해 국내여행을 1회만 다녀온 50대는 (141 / 1,000) × 100 = 14.1%, 60대 이상은 (110 / 1,000) × 100 = 11.0%이므로 옳은 설명이다.

④ 조사에 참여한 전체 응답자 4,000명 중 올해 국내여행을 2회 다녀온 사람은 170 + 156 + 126 + 113 = 565명으로 그 비율은 전체 응답자의 (565 / 4,000) × 100 ≒ 14.1%이므로 옳은 설명이다.

80 수리능력 문제
정답 ②

화재발생건수 대비 부상자 수 비율은 2014년에 1,856 / 42,135 ≒ 0.0440명/건, 2015년에 1,840 / 44,435 ≒ 0.0414명/건, 2016년에 1,718 / 43,414 ≒ 0.0396명/건, 2017년에 1,852 / 44,178 ≒ 0.0419명/건, 2018년에 2,225 / 42,338 ≒ 0.0526명/건으로 2015년 화재발생건수 대비 부상자 수 비율은 전년 대비 감소하였으므로 옳지 않은 그래프는 ②이다.

오답 체크

① 사망자 수의 전년 대비 증가율은 2015년에 {(253 − 325) / 325} × 100 ≒ −22.2%, 2016년에 {(306 − 253) / 253} × 100 ≒ 20.9%, 2017년에 {(345 − 306) / 306} × 100 ≒ 12.7%, 2018년에 {(369 − 345) / 345} × 100 ≒ 7.0%로 사망자 수는 2015년에 전년 대비 감소하였고 2016년 이후로 매년 전년 대비 증가하였으므로 옳은 그래프이다.

③ 인명피해자 수는 2014년에 325 + 1,856 = 2,181명, 2015년에 253 + 1,840 = 2,093명, 2016년에 306 + 1,718 = 2,024명, 2017년에 345 + 1,852 = 2,197명, 2018년에 369 + 2,225 = 2,594명이므로 옳은 그래프이다.

④ 편차 = 변량 − 평균임을 적용하여 구하면, 2014년부터 2018년까지 5년간 화재발생건수의 평균은 216,500 / 5 = 43,300건으로 연도별 화재발생건수의 편차는 2014년에 42,135 − 43,300 = −1,165건, 2015년에 44,435 − 43,300 = 1,135건, 2016년에 43,414 − 43,300 = 114건, 2017년에 44,178 − 43,300 = 878건, 2018년에 42,338 − 43,300 = −962건이므로 옳은 그래프이다.

⏱ 빠른 문제 풀이 Tip

② 2015년 화재발생건수는 전년 대비 증가하였고, 2015년 부상자 수는 전년 대비 감소하였으므로 2015년 화재발생건수 대비 부상자 수 비율은 전년 대비 감소하였음을 알 수 있다.

한국수력원자력&5대 발전회사 합격을 위한

추가 학습 자료 8종

본 교재 인강
30% 할인쿠폰
9AF5 3CC9 3DC8 CD9Y

전공필기 강의
20% 할인쿠폰
8936 DB85 F5F8 2385

* 전공 단과강의에만 적용 가능

인성검사 온라인 모의고사
1만원 할인쿠폰
72FD 2873 9A6C SAXG

* 인성검사 모의고사에만 적용 가능

한수원&5대 발전회사
취업성공전략 동영상강의
수강권
BC3E B498 6CEE C7YW

* 쿠폰 등록 시 [마이페이지]로 강의 자동 지급 * 지급일로부터 30일간 PC로 수강 가능

NCS 피듈형 온라인 모의고사
1회분 응시권
4643 B9E5 75BA B5EF

* 쿠폰 등록 후 [마이클래스] - [모의고사]에서 응시 가능 * 지급일로부터 30일간 PC로 응시 가능

이용방법
해커스잡 사이트(ejob.Hackers.com) 접속 후 로그인 ▶ 사이트 우측 상단 [나의정보] 클릭 ▶ [나의 쿠폰] 클릭 ▶ [쿠폰/수강권 등록]에 쿠폰(인증)번호 입력 후 이용

* 위 쿠폰은 한 ID당 1회에 한해 등록 및 사용 가능하며, 이벤트 강의 및 프로모션 강의에는 적용 불가, 쿠폰 중복 할인 불가합니다.
* 이 외 쿠폰 관련 문의는 해커스 고객센터(02-537-5000)로 연락 바랍니다.

한국사 기출 요약집(PDF)
이용권
B53W 7K9Q G272 AB64

한수원&5대 발전회사 합격족보(PDF)
이용권
AM54 B53B G274 A5A2

이용방법 해커스잡 사이트(ejob.Hackers.com) 접속 후 로그인 ▶ 사이트 메인 상단 [교재정보 - 교재 무료자료] 클릭 ▶ 교재 확인 후 이용하길 원하는 무료자료의 [다운로드] 버튼 클릭 ▶ 위 쿠폰번호 입력 후 다운로드

* 이 외 쿠폰 관련 문의는 해커스 고객센터(02-537-5000)로 연락 바랍니다.

FREE 무료 바로 채점 및 성적 분석 서비스

바로 이용 ▶

이용방법 해커스잡 사이트(ejob.Hackers.com) 접속 후 로그인 ▶ 사이트 메인 상단 [교재정보 - 교재 채점 서비스] 클릭 ▶ 교재 확인 후 채점하기 버튼 클릭

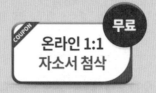

해커스공기업과 함께
한국수력원자력&5대 발전회사 최종 합격!

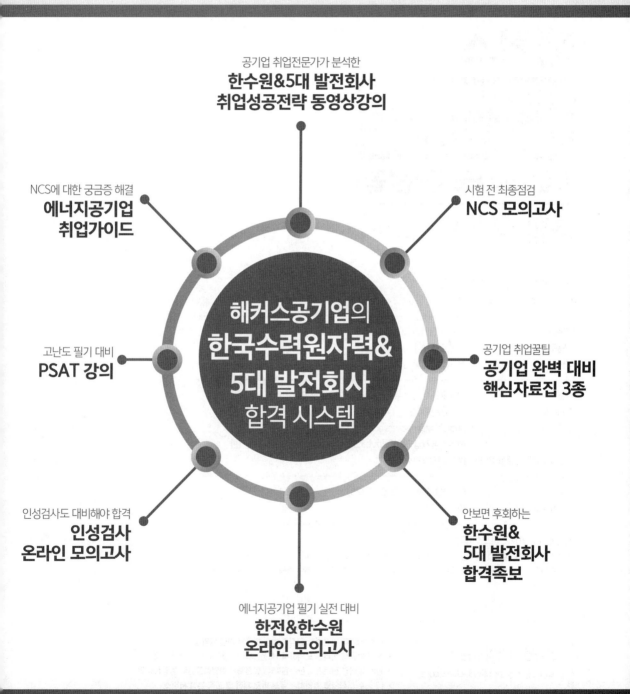

공기업 취업전문가가 분석한
**한수원&5대 발전회사
취업성공전략 동영상강의**

시험 전 최종점검
NCS 모의고사

NCS에 대한 궁금증 해결
**에너지공기업
취업가이드**

공기업 취업꿀팁
**공기업 완벽 대비
핵심자료집 3종**

해커스공기업의
**한국수력원자력&
5대 발전회사**
합격 시스템

고난도 필기 대비
PSAT 강의

인성검사도 대비해야 합격
**인성검사
온라인 모의고사**

안보면 후회하는
**한수원&
5대 발전회사
합격족보**

에너지공기업 필기 실전 대비
**한전&한수원
온라인 모의고사**

해커스
한국수력원자력 & 5대 발전회사
NCS+한국사/전공
통합 봉투모의고사

개정 3판 4쇄 발행 2024년 3월 4일
개정 3판 1쇄 발행 2022년 3월 7일

지은이	해커스 취업교육연구소
펴낸곳	㈜챔프스터디
펴낸이	챔프스터디 출판팀

주소	서울특별시 서초구 강남대로61길 23 ㈜챔프스터디
고객센터	02-537-5000
교재 관련 문의	publishing@hackers.com
	해커스공기업 사이트(public.Hackers.com) 교재 Q&A 게시판
학원 강의 및 동영상강의	public.Hackers.com

ISBN	978-89-6965-272-0 (13320)
Serial Number	03-04-01

공기업 취업의 모든 것,
해커스공기업 public.Hackers.com

해커스공기업

- 한수원&5대 발전회사 합격족보 및 한국사 기출 요약집
- NCS 피듈형 온라인 모의고사 1회분(교재 내 모의고사 응시권 수록)
- 공기업 취업 전문가의 **한수원&5대 발전회사 취업성공전략** 동영상강의
- 내 점수와 석차를 확인하는 **무료 바로 채점 및 성적 분석 서비스**
- 인성검사까지 대비할 수 있는 **인성검사 온라인 모의고사**(교재 내 할인쿠폰 수록)
- 공기업 전문 스타강사의 **본 교재 인강 및 전공필기 강의**(교재 내 인강 할인쿠폰 수록)

해커스

한국수력원자력 & 5대 발전회사

NCS+한국사/전공

통합 봉투모의고사

한국사 및 경영/전기전자/기계/화학

실전모의고사 & 정답·해설

해커스공기업

수험번호	
성명	

한국사 및 경영/전기전자/기계/화학
실전모의고사

시작과 종료 시각을 정한 후, 실전처럼 모의고사를 풀어보세요.

시   분 ~   시   분 (총 20~25문항/약 20~25분)

□ 시험 유의사항

[1] 한국수력원자력&5대발전회사의 필기시험은 기업마다 상이하며, 기업별 시험 구성은 다음과 같습니다.

- 한국수력원자력: NCS 직업기초능력 50문항+직무수행능력(전공) 25문항+한국사/회사상식 5문항
- 국수력원자력: NCS 직업기초능력 50문항+직무수행능력(전공) 25문항+한국사/회사상식 5문항
- 한국중부발전: NCS 직업기초능력 80문항+직무지식(한국사 10문항, 전공 50문항, 수행능력 10문항) 70문항
- 한국남동발전: NCS 직업기초능력 30문항+직무수행능력(전공) 50문항
- 한국남부발전: NCS 직업기초능력 70문항+직무수행능력(전공) 50문항
- 한국동서발전: NCS 직업기초능력 50문항+직무수행능력(전공) 40문항+한국사 10문항
- 한국서부발전: NCS 직업기초능력 50문항+직무수행능력(전공) 50문항+한국사 10문항

[2] 본 실전모의고사는 한국사 20문항, 직무수행능력(전공) 경영/전기전자/기계/화학 각 25문항으로 구성되어 있으므로, NCS 직업기초능력 풀이 후 본인 직종에 맞는 한국사 및 전공 문항을 풀어보시기 바랍니다.

[3] 본 교재 마지막 페이지에 있는 OMR 답안지와 해커스ONE 애플리케이션의 학습타이머를 이용하여 실전처럼 모의고사를 풀어보시기 바랍니다.

한국사 실전모의고사

01. 다음 낱말 퍼즐의 ㉠~㉢에 들어갈 글자를 조합하여 만들 수 있는 단어를 고르면?

- 가로풀이
  1) 국보 제9호로 미륵사지 석탑과 함께 현존하는 2개의 백제시대 석탑 중 하나(힌트: ○○○○ 5층 석탑)
  2) 김시습이 지은 최초의 한문 소설로, 〈만복사저포기〉, 〈이생규장전〉 등이 수록되어 있음
  3) 조선 초기에 태조의 아들 사이에서 왕위 계승권을 둘러싸고 일어난 두 차례의 싸움
- 세로풀이
  1) 국호를 신라로 정하고 왕이라는 칭호를 처음으로 사용한 신라 제22대 왕
  2) 조선 후기에 육의전과 시전 상인이 무허가 상업 활동인 난전을 규제할 수 있었던 권리

1)		1) ㉠				
---	---	---	---	---	2)	㉢
		3)	㉡			

① 수호지　　　　② 저수조　　　　③ 화장지　　　　④ 지화자

02. 구석기, 신석기, 청동기 시대의 주요 특징을 정리한 표가 다음과 같을 때, 옳지 않은 것은?

구분	구석기 시대	신석기 시대	청동기 시대
① 사회	무리 사회	씨족 중심 부족 사회	계급 사회
② 경제	사냥, 어로, 채집	농경(조, 피, 수수)	농경(벼)
③ 주거 형태	동굴, 막집	반지하 형태의 움집	지상 가옥 형태의 움집
④ 대표 유물	뗀석기, 뼈 도구	간석기, 반달돌칼	비파형동검, 빗살무늬토기

03. 다음 중 용어에 포함된 숫자가 나머지와 다른 하나는?

> ⊙ 788년(원성왕 4년)에 설치된 신라 시대의 관리 등용제도로, 국학의 학생들을 독서 능력에 따라 품(品)을 나누어 채용하는 방법이다.
> ⓒ 고려 시대 최 씨 무신 정권의 사병 조직으로 좌별초, 우별초, 신의군으로 구성되어 있다. 몽골과의 강화에 반발하며 배중손의 지휘하에 여·몽 연합군에 맞서 싸웠으나 결국 진압되었다.
> ⓒ 중종 즉위 이후 엄격한 무역 규정이 시행되면서 왜인들에 대한 통제가 강화되자 부산포, 내이포, 염포에 거주하는 왜인들이 이에 불만을 품고 난을 일으켰다.
> ② 조선 시대에 범죄자 색출, 세금 징수, 부역 동원 등을 위해 여러 가구를 1통으로 묶어 관리하던 호적 제도로, 1485년(성종 16년)에 한명회의 발의에 따라 채택되어 〈경국대전〉에 올랐다.

① ⊙   ② ⓒ   ③ ⓒ   ④ ②

04. 다음 밑줄 친 '대왕'으로 옳은 것은?

> 왕이 배를 타고 그 산에 들어가니, 용이 검은 옥대(玉帶)를 가져다 바쳤다. 왕이 영접하여 함께 앉아서 묻기를, "이 산과 대나무가 혹은 갈라지기도 하고 혹은 합해지기도 하는 것은 무엇 때문인가?"라고 하였다. 용이 대답하기를 "이것은 비유하자면, 한 손으로 치면 소리가 나지 않고 두 손으로 치면 소리가 나는 것과 같아서, 이 대나무라는 물건은 합한 후에야 소리가 납니다. 성왕(聖王)께서는 소리로 천하를 다스릴 좋은 징조입니다. 대왕께서 이 대나무를 가지고 피리를 만들어 불면 천하가 화평할 것입니다. 이제 대왕의 아버님께서는 바닷속의 큰 용이 되셨고, 유신은 다시 천신(天神)이 되셨는데, 두 성인이 같은 마음으로, 이처럼 값으로 따질 수 없는 보배를 보내 저를 시켜 이를 바치는 것입니다."라고 하였다.
>
> 〈삼국유사〉

① 법흥왕   ② 신문왕   ③ 태종무열왕   ④ 문무왕

05. 백제의 주요 사건을 정리한 내용이 다음과 같을 때, ㉠~㉣을 사건이 발생한 시기에 집권하고 있던 왕의 재위 순서대로 바르게 나열한 것은?

> ㉠ 고구려 장수왕의 남진을 막기 위해 신라의 눌지왕과 나·제 동맹을 체결했다.
> ㉡ 중국의 요서·산둥 지방과 일본의 규슈 지방으로 진출하며 전성기를 맞이했다.
> ㉢ 계백이 이끈 백제의 결사대가 김유신이 지휘하는 신라군에 의해 황산벌에서 격파당했다.
> ㉣ 대외 진출이 용이한 사비(부여)로 천도하고 국호를 남부여로 개칭했다.

① ㉠ - ㉣ - ㉢ - ㉡
② ㉠ - ㉡ - ㉣ - ㉢
③ ㉡ - ㉠ - ㉣ - ㉢
④ ㉡ - ㉣ - ㉠ - ㉢

06. 삼국 시대의 귀족 회의에 대한 자료가 다음과 같을 때, ㉠~㉢에 들어갈 국가를 알맞게 짝지은 것은?

국가	귀족 회의	특징
㉠	화백 회의	• 귀족 세력을 대표하는 상대등이 주관함 • 왕과 귀족들이 국가 중대사를 만장일치로 결정함
㉡	정사암 회의	• 귀족들이 정사암이라는 바위에 모여 국가 중대사를 논의한 것에서 유래함 • 귀족 세력을 대표하는 재상을 선출함
㉢	제가 회의	• 부족 국가 시대에 여러 부족의 장들이 모여 중요한 일을 논의한 것에서 유래함 • 중앙집권적 통치체제 구축 후 기능이 약화되었으나, 국가가 멸망할 때까지 존속함

	㉠	㉡	㉢
①	고구려	백제	신라
②	백제	고구려	신라
③	신라	백제	고구려
④	신라	고구려	백제

07. 다음 설명에 해당하는 고려의 중앙 정치 기구를 고르면?

> 재신과 추밀로 구성된 합좌(合坐) 회의 기구로, 고려 귀족 정치의 특성을 잘 보여주는 동시에 당시 3성 6부제를 시행하던 당의 중앙 행정 조직과 대비되는 고려의 독자성을 확인할 수 있는 기관이다. 초기에는 국방과 군사 문제를 논의하는 임시 기구였으나 점차 최고 의결 기관의 성격을 띠게 되었다. 이 기관은 고려 후기 원의 침입 후 도평의사사로 개칭되었는데, 명칭 자체는 격이 낮아졌으나 구성과 기능은 더욱 확대되어 기존의 최고 관서를 대신해 국가 전반의 정무를 담당하는 최고 기구로 발전하였다.

① 중서문하성　　　　② 상서성　　　　③ 식목도감　　　　④ 도병마사

08. 다음 시조를 지은 사람에 관한 O, X 퀴즈를 푼다고 할 때, 각 항목의 정답을 순서대로 바르게 나열한 것은?

> 이 몸이 죽고 죽어 일백 번 고쳐 죽어
> 백골이 진토되어 넋이라도 있고 없고
> 임 향한 일편단심이야 가실 줄이 있으랴.
>
> 〈단심가〉

> Q1. 이 인물을 포함한 길재, 이색 등의 학통을 이어받은 세력들이 훗날 사림이 되었다.
> Q2. 이성계를 추대하였으며, 정도전과 함께 역성혁명을 일으켜 조선 건국에 기여하였다.
> Q3. 정치적 견해가 달랐던 이방원에 의해 선죽교에서 죽음을 맞이하였다.

① O, O, O　　　　② O, X, X　　　　③ O, X, O　　　　④ X, O, X

09. 다음 밑줄 친 '이 세력'에 대한 설명으로 옳은 것을 모두 고르면?

> 이 세력은 고려 말에 등장한 정치 세력으로, 개혁 정치를 펼친 충선왕과 공민왕 집권 시기에 본격적으로 정계에 진출하였다. 당시 지배 세력과의 정치적 대립에도 불구하고, 신흥 무인 세력과 결합하여 조선 건국의 주체 세력으로 성장하였다. 그러나 이성계의 정권 장악 및 새 왕조의 건립에 대한 입장 차이로 인해 혁명파와 온건파로 분열되었다.

> ㉠ 정도전의 〈불씨잡변〉을 통해 그 사상을 짐작해볼 수 있다.
> ㉡ 사전(私田)의 폐단을 없애기 위한 토지개혁을 주장하였다.
> ㉢ 지방의 향리 출신들이 중심을 이루었으며 과거를 통해 관직에 진출하였다.
> ㉣ 원 간섭기의 지배층으로, 친원 정책을 주장하였다.

① ㉠, ㉡   ② ㉠, ㉡, ㉢   ③ ㉠, ㉡, ㉣   ④ ㉡, ㉢, ㉣

10. 다음 밑줄 친 '이 사건'에 대한 설명으로 옳지 않은 것은?

> 일제강점기의 독립운동가이자 민족주의 사학자였던 신채호 선생은 〈조선사연구초〉를 통해 이 사건을 '朝鮮歷史上一千年來第一大事件(조선역사상일천년래제일대사건)'으로 칭하고, 이것이 성공하지 못한 것을 안타깝게 여겼다.

① 묘청이 풍수지리설을 근거로 삼아 서경천도를 주장하였다.
② 김부식을 중심으로 한 개경파는 금국 정벌을 내세우며 북진 정책을 강조하였다.
③ 서경천도를 두고 보수적 관리들과 지방 출신의 개혁적 관리들 간에 대립이 발생하였다.
④ 묘청을 중심으로 한 서경파는 고구려 계승 의식을 강조하였다.

11. 다음 빈칸에 들어갈 인물과 관련 있는 사건은?

> 고려 문벌 귀족의 대표적인 인물인 (   )은/는 예종과 인종의 외척이 되면서 집권하기 시작하였다. 그는 자신의 권력 독점에 반대하는 세력을 제거하고 척준경과 함께 난을 일으켜 권력을 장악하기 시작하였다. 그러나 인종의 회유로 척준경이 (   )을/를 제거하였고, 이후 척준경 역시 축출됨에 따라 (   ) 세력은 몰락의 길을 걷게 되었다.

① 김사미·효심의 난　　② 이자겸의 난　　③ 만적의 난　　④ 정중부의 난

12. 다음 소설과 관련 있는 시대의 사회상으로 옳은 것은?

> 상민 출신인 부자는 양반이 관아에 빌린 곡식을 갚지 못해 옥에 갇혔다는 소식을 들었다. 그는 양반의 양곡을 모두 갚아주고 신분을 양도받기로 한 후 양반으로서 갖추어야 할 예절과 양반이 누릴 수 있는 특권이 적힌 증서를 받았다.
>
> 〈양반전〉

① 부모의 유산이 아들과 딸 모두에게 골고루 분배되었다.
② 양반 내에서 계층 분화가 나타나게 되었다.
③ 적서 차별이 심화되어 서얼의 관직 진출이 불가능해졌다.
④ 향촌에서 양반의 지위가 향상되었다.

13. 다음 각 설명에 해당하는 조선의 정치기구를 알맞게 짝지은 것은?

> • 일종의 국왕 비서 기관으로 국가 기밀과 왕명의 출납을 담당했던 곳
> • 삼사 중 하나로 국가 정책이나 귀족 및 왕명 비판, 간쟁과 봉박을 담당했던 곳

① 의정부, 의금부   ② 승정원, 사간원   ③ 의금부, 사간원   ④ 승정원, 사헌부

14. 다음 대화의 빈칸에 들어갈 역사서로 옳은 것은?

> 동석: 현존하는 우리나라 최고(最古)의 역사서인 (　　　)에 대해 알고 있니?
> 정우: 물론이지. 묘청의 난을 진압했던 고려 시대 유학자가 편찬한 역사서잖아.
> 동석: 삼국과 통일신라의 역사를 기전체(紀傳體) 형식으로 서술한 것이 특징이라고 해.
> 정우: 고려가 초기에는 고구려 계승 의식을 강조했지만 중기에 이르러서는 신라 계승 의식이 강해졌다고 하던데, 이 책도 그 영향으로 신라 계승 의식이 많이 반영된 것 같아.

① 〈삼국사기〉   ② 〈동명왕편〉   ③ 〈삼국유사〉   ④ 〈제왕운기〉

15. 다음 중 조선 시대의 수취 제도인 대동법에 대한 설명으로 옳지 않은 것은?

목적	• 전후 농민의 부담 완화와 국가 재정 문제 해결 • ① 지방관리에 의한 방납의 폐해 시정
내용	• 광해군이 1608년 경기도 지역에서 처음으로 시행 • ② 토지 결수에 따라 쌀, 동전, 삼베 등을 징수 • ③ 지주층의 지지를 받아 단시간에 전국적으로 확대 시행
결과	• 농민의 부담 감소와 국가 재정 증가 • ④ 공납의 전세화로 토지가 없는 백성의 부담 감소 • 공인의 등장으로 상품 화폐 경제 발달

16. 다음 중 조선 시대에 제작된 건축물을 모두 고르면?

㉠ 부석사 무량수전	㉡ 수덕사 대웅전	㉢ 무위사 극락전
㉣ 창덕궁 돈화문	㉤ 도산서원	㉥ 봉정사 극락전

① ㉠, ㉡, ㉥   ② ㉠, ㉢, ㉤   ③ ㉠, ㉣, ㉥   ④ ㉢, ㉣, ㉤

17. 다음 자료와 관련 있는 민족운동은?

> 내 살림 내 것으로.
> 보아라, 우리가 먹고 입고 쓰는 것이 거의 다 우리의 손으로 만든 것이 아니었다.
> 이것이 제일 세상에 무섭고 위태한 일인 줄을 오늘에야 우리는 깨달았다.
> 피가 있고 눈물이 있는 형제자매들아, 우리가 서로 붙잡고 서로 의지하여 살고서 볼 일이다.
> 입어라, 조선 사람이 짠 것을.
> 먹어라, 조선 사람이 만든 것을.
> 써라, 조선 사람이 지은 것을.
> 조선 사람, 조선 것.

① 애국계몽운동　　　② 민립대학 설립운동　　　③ 물산장려운동　　　④ 브나로드운동

18. 다음 지문은 어떤 합의문 내용의 일부이다. 이에 대한 설명으로 옳지 않은 것은?

> 　남과 북은 나라의 통일을 위한 남측의 연합제안과 북측의 낮은 단계의 연방제안이 서로 공통성이 있다고 인정하고, 앞으로 이 방향에서 통일을 지향시켜 나가기로 하였다.
>
> － 2000. 6. 15. －

① 육로를 이용하여 금강산을 관광하는 것이 가능해졌다.
② 분단 이후 남북 정상이 최초로 만나 합의하였다.
③ 남북한이 UN에 동시 가입한 직후 작성된 합의서이다.
④ 민간 차원의 교류가 이루어져 이산가족 방문이 추진되었다.

19. 다음 지문에서 설명하는 시기에 일어났던 사건으로 옳은 것은?

> 제2차 세계대전 막바지에 연합국인 미국, 영국, 중국은 독일의 포츠담에서 회의를 개최하여 전범 국가인 일본의 무조건 항복을 요구하는 선언을 발표하였다. 이미 연합군에 항복한 독일과 달리 일본은 끝내 항복을 거부하였고 이에 미국은 일본의 히로시마에 원자폭탄을 투하하였다.

① 인천 상륙 작전의 성공으로 한·미 연합군이 압록강 부근까지 진격하였다.
② 3·1 운동 이후 최대의 민족 투쟁인 광주학생항일운동이 일어났다.
③ 일본이 토지 조사 사업을 실시하여 우리나라의 토지를 수탈하였다.
④ 한국 광복군이 미국과 함께 준비한 국내 진공 작전이 무산되었다.

20. 다음 지문과 가장 관련 있는 사건으로 옳은 것은?

> • 운요호 사건의 발생으로 강화도조약 체결이 코앞으로 다가오게 되었고, 이에 최익현은 일본도 서양과 다를 것이 없다는 주장을 내세우며 개항에 대한 반대 입장을 고수하였다.
> • 개화 정책이 추진된 이후 제2차 수신사로 일본에 파견되었던 김홍집에 의해 〈조선책략〉이 유포되자 이만손은 만인소를, 홍재학은 척사소를 올리기에 이르렀다.

① 애국계몽운동   ② 국채보상운동   ③ 물산장려운동   ④ 위정척사운동

정답 · 해설

정답

01	02	03	04	05	06	07	08	09	10
④	④	④	②	③	③	④	③	②	②
11	12	13	14	15	16	17	18	19	20
②	②	②	①	③	④	③	③	④	④

해설

01
정답 ④

가로풀이 1)은 정림사지, 2)는 <금오신화>, 3)은 왕자의 난, 세로풀이 1)은 지증왕, 2)는 금난전권에 대한 설명이다.
따라서 ㉠에는 지, ㉡에는 자, ㉢에는 화가 들어가므로 ㉠~㉢에 들어가는 글자를 조합하여 만들 수 있는 단어는 '지화자'이다.

02
정답 ④

반달돌칼은 청동기 시대의 대표적인 석기 유물이며, 빗살무늬토기는 신석기 시대에 음식의 조리와 저장이 이루어졌음을 보여주는 대표적인 유물이다.

03
정답 ④

㉠은 독서삼품과(讀書三品科), ㉡은 삼별초(三別抄), ㉢은 삼포왜란(三浦倭亂), ㉣은 오가작통법(五家作統法)에 대한 설명이다.
따라서 ㉠, ㉡, ㉢에는 모두 숫자 3이 포함되어 있고 ㉣에만 숫자 5가 포함되어 있다.

04
정답 ②

제시된 지문은 <삼국유사>에 기록된 만파식적 이야기로, 밑줄 친 '대왕'은 신라의 제31대 왕 '신문왕'이다.

05
정답 ③

㉠은 제20대 비유왕, ㉡은 제13대 근초고왕, ㉢은 제31대 의자왕, ㉣은 제26대 성왕 집권기에 발생한 사건이다.
따라서 ㉠~㉣을 사건이 발생한 시기에 집권하고 있던 왕의 재위 순서대로 나열하면 '㉡ – ㉠ – ㉣ – ㉢'이 된다.

06
정답 ③

화백 회의는 신라의 귀족 회의, 정사암 회의는 백제의 귀족 회의, 제가 회의는 고구려의 귀족 회의이다.
따라서 ㉠에는 신라, ㉡에는 백제, ㉢에는 고구려가 들어간다.

07
정답 ④

제시된 지문은 고려 시대의 합좌 회의 기관 '도병마사'에 대한 설명이다.

[오답 체크]
① 중서문하성: 고려 시대 최고의 중앙 정치 기구로, 그 장관인 문하시중이 수상이 되어 국정을 총괄하였으나 고려 후기 도평의사사에 기능과 권한을 모두 빼앗김
② 상서성: 고려 시대의 정무 집행 기관으로, 실제 정무를 나누어 담당하는 6부가 예속됨
③ 식목도감: 고려 시대에 재신과 추밀이 모여 법제 및 격식에 관한 문제를 다룬 회의 기관

08
정답 ③

제시된 시조 <단심가>를 지은 사람은 고려 말 온건 개혁파 신진 사대부 정몽주이다.
Q1. 역성혁명 후 지방에 내려가 자리를 잡은 정몽주, 이색, 길재의 제자들이 후에 사림으로 성장하였으므로 'O'이다.
Q2. 정몽주는 고려의 점진적 개혁을 추구하여 역성혁명과 조선 건국을 반대하였으므로 'X'이다.
Q3. 정몽주가 조선 건국에 방해가 된다고 생각한 이방원이 선죽교에서 정몽주를 살해했으므로 'O'이다.
따라서 Q1~Q3 각 항목의 정답을 순서대로 나열하면 'O, X, O'가 된다.

09 정답 ②

밑줄 친 '이 세력'은 조선 건국의 주체 세력으로 성장하였으나 이성계의 정권 장악 및 새 왕조의 건립에 대한 입장 차이로 혁명파와 온건파로 분열된 신진 사대부이다.

따라서 신진 사대부에 대한 설명인 ㉠, ㉡, ㉢이 적절하다.

오답 체크

㉣ 원 간섭기의 지배층으로, 친원 정책을 주장한 세력은 권문세족이므로 옳지 않은 설명이다.

🔍 더 알아보기

- 불씨잡변: 고려 말 신진 사대부였던 정도전이 조선 건국 초인 1384년(태조 3년)에 성리학의 입장에서 불교의 교리를 비판한 서적

10 정답 ②

밑줄 친 '이 사건'은 묘청의 서경천도 운동이다.

② 김부식을 중심으로 한 개경파는 서경파의 금국 정벌론을 비판하고, 금국과 우호적 관계를 유지해야 한다고 주장하였으므로 옳지 않은 설명이다.

11 정답 ②

지문의 빈칸에는 이자겸이 들어가고 그와 관련 있는 사건은 '이자겸의 난'이다.

12 정답 ②

제시된 소설 <양반전>은 조선 정조 때 연암 박지원이 집필한 소설로, 신분제의 동요가 일어난 조선 후기 사회를 그리고 있다.

② 조선 후기에는 지방에 살면서 벼슬을 못하는 향반이나 경제적으로 몰락한 잔반이 등장하여 양반 계층 내에서 분화가 일어났으므로 조선 후기의 사회상으로 적절하다.

오답 체크

① 고려 시대부터 조선 전기까지는 자녀 균분 상속이 관습이었으나 조선 후기에 들어서는 제사를 주재하는 장자 우대 상속이 정착되었다.

③ 임진왜란 이후 서얼에 대한 정부의 차별이 완화되어 영·정조 때는 서얼의 등용이 확대되었으며, 특히 1777년(정조 1년)에 '서얼허통절목(庶孼許通節目)'이 반포되어 서얼들의 관직 진출이 공식적으로 허용되었다.

④ 조선 후기에 부농층의 성장과 양반층의 분화가 나타나면서 향촌에서 양반의 권위가 약화되었다.

13 정답 ②

첫 번째는 승정원, 두 번째는 사간원에 대한 설명이다.

🔍 더 알아보기

- 의정부: 국정 총괄기구로 6조(이·호·예·병·형·공)를 아래에 둠
- 의금부: 왕명에 의해 국가의 큰 죄인을 다스리는 일종의 특별재판소 역할을 수행함
- 사헌부: 사간원, 홍문관과 함께 삼사를 구성하며, 관리의 비리를 감찰하고 정책을 비판하는 업무를 담당했던 관청

14 정답 ①

대화의 빈칸에는 김부식이 편찬한 역사서인 <삼국사기>가 들어가야 한다.

오답 체크

② <동명왕편>: 고려 시대에 이규보가 편찬한 역사서로, 고구려 건국 영웅인 동명왕(주몽)의 업적을 칭송한 영웅 서사시

③ <삼국유사>: 고려 시대에 일연이 편찬한 역사서로, 단군을 우리 민족의 시조로 여기며 우리 고유의 문화와 전통을 중시하는 사상이 나타남

④ <제왕운기>: 고려 시대에 이승휴가 편찬한 역사서로, 우리나라 역사를 단군부터 서술하고 우리 역사를 중국사와 대등하게 파악하는 등 자주성이 나타남

15 정답 ③

대동법은 1608년에 광해군이 경기도에서 처음 시행하였으나 양반 지주층의 반대가 심하여 1708년(숙종 34년)에 이르러서야 전국적으로 시행될 수 있었으므로 옳지 않은 설명이다.

16 정답 ④

㉢, ㉣, ㉤은 모두 조선 시대에 제작되었다.

오답 체크

㉠, ㉡, ㉥은 모두 고려 시대에 제작된 건축물이다.

17 정답 ③

제시된 자료는 조선물산장려회의 궐기문으로, 조선물산장려회의 주도로 전개되었으며 일본 상품을 배격하고 민족 자본을 확립하는 데 노력한 '물산장려운동'과 관련 있다.

오답 체크

① 애국계몽운동: 1905년부터 1910년까지 사회진화론을 기반으로 하여 민족의 실력 양성을 통한 독립을 목표로 삼은 국권회복운동으로, 보안회, 공진회, 헌정 연구회, 대한 자강회, 대한협회 등 많은 단체들이 전개함

② 민립대학 설립운동: 1920년대 초반에 일제의 우민화 교육에 맞서 전개된 민족교육운동의 하나로, 이상재 등의 민족주의 계열 지식인이 중심이 되어 민립대학을 설립하기 위해 모금운동을 전개하였으나 일제의 방해와 자연재해로 실패함
④ 브나로드운동: 19세기에 러시아에서 젊은 지식인층에 의해 전개된 농민계몽운동으로, 우리나라에서는 일제강점기인 1930년대에 문맹 타파와 한글 보급을 목표로 동아일보가 전개함

18 정답 ③

제시된 지문은 2000년에 한국의 김대중 대통령과 북한의 김정일 국방위원장이 합의한 6·15 남북공동선언문이다.
③ 1991년에 남북한이 UN에 동시 가입한 직후 작성한 합의서는 남북기본합의서이므로 옳지 않은 설명이다.

19 정답 ④

제시된 지문은 1945년에 연합국이 포츠담 선언을 통해 일본의 항복을 요구하였으나 일본이 이를 거부하자 히로시마에 원자폭탄을 투하했다는 내용이므로 1940년대에 대한 설명이다.
④ 대한민국 임시정부 산하 군대인 한국 광복군은 1944년에 미국의 도움을 받아 국내 진공 작전을 추진하였으나 히로시마와 나가사키 원자폭탄 투하로 일본이 예상보다 빨리 항복하면서 작전이 무산되었으므로 옳은 설명이다.

오답 체크

①은 1950년대, ②는 1920년대, ③은 1910년대에 일어난 사건이다.

20 정답 ④

첫 번째는 1870년대 위정척사운동의 발생 배경 및 전개 양상에 대한 설명이고, 두 번째는 1880년대 위정척사운동의 발생 배경 및 전개 양상에 대한 설명이다.
따라서 성리학을 수호하는 전통적 유생층이 조선 정부의 개화 정책 추진에 대해 전통 질서를 지키고 외세를 배척하자고 주장한 '위정척사운동'과 관련 있다.

공기업 취업의 모든 것, 해커스공기업

public.Hackers.com

01. 다음 중 경영자와 기업에 대한 설명으로 적절하지 않은 것은?

① 기업의 규모가 커지고 환경이 복잡해짐에 따라 소유와 경영이 분리되면서 전문경영자가 출현하게 되었다.

② 전문경영자는 단기적 기업 이익을 추구하는 경향을 보인다.

③ 합자회사는 출자를 담당하는 무한책임사원과 출자와 경영을 담당하는 유한책임사원으로 구성된다.

④ 기업 집단화 현상은 시장통제, 경영합리화, 금융적 목적 등의 이유로 일어난다.

02. 다음 중 경영전략에 대한 설명으로 적절한 것의 개수는?

> ㉠ 관련 다각화 전략을 통해 범위의 경제(Economy of scope)를 실현할 수 있다.
> ㉡ 같은 형태를 가진 상품들 간의 경쟁을 말하는 상품형태(Product form) 수준의 경쟁이 가장 치열하다.
> ㉢ 어떤 시장에서 비슷한 전략을 쓰는 기업들의 집단, 즉 전략군(Strategic group) 내에서는 경쟁이 약하다.
> ㉣ 전방 통합(Forward integration)은 공급업자의 사업을 인수하거나 공급업자가 공급하던 제품이나 서비스를
>   직접 생산, 공급하는 방식의 전략이다.

① 1개   ② 2개   ③ 3개   ④ 4개

03. 다음 중 BCG 매트릭스에 대한 설명으로 가장 적절한 것은?

① 상대적 시장점유율이 1보다 크다는 것은 해당 사업단위(SBU)가 시장에서 가장 높은 시장점유율을 차지하고
   있음을 의미한다.

② X축에는 시장성장률을 표시하고, Y축에는 상대적 시장점유율을 표시한다.

③ 사업단위(SBU)의 위치를 원으로 표시하며, 원의 크기는 해당 사업단위가 속한 산업의 크기를 의미한다.

④ 제품수명주기(PLC)상 성장기에 속하는 영역은 캐시카우(Cash cow)이다.

04. 다음 중 민츠버그가 주장한 경영자의 역할에서 정보전달자 역할에 해당하는 것은?

① 리더　　　　　② 대변인　　　　　③ 자원 배분자　　　　　④ 분쟁 해결자

05. 다음 중 매슬로우(Maslow)의 욕구단계이론에 대한 설명으로 가장 적절하지 않은 것은?

① 동기로 작동하는 욕구는 충족되지 않은 욕구이다.
② 인간에게는 욕구결핍이 항상 존재하고 있으며 이러한 욕구결핍으로 인해 행동동기가 자극된다.
③ 인간의 다섯 가지 욕구 중 가장 높은 수준의 욕구는 존경 욕구이다.
④ 각 욕구의 동시발생가능성을 무시하였다.

06. 다음 중 집단의사결정에 대한 설명으로 적절하지 않은 것은?

① 구성원들이 대면하여 토론 및 표결 과정을 거치는 명목집단법과 달리 델파이법은 대면회합이 불필요하나 명목집단법에 비해 시간이 많이 소요된다.
② 브레인스토밍(Brainstorming)은 아이디어의 질보다 양을 추구하기 때문에 도출된 발언에 대한 비판을 금지한다.
③ 명목집단법의 순서는 '인원 구성 → 아이디어를 종이에 기록 → 아이디어 발표 → 전체 아이디어 기록 → 토의 및 질문 → 투표 → 정리'의 순으로 이루어진다.
④ 집단사고(Group think)는 지나치게 동질적인 집단이 그 동질성으로 인해 오히려 합리적인 의사결정을 하게 되는 경우를 말한다.

07. 다음 중 개인에 대한 설명으로 적절한 것은?

① 부정적 강화(Negative reinforcement)는 불쾌한 결과를 제거하여 바람직한 행동을 유도하는 방법이다.
② 내재론자는 외재론자보다 동기의 수준이 더 낮다.
③ 피평가자 평가 시 많은 평가기준을 삽입하면 후광효과를 제거할 수 있다.
④ 성격유형을 A형과 B형으로 구분할 때, B형의 성격을 지닌 사람은 A형의 성격을 지닌 사람보다 경쟁적이고 조급한 편이다.

08. 다음 중 허즈버그(Herzberg)의 2요인 이론에서 동기 요인에 해당하는 것으로 가장 적절한 것은?

① 임금   ② 대인관계   ③ 경영방침   ④ 보람 있는 직무 내용

09. 출퇴근 시간을 근로자의 선택에 맡기는 근무시간의 설계방법을 선택적 근로시간제(Flexible worktime)라고 할 때, 다음 중 선택적 근로시간제의 특징으로 적절하지 않은 것은?

① 직무의 자율성을 증가시켜 근로자의 사기와 직무만족 및 책임감 증대, 이직률과 결근율 및 지각률 감소 등의 효과가 있을 수 있다.

② 선택적 근로시간제의 도입으로 업무 관련 회의나 업무 조정, 연수 등의 일정을 조정하기가 용이해질 수 있다.

③ 합리적인 시간 배분이 가능하며 연장 근로 시간을 줄일 수 있으나 근로자에 대한 감독은 더 어려워질 수 있다.

④ 노동조합은 선택적 근로시간제가 근로자가 연장근로수당을 받는 것을 어렵게 한다는 이유로 도입을 반대할 수 있다.

10. 신입사원의 멘토(Mentor)를 공식적인 멘토와 비공식적인 멘토로 구분할 때, 다음 중 그 성격이 다른 하나는?

① 용이한 멘토의 질 관리

② 멘토와 신입사원 간의 낮은 심리적 연대감 또는 일체감

③ 관리상 비용 발생

④ 비정형화된 신입사원의 학습 내용

11. 다음 중 마케팅조사에 대한 설명으로 가장 적절한 것은?

① 마케팅조사 중 가장 빈번히 이루어지는 기술조사에는 문헌조사, 전문가 의견조사, 사례조사 등의 방법이 있다.

② 탐색조사는 마케팅 관련 특정 상황의 발생빈도를 있는 그대로 조사하여 관련 변수들 사이의 상호관계 정도 파악 및 마케팅 관련 상황의 미래 예측을 위해 사용된다.

③ 할당 표본추출은 모집단을 일정한 기준에 따라 여러 하위집단으로 구분한다는 점에서 층화 표본추출과 유사하나 조사자의 주관에 따라 그 기준이 설정된다는 점에서 차이가 있다.

④ 측정대상이 속한 범주나 종류를 구분하기 위해 부여된 숫자를 의미하는 척도는 서열척도이다.

12. 다음 중 마케팅믹스의 가격(Price)에 대한 설명으로 가장 적절하지 않은 것은?

① 소비자가 어떤 제품에 대해 지불할 의사가 있는 최고가격을 유보가격(Reservation price)이라고 한다.

② 묶음제품 가격전략을 사용하면 핵심제품에 대한 수요 창출은 어려우나 부수적인 제품의 수요를 창출해 낼 수 있다.

③ 이중요율 가격전략은 서비스 이용을 유도하기 위해 기본요금은 가능한 한 낮게 책정하고 이익의 상당 부분은 사용량에 비례하여 부과하는 변동수수료를 통해 얻는 전략이다.

④ 탄력가격전략이 성공하기 위해서는 시장을 분리하는 데 드는 비용보다 시장을 분리했을 때 얻게 되는 수입이 더 커야 한다.

13. 다음 경쟁자 파악 방법 중 기업 중심적 방법에 해당하는 것을 모두 고르면?

| ㉠ 표준산업분류 | ㉡ 기술적인 대체 가능성 | ㉢ 포지셔닝 맵 |
| ㉣ 상품 제거 | ㉤ 상표 전환 매트릭스 | |

① ㉠, ㉡　　　　② ㉡, ㉢　　　　③ ㉢, ㉤　　　　④ ㉣, ㉤

14. 다음 중 촉진에 대한 설명으로 적절하지 않은 것은?

① 푸시 전략은 제조업자가 최종 소비자에게 직접 촉진 활동을 하지 않고 유통업자를 통해 촉진하는 방법이고, 풀 전략은 제조업자가 최종 소비자에게 촉진 활동을 함으로써 소비자가 자사 제품을 찾도록 하는 전략이다.

② 광고 미디어 선정에 고려되는 개념 중 GRP(Gross Rating Points)는 1,000명의 사람에게 도달하기 위해 필요한 광고 비용을 의미한다.

③ 최종 소비를 목적으로 하는 소비재는 다양한 촉진 수단 중 광고의 중요성이 더 크며, 중간 소비를 목적으로 하는 산업재는 인적 판매와 같은 촉진 수단이 더 중요하게 작용한다.

④ 고관여 제품은 신뢰성이 높은 전문가를 광고 모델로 기용하여 내면화를 유도할 수 있으며, 저관여 제품은 매력적인 유명인이나 일반인을 광고 모델로 기용하여 동일화를 유도할 수 있다.

15. 다음 중 유통에 대한 설명으로 적절한 것은?

① 소매상의 유형에는 대리점과 브로커, 제조업자 판매 지점 및 사무소 등이 포함된다.

② 생산자가 충분한 유통 경험과 자금력을 가지고 있는 경우, 고가격 제품, 산업 제품, 부패 가능성이 높은 제품을 다루는 경우, 바람직한 도·소매상이 부재한 경우에는 간접 유통경로가 적합하다.

③ 도매상이 후원하는 자발적 연쇄점, 소매상 협동조합, 프랜차이즈 조직은 관리형 VMS에 해당한다.

④ 소매 중력 법칙에 따르면 두 경쟁 도시가 그 중간에 있는 소도시로부터 끌어들일 수 있는 상권 규모는 두 경쟁 도시의 인구에 비례하고, 두 경쟁 도시와 중간 도시 간 거리의 제곱에 반비례한다.

16. 다음 중 제품개발과 설계에 대한 설명으로 적절하지 않은 것을 모두 고르면?

> ㉠ 가치(Value)는 객관적인 개념으로, 재화나 서비스의 유용성에 대해서 소비자가 인지하는 정도이다.
> ㉡ 동시공학(Concurrent engineering)은 순차적 설계과정으로 이해할 수 있다.
> ㉢ 생산설계에 있어서의 단순화(Simplification)와 모듈화(Modularization)는 제조 용이성 설계를 실현하기 위한 방법이다.
> ㉣ 로버스트(Robust) 설계는 생산환경의 변화에 따라 제품의 설계를 변경하는 방식이다.
> ㉤ 품질기능전개(Quality function deployment)는 고객의 요구를 재화 및 서비스 개발과 생산의 각 단계에서 기술적 명세로 바꾸는 방법이다.

① ㉠, ㉡, ㉢   ② ㉠, ㉡, ㉣   ③ ㉡, ㉢, ㉤   ④ ㉢, ㉣, ㉤

17. 다음 중 품질경영(Quality management)에 대한 설명으로 적절하지 않은 것은?

① 가빈(Garvin)의 품질측정에서 신뢰성(Reliability)은 제품이 고장 나지 않을 확률을 의미하며 일반적으로 신뢰성이 높은 제품일수록 무상 보증기간은 짧아진다.

② 카노 모형(Kano model)에서 일원적 품질요소는 충족되면 만족이 증대되고 충족되지 않으면 불만족이 증대되는 품질요소이다.

③ 검사특성곡선(OC curve)은 특정한 값의 불량률을 갖는 로트가 표본검사에서 합격으로 판정될 확률과의 관계를 나타낸 곡선을 말한다.

④ 예방원가, 평가원가, 실패원가 중 가장 규모가 큰 실패원가는 실제로 불량이 발견됨으로써 발생하는 비용을 의미한다.

18. 다음 중 적시생산시스템(JIT)에 대한 설명으로 가장 적절하지 않은 것은?

① 완전한 품질을 강조
② 조달기간을 최대한 짧게 유지
③ 합의에 의한 경영
④ EOQ 모형에 근거하여 로트(Lot)를 결정

19. 다음 중 공급사슬운영참고모형(SCOR)의 구성 요소로 가장 적절하지 않은 것은?

① 생산   ② 회수   ③ 계획   ④ 판매

20. 아래 자료를 활용하였을 때, 제품 A의 경제적 주문량(EOQ)에 의한 최적 주문횟수는?

제품 A의 연간수요량	10,000개
제품 A의 단위당 재고유지비용	4,000원
제품 A의 1회 주문비용	2,000원

① 50회   ② 100회   ③ 150회   ④ 200회

21. 다음 현금흐름표의 일부를 바탕으로 계산한 영업활동으로 인한 현금흐름은?

기초현금	1,000,000원
기말현금	1,800,000원
재무활동으로 인한 현금흐름	200,000원
투자활동으로 인한 현금흐름	100,000원

① 200,000원　　　② 300,000원　　　③ 400,000원　　　④ 500,000원

22. A 기업은 2015년 초에 기계장치를 3,000,000원에 취득하였으며, 해당 기계장치의 잔존가치는 취득원가의 20%이다. 또한, 해당 기계장치의 내용연수는 10년이고 정액법으로 감가상각하였다. 2020년 초에 해당 기계장치를 1,500,000원에 처분하였을 경우 처분손익은?

① 300,000원 손실　　　② 300,000원 이익　　　③ 500,000원 손실　　　④ 500,000원 이익

23. 다음 설명에 해당하는 투자안의 경제성 평가 방법은?

- 투자안으로 얻게 될 연평균 순이익을 연평균 투자액 혹은 총투자액으로 나눈 값이 큰 투자안을 선택하는 방법
- 추정 재무제표를 사용하기 때문에 자료 수집이 용이하며, 간단하여 이해하기 쉬움
- 화폐의 시간적 가치를 고려하지 않으며, 목표 이익률을 임의로 설정한다는 단점이 있음

① 회수 기간법　　　　　　　　② 회계적 이익률법
③ 순 현재 가치법　　　　　　　④ 내부 수익률법

24. A 기업은 지난해 말에 주당 1,000원의 현금배당을 실시하였으며, A 기업의 배당금은 매년 10%의 성장률이 유지될 것으로 예상된다. A 기업의 요구수익률이 15%일 때, A 기업의 주가는?

① 20,000원　　　　② 21,000원　　　　③ 22,000원　　　　④ 23,000원

25. 다음 중 파생상품에 대한 설명으로 가장 적절하지 않은 것은?

① 옵션은 특정자산을 살 수 있는 권리가 부여된 콜옵션과 특정자산을 팔 수 있는 권리가 부여된 풋옵션으로 분류된다.

② 미국형 옵션은 권리행사가능일을 만료일 당일 하루만으로 한정하는 옵션으로 계약된 만기일이 되어야만 행사할 수 있는 옵션이다.

③ 선물은 상품이나 금융자산을 미리 결정된 가격으로 미래 일정 시점에 인수도할 것을 약속하는 거래이다.

④ 스왑은 계약조건 등에 따라 일정 시점에 자금교환을 통해서 이루어지는 금융기법이다.

정답

01	02	03	04	05	06	07	08	09	10
③	②	①	②	③	④	①	④	②	④
11	12	13	14	15	16	17	18	19	20
③	②	①	②	④	②	①	④	④	②
21	22	23	24	25					
④	①	②	③	②					

해설

01
정답 ③

합자회사는 출자와 경영을 담당하는 무한책임사원과 출자를 담당하는 유한책임사원으로 구성되므로 적절하지 않다.

02
정답 ②

경영전략에 대한 설명으로 적절한 것은 ㉠, ㉡으로 총 2개이다.

오답 체크

㉢ 어떤 시장에서 비슷한 전략을 쓰는 기업들의 집단, 즉 전략군(Strategic group) 내에서는 기업들 간의 동질성이 높아 경쟁이 치열하므로 적절하지 않다.

㉣ 공급업자의 사업을 인수하거나 공급업자가 공급하던 제품이나 서비스를 직접 생산, 공급하는 방식의 전략은 후방 통합(Backward integration)이므로 적절하지 않다.

03
정답 ①

상대적 시장점유율의 기준은 1이며, 1보다 크면 시장에서 가장 높은 시장점유율을 차지하고 있음을 의미하므로 가장 적절한 설명이다.

오답 체크

② X축에는 상대적 시장점유율을 표시하고, Y축에는 시장성장률을 표시하므로 적절하지 않은 설명이다.

③ 사업단위(SBU)의 위치를 원으로 표시하며, 원의 크기는 해당 사업단위의 크기를 의미하므로 적절하지 않은 설명이다.

④ 제품수명주기(PLC)상 성장기에 속하는 영역은 별(Star)이므로 적절하지 않은 설명이다.

04
정답 ②

대변인은 민츠버그가 주장한 경영자의 역할에서 정보전달자 역할에 해당한다.

오답 체크

①은 대인관계 역할, ③, ④는 의사결정자 역할에 해당한다.

🔍 더 알아보기

경영자의 역할

역할	구분
대인관계 역할	· 외형적 대표자: 조직의 대표자로서 외부인을 만나고 각종 행사에 참석하는 등 상징적인 일을 수행함 · 리더: 경영 목표를 달성하기 위해 조직 구성원들의 동기를 유발하고 리더십을 발휘함 · 교신자: 조직 내·외부에 존재하는 이해 집단과 접촉하여 상사와 부하, 회사와 고객, 부서와 부서 등을 연결함
정보전달자 역할	· 감시자: 경영 활동 수행 과정에서 유리하게 활용할 수 있는 정보를 지속적으로 탐색함 · 전달자: 수집한 정보를 조직 구성원들에게 전달함 · 대변인: 투자를 유치하고 기업을 홍보하기 위해 기업의 정보를 기업 외부의 사람에게 전달함
의사결정자 역할	· 기업가: 조직의 성장 및 발전을 위해 창의성을 발휘함 · 분쟁 해결자: 노사 관계, 계약 관계 등 조직 내·외부에서 발생하는 문제에 대한 해결 방안을 적극적으로 모색함 · 자원 배분자: 경영 목표를 달성하기 위해 기업의 자원을 누구에게 어떻게 배분할지 결정함 · 협상가: 조직에 유리한 결과를 이끌어 낼 수 있도록 많은 시간과 노력을 들여 협상을 진행함

05

매슬로우(Maslow)는 다섯 가지 욕구의 계층적 구조를 형성함으로써 욕구충족상의 순서적 중요성을 강조하였으며, 그 순서는 생리적 욕구, 안전 욕구, 사회적(소속) 욕구, 존경(자존) 욕구, 자아실현 욕구이다. 이에 따라 인간의 다섯 가지 욕구 중 가장 높은 수준의 욕구는 자아실현 욕구이므로 가장 적절하지 않은 설명이다.

06
정답 ④

집단사고(Group think)는 지나치게 동질적인 집단이 그 동질성으로 인해 오히려 비합리적인 의사결정을 하게 되는 경우를 말하므로 적절하지 않다.

07
정답 ①

부정적 강화는 불유쾌하고 부정적인 결과를 제거해줌으로써 바람직한 행동 또는 바라는 행동이 반복되도록 유도하는 방법을 말하므로 적절하다.

오답 체크
② 내재론자는 외재론자보다 동기의 수준이 더 높으므로 적절하지 않다.
③ 후광효과는 피평가자가 가진 또 다른 특성이 평가에 영향을 미치는 지각오류이기 때문에 많은 평가기준을 삽입하면 오히려 후광효과가 발생할 가능성이 높으므로 적절하지 않다.
④ 성격유형을 A형과 B형으로 구분할 때, A형의 성격을 지닌 사람은 B형의 성격을 지닌 사람보다 경쟁적이고 조급한 편이므로 적절하지 않다.

08
정답 ④

허즈버그의 2요인 이론에 따르면 동기 요인에는 성취감, 인정, 책임감, 성장, 발전, 보람 있는 직무 내용, 존경 등 직무 자체 또는 개인의 정신적·심리적 성장에 관련된 요인들이 해당된다.
따라서 허즈버그의 2요인 이론에서 동기 요인에 해당하는 것으로 가장 적절한 것은 '보람 있는 직무 내용'이다.

오답 체크
①, ②, ③은 위생 요인에 해당된다.

09
정답 ②

선택적 근로시간제를 시행하게 되면 근로자들마다 출퇴근 시간이 상이하게 되어 업무 관련 회의나 업무 조정, 연수 등의 일정을 조정하기가 어려워질 수 있으므로 적절하지 않다.

10
정답 ④

멘토의 유형에는 신입사원에게 기존 조직 구성원을 특정하여 기업이 공개적으로 정해주는 공식적인 멘토와 조직과 상관없이 신입사원과 비공개된 관계를 맺는 비공식적인 멘토가 있는데, 여기서 공식적인 멘토는 인위적으로 발생하여 멘토와 신입사원 간의 심리적 연대감 또는 일체감이 낮으며, 관리상 비용이 발생하나 멘토의 질 관리가 용이하며 신입사원의 학습 내용을 정형화할 수 있는 데 반해 비공식적인 멘토는 신입사원의 학습 내용이 비정형화된다는 단점이 있으므로 성격이 다른 하나는 ④이다.

🔎 더 알아보기
멘토의 유형

멘토의 유형	공식적인 멘토	비공식적인 멘토
특징	· 인위적으로 발생함 · 멘토의 질 관리가 용이함 · 신입사원의 학습 내용이 정형화됨 · 멘토와 신입사원 간의 심리적 연대감 또는 일체감이 낮음 · 관리상의 비용이 발생함 · 멘토 관계의 효과에 대한 파악이 용이함	· 자연발생적임 · 멘토의 질 관리가 어려움 · 신입사원의 학습 내용이 비정형화됨 · 멘토와 신입사원 간의 심리적 연대감 또는 일체감이 높음 · 관리상의 비용이 발생하지 않음 · 멘토 관계의 효과에 대한 파악이 어려움

11
정답 ③

할당 표본추출(Quota sampling)과 층화 표본추출(Stratified sampling)은 모집단을 일정한 기준에 따라 여러 하위집단으로 구분하는 방법이라는 점에서 유사하다고 볼 수 있으나, 층화 표본추출과 달리 할당 표본추출은 조사자의 주관에 따라 그 기준이 설정되므로 가장 적절하다.

오답 체크
① 문헌조사, 전문가 의견조사, 사례조사 등의 방법은 탐색조사에 해당하므로 적절하지 않다.
② 마케팅 관련 특정 상황의 발생빈도를 있는 그대로 조사하여 관련 변수들 사이의 상호관계 정도 파악 및 마케팅 관련 상황의 미래 예측을 위해 사용되는 것은 기술조사이므로 적절하지 않다.
④ 측정대상이 속한 범주나 종류를 구분하기 위해 부여된 숫자를 의미하는 척도는 명목척도이고, 서열척도는 순위관계를 나타내는 척도이므로 적절하지 않다.

12

묶음제품 가격전략을 사용하면 핵심제품뿐만 아니라 부수적인 제품의 수요를 창출해 낼 수 있으므로 가장 적절하지 않다.

13

경쟁자 파악 방법 중 기업 중심적 방법에 해당하는 것은 ㉠, ㉡이다.

오답 체크

㉢, ㉣, ㉤은 고객 중심적 방법에 해당한다.

🔍 더 알아보기

경쟁자 파악 방법

경쟁자 파악 방법 중 기업 중심적인 방법에는 '표준산업분류', '기술적인 대체 가능성' 등을 이용하는 방법이 있고, 고객 중심적인 방법에는 '포지셔닝 맵', '상품 제거', '사용 상황별 대체' 등 고객 지각에 기초한 방법과 '상표 전환 매트릭스', '수요의 교차탄력성' 등 고객 행동에 기초한 방법이 있다.

표준산업분류	• 경쟁자를 파악하는 가장 쉬운 방법의 하나로, 자사의 제품이 속한 표준산업분류(SIC code)를 이용하는 방법 • 사용이 용이할 뿐만 아니라 정확한 경쟁 형태가 밝혀지지 않았을 때 유용함 • 본원적 효익 경쟁과 예산 경쟁에 대한 고려가 없어 장기적이고 포괄적인 경쟁 관계를 파악하는 데는 적절하지 않음
기술적인 대체 가능성	• 대체품의 기술적 유사성을 기초로 경쟁자를 파악하는 방법 • 기업의 입장만을 고려하고 있기 때문에 고객이 각 제품에 대해 어떻게 느끼고 있는가를 명백히 설명할 수 없으며, 이로 인해 본원적 효익 경쟁과 예산 경쟁 수준에서는 경쟁자를 파악할 수 없음
포지셔닝 맵	• 고객들의 마음속에 여러 상품이 차지하고 있는 위치를 표시한 포지셔닝 맵으로 경쟁자를 파악하는 방법 • 각 제품이 가까이 있을수록 경쟁의 강도가 높고 멀수록 경쟁의 강도가 낮아진다고 볼 수 있으며, 이를 통해 마케팅 의사결정자는 본원적 효익에 의한 경쟁까지 파악할 수 있음
상품 제거	• 여러 개의 상품 중에서 응답자가 가장 선호하는 상품을 제거한 다음, 나머지 중에서 어떤 상품을 선택할 것인가를 확인하여 경쟁자를 파악하는 방법
사용 상황별 대체	• 사용 상황별로 대안이 될 수 있는 상품들이 무엇인지 파악하여 경쟁자를 파악하는 방법
상표 전환 매트릭스	• 구매자들이 한 상표에서 다른 상표로 전환하는 비율을 계산해 놓은 매트릭스로 경쟁자를 파악하는 방법 • 경쟁의 범위를 좁게 볼 가능성이 높아 구매 빈도가 높은 세분 시장에서의 경쟁 파악에 사용하는 것이 유용함 • 상표 사이의 대체성 또는 다양성 추구와 관계없이 동일하게 측정되기 때문에 정확한 경쟁의 측정이 이루어지지는 않음
수요의 교차탄력성	• 어떤 재화의 가격 변화가 다른 재화의 수요량에 미치는 영향을 나타내는 지표로 경쟁자를 파악하는 방법 • 소비자에 대한 추측이 아니라 실제 소비자들이 어떻게 행동했는가에 따른 측정이기 때문에 매우 유용하지만, 대부분 구매 빈도가 높은 비내구재의 경우에만 응용이 가능하고 마케팅 의사결정자에 의해 경쟁 집합이 사전에 결정되어야 하기 때문에 제품 형태나 제품 범주 내에서의 경쟁 구조 파악에만 유용함

14

GRP(Gross Rating Points)는 동일한 광고물을 동일한 매체에 방영하는 경우 일정 기간 동안 매체 운용을 통해 얻어진 각각의 시청률을 모두 합친 수치를 의미하고 시청률(도달 범위)과 노출 빈도의 곱으로 계산하며, 1,000명의 사람에게 광고를 도달시키는 데 드는 비용은 CPM(cost per thousand persons reached = Cost Per Mill)에 해당하므로 적절하지 않다.

15

주로 이웃 도시 간의 상권 경계를 결정하는 데 이용되는 소매 중력 법칙에 따르면 두 경쟁 도시가 그 중간에 있는 소도시로부터 끌어들일 수 있는 상권 규모는 두 경쟁 도시의 인구에 비례하고, 두 경쟁 도시와 중간 도시 간 거리의 제곱에 반비례하므로 적절하다.

오답 체크

① 대리점과 브로커, 제조업자 판매 지점 및 사무소는 상인 도매상과 더불어 도매상의 유형에 해당하므로 적절하지 않다.

② 생산자가 충분한 유통 경험과 자금력을 가지고 있는 경우, 고가격 제품, 산업 제품, 부패 가능성이 높은 제품을 다루는 경우, 바람직한 도·소매상이 부재한 경우에는 직접 유통경로가 적합하므로 적절하지 않다.

③ 도매상이 후원하는 자발적 연쇄점, 소매상 협동조합, 프랜차이즈 조직은 계약형 VMS에 해당하므로 적절하지 않다.

16 정답 ②

㉠ 가치(Value)는 주관적인 개념으로, 재화나 서비스의 유용성에 대해서 소비자가 인지하는 정도이므로 적절하지 않다.
㉢ 동시공학(Concurrent engineering)은 병렬적 설계과정으로 이해할 수 있으므로 적절하지 않다.
㉣ 로버스트(Robust) 설계는 제품이 노이즈(Noise)에 둔감한, 즉 노이즈에 의한 영향을 받지 않거나 덜 받도록 하는 설계를 의미하므로 적절하지 않다.
따라서 제품개발과 설계에 대한 설명으로 적절하지 않은 것은 ㉠, ㉢, ㉣이다.

17 정답 ①

가빈(Garvin)의 품질측정에서 신뢰성(Reliability)은 제품이 고장나지 않을 확률을 의미하며, 일반적으로 신뢰성이 높은 제품일수록 무상 보증기간이 길어지므로 적절하지 않다.

18 정답 ④

EOQ 모형에 근거하여 로트(Lot)를 결정하는 것은 MRP 시스템에 대한 설명이다.

🔍 더 알아보기

JIT 시스템 및 MRP 시스템

구분	JIT 시스템	MRP 시스템
자재계획	Pull System	Push System
재고	무재고	안전재고
Lot 크기	꼭 필요한 양만 보충 (최소 보충량)	EOQ 모형에 근거하여 결정
조달기간	최대한 짧게 유지	필요한 조달기간을 인정
자재대기	자재의 대기행렬을 제거	자재의 대기는 필요한 투자
공급자 관계	공급자와 협력관계를 유지	다수의 공급자를 통한 경쟁의 유지
품질	완전한 품질을 강조	약간의 불량을 허용
작업자	합의에 의한 경영	명령에 의한 경영
보전활동	지속적인 보전활동 수행	필요한 때만 보전활동 수행

19 정답 ④

공급사슬운영참고모형은 공급사슬운영을 계획(Plan), 공급(Source), 생산(Make), 출하(Delivery), 회수(Return)의 다섯 가지 범주로 분리하였다.
따라서 공급사슬운영참고모형(SCOR)의 구성 요소로 가장 적절하지 않은 것은 '판매'이다.

20 정답 ②

연간수요량을 D, 1회 주문비용을 O, 단위당 재고유지비용을 H라고 할 때, EOQ = $\sqrt{\frac{2DO}{H}}$ 임을 적용하여 구한다.
제품 A의 연간수요량은 10,000개, 1회 주문비용은 2,000원, 단위당 재고유지비용은 4,000원이므로 EOQ = $\sqrt{\frac{2 \times 10,000 \times 2,000}{4,000}}$ = 100 이다.
따라서 최적 주문횟수는 D / EOQ = 10,000 / 100 = 100회이다.

21 정답 ④

기말현금 = 기초현금 + 영업활동으로 인한 현금흐름 + 재무활동으로 인한 현금흐름 + 투자활동으로 인한 현금흐름임을 적용하여 구한다.
따라서 영업활동으로 인한 현금흐름은 1,800,000 - 1,000,000 - 200,000 - 100,000 = 500,000원이다.

22 정답 ①

취득시점의 감가상각대상금액은 취득원가 3,000,000원에서 잔존가치 3,000,000 × 0.2 = 600,000원을 차감한 3,000,000 - 600,000 = 2,400,000원이며, 내용연수 10년에 정액법으로 감가상각하였으므로 매년 감가상각비는 2,400,000 / 10 = 240,000원이다. 이에 따라 2020년 초 기계장치의 장부가액은 3,000,000 - 240,000 × 5 = 1,800,000원이다.
따라서 A 기업이 해당 기계장치를 1,500,000원에 처분하였을 경우 300,000원의 처분손실이 발생한다.

23 정답 ②

제시된 내용은 투자안으로 얻게 될 연평균 순이익을 연평균 투자액 혹은 총투자액으로 나눈 값인 회계적 이익률로 투자안의 경제성을 평가하는 '회계적 이익률법'에 대한 설명이다.

🔍 **더 알아보기**

투자안의 경제성 평가 방법

평가 방법	특징
회수 기간법	· 여러 투자안 중 투자 원금을 모두 회수하는 데 걸리는 회수 기간으로 투자안의 경제성을 평가하는 방법 · 회수 기간이 짧은 투자안을 택할 경우 유동성 측면에서 유리한 투자안을 선택할 수 있으며, 방법이 간단하여 시간과 비용이 적게 소모됨 · 회수 기간 이후에 발생하는 현금 흐름은 무시하며, 화폐의 시간적 가치를 고려하지 않고 목표 회수 기간을 임의로 설정한다는 단점이 있음
순 현재 가치법	· 현금 유입액의 현재 가치에서 현금 유출액의 현재 가치 혹은 투자 원금을 뺀 값인 순 현재 가치로 투자안의 경제성을 평가하는 방법 · 내용 연수 기간의 모든 현금 흐름과 화폐의 시간적 가치를 고려함 · 기업 가치 극대화 목표에 부합하고, 가치 가산의 원리가 성립하며 평가 기준이 객관적임 · 실무적으로 적절한 자본 비용을 구하는 것이 어려움
내부 수익률법	· 투자로 얻게 될 현금 유입액의 현재 가치가 현금 유출액의 현재 가치와 같아지는 할인율인 내부 수익률로 투자안의 경제성을 평가하는 방법 · 내용 연수 기간의 모든 현금 흐름을 고려할 수 있으며, 화폐의 시간적 가치를 고려함 · 계산이 어렵고 기업 가치를 극대화하는 선택이 이루어지지 않을 수 있으며, 가치 가산의 원리가 성립하지 않음 · 평가 기준이 현금 흐름의 형태에 따라 달라지고, 투자 기간에 자본 비용이 변하는 상황에는 적용하기 어려움
수익성 지수법	· 현금 유입액의 현재 가치를 현금 유출액의 현재 가치로 나눈 수익성 지수로 투자안의 경제성을 평가하는 방법 · 내용 연수 기간의 모든 현금 흐름과 화폐의 시간적 가치를 고려함 · 기업 가치를 극대화하는 선택이 이루어지지 않을 수 있으며, 가치 가산의 원리가 성립하지 않음

24 정답 ③

주가 = 배당금 × (1 + 성장률) / (요구수익률 − 성장률)임을 적용하여 구한다.

A 기업은 지난해 말에 주당 1,000원의 현금배당을 실시하였고, 매년 10%의 성장률이 유지될 것으로 예상되므로 올해 말 현금배당금은 주당 1,000 × (1 + 0.1) = 1,100원이다.

따라서 A 기업의 주가는 1,100 / (0.15 − 0.1) = 22,000원이다.

25 정답 ②

미국형 옵션은 만기일 이전에 언제든지 권리를 행사할 수 있는 옵션이며, 권리행사가능일을 만료일 당일 하루만으로 한정하여 계약된 만기일이 되어야만 권리를 행사할 수 있는 옵션은 유럽형 옵션이므로 가장 적절하지 않은 설명이다.

공기업 취업의 모든 것, 해커스공기업

public.Hackers.com

전기전자 실전모의고사

01. 345[kV]인 송전 선로의 전압을 690[kV]로 승압하고, 송전 선로의 단면적을 $\frac{1}{2}$배로 감소시켰다. 송전 선로의 길이와 전력손실률은 일정하다고 할 때, 송전전력은 몇 배 증가하는가?

① 2배 ② 3배 ③ 4배 ④ 5배

02. 저항 $R = 50[\Omega]$, 유도용량 $L = 6,000[H]$, 정전용량 $C = 15[\mu F]$이 모두 병렬로 연결되어 있는 공진회로의 선택도는?

① 0.0025 ② 0.04 ③ 2.5 ④ 4.0

03. 다음 중 헤비사이드 계단 함수(Heaviside step function)의 라플라스 변환과 Z변환 함수가 올바르게 연결된 것은?

	라플라스 변환	Z변환
①	$\frac{1}{s}$	$\frac{1}{z-1}$
②	$\frac{1}{s}$	$\frac{z}{z-1}$
③	$\frac{1}{s^2}$	$\frac{z}{z+1}$
④	$\frac{1}{s^2}$	$\frac{z}{z-1}$

04. 반지름이 3[m]인 무한히 긴 원주형 도선에 6π[A]의 전류를 흘릴 때, 도선 중심으로부터 2[m] 떨어진 지점에서 자계의 세기[AT/m]는?

① $\frac{1}{3}$　　　　　② $\frac{2}{3}$　　　　　③ 1　　　　　④ $\frac{4}{3}$

05. 다음 중 송전선의 유도 장해 방지 대책에 대한 설명으로 적절한 것을 모두 고르면?

> ㉠ 전력선과 통신선 사이의 이격 거리를 작게 한다.
> ㉡ 상호 인덕턴스를 크게 한다.
> ㉢ 절연 변압기를 사용한다.
> ㉣ 전력선과 통신선을 수직 교차시킨다.

① ㉠, ㉡　　　　　② ㉠, ㉢　　　　　③ ㉡, ㉣　　　　　④ ㉢, ㉣

06. 다음 빈칸에 들어갈 수치로 적절한 것은?

> 제1종 접지공사 또는 제2종 접지공사에서 접지극은 지하 (　　　　)[cm] 이상으로 하고, 동결 깊이를 감안하여 매설한다.

① 30　　　　　② 60　　　　　③ 75　　　　　④ 95

07. 다음 중 구형파를 반파 정류했을 때, 출력되는 전압의 평균치로 적절한 것은?

① 최대치의 0.25배　　② 최대치의 0.5배　　③ 최대치의 1.5배　　④ 최대치의 2배

08. 다음 중 대전된 도체에 대한 설명으로 적절하지 않은 것은?

① 도체 표면에는 도체에 인가된 전하가 분포될 수 있다.

② 도체 표면에서 곡률이 클수록 전하밀도가 높다.

③ 도체 내부에는 전하가 존재한다.

④ 도체 표면의 정전응력은 $\frac{\sigma^2}{2\varepsilon_0}[N/m^2]$이다.

09. 비투자율이 $2,500[H/m]$이고, 원형 단면적이 $20[cm^2]$, 평균 자로 길이가 $150[cm]$인 환상 철심에 600회의 코일을 감고 $5[A]$의 전류를 흘렸을 때, 저축되는 자기에너지는 약 몇 $[J]$인가?

① 14.1   ② 18.8   ③ 25.5   ④ 37.6

10. 정현파 교류의 대푯값은 실횻값이다. 다음 중 실횻값을 얻기 위해 정현파 교류의 평균값에 곱해야 하는 수는?

① $\frac{2\sqrt{2}}{\pi}$ ② $\frac{\sqrt{2}}{\pi}$ ③ $\frac{\pi}{\sqrt{2}}$ ④ $\frac{\pi}{2\sqrt{2}}$

11. 다음 중 통신용 전원 계통도에 따라 정류 회로 구성을 올바르게 나타낸 것은?

① 정류부 – 변압기 – 증폭부 – 정전압 회로 – 부하

② 정류부 – 증폭부 – 변압기 – 평활 회로 – 부하

③ 변압기 – 정류부 – 평활 회로 – 정전압 회로 – 부하

④ 변압기 – 증폭부 – 정전압 회로 – 평활 회로 – 부하

12. 다음 중 피뢰기의 속류를 차단할 수 있는 최고의 교류전압은?

① 임계전압   ② 정격전압   ③ 공칭전압   ④ 제한전압

13. 다음 중 변류기 개방 시 2차측을 단락하는 이유로 가장 적절한 것은?

① 2차측 절연 보호
② 2차측 과전류 방지
③ 부하 전류 검출
④ 1차측 과전류 방지

14. 327[kV]의 가공 송전 선로를 제1종 특고압 보안 공사에 의해 시설할 때, 사용하는 전선의 최소 인장강도[kN]는?

① 21.67　　　　　② 34.64　　　　　③ 58.84　　　　　④ 77.47

15. 다음 중 코로나 현상에 대한 설명으로 가장 적절하지 않은 것은?

① 코로나 현상은 전력의 손실을 일으킨다.
② 코로나 손실은 전원 주파수의 $\frac{2}{3}$ 제곱에 비례한다.
③ 코로나 방전에 의하여 전파 장해가 일어난다.
④ 소호 리액터 접지 시 소호 능력이 저하한다.

16. 옥내에 시설하는 전동기에 과부하 보호 장치를 생략할 수 있는 경우로 적절한 것을 모두 고르면?

㉠ 전동기의 정격출력이 0.2[kW] 이하인 경우
㉡ 단상 전동기의 전원 측 전로에 시설하는 과전류 차단기의 정격전류가 10[A]인 경우
㉢ 전동기 운전 시 취급자가 상시로 감시할 수 있는 위치에 전동기를 시설한 경우
㉣ 단상 전동기의 전원 측 전로에 시설하는 배선용 차단기의 정격전류가 25[A]인 경우

① ㉠, ㉣　　　　② ㉡, ㉢　　　　③ ㉠, ㉡, ㉢　　　　④ ㉠, ㉢, ㉣

17. 다음 회로의 영상 임피던스 Z_{01}과 Z_{02}는 각각 약 얼마인가?

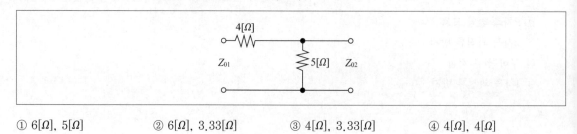

① 6[Ω], 5[Ω] 　　② 6[Ω], 3.33[Ω] 　　③ 4[Ω], 3.33[Ω] 　　④ 4[Ω], 4[Ω]

18. 화력발전소에서 발열량이 6,500[$kcal/kg$]인 석탄 20[ton]을 연소하여 30,000[kWh]의 전력을 발생하였을 때, 열효율은 약 몇[%]인가?

① 13.7 　　② 16.5 　　③ 19.8 　　④ 21.4

19. 전기자 저항 0.3[Ω], 직권 계자 권선의 저항 0.7[Ω]의 직권 전동기에 110[V]를 가하였더니 부하 전류가 10[A]일 때, 전동기의 속도[rpm]는? (단, 기계 정수는 2이다.)

① 1,100 　　② 1,150 　　③ 1,200 　　④ 1,300

20. 다음 중 보호 계전기에 필요한 특성으로 가장 적절하지 않은 것은?

① 적절한 후비 보호 능력이 있을 것
② 고장 개소를 정확히 선택할 수 있을 것
③ 고장 상태를 식별하여 정도를 판단할 수 있을 것
④ 동작을 느리게 하여 다른 건전부의 송전을 막을 것

21. 다음 중 단상변압기 병렬운전 시 부하 전류의 분담에 대한 설명으로 적절한 것은?

① %리액턴스 강하에 반비례하며 용량에 비례한다.
② %임피던스 강하에 비례하며 용량에 반비례한다.
③ %리액턴스 강하에 비례하며 용량에 반비례한다.
④ %임피던스 강하에 반비례하며 용량에 비례한다.

22. 다음 중 동기전동기에서 진상 전류일 때, 전기자 반작용은?

① 감자 작용   ② 증자 작용   ③ 교차 자화 작용   ④ 아무 작용 없음

23. 다음 중 전압변동률이 작은 동기발전기에 대한 설명으로 가장 적절한 것은?

① 단락비가 크다.   ② 값이 저렴하다.
③ 동기 리액턴스가 크다.   ④ 전기자 반작용이 크다.

24. A 회로의 전압 v와 전류 i가 각각 $v = 100\sqrt{2}sin\left(377t + \dfrac{\pi}{3}\right)[V]$, $i = \sqrt{8}sin\left(377t + \dfrac{\pi}{6}\right)[A]$일 때, 소비전력[$W$]은?

① 100   ② $100\sqrt{3}$ ③ 200   ④ $200\sqrt{3}$

25. 다음 중 마이크로파 통신에 대한 설명으로 적절하지 않은 것은?

① 파장이 짧아 이득이 큰 소형 안테나를 사용할 수 없다.
② Point To Point 통신이 가능하지만 보안에 취약하다.
③ 신호 대 잡음비(S/N비)를 크게 할 수 있으며, 전파 손실이 적다.
④ 가시거리 외 통신을 하려면 송수신점 사이에 일정 거리마다 중계기를 설치해야 한다.

정답 · 해설

정답

01	02	03	04	05	06	07	08	09	10
①	①	②	②	④	③	②	③	②	④
11	12	13	14	15	16	17	18	19	20
③	②	①	④	②	③	②	③	③	④
21	22	23	24	25					
④	①	①	②	①					

해설

01
정답 ①

송전전력(P) = 송전전압(V) × 송전전류(I)임을 이용한다.

$P = V \times I = \frac{V^2}{R}$이고, 송전 선로의 단면적과 길이를 각각 A, l이라 할 때 $R = \frac{\rho \times l}{A}$이므로 $P = \frac{A \times V^2}{\rho \times l}$이 성립한다. 이에 따라 송전전력은 송전전압의 제곱에 비례하고, 송전 선로의 단면적에 비례함을 알 수 있다.

따라서 송전 선로의 전압이 $345[kV]$에서 $690[kV]$로 $\frac{690}{345} = 2$배 증가하고, 단면적은 $\frac{1}{2}$배로 감소하였으므로 송전전력은 $2^2 \times \frac{1}{2} = 2$배 증가한다.

02
정답 ①

$R-L-C$ 병렬 공진회로의 선택도는 $Q = R \times \sqrt{\frac{C}{L}}$임을 적용하여 구한다.

$Q = 50 \times \sqrt{\frac{15 \times 10^{-6}}{6,000}} = 50 \times \sqrt{\frac{1 \times 10^{-8}}{4}} = 50 \times \frac{1}{2} \times 10^{-4} = 0.0025$이다.

따라서 $R-L-C$ 병렬 공진회로의 선택도는 0.0025이다.

03
정답 ②

헤비사이드 계단 함수는 단위 계단 함수라고도 하며 라플라스 변환은 $\frac{1}{s}$, Z변환은 $\frac{z}{z-1}$이므로 올바르게 연결된 것은 ②이다.

더 알아보기

기본 함수의 라플라스 변환과 Z변환

$F(t)$	$F(s)$	$F(z)$
$\delta(t)$	1	1
$u(t)$	$\frac{1}{s}$	$\frac{z}{z-1}$
t	$\frac{1}{s^2}$	$\frac{T_z}{(z-1)^2}$
e^{-at}	$\frac{1}{s+a}$	$\frac{z}{z-e^{-at}}$

04
정답 ②

r은 도선 중심으로부터 떨어진 거리, a는 반지름의 길이, I는 전류일 때, 도체 내부 자계의 세기(H) $= \frac{r \times I}{2\pi a^2}$임을 적용하여 구한다.

자계의 세기를 구하고자 하는 지점은 반지름이 $3[m]$, 전류가 $6\pi[A]$ 흐르는 원주형 도선의 중심으로부터 $2[m]$ 떨어져 있으므로 자계의 세기 $H = \frac{2 \times 6\pi}{2\pi \times 3^2} = \frac{2}{3}$이다.

따라서 자계의 세기는 $\frac{2}{3}[AT/m]$이다.

05
정답 ④

송전선의 유도 장해 방지 대책에 대한 설명으로 적절한 것을 모두 고르면 ㉢, ㉣이다.

06   정답 ③

제1종 접지공사 또는 제2종 접지공사에 사용하는 접지선을 사람이 접촉할 우려가 있는 곳에 시설하는 경우, 접지극은 지하 75[cm] 이상으로 하되, 동결 깊이를 감안하여 매설한다.

07   정답 ②

구형파를 반파 정류했을 때, 출력되는 전압의 평균치는 최대치의 0.5배이다.

08   정답 ③

대전상태와 평형상태에서 전하는 도체 표면에만 존재하므로 적절하지 않다.

09   정답 ②

투자율을 μ, 비투자율을 μ_s, 원형 단면적을 S, 평균 자로의 길이를 l, 코일 수를 N이라 할 때, 자기인덕턴스$(L) = \frac{\mu S N^2}{l} = \frac{\mu_0 \mu_s S N^2}{l}$, 자기에너지$(W) = \frac{1}{2}LI^2$임을 적용하여 구한다.

비투자율이 $2{,}500[H/m]$이므로 투자율은 $(4\pi \times 10^{-7}) \times 2{,}500[H/m]$이고, 원형 단면적이 $20 \times 10^{-4}[m^2]$, 평균 자로 길이가 $150 \times 10^{-2}[m]$인 환상 철심에 600회의 코일을 감았으므로

자기인덕턴스는 $\frac{(4\pi \times 10^{-7}) \times 2{,}500 \times (20 \times 10^{-4}) \times 600^2}{150 \times 10^{-2}} = \frac{12}{25}\pi$이다.

따라서 $5[A]$의 전류를 흘렸을 때 저축되는 자기에너지는 $\frac{1}{2} \times \frac{12}{25}\pi \times 5^2 \fallingdotseq 18.8[J]$이다.

10   정답 ④

최댓값을 V_m, 평균값을 V_a, 실횻값을 V라고 하면
$V = \frac{V_m}{\sqrt{2}}$, $V_a = \frac{2}{\pi}V_m$, $V_m = \frac{\pi}{2}V_a$이므로 $V = \frac{V_m}{\sqrt{2}} = \frac{1}{\sqrt{2}} \times \frac{\pi}{2}V_a = \frac{\pi}{2\sqrt{2}}V_a$가 된다.

따라서 정현파 교류의 실횻값 V를 얻기 위해 평균값 V_a에 곱해야 하는 수는 '$\frac{\pi}{2\sqrt{2}}$'이다.

11   정답 ③

통신용 전원 계통도에 따라 정류 회로 구성을 올바르게 나타낸 것은 ③이다.

12   정답 ②

피뢰기의 속류를 차단할 수 있는 최고의 교류전압은 '정격전압'이다.

13   정답 ①

변류기 개방 시 과전압에 대한 회로를 보호하거나 2차측 절연을 보호하기 위해 2차측을 단락하므로 가장 적절한 것은 ①이다.

14

327[kV]의 가공 송전 선로를 제1종 특고압 보안 공사에 의해 시설할 때 사용하는 전선의 인장강도는 77.47[kN] 이상이어야 한다.

🔍 **더 알아보기**

제1종 특고압 보안 공사

사용 전압	전선의 단면적	전선의 인장강도
100[kV] 미만	55[mm^2]	21.67[kN]
100[kV] 이상 300[kV] 미만	150[mm^2]	58.84[kN]
300[kV] 이상	200[mm^2]	77.47[kN]

15

코로나 손실 $P = \frac{241}{\delta}(f+25)\sqrt{\frac{d}{2D}}(E-E_0)^2 \times 10^{-5}[kW/km/line]$으로 전원 주파수($f$)에 비례하여 Peek의 식으로 계산할 수 있는 전력 손실이 생기므로 가장 적절하지 않은 설명이다.

오답 체크

① 코로나가 발생하면 공기의 부분적인 방전 현상이 생겨 전력 손실이 발생하므로 적절한 설명이다.

③ 코로나 방전에 의해 고조파, 노이즈가 발생하여 전파 장해, 통신 장해가 일어나므로 적절한 설명이다.

④ 코로나가 발생하면 전선의 겉보기 굵기가 증가하므로 대지 정전용량이 증대하고 계통은 부족보상이 되며, 코로나 손실의 유효분 전류나 제3고조파 전류는 잔류 전류가 되어 소호 작용을 방해하므로 소호 리액터 접지방식의 병렬공진에 의한 지락전류를 소멸시켜 안정도를 최대로 하기 어렵기 때문에 적절한 설명이다.

🔍 **더 알아보기**

· **코로나 현상**: 전선 주위의 공기 절연이 전체의 어느 한 부분에만 한정되어 파괴되고, 이에 따라 낮은 소리 또는 엷은 빛의 아크 방전이 발생하는 현상

16

옥내에 시설하는 전동기에 과부하 보호 장치를 생략할 수 있는 경우로 적절한 것은 ㉠, ㉡, ㉢이다.

오답 체크

㉣ 단상 전동기의 전원 측 전로에 시설하는 배선용 차단기의 정격전류는 20[A] 이하여야 하므로 적절하지 않다.

17

주어진 L형 회로의 4단자 정수 $A = 1 + \frac{Z_1}{Z_2}$, $B = Z_1$, $C = \frac{1}{Z_2}$, $D = 1$이고, 영상 임피던스 $Z_{01} = \sqrt{\frac{AB}{CD}}$, $Z_{02} = \sqrt{\frac{BD}{AC}}$임을 적용하여 구한다.

$A = 1 + \frac{Z_1}{Z_2} = 1 + \frac{4}{5} = \frac{9}{5}$, $B = Z_1 = 4$, $C = \frac{1}{Z_2} = \frac{1}{5}$, $D = 1$이므로

영상 임피던스 $Z_{01} = \sqrt{\frac{AB}{CD}} = \sqrt{\frac{\frac{9}{5} \times 4}{\frac{1}{5} \times 1}} = 6[\Omega]$,

$Z_{02} = \sqrt{\frac{BD}{AC}} = \sqrt{\frac{4 \times 1}{\frac{9}{5} \times \frac{1}{5}}} \approx 3.33[\Omega]$이다.

18

발생한 총 전력량을 $W[kWh]$, 소비된 연료량을 $M[kg]$, 발열량을 $H[kcal/kg]$라 할 때, 발전소의 열효율(η) $= \frac{860W}{MH} \times 100[\%]$임을 적용하여 구한다.

발열량은 6,500[$kcal/kg$]이고, 소비된 연료량은 $20 \times 10^3[kg]$, 발생한 총 전력량은 30,000[kWh]이다.

따라서 화력발전소의 열효율은 $\frac{860 \times 30,000}{(20 \times 10^3) \times 6,500} \times 100 \approx 19.8[\%]$이다.

19

직류 직권 전동기의 속도 $N = K\frac{V - I_a(R_a + R_s)}{I_a}[rps] \times 60[rpm]$임을 적용하여 구한다.

전압을 V, 부하 전류를 I_a, 전기자 저항을 R_a, 직권 계자 권선의 저항을 R_s, 기계 정수를 K라고 할 때,

$V = 110[V]$, $I_a = 10[A]$, $R_a = 0.3[\Omega]$, $R_s = 0.7[\Omega]$, $K = 2$이므로

전동기의 속도 $N = 2 \times \frac{110 - 10(0.3 + 0.7)}{10} \times 60 = 1,200[rpm]$이다.

20

보호 계전기는 전력계통에 사고가 발생하였을 때 사고 구간을 신속히 발견하여 차단함으로써 기기와 선로의 손상 및 다른 건전 계통으로 피해가 확산되는 것을 방지하므로 가장 적절하지 않다.

🔍 **더 알아보기**

보호 계전기 구비조건

· 고장 상태를 식별하여 정도를 파악할 수 있을 것
· 고장 개소를 정확히 선택할 수 있을 것
· 동작이 예민하고 오동작이 없을 것
· 적절한 후비 보호 능력이 있을 것
· 소비전력이 작고 경제적일 것

21
정답 ④

변압기 2대가 병렬운전 시 부하 분담은 %임피던스 강하에 반비례, 용량에 비례하며, 변압기 용량을 초과하지 않아야 한다.

22
정답 ①

동기전동기에서 전기자 전류(I_a)가 단자전압(V)보다 $\frac{\pi}{2}$ 앞선 경우 진상 전류에 나타나는 전기자 반작용은 '감자 작용'이다.

🔍 더 알아보기
동기전동기의 전기자 반작용

부하	역률	전류와 위상의 관계	작용
저항	역률 1	I_a와 V가 동상	교차 자화 작용 (횡축반작용)
유도성	뒤진 역률 0	I_a가 V보다 $\frac{\pi}{2}$ 뒤진 경우 (지상 전류)	증자 작용 (직축반작용)
용량성	앞선 역률 0	I_a가 V보다 $\frac{\pi}{2}$ 앞선 경우 (진상 전류)	감자 작용 (직축반작용)

23
정답 ①

전압변동률은 작을수록 좋으며, 전압변동률이 작은 발전기는 동기 리액턴스가 작다. 즉, 전기자 반작용이 작고, 단락비가 큰 기계가 되어 값이 비싸다.

따라서 전압변동률이 작은 동기발전기에 대한 설명으로 가장 적절한 것은 ①이다.

오답 체크

전압변동률이 작은 동기발전기는
② 값이 비싸다.
③ 동기 리액턴스가 작다.
④ 전기자 반작용이 작다.

24
정답 ②

소비전력 $P = VI\cos\theta$임을 적용하여 구한다.
이때 θ는 전압과 전류의 위상차이므로 A 회로의 θ는 $\frac{\pi}{3} - \frac{\pi}{6} = \frac{\pi}{6}$ = 30°이다.

따라서 A 회로의 소비전력은 $VI\cos\theta = \frac{100\sqrt{2}}{\sqrt{2}} \times \frac{\sqrt{8}}{\sqrt{2}} \times \cos30°$ =

$100 \times \frac{2\sqrt{2}}{\sqrt{2}} \times \frac{\sqrt{3}}{2} = 100\sqrt{3}[W]$이다.

25
정답 ①

마이크로파 통신은 파장이 짧아 소형이면서 이득이 큰 안테나를 사용할 수 있으므로 적절하지 않다.

오답 체크

② 마이크로파 통신은 Point To Point 통신이 가능하며, 보안에 취약하므로 적절하다.
③ 마이크로파 통신은 신호 대 잡음비(S/N비)를 크게 할 수 있으며, 전파 손실이 적으므로 적절하다.
④ 마이크로파 통신은 가시거리(LOS) 통신이 이루어져 가시거리 외 통신을 하려면 송수신점 사이에 일정 거리마다 중계기를 설치해야 하므로 적절하다.

🔍 더 알아보기
마이크로파 통신의 특징
· 주파수가 높은 반송파를 사용하여 광대역 통신 및 전송이 가능함
· 지향성이 예리하여 통신망 형성이 용이함
· 가시거리(LOS) 통신이 이루어져 송수신점 사이에 산악 등 지형 장애물의 영향을 받음
· 외부 잡음의 영향이 적음

01. 다음 중 랭킨사이클의 열효율을 높이는 방법으로 적절하지 않은 것은?

① 보일러의 압력이 낮아야 한다.
② 복수기의 압력이 낮아야 한다.
③ 터빈입구의 초기 온도가 높아야 한다.
④ 터빈출구에서 압력이 낮아야 한다.

02. 고열원과 저열원 사이에서 카르노 사이클로 작동되는 열기관이 있다. 고온체에서 50[kJ]의 열을 받고, 저온체에서 30[kJ]의 열을 방출할 때, 이 열기관의 열효율[%]은?

① 20   ② 40   ③ 60   ④ 80

03. 다음 중 열역학 제2법칙에 대한 설명으로 적절한 것의 개수는?

㉠ 가역 법칙 또는 양적 법칙이라고도 한다.
㉡ 열은 스스로 고온에서 저온으로 이동할 수 없다.
㉢ 열에너지는 모두 역학적 에너지로 전환될 수 있다.
㉣ 고립계 내부의 엔트로피 총량은 항상 증가한다.

① 1개   ② 2개   ③ 3개   ④ 4개

04. 질량이 4[m]이고, 반지름이 2[r]인 구의 비체적[v]은?

① 0.5   ② 1   ③ 2   ④ 4

05. 어떤 용기 안에 부피가 3[m^3], 압력이 0.4[MPa], 온도가 200[K]인 이상기체가 들어 있을 때, 이 이상기체의 질량[kg]은? (단, 이상기체상수 $R = 0.3[KJ/kg \cdot K]$이다.)

① 10   ② 20   ③ 30   ④ 40

06. 다음 중 각 용어에 대한 설명으로 옳은 것을 모두 고르면?

> ㉠ 과열증기: 포화증기를 재가열하여 증기의 온도를 높인 것이다.
> ㉡ 습증기: 증기와 수분이 섞여 있으며, 불포화온도 상태이다.
> ㉢ 건포화증기: 포화온도 상태이며, 수분이 모두 증발한 증기이다.
> ㉣ 압축액: 포화온도 상태이며, 건도가 0이다.

① ㉠   ② ㉠, ㉡   ③ ㉠, ㉢   ④ ㉢, ㉣

07. 길이가 L, 지름은 d인 전동축의 지름을 $\sqrt{2}d$로 변경하면 비틀림 모멘트에 의한 비틀림 각은 몇 배가 되는가?

① 0.25배   ② 2배   ③ 4배   ④ 8배

08. 볼트에 축방향의 인장응력이 30[MPa]이고, 비틀림에 의한 전단응력이 20[MPa]일 때, 랭킨의 주응력설에 의한 최대인장응력[MPa]은?

① 20　　　　　② 25　　　　　③ 30　　　　　④ 40

09. 다음 그림과 같이 측면 필릿 용접이음을 하였을 때, 용접부가 받는 하중의 계산식으로 옳은 것은?

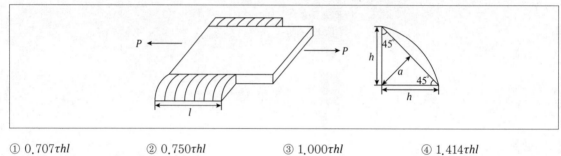

① $0.707\tau hl$　　　② $0.750\tau hl$　　　③ $1.000\tau hl$　　　④ $1.414\tau hl$

10. 다음과 같은 보에서 A, B에서의 반력의 비$\left(\dfrac{R_A}{R_B}\right)$는?

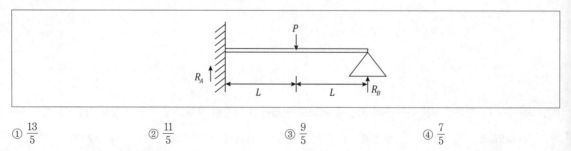

① $\dfrac{13}{5}$　　　② $\dfrac{11}{5}$　　　③ $\dfrac{9}{5}$　　　④ $\dfrac{7}{5}$

11. 다음 중 체크 밸브의 표시로 가장 적절한 것은?

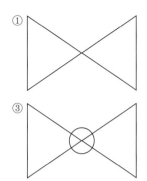

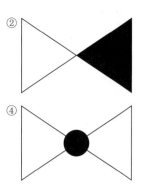

12. 다음과 같은 원형관에서 물이 흐르고 있을 때, 물의 유속[m/s]은?

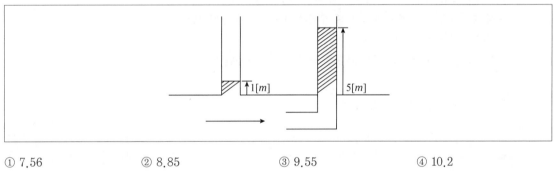

① 7.56　　　　　② 8.85　　　　　③ 9.55　　　　　④ 10.2

13. 다음 중 수력도약, 개수로, 댐, 선박, 강에서의 모형실험의 역학적 상사에 적용되는 무차원수는?

① 프루드수　　　　② 마하수　　　　③ 웨버수　　　　④ 그라쇼프수

14. 길이가 1,470[m]이고, 안지름이 20[cm]인 수평 직선 원형관 내부에서 물이 2[m/s]의 평균 속도로 흐르고 있다. 물과 관벽 사이의 관 마찰 계수가 0.06일 때, 마찰 손실 수두[m]는? (단, 중력 가속도는 9.8[m/s²]으로 계산한다.)

① 80 ② 85 ③ 90 ④ 100

15. 다음 중 레이놀즈수에 대한 설명으로 적절하지 않은 것은?

① 관성력에 대한 점성력의 비인 무차원 계수이다.
② 유체 속도와 관 직경에 비례하고, 유체 점성과 동점도에 반비례한다.
③ 중력과 압력에 영향을 받지 않는다.
④ 유체의 흐름 상태를 층류 또는 난류로 구별하는 데 사용된다.

16. 유량이 75[m³/min], 유효낙차가 120[m]인 수차의 최대 출력[PS]은? (단, 물의 비중량은 1,000[kgf/m³]이다.)

① 800 ② 1,000 ③ 1,500 ④ 2,000

17. 다음과 같은 부정정보에서 최대 굽힘 응력은? (단, 직사각형 단면의 폭은 b, 높이는 h이다.)

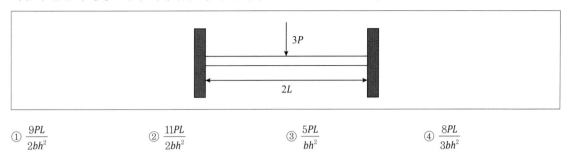

① $\dfrac{9PL}{2bh^2}$　　　② $\dfrac{11PL}{2bh^2}$　　　③ $\dfrac{5PL}{bh^2}$　　　④ $\dfrac{8PL}{3bh^2}$

18. 다음 그림과 같이 하중이 작용할 때, 보에서 발생하는 최대 굽힘 모멘트는?

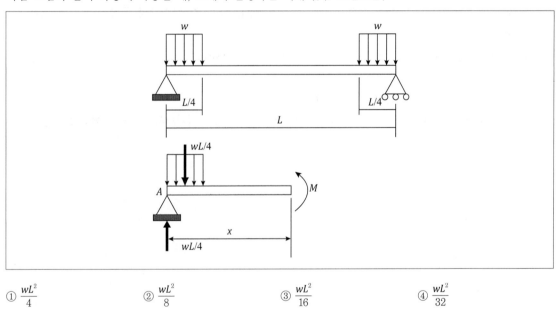

① $\dfrac{wL^2}{4}$　　　② $\dfrac{wL^2}{8}$　　　③ $\dfrac{wL^2}{16}$　　　④ $\dfrac{wL^2}{32}$

19. 단면적의 가로 길이가 12[cm], 세로 길이가 15[cm]로 직사각형인 양단 힌지 기둥이 있다. 이 기둥의 길이가 4[m]일 때, 세장비는 약 얼마인가? (단, $\sqrt{3} = 1.7$로 계산한다.)

① 105　　　② 112　　　③ 118　　　④ 122

20. 길이가 L인 외팔보 끝단에 P 하중이 작용할 때의 최대 처짐량 δ_1과 길이가 L인 양단 단순 지지보 중앙에 P 하중이 작용할 때의 최대 처짐량 δ_2의 비 $\dfrac{\delta_1}{\delta_2}$는?

① $\dfrac{1}{8}$ ② $\dfrac{1}{4}$ ③ 4   ④ 16

21. 탄소강의 종류에는 아공석강, 공석강, 과공석강이 있다. 다음 중 탄소강의 종류별 특징에 대한 설명으로 적절한 것은?

① 공석강은 탄소 1.86[%]인 페라이트 조직으로 형성된 탄소강이다.
② 아공석강은 펄라이트와 페라이트로 되어 있다.
③ 과공석강은 페라이트와 시멘타이트로 되어 있다.
④ 오스테나이트가 페라이트와 시멘타이트로 분해되는 공석반응이 일어나는 온도는 A_3변태점이다.

22. 다음은 강괴의 종류에 대한 정의이다. 용어와 정의가 올바르게 연결된 것의 개수는?

> ㉠ 킬드강 – 용탕을 주입 후 비등을 억제하여 테 부분을 엷게 한 강철
> ㉡ 림드강 – 녹은 상태의 쇳덩이에 실리콘, 알루미늄 등의 강력한 탈산제를 넣어 산을 완전히 제거한 강철
> ㉢ 캡드강 – 제강 작업의 마지막 단계에서 탈산제를 소량만 넣어 산의 일부를 제거하여 굳은 강철
> ㉣ 세미킬드강 – 킬드강과 림드강의 중간 정도로 산을 제거한 강철

① 1개   ② 2개   ③ 3개   ④ 4개

23. 판재를 압연가공할 때 10[mm]의 판이 6[mm]로 가공되었다. 진입속도가 5[m/s]일 때, 출구속도[m/s]와 압하율[%]을 바르게 나열한 것은? (단, 출구속도[m/s]는 소수점 둘째 자리에서 반올림한다.)

① 4.2, 10   ② 5.4, 20   ③ 6, 30   ④ 8.3, 40

24. 다음 중 펌프의 이상 현상에 대한 설명으로 옳지 않은 것은?

① 캐비테이션은 유체의 빠른 속도로 인하여 내부 압력이 낮아져 기체가 발생하는 현상이다.
② 수격현상은 유속의 급격한 변화에 의해 압력파가 형성되어 망치처럼 유체가 관로를 때리는 현상이다.
③ 유체고착현상은 제어밸브의 급 조작으로 인하여 유체의 송출량과 압력이 주기적으로 변하는 현상이다.
④ 채터링은 유체 압력의 증감에 의해 높은 소음과 진동이 발생하는 현상이다.

25. 다음 중 용접에 대한 설명으로 옳지 않은 것은?

① 플라즈마 용접은 발열량의 조절이 어려워 두꺼운 판의 용접에 유리하다.
② 전자빔 용접은 진공 상태에서 용접을 실시한다.
③ 프로젝션 용접은 판금 공작물을 용접하는 데 적합하다.
④ 일렉트로 슬래그 용접은 슬래그의 저항 열을 이용한다.

정답 · 해설

정답

01	02	03	04	05	06	07	08	09	10
①	②	①	③	②	③	①	④	④	②
11	**12**	**13**	**14**	**15**	**16**	**17**	**18**	**19**	**20**
②	②	①	③	①	④	①	④	③	④
21	**22**	**23**	**24**	**25**					
②	①	④	③	①					

해설

01 　　　　　　　정답 ①

랭킨사이클의 열효율을 높이기 위해서는 보일러의 압력이 높아야 하므로 적절하지 않다.

> 🔍 **더 알아보기**
>
> **랭킨사이클의 열효율**
> · 보일러의 압력이 높을수록 증가함
> · 복수기의 압력이 낮을수록 증가함
> · 터빈입구의 초기 온도와 초기 압력이 높을수록 증가함
> · 터빈출구에서 압력이 낮을수록 증가함
> · 터빈출구에서 온도를 낮게 하면 터빈 깃을 부식시켜 감소하므로 터빈출구에서 온도가 높을수록 증가함

02 　　　　　　　정답 ②

카르노 기관의 열효율(η_c) = $\left(1 - \dfrac{\text{저열원의 열량}(Q_2)}{\text{고열원의 열량}(Q_1)}\right) \times 100$임을 적용하여 구한다.

카르노 사이클로 작동되는 열기관이 고온체에서 $50[kJ]$의 열을 받고, 저온체에서 $30[kJ]$의 열을 방출하므로 $Q_1 = 50[kJ]$, $Q_2 = 30[kJ]$이다.

따라서 카르노 기관의 열효율은 $\left(1 - \dfrac{30}{50}\right) \times 100 = 40[\%]$이다.

03 　　　　　　　정답 ①

열역학 제2법칙에 대한 설명으로 적절한 것은 ②로 총 1개이다.

오답 체크

㉠ 열역학 제1법칙을 에너지 보존의 법칙, 가역 법칙, 양적 법칙, 제1종 영구 기관 부정의 법칙이라고 하므로 적절하지 않다.

㉡ 열은 스스로 고온에서 저온으로 이동할 수 있으므로 적절하지 않다.

㉢ 열에너지가 모두 역학적 에너지로 전환되는 것은 가능하지 않으므로 적절하지 않다.

04 　　　　　　　정답 ③

구의 부피(V) = $\dfrac{4\pi r^3}{3}$이고, 구의 비체적(v) = $\dfrac{\text{부피}}{\text{질량}} = \dfrac{\frac{4\pi r^3}{3}}{m} = \dfrac{4\pi r^3}{3m}$임을 적용하여 구한다.

반지름이 $2[r]$인 구의 부피는 $\dfrac{4\pi(2r)^3}{3}$이므로 구의 비체적은 $\dfrac{\frac{4\pi(2r)^3}{3}}{4m}$ = $\dfrac{8\pi r^3}{3m}$ = $2[v]$이다.

05 　　　　　　　정답 ②

압력을 P, 부피를 V, 이상기체상수를 R, 절대온도를 T, 질량을 m이라고 할 때, $m = \dfrac{PV}{RT}$임을 적용하여 구한다.

$P = 0.4[MPa] = 400[kPa]$, $V = 3[m^3]$, $R = 0.3[kJ/kg \cdot K]$, $T = 200[K]$이므로 이상기체의 질량 $m = \dfrac{400 \times 3}{0.3 \times 200} = 20[kg]$이다.

06 　　　　　　　정답 ③

㉠ 과열증기는 포화증기를 재가열하여 포화 온도 이상으로 과열된 증기를 의미하므로 옳은 설명이다.

㉢ 건포화증기는 수분이 모두 증발하여 더 이상 기화가 일어나지 않는 평형상태의 증기이므로 옳은 설명이다.

오답 체크

㉡ 습증기는 증기와 수분이 섞여 있으며, 포화온도 상태이고 건도는 0과 1 사이이므로 옳지 않은 설명이다.

㉣ 압축액은 포화온도 이하이며, 건도가 0이므로 옳지 않은 설명이다.

07 정답 ①

길이가 L, 지름은 d인 전동축의 비틀림 각(θ_1)은 $\frac{TL}{GI_p} = \frac{TL}{G \times \frac{\pi d^4}{32}} = $

$\frac{32TL}{G\pi d^4}$이므로 길이가 L, 지름이 $\sqrt{2}d$인 비틀림 모멘트에 의한 비틀림

각은 $\theta_2 = \frac{TL}{G \times \frac{\pi(\sqrt{2}d)^4}{32}} = \frac{32TL}{G\pi 4d^4} = 0.25\theta_1$이다.

따라서 길이가 L, 지름은 d인 전동축의 지름을 $\sqrt{2}d$로 변경하면 비틀림 모멘트에 의한 비틀림 각은 0.25배가 된다.

08 정답 ④

최대인장응력 $\sigma_{max} = \frac{1}{2}(\sigma_x + \sigma_y) + \frac{1}{2}\sqrt{(\sigma_x - \sigma_y)^2 + 4\tau^2_{xy}}$ 임을 적용하여 구한다.

$\sigma_y = 0$이므로 최대인장응력 $\sigma_{max} = \frac{1}{2}\sigma_x + \frac{1}{2}\sqrt{\sigma_x^2 + 4\tau^2_{xy}} = \frac{1}{2} \times 30 + \frac{1}{2} \times \sqrt{30^2 + 4 \times 20^2} = 40[MPa]$이다.

09 정답 ④

$P = \tau A = \tau(2al)$임을 적용하여 구한다.

제시된 오른쪽 그림에 따르면 $\frac{a}{h} = sin45 = \frac{\sqrt{2}}{2}$이므로 $a = \frac{\sqrt{2}}{2}h$이다.

따라서 용접부가 받는 하중의 계산식 $P = \tau(2al) = \tau\left(2 \times \frac{\sqrt{2}}{2}h \times l\right)$
$= \sqrt{2}\tau hl \fallingdotseq 1.414\tau hl$이다.

10 정답 ②

$\delta_1 = \delta_2$, $R_A + R_B = P$임을 적용하여 구한다.

$\delta_1 = \frac{5P(2L)^3}{48EI}$, $\delta_2 = \frac{R_B(2L)^3}{3EI}$이므로 $\frac{5P(2L)^3}{48EI} = \frac{R_B(2L)^3}{3EI} \to \frac{5P}{48} = \frac{R_B}{3}$

$\to R_B = \frac{5P}{16}$이다.

이때 $R_A = P - R_B$이므로 $R_A = P - \frac{5P}{16} = \frac{16P}{16} - \frac{5P}{16} = \frac{11P}{16}$

따라서 반력의 비$\left(\frac{R_A}{R_B}\right)$는 $\frac{\frac{11P}{16}}{\frac{5P}{16}} = \frac{11}{5}$이다.

11 정답 ②

체크 밸브 표시로 가장 적절한 것은 ②이다.

오답 체크

①은 일반 밸브, ③은 볼 밸브, ④는 글로브 밸브 표시에 해당한다.

12 정답 ②

베르누이 방정식을 적용하여 구한다.

원형관의 물 높이가 각각 1[m], 5[m]일 때 베르누이 방정식을 적용하여 구하면

속도수두 $\frac{v^2}{2g} = 5 - 1 = 4[m]$이므로 유속($v$)은 $\sqrt{2gh} = \sqrt{2g(5-1)} = \sqrt{2g \times 4} = \sqrt{2 \times 9.8 \times 4} \fallingdotseq 8.85[m/s]$이다.

13 정답 ①

제시된 내용은 유체의 관성력과 중력의 비로, $\frac{관성력}{중력}$으로 나타내며 수력도약, 개수로, 댐, 선박, 강에서의 모형실험의 역학적 상사에 적용되는 무차원수인 프루드수에 대한 설명이다.

오답 체크

② 마하수: 음속에 대한 속도의 비로, $\frac{속도}{음속}$로 나타내며 압축성유동의 풍동실험에서 적용되는 무차원수

③ 웨버수: 관성력과 표면장력(계면장력)의 비로, $\frac{관성력}{표면장력}$으로 나타내며 위어, 오리피스에 적용되는 무차원수

④ 그라쇼프수: 점성력에 대한 부력의 비로, $\frac{부력}{점성력}$으로 나타내며 자연대류에 의한 열확산에 적용되는 무차원수

14 정답 ③

관 마찰 계수를 f, 관의 길이를 l, 관의 안지름을 d, 유체의 속도를 v, 중력 가속도를 g라고 할 때, 마찰 손실 수두(H) $= f \times \frac{l}{d} \times \frac{v^2}{2g}$임을 적용하여 구한다.

관 마찰 계수(f) = 0.06, 관의 길이(l) = 1,470[m], 관의 안지름(d) = 20[cm] = 0.2[m], 물의 평균 속도(v) = 2[m/s], 중력 가속도(g) = 9.8[m/s²]이다.

따라서 마찰 손실 수두는 $0.06 \times \frac{1,470}{0.2} \times \frac{2^2}{2 \times 9.8} = 90[m]$이다.

15 정답 ①

레이놀즈수는 점성력에 대한 관성력의 비인 무차원 계수이므로 적절하지 않다.

🔍 더 알아보기

레이놀즈수

비례	관성력, 유체 속도, 관 직경
반비례	점성력, 유체 점성, 동점도(동점도 계수)
무관	중력, 압력

16
정답 ④

물의 비중량은 γ, 유량은 Q, 유효낙차는 H라고 할 때,

출력 $= \gamma Q H [kgf \cdot m/s] = \frac{\gamma Q H}{75}[PS]$임을 적용하여 구한다.

$\gamma = 1,000 [kgf/m^3]$, $Q = 75 [m^3/min] = \frac{75}{60}[m^3/sec]$, $H = 120[m]$이

므로 수차의 최대 출력 $\gamma Q H = 1,000 [kgf/m^3] \times \frac{75}{60}[m^3/sec] \times$

$120[m] = 2,000 \times 75 [kgf \cdot m/s] = \frac{2,000 \times 75}{75}[PS] = 2,000[PS]$이다.

17
정답 ①

양단 고정보의 중앙에 집중하중 P가 작용할 때 최대 굽힘 모멘트는

$\frac{PL}{8}$이므로 $M_{max} = \frac{3P \times 2L}{8} = \frac{3PL}{4}$이다.

이때 최대 굽힘 응력 $\sigma_{max} = \frac{M_{max}}{Z}$이므로 $\sigma_{max} = \frac{\frac{3PL}{4}}{\frac{bh^2}{6}} = \frac{18PL}{4bh^2} = \frac{9PL}{2bh^2}$이다.

18
정답 ④

A 점에 대한 모멘트를 취하면 $M - \frac{wL}{4}x + \frac{wL}{4}\left(x - \frac{L}{8}\right) = 0$이다.

따라서 최대 굽힘 모멘트 $M = \frac{wL^2}{32}$이다.

19
정답 ③

세장비$(\lambda) = \frac{\text{기둥의 길이}(l)}{\text{단면 2차 반지름}(r)}$, 단면2차반지름$(r) = \sqrt{\frac{\text{단면 2차 모멘트}(I)}{\text{단면적}(A)}}$

임을 적용하여 구한다.

단면적의 가로 길이가 $12[cm]$, 세로 길이가 $15[cm]$인 양자 힌

지 기둥의 길이는 $4[m] = 400[cm]$이므로 단면 2차 반지름은

$\sqrt{\frac{\frac{15 \times 12^3}{12}}{15 \times 12}} = 2\sqrt{3} = 3.4[cm]$이다.

따라서 세장비는 $\frac{400}{3.4} = 118$이다.

20
정답 ④

길이가 L인 외팔보 끝단에 P 하중이 작용할 때의 최대 처짐량 $\delta_1 =$

$\frac{PL^3}{3EI}$이고, 길이가 L인 양단 단순 지지보 중앙에 P 하중이 작용할 때

의 최대 처짐량 $\delta_2 = \frac{PL^3}{48EI}$이다.

따라서 δ_1과 δ_2의 비 $\frac{\delta_1}{\delta_2} = \frac{\frac{PL^3}{3EI}}{\frac{PL^3}{48EI}} = 16$이다.

21
정답 ②

아공석강은 펄라이트와 페라이트의 혼합조직이므로 적절하다.

오답 체크

① 공석강은 탄소 0.86[%]인 펄라이트 조직으로 형성된 탄소강이므로
적절하지 않다.

③ 과공석강은 펄라이트와 시멘타이트의 혼합조직이므로 적절하지 않다.

④ 오스테나이트가 페라이트와 시멘타이트로 분해되는 공석반응이 일어
나는 온도는 A_1변태점이므로 적절하지 않다.

22
정답 ①

용어와 정의가 올바르게 연결된 것은 ②로 총 1개이다.

오답 체크

⊙ 킬드강: 녹은 상태의 쇳덩이에 실리콘, 알루미늄 등의 강력한 탈산제
를 넣어 산을 완전히 제거한 강철

⊙ 림드강: 제강 작업의 마지막 단계에서 탈산제를 소량만 넣어 산의 일
부를 제거하여 굳은 강철

⊙ 캡드강: 림드강의 한 변형으로 용탕을 주입 후 비등을 억제하여 테 부
분을 엷게 한 강철

23
정답 ④

출구속도는 $v_0 \times \frac{t_0}{t_1}$이고, 압하율은 $\frac{t_0 - t_1}{t_0} \times 100$임을 적용하여 구하면

출구속도는 $5 \times \frac{10}{6} = 8.3[m/s]$이고, 압하율은 $\frac{10-6}{10} \times 100 = 40$

[%]이다.

24
정답 ③

유체고착현상은 내부 유체 흐름의 부등성 등에 의해서 축에 대한 압
력 분포가 평형을 잃어 스풀 밸브가 슬리브에 강하게 눌려 고착되면
서 작동이 불가능하게 되는 현상이며, 제어밸브의 급 조작으로 인해
유체의 송출량과 압력이 주기적으로 변하는 현상은 서징이므로 옳
지 않은 설명이다.

25
정답 ①

플라즈마 용접은 발열량의 조절이 쉬워 얇은 판의 용접에 유리하므
로 옳지 않은 설명이다.

🔍 더 알아보기

용접 종류별 특징

구분	특징
플라즈마 용접	· 박판의 용접 가능 · 작업 속도가 빠름
전자빔 용접	· 정밀 용접 가능 · 두꺼운 판의 고속 용접 가능 · 설비가 비쌈
프로젝션 용접	· 작업 속도가 빠름 · 전극의 소모가 적음 · 설비가 비쌈
일렉트로 슬래그 용접	· 두꺼운 판, 초후판의 용접에 적합 · 능률이 높음 · 용접 속도가 빠름

화학 실전모의고사

01. 다음 중 일반식이 잘못된 것을 고르면?

① 알코올: ROH

② 에테르: RCOOR'

③ 알데하이드: RCOH

④ 케톤: RCOR'

02. 다음은 벤젠 유도체를 나타낸 것이다. ㉠~㉤ 중 벤젠의 치환반응으로부터 직접 유도할 수 있는 것은?

㉠ $-Cl$	㉡ $-OH$	㉢ $-NO_2$
㉣ $-NH_2$	㉤ $-CH_3$	

① ㉠, ㉡, ㉢   ② ㉠, ㉢, ㉤   ③ ㉡, ㉣, ㉤   ④ ㉢, ㉣, ㉤

03. 중성 원자 X의 질량수는 13이고, 양성자수는 6이다. 중성 원자 X에 대한 설명으로 적절하지 않은 것은?

① 원자번호는 6이다.

② 중성자수는 7이다.

③ 주기율표상의 2주기 4족 원소이다.

④ 이 원자의 전자배치는 $1S^2 2S^2 2P^2$이다.

04. 다음 중 밑줄 친 원소의 산화수가 가장 큰 것을 고르면?

① $Na_2\underline{Cr}_2O_7$ ② $K\underline{N}O_3$ ③ $\underline{N}O_3^-$ ④ $\underline{Mn}O_4^-$

05. 다음은 금속 원소 M의 순차적 이온화에너지 값을 나타낸 것이다. 할로젠 원소를 X라고 할 때, 이 두 원소가 이루는 화합물의 화학식은?

- $E_1 = 732.2[KJ/mol]$
- $E_2 = 1443.5[KJ/mol]$
- $E_3 = 7690.2[KJ/mol]$
- $E_4 = 10568.8[KJ/mol]$

① MX   ② MX_2 ③ MX_3 ④ MX_4

06. 표준상태에서 산소의 밀도[g/L]는?

① 0.143   ② 0.714   ③ 1.429   ④ 0.082

07. 물 분자가 수소결합을 가짐에 따라 나타나는 현상으로 옳지 않은 것을 모두 고르면?

ㄱ. 얼음은 물 위에 뜬다.
ㄴ. 유사한 분자량을 가진 다른 화합물에 비해 녹는점이 낮다.
ㄷ. 소금은 물에 잘 녹는다.
ㄹ. 순수한 물에서도 전기가 잘 흐른다.

① ㄱ, ㄴ   ② ㄱ, ㄷ   ③ ㄴ, ㄹ   ④ ㄷ, ㄹ

08. 0[℃], 1기압에서 기체 Y의 밀도가 수소 밀도의 14배일 때, 기체 Y는?

① CH_4 ② SO_2 ③ CO_2 ④ N_2

09. 불꽃반응 결과 보라색을 나타내는 미지의 시료를 녹인 용액에 질산은 용액을 넣으니 백색 침전이 생겼다고 할 때, 시료의 성분으로 적절한 것은?

① NaCl   ② KCl   ③ KI   ④ Na_2SO_4

10. 다음은 브롬화수소(HBr)와 이산화질소(NO_2)의 반응 매커니즘이다. 브롬화수소와 이산화질소의 전체 반응속도식이 $v = k[HBr][NO_2]$일 때, 적절하지 않은 것을 모두 고르면? (단, k는 반응속도상수이다.)

- 1단계: $HBr + NO_2 \rightarrow HONO + Br$
- 2단계: $2Br \rightarrow Br_2$
- 3단계: $2HONO \rightarrow H_2O + NO + NO_2$

㉠ 1단계의 활성화에너지가 가장 크다.
㉡ 2단계의 반응속도가 가장 느리다.
㉢ 3단계가 반응속도 결정단계이다.
㉣ 전체 반응은 $2HBr + NO_2 \rightarrow H_2O + NO + Br_2$이다.
㉤ 정촉매를 사용하면 1단계의 활성화에너지가 감소해 반응속도를 높일 수 있다.

① ㉠, ㉡   ② ㉠, ㉢, ㉤   ③ ㉡, ㉢   ④ ㉡, ㉣, ㉤

11. 다음 중 반응 매커니즘에 대한 설명으로 옳지 않은 것은?

① 일련의 반응단계나 반응경로를 분자 수준에서 나타낸 것이다.
② 반응 매커니즘을 구성하는 단일 단계반응들을 전부 합하면 전체 반응이 된다.
③ 반응 매커니즘의 전체 반응속도는 가장 느린 단계반응속도를 초과할 수 있다.
④ 반응 매커니즘을 구성하는 단일 단계반응들에는 반응물과 생성물 이외의 화학종이 있을 수 있다.

12. 다음 중 화학반응에 대한 설명으로 적절한 것은?

① 주위의 온도가 높으면 열이 가해졌을 때 주위의 무질서도 변화가 크다.
② 자발적 반응에서 우주의 엔트로피는 항상 증가한다.
③ 자발적 반응에서 Gibbs에너지는 증가한다.
④ 발열반응 시 주위의 엔트로피($\triangle S_{주위}$)는 감소한다.

13. 다음 중 주요 대기 오염 물질에 대한 설명으로 적절하지 않은 것은?

① SO_2는 환원제 및 산화제로 작용하고, 물에 쉽게 용해되어 산성을 띤다.
② N_2O는 대류권에서 온실가스로 작용하고, 성층권에서는 오존층 파괴물질로 작용한다.
③ CO_2가 물에 용해되어 포화평형을 이루면 약알칼리 용액이 된다.
④ HCl이 산화되는 경우 염소를 함유한 독성 가스가 발생한다.

14. 다음과 같은 반응에서 평형을 오른쪽으로 이동시킬 수 있는 조건으로 적절한 것은?

$$A_2(g) + 2B_2(g) \leftrightarrows 2AB_2(g), \ \Delta H° < 0$$

① 압력 증가, 온도 감소
② 압력 증가, 온도 증가
③ 압력 감소, 온도 증가
④ 압력 감소, 온도 감소

15. 볼타 전지에서 전류가 갑자기 약해지는 현상인 분극 현상을 방지해 주는 감극제로 사용되는 물질에 해당하는 것을 모두 고르면?

⊙ MnO_2	ⓒ $CuSO_3$	ⓒ NaCl	ⓔ $Pb(NO_3)_2$	⊚ $KMnO_4$

① ⊙, ⓒ   ② ⊙, ⊚   ③ ⓒ, ⓒ   ④ ⓒ, ⓔ, ⊚

16. 황산구리와 질산은이 들어 있는 용액에 전기를 통했을 때 Cu가 1.60[g] 석출되었다면, 석출되는 Ag의 양[g]은? (단, 원자량은 Cu가 64[g], Ag이 108[g]이다.)

① 5.40   ② 1.08   ③ 50.40   ④ 10.80

17. 다음 중 방사성 원소와 방사선에 대한 설명으로 옳지 않은 것은?

① 방사성 원소란 방사능을 가진 원소를 의미한다.
② α선은 +1의 전하를 띠고 있으며 β선보다 무겁다.
③ β선은 −1의 전하를 띠고 있으며 α선보다 100배의 투과력을 가진다.
④ γ선의 붕괴는 핵의 원자번호와 질량수를 변화시키지 않는다.

18. 다음 중 결합된 형태가 나머지와 다른 화합물은?

① HCl   ② NaCl   ③ $CaCl_2$ ④ CaF_2

19. 다음 중 콜로이드에 대한 특징으로 옳지 않은 것은?

① 입자에 의해 빛이 산란되는 틴들 현상이 일어난다.
② 콜로이드 용액 속에 전극을 넣고 직류 전압을 가하면, 전기영동 현상이 나타난다.
③ 반투막을 통과할 수 있다.
④ 흡착 현상이 일어난다.

20. C, H, O로 구성된 화합물에서 각 원소의 질량 백분율이 40[%], 6.6[%], 53.4[%]이다. 이 화합물 50[g]을 완전연소 했을 때 발생하는 CO_2의 질량[g]은?

① 73   ② 98   ③ 183   ④ 220

21. 다음 중 원자에 대한 설명으로 옳은 것은?

		원자번호	양성자수	전자수	중성자수	질량수
①	$^{3}_{1}H$	1	1	1	2	3
②	$^{13}_{6}C$	6	6	7	7	13
③	$^{17}_{8}O$	8	8	8	8	17
④	$^{15}_{7}N$	7	7	8	8	15

22. 박테리아($C_5H_7O_2N$)의 호기성 산화과정에서 박테리아 7[g]당 소요되는 이론적 산소요구량은 약 얼마[g]인가?
(단, 박테리아는 CO_2, H_2O, NH_3로 전환된다.)

① 9.9   ② 10.4   ③ 11.5   ④ 12.7

23. 모든 온도에서 자발적 과정이기 위한 조건은?

① $\triangle H < 0$, $\triangle S < 0$
② $\triangle H < 0$, $\triangle S > 0$
③ $\triangle H > 0$, $\triangle S > 0$
④ $\triangle H > 0$, $\triangle S < 0$

24. 80[$wt\%$] 황산의 비중이 1.73일 때, 이 황산의 몰 농도[mol/L]는 약 얼마인가?

① 4.4   ② 14.1   ③ 17.8   ④ 23.4

25. 다음 중 위험물안전관리법에 따른 제4류 인화성 액체에 포함되지 않는 것은?

① 아세톤   ② 메틸에틸케톤   ③ 히드록실아민   ④ 이소프로필아민

정답

01	02	03	04	05	06	07	08	09	10
②	②	③	④	②	③	③	④	②	③
11	**12**	**13**	**14**	**15**	**16**	**17**	**18**	**19**	**20**
③	②	③	①	②	①	②	①	③	①
21	**22**	**23**	**24**	**25**					
①	①	②	②	③					

해설

01
정답 ②

에테르/이써(Ether)의 일반식은 ROR'이며, RCOOR'는 에스터(Ester)의 일반식이다.
따라서 일반식이 잘못된 것은 ②이다.

02
정답 ②

벤젠은 공명구조로 인해 특수한 경우가 아니라면 첨가반응을 하지 않고 주로 치환반응을 하며, 치환반응을 하는 작용기에는 $-Cl$, $-Br$, $-NO_2$, $-CH_3$, SO_3H 등이 포함된다.
㉠ 벤젠은 방향족 고리 화합물로서 염화철 촉매의 존재하에서 Cl_2, Br_2 등과 쉽게 반응한다.
　$C_6H_6 + Cl_2 + FeCl_3 \rightarrow C_6H_5-Cl + HCl$
㉢ 벤젠은 나이트로화 반응으로 나이트로벤젠(Nitrobenzene)의 합성이 가능하다.
　$C_6H_6 + HNO_3 + H_2SO_4 \rightarrow C_6H_5-NO_2 + H_2O$
㉣ 벤젠은 프리델-크래프트 반응으로 알킬화시킬 수 있다.
　$C_6H_6 + CH_3Cl + AlCl_3 \rightarrow C_6H_5CH_3 + HCl$
따라서 벤젠의 치환반응으로부터 직접 유도할 수 있는 것은 ㉠, ㉢, ㉣이다.

03
정답 ③

전자수와 양성자수가 같은 중성 원자의 경우, 원자번호는 양성자수와 같으므로 중성 원자 X의 원자번호는 6이다. 또한, 양성자수와 중성자수의 합인 질량수가 13이므로 중성자수 = 질량수 - 양성자수 = 13 - 6 = 7이다. 이때, X는 중성 원자이므로 전자수와 양성자수가 동일하여 전자수는 6이다.
따라서 해당 원소는 탄소($_6$C)로 주기율표상 2주기 14족 원소이므로 적절하지 않다.

① 중성 원자 X의 원자번호는 6이므로 적절하다.
② 중성 원자 X의 중성자수는 7이므로 적절하다.
④ 중성 원자 X의 전자수는 6개로 전자배치는 $1S^2 2S^2 2P^2$이므로 적절하다.

> **🔍 더 알아보기**
>
> 탄소의 동위원소는 ^{12}C, ^{13}C, ^{14}C이다. 자연계에 존재하는 대부분의 탄소는 ^{12}C으로 적은 수로 다른 동위원소들이 존재하며, ^{14}C의 경우 방사능물질이다.

04
정답 ④

각 원소의 산화수를 계산해 보면 다음과 같다.
$Na_2Cr_2O_7 \rightarrow 2 + 2x + (-2 \times 7) = 0$ ∴ $x = 6$
$KNO_3 \rightarrow 1 + x + (-2 \times 3) = 0$ ∴ $x = 5$
$NO_3^- \rightarrow x + (-2 \times 3) = -1$ ∴ $x = 5$
$MnO_4^- \rightarrow x + (-2 \times 4) = -1$ ∴ $x = 7$
따라서 산화수가 가장 큰 것은 ④이다.

05
정답 ②

금속 원소 M의 이온화에너지 변화를 살펴보면,
E_1은 비교적 낮으나, E_2는 E_1의 약 2배 증가하였고 E_3은 E_2의 5배 이상으로 대폭 증가하였으므로 M은 2족 원소로 +2가 양이온임을 알 수 있다.
따라서 금속 원소 M이 할로겐 원소 X와 결합하면 MX_2의 화합물을 형성할 수 있다.

06
정답 ③

아보가드로 법칙에 의하여 0[℃], 1[atm]인 표준상태에서 모든 기체는 1[mol]의 부피가 22.4[L]로 동일함을 적용하여 구한다.

산소(O_2)의 분자량은 32로, 1[mol]의 질량은 32[g]이므로 산소의 밀도는

$$밀도 = \frac{질량}{부피} = \frac{분자량}{22.4}$$

$$산소의 밀도 = \frac{32}{22.4} = 1.429[g/L]$$

따라서 표준상태에서 산소의 밀도는 1.429[g/L]이다.

07
정답 ③

ⓒ 물 분자는 수소결합을 하기에 굽은형의 구조를 가져 유사한 분자량을 가진 다른 화합물 대비 높은 녹는점과 끓는점을 가지므로 옳지 않은 내용이다.

ⓔ 순수한 물에는 전해질이 존재하지 않아 전기가 잘 흐르지 않으므로 옳지 않은 내용이다.

오답 체크

ⓐ 물 분자는 고체(얼음)가 되면 부피가 증가함에 따라 밀도가 감소하여 물 위에 뜨게 되므로 옳은 내용이다.

ⓑ 물은 비극성 화합물보다 극성 화합물이나 공유, 이온결합 화합물을 잘 용해시키며, 소금은 이온결합 화합물에 해당하므로 옳은 내용이다.

08
정답 ④

대상기체의 밀도는 수소를 표준물질로 가정하여 그 배수로부터 산출할 수 있다.

$$수소\ 밀도\ 대비\ 대상물질\ 밀도의\ 배수 = \frac{대상물질의\ 분자량}{수소\ 분자량}$$

이때, 기체 Y의 밀도가 수소 밀도의 14배이므로

$$14 = \frac{대상물질의\ 분자량}{2} \rightarrow 대상물질의\ 분자량 = 14 \times 2 = 28이다.$$

따라서 기체 Y는 분자량이 28인 'N_2'이다.

오답 체크

① CH_4은 분자량이 16이므로 기체 Y가 아니다.

② SO_2은 분자량이 64이므로 기체 Y가 아니다.

③ CO_2은 분자량이 44이므로 기체 Y가 아니다.

09
정답 ②

염화칼륨(KCl)은 불꽃반응에서 보라색을 나타내며, 질산은과 반응하여 백색 침전을 생성하므로 적절하다.

🔍 **더 알아보기**

불꽃반응에서 나트륨(Na)은 노란색, 칼륨(K)은 보라색을 나타낸다.

$KCl + AgNO_3 \rightarrow KNO_3 + AgCl$ (백색 침전)

$KI + AgNO_3 \rightarrow KNO_3 + AgI$ (황색 침전)

10
정답 ③

반응속도가 가장 느린 단계가 전체 반응속도를 결정하게 되며, 반응속도는 반응물질 종류가 많을수록, 공유결합 수가 많을수록 느리며, 이온결합물질의 반응이 공유결합물질의 반응보다 빠르다.

또한, 활성화에너지는 화학반응이 진행되기 위해 필요한 최소한의 에너지로, 활성화에너지가 클수록 반응속도는 느려지며, 정촉매는 활성화에너지를 낮추어 반응속도를 빨라지게 하며, 부촉매는 활성화에너지를 높여 반응속도를 느리게 한다.

· 1단계 반응: $HBr + NO_2 \rightarrow HONO + Br$, $v_1 = k_1[HBr][NO_2]$

· 2단계 반응: $2Br \rightarrow Br_2$, $v_2 = k_2[Br]^2$

· 3단계 반응: $2HONO \rightarrow H_2O + NO + NO_2$, $v_3 = k_3[HONO]^3$

전체 반응: $2HBr + NO_2 \rightarrow H_2O + NO + Br_2$, $v_{전체} = v_1$

$= k_1[HBr][NO_2]$

이에 따라 1단계 반응이 반응속도가 가장 느린 단계로 반응속도 결정단계가 되며, 활성화에너지가 가장 큰 단계이다.

따라서 적절하지 않은 것은 'ⓒ, ⓑ'이다.

오답 체크

ⓐ 1단계의 활성화에너지가 가장 커 반응속도가 가장 느리므로 적절하다.

ⓔ 전체 반응은 $2HBr + NO_2 \rightarrow H_2O + NO + Br_2$이므로 적절하다.

ⓓ 정촉매를 사용하면 활성화에너지가 감소해 반응속도를 높일 수 있으므로 적절하다.

11
정답 ③

반응 메커니즘은 일련의 반응단계나 반응경로를 분자 수준에서 나타낸 것으로, 이때의 반응속도식과 반응차수는 반응 메커니즘에 의존한다. 여러 단계의 반응 중 특정 단일 단계의 반응속도가 느릴 경우, 속도결정단계에 따라 가장 느린 반응속도가 전체의 반응속도를 좌우하게 된다.

따라서 전체 반응속도는 가장 느린 단계반응속도를 초과할 수 없으므로 옳지 않은 설명이다.

오답 체크

④ 반응 메커니즘에는 생성물과 반응물 이외에 중간체 등의 화학종도 있을 수 있으므로 옳은 설명이다.

12
정답 ②

열역학 제2법칙에 따르면 전체 계에서 엔트로피의 변화는 항상 0보다 크거나 같고, 자발적 과정에서는 항상 증가하여 자발적 반응에서 우주의 엔트로피는 항상 증가하므로 적절하다.

오답 체크

① $\Delta S = \int \frac{Q}{T}$로 주위의 온도가 높으면 열이 가해졌을 때 Q의 변화가 상대적으로 작아 주위의 무질서도 변화가 작으므로 적절하지 않다.

③ 일정한 온도와 압력에 놓인 계에서 일어나는 자발적 반응에서 깁스에너지는 감소하는 방향으로 반응이 일어나므로 적절하지 않다.

④ 발열반응은 $\Delta H < 0$으로 열이 주위로 방출되어 주위의 온도가 올라가 주위의 엔트로피 $= \Delta S_{주위}$는 증가하므로 적절하지 않다.

13
정답 ③

CO_2는 이산화탄소로 물에 용해되어 포화평형을 이루면 CO_2가 생성하는 약산성의 탄산이 포화되어 pH는 약 5.6으로 약산성을 띠게 되므로 적절하지 않다.

오답 체크

① SO_2는 이산화황으로 수분이 있으면 환원성을 갖게 되어 환원제로 작용하고, 상대적으로 강한 환원제에는 산화제로 작용하며 물에 쉽게 용해되어 산성을 띠므로 적절하다.

② N_2O는 아산화질소로 대류권에서 온실가스로 작용하고, 성층권에서는 오존층 파괴물질로 작용하므로 적절하다.

④ HCl은 염화수소로 염소 원자와 수소 원자가 공유결합한 화합물이기 때문에 산화되면 염소를 함유한 독성 가스가 발생하므로 적절하다.

🔍 **더 알아보기**

이산화탄소(CO_2)의 특징
· 식물의 탄소공급원
· 지구의 온도균형 유지에 중요한 물질
· 대기 중에서 평균 50~200년의 긴 체류시간을 가지는 지구온난화 유발 온실가스

14
정답 ①

생성물의 엔탈피 변화($\Delta H°$)가 0보다 작아 음의 값을 가지므로, 이 반응은 발열반응임을 알 수 있다. 이에 따라 평형을 오른쪽으로 이동시킬 수 있는 조건은 반응물이 모두 기체라는 점을 고려해 헨리의 법칙에 따라 압력을 증가시켜야 하며, 발열반응이므로 온도를 낮추어야 한다.

따라서 평형을 오른쪽으로 이동시킬 수 있는 조건은 '압력 증가, 온도 감소'가 적절하다.

15
정답 ②

볼타 전지는 묽은 황산 수용액에 아연판과 구리판을 넣고 도선으로 연결한 전지이다. (−)극인 아연판에서 아연 이온이 녹아 들어가면서 산화반응이 일어나고, (+)극인 구리판에서는 수소가 발생하면서 환원반응이 일어난다. 이때 발생한 수소 기체가 전류의 흐름을 막아 전압이 1.3[V]에서 0.4[V]로 급격히 떨어지는 현상인 분극 현상이 발생하는데, 이를 방지하기 위한 감극제로 발생한 수소 기체를 산화시키는 산화제 $KMnO_4$, MnO_2, H_2O_2 등을 사용한다.

따라서 감극제로 사용되는 물질에 해당하는 것은 'ⓒ, ⓛ'이다.

16
정답 ①

(−)극에서 은(Ag)과 구리(Cu)가 석출되는 반응은 다음과 같다.

$Ag^+(eq) + e^- \rightarrow Ag(s)$

$Cu^{2+}(eq) + 2e^- \rightarrow Cu(s)$

따라서 Ag은 $m_{Cu} \times \frac{M_{Ag}/1}{M_{Cu}/2} = 1.60 \times \frac{108/1}{64/2} = 5.40[g]$ 석출된다.

17
정답 ②

α선은 β선보다 무거우며 +2의 전하를 띠고 있으므로 옳지 않은 설명이다.

오답 체크

① 방사성 원소는 방사능을 가진 원소들을 총칭하므로 옳은 설명이다.

③ β선은 −1의 전하를 띠고 있으며 α선보다 가볍고 100배의 투과력을 지니므로 옳은 설명이다.

④ γ선의 붕괴는 핵의 원자번호 및 질량수를 변화시키지 않아 핵반응을 나타낼 때 γ에 대해 별도로 표시하지 않으므로 옳은 설명이다.

18
정답 ①

염화수소(HCl)는 염소원자와 수소원자의 공유결합물이다.

오답 체크

②, ③, ④ NaCl, $CaCl_2$, CaF_2 등은 모두 서로 반대로 하전된 이온들이 강한 정전기적 힘에 의해 결합하고 있는 이온결합물에 해당하며, 양이온이 되기 쉬운 1~2족, 13족의 금속 원소와 음이온이 되기 쉬운 15~17족 비금속 원소가 결합하여 결정구조를 이루는 물질이 이온결합물에 속한다.

19
정답 ③

콜로이드의 특성에는 크게 틴들 현상, 브라운 운동, 투석, 흡착, 전기영동 등이 있다. 이때 투석은 콜로이드가 반투막을 통과하지 못하는 것을 이용하여 반투막을 통해 콜로이드 입자를 전해질이나 작은 분자로부터 분리 및 정제하는 것을 의미하므로 옳지 않은 설명이다.

콜로이드 용액의 성질

틴들 현상	콜로이드 용액에 강한 빛을 쬐어 옆에서 보면 빛의 진로가 밝게 나타나는 현상
브라운 운동	콜로이드 입자가 액체나 기체 등 유체 안에 존재하는 입자와 충돌하여 불규칙적으로 움직이는 현상
투석	콜로이드 용액은 반투막 밖으로 통과하고 콜로이드 입자는 반투막 밖으로 통과하지 못하는 성질을 이용하여 콜로이드 입자를 정제하는 방법
흡착	콜로이드 입자의 넓은 표면적을 이용하여 다른 분자나 이온을 끌리게 하는 현상
전기영동	콜로이드 용액에 전극을 넣어 직류를 통하게 하면 양전기를 띤 콜로이드 입자는 음극으로, 음전기를 띤 콜로이드 입자는 양극을 향해서 이동하는 현상

20 정답 ①

CO_2 생성의 기원이 되는 물질은 탄소(C)이므로 탄소의 완전연소반응을 이용하여 탄산가스의 양을 산출한다.

$C + O_2 \rightarrow CO_2$이고, C의 질량은 12, O_2의 질량은 32이므로 CO_2의 질량은 44이다. 이에 따라 C의 질량 대비 CO_2의 질량은 $\frac{44}{12}$이고, C, H, O로 구성된 화합물에서 각 원소의 질량 백분율이 40[%], 6.6[%], 53.4[%]라고 하였으므로 화합물 50[g] 내 C의 양은 $50 \times \frac{40}{100} = 20[g]$이다.

따라서 화합물 50[g]을 완전연소 했을 때 발생하는 CO_2의 질량은 $50 \times \frac{40}{100} \times \frac{44}{12} = 73[g]$이다.

21 정답 ①

${}^3_1H$은 원자번호가 1, 양성자수가 1, 전자수가 1, 중성자수가 2, 질량수가 3인 원자이므로 옳은 설명이다.

오답 체크

② ${}^{13}_6C$의 전자수는 6이므로 옳지 않은 설명이다.

③ ${}^{17}_8O$의 중성자수는 9이므로 옳지 않은 설명이다.

④ ${}^{15}_7N$의 전자수는 7이므로 옳지 않은 설명이다.

더 알아보기

원자의 표시는 다음과 같다.

$$^{12}_6C$$

· 12 = 질량수 = 양성자의 수 + 중성자의 수
· 6 = 원자번호 = 양성자의 수 = 중성원자의 전자수
· C = 원소기호

22 정답 ①

박테리아의 호기성 산화과정 반응은 다음과 같다.

$C_5H_7NO_2 + 5O_2 \rightarrow 5CO_2 + NH_3 + 2H_2O$

$113[g]:(5 \times 32)[g] = 7[g]:x \rightarrow x \risingdotseq 9.9[g]$

따라서 박테리아 7[g]당 소요되는 이론적 산소요구량은 약 '9.9[g]'이다.

23 정답 ②

H는 엔탈피, S는 엔트로피, G는 깁스에너지, T는 온도일 때, $\triangle G = \triangle H - T\triangle S$임을 적용하여 구한다.

일정한 온도와 압력에서 계의 깁스에너지는 항상 감소하여 $\triangle G < 0$일 때 자발적이므로 반응이 일어나기 위해서는 $\triangle H < T\triangle S$를 만족해야 한다.

따라서 $\triangle H < 0$, $\triangle S > 0$일 때 온도 T에 관계없이 자발적이다.

24 정답 ②

몰 농도[mol/L]는 용액 1[L]에 용해되어 있는 용질의 몰(mol) 수로, $M[mol/L] = \frac{용질[mol]}{용액[L]}$을 이용하여 구한다.

황산(H_2SO_4)의 분자량은 98[g/mol]이고, 비중 1.73은 밀도 단위로 전환하면, 1.73[g/mL]이므로

$M = \frac{1.73[g]}{1[mL]} \times \frac{80[g]}{100[g]} \times \frac{1[mol]}{98[g]} \times \frac{1,000[mL]}{1[L]} \risingdotseq 14.1[mol/L]$이다.

25 정답 ③

히드록실아민은 제5류 자기반응성 물질에 포함된다.

오답 체크

① 아세톤은 제1석유류에 포함된다.

② 메틸에틸케톤은 제1석유류에 포함된다.

④ 이소프로필아민은 특수인화물에 포함된다.

더 알아보기

위험물안전관리법에 따른 제4류 인화성 액체는 특수인화물, 제1, 2, 3, 4 석유류, 동식물유류 및 알코올류를 포함한다. 특히 알코올류의 경우, 1분자를 구성하는 탄소원자의 수가 1개부터 3개까지인 포화1가 알코올만을 포함한다.